国会議事堂・霞ヶ関周辺 地下鉄出入口ご案内

最寄地下鉄出入口

- **合同庁舎1号館** 霞ヶ関駅 A5 A6 A7 A9 A10
  農林水産省・林野庁・水産庁

- **合同庁舎2号館** 霞ヶ関駅 A2 A3
  警察庁・国家公安委員会・総務省・消防庁・国土交通省(分館)

- **合同庁舎3号館** 霞ヶ関駅 A3 桜田門駅2
  国土交通省・海上保安庁

- **合同庁舎4号館** 霞ヶ関駅 A13
  内閣法制局・内閣府(分館)・消費者庁・復興庁・公害等調整委員会

- **合同庁舎5号館** 霞ヶ関駅 B3b B3a
  内閣府(分館)・厚生労働省・環境省

- **合同庁舎6号館** 霞ヶ関駅 B1 桜田門駅5
  法務省・検察庁・出入国在留管理庁・公安調査庁・公正取引委員会

- **合同庁舎7号館** 虎ノ門駅 11
  文部科学省・スポーツ庁・文化庁・金融庁・会計検査院

- **合同庁舎8号館** 国会議事堂前駅3
  内閣府・内閣人事局

- **経済産業省別館** 霞ヶ関駅 C2
  中小企業庁・資源エネルギー庁

三宅坂

憲政記念館
(工事中)

国会前庭園北地区
(洋式庭園)

国会前庭園南地区
(和式庭園)

桜田濠

有楽町線桜田門駅

警察総合庁舎

合同庁舎3号館

警視庁

合同庁舎2号館

裁判所合同庁舎

合同庁舎6号館

外務省

(B棟)
公正取引委員会

弁護士合同庁舎

合同庁舎1号館

農林水産省

農林水産省

経済産業省

経済産業省別館

銀座線
虎ノ門駅

200m

国会の勢力分野

（令和5年10月26日現在）

（政　党　別）

() 内は女性議員で、内数です。

（衆議院）	政　党　名	（参議院）		
		令元	令4	計
262 (21)	自　由　民　主　党	54(11)	63(13)	117(24)
94 (13)	立　憲　民　主　党	21(9)	16(8)	37(17)
41 (5)	日　本　維　新　の　会	8(1)	12(3)	20(4)
32 (4)	公　　明　　党	14(2)	13(2)	27(4)
10 (2)	日　本　共　産　党	7(3)	4(2)	11(5)
10 (1)	国　民　民　主　党	6(2)	5(2)	11(4)
3 (2)	れ　い　わ　新　選　組	2(1)	3(0)	5(1)
1 (0)	社　会　民　主　党	1(1)	1(1)	2(2)
0	政治家女子48党	1(0)	1(0)	2(0)
0	参　　政　　党	0	1(0)	1(0)
12 (0)	無所属（諸派を含む）	9(2)	5(3)	14(5)
0	欠　　　　　員	1	0	1
465 (48)	計	124(32)	124(34)	248(66)

※衆参の正副議長は無所属に含む

（会　派　別）

（衆議院）	会　派　名	（参議院）		
		令元	令4	計
263 (21)	自　由　民　主　党	54(11)	63(13)	117(24)
96 (13)	立　憲　民　主　党	22(10)	18(10)	40(20)
41 (5)	日　本　維　新　の　会	8(1)	12(3)	20(4)
32 (4)	公　　明　　党	14(2)	13(2)	27(4)
10 (1)	国　民　民　主　党	7(2)	6(2)	13(4)
10 (2)	日　本　共　産　党	7(3)	4(2)	11(5)
4 (0)	有　志　の　会	—	—	—
3 (2)	れ　い　わ　新　選　組	2(1)	3(0)	5(1)
—	沖　縄　の　風	1(0)	1(0)	2(0)
—	NHKから国民を守る党	1(0)	1(0)	2(0)
6 (0)	無　　所　　属	7(2)	3(2)	10(4)
0	欠　　　　　員	1	0	1
465 (48)	計	124(32)	124(34)	248(66)

(注)自由民主党は衆院で「自由民主党・無所属の会」、参院で「自由民主党」。立憲民主党は衆院で「立憲民主党・無所属」、参院で「立憲民主・社民」。国民民主党は衆院で「国民民主党・無所属クラブ」、参院で「国民民主党・新緑風会」。

IDナンバー　A0511275050

HPアドレス▶ **www.kokuseijoho.jp**

※上記IDナンバーは一つの端末のみご利用になれます。

国会関係所在地電話番号一覧

■ 総理大臣官邸　〒100-0014　千, 永田町2-3-1　☎3581-0101

■ 衆議院　〒100-8960　千, 永田町1-7-1　☎3581-5111
議　長　公　邸　〒100-0014　千, 永田町2-18-1　☎3581-1461
副議長公邸　〒107-0052　港, 赤坂8-11-40　☎3423-0311
赤坂議員宿舎　〒107-0052　港, 赤坂2-17-10　☎5549-4671
青山議員宿舎　〒106-0032　港, 六本木7-1-3　☎3408-4911

■ 参議院　〒100-8961　千, 永田町1-7-1　☎3581-3111
議　長　公　邸　〒100-0014　千, 永田町2-18-2　☎3581-1481
副議長公邸　〒106-0043　港, 麻布永坂町25　☎3586-6741
麹町議員宿舎　〒102-0083　千, 麹町4-7　☎3237-0341
清水谷議員宿舎　〒102-0094　千, 紀尾井町1-15　☎3264-1351

■ 衆議院議員会館
第一議員会館　〒100-8981　千, 永田町2-2-1　☎3581-5111(代)
　　　　　　　　　　　　　　　　　　　☎3581-4700(夜間)
第二議員会館　〒100-8982　千, 永田町2-1-2　☎3581-5111(代)
　　　　　　　　　　　　　　　　　　　☎3581-1954(夜間)

■ 参議院議員会館
参議院議員会館　〒100-8962　千, 永田町2-1-1　☎3581-3111(代)
　　　　　　　　　　　　　　　　　　　☎3581-3146(夜間)

国立国会図書館　〒100-8924　千, 永田町1-10-1　☎3581-2331
憲政記念館　〒100-0014　千, 永田町1-1-1　☎3581-1651

要覧アプリ
配信中！
左記IDにて登録

1

目　　次

目　　　次

第2次岸田第2次改造内閣・大臣・秘書官 (令和5年9月13日発足)

	大　臣	秘書官	秘書官室
内閣総理大臣	岸　田　文　雄 衆〈自〉	嶋　田　　隆	3581-0101
総　務　大　臣	鈴　木　淳　司 衆〈自〉	安　藝　　仁	5253-5006
法　務　大　臣	小　泉　龍　司 衆〈自〉	原田祐一郎	3581-0530
外　務　大　臣	上　川　陽　子 衆〈自〉	西谷康祐	3580-3311(代)
財　務　大　臣 内閣府特命担当大臣 (金融) デフレ脱却担当	鈴　木　俊　一 衆〈自〉	鈴木俊太郎	3581-0101 3581-2716
文部科学大臣	盛　山　正　仁 衆〈自〉	西口卓司	5253-4111(代)
厚生労働大臣	武　見　敬　三 参〈自〉	田中真一	3595-8226
農林水産大臣	宮　下　一　郎 衆〈自〉	天野健太郎	3502-8111(代)
経済産業大臣 原子力経済被害担当 ＧＸ実行推進担当 産業競争力担当 ロシア経済分野協力担当 内閣府特命担当大臣 (原子力損害賠償、 廃炉等支援機構)	西　村　康　稔 衆〈自〉	大山みつえ	3501-1601 1602
国土交通大臣 水循環政策担当 国際園芸博覧会担当	斉　藤　鉄　夫 衆〈公〉	城戸一興	5253-8019
環　境　大　臣 内閣府特命担当大臣 (原子力防災)	伊　藤　信太郎 衆〈自〉	熊谷守広	3580-0241
防　衛　大　臣	木　原　　稔 衆〈自〉	篠田　了	5269-3240
内閣官房長官 沖縄基地負担軽減担当 拉致問題担当	松　野　博　一 衆〈自〉	小澤貴仁	3581-0101
デジタル大臣 デジタル行財政改革担当 デジタル田園都市国家構想担当 行政改革担当 国家公務員制度担当 内閣府特命担当大臣 (規制改革)	河　野　太　郎 衆〈自〉	盛　純二	4477-6775(代)
復　興　大　臣 福島原発事故再生総括担当	土　屋　品　子 衆〈自〉	佐々木太郎	6328-1111(代)
国家公安委員会委員長 国土強靭化担当 領土問題担当 内閣府特命担当大臣 (防災、海洋政策)	松　村　祥　史 参〈自〉	下四日市郁夫	3581-1739
内閣府特命担当大臣 (こども政策、少子化対策 若者活躍、男女共同参画) 女性活躍担当 共生社会担当 孤独・孤立対策担当	加　藤　鮎　子 衆〈自〉	両角真之介	5253-2111(代)
経済再生担当 新しい資本主義担当 スタートアップ担当 感染症危機管理担当 全世代型社会保障改革担当 内閣府特命担当大臣 (経済財政政策)	新　藤　義　孝 衆〈自〉	小仁熊　旬	5253-2111(代)
経済安全保障担当 内閣府特命担当大臣 (クールジャパン戦略、知的財産戦略、科学技術政策、宇宙政策、経済安全保障)	高　市　早　苗 衆〈自〉	髙市知嗣	5253-2111(代)
内閣府特命担当大臣 (沖縄及び北方対策、消費者及び食品安全、地方創生、アイヌ施策) 国際博覧会担当	自　見　はなこ 参〈自〉	江頭清輝	5253-2111(代)

副大臣・大臣政務官・事務次官一覧

省庁	副大臣	副大臣室	大臣政務官	大臣政務官室	事務次官
デジタル庁	石川 昭政 衆(自)	4477-6775	土田 慎 衆(自)	4477-6775	
復興庁	高木 宏壽 衆(自) 平木 大作 参(公) 堂故 茂 参(自)	6328-1111	平沼正二郎 衆(自) 本田 顕子 参(自) 吉田 宣弘 衆(公) 加藤竜祥 衆(自)	6328-1111	角田 隆
内閣府	井林辰憲 衆(自) 工藤彰三 衆(自) 堀井 学 衆(自) 石川昭政 衆(自) 岩田和親 衆(自) 酒井庸行 参(自) 堂故 茂 参(自) 滝沢 求 参(自) 宮澤博行 衆(自)	5253-2111	神田潤一 衆(自) 古賀友一郎 参(自) 平沼正二郎 衆(自) 土田 慎 衆(自) 石井 拓 衆(自) 吉田 宣弘 衆(公) 加藤竜祥 衆(自) 国定勇人 衆(自) 三宅伸吾 参(自)	5253-2111	田和 宏
総務省	渡辺孝一 衆(自) 馬場成志 参(自)	5253-5111	小森卓郎 衆(自) 長谷川淳二 衆(自) 船橋利実 参(自)	5253-5111	内藤尚志
法務省	門山宏哲 衆(自)	3581-1940	中野英幸 衆(自)	3592-7833	川原隆司
外務省	辻 清人 衆(自) 堀井 巌 参(自)	5501-8007 5501-8010	高村正大 衆(自) 深澤陽一 衆(自) 穂坂 泰 衆(自)	3580-3311(代)	岡野正敬
財務省	神田憲次 衆(自) 矢倉克夫 参(公)	3581-2714 3581-2713	瀬戸隆一 衆(自) 佐藤 啓 参(自)	3581-7600 3581-7622	茶谷栄治
文部科学省	青山周平 衆(自) 今枝宗一郎 衆(自)	5253-4111	安江伸夫 参(公) 本田顕子 参(自)	5253-4111	藤原章夫
厚生労働省	濱地雅一 衆(公) 宮﨑政久 衆(自)	5253-1111	塩崎彰久 衆(自) 三浦 靖 参(自)	5253-1111	大島一博
農林水産省	鈴木憲和 衆(自) 武村展英 衆(自)	3591-2722 3591-2051	高橋光男 参(公) 舞立昇治 参(自)	3591-5730 3591-5561	横山 紳
経済産業省	岩田和親 衆(自) 酒井庸行 参(自)	3501-1603 3501-1604	石井 拓 衆(自) 吉田宣弘 衆(公)	3501-1222 3501-1221	飯田祐二
国土交通省	國場幸之助 衆(自) 堂故 茂 参(自)	5253-8020 5253-8021	石橋林太郎 衆(自) こやり隆史 参(自) 加藤竜祥 衆(自)	5253-8976 5253-8023 5253-8024	和田信貴
環境省	八木哲也 衆(自) 滝沢 求 参(自)	3580-0247	朝日健太郎 参(自) 国定勇人 衆(自)	3581-4912 3581-3362	和田篤也
防衛省	宮澤博行 衆(自)	5229-2121	松本 尚 衆(自) 三宅伸吾 参(自)	5229-2122 3267-0336	増田和夫
内閣官房副長官	村井英樹 衆(自) 森屋 宏 参(自) 栗生俊一	3581-0101 5532-8615 3581-1061			

衆・参各議院役員等一覧

第212回国会（令和5年10月20日～12月13日）（10月20日現在）

【衆 議 院】		【参 議 院】	
議　　長	額賀福志郎（無）	議　　長	尾辻秀久（無）
副 議 長	海江田万里（無）	副 議 長	長浜博行（無）

常任委員長

【衆 議 院】		【参 議 院】	
内　　閣	星野剛士（自）	内　　閣	大野泰正（自）
総　　務	古屋範子（公）	総　　務	新妻秀規（公）
法　　務	武部　新（自）	法　　務	佐々木さやか（公）
外　　務	勝俣孝明（自）	外交防衛	北村経夫（自）
財務金融	津島　淳（自）	財政金融	宮本周司（自）
文部科学	田野瀬太道（自）	文教科学	高橋克法（自）
厚生労働	田畑裕明（自）	厚生労働	比嘉奈津美（自）
農林水産	野中　厚（自）	農林水産	滝波宏文（自）
経済産業	岡本三成（公）	経済産業	森本真治（立）
国土交通	長坂康正（自）	国土交通	青木　愛（立）
環　　境	務台俊介（自）	環　　境	三原じゅん子（自）
安全保障	築　和生（自）	国家基本政策	浅田　均（維）
国家基本政策	根本　匠（自）	予　　算	末松信介（自）
予　　算	小野寺五典（自）	決　　算	佐藤信秋（自）
決算行政監視	江田憲司（立）	行政監視	川田龍平（立）
議院運営	山口俊一（自）	議院運営	石井準一（自）
懲　　罰	大串博志（立）	懲　　罰	松沢成文（維）

特別委員長

【衆 議 院】		【参 議 院】	
災害対策	御法川信英（自）	災害対策	竹内真二（公）
倫理公選	亀岡偉民（自）	ODA・沖縄北方	藤川政人（自）
沖縄北方	松木けんこう（立）	倫理選挙	西田昌司（自）
拉致問題	下条みつ（立）	拉致問題	山谷えり子（自）
消費者問題	秋葉賢也（自）	地方創生・デジタル社会	長谷川　岳（自）
東日本大震災復興	髙階恵美子（自）	消費者問題	石井　章（維）
原子力問題調査	中根一幸（自）	東日本大震災復興	野田国義（立）
地域活性化・こども政策・デジタル社会形成	谷　公一（自）		

調査会長

		【参 議 院】	
		外交・安全保障	猪口邦子（自）
		国民生活・経済及び地方	福山哲郎（立）
		資源エネルギー・持続可能社会	宮沢洋一（自）

憲法審査会会長	森　英介（自）	憲法審査会会長	中曽根弘文（自）
情報監視審査会会長	浜田靖一（自）	情報監視審査会会長	有村治子（自）
政治倫理審査会長	塩谷　立（自）	政治倫理審査会長	野村哲郎（自）
事務総長	岡田憲治	事務総長	小林史武

（カッコ内は会派名。自＝自由民主党・無所属の会（衆院）、自由民主党（参院）、立＝立憲民主党・無所属（衆院）、立憲民主・社民（参院）、維＝日本維新の会、公＝公明党、無＝無所属）

衆 議 院

●凡例　記載内容は原則として令和5年10月22日現在。

選挙区	選挙当日有権者数 投票率	選挙得票数・得票率 (比は比例代表との重複立候補者、比当 は比例代表での当選者)

選挙区割

	ふり 氏	がな 名	党派*（会派）　　当選回数 出身地　　　　生年月日 勤続年数(うち◉年数)(初当選年)

略　歴 {現職はゴシック。但し大臣・副大臣・
政務官、委員会及び党役職のみ。}

〒　地元　住所　　　　　　　☎
〒　東京　住所　　　　　　　☎

●編集要領
○ 住所に宿舎とあるのは議員宿舎、会館とあるのは議員会館。
○ 党派名、自民党派閥名を([ ]で表示)を略称で表記した。

自…自由民主党	社…社会民主党	[森]…森山派
立…立憲民主党	無…無所属	[無]…無派閥
維…日本維新の会	[安]…安倍派	
公…公明党	[麻]…麻生派	（ ）内は会派名
国…国民民主党	[茂]…茂木派	•自民…自由民主党・無所属の会
共…日本共産党	[岸]…岸田派	•立憲…立憲民主党・無所属
れ…れいわ新選組	[二]…二階派	•有志…有志の会

○ 常任委員会

内閣委員会…………………内閣委	国土交通委員会…………………国交委
総務委員会…………………総務委	環境委員会…………………………環境委
法務委員会…………………法務委	安全保障委員会…………………安保委
外務委員会…………………外務委	国家基本政策委員会……国家基本委
財務金融委員会……………財金委	予算委員会…………………………予算委
文部科学委員会……………文科委	決算行政監視委員会……決算行監委
厚生労働委員会……………厚労委	議院運営委員会…………………議運委
農林水産委員会……………農水委	懲罰委員会…………………………懲罰委
経済産業委員会……………経産委	

○ 特別委員会

災害対策特別委員会 ……………………………………………………災害特委
政治倫理の確立及び公職選挙法改正に関する特別委員会 ……倫選特委
沖縄及び北方問題に関する特別委員会 …………………………沖北特委
北朝鮮による拉致問題等に関する特別委員会 …………………拉致特委
消費者問題に関する特別委員会 ………………………………消費者特委
東日本大震災復興特別委員会 …………………………………………復興特委
原子力問題調査特別委員会 …………………………………………原子力特委
地域活性化・こども政策・デジタル社会形成に関する特別委員会 …地・こ・デジ特委

○ 審査会

憲法審査会 ……………………………………………………………………憲法審委
情報監視審査会 …………………………………………………………情報監視審委
政治倫理審査会 ……………………………………………………………政倫審委

※所属の委員会名は、10月26日現在の委員部資料及び議員への取材に基づいて掲載しています。
※勤続年数・年齢は令和5年11月末現在
*新…当選1回の議員、前…直近の衆議院解散により衆議院議員を失職した人、元…衆議院議員の経験があり、直近の衆議院議員総選挙に落選した人、あるいは、出馬しなかった人
(注)比例代表で復活当選した議員の小選挙区名を（ ）内に示した。

衆議院議員・秘書名一覧

議員名	党派(会派)	選挙区	政策秘書名	第1秘書名	第2秘書名	館別号室	直通 / FAX	略歴頁
あ あかま二郎（じろう）	自[麻]	神奈川14	鈴木恵子	久本則慶	神崎恭子	1 421	3508-7317 3508-3317	86
あべ俊子（としこ）	自[無]	比例中国	竹山直子	小賀智子	末澤文智	1 514	3508-7136 3508-3436	148
安住 淳（あずみ じゅん）	立	宮城5	泉 貴仁	遠藤裕美	髙木万莉子	1 1003	3508-7293 3508-3503	61
足立康史（あだちやすし）	維	大阪9	斉藤 巧	川口元気	植田まゆみ	1 1016	3508-7100 3508-6410	129
阿部 司（あべ つかさ）	維	比例東京	両角 穣	國井百合子	津田郁也	2 321	3508-7504 3508-3934	101
あ 阿部知子（あべ ともこ）	立	神奈川12	小林わかば	嘉藤 敦	横山亨彦	1 424	3508-7303 3508-3303	86
阿部弘樹（あべ ひろき）	維	比例九州	高岡英一	—	—	2 1102	3508-7480 3508-3360	166
逢沢一郎（あいさわいちろう）	自[無]	岡山1	藤井章文	足立 輝		1 505	3508-7105 3508-0319	143
青柳仁士（あおやぎひとし）	維	大阪14	小島英治	綾田剛樹	田邉慶一郎	1 723	3508-7609 3508-3989	130
青柳陽一郎（あおやぎよういちろう）	立	比例南関東	仲長武男	高久正信	宮下佳織	2 1013	3508-7245 3508-3515	90
青山周平（あおやましゅうへい）	自[安]	比例東海	佐藤 彰	中田大亮	大須賀竜也	1 616	3508-7083 3508-3089	119
青山大人（あおやま やまと）	立	比例北関東	竹神裕輔	—	—	2 201	3508-7039 3508-3839	77
赤木正幸（あかぎまさゆき）	維	比例近畿	佐谷秋太	藤戸則郎		2 506	3508-7505 3508-3935	127
赤澤亮正（あかざわりょうせい）	自[無]	鳥取2	来石 司	間丸誠徳	宮本幸一	2 1022	3508-7490 3508-3370	142
赤羽一嘉（あかば かずよし）	公	兵庫2	治井邦弘	川元揚二郎	御影まさ	2 414	3508-7079 3508-3769	132
赤嶺政賢（あかみねせいけん）	共	沖縄1	竹内 真	佐々木森夢	仲宗根さ沙里	1 1107	3508-7196 3508-3626	162
秋葉賢也（あきば けんや）	自[茂]	比例東北	高嶋佳恵	西 憲太郎	五十嵐 隆	1 823	3508-7392 3508-3632	64
秋本真利（あきもとまさとし）	無	比例南関東	—	—	—	1 1209	3508-7611 3508-3991	88
浅川義治（あさかわよしはる）	維	比例南関東	持碓 優	丸井慎一		2 803	3508-7197 3508-3627	91

※内線電話番号は、第1議員会館は5＋室番号、6＋室番号（3〜9階は5、6のあとに0を入れる）、第2議員会館は7＋室番号、8＋室番号（2〜9室は7、8のあとに0を入れる）

衆議員・秘書

い

議員名	党派(会派)	選挙区	政策秘書名 第1秘書名 第2秘書名	館別号室	直通 FAX	略歴頁
浅野 哲 (あさの さとし)	国	茨城5	森田亜希人／川大一弘和／田中洋	1 406	3508-7231 3508-3231	68
東 国幹 (あずま くによし)	自[茂]	北海道6	武末和仁織／川原沙正／吉原浩	2 1020	3508-7634 3508-3264	54
畦元将吾 (あぜもとしょうご)	自[岸]	比例 中国	竹重吉晃／若林仁美	1 501	3508-7710 3508-3343	148
麻生太郎 (あそう たろう)	自[麻]	福岡8	佐々木隆治／島口誠人／原勇	1 301	3508-7703 3501-7528	156
甘利 明 (あまり あきら)	自[麻]	比例 南関東	河野田郎／伊一雅彦	2 514	3508-7528 3502-5087	88
荒井 優 (あらい ゆたか)	立	比例 北海道	荻野あおい／秋元兵平／蓮上	2 602	3508-7602 3508-3982	57
新垣邦男 (あらかき くにお)	社	沖縄2	塚田大海志／久嶋睦美／喜屋武幸容	2 711	3508-7157 3508-3707	163
五十嵐 清 (いがらし きよし)	自[茂]	比例 北関東	上野忠彦／田貴章／濱﨑絵美子	2 915	3508-7085 3508-3865	76
井坂信彦 (いさか のぶひこ)	立	兵庫1	佐藤利信一／万谷山智晃／髙	2 1216	3508-7082 3508-3862	131
井出庸生 (いで ようせい)	自[麻]	長野3	髙橋澄泰／竹出内充／江生充	2 721	3508-7469 3508-3299	107
井野俊郎 (いの としろう)	自[茂]	群馬2	川崎陽子／城下正樹／齊田直	2 921	3508-7219 3508-3219	70
井上信治 (いのうえ しんじ)	自[麻]	東京25	臼井悠人／岩﨑百合紀／竹本美	1 317	3508-7328 3508-3328	99
井上貴博 (いのうえ たかひろ)	自[麻]	福岡1	伊藤茂雄／大野谷口賢治三	1 323	3508-7239 3508-3239	155
井上英孝 (いのうえ ひでたか)	維	大阪1	石広映子／橋瀬能久／小田優子	1 404	3508-7333 3508-3333	127
井林辰憲 (いばやし たつのり)	自[麻]	静岡2	福島井正直之／前島克密	1 919	3508-7127 3508-3427	113
井原 巧 (いはら たくみ)	自[安]	愛媛3	松田貢一／藤岡尊典	2 207	3508-7201 3508-3201	152
伊佐進一 (いさ しんいち)	公	大阪6	湯浅憲一／小西泰夫人／小菅瑞	1 1004	3508-7391 3508-3631	128
伊東信久 (いとう のぶひさ)	維	大阪19	永田千寿／武昌則也／舩冨夫	1 916	3508-7243 3508-3513	131
伊東良孝 (いとう よしたか)	自[二]	北海道7	魚住純也／児玉裕奈／大志保夕里	1 623	3508-7170 3508-7177	54
伊藤俊輔 (いとう しゅんすけ)	立	比例 東京	東恭弘／月原大輔	2 1122	3508-7150 3508-3640	100

議員名	党派(会派)	選挙区	政策秘書名／第1秘書名／第2秘書名	館別号室	直通／FAX	略歴頁
伊藤信太郎（いとうしんたろう）	自(麻)	宮城4	大谷津篤／熊谷守広／田中貴美子	2-205	3508-7091／3508-3871	60
伊藤忠彦（いとうただひこ）	自(二)	愛知8	上田恵利志／宮島隆太／渡部祐	2-222	3508-7003／3508-3803	116
伊藤達也（いとうたつや）	自(茂)	東京22	山中真喜子／川内直樹／福井裕康	2-524	3508-7623／3508-3253	98
伊藤渉（いとうわたる）	公	比例東海	中島勉／村本豊貴／北澤匡	1-921	3508-7187／3508-3617	122
池下卓（いけしたたく）	維	大阪10	上野寿朗／甲斐志之／森弘	1-907	3508-7454／3508-3284	129
池田佳隆（いけだよしたか）	自(安)	比例東海	柿沼和宏子／丹羽葉舞／坂本	2-511	3508-7616／3508-3996	120
池畑浩太朗（いけはたこうたろう）	維	比例近畿	野﨑敏雄／及川智義	2-509	3508-7520／3508-3950	137
石井啓一（いしいけいいち）	公	比例北関東	杉藤高／戸田橋勝成／研介利典	411	3508-7110／3508-3229	77
石井拓（いしいたく）	自(安)	比例東海	藤小嶋林田光／原哲陽三紗子	2-209	3508-7031／3508-3813	119
石川昭政（いしかわあきまさ）	自(無)	比例北関東	大石益山子／塚浩侑／敬史久也	2-1014	3508-7159／3508-3709	76
石川香織（いしかわかおり）	立	北海道11	亀高岡／井桑本／政貴浩鎌	2-512	3508-7512／3508-3942	55
石田真敏（いしだまさとし）	自(岸)	和歌山2	山今井上西崎／勝康泰／紀仁治	2-313	3508-7072／3581-6992	135
石破茂（いしばしげる）	自(無)	鳥取1	吉瀬村谷淵／麻正長／央水彦	2-515	3508-7525／3502-5174	142
石橋林太郎（いしばしりんたろう）	自(岸)	比例中国	田植村村吉岡／志広恭／野明路	1-1221	3508-7901／3508-3409	147
石原宏高（いしはらひろたか）	自(岸)	比例東京	佐藤目野夏星／紀勧顕／人嗣仁	1-813	3508-7319／3508-3319	100
石原正敬（いしはらまさたか）	自(岸)	比例東海	市川淀内髙加島／幸史駿／篤	1-910	3508-7706／3508-3321	120
泉健太（いずみけんた）	立	京都3	田野中本／栄菜／一生	1-817	3508-7005／3508-3805	126
泉田裕彦（いずみだひろひこ）	自(無)	比例北陸信越	横早山高坂／山智朋／絵理敬孝	2-914	3508-7640／3508-3270	109
一谷勇一郎（いちたにゆういちろう）	維	比例近畿	柴鈴田木／田翔平／薫	2-507	3508-7300／3508-3373	137
市村浩一郎（いちむらこういちろう）	維	兵庫6	康渡本／智昭／赫恵子	2-1203	3508-7165／3508-3715	133

※内線電話番号は、第1議員会館は5＋室番号、6＋室番号（3～9階は5、6のあとに0を入れる）、
　第2議員会館は7＋室番号、8＋室番号（2～9階は7、8のあとに0を入れる）

議員名	党派(会派)	選挙区	政策秘書 第1秘書 第2秘書	館別号室	直通 FAX	略歴頁
いな だ とも み 稲田朋美	自[安]	福井1	小坪 野端 隼三美 人和紗	2 1115	3508-7035 3508-3835	106
いな つ ひさし 稲津 久	公	北海道10	布一谷 川戸内 和康直 義男樹	2 413	3508-7089 3508-3869	55
いな とみしゅう じ 稲富修二	立	比例 九州	神古 山屋 洋伴 介朗	2 1004	3508-7515 3508-3945	165
いまえだそういちろう 今枝宗一郎	自[麻]	愛知14	田木 淵曽 雄智 三弘	1 422	3508-7080 3508-3860	118
いま むら まさ ひろ 今村雅弘	自[二]	比例 九州	無津木 呂下 智明 臣仁	2 1210	3508-7610 3597-2723	163
いわ た かず ちか 岩田和親	自[岸]	比例 九州	峯崎恭輔	2 206	3508-7707 3508-3203	164
いわ たにりょうへい 岩谷良平	維	大阪13	三森森 好本田 新一 治愛也	1 906	3508-7314 3508-3314	130
いわ や たけし 岩屋 毅	自[麻]	大分3	山岩青 口恒木 明恒隆 浩久幸	2 1209	3508-7510 3509-7610	160
うえすぎけん た ろう 上杉謙太郎	自[安]	比例 東北	高大佐 橋見々木 洋祐樹洋	2 1111	3508-7074 3508-3764	65
うえ だ えいしゅん 上田英俊	自[茂]	富山2	大濱藤 瀧瀬井 幸浩 雄晃開	2 811	3508-7061 3508-3381	105
うえ の けんいちろう 上野賢一郎	自[森]	滋賀2	原浅野 島山中みゆき 潤槙信之	1 621	3508-7004 3508-3804	124
うきしまとも こ 浮島智子	公	比例 近畿	柏竹 木本 淳恵	2 820	3508-7290 3508-3740	139
うめ たに まもる 梅谷 守	立	新潟6	瀧岡杉 澤村山 直祐直 樹子人	2 403	3508-7403 3508-3883	105
うら の やす と 浦野靖人	維	大阪15	藤大池 鷹河内側 英国純 雄光司	1 405	3508-7641 3508-3271	130
うる ま じょう じ 漆間譲司	維	大阪8	長川高 嶋面田 雅篤祐 代志也	1 912	3508-7298 3508-3508	128
え さきてつ ま 江﨑鐵磨	自[二]	愛知10	若江栗 山﨑本 慎琢実樹 司磨男	2 1002	3508-7418 3508-3898	117
え だ けん じ 江田憲司	立	神奈川8	大塚町望 亜紀月 子哉高	2 610	3508-7462 3508-3292	85
え と あき のり 江渡聡徳	自[麻]	青森1	鈴高藤 木渕 貴正賢晃 司賢一	2 1021	3508-7096 3508-3961	58
え とう たく 江藤 拓	自[無]	宮崎2	三川小 野合西 賢尊 晃二秀	2 1207	3508-7468 3591-3063	161
え り 英利アルフィヤ	自[麻]	千葉5 補		1 1122	3508-7436 3508-3916	81

議　員　名	党派(会派)	選挙区	政策秘書名 第1秘書名 第2秘書名	館別号室	直通 FAX	略歴頁
えとうせいしろう 衛藤征士郎	自 [安]	大分2	衛藤　孝 増村成美 金高桃子	1 1101	3508-7618 3595-0003	160
えだのゆきお 枝野幸男	立	埼玉5	枝野佐智子 三吉弘人 沼田陽司	1 804	3508-7448 3591-2249	72
えんどうたかし 遠藤　敬	維	大阪18	山中栄一 下条潤彌 淵上翔香	1 415	3508-7325 3508-3325	131
えんどうとしあき 遠藤利明	自 [無]	山形1	須藤孝治 帯刀亮一 矢野圭一	1 703	3508-7158 3592-7660	62
えんどうりょうた 遠藤良太	維	比例 近畿	松尾和弥 村松かおり 加藤紘生	1 516	3508-7114 3508-3225	137
おおつき紅葉	立	比例 北海道	竹岡正博 冨田山学 　山大輔	1 820	3508-7493 3508-3320	57
おがわじゅんや 小川淳也	立	香川1	坂本広明 青木武佐 原田枝代	2 1005	3508-7621 3508-3251	151
おぐましんじ 小熊慎司	立	福島4	荻野妙子 廣岡久一 代田秀一	1 808	3508-7138 3508-3438	63
おぐらまさのぶ 小倉將信	自 [二]	東京23	齋藤伸弥 藤田弥人 遠藤敦	1 814	3508-7140 3508-3440	98
おざとやすひろ 小里泰弘	自 [無]	比例 九州	金子達也 今吉美智子 上赤修道	1 811	3508-7247 3502-5017	165
おざわいちろう 小沢一郎	立	比例 東北	宇田川勲 川邊嗣治 小湊敬太	1 605	3508-7175	65
おだわらきよし 小田原　潔	自 [安]	東京21	潮麻衣子 吉田直哉 伊集院聡	2 1007	3508-7909 3508-3273	98
おのたいすけ 小野泰輔	維	比例 東京	岩本優美子 大竹等樹 大門馬一	1 513	3508-7340 3508-3340	101
おのでらいつのり 小野寺五典	自 [岸]	宮城6	鈴木敦 加美山不可史 佐藤丈寛	2 715	3508-7432 3508-3912	61
おぶちゆうこ 小渕優子	自 [茂]	群馬5	石川幸子 軽部順一 渡部慎也	2 823	3508-7424 3592-1754	71
おざきまさなお 尾﨑正直	自 [二]	高知2	栗原雄一郎 北村強二 池田誠二	2 901	3508-7619 3508-3999	153
おみあさこ 尾身朝子	自 [安]	比例 北関東	滝誠一郎 塩澤正男	2 1201	3508-7484 3508-3364	75
おちたかお 越智隆雄	自 [安]	比例 東京	渡辺晴彦子 米山淳史 大野圭介	1 1105	3508-7479 3508-3359	100
おがたりんたろう 緒方林太郎	無 [有志]	福岡9	大歳はるか 髙橋伊織 森森晶俊	2 617	3508-7119 3508-3426	157
おおいし 大石あきこ	れ	比例 近畿		2 417	3508-7404 3508-3884	140

※内線電話番号は、第1議員会館は5＋室番号、6＋室番号（3～9階は5、6のあとに0を入れる）、
　　　　　　第2議員会館は7＋室番号、8＋室番号（2～9階は7、8のあとに0を入れる）

議　員　名	党派(会派)	選挙区	政策秘書 第1秘書名 第2秘書名	館別号室	直通 FAX	略歴頁
おおおかとしたか **大岡敏孝**	自 [二]	滋賀1	石　橋　広　行 岸　田　郁　代 冨　迫　佳　子	1 619	3508-7208 3508-3208	124
おおかわらまさこ **大河原まさこ**	立	比例 東京	市　来　伴　良 権　野　藤　嗣 久　　　　茂	1 517	3508-7261 3508-3531	101
おおぐしひろし **大串博志**	立	佐賀2	及　川　昭　広 北　島　一　夫 北　島　智　孝	1 308	3508-7335 3508-3335	158
おおぐしまさき **大串正樹**	自 [無]	比例 近畿	森　本　史　功 大　澤　猛　一	1 616	3508-7191 3508-3621	138
おおぐちよしのり **大口善徳**	公	比例 東海	山　中　基　司 山　内　克　則 久保田　由　美	2 308	3508-7017 3508-8552	122
おおしまあつし **大島敦**	立	埼玉6	稲　垣　雅　紀 永　井　明　一 加　藤　幸　幸	1 420	3508-7093 3508-3380	73
おおつかたく **大塚拓**	自 [安]	埼玉9	松　井　晴　子 佐　藤　由　美 大場隆三郎	1 710	3508-7608 3508-3988	73
おおにしけんすけ **大西健介**	立	愛知13	乾　　　ひとみ 倉　嶋　弘　夫 伊　関　延　延	1 923	3508-7108 3508-3408	117
おおにしひでお **大西英男**	自 [安]	東京16	亀　本　正　城 山　　　誠　樹 吉　田　晃　晃	2 510	3508-7033 3508-3833	97
おおのけいたろう **大野敬太郎**	自 [無]	香川3	奴　賀　裕　行 横　田　飛　真 大谷まゆみ	1 1211	3508-7132 3502-5870	151
おおさかせいじ **逢坂誠二**	立	北海道8	谷　口　真　弓 村　谷　宗　平 野　浜　優　香	2 517	3508-7517 3508-3947	55
おかだかつや **岡田克也**	立	三重2	金　指　良　樹 安　野　上　啓　司 村　　　幸　幸	1 506	3508-7109 3502-5047	119
おかもとあきこ **岡本あき子**	立	比例 東北	村　田　実　人 藤　木　義　美 鈴　木　清	1 711	3508-7064 3508-3844	65
おかもとみつなり **岡本三成**	公	東京12	坂　本　友　明 佐藤希美子 宮　木　正　雄	1 1005	3508-7147 3508-3637	96
おくしたたけみつ **奥下剛光**	維	大阪7	平　松　大　輔 馬場慶次郎 池　内　沙　織	1 721	3508-7225 3508-3414	128
おくのしんすけ **奥野信亮**	自 [安]	比例 近畿	水　野　元　晴 野　口　善　行 平　岡　史　史	2 1001	3508-7421 3508-3901	138
おくのそういちろう **奥野総一郎**	立	千葉9	中野あかね 北　村　直　昭	1 1119	3508-7256 3508-3526	82
おちあいたかゆき **落合貴之**	立	東京6	星　野　菜穂子 加　藤　功　功 下　野　克　一	2 606	3508-7134 3508-3434	94
おにきまこと **鬼木誠**	自 [森]	福岡2	大　森　一　毅 平　山　康　樹 濱崎耕太郎	1 715	3508-7182 3508-3612	155
かとうあゆこ **加藤鮎子**	自 [無]	山形3	宮　川　岳	1 705	3508-7216 3508-3216	62

か

か

議員名	党派(会派)	選挙区	政策秘書名 第1秘書名 第2秘書名	館別号室	直通 FAX	略歴頁
加藤勝信（かとうかつのぶ）	自[茂]	岡山5	加藤則和／杉原洋尚／栗葉雄平尚	2 1104	3508-7459 3508-3289	144
加藤竜祥（かとうりゅうしょう）	自[安]	長崎2	山岸直嗣／山横根真奈／羽里奈	2 1106	3508-7230 3508-3230	158
河西宏一（かさいこういち）	公	比例東京	田邊清二／石井敏之／海野奈保子	2 503	3508-7630 3508-3260	101
海江田万里（かいえだばんり）	無	比例東京	落合友子／三雲崇正／上村大	1 609	3508-7316 3508-3316	101
柿沢未途（かきざわみと）	自	東京15	留木成人／帖地雅史	2 611	3508-7427 3508-8807	96
笠井亮（かさいあきら）	共	比例東京	向田也実／佐中平珠智之	2 621	3508-7439 3508-3919	102
梶山弘志（かじやまひろし）	自[無]	茨城4	木村義人／宇留野洋治／石黒理恵子	2 903	3508-7529 3508-7714	68
勝俣孝明（かつまたたかあき）	自[二]	静岡6	新井裕志／土倉隆太／村上祥平	1 920	3508-7202 3508-3202	114
勝目康（かつめやすし）	自[無]	京都1	柴田真次／柳幸史／綾部繁	2 615	3508-7615 3508-3995	125
門山宏哲（かどやまひろあき）	自[無]	比例南関東	中村寿城／石原久太／竹脇亮	2 1121	3508-7382 3508-3512	89
金子恵美（かねこえみ）	立	福島1	中川誠一郎／来山佳子	2 710	3508-7476 3508-3356	63
金子俊平（かねこしゅんぺい）	自[岸]	岐阜4	塚本信二／藤村掛裕／滝村友尚人	2 913	3508-7060 3502-5853	112
金子恭之（かねこやすし）	自[岸]	熊本4	白石剛嗣／中大串浩穂堯	2 410	3508-7410 3504-8776	160
金子容三（かねこようぞう）	自[岸]	長崎4補		2 714	3508-7627 3508-3257	159
金田勝年（かねだかつとし）	自[二]	比例東北	工藤衛実／小田嶋希志／大高洋志	2 1009	3508-7053 3508-8815	65
金村龍那（かねむらりゅうな）	維	比例南関東	岩松健祐／上垣敬奈／末野里奈	2 421	3508-7411 3508-3891	90
鎌田さゆり（かまたさゆり）	立	宮城2	横田ひろえ／田常子／安葉千繁	1 313	3508-7204 3508-3204	60
上川陽子（かみかわようこ）	自[岸]	静岡1	西谷康祐／村田潮見／藤田知士	2 305	3508-7460 3508-3290	112
神谷裕（かみやひろし）	立	比例北海道	長内勇人／倉松家哲／松家哲宏	2 801	3508-7050 3508-3960	57
亀岡偉民（かめおかよしたみ）	自[安]	比例東北	亀岡まなみ／岡崎雄旭	1 1006	3508-7148 3508-3638	64

※内線電話番号は、第1議員会館は5＋室番号、6＋室番号（3〜9階は5、6のあとに0を入れる）、
　　第2議員会館は7＋室番号、8＋室番号（2〜9階は7、8のあとに0を入れる）

議員名	党派(会派)	選挙区	政策秘書名 第1秘書名 第2秘書名	館別号室	直通 FAX	略歴頁
かわさき 川崎ひでと	自 [無]	三重2	長 嶺 友 之 笹井貴与彦 永 田 真 巳	1 702	3508-7152 3502-5173	118
かん だ けん じ 神田 憲次	自 [安]	愛知5	菅野照友旭 ―――	1 1124	3508-7253 3508-3523	115
かん だ じゅんいち 神田 潤一	自 [岸]	青森2	黒 保 浩 介 貝 吹 敦 志 藍澤奈緒子	2 812	3508-7502 3508-3932	58
かん なお と 菅 直人	立	東京18	菅 源太郎 岡 戸 正 典 金 子 裕 弥	1 512	3508-7323 3595-0090	97
かん け いち ろう 菅家 一郎	自 [安]	比例 東北	佐 原 正 孝 大 高 西 純 一 大 西 一 太	1 503	3508-7107 3508-3407	64
き はら せい じ 木原 誠二	自 [岸]	東京20	川 西 昌 克 上 倉 賢 二 西 﨑 正 也	1 915	3508-7169 3508-3719	98
き はら みのる 木原 稔	自 [茂]	熊本1	北 園 浩 一 佐 藤 尚 之 勝 久 卓 治	2 1116	3508-7450 3508-3970	159
き むら じ ろう 木村 次郎	自 [安]	青森3	村 田 尚 也 山 本 幸之助 今 岡 陽 子	2 809	3508-7407 3508-3887	59
き ら しゅうじ 吉良 州司	無 [有志]	大分2	尾 﨑 美 加 ――― ―――	2 707	3508-7412 3508-3892	160
き い たかし 城井 崇	立	福岡10	襲 田 憲 右 早 見 はるみ 緒 方 文 則	1 807	3508-7389 3508-3509	157
き うち みのる 城内 実	自 [森]	静岡7	安 田 年 一 古 田 潤 代 南 谷 幸	2 623	3508-7441 3508-3921	114
き かわだ ひとし 黄川田仁志	自 [無]	埼玉3	石井あゆみ 川 内 昂 智 久 永 徳	1 816	3508-7123 3508-3423	72
きく た ま き こ 菊田真紀子	立	新潟4	鈴 木 明 久 中 村 紀 直 金 子 起	2 802	3508-7524 3508-3954	104
きし のぶちよ 岸 信千世	自 [安]	山口2 補	小 林 憲 史 吉 永 隆 友 中 村 友 彦	1 1203	3508-1203 3508-3237	146
きし だ ふみ お 岸田 文雄	自 [岸]	広島1	浮 下 田 義 晴 杉 浦 岸 征 史 杉 浦 岳 志	1 1222	3508-7279 3591-3118	144
きた がみ けい ろう 北神 圭朗	無 [有志]	京都4	三ツ谷菜採 千 葉 一 真 葉 一 真	2 519	3508-7069 3508-3849	126
きた がわ かず お 北側 一雄	公	大阪16	橋 本 勝 之 岡 本 章 之 矢 野 博 之	1 508	3508-7263 3508-3533	130
きんじょうやす くに 金城 泰邦	公	比例 九州	大 西 章 英 地 貴 大 武 上 饒 平 名 広	1 801	3508-7153 3508-3703	166
く どうしょうぞう 工藤 彰三	自 [麻]	愛知2	原 澤 直 樹 酒 井 雄 樹 後 藤 英 樹	2 218	3508-7018 3508-3818	115
くさ か まさ き 日下 正喜	公	比例 中国	山 田 一 成 木 口 勇 二 濱 岡 貴 史	2 920	3508-7021 3508-3821	149

15

議　員　名	党派(会派)	選挙区	政策秘書名 第1秘書名 第2秘書名	館別号室	直通 FAX	略歴頁
くし ぶち ま り 櫛渕万里	れ	比例 東京繰	森島貴浩 赤木義美 林　善一	2 416	3508-7063 3508-3383	102
くに さだ いさ と 国定勇人	自 [二]	比例 北陸信越	久191ちぐさ 赤堀大也 松山　徹	1 1220	3508-7131 3508-3431	109
くに しげ とおる 國重　徹	公	大阪5	山西博之 松元晋輔 福本彰律	2 716	3508-7405 3508-3885	128
くにみつ 国光あやの	自 [岸]	茨城6	越智章 川又智佐子	2 304	3508-7036 3508-3836	68
くまだ ひろ みち 熊田裕通	自 [無]	愛知1	伸夫歩絵 山伊藤理 田辺	2 508	3508-7513	114
げん ば こういちろう 玄葉光一郎	立	福島3	浜秀夫幸洋 佐藤周彰 佐藤	1 819	3508-7252 3591-2635	63
げん ま けん たろう 源馬謙太郎	立	静岡8	落合照子尚生 森山俊 杉山幸	1 624	3508-7160 3508-3710	114
こいずみしんじろう 小泉進次郎	自 [無]	神奈川11	干場香名女 沼口祐季	1 314	3508-7327	85
こ いずみりゅうじ 小泉龍司	自 [二]	埼玉11	原田祐一郎 松村重樹 菊地綾子	2 1107	3508-7121 3508-3351	74
こ じまとし ふみ 小島敏文	自 [岸]	比例 中国	山本秀一 鎌倉正樹枝 久松	1 1206	3508-7192 3508-3622	147
こ てら ひろ お 小寺裕雄	自 [二]	滋賀4	新井勝美 吉月幸口也 望	1 601	3508-7126 3508-3419	125
こばやししげ き 小林茂樹	自 [二]	比例 近畿	吉川英里 大堀川誠力	2 501	3508-7090 3508-3870	138
こばやしたか ゆき 小林鷹之	自 [二]	千葉2	竹内仁美太 藤原田正憲	1 417	3508-7617 3508-3997	80
こばやしふみ あき 小林史明	自 [岸]	広島7	小川麻理亜 平盛越豊帆 宮城真	1 1205	3508-7455 3508-3630	146
こ みやますこ 小宮山泰子	立	比例 北関東	有本和雄次 本木昭策 八川偉	1 607	3508-7184 3508-3614	77
こ もりたく お 小森卓郎	自 [安]	石川1	髙谷西均樹 寺秀	1 812	3508-7179 3508-3609	106
こ やま のぶ ひろ 小山展弘	立	静岡3	安田幸祐 伊藤田健人 羽田え	1 1113	3508-7270 3508-3540	113
こ が あつし 古賀　篤	自 [岸]	福岡3	井上貴文士子 宮崎章 村川	2 216	3508-7081 3508-3861	155
ご とう しげ ゆき 後藤茂之	自 [無]	長野4	小林勇郎 波多野泰史 三沢泰敏	1 704	3508-7702 3508-3452	108
ご とう ゆういち 後藤祐一	立	神奈川16	藤巻浩輔 細田野康男 沼	2 814	3508-7092 3508-3962	87

※内線電話番号は、第1議員会館は5＋室番号、6＋室番号（3～9階は5、6のあとに0を入れる）、
　　　　　　　　第2議員会館は7＋室番号、8＋室番号（2～9階は7、8のあとに0を入れる）

さ

議員名	党派(会派)	選挙区	政策秘書名 第1秘書名 第2秘書名	館別号室	直通 FAX	略歴頁
こう の た ろう 河野太郎	自[麻]	神奈川15	菊地 陽介 山本亜希子 加藤 睦美	2 1103	3508-7006 3500-5360	86
こう づ 神津たけし	立	比例 北陸信越	堀内 由理 上條 研一 新海 海大	2 204	3508-7015 3508-3815	110
こう むら まさ ひろ 高村正大	自[麻]	山口1	上田 将祐 江村 和亨 荒木 剛尊	1 701	3508-7113 3502-5044	146
こくば こう の すけ 國場幸之助	自[岸]	比例 九州	渡邊 純一 市川 宏明 篠宮 智	2 1016	3508-7741 3508-3061	164
こく た けい じ 穀田恵二	共	比例 近畿	山窪 聡子 内田 則子 元山小百合	2 620	3508-7438 3508-3918	140
こし みず けい いち 輿水恵一	公	比例 北関東	藤村 達彦 葛西 正矩	2 307	3508-7076 3508-3766	77
こん どう かず や 近藤和也	立	比例 北陸信越	宮崎 広希 田森 直樹 川辻 敏純	2 819	3508-7605 3508-3985	109
こん どうしょういち 近藤昭一	立	愛知3	笘米地真之也 成川 正德 坂野 康達	2 402	3508-7402 3508-3882	115
さ さ き はじめ 佐々木 紀	自[安]	石川2	田辺 暢明 道券 正助 横山 大	2 301	3508-7059 6273-3012	106
さ とうこう じ 佐藤公治	立	広島6	神戸 淳良 前永 司次 松門 健	1 1022	3508-7145 3508-3635	146
さ とうしげ き 佐藤茂樹	公	大阪3	浮田 宣明 清水 信憲 斎藤 良	1 908	3508-7200 3508-3510	127
さ とう つとむ 佐藤 勉	自[無]	栃木4	佐藤 圭和 武正 正司 須崎	2 902	3508-7408 3597-2740	70
さ とうひでみち 佐藤英道	公	比例 北海道	服部 正公 川向 謙貴 島田	2 717	3508-7457 3508-3287	57
さい とう てつ お 斉藤鉄夫	公	広島3	稲田 則明 小堀 信博 小片	1 412	3508-7308 3501-5524	145
さいとう 斎藤アレックス	国	比例 近畿	伊藤 直子 安持英太郎 大﨑 俊英	2 405	3508-7637 3508-3267	140
さい とう けん 齋藤 健	自[無]	千葉7	安藤 辰生 安藤 晴彦	1 822	3508-7221 3508-3221	81
さい とう ひろ あき 斎藤洋明	自[麻]	新潟3	田中 悟 長谷川智希 若狹 健太	1 407	3508-7155 3508-3705	104
さか い まなぶ 坂井 学	自[無]	神奈川5	李 燁明 勝間田 将人 山藤 卓	2 1119	3508-7489 3508-3369	84
さか もと て つ し 坂本哲志	自[森]	熊本3	山室 絢成 坂本里 則 北里 久久	2 702	3508-7034 3508-3834	159
さかもとゆうのすけ 坂本祐之輔	立	比例 北関東	今井 吾司 井澤 幸馬 黒畑 拓	2 1221	3508-7449 3508-3969	77

議員名	党派(会派)	選挙区	政策秘書名第1秘書名第2秘書名	館別号室	直通FAX	略歴頁
櫻井 周 さくらい しゅう	立	比例近畿	藤村 幸也 桐山 千光 齋藤 直尚	2 409	3508-7465 3508-3295	139
櫻田 義孝 さくらだ よしたか	自[二]	比例南関東	上野 剛 小田原暁史 井田 翔	2 1117	3508-7381 3508-3501	89
笹川 博義 ささがわ ひろよし	自[茂]	群馬3	茂木 幸正 小磯守一 二宮正導	2 316	3508-7338 3508-3338	71
沢田 良 さわだ りょう	維	比例北関東	楠宮 悟吾 川川文 高野みずほ	2 323	3508-7526 3508-3956	78
志位 和夫 しい かずお	共	比例南関東	浜田 文子 松井 朋弘 井岡	1 1017	3508-7285 3508-3735	91
塩川 鉄也 しおかわ てつや	共	比例北関東	山岡 陽志子 本田里宝 浅野	2 905	3508-7507 3508-3937	78
塩崎 彰久 しおざき あきひさ	自[安]	愛媛1	清水 洋之 川崎晶義 溝江一	1 1102	3508-7189 3508-3619	151
塩谷 立 しおのや りゅう	自[安]	比例東海	渡辺 子志 国本泰哉 岡田直	2 1211	3508-7632 3508-3262	120
重徳 和彦 しげとく かずひこ	立	愛知12	畔柳 章太子 柴谷裕陽 磯	2 909	3508-7910 3508-3285	117
階 猛 しな たけし	立	岩手1	河前 庸朗 村村維 木優	2 203	3508-7024 3508-3824	59
篠原 豪 しのはら ごう	立	神奈川1	中山 吾史 毛呂武恵 大城知	2 608	3508-7130 3508-3430	83
篠原 孝 しのはら たかし	立	比例北陸信越	岡本 広介 原掛田 原田岐佑	1 719	3508-7268 3508-3538	59
柴山 昌彦 しばやま まさひこ	自[安]	埼玉8	増井 朗平 大一隆洋 渡邊	2 822	3508-7624 3508-7715	73
島尻安伊子 しまじり あいこ	自[茂]	沖縄3	宮城 郎一 地太広 伊波貫	1 1111	3508-7265 3508-3535	163
下条 みつ しもじょう みつ	立	長野2	小川 昭則 百澤秀孝 白	1 806	3508-7271 3508-3541	107
下村 博文 しもむら はくぶん	自[安]	東京11	榮 友里子 中河村平 野恭紀	2 622	3508-7084 3597-2772	95
庄子 賢一 しょうじ けんいち	公	比例東北	早坂 光志 松博俊 九鬼秀	2 1224	3508-7474 3508-3354	66
白石 洋一 しらいし よういち	立	比例四国	沼田 忠典	2 720	3508-7244 3508-3514	153
新谷 正義 しんたに まさよし	自[茂]	広島4	麻生満理子	2 805	3508-7604 3508-3984	145
新藤 義孝 しんどう よしたか	自[茂]	埼玉2		1 810	3508-7313 3508-3313	72

※内線電話番号は、第1議員会館は5＋室番号、6＋室番号（3〜9階は5、6のあとに0を入れる）、
　第2議員会館は7＋室番号、8＋室番号（2〜9階は7、8のあとに0を入れる）

	議員名	党派(会派)	選挙区	政策秘書名	第1秘書名	第2秘書名	館別号室	直通FAX	略歴頁
す	末松義規 すえまつよしのり	立	東京19	奥村真弓	小西庄政	之海美	2 1008	3508-7488 3508-3368	97
	菅義偉 すがよしひで	自[無]	神奈川2	黄瀬周作	田田章文	長田拓也	2 1113	3508-7446 3597-2707	83
	杉田水脈 すぎたみお	自[安]	比例 中国	嘉悦彩	長本好政		2 907	3508-7029 3508-3829	148
	杉本和巳 すぎもとかずみ	維	比例 東海	野間口雅彦	早川亜	杉田貴子茂	1 414	3508-7266 3508-3536	122
	鈴木敦 すずきあつし	国	比例 南関東	竹内淳太郎	前森永	永蔵咲泰	1 1123	3508-7286 3508-3736	91
	鈴木英敬 すずきえいけい	自[安]	三重4	寺岡弘行	田中充	中川尚昭	1 614	3508-7269 3508-3539	119
	鈴木馨祐 すずきけいすけ	自[麻]	神奈川7	黒田輝紀	藤田幸芳	二	1 423	3508-7304 3508-3304	84
	鈴木俊一 すずきしゅんいち	自[麻]	岩手2	清島健二	川間悟	堀泊	1 1001	3508-7267 3508-3543	59
	鈴木淳司 すずきじゅんじ	自[安]	愛知7	神崎里美	三治敦子		1 1110	3508-7264 3508-3534	116
	鈴木貴子 すずきたかこ	自[茂]	比例 北海道	——	——	——	1 1202	3508-7233 3508-3233	56
	鈴木憲和 すずきのりかず	自[茂]	山形2	田中辰明	佐藤愛美	後藤理徳	1 416	3508-7318 3508-3318	62
	鈴木隼人 すずきはやと	自[茂]	東京10	丸山響哉	唐橋新明	菊池秀	2 1215	3508-7463 3508-3293	95
	鈴木庸介 すずきようすけ	立	比例 東京	加藤直浩平	岡崎隆祥	橋本義	1 1216	3508-7028 3508-3828	100
	鈴木義弘 すずきよしひろ	国	比例 北関東	山川郎一子	内野慎洋	柘	1 713	3508-7282 3508-3732	78
	住吉寛紀 すみよしひろき	維	比例 近畿	岡本誠淳久	橋本田佳	稲	2 303	3508-7415 3508-3895	136
せ	瀬戸隆一 せとたかかず	自[麻]	比例 四国繰	山崎香弘輝	米田昭和	久秋山	1 1112	3508-7712 3508-3241	153
	関芳弘 せきよしひろ	自[安]	兵庫3	高谷理恵	守内一浩	山形誠昭	1 603	3508-7173 3508-3603	132
そ	空本誠喜 そらもとせいき	維	比例 中国	高藤智秀二	伊山真		2 1202	3508-7451 3508-3281	149
た	たがや亮 たがやりょう	れ	比例 南関東	前田正志輝	後藤沼一奏子	菅	2 415	3508-7008 3508-3808	91
	田嶋要 たじまかなめ	立	千葉1	田中伸一	宮崎活二	菊池亮孔	1 1215	3508-7229 3508-3411	80

㊙議員秘書

す・せ・そ・た

た

議員名	党派(会派)	選挙区	政策秘書名 第1秘書 第2秘書名	館別号室	直通 FAX	略歴頁
田所嘉徳 (た どころ よし のり)	自[無]	比例 北関東	中山嘉隆 永井昌儀 中川太一	1 716	3508-7068 3508-3848	76
田中和徳 (た なか かず のり)	自[麻]	神奈川10	細田将史 矢作真樹子 菅谷英彦	1 1010	3508-7294 3508-3504	85
田中健 (た なか けん)	国	比例 東海	矢島光弘 小原木輝明 鈴木	1 712	3508-7190 3508-3620	123
田中英之 (た なか ひで ゆき)	自[無]	比例 近畿	葛城直樹 湯浅剛代 奥谷	2 604	3508-7007 3508-3807	138
田中良生 (た なかりょうせい)	自[無]	埼玉15	森幹郎 福山真一 森本吉	2 521	3508-7058 3508-3858	75
田野瀬太道 (た の せ たいどう)	自[森]	奈良3	沖浦功一 木之下秀樹 杉田宏基	2 314	3508-7071 3591-6569	135
田畑裕明 (た ばた ひろ あき)	自[安]	富山1	西村寛一郎 高原理典 岩佐秀典	2 214	3508-7704 3508-3454	105
田村貴昭 (た むら たか あき)	共	比例 九州	村高芳樹 山口織史 川澄隆	2 712	3508-7475 3508-3355	166
田村憲久 (た むら のり ひさ)	自[岸]	三重1	中村敏幸 世古丈人 古	1 902	3508-7163 3502-5066	118
平将明 (たいら まさ あき)	自[無]	東京4	若林継啓 山森寛之 津野仁美	1 914	3508-7297 3508-3507	94
高市早苗 (たか いち さ なえ)	自[無]	奈良2	蓮実守 木下志守 木下剛	1 903	3508-7198 3508-7199	135
髙階恵美子 (たかがい えみ こ)	自[安]	比例 中国	佐々木由美 池田和正	2 1208	3508-7518 3508-3948	148
髙木啓 (たか ぎ けい)	自[安]	比例 東京	杉浦貴和子 石渡勇吾	2 310	3508-7601 3508-3981	99
髙木毅 (たか ぎ つよし)	自[安]	福井2	小泉あずさ 望月ますみ	1 1008	3508-7296 3508-3506	107
髙木宏壽 (たか ぎ ひろ ひさ)	自[二]	北海道3	川村康博 近藤千晴 田井中知也	2 217	3508-7636 3508-3024	53
髙木陽介 (たか ぎ よう すけ)	公	比例 東京	亀岡茂一 高天野正明	2 1023	3508-7481 5251-3685	101
髙鳥修一 (たか とり しゅういち)	自[安]	比例 北陸信越	勝見淳二 丸山秀一 山下明	1 1214	3508-7607 3508-3987	108
高橋千鶴子 (たかはしちづこ)	共	比例 東北	栫浩一 水野希美子 小谷祥司	2 904	3508-7506 3508-3936	66
高橋英明 (たか はし ひで あき)	維	比例 北関東	川西宏知 板倉勝教 津越伯	2 808	3508-7260 3508-3530	78
高見康裕 (たか み やす ひろ)	自[茂]	島根2	小牧雅一 曽田昇 本賢一郎	1 520	3508-7166 3508-3716	143

※内線電話番号は、第1議員会館は5＋室番号、6＋室番号（3～9階は5、6のあとに0を入れる）、
　　　　　　　　第2議員会館は7＋室番号、8＋室番号（2～9階は7、8のあとに0を入れる）

議員名	党派(会派)	選挙区	政策第1秘書第2秘書名	秘書名	館別号室	直通 FAX	略歴頁
たけ うち ゆずる 竹内 譲	公	比例 近畿	包山 國本 田原	嘉大功 介樹一	2 1223	3508-7473 3508-3353	139
たけ い しゅんすけ 武井 俊輔	自[岸]	比例 九州	小小 浦長 松	隆拓仁 寛也充	2 1017	3508-7388 3508-3718	164
たけ だ りょう た 武田 良太	自[二]	福岡11	平矢 天天 嶺野	孔貴志 崇志郎統	1 610	3508-7180 3508-3610	157
たけ べ あらた 武部 新	自[二]	北海道12	後小寒 藤澤澤	秀陽一 陽晶平	2 1010	3508-7425 3502-5190	56
たけ むら のぶ ひで 武村 展英	自[無]	滋賀3	留饗 川場 	浩貴一 貴子	1 602	3508-7118 3508-3418	125
たちばなけいいちろう 橘 慶一郎	自[無]	富山3	吉檜中 田物里 	貢成枝 豊	1 622	3508-7227 3508-3227	105
たな はし やす ふみ 棚橋 泰文	自[麻]	岐阜2	古和 長 田波 島佐 卓	恭弘 江子 已	2 713	3508-7429 3508-3909	111
たに こう いち 谷 公一	自[二]	兵庫5	磯津 渡田 辺	篤志 雄輔 浩司	2 810	3508-7010 3502-5048	132
たに がわ 谷川 とむ	自[安]	比例 近畿	早川 家岩 門元	寿裕保 貴治	1 1104	3508-7514 3508-3944	139
たに がわ や いち 谷川 弥一	自[安]	長崎3	宮三 小 永宅 林	龍典人 浩理恵	2 1101	3508-7014 3506-0557	158
たまき ゆういちろう 玉木雄一郎	国	香川2	井出 水門 脇	山哲 永薫子	1 706	3508-7213 3508-3213	151
つ しま じゅん 津島 淳	自[茂]	比例 東北	浅田 石田 清水	裕之 純眞	2 1204	3508-7073 3508-3033	64
つか だ いち ろう 塚田 一郎	自[麻]	比例 北陸信越	石川 木之本	祐也 かづ美	1 302	3508-7705 3508-3455	109
つじ きよ と 辻 清人	自[岸]	東京2	──	──	1 522	3508-7288 3508-3738	93
つち だ しん 土田 慎	自[麻]	東京13	平野 島村	友紀子 純子	1 1020	3508-7341 3508-3341	96
つち や しな こ 土屋 品子	自[無]	埼玉13	豊田 高橋	田一子 昌志	1 402	3508-7188 3508-3618	74
つつみ 堤 かなめ	立	福岡5	黛那 江越	典子子 須敬留美子	2 312	3508-7062 3508-3039	156
つの だ ひで お 角田 秀穂	公	比例 南関東	江鈴 大倉	端功一 木沙隆織	2 309	3508-7052 3508-3852	91
て づか よし お 手塚 仁雄	立	東京5	土柿 橋澤 上	雄宇太 田秀麿	1 802	3508-7234 3508-3234	94
てら た まなぶ 寺田 学	立	比例 東北	井島 田堀	川知雄 真淳江	1 1014	3508-7464 3508-3294	65

議員名	党派(会派)	選挙区	政策秘書名第1秘書名第2秘書名	館別号室	直通FAX	略歴頁
てら だ みのる 寺田 稔	自[岸]	広島5	迫田 誠議 山本 坂 智明 中坂 智明	1 1213	3508-7606 3508-3986	145
ど い とおる 土井 亨	自[無]	宮城1	山内 朋広 佐藤 聖香 佐藤 友	1 1120	3508-7470 3508-3350	60
と がし ひろ ゆき 冨樫 博之	自[無]	秋田1	山田 修市 田畑 基樹 大澤 薫	2 1019	3508-7275 3508-3725	61
と かい き さぶろう 渡海紀三朗	自[無]	兵庫10	中嶋 規人 加茂 明章子 石橋 友子	1 1109	3508-7643 3508-3613	134
とく なが ひさ し 徳 永 久 志	無	比例近畿	山原 靖彦 塚本 茂樹 屋岡 京佑	2 609	3508-7250 3508-3520	130
なか がわ たか もと 中川 貴元	自[麻]	比例東海	四反田淳子 川島 穂南 中浅井 幹雄	2 701	3508-7461 3508-3291	120
なか がわ ひろ まさ 中川 宏昌	公	比例北陸信越	大久保智広 藤田 正純 増田 美香	1 922	3508-3639 3508-7149	110
なか がわ まさ はる 中川 正春	立	比例東海	増田 仁 福原 勝	1 519	3508-7128 3508-3428	121
なか がわ やす ひろ 中川 康洋	公	比例東海	加賀友 啓介 石井 和博 畑 和憲	2 919	3508-7038 3508-3838	122
なか がわ ゆう こ 中川 郁子	自[麻]	比例北海道	岩田 尚久 	1 309	3508-7103 3508-3403	56
なか じま かつ ひと 中島 克仁	立	比例南関東	山本 健 田満 仁 	2 723	3508-7423 3508-3903	90
なか じま ひで き 中嶋 秀樹	維	比例近畿繰	内ケ崎雅俊 竹内 絵理	1 321	3508-7305 3508-3305	137
なか そ ね やす たか 中曽根康隆	自[二]	群馬1	加藤 佑介 大井 上充里 井上 穂	2 923	3508-7272 3508-3722	70
なか たに かず ま 中谷 一馬	立	比例南関東	佐藤 喬 風間 良明 梶尾	1 509	3508-7310 3508-3310	89
なか たに げん 中谷 元	自[無]	高知1	豊田 圭三 田原 仁亮 山田	2 1222	3508-7486 3592-9032	152
なか たに しん いち 中谷 真一	自[茂]	山梨1	神園 健也 古郡 拓妃 矢島 優	2 215	3508-7336 3508-3336	87
なか つか ひろし 中司 宏	維	大阪11	鈴木 裕子 	1 905	3508-7146 3508-3636	129
なか にし けん じ 中西 健治	自[麻]	神奈川3	平林 悟 阿部 裕子 矢口真希子	1 303	3508-7311 3508-3377	83
なか ね かず ゆき 中根 一幸	自[安]	比例北関東	犬飼 俊郎 	2 1206	3508-7458 3508-3288	76
なか の ひで ゆき 中野 英幸	自[二]	埼玉7	菅野 文盛 菊池 達豪 金 將	2 220	3508-7220 3508-3220	73

※内線電話番号は、第1議員会館は5＋室番号、6＋室番号（3〜9階は5、6のあとに0を入れる）、
第2議員会館は7＋室番号、8＋室番号（2〜9階は7、8のあとに0を入れる）

議員名	党派(会派)	選挙区	政策第1秘書名 第2秘書名	館別号室	直通 FAX	略歴頁
なか の ひろ まさ 中野洋昌	公	兵庫8	小谷 伸人 能村 清彦 山田 友崇	1 722	3508-7224 3508-3415	133
なかむら き しろう 中村喜四郎	立	比例 北関東	谷山 勝一 岡中 谷功 神谷 良輝	2 411	3508-7501 3508-3931	77
なか むら ひろ ゆき 中村裕之	自[麻]	北海道4	髙橋原 知久 栗川 仁巧 伸一	2 406	3508-7406 3508-3886	54
なか やま のり ひろ 中山展宏	自[麻]	比例 南関東	松本 達也 白谷 武士 上本 千鶴	2 311	3508-7435 3508-3915	89
なが おか けい こ 永岡桂子	自[麻]	茨城7	大矢 貴陽 越部 憲司 小池寿伴太郎	1 714	3508-7274 3508-3724	69
なが さか やす まさ 長坂康正	自[麻]	愛知9	茶坂 滋廣 長今 隆治 井 大	1 1007	3508-7043 3508-3863	116
なが しま あき ひさ 長島昭久	自[二]	比例 東京	及川 哲央 花咲 基史 野 木	1 510	3508-7309 3508-3309	100
なが つま あきら 長妻昭	立	東京7	梶 護子 二瓶真樹子 中原 翔太	2 706	3508-7456 3508-3286	94
なが とも しん じ 長友慎治	国	比例 九州	川添由香子 渕上 将弘 本部 仁俊	2 912	3508-7212 3508-3212	167
に かい とし ひろ 二階俊博	自[二]	和歌山3	三階 俊樹 階階 伸樹 小 珠美	2 223	3508-7023 3502-5037	136
に き ひろ ふみ 仁木博文	自[麻]	徳島1	小笠原博信 岩田 元宏 前川千恵子	2 213	3508-7011 3508-3811	150
に わ ひで き 丹羽秀樹	自[無]	愛知6	杉山健太郎 池 真一 舟橋 尋	2 916	3508-7025 3508-3825	116
にし おか ひで こ 西岡秀子	国	長崎1	髙瀬千 義	2 1124	3508-7343 3508-3733	158
にし だ しょう じ 西田昭二	自[岸]	石川3	井上 貴義 奥村 淳豊 土倉	1 523	3508-7139 3508-3439	106
にし の だい すけ 西野太亮	自[無]	熊本2	鹿島 圭子 中村 直哉 生山 敬之	1 913	3508-7144 3508-3634	159
にし むら あき ひろ 西村明宏	自[安]	宮城3	谷 弘三 髙木哲哉 小平美芙衣	2 324	3508-7906 3508-3873	60
にしむらち な み 西村智奈美	立	新潟1	髙田 一喜 佐藤真一	2 404	3508-7614 3508-3994	103
にし むら やす とし 西村康稔	自[安]	兵庫9	佐藤 汀 実 橋山慎太郎	1 611	3508-7101 3508-3401	133
にしめ こうさぶろう 西銘恒三郎	自[茂]	沖縄4	大城 和人 西銘 浩平 末吉 達雄	2 317	3508-7218 3508-3218	163
ぬかが ふく し ろう 額賀福志郎	無	茨城2	藤井 剛 秋山 太三	2 824	3508-7447 3592-0468	67

	議員名	党派(会派)	選挙区	政策秘書名 第1秘書名 第2秘書名	館別室号室	直通 FAX	略歴頁
ね	根本 匠 (ねもと たくみ)	自[岸]	福島2	六角陽佳 林美奈子 小松慎太郎	2 1213	3508-7312 3508-3312	63
	根本幸典 (ねもとゆきのり)	自[安]	愛知15	川越憂貴 若林由利	2 906	3508-7711 3508-3300	118
の	野田聖子 (のだせいこ)	自[無]	岐阜1	半田亘 東海林和子 中森美恵子	1 504	3508-7161 3591-2143	111
	野田佳彦 (のだよしひこ)	立	千葉4	河井淳一美 田窪照美 山本勇介	1 821	3508-7141 3508-3441	80
	野中 厚 (のなかあつし)	自[茂]	比例 北関東	柴山昭平 田崎洋里 中林真	1 419	3508-7041 3508-3841	75
	野間 健 (のまたけし)	立	鹿児島3	本芳孝 大渕野雅 上薗登	2 601	3508-7027 3508-3827	162
は	長谷川淳二 (はせがわじゅんじ)	自[無]	愛媛4	安藤明 山下芳公 松岡隆太朗	2 703	3508-7453 3508-3283	152
	葉梨康弘 (はなしやすひろ)	自[岸]	茨城3	池田芳宏 鎌田総太郎 葉梨徹	1 1117	3508-7248 3508-3518	68
	馬場伸幸 (ばばのぶゆき)	維	大阪17	辻修治 小寺一輝 山口剛士	1 511	3508-7322 3508-3322	131
	馬場雄基 (ばばゆうき)	立	比例 東北	高井章博 成田記幸 佐藤	2 821	3508-7631 3508-3261	65
	萩生田光一 (はぎうだこういち)	自[安]	東京24	牛久保敏文 秋山里佳 鈴木脩介	2 1205	3508-7154 3508-3704	99
	橋本 岳 (はしもとがく)	自[茂]	岡山4	矢吹彰康 藤村健 高坂理行	2 306	3508-7016 3508-3816	144
	鳩山二郎 (はとやまじろう)	自[二]	福岡6	立林尚友 江刺家孝臣 上田岐也	2 221	3508-7905 3580-8001	156
	浜田靖一 (はまだやすかず)	自[無]	千葉12	大堀将和 小暮眞也 永田実和子	2 315	3508-7020 3508-7644	82
	濱地雅一 (はまちまさかず)	公	比例 九州	吉田直樹 水町康幸 濱幸光	1 803	3508-7235 3508-3235	165
	早坂 敦 (はやさかあつし)	維	比例 東北	常澤正史 吉田克紀 長谷奈都美	2 704	3508-7414 3508-3894	66
	林 幹雄 (はやしもとお)	自[二]	千葉10	渡辺淳一平 津野田一磨 山津巧	1 612	3508-7151 3502-5016	82
	林 佑美 (はやしゆみ)	維	和歌山1 補	鍵山仁 豊岡嶺侃	1 315	3508-7315 3508-3315	135
	林 芳正 (はやしよしまさ)	自[岸]	山口3	宮本賢一 小平野均 河野恭二	1 1201	3508-7115 3508-3050	147
	原口一博 (はらぐちかずひろ)	立	佐賀1	池田勝 坂本裕二朗 山﨑典弘	1 307	3508-7238 3508-3238	157

議　員　名	党派 (会派)	選挙区	政策秘書名 第1秘書名 第2秘書名	館別 号室	直通 FAX	略歴頁
ばん の ゆたか **伴 野 豊**	立	比例 東海	大三水　坪島見　俊且祥　一子子	2 910	3508-7019 3508-3819	121
ひらい たく や **平井 卓也**	自 [岸]	比例 四国	寺荒須　井井永　慶淳映里　子里子	1 1024	3508-7307 3508-3307	153
ひらぐち ひろし **平口 洋**	自 [茂]	広島2	庄浅瀬　司輝　光子子典	2 804	3508-7622 3508-3252	145
ひらさわ かつ えい **平沢 勝栄**	自 [二]	東京17	植釜藤　原台　和紀薫翔　子一	1 1115	3508-7257 3508-3527	97
ひらぬましょうじ ろう **平沼正二郎**	自 [二]	岡山3	福高平　井原沼　慎二明秀広　子子	2 614	3508-7251 3508-3521	144
ひらばやし あきら **平林 晃**	公	比例 中国	西堀児　岡地玉　稔己幸	1 507	3508-7339 3508-3339	149
ふかざわ よういち **深澤 陽一**	自 [岸]	静岡4	村遠重　上坂敏　泰史之之	1 1223	3508-7709 3508-3243	113
ふく しげ たか ひろ **福重 隆浩**	公	比例 北関東	掛川口　信一雄香	1 909	3508-7249 3508-3519	78
ふくしまのぶゆき **福島 伸享**	無 (有志)	茨城1	赤渡稲　川邉葉　貴雄勇司二　司	2 419	3508-7262 3508-3532	67
ふく だ あき お **福田 昭夫**	立	栃木2	齋高橋　藤歩　明夢	1 708	3508-7289 3508-3739	69
ふく だ たつ お **福田 達夫**	自 [安]	群馬3	菊堤石　地井　秀岳琢　行雄郎	1 1103	3508-7181 3508-3611	71
ふじい ひさゆき **藤井比早之**	自 [無]	兵庫4	堀原　支津田祐　子成	1 615	3508-7185 3508-3615	132
ふじおか たか お **藤岡 隆雄**	立	比例 北関東	財満浅　津敦　太郎康史	1 608	3508-7178 3508-3608	76
ふじ た ふみ たけ **藤田 文武**	維	大阪12	吉川中松　田田　直慎樹也志	1 312	3508-7040 3508-3840	129
ふじ まき けん た **藤巻 健太**	維	比例 南関東	吉石　田井　新嘉隆	2 320	3508-7503 3508-3933	90
ふじ まる さとし **藤丸 敏**	自 [岸]	福岡7	原野尾松廣　松　隆博宏昭金　悟	2 211	3508-7431 3597-0483	156
ふじ わら たかし **藤原 崇**	自 [安]	岩手3	──	2 1015	3508-7207 3508-3721	59
ふとり ひで し **太 栄志**	立	神奈川13	梶末藤　原原原　博弘和人孝	1 409	3508-7330 3508-3330	86
ふな だ はじめ **船田 元**	自 [茂]	栃木1	盛山本嶋　間光秀　未雄樹来樹	2 605	3508-7156 3508-3706	69
ふる かわ なお き **古川 直季**	自 [無]	神奈川6	荒小　井林　大大樹蔵	2 1114	3508-7523 3508-3953	84

ひ

ふ

議員名	党派(会派)	選挙区	政策秘書名 第1秘書名 第2秘書名	館別号室	直通 FAX	略歴頁
ふるかわ もと ひさ 古川 元久	国	愛知2	阪口 祥代 加藤 麻紀子 横田 大	2 1006	3508-7078 3597-2758	115
ふるかわ やすし 古川 康	自[茂]	比例 九州	澁田 聡士 小松 康英 岩本 剛雄	2 813	6205-7711 3508-3897	164
ふるかわ よしひさ 古川 禎久	自[茂]	宮崎3	西田 育生 田中 千代 小坏 麻綾	2 612	3508-7612 3506-2503	161
ふる や けい じ 古屋 圭司	自[無]	岐阜5	渡辺 一博 友江 淳穣 梶田 誉	2 423	3508-7440 3592-9040	112
ふる や のり こ 古屋 範子	公	比例 南関東	深澤 貴美子 中島 順子 中高 野 清一志	2 502	3508-7629 3508-3259	91
ほ さか やすし 穂坂 泰	自[無]	埼玉2	酒井 慶太妃 小池 夕妃 小神谷 健太	2 908	3508-7030 3508-3830	72
ほし の つよ し 星野 剛士	自[無]	比例 南関東	宇野 沢典子 齋藤 猛昭 佐藤 輝一	2 708	3508-7413 3508-3893	88
ほそ だ けん いち 細田 健一	自[安]	新潟2	楠原 浩祐 山田 孝枝 和田慎太郎	2 1220	3508-7278 3508-3728	104
ほそ だ ひろ ゆき 細田 博之	自	島根1	津川 幸治 笛田 修輔	2 513	3508-7443 3503-7530	143
ほそ の ごう し 細野 豪志	自[二]	静岡5	佐藤 公彦 髙木いづみ 眞 野 卓	1 620	3508-7116 3508-3416	113
ほり い まなぶ 堀井 学	自[安]	比例 北海道	岩坂 香丈 川嶋 裕廣 石笹 隆	2 408	3508-7125 3508-3425	56
ほり うち のり こ 堀内 詔子	自[岸]	山梨2	渡辺 明秀子 鈴木 紀子 志村山さおり	2 407	3508-7487 3508-3367	88
ほり ば さち こ 堀場 幸子	維	比例 近畿	師岡 明子 嶋田 孝香 野田 静夢	2 422	3508-7422 3508-3902	137
ほり い けん じ 掘井 健智	維	比例 近畿	三品 耕作 原 沙矢 西原 茜	2 806	3508-7088 3508-3868	136
ほんじょうさと し 本庄 知史	立	千葉8	細見 一雄崇 芳野 泰 矢口すみれ	2 1219	3508-7519 3508-3949	81
ほん だ た ろう 本田 太郎	自[無]	京都5	髙森 眞由美 小西 典仁 石地 康宏	2 210	3508-7012 3508-3812	126
ま ぶち すみ お 馬淵 澄夫	立	奈良1	片岡 新介 馬淵錦仁禅 岩 井	1 1217	3508-7122 3508-3051	134
まえ はら せい じ 前原 誠司	国	京都2	村田昭一郎 木元 俊博 齋藤 大史	1 809	3508-7171 3592-6696	125
まき よし お 牧 義夫	立	比例 東海	北村 礼文 成瀬 厚正 宮 正隆	1 305	3508-7628 3508-3258	121
まきしま 牧島 かれん	自[麻]	神奈川17	—— —— ——	1 322	3508-7026 3508-3826	87

※内線電話番号は、第1議員会館は5＋室番号、6＋室番号（3〜9階は5、6のあとに0を入れる）、
第2議員会館は7＋室番号、8＋室番号（2〜9階は7、8のあとに0を入れる）

議 員 名	党派 (会派)	選挙区	政策秘書名 第1秘書名 第2秘書名	館別 号室	直通 FAX	略歴 頁
まき はら ひで き **牧原秀樹**	自 [無]	比例 北関東	未 廣 慎 二 細 田 孝 子	1 1116	3508-7254 3508-3524	76
まつき **松木けんこう**	立	北海道2	岡 本 征 弘 梶 浦 宜 明 櫻 井 知 英	1 324	3508-7324 3508-3324	53
まつしま **松島みどり**	自 [安]	東京14	福 田 健 造 髙 山 就 佳 染 谷 優	1 709	3508-7065 3508-3845	96
まつ の ひろ かず **松野博一**	自 [安]	千葉3	山 﨑 岳 久 内 藤 孝 行 吉 松 大 樹	1 502	3508-7329 3508-3329	80
まつ ばら じん **松原 仁**	無 (立憲)	東京3	関 根 勉 髙 池 慶 太 伊 藤 賢	2 709	3508-7452 3580-7336	93
まつ もと たけ あき **松本剛明**	自 [麻]	兵庫11	梅 津 徳 之 大 路 渡 清 博 文	1 707	3508-7214 3508-3214	134
まつ もと ひさし **松本 尚**	自 [安]	千葉13	高 野 雅 樹 塚 本 学 代 廣 美	1 1009	3508-7295 3508-3505	83
まつ もと よう へい **松本洋平**	自 [二]	比例 東京	柏 原 隆 宏 関 泰 章	1 1011	3508-7133 3508-3433	99
み み き け え **三木圭恵**	維	比例 近畿	森 山 秀 樹 渡 壁 勇	2 1105	3508-7638 3508-3268	136
み たぞの さとし **三反園 訓**	無 (自民)	鹿児島3	牛 嶋 賢 太 松 本 克 彦 杉 山 伸 治	2 924	3508-7511 3508-3941	162
み たに ひで ひろ **三谷英弘**	自 [無]	比例 南関東	伊 地 知 理 美 楠 本 喜 満 中 津 英 幸	2 1120	3508-7522 3508-3952	88
み つばやしひろ み **三ッ林裕巳**	自 [安]	埼玉14	志 村 賢 一 清 水 貴 博 佐 亮 平	2 522	3508-7416 3508-3896	75
み のべ てる お **美延映夫**	維	大阪4		1 1019	3508-7194 3508-3624	127
み のりかわのぶひで **御法川信英**	自 [無]	秋田3	石 毛 真 理 子 佐 藤 春 男 鈴 木 由 希	1 901	3508-7167 3508-3717	62
みさき まき **岬 麻紀**	維	比例 東海	飯 塚 将 史 宇 佐 見 紀 子	2 705	3508-7409 3508-3889	122
みちした だい き **道下大樹**	立	北海道1	佐 藤 陽 子 市 橋 修 太 伊 藤 孝 介	2 516	3508-7516 3508-3946	53
みどりかわたか し **緑川貴士**	立	秋田2	小 池 恵 里 子 長 﨑 朋 典 阿 部 美	2 202	3508-7002 3508-3802	61
みや うち ひで き **宮内秀樹**	自 [二]	福岡4	上 原 雅 人 赤 峰 圭 晴 櫻 井 康	1 604	3508-7174 3508-3604	155
みや ざき まさ ひさ **宮﨑政久**	自 [茂]	比例 九州	今 井 時右衛門 大 澤 真 弓	2 722	3508-7360 3508-3071	164
みや ざわ ひろ ゆき **宮澤博行**	自 [安]	比例 東海	藤 谷 洋 平 鈴 木 翔 士 石 川 美由紀	1 1021	3508-7135 3508-3435	120

議員名	党派(会派)	選挙区	政策秘書名 第1秘書名 第2秘書名	館別号室	直通 FAX	略歴頁
宮路拓馬 (みやじ たくま)	自(森)	鹿児島1	田中 彰吾 / 木村 颯史 / 粕谷 訓史	1 311	3508-7206 3508-3206	161
宮下一郎 (みやした いちろう)	自(安)	長野5	高橋 達之 / 尾関 正典 / 秋山 行棹	1 1207	3508-7903 3508-3643	108
宮本岳志 (みやもと たけし)	共	比例近畿	田村 幸美 / 隅田 正潔 / 古山 清	1 1108	3508-7255 3508-3525	140
宮本徹 (みやもと とおる)	共	比例東京	坂間 和史 / 松尾 勝哉 / 川野 野平	1 1219	3508-7508 3508-3938	102
武藤容治 (む とう ようじ)	自(麻)	岐阜3	野村 真一 / 小檜山千代久 / 伊藤 康男	2 1212	3508-7482 3508-3362	112
務台俊介 (む たいしゅんすけ)	自(麻)	比例北陸信越	赤羽俊太郎 / 村瀬 元良 / 五十嵐佳江子	1 403	3508-7334 3508-3334	109
宗清皇一 (むねきよ こういち)	自(安)	比例近畿	佐藤 博之 / 川 中司 / 蓮 岡健生	1 310	3508-7205 3508-3205	138
村井英樹 (むらい ひでき)	自(岸)	埼玉1	二宮 尚徳 / 尾 裕太 / 相 馬大作	9 911	3508-7467 3508-3297	71
村上誠一郎 (むらかみせいいちろう)	自(無)	愛媛2	佐藤 洋人 / 田丸勇野 / 越 智浩	1 1224	3508-7291 3502-5172	152
茂木敏充 (もてぎ としみつ)	自(茂)	栃木5	駒林 裕康 / 近田 真幸 / 藤代 和	2 1011	3508-1011 3508-3269	70
本村伸子 (もと むら のぶ こ)	共	比例東海	綿貫 隆尋 / 奥田 千知 / 田畑 代美	1 1106	3508-7280 3508-3730	122
守島正 (もりしま ただし)	維	大阪2	小林 倫明 / 奥安 豊五 / 一郎	7 720	3508-7112 3508-3412	127
盛山正仁 (もりやま まさ ひと)	自(岸)	比例近畿	伊藤 雅子 / 中 昌彦 / 戸井田真太郎	9 904	3508-7380 3508-3629	139
森英介 (もり えい すけ)	自(麻)	千葉11	坂本 克実 / 西谷 裕彦 / 伊 陸樹	1 1210	3508-7162 3592-9036	74
森田俊和 (もり た とし かず)	立	埼玉12	木沢 良一 / 渡辺 裕樹 / 薬袰 光弘	2 1003	3508-7419 3508-3899	74
森山浩行 (もり やま ひろ ゆき)	立	比例近畿	牧井 有子 / 小澤 愛子	2 613	3508-7426 3508-3906	140
森山裕 (もり やま ひろし)	自(森)	鹿児島7	森山友久美 / 池田 和弘 / 船迫 作章	1 515	3508-7164 3508-3714	162
八木哲也 (や ぎ てつ や)	自(無)	愛知11	蜂川 徹 / 大崎さえ / 伊藤 由紀	2 319	3508-7236 3508-3236	117
谷田川元 (や たがわ はじめ)	立	比例南関東	濱松 真希 / 上高 栖久美	1 1208	3508-7292 3508-3502	90
屋良朝博 (や ら ともひろ)	立	比例九州繰	弦間 洋子 / 内信之助 / 屋嘉比真奈美	8 824	3508-7904 3508-3743	165

※内線電話番号は、第1議員会館は5＋室番号、6＋室番号（3～9階は5、6のあとに0を入れる）、
　　　　　　　第2議員会館は7＋室番号、8＋室番号（2～8階は7、8のあとに0を入れる）

議員名	党派(会派)	選挙区	政策秘書 第1秘書名 第2秘書名	館別号室	直通 FAX	略歴頁
やすおか ひろ たけ 保岡 宏武	自[無]	比例九州	水村元幸彦 篠原 齋藤 顕	1 815	3508-7633 3508-3263	164
やな かず お 簗 和生	自[安]	栃木3	根本 陽子 矢作 裕美 杉	1 717	3508-7186 3508-3616	69
やなぎもと あきら 柳本 顕	自[麻]	比例近畿	熊谷 志保二 阪本 聖紀 細川	1 320	3508-7902 3508-3537	138
やま おか たつ まる 山岡 達丸	立	北海道9	根岸 庸夫規 森本 秀悟 菊地	1 306	3508-7306 3508-3306	55
やま ぎし いっ せい 山岸 一生	立	東京9	平土屋 隆志々 草深 比呂至 奈	1 1013	3508-7124 3508-3424	95
やまぎわだい し ろう 山際大志郎	自[麻]	神奈川18	持 佳代 小原 孝行	1 613	3508-7477 3508-3357	87
やま ぐち しゅんいち 山口 俊一	自[麻]	徳島2	横田 泰隆 小塩田 誠正保	2 412	3508-7054 3503-2138	150
やま ぐち すすむ 山口 晋	自[茂]	埼玉10	鈴木 邦彦 鈴山口 勝弘三	1 1108	3508-7430 3508-3910	74
やま ぐち つよし 山口 壯	自[二]	兵庫12	山口 文生 三 祥平 杉山麻美子	2 603	3508-7521 3508-3951	134
やま さき まこと 山崎 誠	立	比例南関東	黒須 裕章 松島 尚彦 鈴鈴 友美	1 401	3508-7137 3508-3437	90
やま さき まさ やす 山崎 正恭	公	比例四国	室岡 利雄志 山内 大修一 吉	2 1024	3508-7472 3508-3352	154
やま した たか し 山下 貴司	自[茂]	岡山2	福島 拓介 荻野 大和生 横山	2 719	3508-7057 3508-3857	143
やま だ かつ ひこ 山田 勝彦	立	比例九州	藤田 真信 高柳 政也 大窪 浩章	2 401	3508-7420 3508-3550	165
やま だ けん じ 山田 賢司	自[麻]	兵庫7	荻野浩次郎 佐々木達二	1 617	3508-7908 3508-3957	133
やま だ み き 山田 美樹	自[安]	東京1	中島 貴彦 鈴木あきらこ 野川 達弥	2 917	3508-7037 3508-3837	93
やまのい かず のり 山井 和則	立	京都6	吉澤 直樹 宮地 俊之 山下恵理子	1 805	3508-7240 3508-8882	126
やま もと ごう せい 山本 剛正	維	比例九州	大塚 伸一 松田 晃二 三上 康太	2 302	3508-7009 3508-3809	196
やま もと さ こん 山本 左近	自[麻]	比例東海	福尾江里佳	1 304	3508-7302 3508-3302	121
やまもと 山本ともひろ	自[無]	比例南関東	瀬戸 芳明 本間 義雄 松本 雄飛	2 1110	3508-7193 3508-3623	89
やまもと ゆう じ 山本 有二	自[無]	比例四国	前田真二郎 松村 雄太 石本 和憲	1 316	3508-7232 3592-9069	153

	議員名	党派(会派)	選挙区	政策秘書名	第1秘書名	第2秘書名	館別号室	直通 / FAX	略歴頁
ゆ	湯原俊二（ゆはらしゅんじ）	立	比例中国	—	—	—	1 1023	3508-7129 / 3508-3429	148
	柚木道義（ゆのきみちよし）	立	比例中国	—	—	—	2 1217	3508-7301 / 3508-3301	148
よ	吉川赳（よしかわたける）	無	比例東海	大木理一航	古賀塚下	真下謙	2 816	3508-7228 / 3508-3551	120
	吉川元（よしかわはじめ）	立	比例九州	伊藤剛也	高市眞敬	藤丸子	2 505	3508-7056 / 3508-3856	165
	吉田久美子（よしだくみこ）	公	比例九州	岩立彦ル	野津ミチ城	大澤津伸	2 504	3508-7055 / 3508-3855	166
	吉田真次（よしだしんじ）	自[安]	山口4補	中島開佐子	徳本村平	大美明	1 1212	3508-7172 / 3508-3602	147
	吉田統彦（よしだつねひこ）	立	比例東海	兒玉志公之	井篤稔	深村隆	2 322	3508-7104 / 3508-3404	121
	吉田とも代（よしだともよ）	維	比例四国	上弘治	相原絵美子	薮	2 424	3508-7001 / 3508-3801	154
	吉田豊史（よしだとよふみ）	無	比例北陸信越	木村志広	田隆幹		2 1112	3508-7434 / 3508-3914	110
	吉田宣弘（よしだのぶひろ）	公	比例九州	新柴森	沼裕康正	司一雄	1 1114	3508-7276 / 3508-3726	166
	吉田はるみ（よしだ　・）	立	東京8	—	—	—	2 607	3508-7620 / 3508-3250	95
	吉野正芳（よしのまさよし）	自[安]	福島5	野石佐々木	地貴文男	誠孟	2 624	3508-7143 / 3595-4546	64
	義家弘介（よしいえひろゆき）	自[安]	比例南関東	佐々木由	髙橋愼一		1 1204	3508-7241 / 3508-3511	89
	米山隆一（よねやまりゅういち）	立	新潟5	橋口猛志朗	小山悦資	浦友	2 724	3508-7485 / 3508-3365	104
り	笠浩史（りゅうひろふみ）	立	神奈川9	今花輪	林津田正史	智彦武	1 408	3508-3420 / 3508-7120	85
わ	早稲田ゆき（わせだ）	立	神奈川4	稲見圭俊	永瀬康一	江川晋一郎	2 1012	3508-7106 / 3508-3406	84
	和田有一朗（わだゆういちろう）	維	比例近畿	藤島雄平			2 807	3508-7527 / 3508-3973	136
	和田義明（わだよしあき）	自[安]	北海道5	菅谷康子	西嶋哲也	田知佳	1 410	3508-7117 / 3508-3417	54
	若林健太（わかばやしけんた）	自[安]	長野1	浜渡齊	邉藤聖	謙一聖拓	1 1002	3508-7277 / 3508-3727	107
	若宮健嗣（わかみやけんじ）	自[茂]	比例東京	荒木聡也	山口拓介	田崎	2 523	3508-7509 / 3508-3939	100

※内線電話番号は、第1議員会館は5＋室番号、6＋室番号（3〜9階は5、6のあとに0を入れる）
　　　　　　　　第2議員会館は7＋室番号、8＋室番号（2〜9階は7、8のあとに0を入れる）

議　員　名	党派 (会派)	選挙区	政策秘書名 第1秘書名 第2秘書名	館別 号室	直通 FAX	略歴 頁
<ruby>鷲<rt>わし</rt></ruby><ruby>尾<rt>お</rt></ruby><ruby>英<rt>えい</rt></ruby><ruby>一<rt>いち</rt></ruby><ruby>郎<rt>ろう</rt></ruby>	自 [二]	比例 北陸信越	横　山　卓　司 竹　内　和　美 植　木　　　毅	2 208	3508-7650 3508-3062	108
<ruby>渡<rt>わた</rt></ruby><ruby>辺<rt>なべ</rt></ruby><ruby>孝<rt>こう</rt></ruby><ruby>一<rt>いち</rt></ruby>	自 [岸]	比例 北海道	朝　比　奈　倫 原　田　竜　爾 澁　谷　皇　将	1 520	3508-7401 3508-3881	56
<ruby>渡<rt>わた</rt></ruby><ruby>辺<rt>なべ</rt></ruby>　<ruby>周<rt>しゅう</rt></ruby>	立	比例 東海	大　塚　敏　弘 山　田　幸　宣 増　山　敬　一	2 1109	3508-7077 3508-3767	121
<ruby>渡<rt>わた</rt></ruby><ruby>辺<rt>なべ</rt></ruby>　<ruby>創<rt>そう</rt></ruby>	立	宮崎1	荻　山　明　美 谷　口　浩太郎 竹　内　　　絢	1 1015	3508-7086 3508-3866	161
<ruby>渡<rt>わた</rt></ruby><ruby>辺<rt>なべ</rt></ruby><ruby>博<rt>ひろ</rt></ruby><ruby>道<rt>みち</rt></ruby>	自 [茂]	千葉6	井　本　　　昇 大　森　亜　希 ―――――	1 1012	3508-7387 3508-3701	81
<ruby>鰐<rt>わに</rt></ruby><ruby>淵<rt>ぶち</rt></ruby><ruby>洋<rt>よう</rt></ruby><ruby>子<rt>こ</rt></ruby>	公	比例 近畿	髙　坂　友　和 上　松　満　義 中村久美子	1 924	3508-7070 3508-3850	139

㊙議員・秘書

わ

衆議院議員会館案内図

衆議院第1議員会館3階

藤田文武 維 大阪12区 3508-7040 当2	312	階段	313	鎌田さゆり 立 宮城2区 3508-7204 当3
宮路拓馬 自[森] 鹿児島1区 3508-7206 当3	311	喫煙室	314	小泉進次郎 自[無] 神奈川11区 3508-7327 当5
宗清皇一 自[安] 比 近畿 3508-7205 当3	310	WC WC (男)(女)	315	林 佑美 維 和歌山1区 3508-7315 補当1
中川郁子 自[麻] 比 北海道 3508-7103 当3	309	階段	316	山本有二 自[無] 比 四国 3508-7232 当11
大串博志 立 佐賀2区 3508-7335 当6	308	EV ホール	317	井上信治 自[麻] 東京25区 3508-7328 当7
原口一博 立 佐賀1区 3508-7238 当9	307		318	議員会議室 (国民)
山岡達丸 立 北海道9区 3508-7306 当3	306		319	防災備蓄室
牧 義夫 立 比 東海 3508-7628 当7	305	EV ホール	320	柳本 顕 自[麻] 比 近畿 3508-7902 当1
山本左近 自[麻] 比 東海 3508-7302 当1	304	階段	321	中嶋秀樹 維 比 近畿 3508-7305 繰当1
中西健治 自[麻] 神奈川3区 3508-7311 当1	303	EV	322	牧島かれん 自[麻] 神奈川17区 3508-7026 当4
塚田一郎 自[麻] 比 北陸信越 3508-7705 当1	302		323	井上貴博 自[麻] 福岡1区 3508-7239 当4
麻生太郎 自[麻] 福岡8区 3508-7703 当14	301	WC WC (男)(女)	324	松木けんこう 立 北海道2区 3508-7324 当6

国会議事堂側

衆議院第1議員会館4階

斉藤鉄夫 公　広島3区 3508-7308　当10	412	413	防災備蓄室
石井啓一 公　比 北関東 3508-7110　当10	411	414	杉本和巳 維　比 東海 3508-7266　当4
和田義明 自[安] 北海道5区 3508-7117　当3	410	415	遠藤　敬 維　大阪18区 3508-7325　当4
太　栄志 立　神奈川13区 3508-7330　当1	409	416	鈴木憲和 自[茂] 山形2区 3508-7318　当4
笠　浩史 立　神奈川9区 3508-3420　当7	408	417	小林鷹之 自[二] 千葉2区 3508-7617　当4
斎藤洋明 自[麻] 新潟3区 3508-7155　当4	407	418	議員会議室 （自民）
浅野　哲 国　茨城5区 3508-7231　当2	406	419	野中　厚 自[茂] 比 北関東 3508-7041　当4
浦野靖人 維　大阪15区 3508-7641　当4	405	420	大島　敦 立　埼玉6区 3508-7093　当8
井上英孝 維　大阪1区 3508-7333　当3	404	421	あかま二郎 自[麻] 神奈川14区 3508-7317　当5
務台俊介 自[麻] 比 北陸信越 3508-7334　当4	403	422	今枝宗一郎 自[麻] 愛知14区 3508-7080　当4
土屋品子 自[無] 埼玉13区 3508-7188　当8	402	423	鈴木馨祐 自[麻] 神奈川7区 3508-7304　当5
山崎　誠 立　比 南関東 3508-7137　当3	401	424	阿部知子 立　神奈川12区 3508-7303　当8

国会議事堂側

33

衆議院第1議員会館5階

菅　直人 立　東京18区 3508-7323　当14	512		513	小野泰輔 維　比 東京 3508-7340　当1
馬場伸幸 維　大阪17区 3508-7322　当4	511	喫煙室	514	あべ俊子 自[無] 比 中国 3508-7136　当6
長島昭久 自[二] 比 東京 3508-7309　当7	510	WC WC (男)(女)	515	森山　裕 自[森] 鹿児島4区 3508-7164　当7
中谷一馬 立　比 南関東 3508-7310　当2	509		516	遠藤良太 維　比 近畿 3508-7114　当1
北側一雄 公　大阪16区 3508-7263　当10	508	EV ホール	517	大河原まさこ 立　比 東京 3508-7261　当2
平林　晃 公　比 中国 3508-7339　当1	507		518	議員会議室 (維新)
岡田克也 立　三重3区 3508-7109　当11	506		519	中川正春 立　比 東海 3508-7128　当9
逢沢一郎 自[無] 岡山1区 3508-7105　当12	505	EV ホール	520	渡辺孝一 自[岸] 比 北海道 3508-7401　当4
野田聖子 自[無] 岐阜1区 3508-7161　当10	504		521	防災備蓄室
菅家一郎 自[安] 比 東北 3508-7107　当4	503	EV	522	辻　清人 自[岸] 東京2区 3508-7288　当4
松野博一 自[安] 千葉3区 3508-7329　当8	502	WC WC (男)(女)	523	西田昭二 自[岸] 石川3区 3508-7139　当2
畦元将吾 自[岸] 比 中国 3508-7710　当2	501		524	議員予備室

国会議事堂側

衆議院第1議員会館6階

議員	号室		号室	議員
林 幹雄 自[二] 千葉10区 3508-7151 当10	612		613	山際大志郎 自[麻] 神奈川18区 3508-7477 当6
西村康稔 自[安] 兵庫9区 3508-7101 当7	611	喫煙室	614	鈴木英敬 自[安] 三重4区 3508-7269 当1
武田良太 自[二] 福岡11区 3508-7180 当7	610	WC WC (男)(女)	615	藤井比早之 自[無] 兵庫4区 3508-7185 当4
海江田万里 無 比 東京 3508-7316 当8	609		616	大串正樹 自[無] 比 近畿 3508-7191 当4
藤岡隆雄 立 比 北関東 3508-7178 当1	608	EV ホール	617	山田賢司 自[麻] 兵庫7区 3508-7908 当4
小宮山泰子 立 比 北関東 3508-7184 当7	607		618	議員会議室 (立憲)
	606		619	大岡敏孝 自[二] 滋賀1区 3508-7208 当4
小沢一郎 立 比 東北 3508-7175 当18	605	EV ホール	620	細野豪志 自[二] 静岡5区 3508-7116 当8
宮内秀樹 自[二] 福岡4区 3508-7174 当4	604		621	上野賢一郎 自[森] 滋賀2区 3508-7004 当5
関 芳弘 自[安] 兵庫3区 3508-7173 当5	603	EV	622	橘 慶一郎 自[無] 富山3区 3508-7227 当5
武村展英 自[無] 滋賀3区 3508-7118 当4	602		623	伊東良孝 自[二] 北海道7区 3508-7170 当5
小寺裕雄 自[二] 滋賀4区 3508-7126 当2	601	WC WC (男)(女)	624	源馬謙太郎 立 静岡8区 3508-7160 当2

会館

国会議事堂側

35

衆議院第1議員会館7階

田中　健 国　　比 東海 3508-7190　当1	712	713	鈴木義弘 国　　比 北関東 3508-7282　当3
岡本あき子 立　　比 東北 3508-7064　当2	711	714	永岡桂子 自[麻] 茨城7区 3508-7274　当6
大塚　拓 自[安] 埼玉9区 3508-7608　当5	710	715	鬼木　誠 自[森] 福岡2区 3508-7182　当4
松島みどり 自[安] 東京14区 3508-7065　当7	709	716	田所嘉徳 自[無] 比 北関東 3508-7068　当4
福田昭夫 立　　栃木2区 3508-7289　当6	708	717	簗　和生 自[安] 栃木3区 3508-7186　当4
松本剛明 自[麻] 兵庫11区 3508-7214　当8	707	718	議員会議室 （公明）
玉木雄一郎 国　　香川2区 3508-7213　当5	706	719	篠原　孝 立 比 北陸信越 3508-7268　当7
加藤鮎子 自[無] 山形3区 3508-7216　当3	705	720	守島　正 維　　大阪2区 3508-7112　当1
後藤茂之 自[無] 長野4区 3508-7702　当7	704	721	奥下剛光 維　　大阪7区 3508-7225　当1
遠藤利明 自[無] 山形1区 3508-7158　当9	703	722	中野洋昌 公　　兵庫8区 3508-7224　当4
川崎ひでと 自[無] 三重2区 3508-7152　当1	702	723	青柳仁士 維　　大阪14区 3508-7609　当1
高村正大 自[麻] 山口1区 3508-7113　当2	701	724	防災備蓄室

喫煙室

WC（男）　WC（女）

EVホール

EVホール

EV

国会議事堂側

衆議院第1議員会館8階

小森卓郎 自[安] 石川1区 3508-7179 当1	812	813	石原宏高 自[岸] 比 東京 3508-7319 当5
小里泰弘 自[無] 比 九州 3508-7247 当6	811	814	小倉將信 自[二] 東京23区 3508-7140 当4
新藤義孝 自[茂] 埼玉2区 3508-7313 当8	810	815	保岡宏武 自[無] 比 九州 3508-7633 当1
前原誠司 国 京都2区 3508-7171 当10	809	816	黄川田仁志 自[無] 埼玉3区 3508-7123 当4
小熊慎司 立 福島4区 3508-7138 当4	808	817	泉 健太 立 京都3区 3508-7005 当8
城井 崇 立 福岡10区 3508-7389 当4	807	818	議員会議室 (立憲)
下条みつ 立 長野2区 3508-7271 当5	806	819	玄葉光一郎 立 福島3区 3508-7252 当10
山井和則 立 京都6区 3508-7240 当8	805	820	おおつき紅葉 立 比 北海道 3508-7493 当1
枝野幸男 立 埼玉5区 3508-7448 当10	804	821	野田佳彦 立 千葉4区 3508-7141 当9
濱地雅一 公 比 九州 3508-7235 当4	803	822	齋藤 健 自[無] 千葉7区 3508-7221 当5
手塚仁雄 立 東京5区 3508-7234 当5	802	823	秋葉賢也 自[茂] 比 東北 3508-7392 当7
金城泰邦 公 比 九州 3508-7153 当1	801	824	屋良朝博 立 比 九州 3508-7904 繰当2

喫煙室

WC(男) WC(女)

EVホール

EVホール

EV

WC(男) WC(女)

国会議事堂側

衆議院第1議員会館9階

漆間譲司 維　大阪8区 3508-7298　当1	912	階段／喫煙室	913	西野太亮 自[無]　熊本2区 3508-7144　当1
村井英樹 自[岸]　埼玉1区 3508-7467　当4	911	喫煙室	914	平　将明 自[無]　東京4区 3508-7297　当6
石原正敬 自[岸]　比東海 3508-7706　当1	910	WC WC (男)(女)	915	木原誠二 自[岸]　東京20区 3508-7169　当5
福重隆浩 公　比北関東 3508-7249　当1	909	階段	916	伊東信久 維　大阪19区 3508-7243　当3
佐藤茂樹 公　大阪3区 3508-7200　当10	908	EV ホール	917	防災備蓄室
池下卓 維　大阪10区 3508-7454　当1	907		918	議員会議室 (自民)
岩谷良平 維　大阪13区 3508-7314　当1	906		919	井林辰憲 自[麻]　静岡2区 3508-7127　当4
中司宏 維　大阪11区 3508-7146　当1	905	EV ホール	920	勝俣孝明 自[二]　静岡6区 3508-7202　当4
盛山正仁 自[岸]　比近畿 3508-7380　当5	904	階段	921	伊藤渉 公　比東海 3508-7187　当5
高市早苗 自[無]　奈良2区 3508-7198　当9	903	EV	922	中川宏昌 公　比北陸信越 3508-3639　当1
田村憲久 自[岸]　三重1区 3508-7163　当9	902	WC WC (男)(女)	923	大西健介 立　愛知13区 3508-7108　当5
御法川信英 自[無]　秋田3区 3508-7167　当6	901		924	鰐淵洋子 公　比近畿 3508-7070　当2

国会議事堂側

衆議院第1議員会館 10階

渡辺博道 自[茂] 千葉6区 3508-7387 当8	1012	1013	山岸一生 立 東京9区 3508-7124 当1
松本洋平 自[二] 比 東京 3508-7133 当5	1011	1014	寺田　学 立 比 東北 3508-7464 当6
田中和德 自[麻] 神奈川10区 3508-7294 当9	1010	1015	渡辺　創 立 宮崎1区 3508-7086 当1
松本　尚 自[安] 千葉13区 3508-7295 当1	1009	1016	足立康史 維 大阪9区 3508-7100 当4
髙木　毅 自[安] 福井2区 3508-7296 当8	1008	1017	志位和夫 共 比 南関東 3508-7285 当10
長坂康正 自[麻] 愛知9区 3508-7043 当4	1007	1018	議員会議室 (維新)
亀岡偉民 自[安] 比 東北 3508-7148 当5	1006	1019	美延映夫 維 大阪4区 3508-7194 当2
岡本三成 公 東京12区 3508-7147 当4	1005	1020	土田　慎 自[麻] 東京13区 3508-7341 当1
伊佐進一 公 大阪6区 3508-7391 当4	1004	1021	宮澤博行 自[安] 比 東海 3508-7135 当4
安住　淳 立 宮城5区 3508-7293 当9	1003	1022	佐藤公治 立 広島6区 3508-7145 当4
若林健太 自[安] 長野1区 3508-7277 当1	1002	1023	湯原俊二 立 比 中国 3508-7129 当2
鈴木俊一 自[麻] 岩手2区 3508-7267 当10	1001	1024	平井卓也 自[岸] 比 四国 3508-7307 当8

喫煙室

WC(男) WC(女)

EVホール

EVホール

EV

WC(男) WC(女)

国会議事堂側

衆議院第1議員会館 11 階

瀬戸隆一 自[麻] 比 四国 3508-7712 繰当3	1112	階段 喫煙室	1113	小山展弘 立 静岡3区 3508-7270 当3
島尻安伊子 自[茂] 沖縄3区 3508-7265 当1	1111		1114	吉田宣弘 公 比 九州 3508-7276 当3
鈴木淳司 自[安] 愛知7区 3508-7264 当6	1110	WC WC (男)(女)	1115	平沢勝栄 自[二] 東京17区 3508-7257 当9
渡海紀三朗 自[無] 兵庫10区 3508-7643 当10	1109	階段	1116	牧原秀樹 自[無] 比 北関東 3508-7254 当5
宮本岳志 共 比 近畿 3508-7255 当5	1108	EV ホール	1117	葉梨康弘 自[岸] 茨城3区 3508-7248 当6
赤嶺政賢 共 沖縄1区 3508-7196 当8	1107		1118	議員会議室 (共用)
本村伸子 共 比 東海 3508-7280 当3	1106		1119	奥野総一郎 立 千葉9区 3508-7256 当5
越智隆雄 自[安] 比 東京 3508-7479 当5	1105	EV ホール	1120	土井 亨 自[無] 宮城1区 3508-7470 当5
谷川とむ 自[安] 比 近畿 3508-7514 当3	1104	階段	1121	議員予備室
福田達夫 自[安] 群馬4区 3508-7181 当4	1103	EV	1122	英利アルフィヤ 自[麻] 千葉5区 3508-7436 補当1
塩崎彰久 自[安] 愛媛1区 3508-7189 当1	1102	WC WC (男)(女)	1123	防災備蓄室
衛藤征士郎 自[無] 大分2区 3508-7618 当13	1101		1124	神田憲次 自[安] 愛知5区 3508-7253 当4

国会議事堂側

衆議院第1議員会館 12 階

吉田 真次 自[安] 山口4区 3508-7172 補当1	1212			1213	寺田 稔 自[岸] 広島5区 3508-7606 当6
大野 敬太郎 自[無] 香川3区 3508-7132 当4	1211	喫煙室		1214	髙鳥 修一 自[安] 比 北陸信越 3508-7607 当5
森 英介 自[麻] 千葉11区 3508-7162 当11	1210	WC (男)	WC (女)	1215	田嶋 要 立 千葉1区 3508-7229 当7
秋本 真利 無 比 南関東 3508-7611 当4	1209			1216	鈴木 庸介 立 比 東京 3508-7028 当1
谷田川 元 立 比 南関東 3508-7292 当3	1208	EV ホール		1217	馬淵 澄夫 立 奈良1区 3508-7122 当7
宮下 一郎 自[安] 長野5区 3508-7903 当6	1207			1218	議員会議室 (自民)
小島 敏文 自[岸] 比 中国 3508-7192 当4	1206			1219	宮本 徹 共 比 東京 3508-7508 当3
小林 史明 自[岸] 広島7区 3508-7455 当4	1205	EV ホール		1220	国定 勇人 自[二] 比 北陸信越 3508-7131 当1
義家 弘介 自[安] 比 南関東 3508-7241 当4	1204			1221	石橋 林太郎 自[岸] 比 中国 3508-7901 当1
岸 信千世 自[安] 山口2区 3508-1203 補当1	1203	EV		1222	岸田 文雄 自[岸] 広島1区 3508-7279 当10
鈴木 貴子 自[茂] 比 北海道 3508-7233 当4	1202	WC (男)	WC (女)	1223	深澤 陽一 自[岸] 静岡4区 3508-7709 当2
林 芳正 自[岸] 山口3区 3508-7115 当1	1201			1224	村上 誠一郎 自[無] 愛媛2区 3508-7291 当12

国会議事堂側

衆議院第2議員会館2階

			訴追委員会事務室	訴追委員会委員長次室兼資料室	訴追委員会委員長室	訴追委員会会議室

特別室	212	EV	

訴追委員会事務局長室

藤丸 敏 自[岸] 福岡7区 3508-7431 当4	211	喫煙室	213	仁木博文 自[麻] 徳島1区 3508-7011 当2
本田太郎 自[無] 京都5区 3508-7012 当2	210	WC(男) WC(女)	214	田畑裕明 自[安] 富山1区 3508-7704 当4
石井 拓 自[安] 比 東海 3508-7031 当1	209		215	中谷真一 自[茂] 山梨1区 3508-7336 当4
鷲尾英一郎 自[二] 比 北陸信越 3508-7650 当6	208	EVホール	216	古賀 篤 自[岸] 福岡3区 3508-7081 当4
井原 巧 自[安] 愛媛3区 3508-7201 当1	207		217	高木宏壽 自[二] 北海道3区 3508-7636 当3
岩田和親 自[岸] 比 九州 3508-7707 当4	206		218	工藤彰三 自[麻] 愛知4区 3508-7018 当4
伊藤信太郎 自[麻] 宮城4区 3508-7091 当7	205	EVホール	219	**防災備蓄室**
神津たけし 立 比 北陸信越 3508-7015 当1	204		220	中野英幸 自[二] 埼玉7区 3508-7220 当1
階 猛 立 岩手1区 3508-7024 当6	203	EV	221	鳩山二郎 自[二] 福岡6区 3508-7905 当3
緑川貴士 立 秋田2区 3508-7002 当2	202	WC(男) WC(女)	222	伊藤忠彦 自[二] 愛知8区 3508-7003 当5
青山大人 立 比 北関東 3508-7039 当2	201		223	二階俊博 自[二] 和歌山3区 3508-7023 当13

国会議事堂側

㊥ 会館

衆議院第2議員会館3階

堤　かなめ 立　福岡5区 3508-7062　当1	312	階段 喫煙室	313	石田真敏 自[岸]　和歌山2区 3508-7072　当7
中山展宏 自[麻]　比南関東 3508-7435　当4	311		314	田野瀬太道 自[森]　奈良3区 3508-7071　当4
髙木　啓 自[安]　比東京 3508-7601　当2	310	WC WC (男)(女)	315	浜田靖一 自[無]　千葉12区 3508-7020　当10
角田秀穂 公　比南関東 3508-7052　当2	309		316	笹川博義 自[茂]　群馬3区 3508-7338　当4
大口善德 公　比東海 3508-7017　当9	308	EV ホール	317	西銘恒三郎 自[茂]　沖縄4区 3508-7218　当6
輿水恵一 公　比北関東 3508-7076　当3	307		318	議員会議室 (れいわ)
橋本　岳 自[茂]　岡山4区 3508-7016　当5	306		319	八木哲也 自[無]　愛知11区 3508-7236　当4
上川陽子 自[岸]　静岡1区 3508-7460　当7	305	EV ホール	320	藤巻健太 維　比南関東 3508-7503　当1
国光あやの 自[岸]　茨城6区 3508-7036　当2	304		321	阿部　司 維　比東京 3508-7504　当1
住吉寛紀 維　比近畿 3508-7415　当1	303	EV	322	吉田統彦 立　比東海 3508-7104　当3
山本剛正 維　比九州 3508-7009　当2	302		323	沢田　良 維　比北関東 3508-7526　当1
佐々木紀 自[安]　石川2区 3508-7059　当4	301	WC WC (男)(女)	324	西村明宏 自[安]　宮城3区 3508-7906　当6

国会議事堂側

衆 会 館

43

衆議院第2議員会館4階

左側	号室		号室	右側
山口俊一 自[麻] 徳島2区 3508-7054 当11	412	喫煙室	413	稲津 久 公 北海道10区 3508-7089 当5
中村喜四郎 立 比 北関東 3508-7501 当15	411		414	赤羽一嘉 公 兵庫2区 3508-7079 当9
金子恭之 自[岸] 熊本4区 3508-7410 当8	410	WC WC (男)(女)	415	たがや 亮 れ 比 南関東 3508-7008 当1
櫻井 周 立 比 近畿 3508-7465 当2	409		416	櫛渕万里 れ 比 東京練 3508-7063 当2
堀井 学 自[安] 比 北海道 3508-7125 当4	408	EV ホール	417	大石あきこ れ 比 近畿 3508-7404 当1
堀内詔子 自[岸] 山梨2区 3508-7487 当4	407		418	議員会議室 (立憲)
中村裕之 自[麻] 北海道4区 3508-7406 当4	406		419	福島伸享 無(有志) 茨城1区 3508-7262 当3
斎藤アレックス 国 比 近畿 3508-7637 当1	405	EV ホール	420	防災備蓄室
西村智奈美 立 新潟1区 3508-7614 当6	404		421	金村龍那 維 比 南関東 3508-7411 当1
梅谷 守 立 新潟6区 3508-7403 当1	403	EV	422	堀場幸子 維 比 近畿 3508-7422 当1
近藤昭一 立 愛知3区 3508-7402 当9	402	WC WC (男)(女)	423	古屋圭司 自[無] 岐阜5区 3508-7440 当11
山田勝彦 立 比 九州 3508-7420 当1	401		424	吉田とも代 維 比 四国 3508-7001 当1

国会議事堂側

衆議院第2議員会館5階

石川香織 立　北海道11区 3508-7512　当2	512			513	細田博之 自　島根1区 3508-7443　当11
池田佳隆 自[安]　比 東海 3508-7616　当4	511	喫煙室		514	甘利　明 自[麻]　比 南関東 3508-7528　当13
大西英男 自[安]　東京16区 3508-7033　当4	510	WC（男）WC（女）		515	石破　茂 自[無]　鳥取1区 3508-7525　当12
池畑浩太朗 維　比 近畿 3508-7520　当1	509			516	道下大樹 立　北海道1区 3508-7516　当2
熊田裕通 自[無]　愛知1区 3508-7513　当4	508	EV ホール		517	逢坂誠二 立　北海道8区 3508-7517　当5
一谷勇一郎 維　比 近畿 3508-7300　当1	507			518	議員会議室 （自民）
赤木正幸 維　比 近畿 3508-7505　当1	506			519	北神圭朗 無(有志) 京都4区 3508-7069　当4
吉川　元 立　比 九州 3508-7056　当4	505	EV ホール		520	高見康裕 自[茂]　島根2区 3508-7166　当1
吉田久美子 公　比 九州 3508-7055　当1	504			521	田中良生 自[無]　埼玉15区 3508-7058　当5
河西宏一 公　比 東京 3508-7630　当1	503	EV		522	三ッ林裕巳 自[安]　埼玉14区 3508-7416　当4
古屋範子 公　比 南関東 3508-7629　当7	502	WC（男）WC（女）		523	若宮健嗣 自[茂]　比 東京 3508-7509　当5
小林茂樹 自[二]　比 近畿 3508-7090　当3	501			524	伊藤達也 自[茂]　東京22区 3508-7623　当9

衆 会館

国会議事堂側

衆議院第2議員会館6階

古川禎久 自[茂] 宮崎3区 3508-7612 当7	612	喫煙室	613	森山浩行 立 比 近畿 3508-7426 当3
柿沢未途 自 東京15区 3508-7427 当5	611	喫煙室	614	平沼正二郎 自[二] 岡山3区 3508-7251 当1
江田憲司 立 神奈川8区 3508-7462 当7	610	WC(男) WC(女)	615	勝目 康 自[無] 京都1区 3508-7615 当1
徳永久志 無 比 近畿 3508-7250 当1	609		616	青山周平 自[安] 比 東海 3508-7083 当4
篠原 豪 立 神奈川1区 3508-7130 当3	608	EVホール	617	緒方林太郎 無(有志) 福岡9区 3508-7119 当3
吉田はるみ 立 東京8区 3508-7620 当1	607		618	議員会議室 (共用)
落合貴之 立 東京6区 3508-7134 当3	606		619	防災備蓄室
船田 元 自[茂] 栃木1区 3508-7156 当13	605	EVホール	620	穀田恵二 共 比 近畿 3508-7438 当10
田中英之 自[無] 比 近畿 3508-7007 当4	604		621	笠井 亮 共 比 東京 3508-7439 当6
山口 壯 自[二] 比 近畿 3508-7521 当7	603	EV	622	下村博文 自[安] 東京11区 3508-7084 当9
荒井 優 立 比 北海道 3508-7602 当1	602		623	城内 実 自[無] 静岡7区 3508-7441 当6
野間 健 立 鹿児島3区 3508-7027 当3	601	WC(男) WC(女)	624	吉野正芳 自[安] 福島5区 3508-7143 当8

国会議事堂側

衆議院第2議員会館7階

田村貴昭 共 比九州 3508-7475 当3	712	喫煙室	713	棚橋泰文 自[麻] 岐阜2区 3508-7429 当9
新垣邦男 社(立憲) 沖縄2区 3508-7157 当1	711		714	金子容三 自[岸] 長崎4区 3508-7627 補1
金子恵美 立 福島1区 3508-7476 当3	710	WC WC (男)(女)	715	小野寺五典 自[岸] 宮城6区 3508-7432 当8
松原 仁 無(立憲) 東京3区 3508-7452 当8	709		716	國重 徹 公 大阪5区 3508-7405 当4
星野剛士 自[無] 比南関東 3508-7413 当4	708	EV ホール	717	佐藤英道 公 比北海道 3508-7457 当4
吉良州司 無(有志) 大分1区 3508-7412 当6	707		718	議員会議室 (自民)
長妻 昭 立 東京7区 3508-7456 当8	706		719	山下貴司 自[茂] 岡山2区 3508-7057 当4
岬 麻紀 維 比東海 3508-7409 当1	705	EV ホール	720	白石洋一 立 比四国 3508-7244 当3
早坂 敦 維 比東北 3508-7414 当1	704		721	井出庸生 自[麻] 長野3区 3508-7469 当4
長谷川淳二 自[無] 愛媛4区 3508-7453 当1	703	EV	722	宮崎政久 自[茂] 比九州 3508-7360 当4
坂本哲志 自[森] 熊本3区 3508-7034 当7	702		723	中島克仁 立 比南関東 3508-7423 当4
中川貴元 自[麻] 比東海 3508-7461 当1	701	WC WC (男)(女)	724	米山隆一 立 新潟5区 3508-7485 当1

国会議事堂側

衆議院第２議員会館８階

議員	室		室	議員
神田潤一 自[岸] 青森2区 3508-7502 当1	812		813	古川康 自[茂] 比 九州 6205-7711 当3
上田英俊 自[茂] 富山2区 3508-7061 当1	811	喫煙室	814	後藤祐一 立 神奈川16区 3508-7092 当5
谷公一 自[二] 兵庫5区 3508-7010 当7	810	WC(男) WC(女)	815	
木村次郎 自[安] 青森3区 3508-7407 当2	809		816	吉川赳 無 比 東海 3508-7228 当3
高橋英明 維 比 北関東 3508-7260 当1	808	EVホール	817	防災備蓄室
和田有一朗 維 比 近畿 3508-7527 当1	807		818	議員会議室 （立憲）
掘井健智 維 比 近畿 3508-7088 当1	806		819	近藤和也 立 比 北陸信越 3508-7605 当3
新谷正義 自[茂] 広島4区 3508-7604 当4	805	EVホール	820	浮島智子 公 比 近畿 3508-7290 当4
平口洋 自[茂] 広島2区 3508-7622 当5	804		821	馬場雄基 立 比 東北 3508-7631 当1
浅川義治 維 比 南関東 3508-7197 当1	803	EV	822	柴山昌彦 自[安] 埼玉8区 3508-7624 当7
菊田真紀子 立 新潟4区 3508-7524 当7	802	WC(男) WC(女)	823	小渕優子 自[茂] 群馬5区 3508-7424 当8
神谷裕 立 比 北海道 3508-7050 当2	801		824	額賀福志郎 無 茨城2区 3508-7447 当13

国会議事堂側

衆議院第2議員会館9階

長友 慎治 国　比九州 3508-7212　当1	912	階段	913	金子 俊平 自[岸]　岐阜4区 3508-7060　当2
議員予備室	911	喫煙室	914	泉田 裕彦 自[二] 比北陸信越 3508-7640　当2
伴野 豊 立　比東海 3508-7019　当6	910	WC(男) WC(女)	915	五十嵐 清 自[茂] 比北関東 3508-7085　当1
重徳 和彦 立　愛知12区 3508-7910　当4	909	階段	916	丹羽 秀樹 自[無] 愛知6区 3508-7025　当4
穂坂 泰 自[無] 埼玉4区 3508-7030　当2	908	EVホール	917	山田 美樹 自[安] 東京1区 3508-7037　当4
杉田 水脈 自[安] 比中国 3508-7029　当3	907		918	議員会議室 (自民)
根本 幸典 自[安] 愛知15区 3508-7711　当4	906		919	中川 康洋 公　比東海 3508-7038　当2
塩川 鉄也 共　比北関東 3508-7507　当8	905	EVホール	920	日下 正喜 公　比中国 3508-7021　当1
高橋 千鶴子 共　比東北 3508-7506　当7	904	階段	921	井野 俊郎 自[茂] 群馬2区 3508-7219　当4
梶山 弘志 自[無] 茨城4区 3508-7529　当8	903	EV	922	防災備蓄室
佐藤 勉 自[無] 栃木4区 3508-7408　当9	902	WC(男) WC(女)	923	中曽根 康隆 自[二] 群馬1区 3508-7272　当2
尾﨑 正直 自[二] 高知2区 3508-7619　当1	901		924	三反園 訓 無(自民) 鹿児島2区 3508-7511　当1

国会議事堂側

衆 会館

衆議院第2議員会館 10 階

早稲田ゆき 立　神奈川4区 3508-7106　当2	1012	喫煙室	1013	青柳陽一郎 立　比 南関東 3508-7245　当4
茂木敏充 自[茂] 栃木5区 3508-1011　当10	1011		1014	石川昭政 自[無] 比 北関東 3508-7159　当4
武部　新 自[二] 北海道12区 3508-7425　当4	1010	WC WC (男) (女)	1015	藤原　崇 自[安] 岩手3区 3508-7207　当4
金田勝年 自[二] 比 東北 3508-7053　当5	1009		1016	國場幸之助 自[岸] 比 九州 3508-7741　当4
末松義規 立　東京19区 3508-7488　当7	1008	EV ホール	1017	武井俊輔 自[岸] 比 九州 3508-7388　当4
小田原　潔 自[安] 東京21区 3508-7909　当4	1007		1018	議員会議室 (公明)
古川元久 国　愛知2区 3508-7078　当9	1006		1019	冨樫博之 自[無] 秋田1区 3508-7275　当4
小川淳也 立　香川1区 3508-7621　当6	1005	EV ホール	1020	東　国幹 自[茂] 北海道6区 3508-7634　当1
稲富修二 立　比 九州 3508-7515　当3	1004		1021	江渡聡徳 自[麻] 青森1区 3508-7096　当8
森田俊和 立　埼玉12区 3508-7419　当2	1003	EV	1022	赤澤亮正 自[無] 鳥取2区 3508-7490　当6
江﨑鐵磨 自[二] 愛知10区 3508-7418　当8	1002	WC WC (男) (女)	1023	高木陽介 公　比 東京 3508-7481　当9
奥野信亮 自[安] 比 近畿 3508-7421　当6	1001		1024	山崎正恭 公　比 四国 3508-7472　当1

国会議事堂側

衆 会館

衆議院第2議員会館 11 階

吉田豊史 無 比 北陸信越 3508-7434 当2	1112		1113	菅 義偉 自[無] 神奈川2区 3508-7446 当9
上杉謙太郎 自[安] 比 東北 3508-7074 当2	1111	喫煙室	1114	古川直季 自[無] 神奈川6区 3508-7523 当1
山本ともひろ 自[無] 比 南関東 3508-7193 当5	1110	WC WC (男)(女)	1115	稲田朋美 自[安] 福井1区 3508-7035 当6
渡辺 周 立 比 東海 3508-7077 当9	1109		1116	木原 稔 自[茂] 熊本1区 3508-7450 当5
山口 晋 自[茂] 埼玉10区 3508-7430 当1	1108	EV ホール	1117	櫻田義孝 自[二] 比 南関東 3508-7381 当8
小泉龍司 自[二] 埼玉11区 3508-7121 当7	1107		1118	議員会議室 (自民)
加藤竜祥 自[安] 長崎2区 3508-7230 当1	1106		1119	坂井 学 自[無] 神奈川5区 3508-7489 当5
三木圭恵 維 比 近畿 3508-7638 当2	1105	EV ホール	1120	三谷英弘 自[無] 比 南関東 3508-7522 当3
加藤勝信 自[茂] 岡山5区 3508-7459 当7	1104		1121	門山宏哲 自[無] 比 南関東 3508-7382 当4
河野太郎 自[麻] 神奈川15区 3508-7006 当9	1103	EV	1122	伊藤俊輔 立 比 東京 3508-7150 当2
阿部弘樹 維 比 九州 3508-7480 当1	1102		1123	鈴木 敦 国 比 南関東 3508-7286 当1
谷川弥一 自[安] 長崎3区 3508-7014 当7	1101	WC WC (男)(女)	1124	西岡秀子 国 長崎1区 3508-7343 当2

国会議事堂側

衆議院第 2 議員会館 12 階

武藤容治 自[麻] 岐阜3区 3508-7482 当5	1212		1213	根本 匠 自[岸] 福島2区 3508-7312 当9
塩谷 立 自[安] 比 東海 3508-7632 当10	1211	喫煙室	1214	防災備蓄室
今村雅弘 自[二] 比 九州 3508-7610 当9	1210	WC WC (男)(女)	1215	鈴木隼人 自[茂] 東京10区 3508-7463 当3
岩屋 毅 自[麻] 大分3区 3508-7510 当9	1209		1216	井坂信彦 立 兵庫1区 3508-7082 当3
髙階恵美子 自[安] 比 中国 3508-7518 当1	1208	EV ホール	1217	柚木道義 立 比 中国 3508-7301 当6
江藤 拓 自[無] 宮崎2区 3508-7468 当7	1207		1218	議員会議室 (自民)
中根一幸 自[安] 比 北関東 3508-7458 当5	1206		1219	本庄知史 立 千葉8区 3508-7519 当1
萩生田光一 自[安] 東京24区 3508-7154 当6	1205	EV ホール	1220	細田健一 自[安] 新潟2区 3508-7278 当4
津島 淳 自[茂] 比 東北 3508-7073 当4	1204		1221	坂本祐之輔 立 比 北関東 3508-7449 当3
市村浩一郎 維 兵庫6区 3508-7165 当4	1203	EV	1222	中谷 元 自[無] 高知1区 3508-7486 当11
空本誠喜 維 比 中国 3508-7451 当2	1202		1223	竹内 譲 公 比 近畿 3508-7473 当6
尾身朝子 自[安] 比 北関東 3508-7484 当3	1201	WC WC (男)(女)	1224	庄子賢一 公 比 東北 3508-7474 当1

国会議事堂側

会館

衆議院議員写真・略歴・宿所一覧

第49回総選挙（小選挙区比例代表並立制）
（令和3年10月31日施行／令和7年10月30日満了）

| 議 長 | 額賀福志郎
（ぬか が ふく し しろう） | 秘書 | 平川 大輔
田中 翔太 | ☎3581-1461 |
| 副議長 | 海江田万里
（かい え だ ばんり） | 秘書 | 清家 弘司
落合 友子 | ☎3423-0311 |

勤続年数は**令和5年11月末現在**です。

北海道1区 450,946 / 59.13

当118,286 道下 大樹 立前（45.3）
比106,985 船橋 利実 自前（41.0）
比35,652 小林 悟 維新（13.7）

札幌市（中央区、北区の一部
（P169参照）、南区、西区の一部
（P169参照））

道下 大樹（みち した だい き）

立 前 当2
北海道新得町 S50・12・24
勤6年3ヵ月 （初／平29）

総務委、財金委、沖北特委理事、党税制調
査会事務局長、北海道議、道政会民進党
政審会長、衆議院議員秘書、中央大／47歳

〒060-0042 札幌市中央区大通西5丁目
昭和ビル5F ☎011（233）2331

北海道2区 460,828 / 52.60

当105,807 松木 謙公 立前（44.7）
比89,745 高橋 祐介 自新（37.9）
比41,076 山崎 泉 維新（17.4）

札幌市（北区（1区に属しない区
域）（P169参照）、東区）

松木けんこう（まつき）

立 前 当6
北海道札幌市 S34・2・22
勤14年8ヵ月 （初／平15）

沖北特委員長、環境委、党選対委員長代理、
新党大地幹事長、農水大臣政務官、官房長
官・労働大臣秘書、青山学院大学／64歳

〒001-0908 札幌市北区新琴似8条9丁目2-1 ☎011（769）7770
〒168-0063 杉並区和泉3-11-12

北海道3区 474,944 / 56.24

当116,917 高木 宏壽 自元（44.7）
比当112,535 荒井 優 立新（43.0）
比32,340 小和田康文 維新（12.4）

札幌市（白石区、豊平区、清田区）

高木 宏壽（たか ぎ ひろ ひさ）

自元［二］ 当3
北海道札幌市 S35・4・9
勤7年 （初／平24）

復興副大臣、党生活安全関係団体委員長、
党内閣第一部会長代理、内閣府大臣政務官
兼復興大臣政務官、道議、慶大法／63歳

〒062-0020 札幌市豊平区月寒中央通5-1-12 ☎011（852）4764
〒100-8982 千代田区永田町2-1-2、会館 ☎03（3508）7636

<table>
<tr><td>北海道4区</td><td>363,778
⑯ 61.14</td><td>当109,326 中村裕之 自前(50.2)
比当108,630 大築紅葉 立新(49.8)</td></tr>
</table>

札幌市(西区(1区に属しない区域)(P169参照)、手稲区)、小樽市、後志総合振興局管内

なか むら ひろ ゆき
中村裕之

自前[麻]　　当4
北海道　　S36・2・23
勤11年1ヵ月　(初/平24)

文科委理、国交委、原子力特委理、党水産部会長代理、党文科部会長、農水副大臣、文科大臣政務官、道議、道PTA連会長、JC、道庁、北海学園大／62歳

〒047-0024　小樽市花園1-4-19　　☎0134(21)5770
〒107-0052　港区赤坂2-17-10、宿舎　☎03(5549)4671

<table>
<tr><td>北海道5区</td><td>467,864
⑯ 60.22</td><td>当139,950 和田義明 自前(50.6)
比111,366 池田真紀 立前(40.3)
16,758 橋本美香 共新(6.1)
8,520 大津伸太郎 無新(3.1)</td></tr>
</table>

札幌市(厚別区)、江別市、千歳市、恵庭市、北広島市、石狩市、石狩振興局管内

わ だ よし あき
和田義明

自前[安]　　当3
大阪府池田市 S46・10・10
勤7年9ヵ月　(初/平28補)

防衛大臣補佐官、党女性局次長、内閣府副大臣、内閣府大臣政務官、党遊説局長、党国防副部会長、三菱商事、早大商／51歳

〒004-0053　札幌市厚別区厚別中央3条5丁目8-20
　　　　　　　　　　　　　　　　　　☎011(896)5505
〒100-8981　千代田区永田町2-2-1、会館☎03(3508)7117

<table>
<tr><td>北海道6区</td><td>415,008
⑯ 56.86</td><td>当128,670 東　国幹 自新(55.5)
比93,403 西川将人 立前(40.3)
比9,776 斉藤忠行 N新(4.2)</td></tr>
</table>

旭川市、士別市、名寄市、富良野市、上川総合振興局管内

あずま くに よし
東　国幹

自新[茂]　　当1
北海道名寄市 S43・2・17
勤2年2ヵ月　(初/令3)

農水委、法務委、災害特委、党地方組織・議員総局次長、道議会議員、旭川市議、衆院議員秘書、東海大学／55歳

〒079-8412　旭川市永山2条4丁目2-19　☎0166(40)2223
〒107-0052　港区赤坂2-17-10、宿舎

<table>
<tr><td>北海道7区</td><td>253,134
⑯ 56.19</td><td>当80,797 伊東良孝 自前(58.0)
比45,563 篠田奈保子 立新(32.7)
12,913 石川明美 共新(9.3)</td></tr>
</table>

釧路市、根室市、釧路総合振興局管内、根室振興局管内

い とう よし たか
伊東良孝

自前[二]　　当5
北海道　　S23・11・24
勤14年5ヵ月　(初/平21)

衆沖北特委理、常総務会総務、北海道総合開発特委長、地方創生特委長、農水副大臣(2回目)、水産部会長、農水委員長、副幹事長、沖北特委筆頭理事、財務政務官、釧路市長、道議、市議、道教育大／75歳

〒085-0021　釧路市浪花町13-2-1　　☎0154(25)5500
〒100-8981　千代田区永田町2-2-1、会館 ☎03(3508)7170

北海道

北海道8区　361,180　®60.08

当112,857　逢坂誠二　立前（52.7）
比101,379　前田一男　自元（47.3）

函館市、北斗市、渡島総合振興局管内、檜山振興局管内

おお　さか　せい　じ　　　立前　　　　　　当5
逢坂誠二

北海道ニセコ町　S34・4・24
勤16年4ヵ月　（初／平17）

予算委野党筆頭理事、原子力特委、党代表代行、道連代表、総理補佐官、総務大臣政務官、ニセコ町長、薬剤師、行政書士、北大／64歳

〒040-0073　函館市宮前町8-4　☎0138（41）7773
〒100-8982　千代田区永田町2-1-2、会館　☎03（3508）7517

北海道9区　381,776　®58.92

当113,512　山岡達丸　立前（51.5）
比当106,842　堀井　学　自前（48.5）

室蘭市、苫小牧市、登別市、伊達市、胆振総合振興局管内、日高振興局管内

やま　おか　たつ　まる　　　立前　　　　　　当3
山岡達丸

東京都　S54・7・22
勤9年7ヵ月　（初／平17）

経産委、党副幹事長（総務局長兼務）、ハラスメント対策委員会事務局長、NHK記者、慶大経／44歳

〒053-0021　北海道苫小牧市若草町1丁目1-24　☎0144（37）5800
〒100-8981　千代田区永田町2-2-1、会館　☎03（3508）7306

北海道10区　284,648　®64.80

当96,843　稲津　久　公前（53.9）
比82,718　神谷　裕　立前（46.1）

夕張市、岩見沢市、留萌市、美唄市、芦別市、赤平市、三笠市、滝川市、砂川市、歌志内市、深川市、空知総合振興局管内、留萌振興局管内

いな　つ　　　ひさし　　　公前　　　　　　当5
稲津　久

北海道芦別市　S33・2・9
勤14年5ヵ月　（初／平21）

党幹事長代理、中央幹事、政調会長代理、北海道本部代表、元厚生労働副大臣、元農水政務官、元道議、専修大／65歳

〒068-0024　岩見沢市4条西2-4-2　☎0126（22）8511
〒107-0052　港区赤坂2-17-10、宿舎

北海道11区　283,874　®63.51

当91,538　石川香織　立前（51.8）
比85,336　中川郁子　自元（48.2）

帯広市、十勝総合振興局管内

いし　かわ　か　おり　　　立前　　　　　　当2
石川香織

神奈川県　S59・5・10
勤6年3ヵ月　（初／平29）

総務委理、消費者特委、党副幹事長、前党青年局長、元日本BS11アナウンサー、聖心女子大／39歳

〒080-0028　帯広市西18条南5丁目47-5　☎0155（67）7730
〒107-0052　港区赤坂2-17-10、宿舎

北海道12区	286,186 59.82	当97,634	武部	新	自前（58.4）
		比55,531	川原田英世	立新	（33.1）
		14,140	菅原 誠	共新	（8.5）

北見市、網走市、稚内市、紋別市、宗谷総合振興局管内、オホーツク総合振興局管内

たけ べ　　　あらた
武部　新
自前［二］　　　当4
北海道　　S45・7・20
勤11年1ヵ月（初/平24）

衆院法務委員長、農林水産副大臣、環境兼内閣府大臣政務官、衆院議事進行係、党農林部会長、早大法、シカゴ大院／53歳

〒090-0833 北見市とん田東町603-1　☎0157(61)7711

比例代表 北海道 8人　北海道

すず き　たか こ
鈴木貴子
自前［茂］　　　当4
北海道帯広市　S61・1・5
勤10年7ヵ月（初/平25補）

自民党副幹事長、前外務副大臣、元防衛大臣政務官、元NHK長野放送局番組制作ディレクター、カナダオンタリオ州トレント大学／37歳

〒085-0018 釧路市黒金町7-1-1
　　　　　クロガネビル3F　　　☎0154(24)2522

わた なべ こう いち
渡辺孝一
自前［岸］　　　当4
北海道　　S32・11・25
勤11年1ヵ月（初/平24）

総務副大臣、総務大臣政務官、防衛大臣政務官、農水委理事、党副幹事長、岩見沢市長、歯科医、東日本学園大／66歳

〒068-0004 岩見沢市4条東1-7-1
　　　　　北商4-1ビル1F　　　☎0126(25)1188
〒107-0052 港区赤坂2-17-10、宿舎

ほり い　　まなぶ
堀井　学
自前［安］　当4(初/平24)
北海道室蘭市　S47・2・19
勤11年1ヵ月　〈北海道9区〉

内閣府副大臣、予算委理事、沖北特委理事、党文科部会長代理、外務大臣政務官、道議、王子製紙、専修大商／51歳

〒059-0012 登別市中央町5-14-1　☎0143(88)2811
〒107-0052 港区赤坂2-17-10、宿舎　☎03(5549)4671

なか がわ ゆう こ
中川郁子
自元［麻］　当3(初/平24)
新潟県　　S33・12・22
勤7年　　〈北海道11区〉

外務委理、党内閣第一部会長代理、党生活安全関係団体委員長、水産総合調査会副会長、農林水産大臣政務官、三菱商事、聖心女子大学／64歳

〒080-0802 帯広市東2条南13丁目18　☎0155(27)2611

おおつき紅葉 <ruby>紅<rt>くれ</rt></ruby><ruby>葉<rt>は</rt></ruby>
立新　当1(初/令3)
北海道小樽市　S58・10・16
勤2年2ヵ月　〈北海道4区〉

懲罰委理、総務委、党国対副委員長、党政調会長補佐、フジテレビ政治部記者、英国バーミンガムシティ大／40歳

〒047-0024　小樽市花園2-6-7
　　　　　　プラムビル5F　　☎0134(61)7366

荒井　優 <ruby>荒<rt>あら</rt></ruby><ruby>井<rt>い</rt></ruby>　<ruby>優<rt>ゆたか</rt></ruby>
立新　当1(初/令3)
北海道　S50・2・28
勤2年2ヵ月　〈北海道3区〉

文科委、復興特委、党代表政務室副室長・政調会長補佐、人材局長、ソフトバンク(株)社長室、高校校長、早大／48歳

〒062-0933　札幌市豊平区平岸3条10-1-29 酒井ビル　☎011(826)3021
〒107-0052　港区赤坂2-17-10、宿舎　☎03(5549)6471

神谷　裕 <ruby>神<rt>かみ</rt></ruby><ruby>谷<rt>や</rt></ruby>　<ruby>裕<rt>ひろし</rt></ruby>
立前　当2(初/平29)
東京都豊島区　S43・8・10
勤6年3ヵ月　〈北海道10区〉

総務委、沖北特委筆頭理事、参院議員秘書、衆院議員秘書、国務大臣秘書官、日鰹連職員、帝京大／55歳

〒068-0024　北海道岩見沢市4条西4丁目12 ☎0126(22)1100

佐藤英道 <ruby>佐<rt>さ</rt></ruby><ruby>藤<rt>とう</rt></ruby><ruby>英<rt>ひで</rt></ruby><ruby>道<rt>みち</rt></ruby>
公前　当4
宮城県名取市　S35・9・26
勤11年1ヵ月　(初/平24)

予算委理、党厚労部会長、厚生労働・内閣府副大臣、議運委理事、農水政務官、党団体渉外委員長、中央幹事、国交都会長、創大院／63歳

〒060-0001　札幌市中央区北1条西19丁目
　　　　　　緒方ビル4F　　☎011(688)5450
〒100-8982　千代田区永田町1-2-2、会館　☎03(3508)7457

比例代表　北海道　8 人		有効投票数　2,569,130票		
政党名	当選者数	得票数		得票率
	惜敗率 小選挙区			惜敗率 小選挙区
自 民 党	4 人	863,300票		33.60%

当①鈴木　貴子　前
当②渡辺　孝一　前
当③堀井　　学　前(94.12)北 9
当④中川　郁子　元(93.22)北11
　③船橋　利実　前(90.45)北 1
　③前田　一男　元(89.8)　北 3
　③高橋　祐介　新(84.8)　北 2
　⑭鶴羽　佳子　新
　⑮長友　隆典　新

【小選挙区での当選者】
　③高木　宏寿　元　　　北 3
　③中村　裕之　前　　　北 4
　③和田　義明　前　　　北 5
　③東　　国幹　新　　　北 6
　③伊東　良孝　前　　　北 7
　③武部　　新　前　　　北12

立憲民主党　3人　　　　682,912票　26.58%

当①大築　紅葉	新(99.36)	北4		
当①荒井　優	(96.25)	北3		
当①神谷　裕	前(85.41)	北10		
①池田　真紀	前(79.58)	北5		
①西川　将人	新(72.59)	北6		
①川原田英世	新(56.66)	北12		
①篠田奈保子	新(56.39)	北7		
⑬原谷　那美	新			
⑭秋元　恭兵	新			
⑮田中　勝一	新			

【小選挙区での当選者】

①道下　大樹	前	北1
①松木　謙公	前	北2
①逢坂　誠二	前	北8
①山岡　達丸	前	北9
①石川　香織	前	北11

公明党　1人　　　　294,371票　11.46%

当①佐藤　英道　前　　　　　②荒瀬　正昭　前

その他の政党の得票数・得票率は下記のとおりです。
（当選者はいません）

政党名	得票数	得票率			
日本維新の会	215,344票	8.38%	支持政党なし	46,142票	1.80%
共産党	207,189票	8.06%	NHKと裁判してる党弁護士法72条違反で		
れいわ新選組	102,086票	3.97%		42,916票	1.67%
国民民主党	73,621票	2.87%	社民党	41,248票	1.61%

青森県1区　342,174　㊺51.84

当91,011　江渡聡徳　自前(52.4)
　　比64,870　升田世喜男　立元(37.4)
　　17,783　斎藤美緒　共新(10.2)

青森市、むつ市、東津軽郡、上北郡（野辺地町、横浜町、六ヶ所村）、下北郡

え と あき のり
江渡聡徳　自前［麻］　当8
青森県十和田市　S30・10・12
勤23年11ヵ月　（初／平8）

安保委、原子力特委、党総務、防衛大臣、安保委員長、防衛副大臣、短大講師、日大院／68歳

〒030-0812　青森市堤町1-3-12
〒107-0052　港区赤坂2-17-10、宿舎
☎017(718)8820

青森県2区　389,510　㊺53.56

当126,137　神田潤一　自新(61.5)
　　比65,909　高畑紀子　立新(32.1)
　　12,966　田端深雪　共新(6.3)

八戸市、十和田市、三沢市、上北郡（七戸町、六戸町、東北町、おいらせ町）、三戸郡

かん だ じゅん いち
神田潤一　自新［岸］　当1
青森県八戸市　S45・9・27
勤2年2ヵ月　（初／令3）

内閣府大臣政務官（経済再生、金融庁担当）、日本銀行職員、金融庁出向、日本生命出向、マネーフォワード執行役員、東大経、イェール大学院／53歳

〒031-0801　八戸市柏崎1-1-1
☎0178(51)8866

青森県3区 347,625 ⑳53.29

当118,230 木村 次郎 自前(65.0)
　　　　　比63,796 山内　崇 立新(35.0)

弘前市、黒石市、五所川原市、
つがる市、平川市、西津軽郡、
中津軽郡、南津軽郡、北津軽郡

木村 次郎 (き むら じ ろう)

自前[安]　　　　　当2
青森県藤崎町 S42・12・16
勤6年3ヵ月　(初/平29)

議運委、農水委、原子力特委、防衛大臣政務
官、国土交通大臣政務官、党国防副部会長、
女性局次長、青森県職員、中央大／55歳

〒036-8191 青森県弘前市親方町43-3F　☎0172(36)8332
〒107-0052 港区赤坂2-17-10、宿舎　☎03(5549)4671

岩手県1区 293,290 ⑳58.81

当87,017 階　猛 立前(51.2)
　　　　　比62,666 高橋比奈子 自前(36.9)
　　　　　20,300 吉田 恭子 共新(11.9)

盛岡市、紫波郡

階　猛 (しな たけし)

立前　　　　　当6
岩手県盛岡市 S41・10・7
勤16年6ヵ月(初/平19期)

憲法審査会幹事、財金委、党「次の内閣」
財務金融大臣、総務大臣政務官、民進党
政調会長、弁護士、銀行員、東大法／57歳

〒020-0021 盛岡市中央通3-3-2
　　　　　　菱和ビル6F　　　　　　☎019(654)7111
〒107-0052 港区赤坂2-17-10、宿舎

岩手県2区 369,175 ⑳60.28

当149,168 鈴木 俊一 自前(68.0)
　　　　　比66,689 大林 正英 立新(30.4)
　　　　　3,548 荒川 順子 N新(1.6)

宮古市、大船渡市、久慈市、遠野市、
陸前高田市、釜石市、二戸市、八幡
平市、滝沢市、岩手郡、気仙郡、上
閉伊郡、下閉伊郡、九戸郡、二戸郡

鈴木 俊一 (すず き しゅん いち)

自前[麻]　　　　　当10
岩手県　　　S28・4・13
勤30年8ヵ月　(初/平2)

財務・金融担当大臣、党総務会長、東京オ
リパラ大臣、環境大臣、外務副大臣、衆外
務・厚労・復興特委員長、早大／70歳

〒020-0668 岩手県滝沢市鵜飼狐洞1-432
　　　　　　　　　　　　　　☎019(687)5525
〒100-8981 千代田町永田町2-2-1、会館☎03(3508)7267

岩手県3区 377,117 ⑳61.71

当118,734 藤原　崇 自前(52.1)
　　　　　比当109,362 小沢 一郎 立前(47.9)

花巻市、北上市、一関市、奥州市、
和賀郡、胆沢郡、西磐井郡

藤原　崇 (ふじ わら たかし)

自前[安]　　　　　当4
岩手県西和賀町 S58・8・2
勤11年1ヵ月　(初/平24)

党青年局長、法務委、財金委、復興特委、財
務大臣政務官、内閣府兼復興大臣政務
官、明治学院大学法科大学院修了／40歳

〒024-0091 岩手県北上市大曲町2-24　☎0197(72)6056
〒100-8982 千代田区永田町2-1-2、会館　☎03(3508)7207

宮城県1区　439,697　⑯54.60

仙台市（青葉区、太白区（本庁管内））

当101,964	土井　　亨	自前	(43.4)
比当96,649	岡本章子	立前	(41.2)
23,033	春藤沙弥香	維新	(9.8)
13,174	大草芳江	無新	(5.6)

土井　亨（どい　とおる）

自前[無]　当5
宮城県　S33・8・12
勤15年　（初/平17）

国交委、党所有者不明土地等に関する特別委員長、党情報調査局長、国交副大臣、復興副大臣、国交政務官、党国対副委長、党財金部会長、副幹事長、県議3期、東北学院大／65歳

〒980-0011　仙台市青葉区上杉1-1-30-102　☎022(262)7223

宮城県2区　455,409　⑯53.62

仙台市（宮城野区、若林区、泉区）

当116,320	鎌田さゆり	立元	(49.0)
比当115,749	秋葉賢也	自前	(48.7)
比5,521	林マリアゆき	N新	(2.3)

鎌田さゆり（かまた　さゆり）

立元　当3
宮城県　S40・1・8
勤6年9ヵ月　（初/平12）

法務委次席理事、震災復興特委、党災害・緊急事態局東北ブロック副局長、党政調副会長、東北学院大学／58歳

〒981-3133　仙台市泉区泉中央1-34-6-2F　☎022(771)5022
〒100-8981　千代田区永田町2-2-1、会館　☎03(3508)7204

宮城県3区　286,936　⑯57.71

仙台市（太白区（秋保総合支所管内（秋保町秋保、秋保町境野、秋保町長袋、秋保町馬場、秋保町湯元）））、白石市、名取市、角田市、岩沼市、刈田郡、柴田郡、伊具郡、亘理郡

当96,210	西村明宏	自前	(59.3)
比60,237	大野園子	立新	(37.1)
5,890	浅田晃司	無新	(3.6)

西村明宏（にし　むら　あき　ひろ）

自前[安]　当6
福岡県北九州市　S35・7・16
勤16年10ヵ月　（初/平15）

党国対委員長代理、国家基本委筆頭理事、環境大臣、内閣府特命担当大臣、内閣官房副長官、国交・内閣府・復興副大臣、国交委長、党筆頭副幹事長、経産・国交部会長、早大院／63歳

〒981-1231　宮城県名取市手倉田字諏訪609-1　☎022(384)4757
〒100-8982　千代田区永田町2-1-2、会館　☎03(3508)7906

宮城県4区　237,478　⑯57.15

塩竈市、多賀城市、富谷市、宮城郡（七ヶ浜町、利府町）、黒川郡（大和町、大衡村）、加美郡

当74,721	伊藤信太郎	自前	(56.5)
比30,047	舩山由美	共新	(22.7)
比当27,451	早坂　敦	維新	(20.8)

伊藤信太郎（い　とうしん　た　ろう）

自前[麻]　当7
東京都港区　S28・5・6
勤18年11ヵ月　（初/平13補）

環境大臣、党国際局長、復興特委員長、環境委員長、外務副大臣、外務政務官、慶大院、ハーバード大院／70歳

〒985-0021　宮城県塩釜市尾島町24-20　☎022(367)8687
〒100-8982　千代田区永田町2-1-2、会館　☎03(3508)7091

宮城県5区 252,373 ⊛ 57.34

当81,033 安住 淳 立前(56.9)
比64,410 森下 千里 自新(43.1)

石巻市、東松島市、大崎市(松山・三本木・鹿島台・田尻総合支所管内)、宮城郡(松島町)、黒川郡(大郷町)、遠田郡、牡鹿郡、本吉郡

あ ずみ   じゅん
安住 淳

立前
宮城県 S37・1・17
勤27年4ヵ月 (初/平8)

当9

党国対委員長、懲罰委員長、民進党国対委員長、財務大臣、政府税調会長、防衛副大臣、衆安保委員長、党幹事長代行、NHK記者、早大/61歳

〒986-0814 石巻市南中里4-1-18 ☎0225(23)2881
〒100-8981 千代田区永田町2-2-1、会館 ☎03(3508)7293

宮城県6区 253,730 ⊛ 57.38

当119,555 小野寺五典 自前(83.2)
24,072 内藤 隆司 共新(16.8)

気仙沼市、登米市、栗原市、大崎市(第5区に属しない区域)

お の でら いつ のり
小野寺五典

自前[岸]
宮城県気仙沼市 S35・5・5
勤22年2ヵ月 (初/平9補)

当8

予算委員長、党安全保障調査会長、防衛大臣、党政調会長代理、外務副大臣、外務大臣政務官、東北福祉大客員教授、県職員、松下政経塾、東大院/63歳

〒987-0511 登米市迫町佐沼字中江1-10-4
中江第一ビル2F、1号 ☎0220(22)6354
〒107-0052 港区赤坂2-17-10、宿舎

秋田県1区 261,956 ⊛ 58.18

当77,960 冨樫 博之 自前(51.9)
比当72,366 寺田 学 立前(48.1)

秋田市

と がし ひろ ゆき
冨樫 博之

自前[無]
秋田県秋田市 S30・4・27
勤11年1ヵ月 (初/平24)

当4

党内閣第二部会長、内閣委理、経産委、復興特委、倫選特委、復興副大臣、総務大臣政務官、秋田県議会議長、衆院秘書、秋田経済大/68歳

〒010-1427 秋田市仁井田新田3-13-20 ☎018(839)5601
〒107-0052 港区赤坂2-17-10、宿舎

秋田県2区 258,568 ⊛ 61.23

当81,845 緑川 貴士 立前(52.5)
比当73,945 金田 勝年 自前(47.5)

能代市、大館市、男鹿市、鹿角市、潟上市、北秋田市、鹿角郡、北秋田郡、山本郡、南秋田郡

みどりかわ たか し
緑川 貴士

立前
埼玉県 S60・1・10
勤6年3ヵ月 (初/平29)

当2

地・こ・デジ特委、農水委理事、党秋田県連代表、秋田朝日放送アナウンサー、早大/38歳

〒017-0897 秋田市大館市三ノ丸92 ☎0186(57)8614
〒100-8982 千代田区永田町2-1-2、会館 ☎03(3508)7002

秋田県3区 320,409 ⊕55.89

当134,734	御法川信英	自前(77.9)
38,118	杉山　彰	共新(22.1)

横手市、湯沢市、由利本荘市、大仙市、にかほ市、仙北郡、雄勝郡

み のりかわ のぶ ひで
御法川信英
自前[無]　　　当6
秋田県　　S39・5・25
勤16年10ヵ月　（初/平15）

災害対策特別委員長、党国対委員長代理、国土交通・内閣府・復興副大臣、財務副大臣、外務政務官、コロンビア大院、慶大／59歳

〒014-0046　秋田県大仙市大曲田町20-32　☎0187(63)5835
〒107-0052　港区赤坂2-17-10、宿舎

山形県1区 303,982 ⊕61.59

当110,688	遠藤利明	自前(60.0)
比73,872	原田和広	立新(40.0)

山形市、上山市、天童市、東村山郡

えん どう とし あき
遠藤利明
自前[無]　　　当9
山形県上山市　S25・1・17
勤27年2ヵ月　（初/平5）

党中央政治大学院学院長、党総務会長、党選対委員長、東京五輪担当相、党幹事長代理、文科副大臣、建設政務次官、中大法／73歳

〒990-2481　山形県あかねヶ丘2-1-6　☎023(646)6888
〒107-0052　港区赤坂2-17-10、宿舎　☎03(5549)4671

山形県2区 313,967 ⊕65.71

当125,992	鈴木憲和	自前(61.8)
比77,742	加藤健一	国新(38.2)

米沢市、寒河江市、村山市、長井市、東根市、尾花沢市、南陽市、西村山郡、北村山郡、東置賜郡、西置賜郡

すず き のり かず
鈴木憲和
自前[茂]　　　当4
山形県南陽市　S57・1・30
勤11年1ヵ月　（初/平24）

農林水産副大臣、党青年局長、外務大臣政務官、党外交部会長代理、党農林部会長代理、農水省、東大法／41歳

〒992-0012　米沢市金池2-1-11　☎0238(26)4260
〒100-8981　千代田区永田町2-2-1、会館　☎03(3508)7318

山形県3区 287,642 ⊕65.74

当108,558	加藤鮎子	自前(58.1)
66,320	阿部ひとみ	無新(35.5)
12,100	梅木　威	共新(6.5)

鶴岡市、酒田市、新庄市、最上郡、東田川郡、飽海郡

か とう あゆ こ
加藤鮎子
自前[無]　　　当3
山形県鶴岡市　S54・4・19
勤9年1ヵ月　（初/平26）

内閣府特命担当大臣、党厚労部会長代理、国土交通大臣政務官、環境兼内閣府大臣政務官、コロンビア大院、慶大／44歳

〒997-0026　鶴岡市大東町17-23(自宅)　☎0235(22)0376
〒107-0052　港区赤坂2-17-10、宿舎

福島県1区　404,405　⑳60.61

福島市、相馬市、南相馬市、伊達市、伊達郡、相馬郡

当123,620　金子恵美　立前（51.1）
比当118,074　亀岡偉民　自前（48.9）

かね　こ　え　み
金子　恵美
立前　当3（初/平26）※1
福島県保原町（現伊達市）　S40・7・7
勤15年2ヵ月（参6年1ヵ月）

党会計監査、党「次の内閣」ネクスト農水大臣、党震災復興本部事務局長、復興特委、農水委、県連代表、内閣府政務官兼復興政務官、参議員、福島大院／58歳

〒960-8253　福島市泉字泉川34-1　☎024(573)0520
〒100-8982　千代田区永田町2-1-2、会館　☎03(3508)7476

福島県2区　347,250　⑳55.06

郡山市、二本松市、本宮市、安達郡

当102,638　根本　匠　自前（54.6）
比当85,501　馬場雄基　立新（45.4）

ね　もと　たくみ
根本　匠
自前［岸］　当9
福島県　S26・3・7
勤27年3ヵ月　（初/平5）

国家基本政策委員長、党復興本部長、予算委員長、党中小企業調査会長、厚労大臣、党金融調査会長、復興大臣、総理補佐官、経産委、内閣府副大臣、厚生政務次官、建設省、東大／72歳

〒963-8012　郡山市咲田1-2-1-103　☎024(932)6662
〒100-8982　千代田区永田町2-1-2、会館　☎03(3508)7312

福島県3区　264,121　⑳64.05

白河市、須賀川市、田村市、岩瀬郡、西白河郡（泉崎村、中島村、矢吹町）、東白川郡、石川郡、田村郡

当90,457　玄葉光一郎　立前（54.2）
比当76,302　上杉謙太郎　自前（45.8）

げん　ば　こう　いちろう
玄葉光一郎
立前　当10
福島県田村市　S39・5・20
勤30年7ヵ月　（初/平5）

安保委、復興特委、決算行監委長、外相、国家戦略担当・内閣府特命担当大臣、民主党政調会長、選対委員、県議、上智大／59歳

〒962-0832　須賀川市本町3-2　☎0248(72)7990
〒100-8981　千代田区永田町2-2-1、会館　☎03(3508)7252

福島県4区　237,353　⑳64.68

会津若松市、喜多方市、南会津郡、耶麻郡、河沼郡、大沼郡、西白河郡（西郷村）

当76,683　小熊慎司　立前（51.0）
比当73,784　菅家一郎　自前（49.0）

お　ぐま　しん　じ
小熊慎司
立前　当4（初/平24）※2
福島県　S43・6・16
勤13年7ヵ月（参2年6ヵ月）

国交委、復興特委理、党政調副会長、参院議員、福島県議、会津若松市議、専大法学部／55歳

〒965-0835　会津若松市館馬町2-14　ニューパークハイツ1F　☎0242(38)3565
〒100-8981　千代田区永田町2-2-1、会館　☎03(3508)7138

※1 平19参院初当選　※2 平22参院初当選

福島県5区

320,273	当93,325	吉野 正芳	自前(62.7)
⑧48.00	55,619	熊谷 智	共新(37.3)

いわき市、双葉郡

よし の まさ よし
吉野 正芳

自前[安]　　　　当8
福島県いわき市　S23・8・8
勤23年7ヵ月　（初/平12）

党復興本部長代理、復興大臣、政倫審会長、農林水産委・震災復興特委・原子力特委・環境委各委員長、環境副大臣、文科政務官、早大/75歳

〒970-8026　いわき市平尼子町2-26NKビル ☎0246(21)4747
〒107-0052　港区赤坂2-17-10、宿舎

比例代表 東北　13人

青森、岩手、宮城、秋田、山形、福島

つ しま じゅん
津島 淳

自前[茂]　　　　当4
東京都　　　S41・10・18
勤11年1ヵ月　（初/平24）
〈宮城2区〉

衆財務金融委員長、法務副大臣、国交case内閣府政務官、党国土交通部会長、財務金融・内閣第一部会長代理、学習院大/57歳

〒038-0031　青森市三内字丸山381 ☎017(718)3726
〒100-8982　千代田区永田町2-1-2、会館 ☎03(3508)7073

あき ば けん や
秋葉 賢也

自前[茂]　　当7(初/平17)
宮城県　　　S37・7・3
勤18年9ヵ月　〈宮城2区〉

消費者問題特委長、厚労委、元復興大臣、党情報調査局長、内閣総理大臣補佐官、環境委員、厚労・復興副大臣、総務大臣政務官、松下政経塾、中大法、東北大院法/61歳

〒981-3121　仙台市泉区上谷刈4-17-16 ☎022(375)4477
〒100-8981　千代田区永田町2-2-1、会館 ☎03(3508)7392

かん け いち ろう
菅家 一郎

自前[安]　　当4(初/平24)
福島県　　　S30・5・20
勤11年1ヵ月　〈福島4区〉

環境委理、復興副大臣、環境大臣政務官兼内閣府大臣政務官、会津若松市長、県議、市議、会社役員、早大/68歳

〒965-0872　会津若松市東栄町5-19 ☎0242(27)9439

かめ おか よし たみ
亀岡 偉民

自前[安]　　当5(初/平17)
福島県　　　S30・9・10
勤15年　　　〈福島1区〉

倫選特委員長、予算委、拉致特委長、党総裁補佐、復興副大臣、文科兼内閣府副大臣、文科委員長、早大教育(野球部)/68歳

〒960-8055　福島市野田町5-6-25 ☎024(533)3131
〒100-8981　千代田区永田町2-2-1、会館 ☎03(3508)7148

かねだ かつとし
金田勝年 自前[二] 当5(初/平21)※
秋田県 S24・10・4
勤26年7ヵ月〈参12年2ヵ月〉〈秋田2区〉

予算委、災害特委、党総務会長代行、予算委員長、法務大臣、財務金融委員長、外務副大臣、農林水産政務次官、大蔵主計官、一橋大／74歳

〒016-0843 能代市中和1-16-2 ☎0185(54)3000
〒107-0052 港区赤坂2-17-10、宿舎 ☎03(5549)4671

うえすぎけん たろう
上杉謙太郎 自前[安] 当2(初/平29)
神奈川県 S50・4・20
勤6年3ヵ月 〈福島3区〉

外務委、文科委、地・こ・デジ特委理事、震災復興特委、外務大臣政務官、議員秘書、県3区支部長、早大／48歳

〒961-0075 白河市会津町93 県南会津ビル ☎0248(21)9477

おかもと こ
岡本あき子 立前 当2(初/平29)
宮城県 S39・8・16
勤6年3ヵ月 〈宮城1区〉

総務委、復興特委理、党政調副会長、子ども若者応援本部事務局長、党ジェンダー平等推進本部事務局長、仙台市議、NTT、東北大／59歳

〒982-0011 仙台市太白区長町4-4-29 ☎022(395)4781
〒100-8981 千代田区永田町2-2-1、会館 ☎03(3508)7064

てら た まなぶ
寺田 学 立前 当6(初/平15)
秋田県横手市 S51・9・20
勤18年2ヵ月 〈秋田1区〉

法務委筆頭理事、党代議士会長、内閣総理大臣補佐官、三菱商事社員、中央大／47歳

〒010-1424 秋田市御野場1-1-9 ☎018(827)7515
〒100-8981 千代田区永田町2-2-1、会館 ☎03(3508)7464

お ざわ いちろう
小沢一郎 立前 当18(初/昭44)
岩手県旧水沢市 S17・5・24
勤54年3ヵ月 〈岩手3区〉

自由党代表、生活の党代表、国民の生活が第一代表、民主党代表、自由党党首、新進党党首、自民党幹事長、官房副長官、自治相、慶大／81歳

〒023-0814 奥州市水沢袋町2-38 ☎0197(24)3851
〒100-8981 千代田区永田町2-2-1、会館 ☎03(3508)7175

ば ば ゆう き
馬場雄基 立新 当1(初/令3)
福島県 H4・10・15
勤2年2ヵ月 〈福島2区〉

経産委、環境委、震災復興特委、三井住友信託銀行、松下政経塾、コミュニティ施設事業統括、慶大法／31歳

〒963-8014 郡山市虎丸町6-18 虎丸ビル201 ☎024(953)8109
〒100-8982 千代田区永田町2-1-2、会館 ☎03(3508)7631

※平7参院初当選

庄子賢一 しょうじけんいち　公新　当1
宮城県仙台市　S38・2・8
勤2年2ヵ月　（初/令3）

党中央幹事、党東北方面本部長、内閣委理、決算行監委、復興特委理、宮城県議会議員5期、広告代理店、東北学院大／60歳

〒983-0852　仙台市宮城野区榴岡4-5-24-502
〒100-8982　千代田区永田町2-1-2、会館　☎022（290）3770　☎03（3508）7474

高橋千鶴子 たかはしちづこ　共前　当7
秋田県　S34・9・16
勤20年2ヵ月　（初/平15）

党衆議院議員団長、障害者の権利委員会責任者、党国交部会長、党常任幹部会委員、復興特委、地・こ・デジ特委、弘前大／64歳

〒980-0021　仙台市青葉区中央4-3-28　朝日ビル4F
〒107-0052　港区赤坂2-17-10、宿舎　☎022（223）7572　☎03（5549）4671

早坂敦 はやさかあつし　維新　当1（初/令3）
宮城県　S46・3・11
勤2年2ヵ月　〈宮城4区〉

文科委、復興特委理、会社役員、児童指導員、仙台市議、東北高校／52歳

〒981-3304　宮城県富谷市ひより台2-31-1-202
〒107-0052　港区赤坂2-17-10、宿舎　☎022（344）6115

比例代表 東北　13人　　有効投票数 4,120,670票

政党名	当選者数		得票数	得票率	
	惜敗率	小選挙区		惜敗率	小選挙区

自民党　6人　1,628,233票　39.51%

当①津島　淳　前	②木村　次郎　前	青3
当②秋葉　賢也　前（99.51） 宮2	②鈴木　俊一　前	岩2
当②菅家　一郎　前（96.22） 福4	②藤原　崇　前	岩3
当②亀岡　偉民　前（95.51） 福1	②土井　亨　前	宮1
当②金田　勝年　前（90.38） 秋2	②西村　明宏　前	宮3
当②上杉謙太郎 前（84.35） 福3	②伊藤信太郎　前	宮4
②森下　千里　新（75.78） 宮5	②小野寺五典　前	宮6
②高橋比奈子 前（72.02） 岩1	②冨樫　博之　前	秋1
㉔前川　恵　元	②御法川信英　前	秋3
㉕入野田　博　新	②遠藤　利明　前	山1
【小選挙区での当選者】	②鈴木　憲和　前	山2
②江渡　聡徳　前	青1	②加藤　鮎子　前	山3
②神田　潤一　新	青2	②根本　匠　前	福2

立憲民主党　4人　991,504票　24.06%

当①岡本　章子　前（94.79） 宮1	①原田　和広　新（66.74） 山1
当①寺田　学　前（92.82） 秋1	①大野　園子　新（62.61） 宮3
当①小沢　一郎　前（92.11） 岩3	①山内　崇　新（53.96） 青3
当①馬場　雄基　新（83.30） 福2	①高畑　紀子　新（52.25） 宮2
①升田世喜男 元（71.28） 青1	①大林　正英　新（44.71） 岩2

略歴

比例東北

⑱佐野　利恵 新
⑲鳥居　作弥 新
⑳内海　太 新
【小選挙区での当選者】
①階　　猛 前　　岩1
①鎌田さゆり 元　　宮2

①安住　　淳 前　　宮5
①緑川　貴士 前　　秋2
①金子　恵美 前　　福1
①玄葉光一郎 前　　福3
①小熊　慎司 前　　福4

公明党　1人　456,287票　11.07%

当①庄子　賢一 新
②佐々木雅文 新

③曽根　周作 新

共産党　1人　292,830票　7.11%

当①高橋千鶴子 前
②舩山　由美 新　　宮4

③藤本　友里 新

日本維新の会　1人　258,690票　6.28%

当①早坂　　敦 (36.74) 宮4　　▼①春藤沙弥香 新 (22.59) 宮1

その他の政党の得票数・得票率は下記のとおりです。
（当選者はいません）

政党名	得票数	得票率	
国民民主党	195,754票	4.75%	NHKと裁判してる党弁護士法72条違反で
れいわ新組	143,265票	3.48%	52,664票　1.28%
社民党	101,442票	2.46%	

略歴

比例東北・茨城

茨城県1区　402,090 ㊐51.29

当105,072　福島　伸享　無元 (52.1)
比96,791　田所　嘉徳　自前 (47.9)

水戸市(本庁管内、赤塚・常澄出張所管内)、下妻市の一部(P169参照)、笠間市(笠間支所管内)、常陸大宮市(御前山支所管内)、筑西市、桜川市、東茨城郡(城里町)

ふく　しま　のぶ　ゆき
福島　伸享　無元（有志）　　当3
茨城県　S45・8・8
勤8年4ヵ月　（初／平21）

国土交通委、震災復興特委、筑波大学客員教授、東京財団ディレクター、内閣官房参事官補佐、経産省、東大／53歳

〒310-0804　水戸市白梅1-7-21
☎029(302)8895
〒107-0052　港区赤坂2-17-10、宿舎

茨城県2区　355,390 ㊐49.80

当110,831　額賀福志郎　自前 (64.5)
比61,103　藤田　幸久　立元 (35.5)

水戸市(第1区に属しない区域)、笠間市(第1区に属しない区域)、鹿嶋市、潮来市、神栖市、行方市、鉾田市、小美玉市(本庁管内、小川総合支所管内)、東茨城郡(茨城町、大洗町)

ぬか　が　ふく　し　ろう
額賀福志郎　無前　　当13
茨城県行方市　S19・1・11
勤40年2ヵ月　（初／昭58）

衆議院議長、財務大臣、防衛庁長官、経済財政担当大臣、自民党政調会長、党税調顧問、党震災復興本部長、早大／79歳

〒311-3832　行方市麻生3287-32
☎0299(72)1218
〒100-8982　千代田区永田町2-1-2、会館
☎03(3508)7447

▼は小選挙区の得票が有効投票総数の10分の1未満で、復活当選の資格がない者　　67

茨城県3区 389,521 ⑳53.52

当109,448　葉梨康弘　自前（53.6）
　比63,674　梶岡博樹　立新（31.2）
　比31,100　岸野智康　維新（15.2）

龍ヶ崎市、取手市、牛久市、守谷市、稲敷市、稲敷郡、北相馬郡

は　なし　やす　ひろ
葉梨康弘

自前［岸］　　　当6
東京都　S34・10・12
勤16年10ヵ月（初／平15）

総務委、決算行監委、国家基本委、懲罰委、情報監視審査会、党国対副委員長、法務大臣、党政調会長代理、農林水産副大臣、東大法／64歳

〒302-0017　取手市桑原1108　　☎0297（74）1859

茨城県4区 268,147 ⑳52.81

当98,254　梶山弘志　自前（70.5）
　比25,162　武藤優子　維新（18.0）
　比16,018　大内久美子　共新（11.5）

常陸太田市、ひたちなか市、常陸大宮市（第1区に属しない区域）、那珂市、久慈郡

かじ　やま　ひろ　し
梶山弘志

自前［無］　　　当8
茨城県常陸太田市　S30・10・18
勤23年7ヵ月（初／平12）

党幹事長代行、経済産業大臣、地方創生大臣、国交副大臣・政務官、国交・災対特委員長、党選対委員長代理、政調会長代理、元JAEA職員、日大／68歳

〒313-0013　常陸太田市山下町1189　　☎0294（72）2772
〒100-8982　千代田区永田町2-1-2、会館

茨城県5区 241,755 ⑳53.30

当61,373　浅野　哲　国前（48.5）
　比53,878　石川昭政　自前（42.6）
　　8,061　飯田美弥子　共新（6.4）
　　3,248　田村　弘　無新（2.6）

日立市、高萩市、北茨城市、那珂郡

あさ　の　さとし
浅野　哲

国前　　　　　当2
東京都　S57・9・25
勤6年3ヵ月（初／平29）

党国対委員長代理、エネルギー調査会会長、議運委、内閣委、原子力特委、衆議員秘書、（株）日立製作所、日立労組、青学院修了／41歳

〒317-0071　日立市鹿島町1-11-13　友愛ビル　　☎0294（21）5522
〒100-8981　千代田区永田町2-2-1、会館　☎03（3508）7231

茨城県6区 454,712 ⑳53.62

当125,703　国光文乃　自前（52.5）
　比113,570　青山大人　立前（47.5）

土浦市、石岡市、つくば市、かすみがうら市、つくばみらい市、小美玉市（第2区に属しない区域）

くに　みつ
国光あやの

自前［岸］　　　当2
山口県　S54・3・20
勤6年3ヵ月（初／平29）

党外交副部会長、総務大臣政務官、医師、厚労省職員、長崎大医学部、東京医科歯科大大院、UCLA大学院／44歳

〒305-0045　つくば市梅園2-7-1　コンフォートつくば101　☎029（886）3686
〒100-8982　千代田区永田町2-1-2、会館　☎03（3508）7036

茨城県7区
303,353
⊕53.71

当74,362	永岡桂子	自前	(46.5)
比当70,843	中村喜四郎	立前	(44.3)
比14,683	水梨伸晃	維新	(9.2)

古河市、結城市、下妻市(第1区に属しない区域)、常総市、坂東市、結城郡、猿島郡

永岡桂子
なが おか けい こ

自前[麻] 当6
東京都 S28・12・8
勤18年4ヵ月 (初/平17)

党選対委員長代理、文科委筆頭理事、文部科学大臣、党副幹事長、文科・厚労各副大臣、文科・消費者特各委員長、農水政務官、学習院大法/69歳

〒306-0023 古河市本町2-7-13 ☎0280(31)5033
〒100-8981 千代田区永田町2-2-1、会館 ☎03(3508)7274

栃木県1区
434,814
⊕52.42

当102,870	船田 元	自前	(46.2)
比66,700	渡辺貞喜	立新	(29.9)
比43,935	柏倉祐司	維元	(19.7)
9,393	青木 弘	共新	(4.2)

宇都宮市(本庁管内、平石・清原・横川・瑞穂野・城山・国本・富屋・豊郷・篠井・清原地区市民センター管内、宝木・陽南出張所管内)、下野市の一部(P169参照)、河内郡

船田 元
ふな だ はじめ

自前[茂] 当13
栃木県宇都宮市 S28・11・22
勤37年7ヵ月 (初/昭54)

憲法審幹事、文科委、消費者特委、党消費者問題調査会長、裁判官弾劾裁判所裁判長、経企庁長官、慶大院/70歳

〒320-0047 宇都宮市一の沢1-2-6 ☎028(666)8735
〒100-8982 千代田区永田町2-1-2、会館 ☎03(3508)7156

栃木県2区
262,690
⊕53.75

当73,593	福田昭夫	立前	(53.4)
比当64,253	五十嵐 清	自新	(46.6)

宇都宮市(第1区に属しない区域)、栃木市(西方総合支所管内)、鹿沼市、日光市、さくら市、塩谷郡

福田昭夫
ふく だ あき お

立前 当6
栃木県日光市 S23・4・17
勤18年4ヵ月 (初/平17)

財務金融委、地・こ・デジ特委、党県連代表、総務大臣政務官、栃木県知事、今市市長、東北大/75歳

〒321-2335 日光市森友781-3 ☎0288(21)4182
〒107-0052 港区赤坂2-17-10、宿舎

栃木県3区
241,014
⊕52.07

当82,398	簗 和生	自前	(67.4)
比39,826	伊賀 央	立新	(32.6)

大田原市、矢板市、那須塩原市、那須烏山市、那須郡

簗 和生
やな かず お

自前[安] 当4
東京都 S54・4・22
勤11年1ヵ月 (初/平24)

安全保障委員長、文部科学副大臣、国交政務官兼内閣府政務官、党農林部会長、農水・国交・経産委理、慶大、東大院修/44歳

〒324-0042 栃木県大田原市末広2-3-17 ☎0287(22)8706

栃木県4区 402,456 55.37

当 111,863 佐藤 勉 自前 (51.1)
比当 107,043 藤岡隆雄 立新 (48.9)

栃木市(大平・藤岡・都賀・岩舟総合支所
管内)、小山市、真岡市、下野市(第1区
に属しない区域)、芳賀郡、下都賀郡

佐藤 勉 (さとう つとむ)

自前 [無] 当9
栃木県壬生町 S27・6・20
勤27年4ヵ月 (初/平8)

国家基本委理、党総務会長、国家基本政
策委員長、議院運営委員長、党国会対策
委員長、総務大臣、日大/71歳

〒321-0225 下都賀郡壬生町本丸2-15-20 ☎0282(83)0001

栃木県5区 284,314 50.99

当 108,380 茂木敏充 自前 (77.4)
31,713 岡村恵子 共新 (22.6)

足利市、栃木市(第2区及び第4区
に属しない区域)、佐野市

茂木敏充 (もてぎ としみつ)

自前 [茂] 当10
栃木県足利市 S30・10・7
勤30年7ヵ月 (初/平5)

党幹事長、元外務大臣、経済財政政策担当大
臣、党政調会長、経産大臣、金融・行革大臣、科
技・IT大臣、東大、ハーバード大院/68歳

〒326-0053 足利市伊勢4-14-6 ☎0284(43)3050
〒100-8982 千代田区永田町2-1-2、会館 ☎03(3508)1011

群馬県1区 378,869 52.97

当 110,244 中曽根康隆 自前 (56.3)
比42,529 宮崎岳志 維元 (21.7)
24,072 斎藤敦子 無新 (12.3)
18,917 店橋世津子 共新 (9.7)

前橋市、桐生市(新里・黒保根支所管内)、
沼田市、渋川市(赤城・北橘行政センター
管内)、みどり市(東支所管内)、利根郡

中曽根康隆 (なかそね やすたか)

自前 [二] 当2
東京都 S57・1・19
勤6年3ヵ月 (初/平29)

自由民主党青年局長代理、防衛大臣政
務官兼内閣府大臣政務官、参議院議員
秘書、JPモルガン証券(株)、慶大/41歳

〒371-0841 前橋市石倉町3-10-5 ☎027(289)6650
〒100-8982 千代田区永田町2-1-2、会館 ☎03(3508)7272

群馬県2区 322,971 50.66

当 88,799 井野俊郎 自前 (54.0)
比50,325 堀越啓仁 立前 (30.6)
25,216 石関貴史 無元 (15.3)

桐生市(第1区に属しない区域)、伊勢崎
市、太田市(藪塚町、山之神町、寄合町、
大原町、六千石町、大久保町)、みどり
市(第1区に属しない区域)、佐波郡

井野俊郎 (いの としろう)

自前 [茂] 当4
群馬県 S55・1・8
勤11年1ヵ月 (初/平24)

党国対副委員長、党畜酪対策委員長代
理、元法務大臣政務官、弁護士、市議、明
大法/43歳

〒372-0042 伊勢崎市中央町26-2 ☎0270(75)1050
〒106-0032 港区六本木7-1-3、宿舎

群馬県3区	303,475 ⑯53.62	当86,021　笹川　博義　自前(54.6)

太田市(第2区に属しない区域)、館林市、邑楽郡

当86,021　笹川　博義　自前(54.6)
比67,689　長谷川嘉一　立新(43.0)
3,737　説田健二　N新(2.4)

笹川　博義 ささ　がわ　ひろ　よし

自前[茂]　当4
東京都　S41・8・29
勤11年1ヵ月　(初/平24)

党法務部会長、党副幹事長、衆議院農林水産委員長、衆議院議事進行係、環境副大臣、県議、明大中退／57歳

〒373-0818　群馬県太田市小舞木町270-1　☎0276(46)7424
〒100-8982　千代田区永田町2-1-2、会館　☎03(3508)7338

群馬県4区	295,511 ⑯56.39	当105,359　福田　達夫　自前(65.0)

高崎市(本庁管内、新町·吉井支所管内)、藤岡市、多野郡

当105,359　福田　達夫　自前(65.0)
比56,682　角倉邦良　立新(35.0)

福田　達夫 ふく　だ　たつ　お

自前[安]　当4
東京都　S42・3・5
勤11年1ヵ月　(初/平24)

経産委、党筆頭副幹事長、党中小企業調査会事務局長、党税調幹事、党総務会長、防衛政務官、総理秘書官、商社員、慶大法／56歳

〒370-0073　高崎市緑町3-6-3　☎027(365)1192
〒100-8981　千代田区永田町2-2-1、会館　☎03(3508)7181

群馬県5区	303,298 ⑯56.42	当125,702　小渕　優子　自前(76.6)

高崎市(第4区に属しない区域)、渋川市(第1区に属しない区域)、富岡市、安中市、北群馬郡、甘楽郡、吾妻郡

当125,702　小渕　優子　自前(76.6)
38,428　伊藤達也　共新(23.4)

小渕　優子 お　ぶち　ゆう　こ

自前[茂]　当8
群馬県　S48・12・11
勤23年7ヵ月　(初/平12)

党選挙対策委員長、国家基本委、沖北特委、経産大臣、文科委長、財務副大臣、内閣府特命担当大臣、成城大、早大院修了／49歳

〒377-0423　吾妻郡中之条町大字伊勢町1003-7
☎0279(75)2234
〒100-8982　千代田区永田町2-1-2、会館　☎03(3508)7424

埼玉県1区	465,306 ⑯55.48	当120,856　村井　英樹　自前(47.6)

さいたま市(見沼区の一部(P169参照)、浦和区、緑区、岩槻区)

当120,856　村井　英樹　自前(47.6)
比96,690　武正公一　立元(38.1)
比23,670　吉村豪介　維新(9.3)
11,540　佐藤真実　無新(4.5)
1,234　中島徳二　無新(0.5)

村井　英樹 むら　い　ひで　き

自前[岸]　当4
埼玉県さいたま市　S55・5・14
勤11年1ヵ月　(初/平24)

内閣官房副長官、内閣総理大臣補佐官、党国対副委員長、内閣府大臣政務官、党副幹事長、財務省、ハーバード大院、東大／43歳

〒330-0061　さいたま市浦和区常盤9-27-9　☎048(711)3241
〒100-8981　千代田区永田町2-2-1、会館　☎03(3508)7467

略歴

群馬·埼玉

71

埼玉県2区 470,538 ㉕50.35

当121,543 新藤義孝 自前（52.8）
比当57,327 高橋英明 維新（24.9）
51,420 奥田智子 共新（22.3）

川口市の一部（P169参照）

新藤義孝 しん どう よし たか

自前［茂］ 当8
埼玉県川口市 S33・1・20
勤25年6ヵ月 （初/平8）

経済再生大臣、裁判官訴追委員長、衆院
法審査会与党筆頭幹事、党政調会長代
行、総務大臣、経産副大臣、明大/65歳

〒332-0034 川口市並木1-10-22 ☎048（254）6000
〒100-8981 千代田区永田町2-2-1、会館 ☎03（3508）7313

埼玉県3区 462,607 ㉕51.88

当125,500 黄川田仁志 自前（53.6）
比100,963 山川百合子 立前（43.1）
7,534 河合悠祐 N新（3.2）

草加市、越谷市の一部（P170参照）

黄川田仁志 き かわ だ ひと し

自前［無］ 当4
神奈川県横浜市 S45・10・13
勤11年1ヵ月 （初/平24）

外務委員長、内閣府副大臣、外務大臣政務
官、党海洋小委事務局長、会社員、松下政
経塾、米メリーランド大学修了/53歳

〒343-0813 越谷市越ケ谷1-4-3 イハシ第一ビル1階 ☎048（962）8005
〒100-8981 千代田区永田町2-2-1、会館 ☎03（3508）7123

埼玉県4区 386,796 ㉕54.49

当107,135 穂坂泰 自前（52.3）
比47,863 浅野克彦 国新（23.3）
34,897 工藤薫 共新（17.0）
11,733 遠藤宣彦 無元（5.7）
3,358 小笠原洋輝 無新（1.6）

朝霞市、志木市、和光市、新座
市

穂坂泰 ほ さか やすし

自前［無］ 当2
埼玉県志木市 S49・2・17
勤6年3ヵ月 （初/平29）

外務大臣政務官、外務委、環境大臣政務
官兼内閣府大臣政務官、志木市議、青山
学院大/49歳

〒351-0011 埼玉県朝霞市本町1-10-40-101 ☎048（458）3344
〒100-8982 千代田区永田町1-2-2、会館 ☎03（3508）7030

埼玉県5区 397,522 ㉕56.58

当113,615 枝野幸男 立前（51.4）
比107,532 牧原秀樹 自前（48.6）

さいたま市（西区、北区、大宮区、
見沼区（大字砂、砂町2丁目、東
大宮2～4丁目）、中央区）

枝野幸男 えだ の ゆき お

立前 当10
栃木県 S39・5・31
勤30年7ヵ月 （初/平5）

前党代表、民進党憲法調査会長、経済産業大臣、
内閣官房長官、行政刷新大臣、沖縄・北方担当大
臣、党幹事長、政調会長、弁護士、東北大/59歳

〒330-0846 さいたま市大宮区大門町2-108-5
永峰ビル2F ☎048（648）9124

埼玉県6区　443,180　⑳55.32

当134,281　大島　敦　立前（56.0）
比当105,433　中根一幸　自前（44.0）

鴻巣市（本庁管内、吹上支所管内）、上尾市、桶川市、北本市、北足立郡

おお しま　あつし
大島　敦　　立前　　当8

埼玉県北本市　S31・12・21
勤23年7ヵ月　（初／平12）

憲法審査会委、経産委、党企業・団体交流委員長、懲罰委員、内閣府副大臣、総務副大臣、日本鋼管・ソニー生命社員、早大／66歳

〒363-0021　桶川市泉2-11-32 天沼ビル　☎048(789)2110
〒100-8981　千代田区永田町2-2-1、会館　☎03(3508)7093

埼玉県7区　436,985　⑳52.63

当98,958　中野英幸　自新（44.2）
比93,419　小宮山泰子　立前（41.7）
比31,475　伊勢田享子　維新（14.1）

川越市、富士見市、ふじみ野市（本庁管内）

なか の ひで ゆき
中野英幸　　自新［二］　　当1

埼玉県　　　　S36・9・6
勤2年2ヵ月　（初／令3）

法務大臣政務官、法務委、前内閣府大臣政務官兼復興大臣政務官、埼玉県議会議員(3期)、日大中退／62歳

〒350-0055　川越市久保町5-3　☎049(226)8888
〒107-0052　港区赤坂2-17-10、宿舎　☎03(5549)4671

埼玉県8区　365,768　⑳56.69

当104,650　柴山昌彦　自前（51.6）
98,102　小野塚勝俊　無元（48.4）

所沢市、ふじみ野市（第7区に属しない区域）、入間郡（三芳町）

しば やま まさ ひこ
柴山昌彦　　自前［安］　　当7

愛知県名古屋市　S40・12・5
勤19年9ヵ月　（初／平16補）

党政調会長代理、県連会長、教育・人材力強化調査会長、幹事長代理、文部科学大臣、首相補佐官、総務副大臣、外務政務官、弁護士、東大法／57歳

〒359-1141　所沢市小手指町2-12-4　ユーケー小手指101　☎04(2924)5100
〒100-8982　千代田区永田町2-1-2、会館　☎03(3508)7624

埼玉県9区　404,689　⑳55.44

当117,002　大塚　拓　自前（53.4）
比80,756　杉村慎治　立新（36.8）
21,464　神田三春　共新（9.8）

飯能市、狭山市、入間市、日高市、入間郡（毛呂山町、越生町）

おお つか　たく
大塚　拓　　自前［安］　　当5

東京都　　　　S48・6・14
勤15年　　　（初／平17）

党選対副委員長、党政調副会長、安保委員長、国防部会長、内閣府副大臣、法務政務官、三菱銀、慶大法、ハーバード大院／50歳

〒358-0003　入間市豊岡1-2-23　清水ビル2F　☎04(2901)1112

埼玉県10区 328,163 ⊕58.19

当96,153　山口　晋　自新（51.6）
比当90,214　坂本祐之輔　立元（48.4）

東松山市、坂戸市、鶴ヶ島市、
比企郡

やま　ぐち　　すすむ　　自新［茂］　　　当1
山口　晋　埼玉県川島町　S58・7・28
　　　　　　　　　勤2年2ヵ月　（初/令3）

衆院農水委、文科委、災害特委、党国会対策委員、
青年局次長、行革推進本部幹事、衆院議員秘書、一
橋大院修了、国立シンガポール大院修了/40歳

〒350-0227　坂戸市仲町12-10　☎049（282）3773

埼玉県11区 351,863 ⊕52.87

当111,810　小泉龍司　自前（61.9）
比49,094　島田　誠　立新（27.2）
　19,619　小山森也　共新（10.9）

熊谷市（江南行政センター管内）、
秩父市、本庄市、深谷市、秩父郡、
児玉郡、大里郡

こ　いずみりゅう　じ　　自前［二］　　　当7
小泉龍司　東京都　　S27・9・17
　　　　　　　　　勤19年8ヵ月　（初/平12）

法務大臣、元大蔵省銀行局調査室長、東
大法/71歳

〒366-0051　深谷市上柴町東3-17-19　☎048（575）3030

埼玉県12区 369,482 ⊕55.52

当102,627　森田俊和　立前（51.0）
比98,493　野中　厚　自前（49.0）

熊谷市（第11区に属しない区域）、
行田市、加須市、羽生市、鴻巣
市（第6区に属しない区域）

もり　た　とし　かず　　立前　　　　　　当2
森田俊和　埼玉県熊谷市　S49・9・19
　　　　　　　　　勤6年3ヵ月　（初/平29）

環境委理事、地・こ・デジ特委、党国対副
委員長、会社役員、埼玉県議、早大大学
院/49歳

〒360-0831　埼玉県熊谷市久保島1003-2　☎048（530）6001

埼玉県13区 400,359 ⊕52.43

当101,149　土屋品子　自前（49.4）
比86,923　三角創太　立新（42.5）
　16,622　赤岸雅治　共新（ 8.1）

春日部市の一部（P170参照）、越谷市
（第3区に属しない区域）（P170参照）、
久喜市（本庁管内、菖蒲総合支所管
内）、蓮田市、白岡市、南埼玉郡

つち　や　しな　こ　　自前［無］　　　当8
土屋品子　埼玉県春日部市　S27・2・9
　　　　　　　　　勤24年　　（初/平8）

復興大臣、党総務会副会長、党食育調査会
長、厚生労働副大臣、環境副大臣、外務委員
長、消費者特委長、聖心女子大/71歳

〒344-0062　春日部市粕壁東2-3-40-101　☎048（761）0475
〒100-8981　千代田区永田町2-2-1、会館　☎03（3508）7188

埼玉

埼玉県14区	442,310 ⑳50.08

当111,262 三ッ林裕巳 自前(51.6)
比当71,460 鈴木義弘 国元(33.1)
　　33,062 田村　勉 共新(15.3)

春日部市(第13区に属しない区域)、久喜市(第13区に属しない区域)、八潮市、三郷市、幸手市、吉川市、北葛飾郡

み　つばやしひろ　み
三ッ林裕巳

自前［安］　当4
埼玉県　S30・9・7
勤11年1ヵ月　（初/平24）

議運委理事、党国対副委員長、内閣府副大臣、厚労委員長、日本歯科大特任教授、日大客員教授、医師、日大医学部／68歳

〒340-0161　埼玉県幸手市千塚490-1　☎0480(42)3535

埼玉県15区	422,917 ⑳53.65

当102,023 田中良生 自前(45.9)
比当71,958 高木錬太郎 立前(32.4)
比当48,434 沢田　良 維新(21.8)

さいたま市(桜区、南区)、川口市の一部(P170参照)、蕨市、戸田市

た　なかりょう　せい
田中良生

自前［無］　当5
埼玉県　S38・11・11
勤15年　（初/平17）

総務委理事、党総務、内閣府・国土交通副大臣、党経済産業部会長、経済産業大臣政務官、党副幹事長、立教大／60歳

〒336-0018　さいたま市南区南本町1-14-5-104 ☎048(844)3131
〒100-8982　千代田区永田町2-1-2、会館　☎03(3508)7058

比例代表 北関東 19人
茨城、栃木、群馬、埼玉

お　み　あさ　こ
尾身朝子

自前［安］　当3
東京都　S36・4・26
勤9年1ヵ月　（初/平26）

文科委理、総務委、沖北特委、党総務委副会長、総務副大臣、外務大臣政務官、党情報・通信関係団体委員長、NTT、東大法／62歳

〒371-0852　前橋市総社町総社3137-1　☎027(280)5250
〒100-8982　千代田区永田町1-1-2、会館　☎03(3508)7484

の　なか　あつし
野中　厚

自前［茂］　当4（初/平24）
埼玉県　S51・11・17
勤11年1ヵ月　〈埼玉12区〉

農林水産委員長、農林水産副大臣、党総務、党国土・建設関係団体委員長、農水大臣政務官、党国対副委員長、埼玉県議、慶大／47歳

〒347-0001　埼玉県加須市大越2194　☎0480(53)5563
〒100-8981　千代田区永田町2-2-1、会館　☎03(3508)7041

略歴

牧原秀樹
まき はら ひで き

自前［無］ 当5(初/平17)
東京都　S46・6・4
勤15年　〈埼玉5区〉

法務委筆頭理、予算委理、党厚労部会長、経産副大臣、内閣委員長、厚労副大臣、環境政務官、青年局長、弁護士、東大法／52歳

〒338-0001　さいたま市中央区上落合2-1-24
三殖ビル5F
〒100-8981　千代田区永田町2-2-1、会館　☎03(3508)7254
☎048(854)0808

田所嘉徳
た どころ よし のり

自前［無］ 当4(初/平24)
茨城県　S29・1・19
勤11年1ヵ月　〈茨城1区〉

党副幹事長、法務副大臣、法務政務官、党総務部会長、労働関係団体委員長、法務・自治関係団体委員長、白鷗大法科大学院／69歳

〒310-0804　水戸市白梅2-4-12　☎029(353)6822
〒100-8981　千代田区永田町2-2-1、会館　☎03(3508)7068

石川昭政
いし かわ あき まさ

自前［無］ 当4(初/平24)
茨城県日立市　S47・9・18
勤11年1ヵ月　〈茨城5区〉

デジタル副大臣兼内閣府副大臣、党経済産業部会長、経済産業兼内閣府兼復興大臣政務官、國學院大学院修了／51歳

〒317-0076　茨城県日立市会瀬町4-5-17　☎0294(51)5887

五十嵐清
い がらし きよし

自新［茂］ 当1(初/令3)
栃木県小山市　S44・12・14
勤2年2ヵ月　〈栃木2区〉

衆農水委、法務委、震災復興特委、党農水・環境団体委副委員長、国際協力調査会事務局次長、元栃木県議会議長、豪州ボンド大／53歳

〒322-0024　栃木県鹿沼市晃望台25　☎0289(60)8811
〒100-8982　千代田区永田町2-1-2、会館　☎03(3508)7085

中根一幸
なか ね かず ゆき

自前［安］ 当5(初/平17)
埼玉県鴻巣市　S44・7・11
勤15年　〈埼玉6区〉

原子力特委委員長、党ITS推進・道路調査会幹事長、国交委、内閣府副大臣、外務副大臣、党総務会長、党国交部会長、専大院法／54歳

〒365-0038　埼玉県鴻巣市本町3-9-28　☎048(543)8880
〒100-8982　千代田区永田町2-1-2、会館　☎03(3508)7458

藤岡隆雄
ふじ おか たか お

立新　当1(初/令3)
愛知県　S52・3・28
勤2年2ヵ月　〈栃木4区〉

予算委、財金委、党政調会長補佐、党栃木県連代表代行、金融庁課長補佐、大阪大／46歳

〒323-0022　小山市駅東通り2-14-22　☎0285(37)8214

76

なかむら き し ろう
中村喜四郎 立前 当15(初/昭51)
茨城県
S24・4・10
勤44年7ヵ月 〈茨城7区〉

国家基本委、建設大臣、自民党国対副委員長、政調副会長、科技庁長官、建設委員、日大／74歳

〒306-0400 猿島郡境町1728 ☎0280(87)0154
〒107-0052 港区赤坂2-17-10、宿舎 ☎03(5549)4671

こ み やまやすこ
小宮山泰子 立前 当7(初/平15)
埼玉県川越市
S40・4・25
勤20年2ヵ月 〈埼玉7区〉

国交委、災害特委、党国土交通・復興部門長、ネクスト国交・復興大臣、元農水委員長、埼玉県議、衆議員秘書、NTT社員、慶大商、日大院修了／58歳

〒350-0043 川越市新富町1-18-6-2F ☎049(222)2900

さかもとゆう の すけ
坂本祐之輔 立元 当3(初/平24)
埼玉県東松山市
S30・1・30
勤7年 〈埼玉10区〉

環境委、地・こ・デジ特委理、武蔵丘短大客員教授、元科技特委理、民進党副代表、埼玉県体育協会長、東松山市長、日大／68歳

〒355-0016 東松山市材木町20-9 ☎0493(22)3682
〒100-8982 千代田区永田町2-1-2、会館 ☎03(3508)7449

あお やま やまと
青山大人 立前 当2(初/平29)
茨城県土浦市
S54・1・24
勤6年3ヵ月 〈茨城6区〉

外務委、消費者特委、党青年局長、党副幹事長、茨城県議、世界史講師、土浦YEG顧問、消防団員、土浦一高、慶大経／44歳

〒300-0815 土浦市中高津1-21-3
村山ビル2F ☎029(828)7011

いし い けい いち
石井啓一 公 当10
東京都
S33・3・20
勤30年7ヵ月 （初/平5）

党幹事長、党茨城県本部顧問、埼玉県本部顧問、国土交通大臣、党政調会長、財務副大臣、東大工／65歳

〒340-0005 草加市中根3-34-33 ☎048(951)7110
〒107-0052 港区赤坂2-17-10、宿舎

こし みず けい いち
輿水恵一 公元 当3
山梨県
S37・2・4
勤7年 （初/平24）

党国対委員長代理、党地方議会局長、議運委理、倫選特委、総務大臣政務官、さいたま市議、キヤノン、青学大／61歳

〒336-0967 さいたま市緑区美園4-13-5
ドルフィーノ浦和美園202

福重隆浩 （ふく しげ たか ひろ）

公 新　当1
東京都　S37・5・3
勤2年2ヵ月　（初/令3）

党群馬県本部代表、党地方議会局次長、国際局次長、労働局次長、厚労委、決算行政監査理、震災復興特委、群馬県議、創価大／61歳

〒370-0069　高崎市飯塚町457-2 3F　☎027(370)5650
〒100-8981　千代田区永田町2-2-1、会館　☎03(3508)7249

沢田　良 （さわ だ　りょう）

維 新　当1（初/令3）
東京都江東区　S54・9・27
勤2年2ヵ月　（埼玉15区）

財金委、復興特委、参議員秘書、浦和北ロータリー会員、日大校友会埼玉県支部常任幹事、日大芸術学部／44歳

〒336-0024　さいたま市南区根岸2-22-14 1F　☎048(767)8045

高橋英明 （たか はし ひで あき）

維 新　当1（初/令3）
埼玉県川口市　S38・5・10
勤2年2ヵ月　（埼玉2区）

国交委、沖北特委、政倫審委、川口市議、武蔵大経済学部、中央工学校／60歳

〒337-0847　川口市芝中田2-9-6　☎048(262)5808

塩川鉄也 （しお かわ てつ や）

共 前　当8
埼玉県日高市　S36・12・18
勤23年7ヵ月　（初/平12）

党幹部会委員、党国会議員団国対委員長代理、衆院国対副委員長、内閣委、議運委、倫選特委、日高市職員、都立大／61歳

〒330-0835　さいたま市大宮区北袋町1-171-1
〒100-8982　千代田区永田町2-1-2、会館　☎03(3508)7507　☎048(649)0409

鈴木義弘 （すず き よし ひろ）

国 元　当3（初/平24）
埼玉県三郷市　S37・11・10
勤7年　（埼玉14区）

法務委、経産委、党幹事長代理、元埼玉県議、（故）土屋義彦参院議員秘書、日本大学理工学部／61歳

〒341-0044　三郷市戸ケ崎3-347　☎048(948)2070

比例代表 北関東　19 人		有効投票数　6,172,103票	
政党名	当選者数	得票数	得票率
	惜敗率 小選挙区		惜敗率 小選挙区
自 民 党	**7人**	**2,172,065票**	**35.19%**

当①尾身　朝子　前　　　　　　当②牧原　秀樹　前(94.65)埼5
当②野中　厚　前(95.97)埼12　当②田所　嘉徳　前(92.12)茨1

当②石川　昭政　前(87.79)　茨5　｜　②茂木　敏充　前　栃5
当②五十嵐　清　前(87.31)　栃2　｜　②中曽根康隆　前　群1
当②中根　一幸　前(78.52)　埼6　｜　②井野　俊郎　前　群2
　32河村　建一　新　｜　②笹川　博義　前　群3
　33神山　佐市　新　｜　②福田　達夫　前　群4
　34西川　鎮央　新　｜　②小渕　優子　前　群5
　35上野　宏史　前　｜　②村井　英樹　前　埼1
　38佐藤　明男　新　｜　②新藤　義孝　前　埼2
　38鈴木　聖二　新　｜　②黄川田仁志　前　埼3
　39小川　雅幸　新　｜　②穂坂　泰　前　埼4
【小選挙区での当選者】　｜　②柴山　昌彦　前　埼8
②葉梨　康弘　前　茨3　｜　②大塚　拓　前　埼9
②梶山　弘志　前　茨4　｜　②山口　晋　新　埼10
②国光　文乃　前　茨6　｜　②小泉　龍司　前　埼11
②永岡　桂子　前　茨7　｜　②土屋　品子　前　埼13
②船田　元　前　栃1　｜　②三ツ林裕巳　前　埼14
②簗　和生　前　栃3　｜　②田中　良生　前　埼15
②佐藤　勉　前　栃4　｜　　36中野　英幸　新　埼7

立憲民主党　5人　1,391,148票　22.54%

当①藤岡　隆雄　新(95.69)　栃4　｜　①堀越　啓仁　前(56.67)　群2
当①中村喜四郎　前(95.27)　茨7　｜　①藤田　幸久　元(55.13)　茨2
当①小宮山泰子　前(94.40)　埼7　｜　①角倉　邦良　新(53.80)　群4
当①坂本祐之輔　前(93.82)　埼10　｜　①伊賀　央　新(48.33)　栃3
当①青山　大人　前(90.35)　茨6　｜　①島田　誠　新(43.91)　埼11
①三角　創太　新(85.94)　埼13　｜　㉓石塚　貞通　新
①山川百合子　前(80.45)　埼3　｜　㉔船山　幸雄　新
①武正　公一　前(80.00)　埼1　｜　㉕高杉　徹　新
①長谷川嘉一　前(78.69)　群3　｜　【小選挙区での当選者】
①高木錬太郎　前(70.53)　埼15　｜　①福田　昭夫　前　栃2
①杉村　慎治　新(69.02)　埼9　｜　①枝野　幸男　前　埼5
①渡辺　典喜　新(64.84)　栃1　｜　①大島　敦　前　埼6
①梶岡　博樹　新(58.18)　茨3　｜　①森田　俊和　前　埼12

公明党　3人　823,930票　13.35%

当①石井　啓一　前　｜　当①福重　隆浩　新
当①輿水　恵一　元　｜　　④村上　知己　新

日本維新の会　2人　617,531票　10.01%

当①沢田　良　新(47.47)　埼15　｜　①岸野　智康　新(28.42)　茨3
当①高橋　英明　新(47.17)　埼2　｜　①武藤　優子　新(25.61)　茨4
①柏倉　祐司　新(42.71)　栃1　｜　▼①水梨　伸晃　新(19.75)　茨7
①宮崎　岳志　新(38.58)　群1　｜　▼①吉村　豪介　新(19.59)　埼1
①伊勢田享子　新(31.81)　埼7

共産党　1人　444,115票　7.20%

当①塩川　鉄也　前　｜　③大内久美子　新　茨4
　②梅村早江子　元

国民民主党　1人　298,056票　4.83%

当①鈴木　義弘　元(64.23)　埼14　｜　【小選挙区での当選者】
　①浅野　克彦　新(44.68)　埼4　｜　①浅野　哲　前　茨5

その他の政党の得票数・得票率は下記のとおりです。
(当選者はいません)

政党名	得票数	得票率			
れいわ新選組	239,592票	3.88%	NHKと裁判してる党弁護士法72条違反で		
社民党	97,963票	1.59%		87,702票	1.42%

▼は小選挙区の得票が有効投票総数の10分の1未満で、復活当選の資格がない者

千葉県1区　430,513　⊛54.51

当128,556　田嶋　要　立前（56.3）
比99,895　門山宏哲　自前（43.7）

千葉市（中央区、稲毛区、美浜区）

田嶋　要（た じま　かなめ）

立前　　　　　　　　当7
愛知県　S36・9・22
勤20年2ヵ月　（初／平15）

党NC経産大臣、経産委、原子力特委、経産政務官、原子力災害現地対策本部長、NTT、世銀IFC投資官、米ウォートンMBA、東大法／62歳

〒260-0015　千葉市中央区富士見2-9-28
第1山崎ビル6F　☎043(202)1511

千葉県2区　460,509　⊛54.65

当153,017　小林鷹之　自前（62.0）
比69,583　黒田　雄　立元（28.2）
比24,052　寺尾　賢　共新（9.8）

千葉市（花見川区）、習志野市、八千代市

小林鷹之（こ ばやし たか ゆき）

自前［二］　　　　　当4
千葉県　S49・11・29
勤11年1ヵ月　（初／平24）

憲法審幹事、復興特委理、経産委、国交委、党組織運動副本部長、経済安全保障大臣、防衛大臣政務官、財務省、ハーバード大院、東大法／49歳

〒276-0033　千葉県八千代市台南1-3-3
山萬八千代台ビル1F　☎047(409)5842
〒100-8981　千代田区永田町2-2-1、会館　☎03(3508)7617

千葉県3区　336,241　⊛52.36

当106,500　松野博一　自前（61.9）
比65,627　岡島一正　立前（38.1）

千葉市（緑区）、市原市

松野博一（まつ の ひろ かず）

自前［安］　　　　　当8
千葉県　S37・9・13
勤23年7ヵ月　（初／平12）

内閣官房長官、情報監視審査会長、党総務会長代行、党雇用問題調査会長、文科大臣、厚労政務官、松下政経塾、ライオン㈱、早大法／61歳

〒290-0072　市原市西国分寺台1-16-16　☎0436(23)9060
〒107-0052　港区赤坂2-17-10、宿舎　☎03(5549)4671

千葉県4区　463,083　⊛52.69

当154,412　野田佳彦　立前（64.5）
比84,813　木村哲也　自前（35.5）

船橋市（本庁管内、二宮・芝山・高根台・習志野台・西船橋出張所管内、船橋駅前総合窓口センター管内(丸山1〜5丁目に属する区域を除く。)）

野田佳彦（の だ よし ひこ）

立前　　　　　　　　当9
千葉県船橋市　S32・5・20
勤26年10ヵ月　（初／平5）

党最高顧問、元民進党幹事長、内閣総理大臣、財務大臣、財務副大臣、懲罰委長、党幹事長代理、党国対委長、県議、松下政経塾、早大／66歳

〒274-0077　船橋市薬円台6-6-8-202　☎047(496)1110
〒107-0052　港区赤坂2-17-10、宿舎

千葉県5区 450,365 ㋕54.07

（総選挙の結果はP.168参照）

補選（令和5.4.23）

当50,578 英利アルフィヤ 自新 (30.6)

45,635	矢崎堅太郎	立新	(27.6)
24,842	岡野純子	国新	(15.0)
22,952	斉藤和子	維新	(13.9)
12,360	佐藤浩和子	諸	(7.5)
6,561	星健輔	無新	(4.0)
2,463	織田三江	政女新	(1.5)

市川市(本庁管内の一部(P.170参照)、
行徳支所管内)、浦安市

令和4年12月21日 薗浦健太郎議員辞職

英利アルフィヤ 自新[麻] 補当1
　　えり
福岡県北九州市 S63・10・16
勤8ヵ月 （初/令5補）

法務委、財金委、消費者特委、党国対委、党女性局・青
年局次長、党広報戦略局次長、国連事務局本部、日本
銀行、ジョージタウン大学外交政策学部・院卒/35歳

〒272-0021 市川市八幡3-14-3 シロワビル202　☎047(702)8520
〒100-8981 千代田区永田町2-2-1 会館　☎03(3508)7436

千葉県6区 369,609 ㋕52.99

当80,764 渡辺博道 自前 (42.5)

比48,829	藤巻健太	維新	(25.7)
32,444	浅野史子	共新	(17.1)
28,083	生方幸夫	無前	(14.8)

市川市(第5区に属しない区域)、
松戸市(本庁管内、常磐平・六実・
矢切・東部支所管内)

渡辺博道 自前[茂] 当8
　　わた なべ ひろ みち
千葉県 S25・8・3
勤24年 （初/平8）

党財務委員長、党再犯防止推進特別委員長、復興大
臣、党経理局長、原子力特委長、地方創生特委長、厚
労委、総務委、経産副大臣、早大、明大院/73歳

〒270-2241 松戸市松戸新田592　☎047(369)2929
〒100-8981 千代田区永田町2-2-1 会館　☎03(3508)7387

千葉県7区 434,040 ㋕54.54

当127,548 斎藤健 自前 (55.0)

比71,048	竹内千春	立新	(30.6)
比28,594	内山晃	維元	(12.3)
4,749	渡辺晋宏	N新	(2.0)

松戸市(第6区に属しない区域)、
野田市、流山市

齋藤健 自前[無] 当5
　　さい とう けん
東京都港区 S34・6・14
勤14年5ヵ月 （初/平21）

法務大臣、農水大臣、党団体総局長、厚労
委筆頭理事、環境政務官、経産省課長、埼
玉県副知事、ハーバード大院/64歳

〒270-0119 千葉県流山市おおたかの森北1-5-2
セレーナおおたかの森2F　☎04(7190)5271

千葉県8区 423,866 ㋕56.16

当135,125 本庄知史 立新 (59.7)

比81,556	桜田義孝	自前	(36.0)
9,845	宮岡進一郎	無新	(4.3)

柏市(本庁管内、田中・増尾・富勢・光ヶ丘・豊
四季台・南部・西原・松葉・藤心出張所管内、柏
駅前行政サービスセンター管内)、我孫子市

本庄知史 立新 当1
　　ほん じょう さと し
京都府 S49・10・22
勤2年2ヵ月 （初/令3）

予算委、内閣委、憲法審査、党副幹事長、千
葉県連副代表、副総理・外務大臣秘書官、
衆議院議員政策秘書、東大法学部/49歳

〒277-0863 柏市豊四季949-9-101　☎04(7170)2680

千葉県9区　407,331　㊟53.01

当107,322　奥野総一郎　立前(51.1)
比当102,741　秋本真利　自前(48.9)

千葉市(若葉区)、佐倉市、四街道市、八街市

おく　の　そういちろう
奥野総一郎

立前　　　　　　当5
兵庫県神戸市　S39・7・15
勤14年5ヵ月　(初/平21)

総務委筆頭理事、憲法審査委、党千葉県連代表、総務省調査官、東大法/59歳

〒285-0845　佐倉市西志津1-20-4　☎043(461)8609

千葉県10区　341,141　㊟53.28

当83,822　林　幹雄　自前(47.3)
比当80,971　谷田川元　立前(45.7)
10,272　梓　まり　諸新(5.8)
2,173　今留尚人　無新(1.2)

銚子市、成田市、旭市、匝瑳市、香取市、香取郡、山武郡(横芝光町の一部(P170参照))

はやし　　もと　お
林　　幹雄

自前[二]　　　当10
千葉県銚子市　S22・1・3
勤30年7ヵ月　(初/平5)

党地方創生実行統合本部長、党経理局長、党幹事長代理、経産大臣、議運委員、党航空特委長、党総務会長代理、国務大臣国家公安委員、沖・北・防災担当大臣、国交委員、国交副大臣、運輸政務次官、日大ств/76歳

〒288-0046　銚子市大橋町2-2　☎0479(23)1093
〒100-8981　千代田区永田町2-2-1、会館

千葉県11区　351,570　㊟51.38

当110,538　森　英介　自前(64.4)
30,557　椎名史明　共新(17.8)
比当30,432　多ケ谷　亮　れ新(17.7)

茂原市、東金市、勝浦市、山武市、いすみ市、大網白里市、山武郡(九十九里町、芝山町、横芝光町(第10区に属しない区域))、長生郡、夷隅郡

もり　　えい　すけ
森　　英介

自前[麻]　　　当11
東京都　　　　S23・8・31
勤34年　　　　(初/平2)

憲法審査会長、党労政局長、政倫審会長、憲法審査会長、法務大臣、厚労副大臣、川崎重工社員、工学博士、東北大/75歳

〒297-0016　茂原市木崎284-10　☎0475(26)0200

千葉県12区　380,864　㊟52.20

当123,210　浜田靖一　自前(64.0)
比56,747　樋高　剛　立元(29.5)
12,530　葛原　茂　共新(6.5)

館山市、木更津市、鴨川市、君津市、富津市、袖ヶ浦市、南房総市、安房郡

はま　だ　やす　かず
浜田　靖一

自前[無]　　　当10
千葉県富津市　S30・10・21
勤30年7ヵ月　(初/平5)

情報監視審査会長、防衛大臣、予算委員長、党幹事長代理、国対委員長、専修大/68歳

〒292-0066　木更津市新宿1-3柴野ビル2F　☎0438(23)5432
〒100-8982　千代田区永田町2-1-2、会館　☎03(3508)7020

千葉県13区	416,857 ㊗54.49	当100,227 松本　尚　自新(45.1)

船橋市(豊富・二和出張所管内、船橋駅前総合窓口センター管内(丸山1～5丁目に属する区域に限る。))、柏市(第8区に属しない区域)、鎌ケ谷市、印西市、白井市、富里市、印旛郡

比79,687 宮川　伸　立前(35.8)
比42,473 清水聖士　維新(19.1)

まつ　もと　ひさし
松本　尚

自新[安]　　　当1
石川県金沢市　S37・6・3
勤2年2ヵ月　(初/令3)

防衛大臣政務官、救急・外傷外科医、日本医科大学千葉北総病院副院長、同大学特任教授、千葉県医師会顧問、MBA、金沢大医学部/61歳

〒270-1345　印西市船尾1380-2　　☎0476(29)5099
〒107-0052　港区赤坂2-17-10、宿舎

神奈川県1区	427,922 ㊗53.99	当100,118 篠原　豪　立前(45.0)

横浜市(中区、磯子区、金沢区)

76,064 松本　純　無前(34.2)
比46,271 浅川義治　維新(20.8)

しの　はら　ごう
篠原　豪

立前　　　当3
神奈川県横浜市　S50・2・12
勤9年1ヵ月　(初/平26)

安保委筆頭理事、外務委、党ネクスト安保副大臣、党外交・安保PT事務局長、党県政策委員長、横浜市議、早大院/48歳

〒235-0016　横浜市磯子区磯子3-6-23
　　　　　　アイランドビル1F　　☎045(349)9180
〒100-8982　千代田区永田町2-1-2、会館 ☎03(3508)7130

神奈川県2区	436,066 ㊗56.00	当146,166 菅　義偉　自前(61.1)

横浜市(西区、南区、港南区)

比92,880 岡本英子　立元(38.9)

すが　よし　ひで
菅　義偉

自前[無]　　　当9
秋田県　S23・12・6
勤27年4ヵ月　(初/平8)

前内閣総理大臣、前党総裁、内閣官房長官、党幹事長代行、総務大臣、総務副大臣、経産・国交各政務官、横浜市議、法政大/74歳

〒232-0017　横浜市南区宿町2-49　　☎045(743)5550
〒100-8982　千代田区永田町2-1-2、会館 ☎03(3508)7446

神奈川県3区	442,398 ㊗52.64	当119,199 中西健治　自新(52.5)

横浜市(鶴見区、神奈川区)

比68,457 小林丈人　立新(30.2)
23,310 木佐木忠晶　共新(10.3)
15,908 藤村晃子　無新(7.0)

なか　にし　けん　じ
中西健治

自新[麻] 当1(初/令3)*
東京都　S39・1・4
勤13年7ヵ月(参11年5ヵ月)

決算行監委筆頭理事、財務副大臣、参財政金融委員長、党財金部会長、元JPモルガン証券副社長、東大法/59歳

〒221-0822　横浜市神奈川区西神奈川2-2-1
　　　　　　日光堂ビル2F　　　　☎045(565)5520

㊙略歴

千葉・神奈川

※平22参院初当選　　　　　　　　　　　　　　　　　83

神奈川県4区　332,708　⑯61.70

横浜市（栄区）、鎌倉市、逗子市、
三浦郡

当66,841	早稲田夕季	立前（33.0）
63,687	浅尾慶一郎	無元（31.5）
比当47,511	山本朋広	自前（23.5）
比16,559	高谷清彦	維新（ 8.2）
7,790	大西恒樹	無新（ 3.8）

早稲田ゆき　わせだ

立前　当2
東京都渋谷区　S33・12・6
勤6年3ヵ月　（初/平29）

厚労委、消費者特委、党NC厚生労働大臣、神奈川県議、鎌倉市議、日本輸出入銀行、早大／64歳

〒248-0012　神奈川県鎌倉市御成町5-41-2F　☎0467(24)0573

神奈川県5区　467,198　⑯56.05

横浜市（戸塚区、泉区、瀬谷区）

当136,288	坂井　学	自前（53.5）
比当118,619	山崎　誠	立前（46.5）

坂井　学　さかい　まなぶ

自前［無］　当5
東京都府中市　S40・9・4
勤15年　（初/平17）

党政調副、党花博特委員長、総務委、党総務、前内閣官房副長官、財金委員長、総務兼内閣府副大臣、財務副大臣、党国交部会長、国交兼復興政務官、松下政経塾十期生、東大法／58歳

〒244-0003　横浜市戸塚区戸塚町142
鈴木ビル3F　☎045(863)0900

神奈川県6区　381,141　⑯55.88

横浜市（保土ヶ谷区、旭区）

当92,405	古川直季	自新（44.3）
比87,880	青柳陽一郎	立前（42.1）
比28,214	串田誠一	維前（13.5）

古川直季　ふるかわ　なおき

自新［無］　当1
神奈川県横浜市　S43・8・31
勤2年2ヵ月　（初/令3）

総務委、文科委、倫選特委、党国対委、横浜市会議員、衆議院議員秘書、横浜銀行員、明治大政経、明治大院／55歳

〒241-0825　横浜市旭区中希望が丘199-1　☎045(391)4000

神奈川県7区　449,449　⑯57.58

横浜市（港北区、都筑区の一部
（P170参照））

当128,870	鈴木馨祐	自前（50.9）
比124,524	中谷一馬	立前（49.1）

鈴木馨祐　すずき　けいすけ

自前［麻］　当5
東京都　S52・2・9
勤15年　（初/平17）

財金委理事、党政調副会長、外務副大臣、財務副大臣、党青年局長、国土交通政務官、予算・議運理、法務委員長、大蔵省、（ジョージタウン大学院）、在ニューヨーク副領事、東大法／46歳

〒222-0033　横浜市港北区新横浜3-18-9
新横浜ICビル102号室　☎045(620)0223
〒100-8981　千代田区永田町2-2-1、会館　☎03(3508)7304

神奈川県8区 427,843 ㊝59.37

当130,925　江田憲司　立前(52.6)
比当117,963　三谷英弘　自前(47.4)

横浜市(緑区、青葉区、都筑区(荏田東町、荏田東1〜4丁目、荏田南町、荏田南1〜5丁目、大丸)

え だ けん じ　**立前**　　　当7
江田憲司
岡山県　　S31・4・28
勤19年5ヵ月　(初/平14補)

決算行政監視委員長、党代表代行、民進党代表代行、維新の党代表、桐蔭横浜大客員教授、首相・通産相秘書官、ハーバード大客員研究員、東大／67歳

〒227-0062 横浜市青葉区青葉台2-9-30　☎045(989)3911

神奈川県9区 338,241 ㊝59.47

当83,847　笠　浩史　立前(42.4)
比当68,918　中山展宏　自前(34.9)
比24,547　吉田大成　維新(12.4)
20,432　斎藤　温　共新(10.3)

川崎市(多摩区、宮前区(神木本町1〜5丁目)、麻生区)

りゅう　ひろ ふみ　**立前**　　　当7
笠　　浩史
福岡県　　S40・1・3
勤20年2ヵ月　(初/平15)

議運理事、党国対筆頭副委員長、科技特委長、文科副大臣、文科大臣政務官、民主党幹事長代理、衆議運委筆頭理事、テレビ朝日政治部記者、慶大文／58歳

〒214-0014 川崎市多摩区登戸1644-1
新川ガーデンビル1F　☎044(900)1800

神奈川県10区 470,746 ㊝55.04

当104,832　田中和徳　自前(41.4)
比69,594　金村龍那　維前(27.5)
比48,839　畑野君枝　共前(19.3)
比30,013　鈴木　敦　国新(11.8)

川崎市(川崎区、幸区、中原区の一部(P170参照))

た なか かず のり　**自前[麻]**　　当9
田中和徳
山口県下関市　S24・1・21
勤27年4ヵ月　(初/平8)

党交通安全対策特別委員長、党税制調査会副会長、党幹事長代理、復興大臣、党組織運動本部長、財務副大臣、財金委長、法大／74歳

〒210-0846 川崎市川崎区小田6-11-24　☎044(366)1400

神奈川県11区 374,938 ㊝52.21

当147,634　小泉進次郎　自前(79.2)
38,843　林　伸明　共新(20.8)

横須賀市、三浦市

こいずみしん じ ろう　**自前[無]**　　当5
小泉進次郎
神奈川県横須賀市　S56・4・14
勤14年5ヵ月　(初/平21)

安保委筆頭理事、党国対副委長、党総務会長代理、元環境大臣、党厚労部会長、筆頭副幹事長、農林部会長、コロンビア大院修了／42歳

〒238-0004 横須賀市小川町13　宇野ビル3F　☎046(822)6600
〒100-8981 千代田区永田町2-2-1、会館☎03(3508)7327

| 神奈川県12区 | 406,623
㉒56.14 | 当95,013　阿　部　知　子　立前（42.4）
比当91,159　星　野　剛　士　自前（40.7）
比37,753　水　戸　将　史　維元（16.9） |

藤沢市、高座郡

あ　べ　とも　こ
阿 部 知 子

立前　　　　　　当8
東京都目黒区　S23・4・24
勤23年7ヵ月　（初/平12）

衆厚労委、原子力特委、超党派議連「原発ゼロ再エネ100の会」事務局長、小児科医、東大医学部／75歳

〒251-0025　藤沢市鵠沼石上1-13-13
　　　　　　藤沢共同ビル1F　　☎0466(52)2680

| 神奈川県13区 | 471,671
㉒55.77 | 当130,124　太　　栄　志　立新（51.1）
比124,595　甘　利　　　明　自前（48.9） |

大和市、海老名市、座間市の一部(P170参照)、綾瀬市

ふとり　　　ひで　し
太　　栄　志

立新　　　　　　当1
鹿児島県大島郡知名町　S52・4・27
勤2年2ヵ月　（初/令3）

議運委、内閣委、拉致特委、衆議院議員秘書、米ハーバード大国際問題研究所員、ウィルソン・センター研究員、中大法、中大院／46歳

〒242-0017　大和市大和東3-7-11
　　　　　　大和東共同ビル101　　☎046(244)3203

| 神奈川県14区 | 460,744
㉒55.01 | 当135,197　赤　間　二　郎　自前（53.8）
比116,273　長　友　克　洋　立新（46.2） |

相模原市（緑区の一部P171参照）、中央区、南区の一部(P171参照))

じ　ろう
あかま二郎

自前［麻］　　　当5
神奈川県相模原市　S43・3・27
勤15年
　　　　　　　　（初/平17）

国交委筆頭理事、国交委、党総務部会長、内閣府副大臣、総務副大臣、総務政務官、副幹事長、県議、立教大、マンチェスター大学院／55歳

〒252-0239　相模原市中央区中央2-11-10　☎042(756)1500
〒100-8981　千代田区永田町2-2-1、会館　☎03(3508)7317

| 神奈川県15区 | 473,497
㉒57.32 | 当210,515　河　野　太　郎　自前（79.3）
比46,312　佐々木克己　社新（17.5）
8,565　渡辺マリコ　N新（3.2） |

平塚市、茅ヶ崎市、中郡

こう　の　た　ろう
河 野 太 郎

自前［麻］　　　当9
神奈川県小田原市　S38・1・10
勤27年4ヵ月　（初/平8）

デジタル大臣、党広報本部長、ワクチン担当大臣、規制改革・行政改革・沖北対策担当大臣、防衛大臣、外務大臣、国家公安委員長、富士ゼロックス、ジョージタウン大／60歳

〒254-0811　平塚市八重咲町26-8　　　☎0463(20)2001
〒100-8982　千代田区永田町2-1-2、会館　☎03(3508)7006

神奈川県16区　466,042　⑳55.35

当137,558　後藤祐一　立前（54.6）
比当114,396　義家弘介　自前（45.4）

相模原市（緑区（第14区に属しない区域）、南区（第14区に属しない区域）（P171参照））、厚木市、伊勢原市、座間市（相模が丘1〜6丁目）、愛甲郡

後藤祐一　ご　とう　ゆう　いち

立前
神奈川県相模原市　S44・3・25
勤14年5ヵ月（初/平21）
当5

予算委員理事、党国会対策副委員長、県連副代表、情報監視審査会幹事、党役員室長、経産省課長補佐、東大法／54歳

〒243-0017　厚木市栄町2-4-28-212　☎046（296）2411
〒106-0032　港区六本木7-1-3、宿舎

神奈川県17区　424,659　⑳56.98

当131,284　牧島かれん　自前（55.3）
比89,837　神山洋介　立元（37.9）
16,202　山田　正　共新（6.8）

小田原市、秦野市、南足柄市、足柄上郡、足柄下郡

牧島かれん　まきしま

自前［麻］
神奈川県　S51・11・1
勤11年1ヵ月（初/平24）
当4

党副幹事長、党ネットメディア局長、前デジタル大臣、第51代党青年局長、元内閣府政務官、ICU大（Ph. D）、GW大修士／47歳

〒250-0862　小田原市成田178-1　☎0465（38）3388
〒100-8981　千代田区永田町2-2-1、会館　☎03（3508）7026

神奈川県18区　451,301　⑳57.25

当120,365　山際大志郎　自前（47.7）
比90,390　三村和也　立元（35.8）
比41,562　横田光弘　維新（16.5）

川崎市（中原区（第10区に属しない区域）（P171参照）、高津区、宮前区（第9区に属しない区域）（P171参照））

山際大志郎　やまぎわだいしろう

自前［麻］
東京都　S43・9・12
勤16年10ヵ月（初/平15）
当6

党コロナ対策本部長、経産委筆頭理事、経済再生・コロナ担当大臣、経産副大臣、内閣府大臣政務官、獣医学博士、東大大院／55歳

〒213-0001　川崎市高津区溝口2-14-12　☎044（850）8884
〒100-8981　千代田区永田町2-2-1、会館　☎03（3508）7477

山梨県1区　424,441　⑳59.49

当125,325　中谷真一　自前（50.5）
比当118,223　中島克仁　立前（47.6）
4,826　辺見信介　N新（1.9）

甲府市、韮崎市、南アルプス市、北杜市、甲斐市、中央市、西八代郡、南巨摩郡、中巨摩郡

中谷真一　なか　たに　しん　いち

自前［茂］
山梨県甲府市　S51・9・30
勤11年1ヵ月（初/平24）
当4

党国会対策副委員長、党総務、経産副大臣兼内閣府副大臣、外務大臣政務官、元自衛官、元参議院議員秘書、防大／47歳

〒400-0064　山梨県甲府市下飯田3-8-29　☎055（288）8220
〒106-0032　港区六本木7-1-3、宿舎

山梨県2区 262,259 ⑳62.31

当109,036 堀内 詔子 自前（67.9）
比44,441 市来 伴子 立新（27.7）
7,027 大久保令子 共新（4.4）

富士吉田市、都留市、山梨市、大月市、笛吹市、上野原市、甲州市、南都留郡、北都留郡

堀内 詔子 ほり うち のり こ
自前［岸］ 当4
山梨県笛吹市 S40・10・28
勤11年1ヵ月〈初/平24〉

環境経理、厚労委、消費者特委、党副幹事長、元ワクチン接種推進担当大臣、東京オリパラ担当大臣、環境副大臣兼内閣府副大臣、厚労大臣政務官、学習院大院／58歳

〒403-0007 富士吉田市中曽根1-5-25 ☎0555(23)7688
〒100-8982 千代田区永田町2-1-2、会館 ☎03(3508)7487

比例代表 南関東 22人 千葉、神奈川、山梨

星野 剛士 ほし の つよ し
自前［無］ 当4（初/平24）
神奈川県藤沢市 S38・8・8
勤11年1ヵ月〈神奈川12区〉

衆議院内閣委員長、内閣府副大臣、経産兼内閣府兼復興政務官、産経新聞記者、神奈川県議、NYエルマイラ大、日大法／60歳

〒251-0052 藤沢市藤沢973
相模プラザ第三ビル1F ☎0466(23)6338
〒100-8982 千代田区永田町2-1-2、会館 ☎03(3508)7413

甘利 明 あま り あきら
自前［麻］ 当13（初/昭58）
神奈川県厚木市 S24・8・27
勤40年2ヵ月〈神奈川13区〉

党税調顧問、党幹事長、選対委員長、政調会長、予算委員長、労働大臣、経済産業大臣、行革大臣、経済再生大臣、慶大／74歳

〒252-0303 相模原市南区相模大野6-7-9-1F
☎042(765)0011
〒100-8982 千代田区永田町2-1-2、会館 ☎03(3508)7528

秋本 真利 あき もと まさ とし
無前 当4（初/平24）
千葉県 S50・8・10
勤11年1ヵ月〈千葉9区〉

外務大臣政務官、自民党副幹事長、党再エネ議連事務局長、党国対副委員長、国土交通大臣政務官、法政大法／48歳

〒264-0021 千葉市若葉区若松町360-21 ☎043(214)3600

三谷 英弘 み たに ひで ひろ
自前［無］ 当3（初/平24）
神奈川県藤沢市 S51・6・28
勤8年3ヵ月〈神奈川8区〉

厚労委理事、文科委、復興特委、党遊説局長、党ネットメディア局次長、党国際局次長、弁護士、東大法学部／47歳

〒227-0055 横浜市青葉区つつじが丘10-20
ラポール若野 2F ☎045(532)4600

よし いえ ひろ ゆき
義家 弘介
自前［安］当4(初/平24)※
長野県　S46・3・31
勤16年6ヵ月（参5年5ヵ月）〈神奈川16区〉

党政調副会長、文科委、拉致特委、法務大臣、文科副大臣、文科政務官、党副幹事長、党財金部会長、参院議員、教育再生会議担当室長、横浜市教育委員、高校教諭、明治学院大学／52歳

〒243-0014　厚木市旭町1-15-17　☎046(226)8585

なか やま のり ひろ
中山 展宏
自前［麻］当4(初/平24)
兵庫県　S43・9・16
勤11年1ヵ月　〈神奈川9区〉

内閣委理、財金委、消費者特委、国土交通大臣、外務大臣政務官、内閣委理、ルール形成戦略議連事務局長、東大先端研客員研究員、早大院中退／55歳

〒214-0014　川崎市多摩区登戸2663
　　　　　　東洋ビル5F　☎044(322)8600

かど やま ひろ あき
門山 宏哲
自前［無］当4(初/平24)
千葉県千葉市　S39・9・3
勤11年1ヵ月　〈千葉1区〉

法務副大臣、元党副幹事長、元法務大臣政務官、弁護士、元千葉家裁家事調停委員、中央大学法学部／59歳

〒260-0013　千葉市中央区中央4-13-31
　　　　　　高嶋ビル101　☎043(223)0050
〒106-0032　港区六本木7-1-3、宿舎

やまもと
山本ともひろ
自前［無］当5(初/平17)
京都府京都市　S50・6・20
勤15年　〈神奈川4区〉

内閣委、党文科部会長、防衛副大臣・内閣府副大臣、松下政経塾員、米ジョージタウン大客員研究員、関西大、京大院修／48歳

〒247-0056　鎌倉市大船1-22-2 つるやビル301　☎0467(39)6933

さくら だ よし たか
櫻 田 義 孝
自前［二］当8(初/平8)
千葉県柏市　S24・12・20
勤24年　〈千葉8区〉

自民党千葉県連会長、国交委、拉致特委、国務大臣、党文科副大臣、内閣府副大臣、外務政務官、千葉県議、柏市議、明大商／73歳

〒277-0814　柏市正連寺373-3　☎04(7132)0881
〒100-8982　千代田区永田町2-1-2、会館　☎03(3508)7381

なか たに かず ま
中谷 一 馬
立前　当2(初/平29)
神奈川県川崎市　S58・8・30
勤6年3ヵ月　〈神奈川7区〉

内閣委、党政務調査会副会長、党デジタル政策PT座長、党広報本部幹事、神奈川県議、デジタルハリウッド大大学院／40歳

〒223-0061　横浜市港北区日吉2-6-3-201　☎045(534)9624
〒107-0052　港区赤坂2-17-10、宿舎

比例南関東

谷田川　元

立前　当3(初/平21)
千葉県香取市 S38・1・17
勤8年2ヵ月 〈千葉10区〉

国交委理、決算行監委理、憲法審委、党政調副会長、千葉県議4期、山村新治郎衆院議員秘書、松下政経塾、早大政経／60歳

〒287-0001　香取市佐原ロ2164-2　☎0478(54)5678

あおやぎようい ちろう

青柳陽一郎

立前　当4(初/平24)
神奈川県横浜市
保土ケ谷区 S44・8・29
勤11年1ヵ月 〈神奈川6区〉

内閣委筆頭理事、党神奈川県連代表、NPO法人ICA会長、元国務大臣政策秘書、早大院、日大法／54歳

〒240-0003　横浜市保土ケ谷区天王町1-9-5
　　　　　　第7瀬戸ビル1F　☎045(334)4110
〒100-8982　千代田区永田町2-1-2、会館☎03(3508)7245

なかじま　かつ ひと

中島克仁

立前　当4(初/平24)
山梨県 S42・9・27
勤11年1ヵ月 〈山梨1区〉

厚労委理事、ほくと診療所院長、韮崎市立病院、山梨大学病院第一外科、帝京大医学部、医師／56歳

〒400-0858　山梨県甲府市相生1-1-21　☎055(242)9208
〒107-0052　港区赤坂2-17-10、宿舎

やまざき　まこと

山崎　誠

立前　当3(初/平21)
東京都練馬区 S37・11・22
勤9年7ヵ月 〈神奈川5区〉

経産委理事、災害特委、党政調副会長、党環境エネルギーPT事務局長、横浜市議2期、横浜国大院博士課程単位取得／61歳

〒244-0003　横浜市戸塚区戸塚町121-2F ☎045(438)9696
〒100-8981　千代田区永田町2-2-1、会館　☎03(3508)7137

かね むら りゅう な

金村龍那

維新　当1(初/令3)
愛知県名古屋市 S54・4・6
勤2年2ヵ月 〈神奈川10区〉

文科委理、決算委理、拉致特委、拉致特委、維新の会代表、神奈川維新の会代表、会社役員、児童福祉施設代表、衆議員秘書、専修大法中退／44歳

〒210-0836　川崎市川崎区大島上町18-1
　　　　　　サニークレイン201　☎044(366)8680

ふじ まき けん た

藤巻健太

維新　当1(初/令3)
英国ロンドン S58・10・7
勤2年2ヵ月 〈千葉6区〉

文科委、沖北特委、参院議員秘書、みずほ銀行、慶大経済／40歳

〒271-0092　千葉県松戸市松戸1836
　　　　　　メグロビル1F　☎047(710)0523
〒100-8982　千代田区永田町2-1-2、会館☎03(3508)7503

あさ かわ よし はる
浅川 義治

維新 当1(初/令3)
神奈川県横浜市 S43・2・23
勤2年2ヵ月 〈神奈川1区〉

党県幹事長、安保委、消費者特委、党国対副委員長、横浜市議会議員、日本大学法学部／55歳

〒236-0021 横浜市金沢区泥亀1-15-4
雨宮ビル1F ☎045(349)4231

ふる や のり こ
古屋 範子

公前 当7
埼玉県さいたま市 S31・5・14
勤20年2ヵ月 （初/平15）

党副代表、総務委員長、党神奈川県本部顧問、厚労副大臣、総務大臣政務官、早大／67歳

〒238-0011 横須賀市米が浜通1-7-2
サクマ横須賀ビル503号 ☎046(828)4230

つの だ ひで お
角田 秀穂

公元 当2
東京都 S36・3・25
勤5年 （初/平26）

農水委理事、予算委、党国対副委員長、党千葉県本部副代表、農水政務官、船橋市議4期、社会保険労務士、創価大／62歳

〒273-0011 船橋市湊町1-7-4 ☎047(404)8013

し い かず お
志位 和夫

共前 当10
千葉県四街道市 S29・7・29
勤30年7ヵ月 （初/平5）

党幹部会委員長、国家基本委、党書記局長、党青年・学生対策委員会責任者、党選挙対策局政策戦略副部長、東大／69歳

〒221-0822 横浜市神奈川区西神奈川1-10-16
斉藤ビル2F ☎045(324)6516

すず き あつし
鈴木 敦

国新 当1(初/令3)
神奈川県川崎市 S63・12・15
勤2年2ヵ月 〈神奈川10区〉

外務委、拉致特委、復興特委、党国対副委員長、党神奈川県連代表、政党職員、元衆院議員秘書、航空関連会社社員、駿河台大中退／34歳

〒211-0025 川崎市中原区木月2-4-3
TFTビル2階 ☎044(872)7182
〒100-8982 千代田区永田町2-1-2、会館 ☎03(3508)7286

りょう
たがや 亮

れ新 当1(初/令3)
東京都 S43・11・25
勤2年2ヵ月 〈千葉11区〉

党国会対策委員長、国土交通委、決算行監委、会社経営、国学院大／55歳

〒297-0037 茂原市早野1342-1 ☎0475(44)6750
〒107-0052 港区赤坂2-17-10、宿舎

政党名	当選者数		得票数	得票率	
		惜敗率 小選挙区			惜敗率 小選挙区

自 民 党　9 人　2,590,787票　34.94%

当①星野　剛士　前 (95.94) 神12			①松野　博一　前		千3
当①甘利　明　前 (95.75) 神13			①薗浦健太郎　前		千5
当①秋本　真利　前 (95.73) 千9			①渡辺　博道　前		千6
当①三谷　英弘　前 (90.10) 神8			①斎藤　健　前		千7
当①義家　弘介　前 (83.16) 神16			①浜田　靖一　前		千12
当①中山　展宏　前 (82.19) 神9			①松本　尚　新		千13
当①門山　宏哲　前 (77.71) 千1			①菅　義偉　前		神2
当①山本　朋広　前 (71.08) 神4			①中西　健治　新		神3
当①桜田　義孝　前 (60.36) 千8			①坂井　学　前		神5
①木村　哲也　前 (54.93) 千4			①古川　直季　新		神6
⑳出畑　実　前			①鈴木　馨祐　前		神7
㉛高橋　恭介　新			①田中　和徳　前		神10
㉜文月　涼　新			①赤間　二郎　前		神14
㉝望月　忠彦　新			①河野　太郎　前		神15
㉞高木　昭次　新			①牧島かれん　前		神17
㉟及川　博　新			①山際大志郎　前		神18
【小選挙区での当選者】			①中谷　真一　前		山1
①小林　鷹之　前 千2			①堀内　詔子　前		山2

立憲民主党　5 人　1,651,562票　22.28%

当①中谷　一馬　前 (96.63) 神7			①市来　伴子　新 (40.76) 山2		
当①谷田川　元　前 (96.60) 千10			㉙小野　次郎　元		
当①青柳陽一郎　前 (95.10) 神6			㉚金子　建一　元		
当①中島　克仁　前 (94.34) 山1			【小選挙区での当選者】		
当①山崎　誠　前 (87.04) 神5			①田嶋　要　前		千1
①長友　克洋　新 (86.00) 神14			①野田　佳彦　前		千4
①宮川　伸　前 (79.51) 千13			①本庄　知史　新		千8
①三村　和也　元 (75.10) 神18			①奥野総一郎　前		千9
①神山　洋介　元 (68.43) 神17			①篠原　豪　新		神1
①岡本　英子　元 (63.54) 神2			①早稲田夕季　前		神4
①矢崎堅太郎　新 (62.41) 千5			①江田　憲司　前		神8
①岡島　一正　前 (61.62) 千3			①笠　浩史　前		神9
①小林　丈人　新 (57.43) 神3			①阿部　知子　前		神12
①竹内　千春　新 (55.70) 千7			①太　栄志　新		神13
①樋高　剛　元 (46.06) 千12			①後藤　祐一　前		神16
①黒田　雄　元 (45.47) 千2					

日本維新の会　3 人　863,897票　11.65%

当①金村　龍那　新 (66.39) 神10			①串田　誠一　前 (30.53) 神6		
当①藤巻　健太　新 (60.46) 千6			①吉田　大成　新 (29.28) 神9		
①浅川　義治　新 (46.22) 神1			①椎木　保　元 (28.79) 千5		
①清水　聖士　新 (42.38) 千13			①内山　晃　元 (22.42) 千7		
①水戸　将史　元 (39.73) 神12			▼①高谷　清彦　新 (24.77) 神4		
①横田　光弘　新 (34.53) 神18					

公 明 党　2 人　850,667票　11.47%

当①古屋　範子　前			④江端　功一　新		
当①角田　秀穂　元			⑤井川　泰雄　新		
③上田　勇　元					

共 産 党　1 人　534,493票　7.21%

当①志位　和夫　前			④沼上　徳光　新		
②畑野　君枝　前 神10			▼⑤寺尾　賢　新		千2
③斉藤　和子　元					

㊙ 略 歴

比例南関東

| 国民民主党 | 1人 | 384,481票 | 5.19% |

当①鈴木　敦 新(28.63) 神10　　③長谷　康人 新
　①鴇田　敦 新(21.71) 千5

| れいわ新選組 | 1人 | 302,675票 | 4.08% |

当①多ケ谷　亮 新　　千11　　②木下　隼 新

その他の政党の得票数・得票率は下記のとおりです。
（当選者はいません）

政党名	得票数	得票率		
社民党	124,447票	1.68%	111,298票	1.50%

NHKと裁判してる党弁護士法72条違反で

千代田区、港区の一部（P171参照）、新宿区の一部（P171参照）

| 東京都1区 | 462,609 当56.27 | 当99,133　山田美樹　自前(39.0) |

比当90,043 海江田万里 立前(35.4)
比当60,230 小野泰輔 維新(23.7)
　4,715 内藤久遠 無新(1.9)

自前［安］　　当4
山田美樹
やまだみき

東京都　　S49・3・15
勤11年1ヵ月　（初／平24）

財金委理事、党副幹事長、環境副大臣、党
法務部会長、外務政務官、エルメス、BCG、
通産省、東大法、コロンビア大／49歳

〒100-8982　千代田区永田町2-1-2、会館　☎03(3508)7037

| 東京都2区 | 463,165 当60.82 | 当119,281　辻　清人　自前(43.4) |

中央区、港区（第1区に属しない区域）（P171参照）、文京区、台東区の一部（P171参照）

比90,422 松尾明弘 立前(32.9)
比45,754 木内孝胤 維元(16.7)
比14,487 北村　造 れ新(5.3)
　4,659 出口紳一郎 無新(1.7)

自前［岸］　　当4
辻　清人
つじ　きよと

東京都　　S54・9・7
勤11年1ヵ月　（初／平24）

外務副大臣、党国会対策副委員長、党副
幹事長、外務大臣政務官、京大、米コロ
ンビア大院修了／44歳

〒111-0021　台東区日本堤2-23-13
　　　　　　深谷ビル　　☎03(6802)4701

| 東京都3区 | 470,083 当59.87 | 当124,961　松原　仁　立前(45.9) |

品川区の一部（P171参照）、大田区の一部（P171参照）、大島・三宅・八丈・小笠原支庁管内

比116,753 石原宏高 自前(42.9)
　30,648 香西克介 共新(11.3)

無前（立憲）　　当8
松原　仁
まつ　ばら　じん

東京都板橋区　　S31・7・31
勤23年7ヵ月　（初／平12）

決算行監委理、外務委、拉致特委、民進党国対委員長、党都
連会長、国家公安委員、拉致担当大臣、消費者担当大臣、国
交国大臣、都議、松下政経塾、早大／67歳

〒152-0004　目黒区鷹番3-19-2
　　　　　　第8エスペランス3階　　☎03(6412)7655

略歴

比例南関東・東京

東京都4区 474,029 ＠54.43

当128,708 平　将明 自前（51.5）
比62,286 谷川智行 共新（24.9）
比58,891 林　智興 維新（23.6）

大田区（第3区に属しない区域）
（P171参照）

たいら　　まさ　あき
平　将明

自前［無］　　　当6
東京都　S42・2・21
勤18年4ヵ月（初／平17）

原子力特委筆頭理事、内閣府副大臣、選対
副委員長、消費者特委筆頭理事、経産政務官
兼内閣府政務官、副幹事長、早大／56歳

〒144-0052　大田区蒲田5-30-15
　　　　　　第20下川ビル7F　　☎03(5714)7071

東京都5区 464,694 ＠60.03

当111,246 手塚仁雄 立前（41.0）
比当105,842 若宮健嗣 自前（39.0）
比54,363 田淵正文 維新（20.0）

目黒区の一部（P171参照）、世田
谷区の一部（P171参照）

て　づか　よし　お
手塚仁雄

立前　　　当5
東京都目黒区　S41・9・14
勤14年10ヵ月（初／平12）

党幹事長代理、党東京都連幹事長、科技
特委長、議運野党筆頭理事、内閣総理大
臣補佐官、都議、早大／57歳

〒154-0002　世田谷区下馬2-20-2-2F　　☎03(3412)0440

東京都6区 467,339 ＠60.36

当110,169 落合貴之 立前（40.1）
比当105,186 越智隆雄 自前（38.3）
比59,490 碓井梨恵 維新（21.6）

世田谷区（第5区に属しない区域）
（P171参照）

おち　あい　たか　ゆき
落合貴之

立前　　　当3
東京都世田谷区　S54・8・17
勤9年1ヵ月（初／平26）

経産委理、倫選特委、党副幹事長兼財務
局長、党税制調査会副会長、党都連政調
会長、元銀行員、慶大経済／44歳

〒156-0055　世田谷区船橋2-1-1
　　　　　　千歳第一マンション103号 ☎03(5938)1800
〒100-8982　千代田区永田町2-1-2、会館 ☎03(3508)7134

東京都7区 459,575 ＠56.47

当124,541 長妻　昭 立前（49.2）
比81,087 松本文明 自前（32.1）
比37,781 辻　健太郎 維新（14.9）
　5,665 込山　洋 無新（2.2）
　3,822 猪野恵司 Ｎ新（1.5）

品川区（第3区に属しない区域）（P171
参照）、目黒区（第5区に属しない区域）
（P171参照）、渋谷区、中野区の一部
（P171参照）、杉並区（方南1～2丁目）

なが　つま　あきら
長妻　昭

立前　　　当8
東京都　S35・6・14
勤23年7ヵ月（初／平12）

党政調会長、党都連会長、党代表代行、党
選対委員長、厚労委員、厚生労働大臣、日
経ビジネス記者、NEC、慶大／63歳

〒164-0011　中野区中央4-11-13-101　　☎03(5342)6551

東京都8区	476,188 ⑳61.03	当137,341	吉田 晴美	立新(48.4)
杉並区(第7区に属しない区域)(P172参照)		比105,381	石原 伸晃	自前(37.2)
		比40,763	笠谷 圭司	維新(14.4)

吉田 はるみ よしだ

立新　当1
山形県　S47・1・1
勤2年2ヵ月　(初/令3)

法務委、予算委、憲法審委、党国際局副局長、外資系経営コンサルタント、法務大臣政務秘書官、大学特任教授、立教大卒、バーミンガム大学経営大学院修了/51歳

〒166-0001　杉並区阿佐谷北1-3-4
小堺ビル301　☎03(5364)9620

東京都9区	478,743 ⑳56.50	当109,489	山岸 一生	立新(40.9)
練馬区の一部(P172参照)		比95,284	安藤 高夫	自前(35.6)
		比47,842	南 純	維新(17.9)
		15,091	小林 興起	諸元(5.6)

山岸 一生 やま ぎし いっ せい

立新　当1
東京都　S56・8・28
勤2年2ヵ月　(初/令3)

内閣委、議運委、原子力特委、朝日新聞記者、東大法学部/42歳

〒177-0041　練馬区石神井町8-17-8-105　☎03(6676)7318
〒100-8981　千代田区永田町2-2-1、会館　☎03(3508)7124

東京都10区	479,088 ⑳56.50	当115,122	鈴木 隼人	自前(43.8)
新宿区(第1区に属しない区域)(P172参照)、中野区(第7区に属しない区域)(P172参照)、豊島区の一部(P172参照)、練馬区(第9区に属しない区域)		比102,920	鈴木 庸介	立前(41.1)
		比30,574	藤川 隆史	維新(11.6)
		4,684	小山 徹	無新(1.8)
		4,552	沢口 祐司	諸新(1.7)

<!-- 鈴木隼人 photo -->

鈴木 隼人 すず き はや と

自前[茂]　当3
東京都　S52・8・8
勤9年1ヵ月　(初/平26)

経済産業委理、財務委、沖北特委、前外務大臣政務官、経済産業省課長補佐、東大、東大院修/46歳

〒171-0022　豊島区南池袋2-35-7-602　☎03(6908)1071
〒100-8982　千代田区永田町2-1-2、会館　☎03(3508)7463

東京都11区	462,626 ⑳54.97	当122,465	下村 博文	自前(50.0)
板橋区の一部(P172参照)		比87,635	阿久津幸彦	立前(35.8)
		29,304	西之原修士	共新(12.0)
		5,639	桑島 康文	無新(2.3)

<!-- 下村博文 photo -->

下 村 博 文 しも むら はく ぶん

自前[安]　当9
群馬県　S29・5・23
勤27年4ヵ月　(初/平8)

党総務、党中央政治大学院長、党政調会長、党選対委員長、党憲法改正本部長、党幹事長代行、文科大臣、オリパラ大臣、内閣官房副長官、都議、早大/69歳

〒173-0024　板橋区大山金井町38-12
新大山ビル205　☎03(5995)4491
〒100-8982　千代田区永田町2-1-2、会館　☎03(3508)7084

東京都12区 462,732 / 57.45

当101,020 岡本三成 公前（39.9）
比当80,323 阿部 司 維新（31.7）
比71,948 池内沙織 共元（28.4）

豊島区（第10区に属しない区域）（P172参照）、北区、板橋区（第11区に属しない区域）（P172参照）、足立区の一部（P172参照）

公前 　　　　　　　　当4
岡本三成 おかもとみつなり
佐賀県 S40・5・5
勤11年1ヵ月（初／平24）

経産委員長、党国際委員長、財務副大臣、外務政務官、ゴールドマン・サックス証券、米国ケロッグ経営大学院（MBA）、創価大／58歳

〒116-0013 荒川区西日暮里5-32-5 ウシオビル2階 ☎03(5604)5923
〒100-8981 千代田区永田町2-2-1、会館 ☎03(3508)7147

東京都13区 480,247 / 50.88

当115,669 土田 慎 自新（49.3）
比78,665 北條智彦 立新（33.5）
30,204 沢田真吾 共新（12.9）
5,985 渡辺秀高 無新（ 2.6）
4,039 橋本孫美 無新（ 1.7）

足立区（第12区に属しない区域）（P172参照）

自新[麻] 　　　　　　　当1
土田 慎 つちだしん
神奈川県茅ヶ崎市 H2・10・30
勤2年2ヵ月（初／令3）

デジタル大臣政務官兼内閣府大臣政務官、衆・参議員秘書、参議院議長参事、京大／33歳

〒121-0816 足立区梅島2-2-10 楠ビル201

東京都14区 465,702 / 55.96

当108,681 松島みどり 自前（43.3）
比80,932 木村剛司 立元（32.2）
比49,517 西村恵美 維新（19.7）
5,845 梁本和則 無新（ 2.3）
3,364 竹本秀之 無新（ 1.3）
2,772 大塚紀久雄 無新（ 1.1）

台東区（第2区に属しない区域）（P172参照）、墨田区、荒川区

自前[安] 　　　　　　　当7
松島みどり まつしまみどり
大阪府 S31・7・15
勤20年3ヵ月（初／平12）

党住宅土地・都市政策調査会長、党中小企業・小規模事業者政策調査会長代理、党文化立国調査会長代理、法務大臣、経産副大臣、国交副大臣、外務政務官、朝日新聞記者、東大経／67歳

〒131-0045 墨田区押上1-24-2川柳ビル2F ☎03(5610)5566
〒100-8981 千代田区永田町2-2-1、会館 ☎03(3508)7065

東京都15区 424,125 / 58.73

当76,261 柿沢未途 自前（32.0）
比58,978 井戸正枝 立元（24.7）
比44,882 金沢結衣 維新（18.8）
26,628 今村洋史 無元（11.2）
17,514 猪野 隆 無新（ 7.3）
9,449 桜井 誠 諸新（ 4.0）
4,608 吉田浩司 無新（ 1.9）

江東区

自前 　　　　　　　　当5
柿沢未途 かきざわみと
ベルギー S46・1・21
勤14年5ヵ月（初／平21）

法務副大臣、予算委理事、東京都議、NHK記者、東大法／52歳

〒135-0047 江東区富岡1-26-21-3F ☎03(5620)3104

東京都16区	465,115 ⑳51.58	当88,758　大西英男　自前（38.7）

比68,397　水野素子　立新（29.8）
比39,290　中津川博郷　維元（17.1）
　　26,819　太田彩花　共新（11.7）
比6,264　田中　健　N新（ 2.7）

江戸川区の一部（P173参照）

おお　にし　ひで　お
大西英男

自前[安]　　当4
東京都江戸川区　S21・8・28
勤11年1ヵ月　（初/平24）

党総務、衆議院内閣委員長、国土交通副大臣、総務大臣政務官、江戸川区議会議長、都議会自民党幹事長、國学院大/77歳

〒132-0011　江戸川区瑞江2-6-19　6階　☎03（5666）7770

東京都17区	475,912 ⑳53.06	当119,384　平沢勝栄　自前（50.1）

比52,260　猪口幸子　自前（22.0）
　　36,309　新井杉生　共新（15.3）
比30,103　円より子　国新（12.6）

葛飾区、江戸川区（本庁管内（上一色1〜3丁目、本一色1〜3丁目、興宮町）、小岩事務所管内）

ひら　さわ　かつ　えい
平沢勝栄

自前[二]　　当9
岐阜県　S20・9・4
勤27年4ヵ月　（初/平8）

外務委、予算委、党選挙対策委員長代理、復興大臣、党広報本部長、予算委理、党政調会長代理、外務委、内閣府副大臣、拉致特委員、警察庁議官、官房長官秘書官、東大/78歳

〒124-0012　葛飾区立石8-6-1-102　☎03（5670）1111

東京都18区	444,924 ⑳59.86	当122,091　菅　直人　立前（47.1）

比当115,881　長島昭久　自前（44.7）
　　21,151　子安正美　無新（ 8.2）

武蔵野市、府中市、小金井市

かん　　なお　と
菅　直人

立前　　当14
山口県　S21・10・10
勤43年8ヵ月　（初/昭55）

党最高顧問、経産委、原子力特委、首相、副総理、財務相、厚相、民主党代表、さきがけ政調会長、社民連政審会長、弁護士、東工大/77歳

〒180-0006　武蔵野市中町1-2-9-302　☎0422（55）7010

東京都19区	439,147 ⑳60.00	当111,267　末松義規　立前（43.0）

比当109,131　松本洋平　自前（42.2）
比38,182　山崎英昭　維新（14.8）

小平市、国分寺市、西東京市

すえ　まつ　よし　のり
末松義規

立前　　当7
福岡県北九州市　S31・12・5
勤22年6ヵ月　（初/平8）

財金委筆頭理事、党NC財務金融副大臣、沖北特委長、元復興副大臣兼内閣府副大臣、内閣総理大臣補佐官、一橋大、米国プリンストン大学大学院/66歳

〒187-0002　小平市花小金井2-1-39　☎042（460）9050

97

東京都20区 418,245 ⑫56.77

当121,621　木原　誠二　自前（52.6）
比当66,516　宮本　　徹　共前（28.8）
比43,089　前田順一郎　維新（18.6）

東村山市、東大和市、清瀬市、
東久留米市、武蔵村山市

き　はら　せい　じ
木原　誠二

自前［岸］　　　　当5
東京都　　　S45・6・8
勤15年　　（初／平17）

党幹事長代理兼政調会長特別補佐、官房副
長官、外務副大臣、外務政務官、議運委理
事、党情報調査局長、財務省、東大法／53歳

〒189-0013　東村山市栄町2-22-3　　☎042（392）4105

東京都21区 438,466 ⑫57.72

当112,433　小田原　潔　自前（45.5）
比当99,090　大河原雅子　立前（40.1）
比35,527　竹田光明　維元（14.4）

八王子市（中野、大塚）、立川市、
日野市、国立市、多摩市の一部（P173
参照）、稲城市の一部（P173参照）

お　だ　わら　　きよし
小田原　　潔

自前［安］　　　　当4
大分県宇佐市　S39・5・23
勤11年1ヵ月（初／平24）

外務委理、震災復興特委、外務副大臣、
モルガンスタンレー証券マネジング
ディレクター、富士銀行、東大／59歳

〒190-0011　立川市高松町3-14-11
マスターズオフィス立川　　☎042（548）0065

東京都22区 478,721 ⑫60.01

当131,351　伊藤　達也　自前（46.9）
比112,393　山花郁夫　立前（40.1）
比31,981　櫛渕万里　れ元（11.4）
4,535　長谷川洋平　N新（1.6）

三鷹市、調布市、狛江市、稲城
市（第21区に属しない区域）（P173
参照）

い　とう　たつ　や
伊藤　達也

自前［茂］　　　　当9
東京都　　　S36・7・6
勤27年3ヵ月（初／平5）

党国際局長、中小企業調査会長、税調副会長、
予算委、憲法審委、情報監視審委、元金融相、
総理大臣補佐官、衆財金委員長、慶大／62歳

〒182-0024　調布市布田1-3-1ダイヤビル2F　☎042（499）0501
〒107-0052　港区赤坂2-17-10、宿舎

東京都23区 458,998 ⑫58.37

当133,206　小倉　将信　自前（51.2）
比126,732　伊藤俊輔　立前（48.8）

町田市、多摩市（第21区に属しな
い区域）（P173参照）

お　ぐら　まさ　のぶ
小倉　將信

自前［二］　　　　当4
東京都　　　S56・5・30
勤11年1ヵ月（初／平24）

党副幹事長、少子化担当大臣、党青年局
長、総務政務官、日本銀行職員、東大、
オックスフォード大学院／42歳

〒194-0013　町田市原町田5-4-7　からかあさ101号
☎042（710）1192

東京都24区	463,096 ⑳56.77

八王子市(第21区に属しない区域)(P173参照)

当149,152 萩生田光一 自前(58.5)
比44,546 佐藤 由美 国新(17.5)
　44,474 吉川 穂香 共新(17.5)
比16,590 朝倉 玲子 社新(6.5)

はぎ う だ こういち
萩生田光一　自前[安]　当6
東京都八王子市　S38・8・31
勤16年10ヵ月　(初/平15)

党政調会長、党都連会長、経済産業大臣、文科大臣、党幹事長代行、内閣官房副長官、党総裁特別補佐、党青年局長、都議、市議、明大／60歳

〒192-0046 八王子市明神町4-1-2
ストーク八王子205　☎042(646)3008

東京都25区	413,266 ⑳54.90

青梅市、昭島市、福生市、羽村市、あきる野市、西多摩郡

当131,430 井上 信治 自前(59.4)
比89,991 島田 幸成 立新(40.6)

いの うえ しん じ
井上信治　自前[麻]　当7
東京都　S44・10・7
勤20年2ヵ月　(初/平15)

党幹事長代理、環境・温暖化対策調査会長、国際博覧会担当大臣、内閣府特命担当大臣、環境副大臣、内閣委員長、国交省、東大／54歳

〒198-0024 青梅市新町3-39-1　☎0428(32)8182
〒100-8981 千代田区永田町2-2-1、会館　☎03(3508)7328

比例代表 東京都 17人　東京

たか ぎ　　けい
髙木　啓　自前[安]　当2
東京都北区　S40・3・16
勤6年3ヵ月　(初/平29)

党経済産業副部会長、運輸・交通関係団体副委長、外務大臣政務官、党国土交通副部会長、都議、北区議、立教大／58歳

〒114-0022 北区王子本町1-14-9-202　☎03(5948)6790

まつ もと よう へい
松本洋平　自前[二]　当5(初/平17)
東京都　S48・8・31
勤15年　(東京19区)

党政調会長兼事務局長、災害特委理事、経産副大臣、内閣府副大臣、党副幹事長、党青年局長、慶大経済学部／50歳

〒187-0003 小平市花小金井南町2-17-4　☎042(461)6644
〒100-8981 千代田区永田町2-2-1、会館　☎03(3508)7133

99

越智隆雄 <ruby>越<rt>お</rt></ruby><ruby>智<rt>ち</rt></ruby><ruby>隆<rt>たか</rt></ruby><ruby>雄<rt>お</rt></ruby>

自前［安］ 当5(初/平17)
東京都　S39・2・27
勤15年　〈東京6区〉

財金委理、憲法審委、財金委長、内閣府副大臣、党国対副委長、党財金部会長、国務大臣秘書官、住友銀行、仏ESSEC大院、東大法院、慶大経／59歳

〒156-0052　世田谷区経堂2-2-11-2F　☎03(5799)4260

若宮健嗣 <ruby>若<rt>わか</rt></ruby><ruby>宮<rt>みや</rt></ruby><ruby>健<rt>けん</rt></ruby><ruby>嗣<rt>じ</rt></ruby>

自前［茂］ 当5(初/平17)
東京都　S36・9・2
勤15年　〈東京5区〉

党政調会長代理、幹事長代理、内閣府特命担当大臣、外務副大臣、防衛副大臣、外務委員、安保委長、慶大／62歳

〒154-0004　世田谷区太子堂4-6-1　パークヒル6
〒100-8982　千代田区永田町1-2-2、会館　☎03(3795)8255　☎03(3508)7509

長島昭久 <ruby>なが<rt></rt></ruby><ruby>しま<rt></rt></ruby><ruby>あき<rt></rt></ruby><ruby>ひさ<rt></rt></ruby>

自前［二］ 当7(初/平15)
神奈川県横浜市　S37・2・17
勤20年2ヵ月　〈東京18区〉

党国際局長代理、震災復興特委筆頭理事、安保委、震災復興特委員長、防衛副大臣、総理補佐官、慶大院、米ジョンズホプキンス大院／61歳

〒183-0022　府中市宮西町4-12-11
モア府中2F　☎042(319)2118

石原宏高 <ruby>いし<rt></rt></ruby><ruby>はら<rt></rt></ruby><ruby>ひろ<rt></rt></ruby><ruby>たか<rt></rt></ruby>

自前［岸］ 当5(初/平17)
神奈川県　S39・6・19
勤15年2ヵ月　〈東京3区〉

総理補佐官、党環境調査会、離島特委事務局長、党小笠原小委、環境委員長、環境・内閣府副大臣、外務大臣政務官、銀行員、慶大／59歳

〒140-0014　品川区大井1-22-5
八木ビル7F　☎03(3777)2275
〒100-8981　千代田区永田町2-2-1、会館　☎03(3508)7319

伊藤俊輔 <ruby>い<rt></rt></ruby><ruby>とう<rt></rt></ruby><ruby>しゅん<rt></rt></ruby><ruby>すけ<rt></rt></ruby>

立前 当2(初/平29)
東京都町田市　S54・8・5
勤6年3ヵ月　〈東京23区〉

UR住宅居住者を支援する議連事務局次長、全建総連懇話会幹事、小田急多摩線延伸促進議連顧問、安保委理、議運委、政治審幹事、桐蔭高、北京大留学、中央大／44歳

〒194-0021　町田市中町2-6-11
サワダビル3F　☎042(723)0117

鈴木庸介 <ruby>すず<rt></rt></ruby><ruby>き<rt></rt></ruby><ruby>よう<rt></rt></ruby><ruby>すけ<rt></rt></ruby>

立新 当1(初/令3)
東京都　S50・11・21
勤2年2ヵ月　〈東京10区〉

法務委、外務委、情監審委、元NHK記者、立教大学経済学部兼任講師、コロンビア大院／48歳

〒170-0004　豊島区北大塚2-14-1
鈴矢ビル3F　☎03(6903)1544

かい え だ ばん り
海江田万里
無前　当8(初/平5)
東京都　S24・2・26
勤21年10ヵ月　（東京1区）

衆院副議長、立憲民主党顧問、税制調査
会顧問、前決算行監委長、元民主党代表、元経済
産業大臣、元内閣府特命担当大臣、慶大／74歳

〒160-0004　新宿区四谷3-11山一ビル6F　☎03(5363)6015
〒160-0023　新宿区西新宿4-8-4-301(自宅)　☎03(3375)1445

おおかわら
大河原まさこ
立前　当2(初/平29)※
神奈川県横浜市　S28・4・8
勤12年4ヵ月（参6年1ヵ月）（東京21区）

決算行監理、消費者特委、党ジェン
ダー平等推進本部副事務局長、元参議
院議員、東京都議、国際基督教大／70歳

〒190-0022　立川市錦町1-10-25
　　　　　　YS錦町ビル1F　☎042(529)5155
〒100-8981　千代田区永田町2-2-1、会館☎03(3508)7261

あ　べ　　つかさ
阿　部　　司
維新　当1(初/令3)
東京都大田区　S57・6・18
勤2年2ヵ月　（東京12区）

内閣委、総務委、党代表付、青山社中株
式会社(政策シンクタンク)、日本
ヒューレット・パッカード、早大／41歳

〒114-0022　北区王子本町1-22-7
　　　　　　パークハイムKT1階　☎03(3908)3121

お　の　たい　すけ
小野泰輔
維新　当1(初/令3)
東京都　S49・4・20
勤2年2ヵ月　（東京1区）

経産委理、憲法審委、熊本県副知事、東
大法／49歳

〒150-0012　渋谷区広尾5-16-1 北村60館 302号室
　　　　　　　　　　☎03(6824)6087
〒100-8981　千代田区永田町2-2-1、会館 ☎03(3508)7340

たか　ぎ　よう　すけ
高　木　陽　介
公前　当9
東京都　S34・12・16
勤26年10ヵ月　（初/平5）

党政調会長、党都本部代表、経産副大臣、衆
総務委員長、国交政務官、党国対委員長、党
選対委員長、毎日記者、創価大／63歳

〒190-0022　立川市錦町1-4-4
　　　　　　立川サニーハイツ301　☎042(540)1155

か　さい　こう　いち
河　西　宏　一
公新　当1
神奈川県鎌倉市　S54・6・25
勤2年2ヵ月　（初/令3）

党青年副委員長・学生局長、党都本部副代
表、内閣委、憲法審査会、地デジ特委理事、
政党職員、電機メーカー社員、東大／44歳

〒100-8982　千代田区永田町2-1-2、会館　☎03(3508)7630

略歴

比例東京

笠井　亮（かさい　あきら）　共　前　当6(初/平17)※
大阪府　S27・10・15
勤24年5ヵ月（参6年1ヵ月）

党原発・気候変動・エネルギー対策委員会責任者、経産委、原子力特委、拉致特委、参院議員1期、東大／71歳

〒151-0053　渋谷区代々木1-44-11-1F　☎03(5304)5639
〒107-0052　港区赤坂2-17-10、宿舎

宮本　徹（みや　もと　とおる）　共　前　当3(初/平26)
兵庫県三木市　S47・1・22
勤9年1ヵ月　〈東京20区〉

党中央委員、厚労委、予算委、東大教育／51歳

〒151-0053　渋谷区代々木1-44-11　☎03(5304)5639
〒100-8981　千代田区永田町2-2-1、会館　☎03(3508)7508

櫛渕万里（くし　ぶち　ま　り）　れ　元　繰当2(初/平21)
群馬県沼田市　S42・10・15
勤5年　〈東京22区〉

決算行監委、党共同代表、国際交流NGO共同代表兼事務局長、立教大／56歳

〒182-0002　調布市国領町1-25-38-203　☎042(444)7188
〒100-8982　千代田区永田町2-1-2、会館　☎03(3508)7063

略歴

比例代表　東京都　17 人　有効投票数 6,446,898票

政党名	当選者数		得票数	得票率	
	惜敗率	小選挙区		惜敗率	小選挙区

自民党　6 人　2,000,084票　31.02%

		【小選挙区での当選者】	
当①高木　　啓　前		②山田　美樹　前	東 1
当②松本　洋平　前(98.08) 東19		②辻　　清人　前	東 2
当②越智　隆雄　前(95.48) 東 6		②平　　将明　前	東 4
当②若宮　健嗣　前(95.14) 東 5		②鈴木　隼人　前	東10
当②長島　昭久　前(94.91) 東18		②下村　博文　前	東11
当②石原　宏高　前(93.43) 東 3		②土田　　慎　新	東13
②安藤　高夫　前(87.03) 東 9		②松島みどり　前	東14
②石原　伸晃　前(76.73) 東 8		②木原　誠二　前	東20
②松本　文明　前(65.11) 東 7		②小田原　潔　前	東21
㉓伊藤　智加　新		②伊藤　達也　前	東22
㉔松野　未佳　新		②小倉　将信　前	東23
㉕小松　　裕　前		②萩生田光一　前	東24
㉖西田　　譲　元		②井上　信治　前	東25
㉗和泉　武彦　新			
㉘崎山　知尚　新			

立憲民主党　4 人　1,293,281票　20.06%

当①伊藤　俊輔　前(95.14) 東23		①山花　郁夫　前(85.57) 東22
当①鈴木　庸介　前(93.74) 東10		①井戸　正枝　元(77.38) 東15
当①海江田万里　前(90.83) 東 1		①水野　素子　新(77.06) 東16
当①大河原雅子　前(88.13) 東21		①松尾　明弘　前(75.81) 東 2

※ 平7参院初当選

比例東京

①木村　剛司 元(74.47)東14
①阿久津幸夫 前(71.56)東11
①島田　幸成 新(68.47)東25
①北條　智彦 新(68.01)東13
㉑高松　智之 新
㉒川島智太郎 元
㉓北出　美翔 新
【小選挙区での当選者】

①松原　　仁 前　　　東3
①手塚　仁雄 前　　　東5
①落合　貴之 前　　　東6
①長妻　　昭 前　　　東7
①吉田　晴美 新　　　東8
①山岸　一生 新　　　東9
①菅　　直人 前　　　東18
①末松　義規 前　　　東19

日本維新の会　2人　　858,577票　13.32%

当①阿部　　司 新(79.51)東12
当①小野　泰輔 新(60.76)東 1
①金沢　結衣 新(58.85)東15
①椎井　梨恵 新(54.00)東 6
①田淵　正文 新(48.87)東 5
①林　　智興 新(45.76)東 4
①西村　恵美 新(45.56)東14
①中津川博郷 元(44.22)東16
①猪口　幸子 新(43.77)東17

①南　　　純 新(43.70)東 9
①木内　孝展 元(38.36)東 2
①前田順一郎 新(35.43)東20
①山崎　英昭 新(34.32)東19
①竹田　光明 元(31.60)東21
①辻　健太郎 新(30.37)東 7
①笠谷　圭司 新(29.68)東 8
①藤川　隆史 新(26.56)東10

公明党　2人　　715,450票　11.10%

当①高木　陽介 前
当②河西　宏一 新

③藤井　伸城 新
④大沼　伸貴 新
　　（令4.6.15離党）

共産党　2人　　670,340票　10.40%

当①笠井　　亮 前
当②宮本　　徹 前　　　東20

③池内　沙織 元　　　東12
④谷川　智行 新　　　東 4

れいわ新選組　1人　　360,387票　5.59%

当①山本　太郎 新
　　（令4.4.19辞職）
繰①櫛渕　万里 元(24.35)東22
　　（令4.4.27繰上）

▼②北村　　造 新(12.15)東 2
④渡辺　照子 新

略歴

比例東京・新潟

その他の政党の得票数・得票率は下記のとおりです。
（当選者はいません）

政党名	得票数	得票率
国民民主党	306,179票	4.75%
社民党	92,995票	1.44%
NHKと裁判してる党弁護士法72条違反で	92,353票	1.43%
日本第一党	33,661票	0.52%
新党やまと	16,970票	0.26%
政権交代によるコロナ対策強化新党	6,620票	0.10%

新潟県1区　434,016　㊿57.25

当127,365　西村智奈美 立前(52.6)
比当96,591　塚田一郎 自新(39.9)
比18,333　石崎　徹 維元(7.6)

新潟市(北区・東区・中央区・江南区・南区・西区の一部)（P173参照）

にしむらちなみ
西村智奈美

立前　　　　当6
新潟県　　S42・1・13
勤18年2ヵ月　（初/平15）

党代表代行、予算委、厚労委、拉致特委、
党県連代表、厚労副大臣、外務大臣政務官、新潟県議、新潟大院／56歳

〒950-0916　新潟市中央区米山2-5-8
　　　　　　 米山プラザビル202
〒107-0052　港区赤坂2-17-10、宿舎　　☎025(244)1173

▼は小選挙区の得票が有効投票総数の10分の1未満で、復活当選の資格がない者　　103

新潟県2区 288,107 ㊟62.66

当105,426 細田 健一 自前(59.9)
比37,157 高倉 栄 国新(21.1)
比33,399 平 あや子 共新(19.0)

新潟市(南区(味方・月潟出張所管内)、西区(第1区に属しない区域)、西蒲区)、長岡市の一部(P173参照)、柏崎市、燕市、佐渡市、西蒲原郡、三島郡、刈羽郡

ほそ だ けん いち
細田 健一
自前[安] 当4
東京都 S39・7・11
勤11年1ヵ月 (初/平24)

党農林部会長、農林水産委理事、経産副大臣、予算委理事、農水政務官、経産省、京大法、米ハーバード大学院/59歳

〒959-1232 燕市井土巻4-21 ☎0256(47)1809
〒100-8982 千代田区永田町2-1-2、会館 ☎03(3508)7278

新潟県3区 298,289 ㊟65.04

当102,564 斎藤 洋明 自前(53.6)
比88,744 黒岩 宇洋 立前(46.4)

新潟市(北区の一部(P173参照))、新発田市、村上市、五泉市、阿賀野市、胎内市、北蒲原郡、東蒲原郡、岩船郡

さい とう ひろ あき
斎藤 洋明
自前[麻] 当4
新潟県村上市 S51・12・8
勤11年1ヵ月 (初/平24)

総務委、党情報・通信関係団体委員長、総務大臣政務官、党総務部会長代理、内閣府、公正取引委員会、神戸大大学院、学習院大/46歳

〒957-0056 新発田市大栄町3-6-3 ☎0254(21)0003
〒100-8981 千代田区永田町2-2-1、会館 ☎03(3508)7155

新潟県4区 307,471 ㊟64.17

当97,494 菊田真紀子 立前(50.1)
比97,256 国定 勇人 自新(49.9)

新潟市(北区・東区・中央区・江南区の一部、秋葉区、南区の一部(P173参照))、長岡市の一部(P173参照))、三条市、加茂市、見附市、南蒲原郡

きく た ま き こ
菊田真紀子
立前 当7
新潟県加茂市 S44・10・24
勤20年2ヵ月 (初/平15)

党「次の内閣」文科大臣・子ども政策担当大臣、拉致問題対策副本部長、外務政務官、市議(2期)、中国黒龍江大学留学、加茂高/54歳

〒955-0071 三条市本町6-13-3 ☎0256(35)6066
〒107-0052 港区赤坂2-17-10、宿舎

新潟県5区 275,224 ㊟65.20

当79,447 米山 隆一 無新(45.0)
比60,837 泉田 裕彦 自前(34.4)
36,422 森 民夫 無新(20.6)

長岡市(第2区及び第4区に属しない区域)、小千谷市、魚沼市、南魚沼市、南魚沼郡

よね やま りゅう いち
米山 隆一
立新 当1
新潟県魚沼市 S42・9・8
勤2年2ヵ月 (初/令3)

法務委、原子力特委、決算行監委、前新潟県知事、医師、医学博士、弁護士、おおたか総合法律事務所代表弁護士、灘高校、東大医学部医学科/56歳

〒940-0072 魚沼市七日市新田127 ☎0258(89)8800
〒100-8982 千代田区永田町2-1-2、会館 ☎03(3508)7485

新潟県6区 272,966 ⑳67.79

十日町市、糸魚川市、妙高市、
上越市、中魚沼郡

当90,679	梅谷　守	立新(49.6)
比当90,549	高鳥修一	自前(49.5)
1,711	神鳥古賛	無新(0.9)

梅谷　守（うめ たに　まもる）
立新　　　　　　　　　当1
東京都　　S48・12・9
勤2年2ヵ月　　（初/令3）

党政調会長補佐、農水委、議運委、文科
委、拉致特委理、新潟県議会議員、国会
議員政策担当秘書、早大/49歳

〒943-0805 上越市木田1-8-14　　☎025(526)4211
〒100-8982 千代田区永田町2-1-2、会館　☎03(3508)7403

富山県1区 267,782 ⑳52.43

富山市の一部(P173参照)

当71,696	田畑裕明	自前(51.8)
比当45,411	吉田豊史	維元(32.8)
比14,563	西尾政英	立新(10.5)
6,800	青山了介	共新(4.9)

田畑裕明（た ばた ひろ あき）
自前［安］　　　　　　当4
富山県　　S48・1・2
勤11年1ヵ月　　（初/平24）

厚労委員長、党厚労部会長、総務副大臣、厚
労・文科委理、国対副委員長、厚労大臣政務
官、県議、富山市議、獨協大学経済学部/50歳

〒930-0017 富山市東田地方町2-2-5　☎076(471)6036
〒107-0052 港区赤坂2-17-10、宿舎

富山県2区 247,492 ⑳54.22

富山市(第1区に属しない区域)、
魚津市、滑川市、黒部市、中新
川郡、下新川郡

当89,341	上田英俊	自新(68.4)
比41,252	越川康晴	立新(31.6)

上田英俊（うえ だ えい しゅん）
自新［茂］　　　　　　当1
富山県下新川郡入善町　S40・1・22
勤2年2ヵ月　　（初/令3）

厚労委、農水委、党地方組織・議員総局
長、党総務、富山県議会議員、早大政経
学部/58歳

〒937-0051 魚津市駅前新町5-30
　　　　　　魚津サンプラザ3F　☎0765(22)6648
〒107-0052 港区赤坂2-17-10、宿舎　☎03(5549)4671

富山県3区 364,562 ⑳59.06

高岡市、氷見市、砺波市、小矢
部市、南砺市、射水市

当161,818	橘　慶一郎	自前(78.5)
44,214	坂本洋史	共新(21.5)

橘　慶一郎（たちばな けい いち ろう）
自前［無］　　　　　　当5
富山県高岡市　S36・1・23
勤14年5ヵ月　　（初/平21）

議運理事、農水・地こデジ特各委、政倫審
幹事、党国対副委長、復興副大臣、総務大
臣政務官、高岡市長、北開庁、東大/62歳

〒933-0912 高岡市丸の内1-40
　　　　　　高岡商工ビル　　☎0766(25)5780
〒107-0052 港区赤坂2-17-10、宿舎

<table>
<tr><td>石川県1区</td><td>376,122
⑳52.20</td><td>当88,321　小森　卓郎　自新(46.1)</td></tr>
</table>

金沢市

比48,491　荒井淳志　立新(25.3)
比45,663　小林　誠　維新(23.9)
　8,930　亀田良典　共新(4.7)

<small>こ　もり　たく　お</small>　　　　自新[安]　　　　当1
小森　卓郎
神奈川県　S45・5・21
勤2年2ヵ月　（初/令3）

総務大臣政務官、金融庁総合政策課長、防衛省
会計課長、財務省主計局主査、石川県総務部
長、プリンストン大院修了、東大法/53歳

〒920-8203　金沢市鞍月5-181　☎076(239)0102
〒100-8981　千代田区永田町2-2-1、会館　☎03(3508)7179

<table>
<tr><td>石川県2区</td><td>325,273
⑳56.13</td><td>当137,032　佐々木　紀　自前(78.4)</td></tr>
</table>

小松市、加賀市、白山市、能美市、
野々市市、能美郡

27,049　坂本　浩　共新(15.5)
10,632　山本保幸　無新(6.1)

<small>さ　さ　き　　はじめ</small>　　　　自前[安]　　　　当4
佐々木　紀
石川県能美市　S49・10・18
勤11年1ヵ月　（初/平24）

国交委理事、党国土交通部会長、国交大
臣政務官、党青年局長、会社役員、東北
大法/49歳

〒923-0941　小松市城南町35番地　☎0761(21)1181
〒107-0052　港区赤坂2-17-10、宿舎　☎03(5549)4671

<table>
<tr><td>石川県3区</td><td>243,618
⑳66.09</td><td>当80,692　西田昭二　自前(50.7)</td></tr>
</table>

七尾市、輪島市、珠洲市、羽咋市、
かほく市、河北郡、羽咋郡、鹿
島郡、鳳珠郡

比76,747　近藤和也　立前(48.3)
　1,588　倉知昭一　無新(1.0)

<small>にし　だ　しょう　じ</small>　　　　自前[岸]　　　　当2
西田昭二
石川県七尾市　S44・5・1
勤6年3ヵ月　（初/平29）

国土交通・内閣府・復興大臣政務官、党総
務、党国交副部会長、元県議会副議長、県議
(3期)、市議(3期)、秘書、愛知学院大/54歳

〒926-0041　石川県七尾市府中町員外26　☎0767(58)6140
〒100-8981　千代田区永田町2-2-1、会館　☎03(3508)7139

<table>
<tr><td>福井県1区</td><td>375,210
⑳56.82</td><td>当136,171　稲田朋美　自前(65.5)</td></tr>
</table>

福井市、大野市、勝山市、あわ
ら市、坂井市、吉田郡

比71,845　野田富久　立新(34.5)

<small>いな　だ　とも　み</small>　　　　自前[安]　　　　当6
稲田朋美
福井県　S34・2・20
勤18年4ヵ月　（初/平17）

**党幹事長代理、環境委、党整備新幹線等鉄道
調査会長**、党幹事長代行、防衛大臣、党政調会
長、内閣府特命担当相、弁護士、早大/64歳

〒910-0858　福井市手寄1-9-20　☎0776(22)0510
〒100-8982　千代田区永田町2-1-2、会館　☎03(3508)7035

石川・福井

略歴

福井県2区 262,612 ㊤59.12

当81,705 高木 毅 自前（53.9）
比69,984 斉木武志 立前（46.1）

敦賀市、小浜市、鯖江市、越前市、今立郡、南条郡、丹生郡、三方郡、大飯郡、三方上中郡

たか ぎ　つよし
髙木 毅

自前［安］　当8
福井県敦賀市 S31・1・16
勤23年7ヵ月 （初/平12）

党国対委員長、議運委員長、復興大臣、国交副大臣、防衛政務官、党遊説局長、原子力特委員、青山学院大学／67歳

〒914-0805　敦賀市鋳物師町4-8
　　　　　　森口ビル2F　　☎0770（21）2244
〒100-8981　千代田区永田町2-2-1、会館　☎03（3508）7296

長野県1区 425,440 ㊤59.74

当128,423 若林健太 自新（51.3）
比121,962 篠原 孝 立前（48.7）

長野市の一部（P174参照）、須坂市、中野市、飯山市、上高井郡、下高井郡、下水内郡

わか ばやし けん た
若林健太

自新［安］　当1（初/令3）※
長野県長野市 S39・1・11
勤8年3ヵ月（参6年1ヵ月）

党国対副委員長、予算委、財金委、経産委、災害特委、税理士・公認会計士、参農水委長、外務政務官、監査法人代表社員、長野JC理事長、慶大、早大院／59歳

〒380-0921　長野市栗田8-1　　☎026（269）0330
〒107-0052　港区赤坂2-17-10、宿舎

長野県2区 382,123 ㊤57.03

当101,391 下条みつ 立前（47.5）
比68,958 務台俊介 自前（32.3）
比43,026 手塚大輔 維新（20.2）

長野市（第1区に属しない区域）、松本市、大町市、安曇野市、東筑摩郡、北安曇郡、上水内郡

しも じょう
下条みつ

立前　当5
長野県松本市 S30・12・29
勤15年4ヵ月 （初/平15）

拉致特委員、国交委、防衛大臣政務官、予算委理、党総務、災害特委員、厚生大臣秘書官、富士銀行参事役、信州大／67歳

〒390-0877　松本市沢村2-13-9　　☎0263（87）3280
〒100-8981　千代田区永田町2-2-1、会館　☎03（3508）7271

長野県3区 399,168 ㊤59.32

当120,023 井出庸生 自前（51.5）
比109,179 神津 健 立新（46.9）
比3,722 池 高生 N新（1.6）

上田市、小諸市、佐久市、千曲市、東御市、南佐久郡、北佐久郡、小県郡、埴科郡

井出庸生
い で よう せい

自前［麻］　当4
東京都 S52・11・21
勤11年1ヵ月 （初/平24）

党国対副委員長、文部科学副大臣、党厚生労働部会長代理、党司法制度調査会事務局長、NHK記者、東大／46歳

〒385-0022　佐久市岩村田638　　☎0267（78）5515
〒100-8982　千代田区永田町2-1-2、会館　☎03（3508）7469

※平22参院初当選

長野県4区 240,401 ⑳59.37

当86,962 後藤茂之 自前(62.6)
51,922 長瀬由希子 共新(37.4)

岡谷市、諏訪市、茅野市、塩尻市、
諏訪郡、木曽郡

ごとう しげゆき
後藤茂之

自前[無] 当7
東京都 S30・12・9
勤20年3ヵ月(初/平12)

党こども若者未来本部長、税調副(インナー)、経済再生大臣、厚生労働大臣、党政調会長代理、社会保障制度調査会長、大蔵省、東大法/67歳

〒392-0021 諏訪市上川3丁目2212-1 ☎0266(57)3370
〒100-8981 千代田区永田町2-2-1、会館 ☎03(3508)7702

長野県5区 280,123 ⑳64.54

当97,730 宮下一郎 自前(54.9)
比80,408 曽我逸郎 立新(45.1)

飯田市、伊那市、駒ヶ根市、上
伊那郡、下伊那郡

みやした いちろう
宮下一郎

自前[安] 当6
長野県 S33・8・1
勤16年10ヵ月(初/平15)

農林水産大臣、党政調会長代理、党農林・経産部会長、内閣府・財務副大臣、財務金融委員長、東大/65歳

〒396-0010 伊那市境1550-3 ☎0265(78)2828

比例代表 北陸信越 11人

新潟、富山、石川、福井、
長野

わしお えいいちろう
鷲尾英一郎

自前[二] 当6
新潟県 S52・1・3
勤18年4ヵ月(初/平17)

議運委理事、党国対副委員長、党労政局次長、党副幹事長、外務副大臣、環境委員、農水政務官、公認会計士、税理士、行政書士、新日本監査法人、東大経/46歳

〒940-2023 長岡市蓮潟5-1-72 ☎0258(86)4900

たかとり しゅういち
髙鳥修一

自前[安] 当5(初/平17)
新潟県上越市 S35・9・29
勤15年 〈新潟6区〉

拉致特委理事、農水委、災害特委、党政調会長代理、元党筆頭副幹事長・総裁特別補佐、元農水・内閣府副大臣、早大/63歳

〒943-0804 上越市新光町2-1-1 ☎025(521)0760

国定勇人 くに さだ いさ と
自新[二] 当1(初/令3)
東京都　S47・8・30
勤2年2ヵ月　〈新潟4区〉

環境大臣政務官兼内閣府大臣政務官、三条市長、総務省、一橋大商学部／51歳

〒955-0071　三条市本町4-9-27　☎0256(47)1555
〒100-8981　千代田区永田町2-2-1、会館　☎03(3508)7131

泉田裕彦 いずみ だ ひろ ひこ
自前[無] 当2(初/平29)
新潟県　S37・9・15
勤6年3ヵ月　〈新潟5区〉

原子力特理、内閣委、国交委、国土交通・内閣府・復興大臣政務官、元新潟県知事、経産省、通産省、京大法／61歳

〒940-0082　長岡市千歳3-2-33　☎0258(89)8506
〒100-8982　千代田区永田町2-1-2、会館　☎03(3508)7640

塚田一郎 つか だ いち ろう
自新[麻] 当1(初/令3)※
新潟県新潟市　S38・12・27
勤14年4ヵ月(衆12年2ヵ月)　〈新潟1区〉

財務金融委員長、国土交通副大臣、復興副大臣、内閣府副大臣、党新潟県連会長、中央大、ボストン大院／59歳

〒950-0945　新潟市中央区女池上山2-22-7　☎025(280)1016
〒107-0052　港区赤坂2-17-10、宿舎

務台俊介 む たい しゅん すけ
自前[麻] 当4(初/平24)
長野県安曇野市　S31・7・3
勤11年4ヵ月　〈長野2区〉

環境委員長、憲法審委、環境兼内閣府副大臣、内閣府兼復興大臣政務官、消防庁防災課長、神奈川大教授、東大法／67歳

〒390-0863　松本市白板2-3-30　大永第三ビル101　☎0263(33)0518
〒100-8981　千代田区永田町2-2-1、会館　☎03(3508)7334

近藤和也 こん どう かず や
立前 当3(初/平21)
石川県　S48・12・12
勤9年7ヵ月　〈石川3区〉

農水委理、復興特委、党選対委員長代理、党拉致問題対策本部幹事、元野村證券(株)、京大経済学部／49歳

〒926-0054　七尾市川原町60-2　☎0767(57)5717

篠原孝 しの はら たかし
立前 当7(初/平15)
長野県中野市　S23・7・17
勤20年2ヵ月　〈長野1区〉

環境委筆頭理事、経産委、農水副大臣、農水政策研究所長、OECD代表部、京大法、UW大修士／75歳

〒380-0928　長野市若里4-12-26　宮沢ビル2F　☎026(229)5777
〒100-8981　千代田区永田町2-2-1、会館　☎03(3508)7268

※平19参院初当選

109

㊙略歴

比例北陸信越

神津たけし（こう づ）

立新　当1（初/令3）
神奈川県鎌倉市　S52・1・21
勤2年2ヵ月　〈長野3区〉

国交委、災害特委理、元JICA企画調査員（南アフリカ、ケニア、チュニジア、コートジボワール、ルワンダ駐在）、政策研究大学院大／46歳

〒386-0023　上田市中央西1-7-7　北大手ビル201号室　☎0268(71)5250
〒385-0011　佐久市猿久保668-1　ミニタウンA＆A-2号室　☎0267(88)7866

吉田豊史（よし だ とよ ふみ）

無元　当2（初/平26）
富山県　S45・4・10
勤5年　〈富山1区〉

財金委、会社員、起業、会社役員、富山県議会議員（2期）、早大法／53歳

〒930-0975　富山市西長江3-6-32　☎076(495)8823

中川宏昌（なか がわ ひろ まさ）

公新　当1
長野県塩尻市　S45・7・15
勤2年2ヵ月　（初/令3）

党中央幹事、北信越方面本部長、長野県代表、安保部会長代理、衆safe保理事、法務委、拉致特委、長野県議、長野銀行、創価大／53歳

〒399-0006　松本市野溝西1-3-4 2F　☎0263(88)5550
〒106-0032　港区六本木7-1-3、宿舎

比例代表　北陸信越　11人　有効投票数 3,510,613票

政党名	当選者数		得票数	得票率
	惜敗率	小選挙区	惜敗率 小選挙区	

自民党　6人　1,468,380票　41.83%

当①鷲尾英一郎 前
当②高鳥 修一 前(99.86)新6
当②国定 勇人 前(99.76)新4
当②泉田 裕彦 前(76.58)新5
当②塚田 一郎 前(75.84)新1
当②務台 俊介 前(68.01)長2
㉑山本 拓 新
㉒佐藤 俊 新
㉓工藤 昌克 新
㉔滝沢 圭隆 新
㉕近藤 真衣 新
【小選挙区での当選者】
②細田 健一 前　　新2

②斎藤 洋明 前　新3
②田畑 裕明 前　富1
②上田 英俊 新　富2
②橘 慶一郎 前　富3
②小森 卓郎 新　石1
②佐々木 紀 前　石2
②西田 昭二 前　石3
②稲田 朋美 前　福1
②高木 毅 前　福2
②若林 健太 新　長1
②井出 庸生 前　長3
②後藤 茂之 前　長4
②宮下 一郎 前　長5

立憲民主党　3人　773,076票　22.02%

当①近藤 和也 前(95.11)石3
当①篠原 孝 前(94.97)長1
当①神津 健 前(90.97)長3
①黒岩 宇洋 前(86.53)新3
①斉木 武志 前(85.65)福2
①曽我 逸郎 新(82.08)長5
①荒井 淳士 新(54.90)石1
①野田 富久 新(52.76)福1

①越川 康晴 新(46.17)富2
①西尾 政英 新(20.31)富1
⑮石本 伸二 新
【小選挙区での当選者】
①西村智奈美 前　新1
①菊田真紀子 前　新4
①梅谷 守 新　新6
①下条 みつ 前　長2

日本維新の会　1人　　361,476票　10.30%

| 当①吉田　豊史　元(63.34)富1 | ①手塚　大輔　新(42.44)長2 |
| ①小林　誠　新(51.70)石1 | ▼①石崎　徹　元(14.39)新1 |

公　明　党　　1人　　322,535票　　9.19%

| 当①中川　宏昌　新 | ②小松　実　新 |

··

その他の政党の得票数・得票率は下記のとおりです。
(当選者はいません)

政党名	得票数	得票率		
共産党	225,551票	6.42%	社民党	71,185票 2.03%
国民民主党	133,599票	3.81%	NHKと裁判してる党弁護士法72条違反で	
れいわ新選組	111,281票	3.17%		43,529票 1.24%

岐阜県1区　326,022　㊗52.31

当103,805	野田聖子	自前(62.5)
比48,629	川本慧佑	立新(29.3)
9,846	山越　徹	共新(5.9)
3,698	土田正光	諸新(2.2)

岐阜市(本庁管内、西部・東部・北部・南部東・南部西・日光事務所管内)

野田聖子（のだせいこ）　自前[無]　当10
岐阜県岐阜市　S35・9・3
勤30年7ヵ月　(初/平5)

党情報通信戦略調査会長、内閣府特命担当大臣、党幹事長代行、予算委員長、総務大臣、党総務会長、郵政大臣、県議、帝国ホテル、上智大/63歳

〒500-8367　岐阜市宇佐南4-14-20 2F　☎058(276)2601
〒100-8981　千代田区永田町2-2-1、会館　☎03(3508)7161

岐阜県2区　300,608　㊗56.09

当108,755	棚橋泰文	自前(65.8)
比40,179	大谷由里子	国新(24.3)
16,374	三尾圭司	共新(9.9)

大垣市、海津市、養老郡、不破郡、安八郡、揖斐郡

棚橋泰文（たなはしやすふみ）　自前[麻]　当9
岐阜県大垣市　S38・2・11
勤27年4ヵ月　(初/平8)

党行政改革推進本部長、党総務副会長、国家公安委員長、予算委員長、党幹事長代理、内閣府特命担当大臣、党青年局長、通産省課長補佐、弁護士、東大/60歳

〒503-0904　大垣市桐ヶ崎町93　☎0584(73)3000
〒100-8982　千代田区永田町2-1-2、会館　☎03(3508)7429

岐阜県3区 422,993 ⊛54.55

当132,357 武藤 容治 自前（58.6）
比93,616 阪口 直人 立元（41.4）

岐阜市(第1区に属しない区域)、関市、
美濃市、羽島市、各務原市、山県市、
瑞穂市、本巣市、羽島郡、本巣郡

武藤 容治 （む とう よう じ）

自前［麻］ 当5
岐阜県 S30・10・18
勤15年 （初/平17）

議運理事、党国対副委員長、農水委長、
経産副大臣、外務副大臣、総務政務官、
党政調副会長、会社会長、慶大商／68歳

〒504-0909 各務原市那加信長町1-91 ☎058(389)2711
〒100-8982 千代田区永田町2-1-2、会館 ☎03(3508)7482

岐阜県4区 330,497 ⊛66.37

当110,844 金子 俊平 自前（51.2）
比91,354 今井 雅人 立前（42.2）
比14,171 佐伯 哲也 維新（ 6.5）

高山市、美濃加茂市、可児市、
飛騨市、郡上市、下呂市、加茂郡、
可児郡、大野郡

金子 俊平 （かね こ しゅん ぺい）

自前［岸］ 当2
岐阜県高山市 S53・5・28
勤6年3ヵ月 （初/平29）

党青年局国際部長、党国交副部会長、財務大臣政務官、党国幹事
長、党農林部会長、三井不動産、国交相秘書官、高山青年会議
所理事長、日本青年会議所岐阜ブロック協議会長、慶大／45歳

〒506-0008 高山市初田町1-58-15 ☎0577(32)0395

岐阜県5区 273,847 ⊛62.72

当82,140 古屋 圭司 自前（48.5）
比68,615 今井 瑠々 立新（40.5）
比9,921 山田 良司 維元（ 5.9）
8,736 小関 祥子 共新（ 5.2）

多治見市、中津川市、瑞浪市、
恵那市、土岐市

古屋 圭司 （ふる や けい じ）

自前［無］ 当11
岐阜県恵那市 S27・11・1
勤34年 （初/平2）

党憲法改正実現本部長、予算委、憲法審、党政調会長
代行、議運委員、党選対委員、国家公安委員長、拉致問題・
国土強靱化・防災担当大臣、経産副大臣、成蹊大／71歳

〒509-7203 恵那市長島町正家1-1-25
ナカヤマプラザ2F ☎0573(25)7550
〒100-8982 千代田区永田町2-1-2、会館 ☎03(3508)7440

静岡県1区 387,132 ⊛50.99

当101,868 上川 陽子 自前（52.4）
比53,974 遠藤 行洋 立新（27.7）
比21,074 高橋 美穂 国元（10.8）
比17,667 青山 雅幸 維前（ 9.1）

静岡市(葵区・駿河区・清水区の一
部(P175参照))

上川 陽子 （かみ かわ よう こ）

自前［岸］ 当7
静岡県静岡市 S28・3・1
勤20年3ヵ月 （初/平12）

外務大臣、党幹事長代理、法務大臣、党一億総活躍推進本
部長、党司法制度調査会長、厚労委員、総務副大臣、内閣府
特命大臣、公文書管理相、東大、ハーバード大院／70歳

〒420-0035 静岡市葵区七間町18-10 ☎054(251)8424
〒100-8982 千代田区永田町2-1-2、会館 ☎03(3508)7460

静岡県2区　388,436　投56.11

当131,082　井林辰憲　自前（61.1）
比71,032　福村　隆　立新（33.1）
　12,396　山口祐樹　共新（ 5.8）

島田市、焼津市、藤枝市、御前崎市（御前崎支所管内）、牧之原市、榛原郡

い ばやし たつ のり
井林辰憲
自前［麻］　　当4
東京都　S51・7・18
勤11年1ヵ月　（初／平24）

内閣府副大臣、党副幹事長、党財務金融部会長、環境兼内閣府大臣政務官、国土交通省、京都大学工学部環境工学科、大学院／47歳

〒426-0037　藤枝市青木3-13-8　☎054（639）5801
〒100-8981　千代田区永田町2-2-1、会館　☎03（3508）7127

静岡県3区　371,830　投58.14

当112,464　小山展弘　立元（52.7）
比当100,775　宮沢博行　自前（47.3）

浜松市（天竜区の一部（P175参照））、磐田市、掛川市、袋井市、御前崎市（第2区に属しない区域）、菊川市、周智郡

こ やま のぶ ひろ
小山展弘
立元　　当3
静岡県掛川市　S50・12・26
勤8年4ヵ月　（初／平21）

農林水産委、災害特委筆頭理事、党森林林業政策WT座長、党静岡県連副代表、農林中央金庫職員、早大院／47歳

〒438-0078　磐田市中泉656-1　☎0538（39）1234

静岡県4区　320,374　投50.07

当84,154　深沢陽一　自前（53.3）
比49,305　田中　健　国新（31.2）
比24,441　中村憲一　維新（15.5）

静岡市（葵区（第1区に属しない区域）、駿河区（第1区に属しない区域）、清水区（第1区に属しない区域））、富士宮市、富士市（木島、岩淵、中之郷、南松野、北松野、中野台1～27日）

ふか ざわ よう いち
深澤陽一
自前［岸］　　当2
静岡県静岡市　S51・6・21
勤3年9ヵ月　（初／令2）

外務大臣政務官、外務委、党財務金融副部会長、厚労政務官、党青年局・女性局次長、静岡県議、静岡市議、衆院議員秘書、信州大学／47歳

〒424-0817　静岡市清水区銀座14-17　☎054（361）0615
〒107-0052　港区赤坂2-17-10、宿舎

静岡県5区　458,636　投54.39

当127,580　細野豪志　無前（51.8）
比61,337　吉川　赳　自前（24.9）
比51,965　小野範和　立新（21.1）
　5,350　千田　光　諸新（ 2.2）

三島市、富士市（第4区に属しない区域）、御殿場市、裾野市、伊豆の国市（本庁管内）、田方郡、駿東郡（小山町）

ほそ の ごう し
細野豪志
自前［二］　　当8
滋賀県　S46・8・21
勤23年7ヵ月　（初／平12）

安保委、復興特委、憲法審委、民主党政調会長、党幹事長、環境大臣、原発事故収束・再発防止担当大臣、内閣府特命担当大臣（原子力行政）、京大法／52歳

〒411-0847　三島市西本町4-6
コーア三島ビル2F　☎055（991）1269

静岡県6区 425,131 ⑮53.77

当104,178 勝俣孝明 自前（46.1）
比99,758 渡辺　周 立前（44.1）
比22,086 山下洸棋 維新（ 9.8）

沼津市、熱海市、伊東市、下田市、伊豆市、伊豆の国市（第5区に属しない区域）、賀茂郡、駿東郡（清水町、長泉町）

かつ また たか あき
勝俣孝明
自前［二］　　　当4
静岡県沼津市　S51・4・7
勤11年1ヵ月　（初・平24）

外務委員長、農林水産副大臣、党政調副会長、環境大臣政務官、スルガ銀行、財団法人企業経営研究所、学習院大、慶大院修了／47歳

〒410-0062　静岡県沼津市宮前町13-3　☎055(922)5526

静岡県7区 328,735 ⑮58.72

当130,024 城内　実 自前（68.2）
比60,726 日吉雄太 立前（31.8）

浜松市（中区の一部（P175参照）、西区、南区の一部（P175参照）、北区、浜北区、天竜区（第3区に属しない区域））、湖西市

き うち みのる
城内　実
自前［森］　　　当6
静岡県浜松市　S40・4・19
勤16年3ヵ月　（初・平15）

党政務調査会副会長、外務委筆頭理事、県連会長、党国対副委長、環境副大臣、外務副大臣、外務省、東大教養国際関係論／58歳

〒433-8112　浜松市北区初生町1288-1　☎053(430)5789

静岡県8区 367,189 ⑮56.47

当114,210 源馬謙太郎 立前（55.8）
比90,408 塩谷　立 自前（44.2）

浜松市（中区（第7区に属しない区域）、東区、南区（第7区に属しない区域））

げん ま けん た ろう
源馬謙太郎
立前　　　当2
静岡県浜松市　S47・12・21
勤6年3ヵ月　（初・平29）

外務・倫選特各理事、予算委、党副幹事長、国際局長、県連代表、静岡県議、松下政経塾、成蹊大、American University大学院／50歳

〒430-0852　浜松市中区領家1-1-16　☎053(464)0755

愛知県1区 400,338 ⑮49.49

当94,107 熊田裕通 自前（48.8）
比当91,707 吉田統彦 立前（47.6）
6,988 門田節代 N新（ 3.6）

名古屋市（東区、北区、西区、中区）

くま だ ひろ みち
熊田裕通
自前［無］　　　当4
愛知県名古屋市　S39・8・28
勤11年1ヵ月　（初・平24）

予算委、法務委、倫選特委、党法務部会長代理、安保調査会事務局長、総務副大臣、防衛大臣政務官、県議、総理秘書、神奈川大法／59歳

〒451-0061　名古屋市西区浄心1-1-41浄心ステーションビル北館102　☎052(521)1144
〒107-0052　港区赤坂2-17-10、宿舎

静岡・愛知

114

| 愛知県2区 | 404,436 | 当131,397 古川 元久 国前(62.3) |
| | ㊗53.44 | 比当79,418 中川 貴元 自新(37.7) |

名古屋市(千種区、守山区、名東区)

ふる かわ もと ひさ
古川 元久
国前　　当9
愛知県名古屋市　S40・12・6
勤27年4ヵ月　(初/平8)

党国対委員長、企業団体委員長、国際局長、国交委、災害特委、内閣委員長、国家戦略担当大臣、官房副長官、大蔵省、米国コロンビア大学院留学、東大/57歳

〒464-0075　名古屋市千種区内山3-8-16
　　　　　　トキワビル2F
〒107-0052　港区赤坂2-17-10、宿舎　☎052(733)8401

| 愛知県3区 | 417,728 | 当121,400 近藤 昭一 立前(55.0) |
| | ㊗54.22 | 比99,489 池田 佳隆 自前(45.0) |

名古屋市(昭和区、緑区、天白区)

こん どう しょう いち
近藤 昭一
立前　　当9
愛知県名古屋市　S33・5・26
勤27年4ヵ月　(初/平8)

環境委、憲法審委、党企業・団体交流委員会顧問、党副代表・選対委員長、環境副大臣、総務委員長、中日新聞社員、上智大/65歳

〒468-0058　名古屋市天白区植田西3-1207 ☎052(808)1181
〒100-8982　千代田区永田町2-1-2、会館　☎03(3508)7402

愛知県4区	372,310	当78,004 工藤 彰三 自前(43.7)
	㊗48.95	比72,786 牧 義夫 立前(40.8)
		比27,640 中田 千代 維新(15.5)

名古屋市(瑞穂区、熱田区、港区、南区)

く どう しょう ぞう
工藤 彰三
自前[麻]　　当4
愛知県　　S39・12・8
勤11年1ヵ月　(初/平24)

内閣府副大臣、国土交通大臣政務官、国交委理事、文科委理事、災害特委理事、名古屋市議、議員秘書、中央大商/58歳

〒456-0052　名古屋市熱田区二番2-2-24 ☎052(651)9591
〒107-0052　港区赤坂2-17-10、宿舎

愛知県5区	432,024	当84,320 神田 憲次 自前(41.2)
	㊗48.63	比74,995 西川 厚志 立新(36.6)
		比45,540 岬 麻紀 維新(22.2)

名古屋市(中村区、中川区)、清須市、北名古屋市、西春日井郡

かん だ けん じ
神田 憲次
自前[安]　　当4
大分県　　S38・2・19
勤11年1ヵ月　(初/平24)

財務副大臣、内閣委理、財金委、原子力特委、憲法審委、党内閣第二部会長、金融調査会副幹事長、内閣府大臣政務官、中京大院、愛知学院大院/60歳

〒453-0021　名古屋市中村区松原町5-64 ☎052(462)9872
〒107-0052　港区赤坂2-17-10、宿舎

愛知県6区 435,949 ⑯54.83

瀬戸市の一部（P175参照）、春日井市、犬山市、小牧市

当136,168 丹羽秀樹 自前（58.3）
比76,912 松田 功 立前（33.0）
20,299 内田 謙 共新（ 8.7）

に わ ひで き
丹羽秀樹

自前［無］　　当6
愛知県　S47・12・20
勤16年8ヵ月（初/平17）

議運委筆頭理事、党国対筆頭副委員長、文部科学副大臣兼内閣府副大臣、党広報戦略局長、厚労委員長、党副幹事長、玉川大／50歳

〒486-0844 春日市鳥居松町4-68
　　　　　シティ春日井ビル1階
〒107-0052 港区赤坂2-17-10、宿舎　☎0568(87)6226

愛知県7区 455,656 ⑯59.54

瀬戸市（第6区に属しない区域）、大府市、尾張旭市、豊明市、日進市、長久手市、愛知郡

当144,725 鈴木淳司 自前（54.7）
比88,914 森本和義 立元（33.6）
30,956 須山初美 共新（11.7）

すず き じゅん じ
鈴木淳司

自前［安］　　当6
愛知県瀬戸市　S33・4・7
勤16年10ヵ月（初/平17）

総務大臣、党愛知県連会長代理、元法務・原子力特委員長、党選対副委員長、党経産部会長、瀬戸市議、松下政経塾、早大／65歳

〒489-0929 瀬戸市西長根町83
　　　　　Kインタービル2F
〒100-8981 千代田区永田町2-2-1、会館　☎0561(89)3611
　　　　　　　　　　　　　　　　☎03(3508)7264

愛知県8区 437,645 ⑯56.53

半田市、常滑市、東海市、知多市、知多郡

当121,714 伊藤忠彦 自前（50.2）
比120,649 伴野 豊 立元（49.8）

い とう ただ ひこ
伊藤忠彦

自前［二］　　当5
愛知県　S39・7・11
勤15年（初/平17）

衆環境委理事、前衆法務委、前震災復興特委員長、前国交部会長、前環境副大臣、県議、電通、早大法／59歳

〒478-0021 知多市岡田字向田61　☎0562(55)5508
〒100-8982 千代田区永田町2-1-2、会館　☎03(3508)7003

愛知県9区 432,760 ⑯53.98

一宮市（本庁管内（P175参照））、津島市、稲沢市、愛西市、弥富市、あま市、海部郡

当120,213 長坂康正 自前（52.7）
比107,722 岡本充功 立前（47.3）

なが さか やす まさ
長坂康正

自前［麻］　　当4
愛知県　S32・4・10
勤11年1ヵ月（初/平24）

国土交通委員長、経産兼内閣府副大臣、内閣府兼復興政務官、県連幹事長、県議6期、総理大臣秘書、内閣官房調査員、青山学院大学経済学部／66歳

〒496-0044 津島市立込町3-26-2　☎0567(26)3339
〒100-8981 千代田区永田町2-2-1、会館　☎03(3508)7043

愛知県10区	436,560 ㉞54.49	当81,107	江崎鉄磨	自前（35.0）
		比当62,601	杉本和巳	維前（27.0）
		比53,375	藤原規真	立新（23.0）
一宮市（第9区に属しない区域）、江南市、岩倉市、丹羽郡		比20,989	安井美沙子	れ新（ 9.1）
		13,605	板倉正文	共新（ 5.9）

え さき てつ ま
江﨑 鐵磨
自前［二］　　当8
愛知県　S18・9・17
勤23年10ヵ月（初／平5）

決算行政監委、党総務会長代理、元内閣府特命大臣（沖縄・北方・消費者等担当）、法務・消費者各委員長、国土交通副大臣、外務総括次官、立教大／80歳

〒491-0002　一宮市時之島字下奈良西2　☎0586(77)8555
〒107-0052　港区赤坂2-17-10、宿舎　☎03(5563)9732

愛知県11区	383,834 ㉞62.80	当158,018	八木哲也	自前（69.1）
		36,788	本多信弘	共新（16.1）
豊田市（旭・足助・小原・上郷・挙母・猿投・下山・高岡・高橋・藤岡・松平地域自治区）、みよし市		33,990	梅村忠司	無新（14.9）

や ぎ てつ や
八木 哲也
自前［無］　　当4
愛知県豊田市　S22・8・10
勤11年1ヵ月（初／平24）

環境副大臣、予算委、環境委、復興特委、党国対副委員長、党経産副部会長、党副幹事長、環境大臣政務官、豊田市議長、中大理工／76歳

〒471-0868　豊田市神田町1-5-9　☎0565(32)0048
〒107-0052　港区赤坂2-17-10、宿舎

愛知県12区	444,780 ㉞61.97	当142,536	重徳和彦	立前（52.7）
岡崎市、西尾市		比当128,083	青山周平	自前（47.3）

しげ とく かず ひこ
重徳 和彦
立前　　当4
愛知県　S45・12・21
勤11年1ヵ月（初／平24）

党代表政務室長代理、総務委、安保委、党県連代表、総務省課長補佐、コロンビア大公共経営学修士、東大法／52歳

〒444-0858　岡崎市上六名3-13-13　浅井ビル3F西　☎0564(51)1192
〒107-0052　港区赤坂2-17-10、宿舎

愛知県13区	422,731 ㉞61.56	当134,033	大西健介	立前（52.7）
碧南市、刈谷市、安城市、知立市、高浜市		比当120,203	石井拓	自前（47.3）

おお にし けん すけ
大西 健介
立前　　当5
奈良県　S46・4・13
勤14年5ヵ月（初／平21）

予算委、厚労委、情報監視審査会委、党政調会長代理、元議員秘書、元外交官、元参院職員、京大法／52歳

〒446-0074　安城市井杭山町高見8-7-2F　☎0566(70)7122
〒100-8981　千代田区永田町2-2-1、会館　☎03(3508)7108

117

愛知県14区	296,452 ㊗62.26			
		当114,160	今枝宗一郎	自前（63.0）
		比59,462	田中克典	立新（32.8）
		7,689	野沢康幸	共新（4.2）

豊川市、豊田市（第11区に属しない区域）、蒲郡市、新城市、額田郡、北設楽郡

いまえだそういちろう
今枝宗一郎
自前［麻］　　当4
愛知県　S59・2・18
勤11年1ヵ月　（初/平24）

文部科学副大臣、党経産部会長代理、党青年局青年部長、経産委、党新型コロナ対策本部事務局長、財務大臣政務官、医師、名大医学部／39歳

〒442-0031　豊川市豊川西町64　☎0533(89)9010
〒100-8981　千代田区永田町2-2-1、会館　☎03(3508)7080

愛知県15区	348,761 ㊗58.10			
		当104,204	根本幸典	自前（52.4）
		比80,776	関健一郎	立前（40.6）
		比13,832	菅谷竜	れ新（7.0）

豊橋市、田原市

ねもとゆきのり
根本幸典
自前［安］　　当4
愛知県豊橋市　S40・2・21
勤11年1ヵ月　（初/平24）

党総務部会長、総務委理事、文科委、災害特委、国土交通政務官兼内閣府政務官、豊橋市議(2期)、一橋大経済／58歳

〒441-8032　豊橋市花中町63　☎0532(35)0261
〒107-0052　港区赤坂2-17-10、宿舎

三重県1区	359,419 ㊗54.88			
		当122,772	田村憲久	自前（63.1）
		比64,507	松田直久	立元（33.1）
		比7,329	山田いずみ	N新（3.8）

津市、松阪市

たむらのりひさ
田村憲久
自前［岸］　　当9
三重県松阪市　S39・12・15
勤27年4ヵ月　（初/平8）

党政調会長代行、元厚労大臣(2回)、元働き方改革大臣、元総務副大臣、元厚労委長、保育関係議連会長、千葉大／58歳

〒514-0053　津市博多町5-63　☎059(253)2883
〒107-0052　港区赤坂2-17-10、宿舎　☎03(3508)7163

三重県2区	408,281 ㊗54.86			
		当110,155	川崎秀人	自新（50.2）
		比109,165	中川正春	立前（49.8）

四日市市(日永・四郷・内部・塩浜・小山田・河原田・水沢・橋地区市民センター管内)、鈴鹿市、名張市、亀山市、伊賀市

かわさき
川崎ひでと
自新［無］　　当1
三重県伊賀市　S56・11・4
勤2年2ヵ月　（初/令3）

総務委、厚労委、倫選特委、党ネットメディア局次長、衆議院議員秘書、(株)NTTドコモ、法政大／42歳

〒518-0832　伊賀市上野车坂町821　☎0595(21)3249
〒107-0052　港区赤坂2-17-10、宿舎　☎03(5549)4671

三重県3区	414,312
ⓐ55.31	

当144,688　岡田克也　立前（64.1）
比当81,209　石原正敬　自新（35.9）

四日市市(富洲原・富田・羽津・常磐・川島・神前・桜・三重・県・八郷・下野・大矢知・保々・海蔵・橋北・中部地区市民センター管内)、桑名市、いなべ市、桑名郡、員弁郡、三重郡

岡田克也　おか　だ　かつ　や

立前　当11
三重県四日市市　S28・7・14
勤34年　（初/平2）

立憲民主党幹事長、民進党・民主党代表、副総理、外相、東大法／70歳

〒510-8121　三重郡川越町高松30-1　☎059(361)6633
〒100-8981　千代田区永田町2-2-1、会館　☎03(3508)7109

三重県4区	297,008
ⓐ60.76	

当128,753　鈴木英敬　自新（72.4）
比41,311　坊農秀治　立新（23.2）
7,882　中川民英　共新（ 4.4）

伊勢市、尾鷲市、鳥羽市、熊野市、志摩市、多気郡、度会郡、北牟婁郡、南牟婁郡

鈴木英敬　すず　き　えい　けい

自新［安］　当1
兵庫県　S49・8・15
勤2年2ヵ月　（初/令3）

党文部科学部会副部会長、女性局次長、新聞出版局次長、内閣委、厚労委、前内閣府大臣政務官、三重県知事、東大／49歳

〒516-0074　伊勢市本町4-3　サンフォレストビル　☎0596(22)7331
〒100-8981　千代田区永田町2-2-1、会館　☎03(3508)7269

比例代表　東海	21人	岐阜、静岡、愛知、三重

青山周平　あお　やま　しゅう　へい

自前［安］　当4(初/平24)
愛知県岡崎市　S52・4・28
勤9年9ヵ月　〈愛知12区〉

文部科学副大臣、党国対副委員長、幼教委次長、ラグビー少年団指導員、幼稚園園長、法政大／46歳

〒444-0038　岡崎市伝馬通5-63-1　☎0564(25)2345
〒106-0032　港区六本木7-1-3、宿舎

石井　拓　いし　い　たく

自新［安］　当1(初/令3)
愛知県碧南市　S40・4・11
勤2年2ヵ月　〈愛知13区〉

経済産業大臣政務官兼内閣府大臣政務官(国際博覧会担当)、党国対委、愛知県議、碧南市議、立命館大学法学部／58歳

〒446-0039　愛知県安城市花ノ木町49-96　Actic HANANOKI D号　☎0566(87)7407
〒107-0052　港区赤坂2-17-10、宿舎

みやざわ ひろゆき
宮澤 博行

自前［安］ 当4(初/平24)
静岡県磐田郡龍山村 S50・1・10
勤11年1ヵ月 〈静岡3区〉

防衛副大臣兼内閣府副大臣、党国防部会長、防衛兼内閣府大臣政務官、磐田市議3期、東大法／48歳

〒438-0086 磐田市見付5738-13 ☎0538(30)7701
〒100-8981 千代田区永田町2-2-1、会館 ☎03(3581)5111 内51021

いけ だ よしたか
池田 佳隆

自4［安］ 当4(初/平24)
愛知県 S41・6・20
勤11年1ヵ月 〈愛知3区〉

文科委理、拉致特委、内閣委、文科副大臣、内閣府副大臣、党文科部会長代理、日本JC会頭、MBA、慶大院／57歳

〒468-0037 名古屋市天白区天白町
野並上大塚124-1 ☎052(838)6381
〒100-8982 千代田区永田町2-1-2、会館 ☎03(3508)7616

しお のや りゅう
塩谷 立

自前［安］ 当10(初/平2)
静岡県浜松市 S25・2・18
勤28年1ヵ月 〈静岡8区〉

政治倫理審査会長、党雇用問題調査会長、党税制調査会副会長、文科大臣、内閣官房副長官、国交委長、文科副大臣、総務政務次官、慶大／73歳

〒430-0928 浜松市中区板屋町605 ☎053(455)3711
〒107-0052 港区赤坂2-17-10、宿舎

なかがわ たかもと
中川 貴元

自新［麻］ 当1(初/令3)
愛知県あま市 S42・2・25
勤2年2ヵ月 〈愛知2区〉

総務委、経産委、党国対委、前総務大臣政務官、名古屋市議、名古屋市会議員、指定都市議長会会長、早大／56歳

〒464-0848 名古屋市千種区春岡1-4-8 805号 ☎052(752)6255
〒107-0052 港区赤坂2-17-10、宿舎

いし はら まさたか
石原 正敬

自新［岸］ 当1
三重県菰野町 S46・11・29
勤2年2ヵ月 〈三重3区〉

党総務会総務、衆議運委、財金委、環境委、災害特委、政倫審、党中小企業小規模事業者政策調査会幹事、菰野町長、名古屋大院／52歳

〒510-1226 三重郡菰野町吉澤441-1 ☎059(394)6533
〒510-8028 四日市市下之宮町345-1 ☎059(324)0661

よしかわ たける
吉川 赳

無前 当3(初/平24)
静岡県 S57・4・7
勤6年10ヵ月 〈静岡5区〉

総務委、内閣府大臣政務官兼復興大臣政務官、医療法人役員、国会議員秘書、日大院博士前期課程修了／41歳

〒416-0923 静岡県富士市横割本町16-1 ☎0545(62)3020
〒107-0052 港区赤坂2-17-10、宿舎

やま もと さ こん
山本左近　自新［麻］　当1
愛知県豊橋市　S57・7・9
勤2年2ヵ月　（初／令3）

文科委、厚労委、文部科学大臣政務官兼復興大臣政務官、元F1ドライバー、医療法人・社会福祉法人理事、南山大学中退／41歳

〒440-0806 豊橋市八町通1-14-1　☎0532(21)7008
〒100-8981 千代田区永田町2-2-1、会館　☎03(3508)7302

ばん の　　ゆたか
伴野　豊　立元　当6(初／平12)
愛知県東海市　S36・1・1
勤17年6ヵ月　〈愛知8区〉

国土交通委筆頭理事、外務副大臣、国土交通副大臣、国土交通委員長、立憲民主党愛知県第8区総支部長、名古屋工業大学大学院修了／62歳

〒475-0836 半田市青山2-19-8
アンビシャス青山1F　☎0569(25)1888
〒107-0052 港区赤坂2-17-10、宿舎　☎03(5549)4671

なか がわ まさ はる
中川正春　立前　当9(初／平8)
三重県　S25・6・10
勤27年4ヵ月　〈三重2区〉

憲法審幹事、法務委、党憲法調査会長、防災担当大臣、文部科学大臣、党外交・安保調査会長、NC財務大臣、三重県議、米ジョージタウン大／73歳

〒513-0801 鈴鹿市神戸7-1-5　☎059(381)3513
〒100-8981 千代田区永田町2-2-1、会館　☎03(3508)7128

よし だ つね ひこ
吉田統彦　立前　当3(初／平21)
愛知県名古屋市　S49・11・14
勤9年7ヵ月　〈愛知1区〉

厚労委、消費者特委理、党内閣部門NC副大臣(消費者問題)、党愛知県連副代表、医師・医博、愛知学院大歯学部眼科客員教授、名大、名大院修了／49歳

〒462-0810 名古屋市北区山田1-10-8　☎052(508)8412

わた なべ　　しゅう
渡辺　周　立前　当9(初／平8)
静岡県沼津市　S36・12・11
勤27年4ヵ月　〈静岡6区〉

安保委、倫選特委理、党政治改革推進本部長、党代表政務室長、元総務・防衛副大臣、領土議連事務局長、拉致議連会長代行、早大／61歳

〒410-0888 沼津市末広町54　☎055(951)1949

まき　　よし お
牧　義夫　立前　当7(初／平12)
愛知県名古屋市　S33・1・14
勤21年7ヵ月　〈愛知4区〉

政倫審幹事、文科委、議運委理、環境委員長、厚生労働委員長、厚生労働副大臣、衆議院議員秘書、上智大中退／65歳

〒456-0031 名古屋市熱田区神宮2-9-12　☎052(681)0440
〒100-8981 千代田区永田町2-2-1、会館　☎03(3508)7628

おお ぐち よし のり
大口善徳 公 前　　　　当9
大阪府大阪市　　S30・9・5
勤27年2ヵ月　（初/平5）

党政務調査会長代理、党中央幹事、党静岡県本部代表、党中部方面副本部長、党東海道方面本部長、法務委理、憲法審委、情監審委、裁判官訴追委、厚労副大臣、弁護士、創価大/68歳

〒420-0067　静岡市葵区幸町11-1 1F　　☎054(273)8739
〒107-0052　港区赤坂2-17-10、宿舎

い とう わたる
伊藤　渉 公 前　　　　当5
愛知県名古屋市　S44・11・13
勤15年　　（初/平17）

党中央幹事、党政調会長代理、党中部方面本部長、財務副大臣、厚生労働大臣政務官、JR東海（新幹線運転免許所持）、防災士、阪大院/54歳

〒485-0031　小牧市若草町173 カーサフェリーチェ若草101　☎0568(54)2231
〒100-8981　千代田区永田町2-2-1、会館　☎03(3508)7187

なか がわ やす ひろ
中川康洋 公 元　　　　当2
三重県四日市市　S43・2・12
勤5年　　（初/平26）

党中央幹事、党国対筆頭副委員長、党総務部会長、党三重県本部代表、環境大臣政務官、三重県議、四日市市議、衆・参議員秘書、創価大/55歳

〒510-0822　四日市市芝田1-10-29　新栄ビル　☎059(340)5341

すぎ もと かず み
杉本和巳 維 前　　　当4(初/平21)
東京都　　　　S35・9・17
勤11年7ヵ月　〈愛知10区〉

外務委、決算行監委、元銀行員、英オックスフォード大院・米ハーバード大院修了、早大政経/63歳

〒491-0873　一宮市せんい4-5-1　　☎0586(75)5507
〒100-8981　千代田区永田町2-2-1、会館　☎03(3508)7266

みさき ま き
岬　麻紀 維 新　　　当1(初/令3)
愛知県名古屋市　S43・12・26
勤2年2ヵ月　〈愛知5区〉

厚労委、消費者特委、フリーアナウンサー、愛知大学(中退)、早大eスクール在学中/54歳

〒453-0043　名古屋市中村区上ノ宮町1-2-2 藤井ビル1F
☎052(433)5778

もと むら のぶ こ
本村伸子 共 前　　　　当3
愛知県豊田市　S47・10・20
勤9年1ヵ月　（初/平26）

党幹部会委員、党中央委員、法務委、消費者特委、八田ひろ子参院議員秘書、県立刈谷高、龍谷大院修士課程修了/51歳

〒460-0007　名古屋市中区新栄3-12-25　☎052(264)0833
〒107-0052　港区赤坂2-17-10、宿舎

たなか けん
田 中 健

国 新　　当1(初/令3)
静岡県　S52・7・18
勤2年2ヵ月　〈静岡4区〉

党政務調査副会長、党税調副事務局長、党静岡県連代表、厚労委、消費者特委、東京都議、大田区議、銀行員、青学大／46歳

〒424-0872　静岡市清水区平川地6-50　☎054(340)5256

比例代表 東海　21人

有効投票数 6,728,400票

政党名	当選者数 惜敗率	小選挙区	得票数	得票率

自民党　9人　2,515,841票　37.39%

当①青山 周平 前(89.86)	愛12	①古屋 圭司 前	岐5
当①石井 拓 新(89.68)	愛13	①上川 陽子 前	静1
当①宮沢 博行 前(89.61)	静3	①井林 辰憲 前	静2
当①池田 佳隆 前(81.95)	愛3	①深沢 陽一 前	静4
当①塩谷 立 前(79.16)	静8	①勝俣 孝明 前	静6
当①中川 貴元 新(60.44)	愛2	①城内 実 前	静7
当①石原 正敬 新(56.13)	三3	①熊田 裕通 前	愛1
当①中川 越 前(48.08)	愛5	①工藤 彰三 前	愛4
当㉛山本 左近 新		①神田 憲次 前	愛5
㉜木造 燿子 新		①丹羽 秀樹 前	愛6
㉝森 由紀子 新		①鈴木 淳司 前	愛7
㉞松本 忠真 新		①伊藤 忠彦 前	愛8
㉟岡本 康宏 新		①長坂 康正 前	愛9
【小選挙区での当選者】		①今枝宗一郎 前	愛14
①野田 聖子 前	岐1	①根本 幸典 前	愛15
①棚橋 泰文 前	岐2	①田村 憲久 前	三1
①武藤 容治 前	岐3	①川崎 秀人 新	三2
①金子 俊平 前	岐4	①鈴木 英敬 新	三4

立憲民主党　5人　1,485,947票　22.08%

当①伴野 豊 元(99.12)	愛8	①遠藤 行洋 新(52.98)	静1
当①中川 正春 前(99.10)	三2	①松田 直久 元(52.54)	三1
当①吉田 統彦 前(97.45)	愛1	①田中 克典 新(52.09)	愛14
当①渡辺 周 前(95.76)	静6	①川本 慧佑 新(46.85)	岐1
当①牧 義夫 前(93.31)	愛4	①日吉 雄太 前(46.70)	静7
①岡本 充功 前(89.61)	愛9	①小野 範和 新(40.73)	静5
①西川 厚志 新(88.94)	愛5	①坊農 秀治 新(32.09)	三4
①今井 瑠々 新(83.53)	岐5	㉘芳野 正英 新	
①今井 雅人 前(82.42)	岐4	㉙大島 もえ 新	
①関 健一郎 前(77.52)	愛15	【小選挙区での当選者】	
①阪口 直人 元(70.73)	岐3	①小山 展弘 元	静3
①藤原 規真 新(65.81)	愛10	①源馬謙太郎 前	静8
①森本 和義 元(61.44)	愛7	①近藤 昭一 前	愛3
①松田 功 前(56.48)	愛6	①重徳 和彦 前	愛12
①福村 隆 新(54.19)	静2	①大西 健介 前	愛13

公明党　3人　784,976票　11.67%

当①大口 善徳 前	④国森 光信 新	
当②伊藤 渉 前	⑤越智 優一 新	
当③中川 康洋 元		

日本維新の会　2人　694,630票　10.32%

当①杉本　和巳　前(77.18)愛10　　▼山下　洸棋　新(21.20)静 6
当①岬　　麻紀　新(54.01)愛 5　　▼青山　雅幸　前(17.34)静 1
　①中田　千代　新(35.43)愛 4　　▼佐伯　哲也　新(12.78)岐 4
　①中村　憲一　新(29.04)静 4　　▼山田　良司　元(12.08)岐 5

共産党　1人　408,606票　6.07%

当①本村　伸子　前　　　　　　　③長内　史子　新
　②島津　幸広　元

国民民主党　1人　382,733票　5.69%

当①田中　　健(58.59)静 4　　【小選挙区での当選者】
　①大谷由里子(36.94)岐 2　　①古川　元久　前　　　愛 2
　①髙橋　美穂　元(20.69)静 1

その他の政党の得票数・得票率は下記のとおりです。
(当選者はいません)

政党名	得票数	得票率		
れいわ新選組	273,208票	4.06%	社民党	84,220票　1.25%
NHKと裁判してる党弁護士法72条違反で	98,238票	1.46%		

比例東海・滋賀

滋賀県1区 324,354 ㊽58.90	当97,482　大　岡　敏　孝　自前(52.2)
大津市、高島市	比当84,106　斎藤アレックス　国新(45.1)
	比5,092　日　高　千　穂　Ｎ新(2.7)

大　岡　敏　孝　おお　おか　とし　たか

自前［二］　　当4
滋賀県　S47・4・16
勤11年1ヵ月　(初/平24)

厚労理事、経産委、原子力特委、党幹事長、環境副
大臣、財務省政務官、静岡県議、浜松市議、中小企
業診断士、スズキ(株)、早大政治経済学部／51歳

〒520-0026　大津市桜野町1-1-6
　　　　　　西大津ＩＳⅡ203　　　☎077(572)7770
〒106-0032　港区六本木7-1-3、宿舎

滋賀県2区 263,110 ㊽56.93	当83,502　上野賢一郎　自前(56.6)
彦根市、長浜市、東近江市(愛東・湖東支所管内)、米原市、愛知郡、犬上郡	比64,119　田　島　一　成　立元(43.4)

上　野　賢一郎　うえ　の　けんいちろう

自前［森］　　当5
滋賀県長浜市　S40・8・3
勤15年　　　　(初/平17)

予算委理事、厚労委筆頭、税調幹事、内閣委
員長、財務副大臣、党経産部会長、党財金部
会長、国交政務官、総務省、京大法／58歳

〒526-0021　長浜市八幡中山町88-11　☎0749(63)9977
〒100-8981　千代田区永田町2-2-1、会館　☎03(3508)7004

滋賀県3区	274,521 ⑳57.43	当81,888　武村展英　自前(52.8)
草津市、守山市、栗東市、野洲市		比41,593　直山　仁　維新(26.8) 　20,423　佐藤耕平　共新(13.2) 比11,227　髙井崇志　れ前(7.2)

たけ むら のぶ ひで
武村展英　自前[無]　当4
滋賀県草津市　S47・1・21
勤11年1ヵ月　（初/平24）

農林水産副大臣、党副幹事長、党総務部会長、内閣府政務官、公認会計士、新日本監査法人、慶大/51歳

〒525-0025　草津市西渋川1-4-6
　　　　　　MAEDA第二ビル1F　☎077(566)5345
〒107-0052　港区赤坂2-17-10、宿舎　☎03(5549)4671

滋賀県4区	291,102 ⑳55.83	当86,762　小寺裕雄　自前(54.6)
近江八幡市、甲賀市、湖南市、東近江市(第2区に属しない区域)、蒲生郡		比72,116　徳永久志　立新(45.4)

こ てら ひろ お
小寺裕雄　自前[二]　当2
滋賀県東近江市　S35・9・18
勤6年3ヵ月　（初/平29）

農水委、文科委、復興特委理事、地こデジ特委、党農林副部会長、内閣府大臣政務官、会社役員、滋賀県議会副議長、八日市青年会議所理事長、同志社大/63歳

〒527-0032　東近江市春日町3-1　☎0748(22)5001
〒106-0032　港区六本木7-1-3、宿舎

京都府1区	390,373 ⑳55.90	当86,238　勝目　康　自新(40.4)
京都市(北区、上京区、中京区、下京区、南区)		比65,201　穀田恵二　共前(30.5) 比当62,007　堀場幸子　維新(29.1)

かつ め やすし
勝目　康　自新[無]　当1
京都府　S49・5・17
勤2年2ヵ月　（初/令3）

党京都府第一選挙区支部長、文科委、厚労委、総務省室長、京都府総務部長、内閣官房副長官秘書官、在仏大使館書記官、東大法/49歳

〒600-8008　京都市下京区四条通東洞院角
　　　　　　フコク生命ビル3F　☎075(211)1889

京都府2区	264,605 ⑳57.14	当72,516　前原誠司　国前(48.9)
京都市(左京区、東山区、山科区)		比43,291　繁本　護　自前(29.2) 　25,260　地坂拓晃　共新(17.0) 比7,263　中　辰哉　れ新(4.9)

まえ はら せい じ
前原誠司　国前　当10
京都府京都市　S37・4・30
勤30年7ヵ月　（初/平5）

財金委、党代表代行、民進党代表、外相、国交相、国家戦略担当相、民主党代表、府議、松下政経塾、京大法/61歳

〒606-8007　京都市左京区山端壱町田町5-46
　　　　　　　　　　　　　　　　☎075(723)2751
〒100-8981　千代田区永田町2-2-1、会館

京都府3区 353,915 ⑯53.52

京都市(伏見区)、向日市、長岡京市、乙訓郡

当89,259 泉　健太 立前(48.2)
比61,674 木村弥生 自前(33.3)
比34,288 井上博明 維新(18.5)

いずみ　けん　た
泉　　健太

立前　　　　当8
北海道　S49・7・29
勤20年3ヵ月 (初/平15)

党代表、国家基本委、党政務調査会長、国民民主党国対委員長、議運筆頭理事、内閣府政務官、立命館大／49歳

〒612-8434　京都市伏見区深草加賀屋敷町3-6
　　　　　　ネクスト21Ⅱ1F　　☎075(646)5566
〒100-8981　千代田区永田町2-2-1、会館 ☎03(3508)7005

京都府4区 396,960 ⑯56.21

京都市(右京区、西京区)、亀岡市、南丹市、船井郡

当96,172 北神圭朗 無元(44.2)
比当80,775 田中英之 自前(37.1)
40,603 吉田幸一 共新(18.7)

きた　がみ　けい　ろう
北　神　圭　朗

無元(有志)　　当4
東京都　S42・2・1
勤10年11ヵ月 (初/平17)

農水委、憲法審委、首相補佐官、経済産業大臣政務官、内閣府大臣政務官、経産委筆頭理事、大蔵省、金融庁、京大法／56歳

〒615-0055　京都市右京区西院西田町23
　　　　　　日新ビル2F　　　　☎075(315)3487
〒100-8982　千代田区永田町2-1-2、会館 ☎03(3508)7069

京都府5区 238,618 ⑯59.49

福知山市、舞鶴市、綾部市、宮津市、京丹後市、与謝郡

当68,693 本田太郎 自前(49.4)
比32,108 山本和嘉子 立前(23.1)
21,904 井上一徳 無前(15.7)
16,375 山内　健 共新(11.8)

ほん　だ　た　ろう
本　田　太　郎

自前[無]　　当2
京都府　S48・12・1
勤6年3ヵ月 (初/平29)

議運委、経産委、総務委、党税調幹事、党厚労副部会長、外務大臣政務官、弁護士、府議、東大法／49歳

〒629-2251　京都府宮津市須津413-41　　☎0772(46)5033
〒100-8982　千代田区永田町2-1-2、会館 ☎03(3508)7012

京都府6区 460,284 ⑯56.81

宇治市、城陽市、八幡市、京田辺市、木津川市、久世郡、綴喜郡、相楽郡

当116,111 山井和則 立前(45.2)
82,004 清水鴻一郎 自元(32.0)
比58,487 中嶋秀樹 維新(22.8)

やま　のい　かず　のり
山　井　和　則

立前　　　　当8
京都府京都市　S37・1・6
勤23年7ヵ月 (初/平12)

厚労委、党国対委長代理、民進党国対委員、厚生労働大臣政務官、高齢社会研究所長、大学講師、松下政経塾、京大工院／61歳

〒610-0101　城陽市平川茶屋裏58-1　　　☎0774(54)0703
〒100-8981　千代田区永田町2-2-1、会館 ☎03(3508)7240

大阪府 1 区	427,637 ⑳53.27	当110,120	井上英孝	維前（49.4）
		比67,145	大西宏幸	自前（30.1）
大阪市（中央区、西区、港区、天王寺区、浪速区、東成区）		比28,477	村上賀厚	立新（12.8）
		17,194	竹内祥倫	共新（ 7.7）

いの うえ ひで たか
井上英孝
維前　　　　当4
大阪府大阪市　S46・10・25
勤11年1ヵ月　（初/平24）

党会計監査人代表、選対本部長代行、懲罰委理事、科技特委員長、国交理事、大阪市議、近畿大／52歳

〒552-0011　大阪市港区南市岡1-7-24 1F　☎06(6581)0001
〒107-0052　港区赤坂2-17-10、宿舎　☎03(5549)4671

大阪府 2 区	446,933 ⑳56.98	当120,913	守島　正	維新（48.5）
		比80,937	左藤　章	自前（32.5）
大阪市（生野区、阿倍野区、東住吉区、平野区）		比47,487	尾辻かな子	立前（19.0）

もり しま　ただし
守島　正
維新　　　　当1
大阪府　　　S56・7・15
勤2年2ヵ月　（初/令3）

経産委理事、予算委、党代表付、国会議員団政調副会長、経産部会長、大阪市議3期、中小企業診断士、同志社大商、大阪市大院／42歳

〒545-0011　大阪市阿倍野区昭和町2-1-26-6B
☎06(6195)4774

大阪府 3 区	367,518 ⑳53.87	当79,507	佐藤茂樹	公前（44.7）
		比41,737	萩原　仁	立元（23.4）
大阪市（大正区、住之江区、住吉区、西成区）		38,170	渡部　結	共新（21.4）
		18,637	中条栄太郎	無新（10.5）

さ とう しげ き
佐藤茂樹
公前　　　　当10
滋賀県　　　S34・6・8
勤27年7ヵ月　（初/平5）

党国会対策委員長、党関西方面副本部長、厚生労働副大臣、文部科学委員長、国土交通大臣政務官、京大／64歳

〒557-0041　大阪市西成区岸里3-1-29　☎06(6653)3630
〒100-8981　千代田区永田町2-2-1、会館　☎03(3508)7200

大阪府 4 区	408,256 ⑳58.33	当107,585	美延映夫	維前（46.1）
		比72,835	中山泰秀	自前（31.2）
大阪市（北区、都島区、福島区、城東区）		比28,254	吉田　治	立元（12.1）
		比24,469	清水忠史	共前（10.5）

み のべ てる お
美延映夫
維前　　　　当2
大阪府大阪市北区　S36・5・23
勤3年9ヵ月　（初/令2）

法務委、復興特委、大阪市会議長、大阪維新の会市会議員団幹事長2期、大阪市監査委員、大阪市議、会社役員、神戸学院大／62歳

〒530-0043　大阪市北区天満1-6-6
井上ビル3F
〒100-8981　千代田区永田町2-2-1、会館　☎06(6351)1258
☎03(3508)7194

大阪府5区 431,558 ㊺52.98

大阪市(此花区、西淀川区、淀川区、東淀川区)

当	106,508	国 重　徹	公前	(53.1)
比当	48,248	宮 本 岳 志	共元	(24.1)
比当	34,202	大 石 晃 子	れ新	(17.1)
	11,458	籠 池 諄 子	無新	(5.7)

くに　しげ　　とおる
國 重　徹

公前　　　　　　　　当4
大阪府大阪市　S49・11・23
勤11年1ヵ月　（初／平24）

党青年委員長、党広報局長、党国交部会長、国交委理、消費者特委理、憲法審委、総務大臣政務官、弁護士、防災士、創価大／49歳

〒532-0023　大阪府淀川区十三東1-17-19
　　　　　　ファルコンビル5F　　☎06(6885)6000
〒100-8982　千代田区永田町2-1-2、会館☎03(3508)7405

大阪府6区 391,045 ㊺54.27

大阪市(旭区、鶴見区)、守口市、門真市

当	106,878	伊 佐 進 一	公前	(54.8)
比	59,191	村 上 史 好	立前	(30.4)
	28,895	星 健太郎	無新	(14.8)

い　さ　しん　いち
伊 佐 進 一

公前　　　　　　　　当4
大阪府　　　　　　S49・12・10
勤11年1ヵ月　（初／平24）

党厚生労働部会長、党政調副会長、厚生労働副大臣兼内閣府副大臣、ジョンズホプキンス大院／48歳

〒570-0027　守口市桜町5-9-201　　☎06(6992)8881

大阪府7区 382,714 ㊺60.02

吹田市、摂津市

当	102,486	奥 下 剛 光	維新	(45.3)
比	71,592	渡嘉敷奈緒美	自前	(31.7)
比	24,952	乃 木 涼 介	立新	(11.0)
	20,083	川 添 健 真	共新	(8.9)
比	6,927	西 川 弘 城	れ新	(3.1)

おく　した　たけ　みつ
奥 下 剛 光

維新　　　　　　　　当1
大阪府　　　　　　S50・10・4
勤2年2ヵ月　（初／令3）

環境委理、予算委、倫選特委、党国対副委員長、元大阪市長・元大阪府知事秘書、元外務副大臣秘書、元内閣総理大臣宮澤喜一秘書、専修大学／48歳

〒564-0032　吹田市内本町2-6-13
　　　　　　アイワステーションビルⅡ号館☎06(6381)7711

大阪府8区 337,105 ㊺59.75

豊中市

当	105,073	漆 間 譲 司	維新	(53.2)
比	53,877	高麗啓一郎	自新	(27.3)
比	38,458	松 井 博 史	立新	(19.5)

うる　ま　じょう　じ
漆 間 譲 司

維新　　　　　　　　当1
大阪府　　　　　　S49・9・14
勤2年2ヵ月　（初／令3）

予算委理事、国交委、党政調副会長、党代表付、大阪府議3期、会社役員、銀行勤務、慶大商学部／49歳

〒561-0884　豊中市岡町北1-1-4 3F　　☎06(6857)7770
〒107-0052　港区赤坂2-17-10、宿舎

<table>
<tr><td>大阪府9区 456,232 ㊞59.08</td><td colspan="2">当133,146 足立康史 維前(50.3)
　83,776 原田憲治 自前(31.7)
比42,165 大椿裕子 社新(15.9)
　5,369 磯部和哉 無новости(2.0)</td></tr>
</table>

池田市、茨木市、箕面市、豊能郡

	維前　　　　当4
あ だち やす し **足 立 康 史**	大阪府　S40・10・14 勤11年1ヵ月　(初/平24)

厚生労働委理事、元経済産業省大臣官房参事官、米コロンビア大院、京大院、京大工学部／58歳

〒567-0883 茨木市大手町9-26 吉川ビル3F　☎072(623)5834
〒107-0052 港区赤坂2-17-10、宿舎　　☎03(5549)4671

<table>
<tr><td>大阪府10区 320,990 ㊞63.32</td><td colspan="2">当80,932 池下 卓 維新(40.3)
比66,943 辻元清美 立前(33.4)
比52,843 大隈和英 自前(26.3)</td></tr>
</table>

高槻市、三島郡

	維新　　　　当1
いけ した たく **池 下　　卓**	大阪府高槻市　S50・4・10 勤2年2ヵ月　(初/令3)

法務委理、倫選特委、党国会議員団政調会副会長、法務部会長、党会計監査人、大阪府議、税理士、龍谷大院／48歳

〒569-0804 高槻市紺屋町3-1-219 グリーンプラザたかつき3号館2階　☎072(668)2013

<table>
<tr><td>大阪府11区 398,749 ㊞60.57</td><td colspan="2">当105,746 中司 宏 維新(44.7)
比70,568 佐藤ゆかり 自前(29.8)
比60,281 平野博文 立前(25.5)</td></tr>
</table>

枚方市、交野市

	維新　　　　当1
なか つか ひろし **中 司　　宏**	大阪府枚方市　S31・3・11 勤2年2ヵ月　(初/令3)

総務委理、議運委、情報監視審査会委、党議員団代表補佐、国対委員長代理、党紀委員長、枚方市長、府議、産経記者、早大／67歳

〒573-0022 枚方市宮之阪1-22-10-101　☎072(898)4567
〒107-0052 港区赤坂2-17-10、宿舎

<table>
<tr><td>大阪府12区 339,395 ㊞55.00</td><td colspan="2">当94,003 藤田文武 維前(51.2)
比59,304 北川晋平 自新(32.3)
比17,730 宇都宮優子 立新(9.7)
12,614 松尾正利 共新(6.9)</td></tr>
</table>

寝屋川市、大東市、四條畷市

	維前　　　　当2
ふじ た ふみ たけ **藤 田 文 武**	大阪府寝屋川市　S55・12・27 勤4年9ヵ月　(初/平31)

党幹事長、国家基本委、会社役員、筑波大／42歳

〒572-0838 寝屋川市八坂町24-6
　　　　　ロイヤルライフ八坂101　☎072(830)2620
〒107-0052 港区赤坂2-17-10、宿舎

大阪府13区 400,235 ㊼53.43

東大阪市

当	101,857	岩谷 良平	維新	(48.5)
比当	85,321	宗 清 皇 一	自前	(40.6)
	22,982	神野 淳一	共新	(10.9)

いわ たに りょう へい
岩 谷 良 平　維新　当1
大阪府守口市　S55・6・7
勤2年2ヵ月　（初／令3）

安保委理、憲法委、党副幹事長、党政調副会長、行政書士、元会社経営者、早大法卒、京産大院修了「法務博士（専門職）」／43歳

〒577-0809　大阪府東大阪市永和1-25-14-2F
☎06(6732)4204

大阪府14区 421,826 ㊼55.28

八尾市、柏原市、羽曳野市、藤井寺市

当	126,307	青柳 仁士	維新	(55.7)
比	70,029	長 尾 敬	自前	(30.9)
	30,547	小 松 久	共新	(13.5)

あお やぎ ひと し
青 柳 仁 士　維新　当1
埼玉県所沢市　S53・11・7
勤2年2ヵ月　（初／令3）

外務委理、憲法審、党国会議員団政調会長代行、党国際局長、国連職員、JICA職員、早大政経、米デューク大修士／45歳

〒581-0081　八尾市南本町4-6-37　☎072(992)2459
〒100-8981　千代田区永田町2-2-1、会館　☎03(3508)7609

大阪府15区 390,415 ㊼55.78

堺市（美原区）、富田林市、河内長野市、松原市、大阪狭山市、南河内郡

当	114,861	浦野 靖人	維前	(54.1)
比当	67,887	加納陽之助	自新	(32.0)
	29,570	為 仁 史	共新	(13.9)

うら の やす と
浦 野 靖 人　維前　当4
大阪府松原市　S48・4・4
勤11年1ヵ月　（初／平24）

党選挙対策本部長代理、内閣委、政倫審幹事、保育士、聖和大学（現関西学院大学）／50歳

〒580-0044　松原市田井城1-1-18　☎072(330)6700
〒107-0052　港区赤坂2-17-10、宿舎

大阪府16区 326,278 ㊼55.50

堺市（堺区、東区、北区）

当	84,563	北側 一雄	公前	(50.8)
比当	72,571	森山 浩行	立前	(43.6)
	9,288	西脇 京子	N新	(5.6)

きた がわ かず お
北 側 一 雄　公前　当10
大阪府　S28・3・2
勤30年8ヵ月　（初／平2）

党副代表・中央幹事会会長、党関西方面本部長、党憲法調査会長、憲法審幹事、安保委、元国土交通大臣、弁護士、税理士、創価大学法学部／70歳

〒590-0957　堺市堺区中之町西1-1-10　堀ビル2F　☎072(221)2706
〒107-0052　港区赤坂2-17-10、宿舎　☎03(5549)4671

大阪府17区　330,263　⑳54.50

堺市（中区、西区、南区）

当94,398	馬場　伸幸	維前（53.6）
比56,061	岡下　昌平	自前（31.8）
25,660	森　流星	共新（14.6）

馬場　伸幸
ば　ば　のぶ　ゆき

維前　　当4
大阪府　S40・1・27
勤11年1ヵ月　（初/平24）

党代表、国家基本委理事、憲法審幹事、元堺市議会議長、衆院議員中山太郎秘書、「大阪維新の会」副代表、鳳高校／58歳

〒593-8325　堺市西区鳳南町5-711-5　☎072（274）0771
〒107-0052　港区赤坂2-17-10、宿舎

大阪府18区　434,309　⑳52.91

岸和田市、泉大津市、和泉市、高石市、泉北郡

当118,421	遠藤　　敬	維前（53.0）
比61,597	神谷　昇	自前（27.5）
比24,490	川戸康嗣	立新（11.0）
19,075	望月亮佑	共新（ 8.5）

遠藤　　敬
えん　どう　たかし

維前　　当4
大阪府　S43・6・6
勤11年1ヵ月　（初/平24）

党国対委員長、議運理事、（社）秋田犬保存会会長、日本青年会議所大阪ブロック協議会長、大産大附属高／55歳

〒592-0014　高石市綾園2-7-18　千代田ビル201号　☎072（266）8228
〒107-0052　港区赤坂2-17-10、宿舎

大阪府19区　304,908　⑳53.96

貝塚市、泉佐野市、泉南市、阪南市、泉南郡

当68,209	伊東信久	維元（42.2）
比当52,052	谷川　とむ	自前（32.2）
比32,193	長安　豊	立元（19.9）
9,258	北村みき	共新（ 5.7）

伊東　信久
い　とう　のぶ　ひさ

維元　　当3
大阪府大阪市　S39・1・4
勤7年　　（初/平24）

財金委理、地・こ・デジ特委、党政務調査会副会長、医療法人理事長、大阪大学大学院招聘教授、神戸大学／59歳

〒598-0055　泉佐野市若宮町7-13　田端ビル4F　☎072（463）8777
〒107-0052　港区赤坂2-17-10、宿舎　☎03（5549）4671

兵庫県1区　393,494　⑳55.48

神戸市（東灘区、灘区、中央区）

当78,657	井坂信彦	立元（36.9）
比当64,202	盛山正仁	自前（30.1）
比当53,211	一谷勇一郎	維新（25.0）
9,922	高橋進吾	無新（ 4.7）
7,174	木原功仁哉	無新（ 3.4）

井坂　信彦
い　さか　のぶ　ひこ

立元　　当3
東京都　S49・3・27
勤7年　　（初/平24）

厚労委、消費者特委、党代表政務室副室長、党デジタルPT・フリーランスWT事務局長、行政書士、神戸市議、京大／49歳

〒651-0085　神戸市中央区八幡通4-2-14　トロア神戸ビル4F　☎078（271）3705

兵庫県2区	385,611 ⊛50.97	当99,455 赤羽 一嘉 公前（54.2）
		比61,884 舩川治郎 立新（33.7）
		22,124 宮野鶴生 共新（12.1）

神戸市（兵庫区、北区、長田区）、
西宮市（塩瀬・山口支所管内）

あか ば かず よし　　公前　　　　　当9
赤羽 一嘉　東京都 S33・5・7
勤27年3ヵ月　（初／平5）

党幹事長代行、前国土交通大臣、経済産業委員長、経済産業副大臣（兼）内閣府副大臣、三井物産、慶大法学部／65歳

〒652-0803 神戸市兵庫区大開通2-3-6
　　　　　メゾンユニベール203
〒107-0052 港区赤坂2-17-10、宿舎　☎078（575）5139

兵庫県3区	315,484 ⊛54.43	当68,957 関 芳弘 自前（40.9）
		比59,537 和田有一朗 維新（35.4）
		比22,765 佐藤泰樹 国新（13.5）
		17,155 赤田勝紀 共新（10.2）

神戸市（須磨区、垂水区）

せき　　よし ひろ　　自前［安］　　　当5
関　芳弘　徳島県小松島市 S40・6・7
勤15年　　（初／平17）

経済産業委筆頭理事、党副幹事長、経産副大臣、環境副大臣、三井住友銀行、関学大、英国ウェールズ大学院（MBA取得）／58歳

〒654-0026 神戸市須磨区大池町2-3-7
　　　　　オルタンシア大池1F5号　☎078（739）0904

兵庫県4区	421,086 ⊛54.69	当112,810 藤井比早之 自前（50.0）
		比当59,143 赤木正幸 維新（26.2）
		比53,476 今泉真緒 立新（23.7）

神戸市（西区）、西脇市、三木市、
小野市、加西市、加東市、多可町

ふじ い ひ さ ゆき　　自前［無］　　　当4
藤井比早之　兵庫県西脇市 S46・9・11
勤11年1ヵ月　（初／平24）

党外交部会長、外務委理、党副幹事長、選対副委員長、内閣府副大臣、デジタル副大臣、国交大臣政務官、彦根市副市長、総務省、東大法／52歳

〒673-0404 兵庫県三木市大村530-1　☎0794（81）1118
〒100-8981 千代田区永田町2-2-1、会館　☎03（3508）7185

兵庫県5区	368,205 ⊛61.59	当94,656 谷 公一 自前（42.5）
		比当65,714 遠藤良太 維新（29.5）
		比62,414 梶原康弘 立元（28.0）

豊岡市、川西市の一部（P175参
照）、三田市、丹波篠山市、養父市、
丹波市、朝来市、川辺郡、美方郡

たに　　こう いち　　自前［二］　　　当7
谷　公一　兵庫県 S27・1・28
勤20年2ヵ月　（初／平15）

地域活性化・こども政策・デジタル社会形成に関する特別委員長、国家公安委員長・国務大臣、党政調会長代理、総務会副会長、衆国交委長、復興特委長、復興大臣補佐官、復興副大臣、国交政務官、明大／71歳

〒667-0024 養父市八鹿町朝倉49-1　☎079（665）7070
〒107-0052 港区赤坂2-17-10、宿舎　☎03（5549）4671

兵庫県6区

465,210	当89,571	市村浩一郎	維元（35.2）
得55.58	比当87,502	大串 正樹	自前（34.4）
	比77,347	桜井 周	立前（30.4）

伊丹市、宝塚市、川西市（第5区に属しない区域）（P175参照）

いちむら こう いちろう

市村浩一郎

維元　当4
福岡県福岡市　S39・7・16
勤11年3ヵ月　（初/平15）

党代議士会長、経産委、復興特委、国土交通大臣政務官、松下政経塾9期生、一橋大/59歳

〒665-0035　宝塚市逆瀬川2-6-2　☎0797（71）1111
〒106-0032　港区六本木7-1-3、宿舎　☎03（3408）4911

兵庫県7区

441,775	当95,140	山田賢司	自前（37.5）
得58.38	比当93,610	三木 圭恵	維元（36.9）
	比64,817	安田 真理	立新（25.6）

西宮市（本庁管内、甲東・瓦木・鳴尾支所管内）、芦屋市

やま だ けん じ

山田賢司

自前［麻］　当4
大阪府　S41・4・20
勤11年1ヵ月　（初/平24）

文科委理事、党文科部会長、外務副大臣、議運委（議事進行係）、外務政務官、三井住友銀行、神戸大法/57歳

〒662-0998　西宮市産所町4-8
　　　　　　村井ビル205号室　☎0798（22）0340
〒107-0052　港区赤坂2-17-10、宿舎　☎03（5549）4671

兵庫県8区

386,254	当100,313	中野洋昌	公前（58.8）
得48.83	比45,403	小村 潤	共新（26.6）
	比24,880	辻 恵	れ元（14.6）

尼崎市

なか の ひろ まさ

中野洋昌

公前　当4
京都府京都市　S53・1・4
勤11年1ヵ月　（初/平24）

党経済産業部会長、経済産業委理事、元経済産業大臣政務官、元国交省課長補佐、東大、米コロンビア大院修了/45歳

〒660-0052　尼崎市七松町3-17-20-201　☎06（6415）0220

兵庫県9区

363,347	当141,973	西村 康稔	自前（76.3）
得53.23	44,172	福原由加利	共新（23.7）

明石市、洲本市、南あわじ市、淡路市

にし むら やす とし

西村康稔

自前［安］　当7
兵庫県明石市　S37・10・15
勤20年2ヵ月　（初/平15）

経済産業大臣、原子力経済被害・GX実行推進・産業競争力・ロシア経済分野協力担当大臣、内閣府特命担当大臣（原子力損害賠償・廃炉等支援機構）、東大法/61歳

〒673-0882　明石市相生町2-8-21
　　　　　　ドール明石201号　☎078（919）2320
〒107-0052　港区赤坂2-17-10、宿舎 ☎03（5549）4671（代）

略歴

兵庫

兵庫県10区 347,835 ⑱51.55

加古川市、高砂市、加古郡

当79,061	渡海紀三朗	自前	(45.0)
比57,874	堀井 健智	維新	(32.9)
比38,786	隠樹 圭子	立新	(22.1)

と かい き さぶろう

渡海紀三朗

自前［無］　　　当10
兵庫県高砂市　S23・2・11
勤30年6ヵ月 61（初/昭61）

安保委、党科学技術・イノベーション戦略
調査会長、元文科相、決算行監委長、総理
補佐官、党政調会長代理、早大建築／75歳

〒676-0082　高砂市曽根町2248　　☎079(447)4353
〒107-0052　港区赤坂2-17-10、宿舎

兵庫県11区 399,029 ⑱48.39

姫路市の一部（P175参照）

当92,761	松本 剛明	自前	(49.0)
比78,082	住吉 寛紀	維新	(41.3)
18,363	太田 清幸	共新	(9.7)

まつ もと たけ あき

松 本 剛 明

自前［麻］　　　当8
東京都　　　　S34・4・25
勤23年7ヵ月 （初/平12）

党税調副会長、競争調会長、金融調、情報局、総務
相、党国協調、新しい資本主義本部、政調会長代理、外相、議
運委員、外務委員、旧民主党政調会長、興銀、東大法／64歳

〒670-0972　姫路市手柄1-124　　☎079(282)5516
〒100-8981　千代田区永田町2-2-1、会館　☎03(3508)7214

兵庫県12区 284,813 ⑱58.90

姫路市（第11区に属しない区域）、
相生市、赤穂市、宍粟市、たつの市、
神崎郡、揖保郡、赤穂郡、佐用郡

当91,099	山口 壯	自前	(55.6)
比49,736	池畑浩太朗	維新	(30.3)
比23,137	酒井 孝典	立新	(14.1)

やま ぐち つよし

山 口 壯

自前［二］　　　当7
兵庫県相生市　S29・10・3
勤21年9ヵ月 （初/平12）

農水委理、環境大臣、党筆頭副幹事長、拉致特委長、安保委
長、内閣府・外務各副大臣、外務省国際科学協力室長、国際
政治学博士、東大法、米ジョンズ・ホプキンス大院／69歳

〒678-0005　相生市大石町19-10　西本ビル2F　☎0791(23)6122
〒107-0052　港区赤坂2-17-10、宿舎

奈良県1区 359,066 ⑱61.30

奈良市（本庁管内、西部・北部・東
部出張所管内、月ヶ瀬行政セン
ター管内）、生駒市

当93,050	馬淵 澄夫	立前	(39.0)
比当83,718	小林 茂樹	自前	(35.1)
比62,000	前川 清成	維新	(26.0)

ま ぶち すみ お

馬 淵 澄 夫

立前　　　　　当7
奈良県奈良市　S35・8・23
勤18年10ヵ月 （初/平15）

内閣委、党国対委員長、党常任幹事、国土交通大臣、
国土交通副大臣、内閣総理大臣補佐官、災害特委長、
決算行政監視委員長、会社役員、横浜国大／63歳

〒631-0036　奈良市学園北1-11-10　森田ビル6F　☎0742(40)5531
〒100-8981　千代田区永田町2-2-1、会館　☎03(3508)7122

奈良県2区	383,875 ㊵58.69	当141,858	高市 早苗	自前(64.6)
		比54,326	猪奥 美里	立新(24.8)
		23,285	宮本 次郎	共新(10.6)

奈良市(都россий行政センター管内)、大和郡山市、天理市、香芝市、山辺郡、生駒郡、磯城郡、北葛城郡

たか いち さ なえ
高市 早苗
自前[無]　　当9
奈良県奈良市　S36・3・7
勤28年9ヵ月　（初/平5）

経済安全保障担当大臣、党政調会長、総務大臣、科学技術担当大臣、経産副大臣、議運委員長、近畿大学教授、松下政経塾、神戸大／62歳

〒639-1123　大和郡山市筒井町940-1
〒107-0052　港区赤坂2-17-10、宿舎

奈良県3区	355,246 ㊵57.19	当114,553	田野瀬太道	自前(60.8)
		34,334	西川 正克	共新(18.2)
		32,669	高見 省次	無新(17.3)
		6,824	加藤 孝	N新(3.6)

大和高田市、橿原市、桜井市、五條市、御所市、葛城市、宇陀市、宇陀郡、高市郡、吉野郡

た の せ たい どう
田野瀬太道
自前[森]　　当4
奈良県五條市　S49・7・4
勤11年1ヵ月　（初/平24）

衆文部科学委員長、元文部科学兼内閣府副大臣、文部科学兼内閣府兼復興大臣政務官、衆議運理事、議事進行係、早大／49歳

〒634-0044　橿原市大軽町59-1　☎0744(28)6699
〒107-0052　港区赤坂2-17-10、宿舎

和歌山県1区	307,817 ㊵55.16	補選(令和5.4.23) 当61,720	林 佑美	維新(47.5)
		55,657	門 博文	自元(42.8)
		11,178	国重 秀明	共新(8.6)
		1,476	山本 貴平	政新(1.1)

和歌山市
令和4年9月1日　岸本周平議員辞職
（総選挙の結果はP168参照）

はやし　　ゆ み
林　佑美
維新　　補当1
京都府京都市中京区　S56・5・12
勤8ヵ月　（初/令5補）

予算委、環境委、消費者特委理、和歌山維新の会副代表、和歌山市議、会社役員、立命館大学大学院政策科学研究科修了／42歳

〒640-8158　和歌山市十二番丁31番地 雑賀ビル1階
☎073(488)9331

和歌山県2区	242,858 ㊵57.94	当79,365	石田 真敏	自前(57.7)
		比35,654	藤井 幹雄	立新(25.9)
		比19,735	所 順子	維新(14.4)
		2,700	遠西 愛美	N新(2.0)

海南市、橋本市、有田市、紀の川市、岩出市、海草郡、伊都郡

いし だ まさ とし
石田 真敏
自前[岸]　　当8
和歌山県　S27・4・11
勤21年9ヵ月　（初/平14補）

党選対委員長代理、党税調副会長、総務大臣、法務委員長、財務副大臣、国土交通大臣政務官、和歌山県議、海南市長、早大政経／71歳

〒649-6226　岩出市宮83 ホテルいとう1F　☎0736(69)0123
〒107-0052　港区赤坂2-17-10、宿舎

和歌山県3区	250,261	当102,834	二階俊博	自前(69.3)
⑱62.32		20,692	畑野良弘	共新(14.0)
		19,034	半間奈々	諸新(12.8)
		5,745	根来英樹	無新(3.9)

御坊市、田辺市、新宮市、有田市、
日高郡、西牟婁郡、東牟婁郡

二階俊博 に かい とし ひろ

自前[二] 当13
和歌山県 S14・2・17
勤40年2ヵ月 (初/昭58)

党国土強靱化推進本部長、元党幹事長、総
務会長、予算委員長、元経産相・運輸相、
(社)全国旅行業協会長、県議、中大/84歳

〒644-0003 御坊市島440-1 ☎0738(23)0123

比例代表 近畿	28人	滋賀、京都、大阪、兵庫、奈良、和歌山

三木圭恵 み き け え

維元 当2(初/平24)
兵庫県西宮市 S41・7・7
勤4年2ヵ月 〈兵庫7区〉

国交委、憲法審査会委、日本維新の会国会
議員団幹事長代理、兵庫維新の会幹事長、
三田市議2期、関西大学社会学部/57歳

〒662-0837 西宮市広田町1-27 ☎0798(73)1825
〒100-8982 千代田区永田町2-1-2、会館 ☎03(3508)7638

和田有一朗 わ だ ゆういちろう

維新 当1(初/令3)
兵庫県神戸市 S39・10・23
勤2年2ヵ月 〈兵庫3区〉

外務委、拉致特委理、国会議員秘書、団
体役員、神戸市議、兵庫県議、早大、神戸
市外国語大学大学院/59歳

〒655-0894 神戸市垂水区川原4-1-1 ☎078(753)3533

住吉寛紀 すみ よし ひろ き

維新 当1(初/令3)
兵庫県神戸市 S60・1・24
勤2年2ヵ月 〈兵庫11区〉

内閣委、安保委、三菱UFJモルガン・ス
タンレー証券、兵庫県議、白陵高、名古
屋大、東大院/38歳

〒670-0043 姫路市小姓町35-1
船場西ビル1F4号室 ☎079(293)7105
〒106-0032 港区六本木7-1-3、宿舎 ☎03(3508)7415

掘井健智 ほり い けん じ

維新 当1(初/令3)
兵庫県 S42・1・10
勤2年2ヵ月 〈兵庫10区〉

財金委、災害特委理、農水委、加古川市
議、兵庫県議、大阪産業大学/56歳

〒675-0063 加古川市加古川町平野386 船原ビル1階
☎079(423)7458
〒107-0052 港区赤坂2-17-10、宿舎 ☎03(5549)4671

堀場幸子
ほり ば さち こ

維新　当1(初/令3)
北海道札幌市　S54・3・24
勤2年2ヵ月　〈京都1区〉

文科委、内閣委理、党文科部会長、党国対副委員長、アンガーマネジメントファシリテーター、フェリス女学院大学大学院修士号／44歳

〒601-8025　京都市南区東九条柳下町6-4　☎075(888)6045

遠藤良太
えん どう りょう た

維新　当1(初/令3)
大阪府　S59・12・19
勤2年2ヵ月　〈兵庫5区〉

厚労委、決算行監委、介護関連会社役員、追手門学院大／38歳

〒669-1529　兵庫県三田市中央町3-12
　　　　　　マスダビル3階　☎079(564)6156
〒107-0052　港区赤坂2-17-10、宿舎

一谷勇一郎
いち たに ゆう いち ろう

維新　当1(初/令3)
大阪府大阪市　S50・1・22
勤2年2ヵ月　〈兵庫1区〉

厚労委、農水委、地・こ・デジ特委、党国対副委員長、柔道整復師、介護事業所経営、関西医療学園専門学校／48歳

〒650-0001　神戸市中央区加納町4-4-15
　　　　　　KGビル201　☎078(332)3536

池畑浩太朗
いけ はた こう た ろう

維新　当1(初/令3)
東京都港区　S49・9・26
勤2年2ヵ月　〈兵庫12区〉

農林水産委理、外務委、党国対副委員長、兵庫県議、衆院議員秘書、農業高校教員、岡山県立農業大学校／49歳

〒679-4167　兵庫県たつの市龍野町富永730-20
　　　　　　玉田ビル1F　☎0791(63)2814
〒107-0052　港区赤坂2-17-10、宿舎

赤木正幸
あか ぎ まさ ゆき

維新　当1(初/令3)
岡山県倉敷市　S50・2・22
勤2年2ヵ月　〈兵庫4区〉

党代表付、国土交通委理事、IT会社代表、不動産会社代表、早大法学部、早大大学院政治学研究科博士課程修了／48歳

〒651-2276　神戸市西区春日台9-12-4　☎050(3154)0117
〒100-8982　千代田区永田町2-1-2、会館　☎03(3508)7505

中嶋秀樹
なか じま ひで き

維新　繰当1(初/令5繰)
京都府八幡市　S46・5・20
勤2ヵ月　〈京都6区〉

総務委、会社役員、大阪国際大学／52歳

〒614-8062　京都府八幡市八幡清水井2　☎080(7791)7035
〒107-0052　港区赤坂2-17-10、宿舎

㊟略歴

比例近畿

おく の しん すけ
奥野信亮　自前［安］　当6
奈良県　S19・3・5
勤16年10ヵ月（初/平15）

懲罰委筆頭理事、予算委、法務委、倫選特委理、党紀委、総務・法務副大臣、日産取締役、慶大／79歳

〒639-2212　御所市中央通り2-113-1　☎0745(62)4379
〒100-8982　千代田区永田町2-1-2、会館☎03(3581)5111
　　　　　　　　　　　　　　　　　　　　（内71001)

やなぎ もと　　あきら
柳本　顕　自新［麻］　当1
大阪府大阪市　S49・1・29
勤2年2ヵ月　（初/令3)

厚労委、環境委、地・こ・デジ特委、環境兼内閣府政務官、大阪市議(5期)、大阪市議幹事長、関西電力㈱、京大法卒／49歳

〒557-0034　大阪市西成区松1-1-6　☎06(4398)6090
〒107-0052　港区赤坂2-17-10、宿舎

おお ぐし まさ き
大串正樹　自前［無］　当4(初/平24)
兵庫県　S41・1・1
勤11年1ヵ月　〈兵庫6区〉

経産委理事、党厚労部会長代理、厚生関係団体委員長、デジタル副大臣兼内閣府副大臣、経産政務官、IHI、松下経塾、JAIST(Ph.D.)助教、西武文理大准教授、東北大院／57歳

〒664-0851　伊丹市中央1-2-6
　　　　　　グランドハイツコーワ2-12　☎072(773)7601
〒100-8981　千代田区永田町2-2-1、会館☎03(3508)7191

こ ばやし しげ き
小林茂樹　自前［二］　当3(初/平24)
奈良県奈良市　S39・10・9
勤8年3ヵ月　〈奈良1区〉

党国交部会長代理、党国土・建設関係団体委員長、国交委理事、文科委、環境副大臣、国交政務官、元奈良県議、慶大法／59歳

〒631-0827　奈良市西大寺小坊町1-6
　　　　　　西大寺ビル1F東　☎0742(52)6700

た なか ひで ゆき
田中英之　自前［無］　当4(初/平24)
京都府　S45・7・11
勤11年1ヵ月　〈京都4区〉

国交委、地・こ・デジ特委、決算行監委理、党副幹事長、文科副大臣、国交政務官、党農林部会長代理、京都市議、京都外大／53歳

〒615-0852　京都市右京区西京極西川町1-5
〒107-0052　港区赤坂2-17-10、宿舎　☎075(315)7500

むね きよ こう いち
宗清皇一　自前［安］　当3(初/平26)
大阪府東大阪市　S45・8・9
勤9年1ヵ月　〈大阪13区〉

財金委理、経産委、原子力特委、党財政・金融・証券団体委員長、内閣府兼復興大臣政務官、経産兼内閣府大臣政務官(万博担当)、大阪府議、衆議院議員秘書、龍谷大／53歳

〒577-0843　東大阪市荒川1-13-23　☎06(6726)0090
〒107-0052　港区赤坂2-17-10、宿舎

比例近畿

盛山正仁 （もり やま まさ ひと）

自前［岸］ 当5(初/平17)
大阪府大阪市　S28・12・14
勤15年　〈兵庫1区〉

文科大臣、議運委筆頭理、党国対筆頭副委員長、厚労委員、法務委員、国交省部長、東大、神戸大院、法学・商学博士／69歳

〒650-0001　神戸市中央区加納町2-4-10
水木ビル601　☎078(231)5888

谷川とむ （たに がわ とむ）

自前［安］ 当3(初/平26)
兵庫県尼崎市　S51・4・27
勤9年1ヵ月　〈大阪19区〉

法務委理、国交委、地・こ・デジ特委、党大阪府連会長、党副幹事長、総務政務官、参院議員秘書、僧侶、俳優、阪大院修士／47歳

〒598-0007　大阪府泉佐野市上町1-1-35
1,3ビルディング2階　☎072(464)1416
〒107-0052　港区赤坂2-17-10、宿舎

竹内譲 （たけ うち ゆずる）

公前 当6
京都府京都市　S33・6・25
勤17年8ヵ月　（初/平5）

党中央幹事会会長代理、経済産業委員長、総務委員、厚労副大臣、党政調会長、京都市議、三和銀行、京大法／65歳

〒602-8442　京都市上京区今出川通大宮南西角
☎075(417)4440
〒100-8982　千代田区永田町1-2-2、会館☎03(3508)7473

浮島智子 （うき しま とも こ）

公前 当4(初/平24)※1
東京都　S38・2・1
勤17年2ヵ月（参6年1ヵ月）

党文部科学部会長、党政調副会長、党文化芸術局長、党教育改革推進本部長、文部科学副大臣兼内閣府副大臣、環境政務官兼内閣府政務官、参院議員、東京立正高／60歳

〒540-0025　大阪市中央区徳井町2-4-15
タニビル6F　☎06(6942)1150
〒107-0052　港区赤坂2-17-10、宿舎

鰐淵洋子 （わに ぶち よう こ）

公前 当2(初/平29)※2
福岡県福岡市　S47・4・10
勤12年4ヵ月（参6年1ヵ月）

党女性委副委員、党国対副委員、環境委理、文科委、消費者特委、文科大臣政務官、参議院議員、公明党本部、創価女子短大／51歳

〒550-0013　大阪市西区新町3-5-8
エーペック西長堀ビル401
〒107-0052　港区赤坂2-17-10、宿舎

櫻井周 （さくら い しゅう）

立前 当2(初/平29)
兵庫県　S45・8・16
勤6年3ヵ月　〈兵庫6区〉

財金委理、倫選特委、党国際局副局長、政調副会長、兵庫県連代表代行、伊丹市議、弁理士、JBIC、京大、京大院、ブラウン大院／53歳

〒664-0858　伊丹市西台5-1-11　☎072(768)9260
〒107-0052　港区赤坂2-17-10、宿舎

※1 平16参院初当選　　※2 平16参院初当選　　139

森山浩行　もり　やま　ひろ　ゆき

立前　当3(初/平21)
大阪府堺市　S46・4・8
勤9年7ヵ月　〈大阪16区〉

文科委理、予算委、国家基本委理、党災害・緊急事態局長、国対副委員長、大阪府連代表、関西TV記者、堺市議、大阪府議、明大法／52歳

〒590-0078　堺市堺区南瓦町1-21
宏昌センタービル2F　☎072(233)8188

徳永久志　とく　なが　ひさ　し

無新　当1(初/令3)[*1]
滋賀県　S38・6・27
勤8年3ヵ月(参6年1ヵ月)〈滋賀4区〉

国家基本委、参議院議員、外務大臣政務官、滋賀県議、松下政経塾、早大政経／60歳

〒523-0892　近江八幡市出町414-6
サツキビル　☎0748(31)3047
〒107-0052　港区赤坂2-17-10、宿舎

穀田恵二　こく　た　けい　じ

共前　当10(初/平5)
岩手県水沢市　S22・1・11
勤30年7ヵ月　〈京都1区〉

党国対委員長、党選挙対策委員長、党常任幹部会委員、外務委、政倫審、京都市議、立命館職員、立命館大／76歳

〒604-0092　京都市中京区丸太町
新町角大炊町186　☎075(231)5198
〒107-0052　港区赤坂2-17-10、宿舎　☎03(5549)3114

宮本岳志　みや　もと　たけ　し

共元　当5(初/平21)[*2]
和歌山県和歌山市　S34・12・25
勤18年(参6年1ヵ月)〈大阪5区〉

党中央委員、総務委、文科委、和歌山大学教育学部除籍／63歳

〒537-0025　大阪市東成区中道1-10-10　☎06(6975)9111
〒100-8981　千代田区永田町2-2-1、会館　☎03(3508)7255

斎藤アレックス　さいとう

国新　当1(初/令3)
スペイン国マドリッド市　S60・6・30
勤2年2ヵ月　〈滋賀1区〉

党国対副委長、予算委、安保委、倫選特委、松下政経塾、米国議会フェロー、衆議員秘書、同志社大経済学部／38歳

〒520-0044　大津市京町3-2-11　☎077(525)5030
〒107-0052　港区赤坂2-17-10、宿舎

大石あきこ　おおいし

れ新　当1(初/令3)
大阪府大阪市　S52・5・27
勤2年2ヵ月　〈大阪5区〉

内閣委、元大阪府職員、大阪大／46歳

〒532-0011　大阪市淀川区西中島7-1-1　興北ビル2階
〒100-8982　千代田区永田町2-1-2、会館

比例近畿

　※1 平19参院初当選　※2 平10参院初当選

比例代表　近畿　28人		有効投票数 9,378,905票	
政党名	当選者数	得票数	得票率
	惜敗率 小選挙区		惜敗率 小選挙区

日本維新の会　10人　3,180,219票　33.91%

当①三木　圭恵 元(98.39)兵7	【小選挙区での当選者】
当①和田有一朗 新(86.34)兵3	①井上　英孝 新　大1
当①住吉　寛紀 新(84.18)兵11	①守島　正 新　大2
当①掘井　健智 新(73.20)兵10	①美延　映夫 前　大4
当①堀場　幸子 新(71.90)京1	①奥下　剛光 新　大7
当①遠藤　良太 新(69.42)兵5	①漆間　譲司 新　大8
当①一谷勇一郎 新(67.65)兵1	①足立　康史 前　大9
当①前川　清成 新(66.63)奈1	①池下　卓 新　大10
(令5.10.4辞職)	①中司　宏 新　大11
当①池畑浩太朗 新(54.60)兵12	①藤田　文武 前　大12
当①杉本　正幸 新(52.43)兵4	①岩谷　良平 新　大13
①直山　仁 新(50.79)滋1	①青柳　仁士 新　大14
(公民権停止中)	①浦野　靖人 前　大15
繰①中嶋　秀樹 新(50.37)京6	①馬場　伸幸 前　大17
(令5.10.18繰上)	①遠藤　敬 前　大18
①井上　博明 新(38.41)京3	①伊東　信久 元　大19
①所　順子 新(24.87)和2	①市村浩一郎 元　兵6

自民党　8人　2,407,699票　25.67%

当①奥野　信亮 前	③神谷　昇 前(52.02)大18
当②柳本　顕 新	③高麗啓一郎 新(51.28)兵8
当③大串　正樹 前(97.69)兵6	39湯峯　理之 新
当③小林　茂樹 前(89.97)奈1	40野村　広志 新
当③田中　英之 前(83.99)京4	【小選挙区での当選者】
③宗清　皇一 前(83.77)大13	③大岡　敏孝 前　滋1
③盛山　正仁 前(81.62)兵1	③上野賢一郎 前　滋2
当③谷川　とむ 前(76.31)大19	③武村　展英 前　滋3
③渡嘉敷奈緒美 前(69.86)大7	③小寺　裕雄 前　滋4
③木村　弥生 前(69.10)京3	③勝目　康 新　京1
③中山　泰秀 前(67.70)大4	③本田　太郎 前　京5
③左藤　章 前(66.94)大2	③関　芳弘 前　兵3
③佐藤ゆかり 前(66.73)大11	③藤井比早之 前　兵4
③大隈　和英 前(65.29)大10	③谷　公一 前　兵5
③北川　晋平 新(63.09)大12	③山田　賢司 前　兵7
③大西　宏幸 前(60.97)大1	③西村　康稔 前　兵9
③繁本　護 前(59.70)京2	③松本　剛明 前　兵11
③門　博文 前(59.42)和1	③山口　壯 前　兵12
③岡下　昌平 前(59.39)大17	③高市　早苗 前　奈2
③加納陽之助 新(59.10)大15	③石田　真敏 前　和2
③長尾　敬 前(55.44)大14	

公明党　3人　1,155,683票　12.32%

当①竹内　譲 前	⑤田丸　義高 新
当①浮島　智子 前	⑥鰐岡　秀明 新
当③鰐淵　洋子 前	⑦田中　博之 新
④浜村　進 前	⑧井上　幸作 新

立憲民主党　3人　1,090,665票　11.63%

当①桜井　周 前(86.35)兵6	①平野　博文 前(57.01)大11
当①森山　浩行 前(85.82)大15	①村上　史好 前(55.38)大6
当①徳永　久志 新(83.12)滋4	①萩原　仁 元(52.49)大3
①辻元　清美 前(82.72)大10	①隠樹　圭子 新(49.06)兵10
①田島　一成 元(76.79)滋2	①今泉　真緒 新(47.40)兵4
①安田　真理 新(68.13)兵7	①長安　豊 元(47.20)大19
①梶原　康弘 元(65.94)兵5	①山本和嘉子 前(46.74)京5
①船川　治郎 新(62.22)兵2	①藤井　幹雄 新(44.92)和2

㊟ 略 歴

比例近畿

①尾辻かな子	前(39.27)	大2	▼①宇都宮優子	新(18.86)	大12
①猪奥 美里	新(38.30)	奈2	㉚笹田 能美	新	
①松井 博史	新(36.60)	大8	㉛豊田潤多郎	元	

【小選挙区での当選者】

①吉田 治	新(26.26)	大4	①泉 健太 前 京3
①村上 賀厚	新(25.86)	大1	①山井 和則 前 京6
①酒井 孝典	新(25.40)	兵12	①井坂 信彦 元 兵1
①乃木 涼介	新(24.35)	大7	①馬淵 澄夫 前 奈1
①川戸 康嗣	新(20.68)	大18	

共産党　2人　736,156票　7.85%

当①穀田 恵二	前	京1	④小村 潤	新	兵8
当①宮本 岳志	元	大5	⑤武山 彩子	新	
③清水 忠史	前	大4	⑥西田佐枝子	新	

国民民主党　1人　303,480票　3.24%

当①斎藤アレックス	新(86.28)	滋1	【小選挙区での当選者】
①佐藤 泰樹	新(33.01)	兵3	①岸本 周平 前 和1
			①前原 誠司 前 京2

れいわ新選組　1人　292,483票　3.12%

当①大石 晃子	新(32.11)	大5	▼①中 辰哉	新(10.02)	京2
①辻 恵	元(24.80)	兵8	▼①西川 弘城	新(6.76)	大7
▼①高井 崇志	前(13.71)	滋3	⑥八幡 愛	新	

・・

その他の政党の得票数・得票率は下記のとおりです。
(当選者はいません)

政党名	得票数	得票率
NHKと裁判してる党弁護士法72条違反で		
	111,539票	1.19%
社民党	100,980票	1.08%

鳥取県1区　230,959　㊤56.10

当105,441　石破　茂　自前(84.1)
　19,985　岡田 正和　共新(15.9)

鳥取市、倉吉市、岩美郡、八頭郡、
東伯郡(三朝町)

いし　ば　　しげる
石破　茂　　自前[無]　当12
鳥取県八頭郡　S32・2・4
勤37年7ヵ月(初/昭61)

予算委、憲法審委、党総務、元地方創生担当
相、党幹事長、政調会長、農林水産相、防衛相、
防衛庁長官、運輸委長、三井銀行、慶大/66歳

〒680-0055　鳥取市戎町515-3　　☎0857(27)4898
〒100-8982　千代田区永田町2-1-2、会館

鳥取県2区　234,420　㊤60.20

当75,005　赤沢亮正　自前(54.0)
比当63,947　湯原 俊二　立元(46.0)

米子市、境港市、東伯郡(湯梨浜
町)、琴浦町、北栄町)、西伯郡、
日野郡

あか　ざわ　りょう　せい
赤澤亮正　　自前[無]　当6
東京都　S35・12・18
勤18年4ヵ月(初/平17)

内閣委、党文化立国調査会長代理、党政
調会長代理、内閣府副大臣、国交大臣政
務官、東大法/62歳

〒683-0823　米子市加茂町1-24　　☎0859(38)7333
〒100-8982　千代田区永田町2-1-2、会館　☎03(3508)7490

島根県1区 268,337 ⑳61.23

当90,638 細田 博之 自前（56.0）
比66,847 亀井亜紀子 立前（41.3）
　4,318 亀 井 彰 子 無新（ 2.7）

松江市、出雲市（平田支所管内）、安来市、雲南市（大東・加茂・木次総合センター管内）、仁多郡、隠岐郡

ほそ だ ひろ ゆき
細田 博之　自前　当11
島根県松江市　S19・4・3
勤34年　（初／平2）

懲罰委、衆議院議長、憲法審査会長、自民党総務会長、党幹事長、党国対委員長、内閣官房長官、国務大臣、東大／79歳

〒690-0851　松江市堂形町881細田会館　☎0852(21)6455

島根県2区 291,649 ⑳61.85

当110,327 高見 康裕 自新（62.4）
比52,016 山 本 　 誉 立前（29.4）
　14,361 向 瀬 慎 一 共新（ 8.1）

浜田市、出雲市（第1区に属しない区域）、益田市、大田市、江津市、雲南市（第1区に属しない区域）、飯石郡、邑智郡、鹿足郡

たか み やす ひろ
高見 康裕　自新［茂］　当1
島根県出雲市　S55・10・16
勤2年2ヵ月　（初／令3）

党青年局学生部部長、農水委、法務大臣政務官、島根県議、海上自衛隊、読売新聞、東大大学院／43歳

〒693-0058　出雲市矢野町941-4　☎0853(23)8118
〒107-0052　港区赤坂2-17-10、宿舎

岡山県1区 364,162 ⑳46.73

当90,939 逢 沢 一 郎 自前（55.0）
比65,499 原 田 謙 介 立新（39.6）
　8,990 余 江 雪 央 共新（ 5.4）

岡山市（北区の一部（P176参照）、南区の一部（P176参照））、加賀郡（吉備中央町（本庁管内（P176参照））、井原出張所管内）

あい さわ いち ろう
逢 沢 一 郎　自前［無］　当12
岡山県岡山市　S29・6・10
勤37年7ヵ月　（初／昭61）

党選挙制度調査会長、政倫審会長、国家基本委員長、議運委員、党国対委員、予算委員、幹事長代理、外務副大臣、通産政務次官、松下政経塾理事、慶大工／69歳

〒700-0933　岡山市北区奥田1-2-3　☎086(233)0016
〒100-8981　千代田区永田町2-2-1、会館　☎03(3508)7105

岡山県2区 289,071 ⑳50.42

当80,903 山 下 貴 司 自前（56.4）
比62,555 津 村 啓 介 立前（43.6）

岡山市（北区（第1区に属しない区域）、中区、東区（本庁管内）、南区（第1区に属しない区域））、玉野市、瀬戸内市

やま した たか し
山 下 貴 司　自前［茂］　当4
岡山県岡山市　S40・9・8
勤11年1ヵ月　（初／平24）

党政調副会長、党改革実行本部事務局長、党憲法改正実現本部事務局長、決算委理事、法務大臣、検事、外交官、弁護士、東大法／58歳

〒703-8282　岡山市中区平井6-3-13　☎086(230)1570
〒100-8982　千代田区永田町2-1-2、会館　☎03(3508)7057

岡山県3区 270,568 ⑳57.97

当68,631　平沼正二郎　無新(44.4)
比当54,930　阿 部 俊 子　自前(35.5)
比23,316　森 本 栄　立新(15.1)
7,760　尾 崎 宏 子　共新(5.0)

岡山市(東区(第2区に属しない区域)),
津山市、備前市、赤磐市、真庭市の一
部(P176参照)、美作市、和気郡、真庭
郡、苫田郡、勝田郡、英田郡、久米郡

ひらぬましょうじ ろう
平沼正二郎
自 新[二]　　　　当1
岡山県岡山市　S54・11・11
勤2年2ヵ月　　(初/令3)

内閣府兼復興大臣政務官、学習院大学
経済学部／44歳

〒708-0806　津山市大田81-11　　☎0868(24)0107
〒100-8982　千代田区永田町2-1-2、会館　☎03(3508)7251

岡山県4区 381,828 ⑳48.04

当89,052　橋 本 岳　自前(49.7)
比当83,859　柚 木 道 義　立前(46.8)
6,146　中 川 智 晴　無新(3.4)

倉敷市(本庁管内、児島・玉島・水
島・庄・茶屋町支所管内)、都窪郡

はし もと　　がく
橋 本 岳
自 前[茂]　　　　当5
岡山県総社市　S49・2・5
勤15年　　　　(初/平17)

厚労委理、予算委、地・こ・デジ特委長、厚労委員
長、党総務、厚労副大臣、党厚労部会長、党外交部
会長、厚労政務官、三菱総研研究員、慶大院／49歳

〒710-0842　倉敷市吉岡552　　　☎086(422)8410
〒107-0052　港区赤坂2-17-10、宿舎

岡山県5区 262,936 ⑳54.33

当102,139　加 藤 勝 信　自前(72.6)
比31,467　はたともこ　立新(22.4)
7,067　美 見 芳 明　共新(5.0)

倉敷市(第4区に属しない区域)、笠岡市、井
原市、総社市、高梁市、真庭市(第3
区に属しない区域)、浅口市、浅口郡、小田郡、
加賀郡(吉備中央町(第1区に属しない区域)

か とう　かつ のぶ
加 藤 勝 信
自 前[茂]　　　　当7
東京都　S30・11・22
勤20年2ヵ月　　(初/平15)

党社会保障制度調査会長、党税制調査会小
委員長代理、厚労相、官房長官、党総務会
長、一億総活躍相、元大蔵省、東大／68歳

〒714-0088　笠岡市中央町31-1　　☎0865(63)6800
〒100-8982　千代田区永田町2-1-2、会館　☎03(3508)7459

広島県1区 332,001 ⑳50.81

当133,704　岸 田 文 雄　自前(80.7)
比15,904　有 田 優 子　社新(9.6)
14,508　大 西 理　共新(8.8)
1,630　上 出 圭 一　諸新(1.0)

広島市(中区、東区、南区)

きし だ ふみ お
岸 田 文 雄
自 前[岸]　　　　当10
東京都渋谷区　S32・7・29
勤30年7ヵ月　　(初/平5)

内閣総理大臣、自民党総裁、党政調会長、外
務大臣、防衛大臣、党国対委員長、内閣府特
命担当大臣、厚労委員長、早大法／66歳

〒730-0013　広島市中区八丁堀6-3
和光八丁堀ビル　　☎082(228)2411
〒100-8981　千代田区永田町2-2-1、会館 ☎03(3508)7279

略
歴

岡
山
・
広
島

広島県2区　404,009　⊛51.48

当133,126　平口　洋　自前（65.2）
比70,939　大井赤茶　立新（34.8）

広島市（西区、佐伯区）、大竹市、廿
日市市、江田島市（本庁管内、能美
・沖美支所管内、深江・柿浦連絡所管内）

ひら　ぐち　　ひろし
平口　洋

自前［茂］　　当5
広島県江田島市　S23・8・1
勤15年　（初/平17）

党報道局長、倫選特委長、農水委長、党国交部会長、
法務副大臣、法務委員、党副幹事長、環境副大臣、国
交省河川課次長、秋田県警本部長、東大法／75歳

〒733-0812　広島市西区己斐本町2-6-20　☎082（527）2100
〒100-8982　千代田区永田町2-1-2、会館　☎03（3508）7622

広島県3区　360,198　⊛51.07

当97,844　斉藤鉄夫　公前（55.1）
比53,143　ライアン真由美　立新（29.9）
比18,088　瀬木寛親　維新（10.2）
3,559　大山　宏　無新（2.0）
比2,789　矢島秀平　N新（1.6）
2,251　玉田憲勲　無新（1.3）

広島市（安佐南区、安佐北区）、
安芸高田市、山県郡

さい　とう　てつ　お
斉藤鉄夫

公前　　当10
島根県　S27・2・5
勤30年7ヵ月　（初/平5）

国交大臣、党副代表、党幹事長、党選対委長、党税制調査会
長、党政調会長、環境大臣、文科委員、科技総括政務次官、プ
リンストン大研究員、清水建設、工博、技術士、東工大院／71歳

〒731-0103　広島市安佐南区緑井2-18-15　☎082（870）0088
〒107-0052　港区赤坂2-17-10、宿舎　☎03（5549）3145

広島県4区　309,781　⊛53.18

当78,253　新谷正義　自前（48.3）
比33,681　上野哲治　立新（20.8）
比当28,966　空本誠喜　維元（17.9）
21,112　中川俊直　無元（13.0）

広島市（安芸区）、三原市（大和支所管内）、東
広島市（本庁管内、八本松・志和・高屋出張所管
内、黒瀬・福富・豊栄・河内支所管内）、安芸郡

しん　たに　まさ　よし
新谷正義

自前［茂］　　当4
広島県　S50・3・8
勤11年1ヵ月　（初/平24）

党副幹事長、衆災害特委理事、総務副大臣、厚
労政務官、衆厚労委理、衆総務委理、党国交副
部会長、医師、病院長、帝京大医、東大経／48歳

〒739-0015　東広島市西条栄町9-21　☎082（431）5177
〒100-8982　千代田区永田町2-1-2、会館　☎03（3508）7604

広島県5区　242,034　⊛54.52

当87,434　寺田　稔　自前（67.7）
比41,788　野村功次郎　立新（32.3）

呉市、竹原市、三原市（本郷支所管内）、尾道市（瀬
戸田支所管内）、東広島市（第4区に属しない区
域）、江田島市（第2区に属しない区域）、豊田郡

てら　だ　　みのる
寺田　稔

自前［岸］　　当6
広島県　S33・1・24
勤16年5ヵ月　（初/平16補）

総務委、決算行監委、元総務大臣、総理大臣補佐官、党経理局長、
総務副大臣兼内閣府副大臣、安保委員、内閣府副大臣、防衛政務
官、内閣参事官、財務省主計官、ハーバード大院、東大法／65歳

〒737-0045　呉市本通4-3-15呉YSビル2F　☎0823（24）2358
〒100-8981　千代田区永田町2-1-2、会館　☎03（3508）7606

広島県6区 294,154 ㊴56.35

当83,796 佐藤公治 立前（51.4）
比当79,158 小島敏文 自前（48.6）

三原市（第4区及び第5区に属しない区域）、尾道市（第5区に属しない区域）、府中市、三次市、庄原市、世羅郡、神石郡

さ とう こう じ
佐 藤 公 治　立前　当4（初/平12）※
広島県尾道市　S34・7・28
勤17年7ヵ月（参6年1ヵ月）

農水委、倫選特委、県連代表、元参外交防衛委員長、国務大臣秘書官（旧国土庁、旧北海道・沖縄開発庁）、電通、慶大法／64歳

〒722-0045　広島県尾道市久保2-26-2　☎0848（37）2100
〒100-8981　千代田区永田町2-2-1、会館　☎03（3508）7145

広島県7区 382,135 ㊴49.35

当123,396 小林史明 自前（66.4）
比45,520 佐藤広典 立前（24.5）
11,580 村井明美 共新（ 6.2）
5,207 橋本加代 無新（ 2.8）

福山市

こ ばやし ふみ あき
小 林 史 明　自前［岸］　当4
広島県福山市　S58・4・8
勤11年1ヵ月　（初/平24）

決算行監委理、国交委、党情報調査局長、党広報戦略局長、デジタル副大臣兼内閣府副大臣、上智大学／39歳

〒721-0958　福山市西新涯町2-23-34　☎084（959）5884
〒107-0052　港区赤坂2-17-10、宿舎

山口県1区 356,209 ㊴48.50

当118,882 高村正大 自前（70.1）
比50,684 大内一也 立新（29.9）

山口市（山口・小郡・秋穂・阿知須・徳地総合支所管内）、防府市、周南市の一部（P176参照））

こう むら まさ ひろ
高 村 正 大　自前［麻］　当2
山口県周南市　S45・11・14
勤6年3ヵ月　（初/平29）

外務大臣政務官、財務大臣政務官、党財務・国防・外務副部会長、外務大臣秘書官、経企庁長官秘書官、会社員、慶大／53歳

〒745-0004　山口県周南市毛利町1-3　☎0834（31）4715
〒100-8981　千代田区永田町2-2-1、会館　☎03（3508）7113

山口県2区 283,552 ㊴51.61

（総選挙の結果はP168参照）
補選（令和5.4.23）
当61,369 岸 信千世 自新（52.5）
55,601 平岡秀夫 無元（47.5）

下松市、岩国市、光市、柳井市、周南市（第1区に属しない区域）、大島郡、玖珂郡、熊毛郡

令和5年2月7日　岸信夫議員辞職

きし のぶ ち よ
岸 信千世　自新［安］　補当1
東京都　H3・5・16
勤8ヵ月　（初/令5補）

文科委、財金委、消費者特委、党国対委員、党青年局次長、防衛大臣秘書官、衆議院議員秘書、フジテレビ、慶大商／32歳

〒740-0017　山口県岩国市今津町1-10-17　三福ビル2階
　　　　　　☎0827（30）7000
〒100-8981　千代田区永田町2-2-1、会館　☎03（3508）7113

山口県3区 256,039 投50.14

当96,983　林　芳正　自新（76.9）
比29,073　坂本史子　立新（23.1）

宇部市、山口市（第1区に属しない区域）、萩市、美祢市、山陽小野田市、阿武郡

はやし　よし　まさ

林　芳正

自新［岸］　　　当1※
山口県　　　　S36・1・19
勤28年8ヵ月（参26年6ヵ月）（初/令3）

党税調小委員長、外務大臣、文部科学大臣、農林水産大臣、党政調会長代理、経済財政担当大臣、防衛大臣、三井物産、東大法、ハーバード大院／62歳

〒751-0823　山口県下関市貴船町4-8-18-101
☎083（224）1111
〒100-8981　千代田区永田町2-2-1、会館 ☎03（3508）7115

山口県4区 244,858 投48.64

補選（令和5.4.23）
当51,961　吉田真次　自新（63.5）
25,595　有田芳生　立新（31.3）
2,381　大野頼子　無新（2.9）
1,186　渡部亜衣　欧新（1.4）
734　竹本秀之　無新（0.9）

下関市、長門市
令和4年7月8日　安倍晋三議員死去
（総選挙の結果はP168参照）

よし　だ　しん　じ

吉田真次

自新［安］　　　補当1
山口県　　　　S59・7・6
勤8ヵ月　　　（初/令5補）

厚労委、経産委、復興特委、下関市議会議員3期、大阪府議会議員秘書、関西大学法学部政治学科／39歳

〒750-0066　下関市東大和町1-8-16 ☎083（250）7311
〒100-8981　千代田区永田町2-2-1、会館 ☎03（3508）7172

比例代表 中国 11人

鳥取、島根、岡山、広島、山口

いしばしりん　た　ろう

石橋林太郎

自新［岸］　　　当1
広島県広島市　S53・5・2
勤2年2ヵ月　　（初/令3）

国交大臣政務官、国交委、党青年局・女性局各次長、広島県議会議員（二期）、大阪外国語大学／45歳

〒731-0124　広島市安佐南区大町東2-15-7 ☎082（836）3444
〒107-0052　港区赤坂2-17-10、宿舎

こ　じま　とし　ふみ

小島敏文

自前［岸］　当4(初/平24)
広島県世羅町　S25・9・7
勤11年1ヵ月　〈広島6区〉

農林水産委理事、復興副大臣、党国土交通部会長、党厚労部会長代理、厚生労働大臣政務官、経産部会長代理、農林部会長代理、副幹事長、広島県議会議員、大東文化大／73歳

〒722-1114　世羅郡世羅町東神崎368-21 ☎0847（22）4055
〒107-0052　港区赤坂2-17-10、宿舎

あべ俊子（とし こ）
自前［無］　当6(初/平17)
宮城県　S34・5・19
勤18年4ヵ月　〈岡山3区〉

農水委筆頭理事、外務副大臣、党副幹事長、農水副大臣、外務政務官、東京医科歯科大助教授、米イリノイ州立大学院／64歳

〒708-0841　津山市川崎162-5　☎0868(26)6711
〒100-8981　千代田区永田町2-2-1、会館　☎03(3508)7136

髙階恵美子（たかがい え み こ）
自新［安］　当1(初/令3)※
宮城県　S38・12・21
勤13年7ヵ月　(参11年5ヵ月)

復興特委員長、厚労委、元厚労副大臣、元厚労大臣政務官、元参院文教委員長、元党女性局長、東京医科歯科大大学院／59歳

〒690-0873　松江市内中原町140-2　島根県政会館3F　☎0852(28)2158
〒100-8982　千代田区永田町2-1-2、会館　☎03(3508)7518

杉田水脈（すぎ た み お）
自前［安］　当3
兵庫県神戸市　S42・4・22
勤8年3ヵ月　(初/平24)

安保委理、内閣委、災害特委、党環境部会長代理、総務大臣政務官、党国土交通副部会長、党女性局次長、鳥取大学農学部／56歳

〒753-0067　山口市赤妻町3-1-102　☎083(924)0588
〒107-0052　港区赤坂2-17-10、宿舎

畦元将吾（あぜ もと しょう ご）
自前［岸］　当2
広島県広島市　S33・4・30
勤4年6ヵ月　(初/令元)

党副幹事長、厚生労働大臣政務官、党総務、党環境副部会長、党厚生労働副部会長、東邦大医学部客員教授、診療放射線技師／65歳

〒730-0843　広島市中区舟入本町13-4　KAIZOビル202　☎082(234)5130
〒100-8981　千代田区永田町2-2-1、会館　☎03(3508)7710

柚木道義（ゆの き みち よし）
立前　当6(初/平17)
岡山県倉敷市　S47・5・28
勤18年4ヵ月　〈岡山4区〉

文部科学委筆頭理事、決算行監委、財務大臣政務官、会社員、岡山大文学部／51歳

〒710-0052　倉敷市美和2-16-20　☎086(430)2355
〒100-8982　千代田区永田町2-1-2、会館　☎03(3508)7301

湯原俊二（ゆ はら しゅん じ）
立元　当2(初/平21)
鳥取県米子市　S37・11・20
勤5年6ヵ月　〈鳥取2区〉

総務委、地・こ・デジ特委理事、立憲民主党鳥取県連代表、鳥取県議、米子市議、衆議員秘書、早大／61歳

〒683-0804　米子市米原5-3-20　☎0859(21)2888

　　　　　　　　　　※平22参院初当選

平林　晃 <ruby>平<rt>ひら</rt>林<rt>ばやし</rt></ruby>　<ruby>晃<rt>あきら</rt></ruby>
公　新　　　　当1
愛知県名古屋市　S46・2・2
勤2年2ヵ月　（初／令3）

総務委、文科委、原子力特委、党組織局次長、デジタル社会推進本部事務局次長、立命館大学教授、山口大学准教授、博士（東工大）／52歳

〒732-0057 広島市東区二葉の里1-1-72-901

日下　正喜 <ruby>日<rt>くさ</rt>下<rt>か</rt></ruby>　<ruby>正<rt>まさ</rt>喜<rt>き</rt></ruby>
公　新　　　　当1
和歌山県　S40・11・25
勤2年2ヵ月　（初／令3）

党組織局次長、広島県本部副代表、災害特委理、国交委、法務委、党広島県本部事務長、広大院中退、創大法（通信）卒／58歳

〒730-0854 広島市中区土橋町2-43-406
〒107-0052 港区赤坂2-17-10、宿舎

空本　誠喜 <ruby>空<rt>そら</rt>本<rt>もと</rt></ruby>　<ruby>誠<rt>せい</rt>喜<rt>き</rt></ruby>
維　元　　　当2(初／平21)
広島県呉市　S39・3・11
勤5年6ヵ月　〈広島4区〉

党広島県総支部代表、環境委、原子力特委、技術指導会代表、元東芝（原子力）、工学博士（原子力）、東大院／59歳

〒739-0044 東広島市西条町下見4623番地15
〒107-0052 港区赤坂2-17-10、宿舎　☎082(421)8146

㊥ 略歴

比 例 中 国

比例代表 中国	**11人**	有効投票数 3,119,427票

政党名	当選者数	得票数	得票率
	惜敗率 小選挙区		惜敗率 小選挙区

自民党　6人　　1,352,723票　43.36%

当①石橋林太郎 新			②逢沢　一郎 前	岡1
当②小島　敏文 前(94.47)広6			②山下　貴司 前	岡2
当②阿部　俊子 前(80.04)広3			②橋本　　岳 前	岡4
当18高階恵美子 新			②加藤　勝信 前	岡5
当19杉田　水脈 前			②新谷　正義 前	広4
当20畦元　将吾 前			②寺田　　稔 前	広5
㉑小林孝一郎 新			②小林　史明 前	広7
㉒徳村純一郎 新			②高村　正大 前	山1
【小選挙区での当選者】			②岸　　信夫 前	山2
②石破　　茂 前		鳥1	②林　　芳正 新	山3
②赤沢　亮正 前		鳥2	②安倍　晋三 前	山4
②高見　康裕 新		鳥2		

立憲民主党　2人　　573,324票　18.38%

当①柚木　道義 前(94.17)岡4		①ライアン真由美 新(54.31)広3	
当①湯原　俊二 元(85.26)鳥2		①大井　赤亥 新(53.29)広2	
①津村　啓介 前(77.32)岡2		①野村功次郎 新(47.79)広5	
①亀井亜紀子 前(73.75)島1		①山本　　誉 新(47.15)島2	
①原田　謙介 新(72.03)岡1		①上野　寛治 新(43.04)広4	

①大内　一也　新(42.63)山1　　⑰加藤　寿彦　新
①佐藤　広典　新(36.89)広7　　⑱姫井由美子　新
①森本　栄　新(33.97)岡3　　【小選挙区での当選者】
①はたともこ　新(30.81)岡5　　①佐藤　公治　前　　広6
①坂本　史子　新(29.98)山3

公明党　2人　436,220票　13.98%

当①平林　晃　新　　　　　③長谷川裕輝　新
当②日下　正喜　新

日本維新の会　1人　286,302票　9.18%

当①空本　誠喜　元(37.02)広4　　③喜多　義典　新
①瀬木　寛親　新(18.49)広3

．．．．．．．．．．．．．．．．．．．．．．．．．．．．．．．．．．．．．．

その他の政党の得票数・得票率は下記のとおりです。
（当選者はいません）

政党名	得票数	得票率			
共産党	173,117票	5.55%	社民党	52,638票	1.69%
国民民主党	113,898票	3.65%	NHKと裁判してる党弁護士法72条違反で		
れいわ新選組	94,446票	3.03%		36,758票	1.18%

徳島県1区 362,130 投55.93	当99,474　仁木博文　無元(50.1)
	比当77,398　後藤田正純　自前(38.9)
	比当20,065　吉田　知代　維新(10.1)
	1,808　佐藤　行俊　無新(0.9)

徳島市、小松島市、阿南市、勝
浦郡、名東郡、名西郡、那賀郡、
海部郡

に　き　ひろ　ぶみ　　　　自元［麻］　　　当2
仁木博文　徳島県阿南市　S41・5・23
　　　　　　　　　勤5年6ヵ月　（初/平21）

厚生労働委員、法務委員、消費者特委、
党厚生労働副部会長、医療法人理事長、
徳島大学大学院医学博士取得／57歳

〒770-0865　徳島市南末広町4-88-1　☎088(624)9350
〒107-0052　港区赤坂2-17-10、宿舎　☎03(5549)4671

徳島県2区 260,655 投50.99	当76,879　山口俊一　自前(59.5)
	比43,473　中野真由美　立新(33.6)
	8,851　久保孝之　共新(6.9)

鳴門市、吉野川市、阿波市、美馬
市、三好市、板野郡、美馬郡、三好
郡

やま　ぐち　しゅん　いち　　自前［麻］　　　当11
山口俊一　徳島県　S25・2・28
　　　　　　　　　勤34年　　（初/平2）

議院運営委員長、元内閣府特命担当大
臣、首相補佐官、総務・財務副大臣、郵政
政務次官、青山学院大／73歳

〒771-0219　板野郡松茂町笹木野字八北開拓247-1
　　　　　　　　　　　　　　　　☎088(624)4851
〒107-0052　港区赤坂2-17-10、宿舎　☎03(5571)9512

香川県1区　313,296　⑱57.52

高松市の一部（P176参照）、小豆郡、香川郡

当90,267	小川淳也　立前（51.0）
比当70,827	平井卓也　自前（40.0）
比15,888	町川順子　維新（ 9.0）

おがわじゅんや
小川淳也

立前　　　当6
香川県　S46・4・18
勤18年4ヵ月　（初／平17）

厚労委筆頭理事、沖北特委、香川県連代表、国土審議会離島振興対策分科会長、総務政務官、総務省課長補佐、春日井市部長、自治省、東大／52歳

〒761-8083　高松市三名町569-3　☎087（814）5600
〒107-0052　港区赤坂2-17-10、宿舎　☎03（5549）4671

香川県2区　258,730　⑱58.53

高松市（第1区に属しない区域）、丸亀市（綾歌・飯山市民総合センター管内）、坂出市、さぬき市、東かがわ市、木田郡、綾歌郡

当94,530	玉木雄一郎　国前（63.5）
比54,334	瀬戸隆一　自元（36.5）

たまきゆういちろう
玉木雄一郎

国前　　　当5
香川県さぬき市寒川町　S44・5・1
勤14年5ヵ月　（初／平21）

党代表、国家基本委、憲法審査会委、元民進党幹事長代理、財務省主計局課長補佐、東大法、ハーバード大院修了／54歳

〒769-2321　さぬき市寒川町石田東甲814-1　☎0879（43）0280
〒107-0052　港区赤坂2-17-10、宿舎

香川県3区　240,033　⑱51.60

丸亀市（第2区に属しない区域）、善通寺市、観音寺市、三豊市、仲多度郡

当94,437	大野敬太郎　自前（79.8）
23,937	尾崎淳一郎　共新（20.2）

おおのけいたろう
大野敬太郎

自前［無］　　　当4
香川県丸亀市　S43・11・1
勤11年1ヵ月　（初／平24）

党総務会副会長、国会対策副委員長、党副幹事長、内閣府副大臣、防衛大臣政務官、米UCB客員フェロー、東大博士、東工大、同大学院修士／55歳

〒763-0082　丸亀市土器町東1-129-2　☎0877（21）7711
〒100-8981　千代田区永田町2-2-1、会館　☎03（3508）7132

愛媛県1区　385,321　⑱52.10

松山市の一部（P176参照）

当119,633	塩崎彰久　自新（60.8）
比77,091	友近聡朗　立新（39.2）

しおざきあきひさ
塩崎彰久

自新［安］　　　当1
愛媛県松山市　S51・9・9
勤2年2ヵ月　（初／令3）

厚生労働大臣政務官、厚労委、長島・大野・常松法律事務所パートナー弁護士、内閣官房長官秘書官、東大／47歳

〒790-0003　松山市三番町4-7-2　☎089（941）4843

愛媛県2区	249,121 投52.73	当72,861	村上誠一郎	自前（57.5）
		比42,520	石井智恵	国新（33.5）
		11,358	片岡朗	共新（9.0）

松山市（浮穴支所管内（北井門2丁目に属する区域を除く）、久谷・北条・中島支所管内）、今治市、東温市、越智郡、伊予郡

村上誠一郎 むらかみせいいちろう

自前［無］　当12

愛媛県今治市　S27・5・11
勤37年7ヵ月　（初/昭61）

決算行監委、国務大臣・内閣府特命担当大臣、財務副大臣、大蔵・石炭委長、大蔵政務次官、東大法／71歳

〒794-0028　今治市北宝来町1-5-11　☎0898（31）2600
〒107-0052　港区赤坂2-17-10、宿舎　☎03（5549）4671

愛媛県3区	260,288 投57.42	当76,263	井原巧	自前（51.6）
		比当71,600	白石洋一	立前（48.4）

新居浜市、西条市、四国中央市

井原巧 いはらたくみ

自新［安］　当1(初/令3)※

愛媛県四国中央市　S38・11・13
勤8年3ヵ月　（参6年1ヵ月）

総務委理、消費者特委理、経産委、党文科部会長代理、経産・内閣府・復興大臣政務官、参議院議員、四国中央市長、県議、専大大／60歳

〒799-0413　四国中央市中曽根町411-5　☎0896（23）8650
〒100-8982　千代田区永田町2-1-2、会館　☎03（3508）7201

愛媛県4区	246,664 投59.16	当81,015	長谷川淳二	自新（56.6）
		47,717	桜内文城	無元（33.3）
		11,555	西井直人	共新（8.1）
		1,547	藤島利久	無新（1.1）
		1,319	前田龍夫	無新（0.9）

宇和島市、八幡浜市、大洲市、伊予市、西予市、上浮穴郡、喜多郡、西宇和郡、北宇和郡、南宇和郡

長谷川淳二 はせがわじゅんじ

自新［無］　当1

岐阜県　S43・8・5
勤2年2ヵ月　（初/令3）

総務大臣政務官、総務委、党農林水産関係団体副委員長、総務省地域政策課長、内閣参事官、愛媛県副知事、東大／55歳

〒798-0040　宇和島市中央町2-3-30　☎0895（65）9410
〒100-8982　千代田区永田町2-1-2、会館　☎03（3508）7453

高知県1区	310,468 投53.50	当104,837	中谷元	自前（64.3）
		比50,033	武内則男	立前（30.7）
		比4,081	中島康治	N新（2.5）
		4,036	川田永二	無新（2.5）

高知市の一部（P176参照）、室戸市、安芸市、南国市、香南市、香美市、安芸郡、長岡郡、土佐郡

中谷元 なかたにげん

自前［無］　当11

高知県高知市　S32・10・14
勤34年　（初/平2）

内閣総理大臣補佐官、防衛大臣、防衛庁長官、自治総括政務次官、郵政政務次官、衆総務委員長、中央政治大学院長、防衛大／66歳

〒781-5106　高知市布良乙278-1
　　　　　　 タイシンビル2F
〒107-0052　港区赤坂2-17-10、宿舎　☎088（855）6678

※平25参院初当選

高知県2区	287,552	当117,810	尾﨑 正直	自新（67.2）
	61.50	比55,214	広田 一	立前（31.5）
		2,171	広田晋一郎	N新（1.2）

高知市（第1区に属しない区域）、土
佐市、須崎市、宿毛市、土佐清水市、
四万十市、吾川郡、高岡郡、幡多郡

お ざき まさ なお
尾﨑 正直

自新［二］ 当1
高知県高知市 S42・9・14
勤2年2ヵ月 （初／令3）

農水委、経産委、党デジタルAIPT事務局
長、南海トラフPT事務局長、デジタル大
臣政務官、前高知県知事、東大／56歳

〒781-8010 高知市桟橋通3-25-31　☎088（855）9140
〒100-8982 千代田区永田町2-1-2、会館　☎03（3508）7619

比例代表 四国 6 人 徳島、香川、愛媛、高知

やま もと ゆう じ
山本 有二

自前［無］ 当11
高知県 S27・5・11
勤34年 （初／平2）

予算委、憲審委、党財務委員長、農林水産
大臣、党道路調査会長、予算委員長、金融
担当大臣、法務総括、弁護士、早大／71歳

〒781-8010 高知市桟橋通3-31-1　☎088（803）7788
〒100-8981 千代田区永田町2-2-1、会館　☎03（3508）7232

ひら い たく や
平井 卓也

自前［岸］ 当8（初／平12）
香川県高松市 S33・1・25
勤23年7ヵ月 〈香川1区〉

国家基本委、内閣委、党デジタル社会推進本部
長、党広報本部長、初代デジタル大臣、デジタ
ル改革担当相、内閣委員、電通、上智大／65歳

〒760-0025 高松市古新町4-3　☎087（826）2811
〒100-8981 千代田区永田町2-2-1、会館　☎03（3508）7307

せ と たか かず
瀬戸 隆一

自元［麻］ 繰当3
香川県坂出市 S40・8・2
勤5年9ヵ月 （初／平24）

財務大臣政務官、財金委、総務省、岩手
県警、郵政省、東京工業大学大学院／58
歳

〒762-0007 坂出市室町2-5-20　☎0877（44）1755
〒100-8981 千代田区永田町2-2-1、会館　☎03（3508）7712

しら いし よう いち
白石 洋一

立前 当3（初／平21）
愛媛県 S38・6・25
勤9年7ヵ月 〈愛媛3区〉

文科委、党四国ブロック常任幹事、党国際局長
代理、党政調副会長、米国監査法人、長銀、カリ
フォルニア大バークレー校MBA、東大法／60歳

〒793-0028 愛媛県西条市新田197-4　☎0897（47）1000

略歴

高知・比例四国

公新 当1

山崎 正恭（やま さき まさ やす）

高知県高知市 S46・3・5
勤2年2ヵ月 （初/令3）

党教育改革推進本部事務局次長、農林
水産委、高知県議、中京大、鳴門教育大
学院／52歳

〒781-8010 高知市桟橋通4-12-36 ウィンビル1F ☎088(805)0607

〒100-8982 千代田区永田町2-1-2、会館 ☎03(3508)7472

維新 当1(初/令3)

吉田 とも代（よし だ よ）

兵庫県神戸市 S50・2・23
勤2年2ヵ月 （徳島1区）

党徳島県第1選挙区支部長、総務委、災
害特委、党厚生労働部会長、丹波篠山市
議、神戸松陰短大／48歳

〒770-0847 徳島市幸町3-48 賀川ビル ☎088(635)1718

〒100-8982 千代田区永田町2-1-2、会館 ☎03(3508)7001

比例代表 四国 **6人** 有効投票数 1,698,487票

政党名	当選者数		得票数	得票率
	惜敗率	小選挙区		

自民党　3人　664,805票　39.14%

当①山本　有二　前
当②平井　卓也　前(78.46)香1
当②後藤田正純　前(77.81)徳1
　(令5.1.5辞職)
繰②瀬戸　隆一　元(57.48)香2
　(令5.1.17繰上)
⑬福山　守　新
⑭福井　照　前
⑮二川　弘康　新
⑯井桜　康司　新

【小選挙区での当選者】
②山口　俊一　前　　徳2
②大野敬太郎　前　　香3
②塩崎　彰久　新　　愛1
②村上誠一郎　前　　愛2
②井原　巧　新　　　愛3
②長谷川淳二　新　　愛4
②中谷　元　前　　　高1
②尾﨑　正直　新　　高2

立憲民主党　1人　291,870票　17.18%

当①白石　洋一　前(93.89)愛3
　②友近　聡朗　新(64.44)愛1
　①中野真由美　新(56.55)愛2
　①武内　則男　前(47.72)高1
　①広田　一　前(46.87)高2

⑦長山　雅一　新
⑧小山田経子　新
【小選挙区での当選者】
①小川　淳也　前　　香1

公明党　1人　233,407票　13.74%

当①山崎　正恭　新
②坂本　道応　新

日本維新の会　1人　173,826票　10.23%

当①吉田　知代　新(20.17)徳1
▼①町川　順子　新(17.60)香1
③佐藤　暁　新

....

その他の政党の得票数・得票率は下記のとおりです。
(当選者はいません)

政党名	得票数	得票率			
国民民主党	122,082票	7.19%	社民党	30,249票	1.78%
共産党	108,021票	6.36%	NHKと裁判してる党弁護士法72条違反で		
れいわ新選組	52,941票	3.12%		21,285票	1.25%

略歴

比例四国

福岡県1区 453,215 投47.56

福岡市（東区、博多区）

当99,430	井上貴博	自前（47.5）
	比53,755 坪田 晋	維元（25.7）
比当37,604	山本 剛正	維元（18.0）
18,487	木村拓史	共新（8.8）

いのうえ たか ひろ
井上貴博

自前［麻］ 当4
福岡県福岡市 S37・4・2
勤11年1ヵ月 （初/平24）

党総括副幹事長、財務副大臣、財務大臣政務官、財務大臣補佐官、党国対副委員長、福岡県議、福岡JC理事長、獨協大法/61歳

〒812-0014 福岡市博多区比恵町2-1
博多エステートビル102号 ☎092(418)9898

福岡県2区 449,552 投53.81

福岡市（中央区、南区の一部
（P177参照）、城南区の一部（P177
参照））

当109,382	鬼木 誠	自前（46.0）
比当101,258	稲富修二	立前（42.6）
比27,302	新開崇司	維新（11.5）

おに き まこと
鬼木 誠

自前［森］ 当4
福岡県福岡市 S47・10・16
勤11年1ヵ月 （初/平24）

党国防部会長、前衆院安保委員、元防衛副大臣、元衆院経産・国交・法務各委理事、元環境政務官、県議、銀行員、九大法/51歳

〒810-0014 福岡市中央区平尾2-3-15 ☎092(707)1972
〒107-0052 港区赤坂2-17-10、宿舎

福岡県3区 433,603 投54.42

福岡市（城南区（第2区に属しない
区域）（P177参照）、早良区、西
区）、糸島市

当135,031	古賀 篤	自前（57.9）
比98,304	山内康一	立前（42.1）

こ が あつし
古賀 篤

自前［岸］ 当4
福岡県福岡市 S47・7・14
勤11年1ヵ月 （初/平24）

党厚労部会長、厚労委理事、厚生労働副大臣、総務（兼）内閣府大臣政務官、国交委理事、金融庁課長補佐、財務省主計局主査、東大法/51歳

〒814-0015 福岡市早良区室見2-1-22 8F ☎092(822)5051
〒100-8982 千代田区永田町2-1-2、会館 ☎03(3508)7081

福岡県4区 369,215 投53.97

宗像市、古賀市、福津市、糟屋
郡

当96,023	宮内秀樹	自前（49.4）
比49,935	森本慎太郎	立新（25.7）
比当36,998	阿部弘樹	維新（19.0）
比11,338	竹内信昭	社新（5.8）

みや うち ひで き
宮内秀樹

自前［二］ 当4
愛媛県 S37・10・19
勤11年1ヵ月 （初/平24）

党経済産業部会長、前文部科学委員長、元農林水産副大臣、党副幹事長、国土交通大臣政務官、青山学院大/61歳

〒811-3101 古賀市天神4-8-1 ☎092(942)5510
〒100-8981 千代田区永田町2-2-1、会館 ☎03(3508)7174

福岡県5区　454,493　投54.52

当125,315　堤　かなめ　立新（53.1）
110,706　原田義昭　自前（46.9）

福岡市（南区（第2区に属しない区域）（P177参照））、筑紫野市、春日市、大野城市、太宰府市、朝倉市、那珂川市、朝倉郡

つつみ　　　かなめ
堤　　かなめ

立新　　　　　　　　　当1
福岡県　　　S35・10・27
勤2年2ヵ月　（初／令3）

環境委、地・こ・デジ特委、党政調会長補佐、党福岡県連副代表、福岡県議（3期）、大学教員、NPO法人、九州大学／63歳

〒818-0072　筑紫野市二日市中央2-7-17-2F　☎092(409)0077
〒100-8982　千代田区永田町2-1-2、会館　☎03(3508)7062

福岡県6区　374,631　投51.19

当125,366　鳩山二郎　自前（67.4）
比38,578　田辺　徹　立新（20.8）
12,565　河野一弘　共新（6.8）
5,612　組坂善昭　無新（3.0）
3,753　熊丸英治　N新（2.0）

久留米市、大川市、小郡市、うきは市、三井郡、三潴郡

はと　やま　じ　ろう
鳩山二郎

自前［二］　　　　　当3
東京都　　　　S54・1・1
勤7年3ヵ月　（初／平28補）

内閣委員、農水委、倫選特委理、総務大臣政務官、国土交通大臣政務官兼内閣府大臣政務官、大川市長、法務大臣秘書官、杏林大／44歳

〒830-0018　久留米市通町1-1 2F　　　☎0942(39)2111
〒107-0052　港区赤坂2-17-10、宿舎

福岡県7区　288,733　投52.53

当92,233　藤丸　敏　自前（62.3）
比55,820　青木剛志　立新（37.7）

大牟田市、柳川市、八女市、筑後市、みやま市、八女郡

ふじ　まる　　　さとし
藤丸　　敏

自前［岸］　　　　　当4
福岡県　　　　S35・1・19
勤11年1ヵ月　（初／平24）

内閣府副大臣、党外交部会長代理、防衛政務官兼内閣府政務官、衆議院議員秘書、高校教師、東京学芸大学大学院中退／63歳

〒836-0842　大牟田市有明町2-1-16　ウドノビル4F　　　☎0944(57)6106

福岡県8区　349,058　投53.04

当104,924　麻生太郎　自前（59.6）
38,083　河野祥子　共新（21.6）
比32,964　大島九州男　れ新（18.7）

直方市、飯塚市、中間市、宮若市、嘉麻市、遠賀郡、鞍手郡、嘉穂郡

あそ　う　た　ろう
麻生太郎

自前［麻］　　　　　当14
福岡県飯塚市　S15・9・20
勤41年9ヵ月　（初／昭54）

党副総裁、前副総理・財務相・金融相、元首相、党幹事長、外相、総務相、党政調会長、経財相、経企庁官、学習院大／83歳

〒820-0040　飯塚市吉原町10-7　　　☎0948(25)1121
〒100-8981　千代田区永田町2-2-1、会館　☎03(3508)7703

福岡県9区	380,277 50.95	当91,591	緒方林太郎	無元(48.1)
		76,481	三原朝彦	自前(40.2)
		比22,273	真島省三	共元(11.7)

北九州市(若松区、八幡東区、八幡西区、戸畑区)

おがたりんたろう
緒方林太郎　無元(有志)　　当3
　　　　　　　　福岡県　　S48・1・8
　　　　　　　　勤8年4ヵ月　(初/平21)

内閣委、予算委、元外務省課長補佐、東大法中退／50歳

〒806-0045　北九州市八幡西区竹末2-2-21　☎093(644)7077

福岡県10区	408,059 48.00	当85,361	城井　崇	立前(44.5)
		81,882	山本幸三	自前(42.7)
		比21,829	西田主税	維新(11.4)
		2,840	大西啓雅	無新(1.5)

北九州市(門司区、小倉北区、小倉南区)

きい　　たかし
城井　崇　　立前　　　　当4
　　　　　　　　福岡県北九州　S48・6・23
　　　　　　　　勤11年5ヵ月　(初/平15)

国交委、憲法審委、党政調会長代理、広報本部副本部長、子ども若者応援本部副本部長、憲法調査会副会長、県連代表、国交委理、文科委理、文科大臣政務官、社会福祉法人評議員、衆院議員秘書、京大／50歳

〒802-0072　北九州市小倉北区東篠崎1-4-1
　　　　　　TAKAビル片野2F　☎093(941)7767
〒100-8981　千代田区永田町2-2-1、会館　☎03(3508)7389

福岡県11区	256,676 54.28	当75,997	武田良太	自前(55.8)
		40,996	村上智信	無新(30.1)
		比19,310	志岐玲子	社新(14.2)

田川市、行橋市、豊前市、田川郡、京都郡、築上郡

たけだりょうた
武田良太　　自前[二]　　当7
　　　　　　　　福岡県福智町(旧赤池町)　S43・4・1
　　　　　　　　勤20年2ヵ月　(初/平15)

党災害特委員長、総務大臣、国家公安委員長、内閣府特命担当大臣(防災)、幹事長特別補佐、防衛副大臣・政務官、安保委員長、早大院修了／55歳

〒826-0041　福岡県田川市大字弓削田3513-1　☎0947(46)0224
〒107-0052　港区赤坂2-17-10、宿舎

佐賀県1区	333,792 56.19	当92,452	原口一博	立前(50.0)
		比当92,319	岩田和親	自前(50.0)

佐賀市、鳥栖市、神埼市、神埼郡、三養基郡

はらぐちかずひろ
原口一博　　立前　　　　当9
　　　　　　　　佐賀県　　S34・7・2
　　　　　　　　勤27年4ヵ月　(初/平8)

決算行監委、党副代表、国会対策委員長代行、県連代表、国家基本委理、政倫審幹事、総務大臣、県議、松下政経塾、東大／64歳

〒849-0922　佐賀市高木瀬東2-5-41　☎0952(32)2321
〒107-0052　港区赤坂2-17-10、宿舎

佐賀県2区 340,930 ⓣ60.75

当106,608	大串 博志	立前（52.0）
比当98,224	古川　康	自前（48.0）

唐津市、多久市、伊万里市、武雄市、鹿島市、小城市、嬉野市、東松浦郡、西松浦郡、杵島郡、藤津郡

おお ぐし ひろ し
大串 博志
立前　当6
佐賀県白石町　S40・8・31
勤18年4ヵ月　（初/平17）

党選対委員長、懲罰委員長、党税調会長、首相補佐官、財務大臣政務官、財務省主計局主査、東大／58歳

〒849-0302　小城市牛津町柿樋瀬1062-1 セリオ2F　☎0952(66)5776
〒107-0052　港区赤坂2-17-10、宿舎　☎03(5549)4671

長崎県1区 334,139 ⓣ55.25

当101,877	西岡 秀子	国前（56.1）
比69,053	初村滝一郎	自前（38.0）
10,754	安江 綾子	共新（ 5.9）

長崎市〔本庁管内、小ヶ倉・土井首・小榊・西浦上・滑石・福田・深堀・日見・茂木・式見・東長崎・三重支所管内、香焼・伊王島・高島・野母崎・三和行政センター管内〕

にし おか ひで こ
西岡 秀子
国前　当2
長崎県長崎市　S39・3・15
勤6年3ヵ月　（初/平29）

総務委、文科委、地・こ・デジ特委、党副幹事長、党政調会長代理、党第2部会長、党長崎県連代表、国会議員秘書、学習院大法／59歳

〒850-0842　長崎市新地町5-6　☎095(821)2077
〒100-8982　千代田区永田町2-1-2、会館　☎03(3508)7343

長崎県2区 293,298 ⓣ57.03

当95,271	加藤 竜祥	自新（58.2）
比68,405	松平 浩一	立前（41.8）

長崎市（第1区に属しない区域）、島原市、諫早市、雲仙市、南島原市、西彼杵郡

か とう りゅうしょう
加藤 竜祥
自新［安］　当1
長崎県島原市　S55・2・10
勤2年2ヵ月　（初/令3）

国土交通大臣政務官兼内閣府大臣政務官兼復興大臣政務官、国交委、衆議院議員秘書、日大経／43歳

〒854-0026　諫早市東本町2-4三央ビル2F　☎0957(35)1000
〒107-0052　港区赤坂2-17-10、宿舎　☎03(5549)4671

長崎県3区 236,525 ⓣ60.93

当57,223	谷川 弥一	自前（40.7）
比当55,189	山田 勝彦	立新（39.2）
25,566	山田 博司	無新（18.2）
2,750	石本 啓之	諸新（ 2.0）

佐世保市〔早岐・三川内・宮支所管内〕、大村市、対馬市、壱岐市、五島市、東彼杵郡、北松浦郡〔小値賀町〕、南松浦郡

たに がわ や いち
谷川 弥一
自前［安］　当7
長崎県五島市　S16・8・12
勤20年2ヵ月　（初/平15）

農水委、地・こ・デジ特委理、党長崎県連会長、党離島振興特別委員長、文科副大臣、農水政務官、県議長、長崎東高／82歳

〒856-0826　大村市東三城町6-1-2F　☎0957(50)1981

長崎県4区 250,004 ⊕55.08

佐世保市(第3区に属しない区域)、平戸市、松浦市、西海市、北松浦郡(佐々町)
令和5年5月20日、北村誠吾議員死去

(総選挙の結果はP168参照)
補選(令和5.10.22)

当 53,915　金子容三　自新 (53.5)
　46,899　末次精一　立前 (46.5)

かね　こ　よう　ぞう
金子容三
自新[岸]　　補当1
長崎県　　S58・2・1
勤2ヵ月　(初/令5補)

厚労委、環境委、党青年局次長、会社員、慶大法、ウィリアム＆メアリー大院修了/40歳

〒857-0028 佐世保市八幡町4-3-107　☎0956(23)5151
〒100-8982 千代田区永田町2-1-2、会館　☎03(3508)7627

熊本県1区 421,038 ⊕52.91

熊本市(中央区、東区、北区)

当 131,371　木原　稔　自前 (61.0)
比 83,842　濱田大造　立新 (39.0)

き　はら　みのる
木原　稔
自前[茂]　　当5
熊本県熊本市　S44・8・12
勤15年　(初/平17)

防衛大臣、国土交通委員長、党政調副会長兼事務局長、選対副委員長、文科部会長、青年局長、総理補佐官、財務副大臣、防衛政務官、日本航空、早大/54歳

〒862-0976 熊本市中央区九品寺2-8-17
　　　　　九品寺サンシャイン1F　☎096(273)6833
〒100-8982 千代田区永田町2-1-2、会館　☎03(3508)7450

熊本県2区 314,184 ⊕58.67

熊本市(西区、南区)、荒尾市、玉名市、玉名郡

当 110,310　西野太亮　無所 (60.6)
　 60,091　野田　毅　自前 (33.0)
　 11,521　橋田芳昭　共新 (6.3)

にし　の　だい　すけ
西野太亮
自新[無]　　当1
熊本県熊本市　S53・9・22
勤2年2ヵ月　(初/令3)

総務委、農水委、震災復興特委、党青年局次長、財務省主計局主査、復興庁参事官補佐、コロンビア大学院、東大/45歳

〒861-4101 熊本市南区近見7-5-40　☎096(355)5008
〒100-8981 千代田区永田町2-2-1、会館　☎03(3508)7144

熊本県3区 315,296 ⊕57.37

山鹿市、菊池市、阿蘇市、合志市、菊池郡、阿蘇郡、上益城郡

当 125,158　坂本哲志　自前 (71.2)
比 37,832　馬場功世　社新 (21.5)
　 12,909　本間明子　N新 (7.3)

さか　もと　てつ　し
坂本哲志
自前[森]　　当7
熊本県菊池郡　S25・11・6
勤18年4ヵ月　(初/平15)

内閣委筆頭理事、党副幹事長、党組織運動本部長代理、内閣府特命担当大臣、農林水産委員長、県議、新聞記者、中大法/73歳

〒869-1235 菊池郡大津町室122-4　☎096(293)7990
〒100-8982 千代田区永田町2-1-2、会館　☎03(3508)7034

㊟略歴

長崎・熊本

159

熊本県4区　404,286　⑱57.50

当155,572　金 子 恭 之　自前（68.1）
比72,966　矢上雅義　立前（31.9）

八代市、人吉市、水俣市、天草市、
宇土市、上天草市、宇城市、下益城郡、
八代郡、葦北郡、球磨郡、天草郡

金 子 恭 之　かね　こ　やす　し

自前［岸］　　当8
熊本県あさぎり町　S36・2・27
勤23年7ヵ月　（初／平12）

**党組織運動本部長、総務大臣、党総務会
長代理、党政調会長代理、党副幹事長、国
土交通副大臣、農水政務官、早大／62歳**

〒866-0814　八代市東片町463-1　☎0965（39）8366

大分県1区　385,469　⑱53.17

当97,117　吉 良 州 司　無前（48.8）
比75,932　高橋舞子　自新（38.1）
15,889　山 下　魁　共新（ 8.0）
6,216　西宮重貴　無新（ 3.1）
4,001　野中美咲　N新（ 2.0）

大分市の一部（P177参照）

吉 良 州 司　き　ら　しゅう　じ

無前（有志）　　当6
大分県　　S33・3・16
勤18年2ヵ月　（初／平15）

**外務委、国家基本委、有志の会（会派）代表、元
外務副大臣、外務大臣政務官、沖北特委長、日
商岩井ニューヨーク部長、東大法／65歳**

〒870-0820　大分市西大道2-4-2　☎097（545）7777
〒100-8982　千代田区永田町2-1-2、会館　☎03（3508）7412

大分県2区　267,779　⑱60.45

当79,433　衛藤征士郎　自前（50.2）
比78,779　吉 川　元　立前（49.8）

大分市（第1区に属しない区域）、日田
市、佐伯市、臼杵市、津久見市、竹
田市、豊後大野市、由布市、玖珠郡

衛 藤 征士郎　え　とうせい　し　ろう

自前［安］　当13（初／昭58）※
大分県　　S16・4・29
勤46年3ヵ月（参6年1ヵ月）

**予算委、党外交調査会長、衆議院副議長、予
算委員長、外務副大臣、決算・大蔵委員、防衛
庁長官、参院議員、玖珠町長、早大院／82歳**

〒876-0833　佐伯市池船町2-1　☎0972（24）0003
〒107-0052　港区赤坂2-17-10、宿舎

大分県3区　301,700　⑱59.67

当102,807　岩 屋　毅　自前（58.4）
比73,159　横光克彦　立前（41.6）

別府市、中津市、豊後高田市、
杵築市、宇佐市、国東市、東国
東郡、速見郡

岩 屋　毅　いわ　や　たけし

自前［麻］　　当9
大分県別府市　S32・8・24
勤27年　　（初／平2）

**予算委、憲法審、党治安テロ調査会長、
防衛大臣、外務副大臣、防衛政務官、文
科委員長、県議、早大政経／66歳**

〒874-0933　別府市野口元町1-3
　　　　　　富士吉ビル2F　☎0977（21）1781
〒107-0052　港区赤坂2-17-10、宿舎　☎03（5549）4671

略
歴

熊本・大分

　　　　　　　　　　　　　　　　　　　　　　　　※昭52参院初当選

宮崎県1区 354,691 ㊙53.29

宮崎市、東諸県郡

当60,719	渡辺 創	立新(32.6)
比当59,649	武井俊輔	自前(32.0)
43,555	脇谷のりこ	無新(23.4)
比22,350	外山 斎	維新(12.0)

わた なべ そう
渡辺 創
立新　当1

宮崎県宮崎市　S52・10・3
勤2年2ヵ月　(初/令3)

予算委、農水委、災害特委、党県連代表、党組織委副委員長、党災害・緊急事態局事務局長、宮崎県議、毎日新聞記者、新潟大／46歳

〒880-0001　宮崎市橘通西5-5-19　☎0985(77)8777
〒107-0052　港区赤坂2-17-10、宿舎

宮崎県2区 273,071 ㊙56.28

延岡市、日向市、西都市、児湯郡、東臼杵郡、西臼杵郡

当94,156	江藤 拓	自前(62.2)
比57,210	長友慎治	国新(37.8)

え とう たく
江藤 拓
自前[無]　当7

宮崎県門川町　S35・7・1
勤20年2ヵ月　(初/平15)

農水委、党総合農林政策調査会長、農水大臣、内閣総理大臣補佐官、災害特委員長、拉致特委員長、成城大／63歳

〒883-0021　日向市大字財光寺233-1　☎0982(53)1367
〒100-8982　千代田区永田町2-1-2、会館　☎03(3508)7468

宮崎県3区 274,053 ㊙51.53

都城市、日南市、小林市、串間市、えびの市、北諸県郡、西諸県郡

当111,845	古川禎久	自前(80.7)
20,342	松本 隆	共新(14.7)
6,347	重黒木優平	N新(4.6)

ふる かわ よし ひさ
古川禎久
自前[茂]　当7

宮崎県串間市　S40・8・3
勤20年2ヵ月　(初/平15)

党団体総局長、財政健全化推進本部長、税制調査会副会長、道路調査会事務総長、法務大臣、財務副大臣、東大法／58歳

〒885-0006　都城市吉尾町811-7　☎0986(47)1881
〒107-0052　港区赤坂2-17-10、宿舎

鹿児島県1区 358,070 ㊙54.10

鹿児島市(本庁管内、伊敷・東桜島・吉野・吉田・桜島・松元・郡山支所管内)、鹿児島郡

当101,251	宮路拓馬	自前(53.2)
比89,232	川内博史	立前(46.8)

みや じ たく ま
宮路拓馬
自前[森]　当3

鹿児島県南さつま市　S54・12・6
勤9年1ヵ月　(初/平26)

法務委、外務委、予算委、議運委、災害特委、政倫審委、内閣府大臣政務官、元総務大臣政務官、総務省課長補佐、内閣官房参事官補佐、広島市財政課長、東大法／43歳

〒892-0838　鹿児島市新屋敷町16-422
　公社ビル　☎099(295)4860
〒100-8981　千代田区永田町2-2-1、会館　☎03(3508)7206

略歴

宮崎・鹿児島

161

鹿児島県2区　337,186／58.58

当92,614　三反園　訓　無新（47.7）
　80,469　金子万寿夫　自前（41.4）
比21,084　松﨑真琴　共新（10.9）

鹿児島市（谷山・喜入支所管内）、枕崎市、指宿市、南さつま市、奄美市、南九州市、大島郡

三反園　訓（みたぞの さとし）

無新（自民）　当1
鹿児島県指宿市　S33・2・13
勤2年2ヵ月　（初／令3）

決算行監委、鹿児島県知事、ニュースキャスター、政治記者、総理官邸各省庁キャップ、早大大学院非常勤講師、早大／65歳

〒891-0141　鹿児島市谷山中央3-4701-4　☎099（266）3333
〒100-8982　千代田区永田町2-1-2、会館　☎03（3508）7511

鹿児島県3区　318,530／61.39

当104,053　野間　健　立元（53.9）
比当89,110　小里泰弘　自前（46.1）

阿久根市、出水市、薩摩川内市、日置市、いちき串木野市、伊佐市、姶良市、薩摩郡、出水郡、姶良郡

野間　健（のま たけし）

立元　当3
鹿児島県日置市　S33・10・8
勤7年　（初／平24）

厚労委、原子力特委理事、党国対副委員長、国民新党政調会長、国務大臣秘書官、商社員、松下政経塾、慶大／65歳

〒895-0061　薩摩川内市御陵下町27-23　☎0996（22）1505
〒100-8982　千代田区永田町2-1-2、会館　☎03（3508）7027

鹿児島県4区　325,670／57.16

当127,131　森山　裕　自前（69.5）
比49,077　米永淳子　社新（26.8）
6,618　宮川直輝　N新（3.6）

鹿屋市、西之表市、垂水市、曽於市、霧島市、志布志市、曽於郡、肝属郡、熊毛郡

森山　裕（もりやま ひろし）

自前［森］　当7（初／平16補※）
鹿児島県鹿屋市　S20・4・8
勤25年7ヵ月（参5年10ヵ月）

党総務会長、党選対委員長、党国対委員長、党政調会長代理、農林水産大臣、財務副大臣、参議院議員、鹿児島市議会議員5期、日新高校（旧鶴丸高夜間課程）／78歳

〒893-0015　鹿屋市新川町671-2　☎0994（31）1035
〒100-8981　千代田区永田町2-2-1、会館　☎03（3508）7164

沖縄県1区　267,939／55.89

当61,519　赤嶺政賢　共前（42.2）
比当54,532　國場幸之助　自前（37.4）
29,827　下地幹郎　無前（20.4）

那覇市、島尻郡（渡嘉敷村、座間味村、粟国村、渡名喜村、南大東村、北大東村、久米島町）

赤嶺政賢（あか みね せいけん）

共前　当8
沖縄県那覇市　S22・12・18
勤23年7ヵ月　（初／平12）

党沖縄県委員長、党幹部会委員、安保委、沖北特委、憲法審委、那覇市議、東京教育大／75歳

〒900-0016　那覇市前島3-1-17　☎098（862）7521
〒100-8981　千代田区永田町2-2-1、会館　☎03（3508）7196

※平10参院初当選

沖縄県2区	294,848 ㊿ 54.82		当74,665	新垣邦男	社新（47.4）
宜野湾市、浦添市、中頭郡		比当64,542	宮崎政久	自前（41.0）
		比15,296	山川泰博	維新（ 9.7）
		3,053	中村幸也	N新（ 1.9）

あら かき くに お
新垣邦男

社新　当1（初/令3）
沖縄県
S31・6・19
勤2年2ヵ月　〈沖縄2区〉

党副党首、政審会長、国対委員長、安保委、憲法審委、元北中城村長、日大／67歳

〒901-2212　宜野湾市長田4-16-11　☎098（892）2131
〒107-0052　港区赤坂2-17-10、宿舎

沖縄県3区	316,908 ㊿ 54.00		当87,710	島尻安伊子	自新（52.1）
名護市、沖縄市、うるま市、国頭郡、島尻郡（伊平屋村、伊是名村）		比80,496	屋良朝博	立前（47.9）

しま じり あ い こ
島尻安伊子

自新［茂］　当1（初/令3）※
宮城県仙台市
S40・3・4
勤11年7ヵ月（参9年5ヵ月）

予算委理、沖北特委理、外務委、総務委、党副幹事長、内閣府特命担当大臣、参院環境委、党沖縄県連会長、参院議員、那覇市議、上智大／58歳

〒904-2172　沖縄市泡瀬4-24-16　☎098（921）3144
〒107-0052　港区赤坂2-17-10、宿舎

沖縄県4区	295,455 ㊿ 55.05		当87,671	西銘恒三郎	自前（54.9）
石垣市、糸満市、豊見城市、宮古島市、南城市、島尻郡（与那原町、南風原町、八重瀬町）、宮古郡、八重山郡		比72,031	金城　徹	立新（45.1）

にし めい こう さぶ ろう
西銘恒三郎

自前［茂］　当6
沖縄県
S29・8・7
勤16年10ヵ月（初/平15）

党幹事長代理、衆沖北特委筆理、外務委、復興・沖北担当大臣、沖北特委理、安保・国交委員長、経産・総務副大臣、国交政務官、予算委理、県議4期、上智大／69歳

〒901-1115　沖縄県島尻郡南風原町字山川286-1（2F）☎098（888）5360
〒100-8982　千代田区永田町2-1-2、会館　☎03（3508）7218

比例代表　九州　20人	福岡、佐賀、長崎、熊本、大分、宮崎、鹿児島、沖縄

いま むら まさ ひろ
今村雅弘

自前［二］　当9
佐賀県鹿島市
S22・1・5
勤27年4ヵ月（初/平8）

党物流調査会長、予算委、元復興大臣、農林水産副大臣、国交・外務政務官、衆国交委長、JR九州、東大法／76歳

〒840-0032　佐賀市末広2-13-36　☎0952（27）8015
〒100-8982　千代田区永田町2-1-2、会館　☎03（3508）7610

㊗ 略歴

沖縄・比例九州

保岡　宏武 (やす　おか　ひろ　たけ)
自新［無］　当1
鹿児島県
S48・5・6
勤2年2ヵ月　（初／令3）

総務委、農水委、消費者特委、地・こ・デジ特委、衆議員保岡興治公設第一秘書、鹿児島事務所長、青山学院大法学部、鹿児島大学大学院農学研究科／50歳

〒890-0054　鹿児島市荒田1-10-8　☎099(263)8666
〒106-0032　港区六本木7-1-3、宿舎

岩田　和親 (いわ　た　かず　ちか)
自前［岸］　当4(初／平24)
佐賀県
S48・9・20
勤11年1ヵ月　〈佐賀1区〉

経産・内閣府副大臣、党経産部会長、経産・内閣府・復興・GX大臣政務官、防衛大臣政務官、佐賀県議、九州大法／50歳

〒840-0045　佐賀市西田代2-3-14-1　☎0952(23)7880
〒107-0052　港区赤坂2-17-10、宿舎

武井　俊輔 (たけ　い　しゅん　すけ)
自前［岸］　当4(初／平24)
宮崎県宮崎市
S50・3・29
勤11年1ヵ月　〈宮崎1区〉

国交委理、決算行監委、沖北特委、消費者特委、外務副大臣、党国対副委長、県水泳連盟会長、県議、早大院、中大／48歳

〒880-0805　宮崎市橘通東2-1-4
　　　　　　　テンカビル1F　☎0985(28)7608
〒100-8982　千代田区永田町2-1-2、会館　☎03(3508)7388

古川　康 (ふる　かわ　やすし)
自前［茂］　当3(初／平26)
佐賀県唐津市
S33・7・15
勤9年1ヵ月　〈佐賀2区〉

党農林部会長代理、畜産・酪農対策委員長、農林水産関係団体委員長、高専小委幹事長、報道局次長、国土交通大臣政務官、総務大臣政務官、党税調幹事、財政金融証券関係団体委員長、佐賀県知事、東大／65歳

〒847-0052　唐津市呉服町1790　☎0955(74)7888
〒107-0052　港区赤坂2-17-10、宿舎

國場　幸之助 (こく　ば　こう　の　すけ)
自前［岸］　当4(初／平24)
沖縄県
S48・1・10
勤11年1ヵ月　〈沖縄1区〉

国土交通副大臣、中小企業・小規模事業者政策調査会事務局長、外務大臣政務官、党副幹事長、党沖縄県連会長、県議、会社員、早大卒、日大中退／50歳

〒900-0033　那覇市久米2-31-1
　　　　　　　マリーナヴィスタ久米2F　☎098(861)6813
〒100-8982　千代田区永田町2-1-2、会館　☎03(3508)7741

宮﨑　政久 (みや　ざき　まさ　ひさ)
自前［茂］　当4(初／平24)
長野県
S40・8・8
勤10年　〈沖縄2区〉

厚生労働副大臣、党法務部会長、法務大臣政務官、党経産部会長代理、国交部会長代理、弁護士、明大法／58歳

〒901-2211　宜野湾市宜野湾1-1-1 2F　☎098(893)2955
〒107-0052　港区赤坂2-17-10、宿舎　☎03(5549)4671

おざと やす ひろ
小里泰弘 自前［無］　当6(初/平17)
鹿児島県
S33・9・29
勤18年4ヵ月　〈鹿児島3区〉

内閣総理大臣補佐官、党総務会長代理、
災害特委員長、農水副大臣、農水委員長、
環境(兼)内閣府副大臣、慶大／65歳

〒895-0012 鹿児島県薩摩川内市平佐1-10 ☎0996(23)5888
〒100-8981 千代田区永田町2-2-1、会館 ☎03(3508)7247

よし かわ はじめ
吉川　元 立前　当4(初/平24)
香川県
S41・9・28
勤11年1ヵ月　〈大分2区〉

議運理事、文科委、党国対副委員長、社
民党副党首、政策秘書、神戸大中退／57
歳

〒875-0041 大分県臼杵市大字臼杵195 ☎0972(64)0370
〒107-0052 港区赤坂2-17-10、宿舎

やま だ かつ ひこ
山田勝彦 立新　当1(初/令3)
長崎県長崎市
S54・7・19
勤2年2ヵ月　〈長崎3区〉

法務委、農水委、消費者特委理、障がい
福祉施設代表、衆議員秘書、法政大／44
歳

〒856-0805 大村市竹松本町859-1 ☎0957(46)3788
〒107-0052 港区赤坂2-17-10、宿舎

いな とみ しゅう じ
稲富修二 立前　当3(初/平21)
福岡県
S45・8・26
勤9年7ヵ月　〈福岡2区〉

内閣委理事、災害特委、党政調副会長、
丸紅、松下政経塾、東大法、米コロンビ
ア大院修了／53歳

〒815-0041 福岡市南区野間4-1-35-107 ☎092(557)8501
〒100-8982 千代田区永田町2-1-2、会館 ☎03(3508)7515

や ら とも ひろ
屋良朝博 立元　繰当2(初/平31)
沖縄県
S37・8・22
勤2年9ヵ月　〈沖縄3区〉

国交委、沖北特委、安保委、法務委、沖縄タイム
ス記者、ハワイ東西センター客員研究員、沖縄
国際大学非常勤講師、フィリピン大／61歳

〒904-2155 沖縄市美原4-22-12 B203号 ☎098(929)2416
〒100-8981 千代田区永田町2-2-1、会館 ☎03(3508)7904

はま ち まさ かず
濵地雅一 公前　当4
福岡県福岡市
S45・5・8
勤11年1ヵ月　(初/平24)

厚生労働副大臣、党福岡県本部代表、外
務大臣政務官、弁護士、早大法学部／53
歳

〒812-0023 福岡市博多区奈良屋町11-6
　奈良屋ビル2F ☎092(262)6616
〒100-8981 千代田区永田町2-2-1、会館 ☎03(3508)7235

略
歴

比
例
九
州

165

よし だ のぶ ひろ　**公**前　当3
吉田 宣弘　熊本県荒尾市　S42・12・8
　　　　　　　勤5年9ヵ月　（初／平26）

経済産業・内閣府・復興政務官、党熊本
県本部顧問、元福岡県議、元参院議員秘
書、九州大学／55歳

〒862-0910　熊本市東区健軍本町26-10-2FA
　　　　　　　　　　　　　　　☎096（285）3685
〒100-8981　千代田区永田町2-2-1、会館 ☎03（3508）7276

きん じょう やす くに　**公**新　当1
金城 泰邦　沖縄県浦添市　S44・7・16
　　　　　　　勤2年2ヵ月　（初／令3）

外務委、予算委、沖北特理委、党外交部会部会長
代理、党内閣部会副部会長、党沖縄県本部代表
代行、沖縄県議、浦添市議、沖縄国際大／54歳

〒901-2114　浦添市安波茶1-6-5 3F　☎098（870）7120
〒107-0052　港区赤坂2-17-10、宿舎

よし だ く み こ　**公**新　当1
吉田久美子　佐賀県　S38・7・19
　　　　　　　勤2年2ヵ月　（初／令3）

党女性委員会副委員長、内閣委、厚労
委、消費者特委、佐賀大教育学部／60歳

〒818-0072　筑紫野市二日市中央6-3-1-202 ☎092（929）2801
〒100-8982　千代田区永田町2-1-2、会館　☎03（3508）7055

あ べ ひろ き　**維**新　当1(初/令3)
阿部 弘樹　福岡県　S36・12・15
　　　　　　　勤2年2ヵ月　〈福岡4区〉

法務委、原子力特委、福岡県議、津屋崎
町長、厚生省課長補佐、保健所、医師、医
博、熊本大学大学院／61歳

〒811-2207　福岡県糟屋郡志免町南里3-4-1
　　　　　　　　　　　　　　　☎092（957）8760
〒100-8982　千代田区永田町2-1-2、会館 ☎03（3508）7480

やま もと ごう せい　**維**元　当2(初/平21)
山本 剛正　東京都　S47・1・1
　　　　　　　勤5年6ヵ月　〈福岡1区〉

経産委、倫選特委理事、商社員、会社役
員、衆議院議員秘書、駒澤大学／51歳

〒812-0001　福岡市博多区大井2-13-23　☎092（621）0120

た むら たか あき　**共**前　当3(初/平26)
田村 貴昭　大阪府枚方市　S36・4・30
　　　　　　　勤9年1ヵ月

党中央委員、農水委、財金委、災害特委、
北九州市議、北九州大学法学部政治学
科／62歳

〒810-0022　福岡市中央区薬院3-13-12
　　　　　　　大場ビル3F
　　　　　　　　　　　　　　　☎092（526）1933
〒107-0052　港区赤坂2-17-10、宿舎

なが とも しん じ
長 友 慎 治

国新　当1(初/令3)
宮崎県宮崎市　S52・6・22
勤2年2ヵ月　〈宮崎2区〉

農水委、沖北特委、党政調副会長、NPO法人フードバンク日向理事長、日向市産業支援センター長、㈱博報堂ケトル、早大法／46歳

〒882-0823 延岡市中町2-2-20　☎0982(20)2011
〒100-8982 千代田区永田町2-1-2、会館　☎03(3508)7212

比例代表　九州　20人

有効投票数 6,307,040票

政党名	当選者数	得票数	得票率
	惜敗率 小選挙区		惜敗率 小選挙区

自 民 党　8人　2,250,966票　35.69%

当①	今村　雅弘	前	③古賀　篤	前 福3
当②	保岡　宏武	新	③宮内　秀樹	前 福4
当③	岩田　和親	前(99.86) 佐1	③鳩山　二郎	前 福6
当③	武井　俊輔	前(98.24) 宮1	③藤丸　敏	前 福7
当③	古川　康	前(92.14) 佐2	③武田　良太	前 福11
当③	国場幸之助	前(88.41) 沖1	③加藤　竜祥	新 長2
当③	宮崎　政久	前(86.44) 沖2	③木原　稔	前 熊1
当③	小里　泰弘	前(85.64) 鹿3	③坂本　哲志	前 熊3
	③高橋　舞子	新(78.19) 大1	③金子　恭之	前 熊4
	③初村滝一郎	新(67.78) 長1	③岩屋　毅	前 大3
	㉘河野　正美	元	③江藤　拓	前 宮2
	㉙新　義明	新	③古川　禎久	前 宮3
	㉚田畑　隆治	新	③宮路　拓馬	前 鹿1
【小選挙区での当選者】			③島尻安伊子	新 沖3
	③井上　貴博	前 福1	③西銘恒三郎	前 沖4
	③鬼木　誠	前 福2		

立憲民主党　4人　1,266,801票　20.09%

当①	末次　精一	新(99.30) 長4	①坪田　晋	新(54.06) 福1
	(令5.10.10失職)		①森本慎太郎	新(52.00) 福4
当①	吉川　元	前(99.18) 大2	①矢上　雅義	前(46.90) 熊4
当①	山田　勝彦	新(96.45) 長3	①田辺　徹	新(30.77) 福6
繰①	稲富　修二	前(92.57) 福2	㉓出口慎太郎	新
繰①	屋良　朝博	前(91.78) 沖3	㉔大川　富洋	新
	(令5.10.18繰上)		㉕川西　義人	新
	①川内　博史	前(88.13) 鹿1	**【小選挙区での当選者】**	
	①金城　徹	新(82.16) 沖4	①堤　かなめ	新 福5
	①山内　康一	前(74.80) 福3	①城井　崇	前 福10
	①松平　浩一	前(71.80) 長2	①原口　一博	前 佐1
	①横光　克彦	前(71.16) 大3	①大串　博志	前 佐2
	①濱田　大造	新(63.82) 熊1	①渡辺　創	新 宮1
	①青木　剛志	新(60.52) 福7	①野間　健	元 鹿3

公 明 党　4人　1,040,756票　16.50%

当①	浜地　雅一	前	当④	吉田久美子	新
当②	吉田　宣弘	前	⑤	窪田　哲也	新
当③	金城　泰邦	新	⑥	中山　英一	新

㊥ 略歴

比例九州

日本維新の会　2人　　540,338票　8.57%

当①阿部　弘樹 新(38.53) 福4　　①西田　主税 新(25.57) 福10
当①山本　剛正 元(37.82) 福1　　①新開　崇司 新(24.96) 福2
　①外山　　斎 新(36.81) 宮1　　▼①山川　泰博 新(20.49) 沖2

共 産 党　　1人　　365,658票　5.80%

当②田村　貴昭 前　　　　　　【小選挙区での当選者】
　③真島　省三 元　　　福9　　①赤嶺　政賢 前　　　沖1
　④松崎　真琴 新　　　鹿2

国民民主党　1人　　279,509票　4.43%

当①長友　慎治 新(60.76) 宮2　　【小選挙区での当選者】
　③前野真実子 新　　　　　　　①西岡　秀子 前　　　長1

━━━━━━━━━━━━━━━━━━━━━━━━━━━━━━

その他の政党の得票数・得票率は下記のとおりです。
（当選者はいません）

政党名	得票数	得票率	
れいわ新選組	243,284票	3.86%	NHKと裁判してる党弁護士法72条違反で
社民党	221,221票	3.51%	98,506票 1.56%

比例九州

【千葉県5区】(P81参照)
当111,985 薗浦健太郎　自前(47.0)
　比69,887 矢崎堅太郎　立新(29.3)
　比32,241 椎木　保　維元(13.5)
　比24,307 鴇田　敦　国新(10.2)

【和歌山県1区】(P135参照)
当103,676 岸本周平　国前(62.7)
　比61,608 門　博文　自前(37.3)

【山口県2区】(P146参照)
当109,914 岸　信夫　自前(76.9)
　32,936 松田一志　共新(23.1)

【山口県4区】(P147参照)
当80,448 安倍晋三　自前(69.7)
　比19,096 竹村克司　れ新(16.6)
　15,836 大野頼子　無新(13.7)

【長崎県4区】(P159参照)
当55,968 北村誠吾　自前(42.1)
　比当55,577 末次精一　立新(41.8)
　16,860 萩原活　無新(12.7)
　4,675 田中隆治　無新(3.5)

衆議院小選挙区区割り詳細（未掲載分）

【北海道1区の札幌市北区・西区の一部】（P53参照）

北区（本庁管内（北六条西1〜9丁目、北七条西1〜10丁目、北八条西1〜11丁目、北九条西1〜11丁目、北十条西1〜11丁目、北十一条西1〜11丁目、北十二条西5〜12丁目、北十三条西5〜12丁目、北十四条西5〜13丁目、北十五条西6〜13丁目、北十六条西6〜13丁目、北十七条西7〜13丁目）)、**西区**（山の手一条1〜13丁目、山の手二条1〜12丁目、山の手三条1〜12丁目、山の手四条1〜11丁目、山の手五条1〜10丁目、山の手六条1〜9丁目、山の手七条5〜8丁目、山の手、二十四軒一条1〜7丁目、二十四軒二条1〜7丁目、二十四軒三条1〜7丁目、二十四軒四条1〜7丁目、琴似一条1〜7丁目、琴似二条1〜7丁目、琴似三条1〜7丁目、琴似四条1〜7丁目、琴似、発寒六条14丁目、発寒七条14丁目、発寒八条13丁目（14番）、発寒九条1〜7丁目、発寒九条8〜13丁目（5番から7番まで）、小別沢、宮の沢一条1〜5丁目、宮の沢二条1〜5丁目、宮の沢三条2〜5丁目、宮の沢四条3〜5丁目、宮の沢、西町南1〜21丁目、西町北1〜20丁目、西野一条1〜10丁目、西野二条1〜10丁目、西野三条1〜10丁目、西野四条1〜10丁目、西野五条1〜10丁目、西野六条1〜10丁目、西野七条1〜10丁目、西野八条1〜10丁目、西野九条3〜9丁目、西野十条6〜9丁目、西野十一条7〜9丁目、西野十二条8丁目、西野十三条8丁目、西野十四条8丁目、福井一条1〜10丁目、福井、平和一条1〜11丁目、平和二条1〜11丁目、平和三条4〜10丁目、平和）

【北海道2区の札幌市北区（1区に属しない区域）】（P53参照）

本庁管内（北十二条西1〜4丁目、北十三条西1〜4丁目、北十四条西1〜4丁目、北十五条西1〜5丁目、北十六条西1〜5丁目、北十七条西1〜6丁目、北十八条西2〜13丁目、北十九条西2〜13丁目、北二十条西2〜13丁目、北二十一条西2〜19丁目、北二十二条西2〜13丁目、北二十三条西2〜16丁目、北二十四条西2〜9丁目、北二十六条西12〜17丁目、北二十七条西2〜16丁目、北二十八条西2〜18丁目、北二十九条西2〜14丁目、北三十条西2〜9丁目、北三十一条西2〜14丁目、北三十二条西2〜10丁目、北三十三条西2〜9丁目、北三十八条西2〜8丁目、北三十九条西3〜7丁目、北四十条西4〜6丁目、新川一条1〜5丁目、新川二条1〜5丁目、新川三条1〜20丁目、新川四条1〜17丁目、新川五条1〜6丁目、新川五条14〜16丁目、新川五条20丁目、新川六条14〜16丁目、新川六条18丁目、新川七条16丁目、新川八条17丁目、新川西一条1〜4丁目、新川西二条6〜7丁目、新川西三条1〜7丁目、新川西三条3〜4丁目、新川西五条3〜7丁目、新川、新琴似一条1〜13丁目、新琴似二条1〜13丁目、新琴似三条1〜13丁目、新琴似四条1〜17丁目、新琴似五条1〜17丁目、新琴似六条1〜17丁目、新琴似七条1〜17丁目、新琴似八条1〜17丁目、新琴似九条1〜16丁目、新琴似十条1〜17丁目、新琴似十一条1〜17丁目、新琴似十二条1〜17丁目、新琴似、屯田一条1〜7丁目、屯田二条1〜7丁目、屯田三条1〜8丁目、屯田四条1〜7丁目、屯田五条1〜7丁目、屯田六条1〜12丁目、屯田七条1〜12丁目、屯田八条1〜12丁目、屯田九条1〜12丁目、屯田十条1〜12丁目、屯田十一条1〜3丁目、屯田十一条1〜3丁目、屯田町、麻生町1〜9丁目）、篠路出張所管内

【北海道4区の札幌市西区（1区に属しない区域）】（P54参照）

八軒一条東1〜5丁目、八軒一条西1〜7丁目、八軒二条東1〜5丁目、八軒二条西1〜7丁目、八軒三条東1〜5丁目、八軒三条西1〜7丁目、八軒四条東1〜5丁目、八軒四条西1〜7丁目、八軒五条東1〜5丁目、八軒五条西1〜7丁目、八軒六条東1〜5丁目、八軒六条西1〜7丁目、八軒七条東1〜5丁目、八軒七条西1〜7丁目、八軒八条東1〜5丁目、八軒八条西1〜7丁目、八軒九条東1〜5丁目、八軒九条西1〜7丁目、八軒十条東1〜5丁目、八軒十条西1〜6丁目、八軒五条西1〜6丁目、八軒五条西8〜11丁目、八軒六条西1〜11丁目、八軒七条西1〜11丁目、八軒八条西1〜11丁目、八軒九条西1〜11丁目、八軒十条西1〜6丁目、八軒十条西9〜13丁目、発寒一条2〜4丁目、発寒二条1〜6丁目、発寒三条1〜6丁目、発寒四条1〜7丁目、発寒五条2〜8丁目、発寒六条3〜5丁目、発寒六条7〜13丁目、発寒七条4〜5丁目、発寒七条13丁目、発寒八条4〜6丁目、発寒八条7丁目、発寒八条9〜13丁目（14番を除く。）、発寒九条9〜12丁目、発寒九条13丁目（5番から7番までを除く。）、発寒十条1〜14丁目、発寒十一条4〜11丁目、発寒十一条1〜6丁目、発寒十一条11〜12丁目、発寒十一条14丁目、発寒十二条1〜6丁目、発寒十二条11〜14丁目、発寒十三条1〜13丁目、発寒十四条1〜5丁目、発寒十四条11〜14丁目、発寒十五条1〜8丁目、発寒十五条12〜14丁目、発寒十六条1〜7丁目、発寒十六条12〜14丁目、発寒十七条13〜14丁目

【茨城県1区の下妻市の一部】（P67参照）

下妻、長塚、砂沼新田、坂本新田、大木新田、石の宮、堀篭、坂井、比毛、横根、平川戸、北大宝、大宝、平沼、福田、下木戸、神明、若柳、二宮、数須、筑波島、下田、中郷、黒駒、江、平方、尻手、渋井、桐ヶ瀬、前河原、赤須、栗、半谷、大木、南原、上野、関本下、袋畑、古沢、小島、二本松、今泉、中居指、新堀、加養、亀崎、樋橋、肘谷、山尻、谷田部、柳原、安食、高道祖、本城町1〜3丁目、小野子町1〜2丁目、本宿町1〜2丁目、下妻乙、下妻丙、下妻丁

【栃木県1区の下野市の一部】（P69参照）

薬師寺、成田、町田、谷地賀、下文狭、田中、仁良川、本吉田、別当河原、下吉田、磯部、中川島、上吉田、三王山、絹板、花田、下坪山、上坪山、東根、紫塚1〜5丁目、緑1〜2丁目

【埼玉県1区のさいたま市見沼の一部】（P71参照）

大字大谷、大和田町1〜2丁目、卸町1〜2丁目、大字加田屋新田、加田屋1〜2丁目、大字片柳、片柳1〜2丁目、片柳東、大字小深作、大字笹丸、大字島、島町1〜2丁目、大字新右エ門新田、大字染谷、染谷1〜3丁目、大字中川、大字新堤、大字西山新田、大字蓮沼、春岡1〜3丁目、春野1〜4丁目、大字東新井、東大宮1丁目、東大宮5〜7丁目、大字風渡野、堀崎町、大字丸ヶ崎、丸ヶ崎町、大字御蔵、大字南中野、大字宮ヶ谷塔1〜4丁目、大字見山、大字山

【埼玉県2区の川口市の一部】（P72参照）

本庁管内、新郷・神根支所管内、芝支所管内（芝中田1〜2丁目、芝宮根町、芝

169

高木1～2丁目、芝康町、芝1～4丁目、芝下1～3丁目、大字芝（3102番地から3198番地までを除く。）、芝西1丁目（1番から11番までを除く。）、芝西2丁目、芝塚原1丁目（1番及び4番を除く。）、芝塚原2丁目、大字伊刈、大字小谷場、柳瀬川1丁目、大字柳瀬川）、安行・戸塚・鳩ヶ谷支所管内

【埼玉県3区の越谷市の一部】（P72参照）

赤山町1～5丁目、赤山本町、大沢1～6丁目、伊原1～2丁目、大字大里、大沢、大沢1～4丁目、大字大杉、大字大泊、大字大林、大字大房、大字大松、大間野町1～5丁目、大字大吉、大字小曽川、大字上間久里（976番地から1075番地までを除く。）、大字蒲生、蒲生1～4丁目、蒲生旭町、蒲生地町1丁目、蒲生愛宕町、蒲生寿町、蒲生西町1～2丁目、蒲生東町、蒲生本町、蒲生南町、川柳町1～2丁目、瓦曽根1～3丁目、大字北後谷、大字北川崎、北越谷1～5丁目、越ヶ谷、越ヶ谷1～5丁目、大字越ヶ谷町、御殿町、相模町1～7丁目、七左町1丁目、七左町4～8丁目、大字下間久里、新川町1～2丁目、神明町1～3丁目、大字砂原、千間台東1～3丁目、大成町1～8丁目、大字中島、大字中島1～3丁目、大字長島、大字西新井、大字西方、西方1～2丁目、大字野島、登戸町、大字花田、花田1～7丁目、大字花田1～5丁目、東越谷1～10丁目、大字平方、大字平方南町、大字袋山（671番地から679番地まで、681番地から687番地まで、696番地から699番地まで、704番地、728番地から753番地まで、761番地から805番地まで、811番地から837番地まで、843番地、856番地から888番地まで、899番地から952番地まで、978番地から1021番地まで、1081番地から1162番地まで、1164番地から1187番地まで、1191番地から1218番地まで、1677番地、1717番地、1718番地、1756番地、1757番地、1851番地から2001番地まで及び2004番地から2060番地まで）、大字船渡、大字増林、増林1～3丁目、大字増森、増森1～2丁目、大字南荻島（1番地から4013番地まで、4095番地、4096番地及び4131番地から4135番地まで）、南越谷1～5丁目、南町1～3丁目、宮前1丁目、宮本町1～5丁目、大字向畑、元柳田町、弥栄町1～3丁目、大字谷中、谷中町1～4丁目、柳町、弥生町、流通団地1～4丁目、レイクタウン1～9丁目

【埼玉県13区の春日部市の一部、越谷市（3区に属しない区域）】（P74参照）

春日部市（赤沼、一ノ割、一ノ割1～4丁目、牛島、内牧、梅田、梅田1～3丁目、梅田本町1～2丁目、大枝、大沼1～7丁目、大場、大畑、粕壁、粕壁1～4丁目、粕壁東1～6丁目、上大増新田、上蛭田、小渕、栄町1～3丁目、下大増新田、下蛭田、新川、薄谷、千間1丁目、中央1～8丁目、銚子口、道口蛭田、道順川戸、豊野町1～3丁目、武里中野、新方袋、西八木崎1～3丁目、八丁目、花積、浜川戸1～2丁目、樋堀、樋籠、備後西1～5丁目、備後東1～8丁目、藤塚、不動院野、本田町1～2丁目、増富、増戸、増田新田、緑町1～6丁目、南1丁目、南栄町、南中曽根、八木崎町、谷原1～3丁目、谷原新田、豊町1～6丁目、六軒町）、**越谷市**（大字大竹、大字大道、大字恩間、大字恩間新田、大字上間久里（976番地から1075番地まで）、大字三野宮、千間台西1～6丁目、大字袋山（671番地から679番地まで、681番地から687番地まで、696番地から699番地まで、704番地、728番地から753番地まで、761番地から805番地まで、811番地から837番地まで、843番地、856番地から888番地まで、899番地から952番地まで、978番地から1021番地まで、1081番地から1162番地まで、1164番地から1187番地まで、1191番地から1218番地まで、1677番地、1717番地、1718番地、1756番地、1757番地、1851番地から2001番地まで及び2004番地から2060番地までを除く。）、大字南荻島（1番地から4013番地まで、4095番地、4096番地及び4131番地から4135番地までを除く。））

【埼玉県15区の川口市の一部】（P75参照）

芝支所管内（芝新町、芝5丁目、芝樋ノ爪1～2丁目、芝富士1～2丁目、芝園町、大字芝（3102番地から3198番地まで）、芝西1丁目（1番から11番まで）、芝塚原1丁目（1番及び4番））

【千葉県5区の市川市本庁管内】（P81参照）

市川1～3丁目、市川南1～5丁目、真間1～3丁目、新田1～5丁目、平田1～4丁目、大洲1～4丁目、大和田1～5丁目、東大和田1～2丁目、稲荷木1～3丁目、八幡1～6丁目、南八幡1～5丁目、菅野1～6丁目、東菅野1～3丁目、鬼越1～2丁目、鬼高1～4丁目、高石神、中山1～4丁目、若宮1～3丁目、北方1～3丁目、本北方1～3丁目、北方町4丁目、東浜1丁目、原木1丁目～5丁目、高谷、高谷1～3丁目、高谷新町、原木、原木1～4丁目、二俣、二俣1～2丁目、二俣新町、上妙典

【千葉県10区の横芝光町の一部】（P82参照）

篠本、新井、宝米、市野原、二又、小川台、台、傍示戸、富下、虫生、小田部、母子、芝崎、芝崎南、宮川、谷中、目篠、上原、原方、木戸、尾垂イ、尾垂ロ、篠本根切

【神奈川県7区の横浜市都筑区の一部】（P84参照）

あゆみが丘、池辺町、牛久保町、牛久保1～3丁目、牛久保西1～4丁目、牛久保東1～3丁目、大熊町、大棚町、大棚西、折本町、加賀原1～2丁目、勝田町、勝田南1～2丁目、川向町、川和町、川和台、北山田1～7丁目、佐江戸町、桜並木、新栄町、すみれが丘、高山、茅ケ崎町、茅ケ崎中央、茅ケ崎東1～5丁目、茅ケ崎南1～5丁目、中川1～8丁目、中川中央1～2丁目、長坂、仲町台1～5丁目、二の丸、早渕1～3丁目、東方町、東山田町、東山田1～4丁目、平台、富士見が丘、見花山、南山田1～3丁目、南山田町、見花山

【神奈川県10区の川崎市中原区の一部】（P85参照）

新丸子町、新丸子東1～3丁目、丸子通1～2丁目、上丸子山王町1～2丁目、上丸子八幡町、上丸子天神町、小杉町1～3丁目、小杉御殿町1～2丁目、小杉陣屋町1～2丁目、等々力、木月1～4丁目、西加瀬、木月祗園町、木月伊勢町、木月大町、木月住吉町、苅宿、木月ノ庄、今井上町、今井仲町、今井南町、井田1～3丁目、井田中ノ町、上平間、田尻町、北谷町、中丸子、下沼部、小杉、小杉

【神奈川県13区の座間市の一部】（P86参照）

入谷1～5丁目、栗原、栗原中央1～6丁目、小松原1～2丁目、さがみ野1～3丁目、座間、座間1～2丁目、座間入谷、相武台1～4丁目、立野台1～3丁目、

170

西栗原1～2丁目、東原1～5丁目、ひばりが丘1～5丁目、広野台1～2丁目、緑ケ丘1～6丁目、南栗原1～6丁目、明王、四ツ谷

【神奈川県14区の相模原市緑区・南区の一部】（P86参照）

緑区（相原、相原1～6丁目、大島、大山町、上九沢、下九沢、田名、西橋本1～5丁目、二本松1～4丁目、橋本1～8丁目、橋本台1～4丁目、東橋本1～4丁目、元橋本町）、**南区**（旭町、鵜野森1～3丁目、大野台1～8丁目、上鶴間1～8丁目、上鶴間本町1～9丁目、古淵1～6丁目、栄町、相模大野1～9丁目、相南1丁目（1番から18番まで）、相南2丁目（1番から5丁目まで、17番及び25番から28番まで）、相南3丁目（1番から5番まで及び34番から47番まで）、西大沼1～5丁目、東大沼1～4丁目、東林間1～8丁目、文京1～2丁目、御園1～3丁目、豊町、若松1～6丁目）

【神奈川県16区の相模原市南区（14区に属しない区域）】（P87参照）

麻溝台、麻溝台1～8丁目、新磯野1～5丁目、磯部、上鶴間、北里1～2丁目、相模台1～7丁目、相模台団地、桜台、下溝、新戸、相南1丁目（19番から24番まで）、相南2丁目（13番から16番まで及び18番から24番まで）、相南3丁目（27番から33番まで）、相南4丁目、相武台1～3丁目、相武台団地1～2丁目、当麻、双葉1～2丁目、松が枝町、御園4～5丁目、南台1～6丁目

【神奈川県18区の川崎市中原区（10区に属しない区域）・宮前区（9区に属しない区域）】（P87参照）

中原区（宮内1～4丁目、新城、上新城1～2丁目、新城中町、下新城1～3丁目、上小田中1～7丁目、下小田中1～6丁目、井田三舞町、井田杉山町）、**宮前区**（向ケ丘、けやき平、神木1～2丁目、馬絹、馬絹1～3丁目、小台1～2丁目、土橋1～7丁目、有馬1～9丁目、東有馬1～5丁目、野川、宮崎、宮崎1～6丁目、宮前平1～3丁目、鷺沼1～4丁目、梶ケ谷、菅生ケ丘、水沢1～3丁目、潮見台、初山1～2丁目、菅生1～6丁目、犬蔵1～3丁目、平1～6丁目、五所塚1～2丁目、南平台、白幡台1～2丁目）

【東京都1区の港区・新宿区の一部】（P93参照）

港区（芝地区総合支所管内（三田1～3丁目、麻布地区・赤坂地区・高輪地区総合支所管内、芝浦港南地区総合支所管内（芝浦4丁目、海岸3丁目（4番から13番まで、20番、21番及び31番から33番まで）、港南1～5丁目、台場1～2丁目））、**新宿区**（本庁管内、四谷・箪笥町・榎町・若松町・大久保・戸塚特別出張所管内、落合第一特別出張所管内（下落合1～4丁目、中落合2丁目、高田馬場3丁目）、柏木・角筈特別出張所管内）

【東京都2区の港区（1区に属しない区域）、台東区の一部】（P93参照）

港区（芝地区総合支所管内（芝1～4丁目、海岸1丁目、東新橋1～2丁目、新橋1～6丁目、西新橋1～3丁目、浜松町1～2丁目、芝大門1～2丁目、芝公園1～4丁目、虎ノ門1～5丁目、愛宕1～2丁目）、芝浦港南地区総合支所管内（芝浦1～3丁目、海岸2丁目、海岸3丁目（1番から3番まで、14番から19番まで及び22番から30番まで）））、**台東区**（台東1～4丁目、柳橋1～2丁目、浅草橋1～5丁目、鳥越1～2丁目、蔵前1～4丁目、小島1～2丁目、三筋1～2丁目、秋葉原、上野1～7丁目、東上野1～5丁目、元浅草1～4丁目、寿1～4丁目、駒形1～2丁目、北上野1～2丁目、下谷1丁目、下谷2丁目（1番から12番まで、13番6号から13番13号まで及び16番から22番まで）、下谷3丁目、根岸1丁目（4番から8番まで、15番から20番まで及び29番から31番まで）、入谷2丁目（34番から39番まで）、竜泉1～3丁目、西浅草1丁目、雷門1～2丁目、浅草1丁目、浅草2丁目（1番から12番まで及び28番から35番まで）、花川戸1～2丁目、千束2丁目（33番から36番まで）、日本堤2丁目（36番から39番まで）、三ノ輪1～2丁目、竜泉の端1～4丁目、上野公園、上野桜木1～2丁目、谷中1～7丁目）

【東京都3区の品川区・大田区の一部】（P93参照）

品川区（品川第一・品川第二地域センター管内、大崎第一地域センター管内（東五反田1～3丁目、西五反田1丁目、西五反田2丁目（1番から21番まで）、西五反田3丁目（4番1号から4番13号まで、5番、6番10号から6番23号まで、7番及び8番）、小山台1丁目、小山1丁目、荏原1丁目）、大崎第二地域センター管内（西五反田6丁目及び西五反田7丁目）、荏原第一・荏原第二・荏原第三・荏原第四・荏原第五・八潮地域センター管内）、**大田区**（嶺町・田園調布特別出張所管内、鵜の木特別出張所管内（鵜の木2丁目及び鵜の木3丁目に属する区域に限る。）、久が原特別出張所管内（千鳥1丁目及び池上3丁目に属する区域を除く）、雪谷・千束特別出張所管内）

【東京都4区の大田区（3区に属しない区域）】（P94参照）

大森東・大森西・入新井・馬込・池上・新井宿特別出張所管内、鵜の木特別出張所管内（鵜の木2丁目及び鵜の木3丁目に属する区域を除く。）、久が原特別出張所管内（千鳥1丁目及び池上3丁目に属する区域に限る。）、糀谷・羽田・六郷・矢口・蒲田西・蒲田東特別出張所管内

【東京都5区の目黒区・世田谷区の一部】（P94参照）

目黒区（上目黒2丁目（47番から49番まで）、中目黒5丁目、目黒4丁目（1番から5番まで、12番から26番まで）、下目黒4丁目（21番から23番まで）、下目黒5丁目、下目黒6丁目、中町1～2丁目、五本木1～3丁目、祐天寺1～2丁目、中央町1～2丁目、目黒本町1～6丁目、原町1～2丁目、洗足1～2丁目、南1～3丁目、碑文谷1～5丁目、鷹番1～3丁目、平町1～2丁目、大岡山1～2丁目、緑が丘1～3丁目、自由が丘1～3丁目、中根1～2丁目、柿の木坂1～3丁目、八雲1～5丁目、東が丘1～2丁目、駒場1～4丁目、青葉台1～4丁目、東山1～3丁目、上馬・代沢・奥沢・九品仏・等々力・上野毛・用賀・深沢まちづくりセンター管内）

【東京都6区の世田谷区（5区に属しない区域）】（P94参照）

若林・上町・経堂・梅丘・新代田・北沢・松原・松沢・祖師谷・成城・船橋・喜多見・砧・上北沢・上祖師谷・烏山まちづくりセンター管内

【東京都7区の品川区（3区に属しない区域）、目黒区（5区に属しない区域）、中野区の一部】（P94参照）

品川区（大崎第一地域センター管内（上大崎1〜4丁目、東五反田4〜5丁目、西五反田2丁目（1番から21番までを除く。）、西五反田3丁目、西五反田8丁目（1番から3番まで））、大崎第二地域センター管内（西五反田6丁目及び西五反田7丁目に属する区域に限る。））、**目黒区**（駒場1〜4丁目、青葉台1〜4丁目、東山1〜3丁目、大橋1〜2丁目、上目黒1丁目、上目黒2丁目（1番から46番まで）、上目黒3丁目、上目黒5丁目、三田1〜2丁目、目黒1〜3丁目、中目黒1丁目（6番から11番まで）、下目黒1〜3丁目、下目黒4丁目（1番から20番まで）、下目黒5丁目（1番から7番まで））、**中野区**（南台1〜3丁目、弥生町1〜6丁目、本町1〜6丁目、中央1〜5丁目、東中野1〜5丁目、中野1〜4丁目、中野5丁目（10番から68番まで）、新井1丁目（1番から35番まで）、新井2〜3丁目、野方1丁目、野方3丁目（1番から31番まで及び41番から62番まで））

【東京都8区の杉並区（7区に属しない区域）】（P95参照）

井草1〜5丁目、上井草1〜3丁目、下井草1〜5丁目、善福寺1〜4丁目、今川1〜4丁目、桃井1〜3丁目、西荻北1〜5丁目、上荻1〜4丁目、清水1〜3丁目、本天沼1〜3丁目、天沼1丁目、阿佐谷北1〜6丁目、阿佐谷南1〜3丁目、高円寺北1〜4丁目、高円寺南1〜5丁目、和田1〜3丁目、和泉1〜4丁目、堀ノ内1〜3丁目、松ノ木1〜3丁目、大宮1〜2丁目、梅里1〜2丁目、久我山1〜5丁目、高井戸西1〜3丁目、高井戸東1〜3丁目、永福1〜4丁目、浜田山1〜4丁目、下高井戸1〜5丁目、高井戸東1〜4丁目、成田東1〜5丁目、成田西1〜4丁目、荻窪1〜5丁目、松庵1〜3丁目、宮前1〜5丁目

【東京都9区の練馬区の一部】（P95参照）

豊玉上1丁目2丁目、豊玉中1〜4丁目、豊玉南1〜3丁目、豊玉北3〜6丁目、中村1〜3丁目、中村南1〜3丁目、中村北1〜4丁目、練馬1〜4丁目、向山1〜4丁目、貫井1〜5丁目、春日町1〜6丁目、高松1〜6丁目、田柄3丁目（14番から30番までを除く。）、田柄5丁目（21番から28番までを除く。）、光が丘2〜7丁目、旭町1〜3丁目、土支田1〜4丁目、富士見台1〜4丁目、南田中1〜5丁目、高野台1〜5丁目、谷原1〜6丁目、三原台1〜3丁目、石神井町1丁目、石神井台1〜8丁目、下石神井1〜6丁目、東大泉1〜7丁目、西大泉町、西大泉1〜6丁目、南大泉1〜6丁目、大泉町1〜6丁目、大泉学園町1〜9丁目、関町北1〜5丁目、関町南1〜4丁目、上石神井南町、立野町、上石神井1〜4丁目、関町東1〜2丁目

【東京都10区の新宿区（1区に属しない区域）、中野区（7区に属しない区域）、豊島区の一部】（P95参照）

新宿区（落合第一特別出張所管内（上落合1〜2丁目、中落合1丁目、中落合3〜4丁目、中井2丁目）、落合第二特別出張所管内）、**中野区**（中野5丁目（1番から9番まで）、中野6丁目、上高田1〜5丁目、新井1丁目（36番から43番まで）、新井4丁目5丁目、沼袋1〜4丁目、松が丘1〜2丁目、江原町1丁目、江古田1〜3丁目、丸山1〜2丁目、野方2丁目（32番から40番まで及び63番から69番まで）、野方3〜6丁目、大和町1〜4丁目、若宮1〜3丁目、白鷺1〜3丁目、鷺宮1〜6丁目、上鷺宮1〜5丁目）、**豊島区**（本庁管内（東池袋1〜5丁目、南池袋1〜4丁目、西池袋1〜5丁目、池袋1〜4丁目、池袋本町1〜4丁目、上池袋1〜4丁目、雑司が谷1〜3丁目、高田1〜3丁目、目白1〜4丁目）、東部区民事務所管内（南大塚3丁目及び東池袋5丁目に属する区域に限る。）、西部区民事務所管内）

【東京都11区の板橋区の一部】（P95参照）

本庁管内（板橋1〜4丁目、加賀1〜2丁目、大山東町、大山金井町、熊野町、中丸町、南町、稲荷台、幸町、氷川町、栄町、大山町、大山西町、幸町、中板橋、仲町、弥生町、大和町、双葉町、富士見町、大谷口上町、大谷口北町、大谷口1〜2丁目、向原1〜3丁目、小茂根1〜5丁目、常盤台1〜4丁目、南常盤台1〜2丁目、東新町1〜2丁目、上板橋1〜3丁目、清水町、蓮沼町、大原町、泉町、宮本町、志村1〜3丁目、坂下1〜3丁目、東坂下1〜2丁目、小豆沢1〜4丁目、西台1〜4丁目、中台1〜3丁目、若木1〜3丁目、蓮根1〜3丁目、相生町、前野町1〜6丁目、三園2丁目、東山町、桜川1〜3丁目、高島平1〜9丁目、新河岸3丁目、赤塚支所管内

【東京都12区の豊島区（10区に属しない区域）、板橋区（11区に属しない区域）、足立区の一部】（P96参照）

豊島区（本庁管内（西巣鴨1丁目、北大塚3丁目、上池袋1〜4丁目）、東部区民事務所管内（南大塚3丁目及び東池袋5丁目に属する区域を除く。））、**板橋区**（本庁管内（新河岸1〜2丁目、舟渡1〜4丁目））、**足立区**（入谷1〜9丁目、入谷町、扇2丁目、小台1〜2丁目、加賀1〜2丁目、江北1〜7丁目、皿沼1〜3丁目、鹿浜1〜8丁目、新田1〜3丁目、椿1〜2丁目、舎人1〜6丁目、舎人公園、舎人町、堀之内1〜2丁目、宮城1〜2丁目、谷在家2〜3丁目）

【東京都13区の足立区（12区に属しない区域）】（P96参照）

青井1〜6丁目、足立1〜4丁目、綾瀬1〜7丁目、伊興1〜5丁目、伊興本町1〜2丁目、梅島1〜3丁目、梅田1〜8丁目、大谷田1〜5丁目、加平1〜3丁目、北加平町、栗原1〜4丁目、弘道1〜2丁目、古千谷1〜2丁目、古千谷本町1〜4丁目、佐野1〜2丁目、島根1〜4丁目、神明1〜3丁目、神明南1〜2丁目、関原1〜3丁目、千住1〜5丁目、千住曙町、千住旭町、千住大川町、千住大川町、千住河原町、千住寿町、千住桜木1〜2丁目、千住関屋町、千住龍田町、千住中居町、千住仲町、千住橋戸町、千住緑町1〜3丁目、千住元町、千住元町、千住柳町、竹の塚1〜7丁目、辰沼1〜2丁目、中央本町1〜5丁目、東和1〜5丁目、中川1〜5丁目、西綾瀬1〜4丁目、西新井1〜7丁目、西新井栄町1〜2丁目、西伊興町、西伊興1〜4丁目、西加平1〜2丁目、西竹の塚1〜2丁目、西保木間1丁目、花畑1〜8丁目、東綾瀬1〜3丁目、東伊興1〜4丁目、東保木間1〜2丁目、東六月町、一ツ家1〜4丁目、日ノ出町、平野1〜3丁目、保木間1〜5丁目、保塚町、南花畑1〜5丁目、六木1〜2丁目、谷在家1丁目、谷在家3丁目、興野1〜2丁目、西新井栄町3丁目、西新井本町1〜5丁目、扇1丁目、扇3丁目

【東京都14区の台東区（2区に属しない区域）】（P96参照）

東上野6丁目、下谷2丁目（13番1号から13番5号まで、13番14号から13番24号まで、14番、15番及び24番）、入谷1丁目（1番から3番まで、9番から14番まで、

21番から28番まで、32番及び33番）、入谷2丁目（1番から33番まで）、松が谷1～4丁目、西浅草2～3丁目、浅草2丁目（13番から27番まで）、浅草3～7丁目、千束1丁目、千束2丁目（1番から32番まで）、千束3～4丁目、今戸1～2丁目、東浅草1～2丁目、橋場1～2丁目、清川1～2丁目、日本堤1丁目、日本堤2丁目（1番から35番まで）

【東京都16区の江戸川区の一部】（P97参照）

本庁管内（中央1～4丁目、松島1～4丁目、松江1～7丁目、東小松川1～4丁目、西小松川町、大杉1～5丁目、西一之江1～4丁目、春江町4丁目、一之江1～4丁目、西瑞江1丁目、江戸川1丁目、松本1～2丁目）、小松川・葛西・東部・鹿骨事務所管内

【東京都21区の多摩市・稲城市の一部】（P98参照）

多摩市（関戸、関戸1～4丁目、関戸5丁目（1番から8番まで及び13番から31番まで）、連光寺、連光寺1～6丁目、東寺方1丁目、一ノ宮、一ノ宮1～4丁目、聖ヶ丘1丁目（1番から24番まで、35番及び44番）、聖ヶ丘2～5丁目）、**稲城市**（坂浜、平尾、平尾1～3丁目、長峰1～3丁目、若葉台1～4丁目）

【東京都22区の稲城市（21区に属しない区域）】（P98参照）

矢野口、東長沼、大丸、百村、押立、向陽台1～6丁目

【東京都23区の多摩市（21区に属しない区域）】（P98参照）

関戸5丁目（1番から8番まで及び13番から31番までを除く。）、関戸6丁目、貝取、乞田、和田、百草、落川、東寺方、桜ヶ丘1～4丁目、聖ヶ丘1丁目（1番から24番まで、35番及び44番を除く。）、聖ヶ丘2～5丁目、馬引沢1～2丁目、山王下、中沢、唐木田、諏訪1～6丁目、永山1～7丁目、貝取1～5丁目、豊ヶ丘1～6丁目、落合1～6丁目、鶴牧1～6丁目、南野1～3丁目、東寺方3丁目、和田3丁目、愛宕1～4丁目

【東京都24区の八王子市（21区に属しない区域）】（P99参照）

横山町、八日町、八幡町、追分町、千人町1～4丁目、元本郷町1～4丁目、平岡町、本郷町、大横町、東町、旭町、元横山町1～3丁目、田町、新町、明神町1～4丁目、子安町1～4丁目、東浅川町、南浅川町、三崎町、中町、南町、寺町、万町、上野町、天神町、南新町、小門町、台町1～4丁目、中野町、緑町、大和田町1～7丁目、富士見町、緑町、清川町、東浅川町、初沢町、高尾町、南浅川町、西浅川町、裏高尾町、廿里町、下柚木、下柚木2～3丁目、上柚木、鹿島、松が谷、鑓水、鑓水2丁目、南大沢1～5丁目、堀之内、堀之内2～3丁目、並木町、散田町1～5丁目、山田町、めじろ台1～4丁目、長房町、城山1丁目、狭間町、椚田町、館町、館町、寺田町、大船町、大楽寺町、上壱分方町、諏訪町、下恩方町、上恩方町、西寺方町、小津町、川口町、上川町、犬目町、楢原町、美山町、尾崎町、左入町、滝山町1～2丁目、梅坪町、谷野町、みつい台1～2丁目、丹木町1～3丁目、加住町1～2丁目、宮下町、戸吹町、高月町、小比企町、片倉町、西片倉1～3丁目、宇津貫町、みなみ野1～6丁目、兵衛1～2丁目、七国1～6丁目、北野町、打越町、北野台1～5丁目、長沼町、絹ヶ丘1～3丁目、高倉町、石川町、平町、小宮町、久保山町1～2丁目、大谷町、丸山町

【新潟県1区の新潟市北区・東区・中央区・江南区・南区・西区の一部】（P103参照）

北区（本庁管内（細山に属する区域に限る。）、北出張所管内（すみれ野4丁目に属する区域を除く。））、**東区**（本庁管内、石山出張所管内（亀田中島4丁目に属する区域を除く。）、**中央区**（本庁管内、東出張所管内、南出張所管内（鵜ノ子及び亀田早通に属する区域を除く。）、**江南区**（本庁管内（天野、天野1～3丁目、栗山、能々山、江口、大淵、横江興野、嘉木、嘉瀬、上和田、北山、久蔵興野、蔵岡、笹山、三百地、鐘木、清五郎、曽川、楚川、曽野木1～2丁目、太右ェ門新田、俵柳、江口、丸渡、長潟、中野山、鵜満新田、西野、西山、花ノ牧、平賀、細山、舞潟、松山、丸潟新田、丸山、丸山ノ内藤之巻組、茗荷谷、山二ツ、両川1～2丁目、俵柳、割野）、**南区**（本庁管内（天野に属する区域に限る。））、**西区**（本庁管内、西出張所管内（四ツ郷屋及び奥兵衛野新田に属する区域を除く。）、黒埼出張所管内）

【新潟県2区の長岡市の一部】（P104参照）

本庁管内（西津町に属する区域のうち、平成17年3月31日において三島郡越路町の区域であった区域に限る。）、越路・三島・小国・和島・寺泊・与板支所管内

【新潟県3区の新潟市北区の一部】（P104参照）

本庁管内（細山、小杉、十二前及び横越に属する区域を除く。）、北出張所管内（すみれ野4丁目に属する区域に限る。）

【新潟県4区の新潟市北区・東区・中央区・江南区・南区の一部、長岡市の一部】（P104参照）

新潟市（北区（第1区及び第3区に属しない区域）、**東区**（第1区に属しない区域）、**中央区**（第1区に属しない区域）、**江南区**（第1区に属しない区域）、**南区**（第1区及び第2区に属しない区域）、**長岡市**（中之島支所管内（押切川原町に属する区域を除く。）のうち、平成17年3月31日において長岡市の区域であった区域を除く。）、栃尾支所管内）

【富山県1区の富山市の一部】（P105参照）

相生町、青柳、青柳新、青柳新町1～3丁目、青柳、青柳新、赤江、赤田、秋ヶ島、秋吉、秋吉新町、悪王寺、曙町、朝日、旭町、安住町、安堵寺町1～2丁目、荒川、荒川1～5丁目、荒川新町、新屋、有沢、有沢新町、粟島町、粟島町1～2丁目、安養寺、安養坊、飯野、池多、石金1～3丁目、石倉町、石坂、石坂新、石坂東町、石田、石田、磯部町1～4丁目、一番町、一本木、稲荷園町、稲荷町1～4丁目、稲荷元町1～3丁目、犬島1～7丁目、犬島新町1～2丁目、今泉、今泉西部金屋、今市、今木町、今259町、岩瀬赤田町、岩瀬天池町、岩瀬入船町、岩瀬御蔵町、岩瀬裏町、岩瀬表町、岩瀬古志町、岩瀬諏訪町、岩瀬高畠町、岩瀬天神町、岩瀬萩浦町、岩瀬白山町、岩瀬文化町、岩瀬前田町、

岩瀬松原町、岩瀬港町、牛島新町、牛島本町、牛島本町1～2丁目、打出、打出新、内幸町、梅沢町1～3丁目、上野、上野寿町、上野新、上野新町、永楽町、越前町、江本、荏原新町、蛭町、迫分茶屋、大井、大泉、大泉北町、大泉中町、大泉東町1～3丁目、大泉本町1～3丁目、大泉町1～3丁目、大江干町、大江干町1丁目、太田、太田口通り1～3丁目、於保多町、太田南町、大塚、大塚北、大塚西、大塚町1～4丁目、大塚町、奥田寿町、奥田新、奥田寿町、奥田双葉町、奥田本町、奥田町、押上、音羽町1～2丁目、雄山町、海岸通、開発、掛尾栄町、掛尾新町、掛尾町、鹿島町1～2丁目、金代、金屋、金山新、金山新桜ヶ丘、金山新桜ヶ丘、金山新中、金山新西、金山新東、金山南、上赤江、上赤江町1～2丁目、上飯野、上飯野新町1～5丁目、上今町、上野町、上栄、上庄町、上新保、上干俵町、上布目、上袋、上冨居、上冨居1～3丁目、上冨居新町、上堀南町、上本町、上干俵町、上押川、北押川、北押町1～2丁目、北代、北代新、北代中部、北代東部、北代北部、北二ツ屋、木場町、経田、経堂、経堂1～4丁目、経新町、経力、金泉寺、銀嶺町、久郷、草島、楠木、窪新町、窪本町、公文名、栗山、呉羽野田、呉羽町、呉羽町北、呉羽町西、黒崎、黒瀬、黒瀬北町1～2丁目、小泉町、興人町、高来、古志町1～6丁目、小島町、小杉、五艘、小中、小islands、五番町、五福、五本榎、駒見、才覚寺、境野新、栄新町、栄町1～3丁目、坂下新、桜木町、桜谷みどり町1～2丁目、桜橋通り、桜町1～2丁目、山王町、三熊、三番町、七軒町、芝園町1～3丁目、島田、清水中町、清水町1～3丁目、坂下新町、下赤江、下赤江町1～2丁目、下飯野、下奥井1～2丁目、下熊野、下新町、下新北町、下新西町、下新日曹町、下新本町、下新町、下野、下野新、下冨居、下冨居1～2丁目、下瀬、城川原1～3丁目、庄高田、城北町、城村、城村新町、白銀町、新金代1～2丁目、新川原町、新桜町、新庄北町、新庄銀座1～3丁目、新庄本町1～3丁目、新庄町、新庄町1～4丁目、新総曲輪、新千原崎、神通本町1～2丁目、神通町1～3丁目、新富町1～2丁目、新根塚町1～3丁目、新園居、新保、杉瀬、杉谷、砂町、住友町、住吉、住吉町1～2丁目、諏訪川原1～3丁目、清風町、関、千石町1～6丁目、千成町、千俵町、総曲輪1～4丁目、惣在寺、双代町、高木、高木西、高木東、高木南、高島、高圃町、高田、高品町1～2丁目、高屋敷、宝町1～3丁目、滝脇、館出町1～2丁目、辰巳、辰巳町1～2丁目、田尻、田尻西、田尻東、田尻南、田尻南、田畑、珠美、珠美東町、玉屋、手屋1～3丁目、太郎丸、太郎丸西町1～2丁目、太郎丸本町1～4丁目、千歳町1～3丁目、千原崎、千原崎1～2丁目、茶屋町、中央通り1～3丁目、中間島、中間島1～2丁目、千代田町、塚原、月岡町、月岡東緑町、月岡東緑町1～3丁目、月岡町1～7丁目、月見町1～7丁目、堤町通り1～3丁目、つばめ野1～3丁目、鶴ヶ丘、寺島、寺町、寺町けやき台、天正寺、土居原町、問屋町1～3丁目、道正、任海、常盤台、常盤町、砂子、利波、富岡町、友杉、豊田、豊田町、豊島町、豊島町、豊成本町、豊城町、豊田、豊田本町1～4丁目、豊田町1～2丁目、長江、長江1～5丁目、長江新町1～4丁目、長久町、中市、中市1～2丁目、長柄町1～3丁目、中老田、長新田、長江本町、長江東町1～3丁目、長江本町、長柄町1～2丁目、中老田、長新田、中田1～3丁目、中布目、中野新町、中野新町1～2丁目、中冨居、中冨居新町、中曽、流杉、綱田、南央町、西四十物町、西荒屋、西大泉、西押川、西金屋、西公文名、西公文名町、西山王町、西新庄、西町、西田地方町1～3丁目、西長江1～4丁目、西長江本町、西中野本町、西野新、西野新町1～2丁目、西野新、西番、西宮町、西二俣、西宮、鷲田、布市、布市新町、布瀬本町1～3丁目、布瀬町、布瀬町1～3丁目、布目、布目北、布目、根塚町1～3丁目、野口、野口南部、野口北部、野田、野中、野中新、野々上、野町、萩原、蓮町1～6丁目、長方、畑中、八町、八人町、八ヶ山、八尾、八町北、八町寺、八町中、八町本、八町東、八町南、八町南、花園町1～4丁目、花木、羽根、浜黒崎、林崎、針日、針原中、針原中、針原中町、晴海台、萩ヶ丘、針わ金町、東岩瀬村、東田地方町1～2丁目、東富山寿町1～3丁目、東中野町1～3丁目、東流杉、東町1～3丁目、日方江、久方町、日方江、日俣、百塚、鵯島、ひょうどり南台、平榎、平岡、開ヶ丘、平吹町、福居、冨居栄町、不二越本町1～2丁目、不二越町、藤木、藤木新、藤木新町、藤の木園町、藤の木台1～3丁目、二口町1～5丁目、二俣、二俣新保町、舟橋今町、舟橋北町、舟橋南町、古鍛治町、古川、古沢、古寺、文京町1～3丁目、別名、星井町1～3丁目、堀川小泉、堀川小泉町1～2丁目、堀川本郷、堀川町、堀端町、本郷、本郷島、本郷中部、本郷、本郷東、本郷新、牧田、町村、町村新町、町材、町村新町、町村、町村新町、本町、本丸、牧田、町新町、町村、町村1丁目、松山町、松山新、松木、松木新、松若町、丸の内1～3丁目、三上、水落、水橋池田舘、水橋池田舘町、水橋石政、水橋伊勢屋、水橋伊勢田、水橋伊勢田、水橋入江町、水橋池袋、水橋池袋、水橋辻ヶ堂、水橋五郎丸、水橋大町、水橋沖、水橋開発、水橋開発町、水橋鏡田、水橋柳瀬、水橋金尾、水橋金広、水橋桜木、水橋上砂子坂、水橋原町、水橋北馬場、水橋狐塚、水橋小池、水橋恋塚、水橋小出、水橋五郎丸、水橋佐々木、水橋山王町、水橋下段、水橋柴草、水橋清水堂、水橋下砂子坂、水橋専光寺、水橋常願寺、水橋小路、水橋上条新町、水橋新保、水橋専光寺、水橋高月、水橋高寺、水橋高堂、水橋舘町、水橋田伏、水橋ちょう、水橋中馬場、水橋辻ヶ堂、水橋辻ヶ堂、水橋田伏、水橋等、水橋番頭名、水橋平榎、水橋二の宮、水橋二ツ屋、水橋曲淵、水橋町、水橋町袋、水橋的場、水橋柳寺、緑町1～2丁目、湊入船町、南金屋、南栗山、南新町、南前町、南日町1～2丁目、南中田、宮尾、宮本、宮園町、宮園、宮成新、宮保、宮町、向新庄、向新庄町1～8丁目、向川原町1～2丁目、向新庄、明輪町、元町1～2丁目、桃井町1～2丁目、森、森山1～5丁目、森住町、森田、森若町、安田町、安野屋町1～3丁目、柳町1～4丁目、八幡、山岸、山室、山室荒屋、屋山、山室荒屋新町、山本、山本新、弥生町1～2丁目、八日町、四方荒屋、四方一番町、四方恵比須町、四方北窪、四方二番町、四方野割町、四方港町、横内、横越、吉岡、吉倉、吉作、四ツ葉町、米田、米田すずかけ台1～3丁目、米田町1～6丁目、若

【長野県1区の長野市の一部】（P107参照）

本庁管内、篠ノ井・松代・若穂・川中島・更北・七二会・信更・古里・柳原・浅川・大豆島・朝陽・若槻・長沼・安茂里・小田切・芋井・芹田・古牧・三輪・吉田支所管内

【静岡県1区の静岡市葵区・駿河区・清水区の一部】（P112参照）

葵区（本庁管内（瀬名川3丁目（5番25号及び5番50号から5番59号まで）に属する区域を除く。）、井川支所管内）、駿河区（本庁管内（谷田に属する区域のうち、平成15年3月31日において清水市の区域であった区域を除く。）、長田支所管内）、清水区（本庁管内（楠（694番地1及び694番地3）に属する区域に限る。））

【静岡県3区の浜松市天竜区の一部】（P113参照）

春野町領家、春野町堀之内、春野町胡桃平、春野町和泉平、春野町砂川、春野町大時、春野町長蔵寺、春野町石打松下、春野町田黒、春野町筏戸大上、春野町石岡、春野町小奈良安、春野町田河内、春野町牧野、春野町花島、春野町杉、春野町川上、春野町宮川、春野町気田、春野町豊岡、春野町石切、春野町小俣京丸

【静岡県7区の浜松市中区・南区の一部】（P114参照）

中区（西伊豆町及び花川町に属する区域に限る。）、南区（高塚町、増楽町、若林町及び東若林町に属する区域に限る）

【愛知県6区の瀬戸市の一部】（P116参照）

川平町、本郷町（10番から1048番まで）、十軒町、鹿乗町、内田町1～2丁目、北みずの坂1～3丁目

【愛知県9区の一宮市本庁管内】（P116参照）

起、開明、上祖父江、北今、小信中島、三条、玉野、冨田、西五城、西中野、西中野番外、西萩原、蓮池、東五城、東加賀野井、明地、祐久、篭屋1～5丁目

【兵庫県5区の川西市の一部】（P132参照）

平野（字カキヲジ原）、西畦野（字丸山及び字東通りを除く。）、一庫、国崎、黒川、横路、大和町1～5丁目、大和西1～5丁目、美山台1～3丁目、丸山台1～3丁目、見野1～3丁目、東畦野、東畦野1～6丁目、東畦野山手1～2丁目、長尾町、西畦野1～2丁目、山原、山原1～2丁目、緑が丘1～2丁目、山下、山下、笹部1～3丁目、笹部、下財町、一庫1～3丁目

【兵庫県6区の川西市（5区に属しない区域）】（P133参照）

中央町、小花1～2丁目、小戸1～3丁目、美園町、絹延町、出在家町、丸の内町、滝山町、鴬の森町、萩原1～3丁目、火打1～2丁目、松が丘町、霞ケ丘1～2丁目、日高町、栄町、花屋敷山手町、花屋敷1～2丁目、寺畑1～2丁目、栄根1～2丁目、南花屋敷1～4丁目、加茂1～6丁目、下加茂1～2丁目、久代1～6丁目、東久代1～2丁目、萩原台西1～2丁目、萩原台西1～3丁目、鴬が丘、新田1～3丁目、新田、平野1～3丁目、多田桜木1～2丁目、東多田1～3丁目、鼓が滝1～3丁目、矢問1～3丁目、矢問東町、西多田1～2丁目、錦松台、多田院1～2丁目、多田院西1～2丁目、多田院多田1～3丁目、満願寺、平野（字カキヲジ原を除く。）、東多田、西多田、多田院、石道、虫生、赤松、柳谷、芋生、若宮、緑台1～2丁目、湯山台1～3丁目、水明台1～4丁目、清和台東1～3丁目、清和台西1～3丁目、湯山台1～2丁目、鴬台1～2丁目、けやき坂1～5丁目、南野坂1～2丁目、西畦野（字丸山及び字東通り）、清流台

【兵庫県11区の姫路市の一部】（P134参照）

相野、青山、青山1～6丁目、青山北1～3丁目、青山西1～5丁目、青山南1～4丁目、朝日町、阿保、網干区（網干浜、大江島、大江島寺前町、大江島古川町、興浜、垣内北町、垣内中町、垣内西町、垣内東町、垣内本町、垣内南町、北新在家、坂出、坂上、新在家、田井、高田、津市場、浜田、福井、宮内、余子浜、和久）、嵐山町、飯田、飯田1～3丁目、生野町、石倉、市川台1～3丁目、市川橋通1～2丁目、市之郷、市之郷町、伊伝居、威徳寺町、井ノ口、今宿、岩端町、魚町、打越、梅ケ枝町、梅ケ谷町、駅前町、太市中、大塩町、大塩町沖州1～3丁目、大塩町宮前、大津区（恵美酒町1～2丁目、大津1～3丁目、北、天満1～2丁目、勘兵衛町1～5丁目、北天満町、吉美、新町1～2丁目、天神町、天満、長松、西土井、平松、真砂町）、大野町、岡田、奥山、鍵町、柿山伏、鍛冶町、片田町、刀出、刀出栄立町、勝原区（朝日谷、大谷、勝原町、勝山町、熊見、下太田、宮田、山戸、丁）、金屋町、兼田、上大野1～7丁目、上片町、上手野、神屋町、神屋町1～6丁目、亀井町、亀山、亀山1～2丁目、川西、川西台、神田町1～4丁目、北平野、北新在家1～3丁目、北条、北平野1～6丁目、北平野奥垣内、北平野南町、北八代1～2丁目、北夢前台1～2丁目、木場、木場1丁目、木場千束町、木場前中町、京口町、京町1～3丁目、楠町、久保町、栗山町、車崎1～3丁目、車崎寺前、国府寺町、五軒邸1～4丁目、琴岡町、古二階町、河間町、呉服町、米屋町、小利木町、五郎右衛門邸、紺屋町、西庄、材木町、幸町、堺町、坂田町、坂元町、定元町、三左衛門堀西の町、三左衛門堀東の町、三条町1～2丁目、塩町、飾磨区（英賀、英賀春日町1～2丁目、英賀清水町1～3丁目、英賀西町1～3丁目、英賀東町1～2丁目、英賀保駅前町、英賀宮台、英賀宮町1～2丁目、阿成、阿成植木、阿成鹿古、阿成下垣内、阿成中垣内、阿成渡場、今在家、今在家2～7丁目、今在家北1～3丁目、入船場、入船町、横手1～5丁目、鎌倉町、上野田1～6丁目、亀山、加茂、加茂北、加茂東、加茂南、御幸、栄町、三和町、思案橋、清水1～3丁目、下野田1～4丁目、城南町1～3丁目、須加、高町、都倉1～3丁目、中島、中島1～3丁目、妻鹿、付城1～2丁目、天神、都倉1～3丁目、西浜町1～3丁目、野田町、東堀、富士見ケ丘町、細江、堀川町、宮、三宅1～3丁目、妻鹿、妻鹿東海町、妻鹿常盤町、矢倉町1～2丁目、山崎、山崎台、若宮町）、飾西、飾西台、飾東町大釜、飾東町大釜新、飾東町観音寺、飾東町北山、飾東町清住、飾東町佐良和、飾東町塩崎、飾東町志吹、飾東町庄、飾東町豊国、飾東町八重畑、飾東町山近、飾東町夢前台、四郷町明田1～2丁目、四郷町坂元、四郷町中鈴、四郷町東阿保、四郷町見野、四郷町山脇、実法寺、下手野1～6丁目、忍町、実法寺、下手野1～6丁目、車崎町、城東町、城東町京口台、城東町五軒屋、城東町清水、城東町竹之門、城東町中河原、城東町野田、城東町毘沙門、城北新町1～3丁目、城北本町、書写、書写台1～3丁目、白国、白国1～5丁目、白浜町、白浜町宇佐崎北1～3丁目、白浜町宇佐崎中1～3丁目、白浜町宇佐崎南1～2丁目、白浜町神田1～2丁目、白浜町寺家1～2丁目、

175

白浜町灘浜、白銀町、城見台1～4丁目、城見町、新在家、新在家1～4丁目、新在家中の町、新在家本町1～6丁目、神和町、菅生台、総社本町、大黒壱丁町、大寿台1～2丁目、太陽町、田井台、高国新町、高尾町、鷹匠町、竹田町、龍野町1～6丁目、立町、田寺1～8丁目、田寺東1～4丁目、田寺山手町、玉手、玉手1～4丁目、地内町、中地、中地南町、町田、町坪、町坪南町、千代田町、継、佃町、辻井1～9丁目、土山1～7丁目、土山東の町、手柄、手柄1～2丁目、天神町、東郷町、同心町、豆腐町、砥堀、苦瀬、苦瀬前1～2丁目、豊沢町、豊富町甲丘1～4丁目、二階町、西今宿1～8丁目、西駅前町、西新在家1～3丁目、西新町、西大寿台、西中島、西二階町、西延末、西八代町、西庄甲、西庄乙1～3丁目、西脇、仁豊野、農人町、南combine町、南畝町1～2丁目、野里、野里上野町1～3丁目、野里雲雪寺前町、野里新町、野里月丘町、野里寺町、野里中町、野里東同心町、野里東町、野里堀留町、野里大和町、延末、延末1丁目、白鳥台1～3丁目、博労町、橋之町、花影町1～4丁目、花田町一本松、花田町小川、花田町加納原田、花田町上原田、花田町高木、花田町高木、花田町勅旨、林田町大庫、林田町奥佐見、林田町上伊勢、林田町上構、林田町口佐見、林田町久保、林田町下伊勢、林田町下構、林田町新町、林田町中構、林田町中山下、林田町林田、林田町松山、林田町松山、林田町六九谷、林田町八幡、林田町山田、東今宿1～6丁目、東駅前町、東辻井1～4丁目、東延末、東延末1～5丁目、東山、東夢前台1～3丁目、日出町1～3丁目、平野町、広畑区（吾妻町1～3丁目、大町1～3丁目、蒲田、蒲田1～5丁目、北河原町、北野町1～2丁目、京见町、小坂、小松町1～4丁目、才、清水町1～3丁目、城山町、末広町1～3丁目、正門通1～3丁目、高浜町1～4丁目、鶴町1～2丁目、東夢前台、西夢前台2～4丁目、則直、東新町1～3丁目、東新町1～3丁目、東夢前台4丁目、富士町、本町1～6丁目、夢前町1～4丁目、広峰1～2丁目、広畑山、福居町、福沢町、福中町、福ケ市、藤ケ台、双葉町、船丘町、船津町、船津町2～6丁目、別所町家具町、別所町北宿、別所町小林、別所町佐土、別所町佐土1～3丁目、別所町佐土新、別所町別所、別所町別所1～5丁目、北条、北条1丁目、北条梅原町、北条口1～5丁目、北条永良町、北条宮の町、保城、坊主町、峰南町、増位新町1～2丁目、増位本町1～2丁目、的形町福泊、的形町的形、丸尾町、御国野町国分寺、御国野町御着、御国野町深志野、神子岡前1～4丁目、御立北1～4丁目、御立中1～8丁目、御立西1～6丁目、御立東1～6丁目、緑台1～2丁目、南今宿、南駅前町、南車崎1～2丁目、南新在家、南町、南八代町、宮上町1～3丁目、宮西町1～4丁目、睦町、元塩町、元町、八家、八木町、八代、八代東光寺町、八代本町1～2丁目、八代緑ケ丘町、八代宮前町、安田1～4丁目、柳町、山田町北山田、山田町多田、山田町西山田、山田町牧野、山田町南山田、山吹、山野井町、山畑新田、山吹1～2丁目、米田町、余部区（上川原、上余部、下余部）、六角、若菜町1～2丁目、綿町

岡山市（北区（本庁管内（祇園、後楽園、中原及び牟佐に属する区域を除く。）、御津・建部支所管内）、南区（青江6丁目、あけぼの町、泉田、泉田1～5丁目、内尾、浦安西町、浦安南町、浦安本町、大福、海岸通1～2丁目、古新田、市場1～2丁目、下中野、新福1～2丁目、新保、新峰、妹尾、妹尾崎、曽根、立川町、築港栄町、築港新町1～2丁目、築港ひかり町、築港緑町1～3丁目、築港元町、千鳥町、当新田、富浜町、豊成1～3丁目、豊浜町、中畦、並木町1～2丁目、南輝1～3丁目、西市、西畦、浜野1～4丁目、東畦、平福1～2丁目、福島1～4丁目、福田、福浜西町、福浜町、福吉町、藤田、芳泉1～4丁目、松浜町、万倍、箕島、三浜町1～2丁目、山田、米倉、若葉町1～3丁目、**吉備中央町**（広面、上加茂、上田東、細田、三納台、三納谷、上田西、円城、岨谷、神瀬、船津、小森））

176

宮町、大谷、岩ヶ淵、鳥越、塚ノ原、西塚ノ原、長尾山町、旭天神町、佐々木町、北端町、山手町、横内、口細山、尾立、福井扇町、福井東町、池、仁井田、種briefing、十津川～6丁目、咬江、五台山、屋頭、高須、葛島1～4丁目、高須新町1～4丁目、高須砂地、高須本町、高須新木、高須1～3丁目、高須東町、高須西町、高須絶海、高須大谷、高須大島、布師田、一宮、蒲野、重倉、久礼野、蒲野西町1～3丁目、蒲野東町、蒲野南町、蒲野中町、蒲野南町、一宮西町1～4丁目、一宮しなね1～2丁目、一宮南町1～2丁目、一宮中町1～3丁目、一宮東町1～5丁目、一宮徳谷、愛宕山、前里、東秦泉寺、中秦泉寺、三園町、西秦泉寺、北秦泉寺、宇津野、三谷、七ツ淵、加賀野井1～2丁目、愛宕山南町、秦南町1～2丁目、東久万、中久万、西久万、南久万、万々、中万々、南万々、柴巻、円行寺、一ツ橋町1～2丁目、みづき1～3丁目、みづき山、大津甲、大津乙、介良甲、介良乙、介良丙、介良、潮見台1～3丁目、鏡大河内丸、鏡小浜、鏡大利、鏡今井、鏡草峰、鏡白岩、鏡狩山、鏡吉原、鏡的渕、鏡去坂、鏡竹奈路、鏡敷ノ山、鏡柿ノ又、鏡横矢、鏡増原、鏡葛山、鏡梅ノ木、鏡小山、土佐山菖蒲、土佐山西川、土佐山梶谷、土佐山、土佐山高川、土佐山桑尾、土佐山網、土佐山弘瀬、土佐山東川、土佐山中切

【福岡県2区の福岡市南区・城南区の一部】（P155参照）

南区（那の川1丁目、那の川2丁目（1番から4番まで）、大楠1～3丁目、清水1～4丁目、玉川町、塩原1～4丁目、大橋団地、大橋1～4丁目、高木1～3丁目、五十川1～2丁目、井尻1～5丁目、折立町、横手1～4丁目、横手南町、的場1～2丁目、日佐1～4丁目、日佐4～5丁目、向新町1～2丁目、高宮1～5丁目、多賀1～2丁目、向野1～2丁目、筑紫丘1～2丁目、野間1～4丁目、若久団地、若久1～6丁目、三宅1～3丁目、南大橋1～2丁目、和田1～4丁目、野多目1～3丁目、野多目4丁目（1番から13番まで、18番1号から18番91号まで、18番61号から18番82号まで及び19番から30番まで）、野多目5丁目、老司1丁目（1番1号から1番17号まで、1番26号から1番48号まで、2番から4番まで、5番18号から5番36号まで、6番及び7番9号から7番28号まで）、市崎1～2丁目、大池1～2丁目、平和1～2丁目、平和4丁目、柳河内1～2丁目、皿山1～4丁目、中尾1～3丁目、花畑1～4丁目、屋形原1～5丁目、鶴田4丁目（1番1号から1番8号まで、1番44号から1番47号まで、3番5号から3番24号まで及び3番38号から3番54号まで）、長丘1～5丁目、長住1～7丁目、西長住1～3丁目、大字桧原、桧原1～7丁目、大平寺1～2丁目、大字柏原、柏原1～5丁目、大字東油山、大字南片江、大字片江、片江1～5丁目、南片江1～6丁目、西片江1～2丁目、神松寺1～3丁目）、**城南区**（鳥飼4～7丁目、別府団地、別府1～7丁目、城西団地、荒江団地、荒江1丁目、飯倉1丁目、鳥飼1～6丁目、茶山1～6丁目、金山団地、七隈1～2丁目、七隈3丁目（1番から5番まで、8番2号、8番31号から8番44号まで、15番から19番まで、20番1号から20番9号まで及び20番25号から20番67号まで）、松山1～2丁目、友丘1～6丁目、友泉亭、長尾1～5丁目、樋井川1～7丁目、宝台団地、堤団地、堤1～2丁目、大字東油山1～4丁目、大字片江、片江1～5丁目、南片江1～6丁目、西片江1～2丁目、神松寺1～3丁目）

【福岡県3区の福岡市城南区（2区に属しない区域）】（P155参照）

七隈3丁目（6番、7番、8番23号まで、8番25号から8番30号まで、8番45号、8番46号、9番から14番まで、20番5号から20番24号まで及び21番から23番まで）、七隈4～8丁目、下隈1～2丁目、梅林1～5丁目、大字梅林

【福岡県5区の福岡市南区（2区に属しない区域）】（P156参照）

日佐3丁目、警弥郷1～3丁目、柳瀬1～2丁目、弥永1～5丁目、弥永団地、野多目1丁目（14番から17番まで、18番15号から18番60号まで、31番及び32番）、野多目7丁目、老司1丁目（1番18号から1番25号まで、5番1号から5番17号まで、7番1号から7番6号まで、7番29号から7番39号まで及び8番から35番まで）、老司2～5丁目、鶴田1～3丁目、鶴田4丁目（1番9号から1番43号まで、2番、3番1号から3番6号まで、3番25号から3番37号まで、3番55号から3番60号まで及び4番から7番まで）、柏原1丁目（26番）、柏原2丁目

【大分県1区の大分市の一部】（P160参照）

本庁管内、鶴崎・大南支所管内、植田支所管内（大字廻栖野（618番地から747番地2まで、830番地から832番地まで、833番地1、833番地3から836番地3まで、838番地1から838番地2まで、841番地、1587番地、1591番地から1618番地まで及び1620番地）に属する区域を除く。）、大在・坂ノ市・明野支所管内

177

【常任委員会】

内閣委員(40)

(自22)(立7)(維4)(公3)
(国1)(共1)(有1)(れ1)

長	**星野　剛士**	自
理	青柳陽一郎	立
理	稲富　修二	立
理	阿部　司	維
	赤澤　亮正	自
	井野　俊郎	自
	池田　佳隆	自
	泉田　裕彦	自
	大西　英男	自
	大野敬太郎	自
	神田　潤一	自
	坂本　哲志	自
	杉田　水脈	自
	鈴木　英敬	自
	平　将明	自
	髙木　啓	自
	土田　慎	自
	冨樫　博之	自
	中山　展宏	自
	西田　昭二	自
	鳩山　二郎	自
	平井　卓也	自
	平沼正二郎	自
	牧島かれん	自
	山本ともひろ	自
	中谷　一馬	立
	太　栄志	立
	本庄　知史	立
	馬淵　澄夫	立
	山岸　一生	立
	浦野　靖人	維
	住吉　寛紀	維
	堀場　幸子	維
	河西　宏一	公
	庄子　賢一	公
	吉田久美子	公
	浅野　哲	国
	塩川　鉄也	共
	緒方林太郎	有
	大石あきこ	れ

総務委員(40)

(自22)(立8)(維4)(公3)
(国1)(共1)(無1)

長	**古屋　範子**	公
理	斎藤　洋明	自
理	石川　香織	立
理	奥野総一郎	立
理	中川　康洋	公
	井原　巧	自
	石田　真敏	自
	尾身　朝子	自
	金子　恭之	自
	川崎ひでと	自
	国光あやの	自
	小森　卓郎	自
	坂井　学	自
	島尻安伊子	自
	新谷　正義	自
	田所　嘉徳	自
	田中　良生	自
	寺田　稔	自
	中川　貴元	自
	西野　太亮	自
	根本　幸典	自
	葉梨　康弘	自
	長谷川淳二	自
	古川　直季	自
	本田太郎	自
	保岡　宏武	自
	おおつき紅葉	立
	岡本あき子	立
	神谷　裕	立
	重徳　和彦	立
	道下　大樹	立
	湯原　俊二	立
	阿部　司	維
	中嶋　秀樹	維
	中司　宏	維
	吉田とも代	維
	平林　晃	公
	西岡　秀子	国
	宮本　岳志	共
	吉川　赳	無

法務委員(35)

(自20)(立7)(維3)(公3)
(国1)(共1)

長	**武部　新**	自
理	谷川　とむ	自
理	藤原　崇	自
理	牧原　秀樹	自
理	鎌田さゆり	立
理	寺田　学	立
理	大口　善徳	公
	東　国幹	自
	五十嵐　清	自
	井出　庸生	自
	伊藤　忠彦	自
	英利アルフィヤ	自
	奥野　信亮	自

長=委員長・会長、理=理事、幹=幹事、議員氏名の右は会派名

（前ページよりつづき）

	山田勝彦	立
	小山展弘	立
	佐藤公治	立
	一谷勇一郎	維
	池畑浩太朗	維
	稲津久	公
	角田秀穂	公
	山崎正恭	公
	長友慎治	国
	北神圭朗	有

経済産業委員(40)
(自23)(立8)(維4)(公3)(国1)(共1)

長	岡本三成	公
理	井原巧	自
理	関芳弘	自
理	細田健一	自
理	落合貴之	立
理	山岡達丸	立
理	斎藤洋明	自
理	中野洋昌	公
	石川昭政	自
	石原宏高	自
	尾身朝子	自
	大岡敏孝	自
	大串正樹	自
	黄川田仁志	自
	国定勇人	自
	小林鷹之	自
	鈴木淳司	自
	冨樫博之	自
	中川貴元	自
	中山展宏	自
	福田達夫	自
	本田太郎	自
	松本洋平	自
	宮内秀樹	自
	宗清皇一	自
	八木哲也	自
	若林健太	自
	篠原孝	立
	田嶋要	立
	馬場雄基	立
	山崎誠	立
	岡本あき子	立
	荒井優	立
	市村浩一郎	維
	守島正	維
	山本剛正	維
	漆間譲司	維
	河西宏一	公
	鈴木義弘	国
	笠井亮	共

国土交通委員(45)
(自25)(立9)(維4)(公3)
(国1)(共1)(有1)(れ1)

長	根本幸典	自
理	中根一幸	自
理	伴野豊	立
理	伊藤渉	公
理	赤木正幸	維
	金子恭之	自
	小里泰弘	自
	鳩山二郎	自
	加藤鮎子	自
	小林茂樹	自
	國場幸之助	自
	佐々木紀	自
	櫻田義孝	自
	高木啓	自
	田中英之	自
	谷公一	自
	土井亨	自
	中曽根康隆	自
	中西健治	自
	古川康	自
	三ッ林裕巳	自
	宮内秀樹	自
	簗和生	自
	鈴木貴子	自
	土屋品子	自
	小島敏文	自
	金子俊平	自
	小宮山泰子	立
	城井崇	立
	馬淵澄夫	立
	道下大樹	立
	福田昭夫	立
	荒井優	立
	小熊慎司	立
	神津たけし	立
	高橋英明	維
	遠藤良太	維
	漆間譲司	維
	北側一雄	公
	輿水恵一	公
	古川元久	国
	高橋千鶴子	共
	福島伸享	有
	たがや亮	れ

環境委員(30)
(自17)(立7)(維4)(公2)

長	務台俊介	自
理	菅家一郎	自
理	堀内詔子	自

㊞委員会

181

国家基本政策委員会（30）
（自18）（立6）（維2）（公1）（国1）（共1）（無1）

（長）	根本　匠	自
（理）	小渕　優子	自
（理）	後藤　茂之	立
（理）	森山　裕	自
（理）	山井　和則	自
	石場　伸浩	自
	梶山　弘志	自
	金子　恭之	自
	金田　勝年	自
	田中　和徳	自
	高木　毅	自
	羽田　秀樹	自
	梨　康	自
	井　卓	自
	山木　英一	自
	尾　太郎	立
	妻　昭	立
	木　一文	維
	村　和久	公
	田　久	国
	西　充	共
	萩生田　光一	無
	浜田　靖一	
	平　裕	
	茂木　敏充	
	鷲泉　岡	
	中長藤玉志徳	
	田村　妻木位永	
	田　木	

予算委員会（50）
（自28）（立11）（維4）（公4）（国1）（共1）（有1）

（長）	小野寺　五典	自
（理）	上野　賢一郎	自
（理）	野田　聖子	自
（理）	越智　隆雄	自
（理）	加藤　勝信	自
（理）	島尻　二	立
（理）	牧島　かれん	自
（理）	逢坂　誠司	立
	後藤　道孝	維
	漆間　譲司	公
	伊東　英也	
	伊藤　良茂	自
	石破　茂	自
	鷲尾　英一郎	自
	篠原　孝	立
	森田　俊和	立
	畦元　将吾	自
	井上　信治	自
	伊藤　忠彦	自
	稲田　朋美	自
	小倉　將信	自
	国定　勇人	自
	熊田　裕通	自
	古賀　篤	自
	笹川　博義	自
	橘　慶一郎	立
	三ツ林　裕巳	立
	柳　顕	立
	近藤　昭一輔	維
	坂本　剛光	維
	堤　かなめ	維
	馬　和巳	維
	松下　誠喜	公
	奥本　佑美	公
	空林　康美	
	中　洋	
	鰐淵　洋子	

安全保障委員会（30）
（自17）（立6）（維3）（公2）（国1）（共1）

（長）	大塚　拓	自
（理）	若宮　健嗣	自
（理）	伊藤　俊輔	自
（理）	篠原　豪	自
	江渡　聡徳	自
	鬼木　誠	自
	門山　宏哲	自
	小泉　進次郎	自
	杉田　水脈	自
	武田　良太	自
	渡海　紀三朗	自
	中谷　元	自
	長島　昭久	自
	細野　豪志	自
	松本　尚	立
	松原　仁	立
	和田　義明	立
	新垣　邦男	立
	玄葉　光一郎	立
	重徳　和彦	立
	渡辺　周	維
	浅川　義良	維
	岩谷　平	維
	新重渡浅岩	公
	和松松	公
	田葉辺川谷	国
	明男和義良	共

（発）委員会

議院運営委員(25)
（自14）（立6）（維2）
（公1）（国1）（共1）

長	山口	俊一
理	橘	慶一郎
理	丹羽	秀樹
理	三ッ林	裕巳
理	武藤	容治
理	鷲尾	英一郎
理	笠	浩史
理	遠藤	敬
理	與	井

自 一治子弘訓英介郎司
自 弘郎芳雄博仁義一太巳里亮利
自 真健聖康 信誠英大貴 正志ひろ
自 西園川上 際下本野塚口原木山藤本藤子渕
自 谷田梨 信仁一 道隆良和茂賢万 真
自 中中野葉三 御村森 山山山吉手原松柚米遠杉佐庄櫛たが本

立 俊一
立 一郎樹巳治郎元史敬郎一郎馬司輔守志生宏哲也
立 慶秀裕容 浩 恵庸俊正次真太拓賢俊 栄一 鉄
立 羽林尾川 藤水出野原村谷田路田藤谷 岸司野川
立 丹三武鷲笠遠與井石木中本宮山伊梅太山中浅塩

決算行政監視委員(40)
（自22）（立8）（維3）（公3）
（れ2）（無1）（欠1）

長	江田	憲司
理	小田原	潔
理	田中	英之
理	大河原	雅子
理	谷田川	元
理	金村	龍那
理	福重	隆浩
理	江﨑	鐵磨
理	遠藤	利明
理	金子	容三
理	小島	敏文
理	下村	博文
	武井	俊輔
	棚橋	泰文
	寺田	稔

立 明之元浩磨明三文文稔
立 史英まさ

自自自自自立立立維維公公国共
自自自自自立立立維維公公共有
自自自自自自自自自自自自自自

（右欄・議員名）
雅征信偉茂博将一
弘毅郎亮年民之文德明郎岳司樹馬二太道介也美雄史行み創光美正嘉邦穂アレックス徹
士信勝 勝圭秀拓有健謙和智隆浩はる 剛佑 一泰秀 林太郎
藤野田岡藤村中 田本沢屋原路本林辺西馬藤村岡庄山田辺下 島羽城田本方
村屋 田本沢屋原路本林辺西馬藤村岡庄山田辺下 島羽城田本方

今岩衛奥金亀後下田平塚橋平古牧宮山若渡大源近西藤本森吉渡奥林守赤金角斎宮緒

183

（右段上・前頁からの続き）

立	誠	幸	山崎
立	創子	とも	渡辺
維	代洋	康	堀場
公	恭	正	吉川
公	久	元	中川
国	昭	貴	山村
共			古田

政治倫理の確立及び公職選挙法改正に関する特別委員(35)
（自20）（立7）（維3）（公3）（国1）（共1）

㊗長　亀岡　偉民　自
㊥理　大塚　拓　　自
㊥理　西田　昭二　自
㊥理　鳩山　二郎　自
㊥理　平口　洋　　自
㊥理　源馬　謙太郎　立
㊥理　渡辺　周　　立
　　　山本　剛正　維
　　　伊藤　信太郎　自
　　　小倉　將信　自
　　　尾崎　正直　自
　　　大岡　敏孝　自
　　　奥野　信亮　自
　　　勝目　康　　自
　　　川崎　ひでと　自
　　　木原　誠二　自
　　　古賀　篤　　自
　　　斎藤　洋明　自
　　　冨樫　博之　自
　　　藤井　比早之　自
　　　本田　太郎　自
　　　三ッ林　裕巳　自
　　　山田　美樹　自
　　　落合　貴之　立
　　　佐々木　紀　立
　　　櫻井　周　　立
　　　谷田川　元　立
　　　池下　卓　　維
　　　奥下　剛光　維
　　　伊佐　進一　公
　　　興水　恵一　公
　　　斎藤　アレックス　国
　　　塩川　鉄也　共

懲罰委員(20)
（自11）（立6）（維1）
（公1）（欠1）

㊗長　大串　博志　立
㊥理　丹羽　秀樹　自
㊥理　林　　幹雄　自
㊥理　おおつき　紅葉　自
㊥理　井上　信治　自
㊥理　逢沢　一郎　自
㊥理　甘利　明　　自
　　　奥野　信亮　自
　　　菅家　一郎　自
　　　二階　俊博　自
　　　葉梨　康弘　自
　　　細田　博之　自
　　　武藤　容治　自
　　　鷲尾　英一郎　立
　　　安住　淳　　立
　　　泉　　健太　立
　　　小　　　　　立
　　　岡本　　　　立
　　　高木　陽介　公

【特別委員会】

災害対策特別委員(35)
（自20）（立7）（維3）
（公3）（国1）（共1）

㊗長　御法川　信英　自
㊥理　金子　俊平　自
㊥理　後藤　茂之　自
㊥理　新谷　正義　自
㊥理　松本　洋平　自
㊥理　小山　展弘　立
㊥理　神津　たけし　立
　　　堀井　健智　維
　　　日下　正喜　公
　　　東　　国幹　自
　　　石田　真敏　自
　　　江藤　拓　　自
　　　金田　勝年　自
　　　小林　鷹之　自
　　　坂井　学　　自
　　　笹川　博義　自
　　　杉田　水脈　自
　　　髙鳥　修一　自
　　　根本　幸典　自
　　　藤丸　敏　　自
　　　宮路　拓馬　自
　　　山口　晋　　自
　　　渡辺　孝一　自
　　　稲富　修二　立
　　　菊田　真紀子　立
　　　小宮山　泰子　立

（承前）

立　松原　　仁
維　金村　龍那
公　中川　宏昌
国　鈴木　　敦
共　笠井　　亮

沖縄及び北方問題に関する特別委員(25)
(自14)(立5)(維2)
(公2)(国1)(共1)

長	松木　けんこう	立
理	伊東　良孝	自
理	島尻　安伊子	自
理	鈴木　貴子	自
理	西銘　恒三郎	自
理	神谷　裕	立
理	道下　大樹	立
理	高橋　英明	維
理	金城　泰邦	公
	東　国幹	自
	井野　俊郎	自
	尾身　朝子	自
	鈴木　隼人	自
	武井　俊輔	自
	宮路　拓馬	自
	山口　晋	自
	和田　義明	自
	小宮山　泰子	立
	屋良　朝博	立
	藤巻　健太	維
	佐藤　英道	公
	赤嶺　政賢	共

北朝鮮による拉致問題等に関する特別委員(25)
(自14)(立5)(維2)
(公2)(国1)(共1)

長	下条　みつ	立
理	斎藤　洋明	自
理	髙木　啓	自
理	髙鳥　修一	自
理	塚田　一郎	自
理	梅谷　守	立
理	西村　智奈美	立
理	和田　有一朗	維
理	山崎　正恭	公
	井出　庸生	自
	池田　佳隆	自
	加藤　竜祥	自
	熊田　裕通	自
	佐々木　紀	自
	櫻田　義孝	自
	中山　展宏	自
	山本　左近	自
	山田　弘栄	立

消費者問題に関する特別委員(35)
(自20)(立7)(維3)
(公3)(国1)(共1)

長	秋葉　賢也	自
理	あべ　俊子	自
理	井原　巧	自
理	小倉　將信	自
理	若宮　健嗣	立
理	吉田　統彦	維
理	國重　徹	公
	大野　敬太郎	自
	英利　アルフィヤ	自
	勝目　康	自
	岸　信千世	自
	鈴木　英敬	自
	高見　康裕	自
	武村　展英	自
	中川　貴元	自
	永岡　桂子	自
	船田　元	自
	堀内　詔子	自
	武藤　容治	自
	青山　周平	立
	石川　香織	立
	大河原　まさこ	立
	河西　宏一	立
	早稲田　ゆき	立
	浅川　義治	維
	岬　麻紀	維
	吉田　久美子	公
	田中　健	国
	鰐淵　洋子	公
	本村　伸子	共

東日本大震災復興特別委員(40)
(自22)(立8)(維4)(公3)
(国1)(共1)(有1)

長	髙階　恵美子	自
理	小寺　裕雄	自
理	小林　鷹之	自
理	小坂　学	自

（経済産業委員 つづき）

大岡敏孝	自
門山宏哲	自
木村次郎	自
佐々木紀	自
土井亨	自
西田昭二	自
古川康	自
細田健一	自
武部新	自
宗清皇一	自
阿部知子	立
逢坂誠二	立
菅直人	立
田嶋要	立
米山隆一	立
阿部弘樹	維
空本誠喜	維
竹内譲	公
中野洋昌	公
浅野哲	国
笠井亮	共

地域活性化・こども政策・デジタル社会形成に関する特別委員（35）

（自20）（立7）（維3）（公3）（国1）（共1）

㊗長	谷公一	自
理	井上信治	自
理	上杉謙太郎	自
理	黄川田仁志	自
理	牧島かれん	自
理	坂本哲志	自
理	湯原俊二	立
	本田太郎	自
	原田憲治	自
	谷川とむ	自
	西田昭二	自
	今枝宗一郎	自
	国光あやの	自
	小田原潔	自
	田所嘉徳	自
	橘慶一郎	自
	土田慎	自
	中川郁子	自
	橋本岳	自
	福田達夫	自
	柳本顕	自
	堤かなめ	立
	福重隆浩	公
	緑川貴士	立
	森田俊和	立

原子力問題調査特別委員（35）

（自20）（立7）（維3）（公3）（国1）（共1）

㊗長	中根一幸	自
理	泉田裕彦	自
理	大西英男	自
理	平将明	自
理	中野英幸	自
理	野中厚	立
理	山本左近	維
理	小林鷹之	公
	平沼正二郎	自
	赤澤亮正	自
	畦元将吾	自
	今枝宗一郎	自
	上田英俊	自
	江渡聡徳	自

186

㊟ 委員会

2005年以降の主な政党の変遷 (数字は年月)

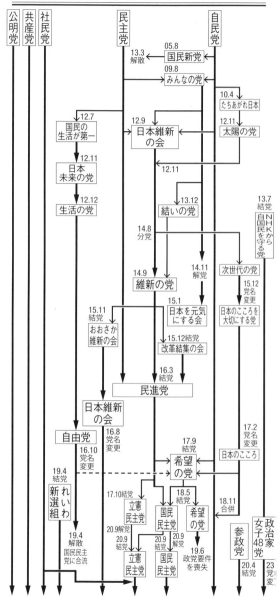

参 議 院

●編集要領

○ 住所に宿舎とあるのは議員宿舎、会館とあるのは議員会館。
○ 党派名、自民党の派閥名（[　]で表示）を略称で表記した。

自…自由民主党	**れ**…れいわ新選組	[安]…安倍派	[無]…無派閥
立…立憲民主党	**社**…社会民主党	[麻]…麻生派	
公…公明党	**政**…政治家女子	[茂]…茂木派	（　）内は会派名
維…日本維新の会	48党	[岸]…岸田派	●立憲…立憲民主・社民
共…日本共産党	**参**…参政党	[二]…二階派	●国民…国民民主・新緑風会
国…国民民主党	**無**…無所属	[森]…森山派	●沖縄…沖縄の風

○ 常任委員会

内閣委員会……………………	**内閣委**	国土交通委員会………………	**国交委**
総務委員会……………………	**総務委**	環境委員会……………………	**環境委**
法務委員会……………………	**法務委**	国家基本政策委員会…………	**国家基本委**
外交防衛委員会………………	**外交防衛委**	予算委員会……………………	**予算委**
財政金融委員会………………	**財金委**	決算委員会……………………	**決算委**
文教科学委員会………………	**文科委**	行政監視委員会………………	**行政監視委**
厚生労働委員会………………	**厚労委**	議院運営委員会………………	**議運委**
農林水産委員会………………	**農水委**	懲罰委員会……………………	**懲罰委**
経済産業委員会………………	**経産委**		

○ 特別委員会

災害対策特別委員会……………………………………………	**災害特**
政府開発援助等及び沖縄・北方問題に関する特別委員会……	**ODA・沖北特**
政治倫理の確立及び選挙制度に関する特別委員会……………	**倫選特**
北朝鮮による拉致問題等に関する特別委員会…………………	**拉致特**
地方創生及びデジタル社会の形成等に関する特別委員会……	**地方・デジ特**
消費者問題に関する特別委員会…………………………………	**消費者特**
東日本大震災復興特別委員会……………………………………	**復興特**

○ 調査会・審査会

外交・安全保障に関する調査会…………………………………	**外交・安保調**
国民生活・経済及び地方に関する調査会………………………	**国民生活調**
資源エネルギー・持続可能社会に関する調査会………………	**資源エネ調**
憲法審査会………………………………………………………	**憲法審**
情報監視審査会…………………………………………………	**情報監視審**
政治倫理審査会…………………………………………………	**政倫審**

参議院議員・秘書名一覧

議員名	党派(会派)	選挙区選挙年	政策秘書名第1秘書名第2秘書名	号室	直通FAX	略歴頁
あ 足立敏之 あ だち とし ゆき	自[岸]	比例④	竹島島睦二 本山田麻友	501	6550-0501 6551-0501	227
阿達雅志 あ だち まさ し	自[無]	比例④	土屋達之介 長岐康平 安西直紀	309	6550-0309 6551-0309	228
青木愛 あお き あい	立	比例④		507	6550-0507 6551-0507	231
青木一彦 あお き かず ひこ	自[茂]	鳥取・島根④	吉武崇 佐々木弘行 青戸哲哉	814	6550-0814 3502-8825	261
青島健太 あおしまけん た	維	比例④	有働正美 剣持橋益叔之 高	405	6550-0405 6551-0405	230
青山繁晴 あお やま しげ はる	自[無]	比例④	出口太 三入間川和美	1215	3581-3111(代)	226
赤池誠章 あか いけ まさ あき	自[安]	比例元	中島朱美 岡岡俊一	524	6550-0524 6551-0524	216
赤松健 あか まつ けん	自[無]	比例④	広野文治 日中高周 野平梨紗	423	6550-0423 6551-0423	226
秋野公造 あき の こう ぞう	公	福岡④	中條壽信 前田洋義 和田和	711	6550-0711 6551-0711	265
浅尾慶一郎 あさ お けいいちろう	自[麻]	神奈川④	東海林大雄 谷尾智祐 三長	601	6550-0601 6551-0601	249
浅田均 あさ だ ひとし	維	大阪④	熊谷知史 平岡紀政 内	621	6550-0621 6551-0621	258
朝日健太郎 あさひけんたろう	自[無]	東京④	桑代内哉淳 門内正紀 宮 正	620	6550-0620 6551-0620	247
東徹 あずま とおる	維	大阪元	吉成正則 高柊野谷隆宏龍	510	6550-0510 6551-0510	257
有村治子 あり むら はる こ	自[麻]	比例元	髙橋部弘光 渡田桃三子	1015	6550-1015 6551-1015	215
い 井上哲士 いの うえ さと し	共	比例④	児広玉光彦 藤山浦真樹	321	6550-0321 6551-0321	221
井上義行 いの うえ よし ゆき	自[安]	比例元	小川雅幸 黒木乃梨子 梅澤恭徳	920	6550-0920 6551-0920	228
伊藤岳 い とう がく	共	埼玉元	石川健介 岡磯拓谷也恵 ヶ理	609	6550-0609 6551-0609	243
伊藤孝江 い とう たか え	公	兵庫④	本孝薫 園谷田晃朋一 武田久	1014	6550-1014 6551-1014	259
伊藤孝恵 い とう たか え	国	愛知④	中川浩一 川井美司樹 吹原	1008	6550-1008 6551-1008	255

※内線電話番号は、5＋室番号（3〜9階は5のあとに0を入れる）

議員名	党派(会派)	選挙区 選挙年	政策秘書名 第1秘書名 第2秘書名	号室	直通 FAX	略歴頁
い は ようい ち 伊波 洋一	無 (沖縄)	沖縄④	末廣 哲 伊波 俊介 高江洲満子	519	6550-0519 6551-0519	269
いくいな あき こ 生稲晃子	自 [安]	東京④	石橋 尚樹 伊藤 慎一	904	6550-0904 6551-0904	247
いし い あきら 石井 章	維	比例④	───	1204	6550-1204 6551-1204	229
いし い じゅんいち 石井 準一	自 [茂]	千葉元	森﨑 大輔 東野 公光 山田 俊男	506	6550-0506 5512-2606	244
いし い ひろ お 石井 浩郎	自 [茂]	秋田④	黒川 茂雄 畑澤 敦子 千葉 淳一	713	6550-0713 6551-0713	240
いし い まさ ひろ 石井 正弘	自 [安]	岡山元	近藤 儀道 大淵 善一 石田真佐代	1214	6550-1214 6551-1214	261
いし い みつ こ 石井 苗子	維	比例④	小島 正徳 橋本 範和 森本 卓矢	1115	6550-1115 6551-1115	229
いしがき のりこ 石垣のりこ	立	宮城元	青木まり子	813	6550-0813 6551-0813	239
いし かわ たい が 石川 大我	立	比例元	榎本 順一 浜原 健伍 飛鳥斗亜	1113	6550-1113 6551-1113	218
いし かわ ひろ たか 石川 博崇	公	大阪④	櫻井久美子 青木 正伸 本浦 正志	616	6550-0616 6551-0616	258
いし だ まさ ひろ 石田 昌宏	自 [安]	比例④	五反分正彦 大田 京子 橋本祥太朗	1101	6550-1101 6551-1101	215
いし ばし みち ひろ 石橋 通宏	立	比例④	渡辺 卓也 鈴木 良享 伊藤 淳子	523	6550-0523 6551-0523	231
いそ ざき よし ひこ 磯﨑 仁彦	自 [岸]	香川④	冨田 久雄 後藤 寿也 竹内 康弘	624	6550-0624 6551-0624	264
いそ ざき てつ じ 礒﨑 哲史	国	比例元	長谷 康人	1210	6550-1210 6551-1210	221
いの ぐち くに こ 猪口 邦子	自 [麻]	千葉④	末原功太郎	1105	6550-1105 6551-1105	245
いの せ なお き 猪瀬 直樹	維	比例④	中嶋 徳彦 栩澤 悟	513	6550-0513 6551-0513	229
いま い え り こ 今井絵理子	自 [麻]	比例④	柳澤 浩美 吉川 夏貴 川﨑多津也	315	6550-0315 6551-0315	228
いわ ぶち とも 岩渕 友	共	比例④	安部由美子 阿部 了 小島あずみ	1002	6550-1002 6551-1002	233
いわ もと つよ ひと 岩本 剛人	自 [二]	北海道元	荒木真一 小林三奈子 原 雅子	205	6550-0205 6551-0205	237
うえ だ いさむ 上田 勇	公	比例④	嶋林 秀之 時田 能信 大井 源也	1212	6550-1212 6551-1212	232

議　員　名	党派 (会派)	選挙区 選挙年	政策秘書名 第1秘書名 第2秘書名	号室	直通 FAX	略歴 頁
うえだ　きよし 上田　清司	無 (国民)	埼玉①	六川　鉄　平 池田　麻里 西澤　　理	618	6550-0618 6551-0618	244
うえの　みちこ 上野　通子	自 [安]	栃木④	齋藤　　淳夫 根本　龍美 横田地美佳	918	6550-0918 6551-0918	242
うすい　しょういち 臼井　正一	自 [茂]	千葉①	江熊　美代 大森　裕志 鹿嶋　祐介	909	6550-0909 6551-0909	245
うちこし　ら 打越さく良	立	新潟①	山口　希人 相田　武佳 石墨	901	6550-0901 6551-0901	249
うめむら　さとし 梅村　聡	維	比例④	北野　大地 渡会　静郁 井内	326	6550-0326 6551-0326	220
うめむら 梅村みずほ	維	大阪①	浅田　淳志 松村　東一 大嶋公	1004	6550-1004 6551-1004	257
えじま　きよし 江島　潔	自 [安]	山口①	三浦善一郎 稲亀永　晃 　　誉晃	1103	6550-1103 6551-1103	263
えとうせいいち 衛藤晟一	自 [安]	比例①	北村賢一史 柴清　　剛 原水	1216	6550-1216 6551-1216	216
おざわまさひと 小沢雅仁	立	比例①	加藤　陽子 　　　 園田　健人	1119	6550-1119 6551-1119	217
おぬま　たくみ 小沼　巧	立	茨城①	西　恵美子 宮田　則茂 四倉	1012	6550-1012 6551-1012	241
おのだきみ 小野田紀美	自 [茂]	岡山①	山口栄利香 石原千絵 狐塚多重	318	6550-0318 6551-0318	261
おつじひでひさ 尾辻秀久	無	鹿児島①	松尾　有嗣 　　　香 竹内和	515	6550-0515 3595-1127	268
おちとしゆき 越智俊之	自 [岸]	比例④	皆川洋平 一瀬晃一朗 張富栄華	821	6550-0821 5512-5121	229
おおいえさとし 大家敏志	自 [麻]	福岡④	石田麻子 伊原隆敏夫 柴　　泰	518	6550-0518 6551-0518	265
おおしまくすお 大島九州男	れ	比例④ 繰	―――― ―――― ――――	714	6550-0714 6551-0714	233
おおつかこうへい 大塚耕平	国	愛知①	河本　安子 岩崎孝史史 川越崇	1121	6550-1121 6551-1121	254
おおつばきゆうこ 大椿ゆうこ	社	比例① 繰	野崎　哲 　　　 小野寺葉月	906	6550-0906 6551-0906	222
おおの　やすただ 大野泰正	自 [安]	岐阜①	岩田佳津之 髙井雅之 髙木まゆみ	503	6550-0503 6551-0503	252
おおた　ふさえ 太田房江	自 [安]	大阪①	郷　千鶴子 川端威臣 星神裕希枝	308	6550-0308 6551-0308	257
おかだ　なおき 岡田直樹	自 [安]	石川①	丹後智浩 下山　学 大島央三	807	6550-0807 6551-0807	250

え

お

※内線電話番号は、5＋室番号（3〜9階は5のあとに0を入れる）

議員名	党派(会派)	選挙区 選挙年	政策秘書名 第1秘書名 第2秘書名	号室	直通 FAX	略歴頁
音喜多駿（おときた しゅん）	維	東京	小林優輔 濵あやこ 下山達人	612	6550-0612 6551-0612	246
鬼木誠（おにき まこと）	立	比例④	鳥越保浩 三木みどり	511	6550-0511 6551-0511	230
加田裕之（かだ ひろゆき）	自[安]	兵庫元	福田聖也 藤本哲也 宇都宮祥一郎	819	6550-0819 6551-0819	259
加藤明良（かとう あきよし）	自[茂]	茨城④	大塚典子 前田拓哉 雨澤陸希	414	6550-0414 6551-0414	241
嘉田由紀子（かだ ゆきこ）	国	滋賀	安部秀行 五月女彩子 古谷桂信	815	6550-0815 6551-0815	256
梶原大介（かじはら だいすけ）	自[二]	比例元	吉澤昌樹 泉栄恵 宍戸麻里子	201	6550-0201 6551-0201	226
片山さつき（かたやま さつき）	自[安]	比例元	源平尚人 山下英規 山崎二恵	420	6550-0420 6551-0420	227
片山大介（かたやま だいすけ）	維	兵庫④	三井敏純 井藤弘子 近藤	721	6550-0721 6551-0721	259
勝部賢志（かつべ けんじ）	立	北海道元	田中信彦 片桐眞 花田雅昭	608	6550-0608 6551-0608	237
金子道仁（かねこ みちひと）	維	比例④	宮田宗冬 米内宏明 伊藤裕理	1013	6550-1013 6551-1013	230
神谷宗幣（かみや そうへい）	参	比例④	上原千可子 浅井英彦 西野瑞季	520	6550-0520 6551-0520	234
神谷政幸（かみや まさゆき）	自[麻]	比例元	柴原健 五十嵐哲也	1218	6550-1218 6551-1218	228
紙智子（かみ ともこ）	共	比例元	田井共生 小松正英	710	6550-0710 6551-0710	221
川合孝典（かわい たかのり）	国	比例④	平澤幸子 海保順一	1223	6550-1223 6551-1223	233
川田龍平（かわだ りゅうへい）	立	比例④	岩渕宏美 小室靖浩	508	6550-0508 6551-0508	218
河野義博（かわの よしひろ）	公	比例元	新保正則 矢野久枝 芝博子	720	6550-0720 6551-0720	219
木村英子（きむら えいこ）	れ	比例元	入野田智也 堤昌昌	314	6550-0314 6551-0314	222
吉良よし子（きら よしこ）	共	東京元	加藤昭宏 菊田由佳子 恒川川太	509	6550-0509 6551-0509	246
岸真紀子（きし まきこ）	立	比例元	岸野ミチル 米田由美子 森木亮太	611	6550-0611 6551-0611	217
北村経夫（きたむら つねお）	自[安]	山口補	菅田誠志 渡部仁志 黒坂陽一	1109	6550-1109 6551-1109	262

参 議員・秘書

お・か・き

議員名	党派(会派)	選挙区 選挙年	政策秘書名 第1秘書名 第2秘書名	号室	直通 FAX	略歴頁
く 串田誠一（くしだせいいち）	維	比例④	大塚莉沙／新山美香	1203	6550-1203 6551-1203	230
窪田哲也（くぼたてつや）	公	比例④	細田千鶴子／仮屋雄一	202	6550-0202 6551-0202	232
熊谷裕人（くまがいひろと）	立	埼玉元	上原広／野口浩	1217	6550-1217 6551-1217	243
倉林明子（くらばやしあきこ）	共	京都元	増田／山本裕太／佐藤萌海	1021	6550-1021 6551-1021	256
こ こやり隆史（こやりたかし）	自[岸]	滋賀④	増田綾子／山村敏一／田中里佳子	716	6550-0716 6551-0716	256
小池晃（こいけあきら）	共	比例元	丸井龍平／槐島芳明	1208	6550-1208 6551-1208	220
小西洋之（こにしひろゆき）	立	千葉④	千葉章明／鈴木宏章／小野寺章	915	6550-0915 6551-0915	245
小林一大（こばやしかずひろ）	自[岸]	新潟④	橋本美奈子／石山肇	416	6550-0416 6551-0416	249
古賀千景（こがちかげ）	立	比例元	前川浩司／安西仁美	409	6550-0409 6551-0409	230
古賀友一郎（こがゆういちろう）	自[岸]	長崎④	高田久美子／葉山史織／坂爪ひとみ	1206	6550-1206 6551-1206	266
古賀之士（こがゆきひと）	立	福岡④	鈴木加世子／片山史美／西田久美	1108	6550-1108 6551-1108	265
古庄玄知（こしょうはるとも）	自[安]	大分④	原敬一／川口純／古庄はるか	907	6550-0907 6551-0907	267
上月良祐（こうづきりょうすけ）	自[茂]	茨城元	岸田礼子／平島剛彦／瀧幸彦	704	6550-0704 6551-0704	241
さ 佐々木さやか（ささきさやか）	公	神奈川元	長岡光明／古屋伸一／高木高	514	6550-0514 6551-0514	248
佐藤啓（さとうけい）	自[安]	奈良④	榎本政子／寺内清智／岩本有	708	6550-0708 6551-0708	260
佐藤信秋（さとうのぶあき）	自[茂]	比例元	玉村貴／安田和博／富山誠	722	6550-0722 6551-0722	215
佐藤正久（さとうまさひさ）	自[茂]	比例元	木下俊治／橋谷田洋介／野口ママ	705	6550-0705 6551-0705	215
齊藤健一郎（さいとうけんいちろう）	政女	比例④繰	渡辺文博／本間純穂／丸久高	304	6550-0304 6551-0304	234
斎藤嘉隆（さいとうよしたか）	立	愛知④	石田敏高／市川松善／若松晶	707	6550-0707 6551-0707	255
酒井庸行（さかいやすゆき）	自[安]	愛知元	忽那薫／鈴木秀二／歌川純	723	6550-0723 6551-0723	254

※内線電話番号は、5＋室番号（3〜9階は5のあとに0を入れる）

議員名	党派(会派)	選挙区/選挙年	政策秘書名／第1秘書名／第2秘書名	号室	直通／FAX	略歴頁
櫻井　充 （さくらい　みつる）	自[無]	宮城④	庄子真央／増田裕一／尾形幸子	512	6550-0512 6551-0512	239
里見隆治 （さとみ　りゅうじ）	公	愛知④	黒田泰広／山下高／長尾稔	301	6550-0301 6551-0301	254
山東昭子 （さんとう　あきこ）	自[麻]	比例元	勝島隆京／俣谷好政／岳好人隆春	310	6550-0310 6551-0310	216
清水貴之 （しみず　たかゆき）	維	兵庫元	上杉真子／小濱丈弥／福西弘	404	6550-0404 6551-0404	258
清水真人 （しみず　まさと）	自[二]	群馬元	三留哲郎／佐藤始／神田彩	923	6550-0923 6551-0923	242
自見はなこ （じみ）	自[二]	比例元	讃岐浩士／佐藤裕之／大畑成美	504	6550-0504 6551-0504	227
塩田博昭 （しおた　ひろあき）	公	比例元	橋本正博／菊地淑子／尾康彦	1117	6550-1117 6551-1117	219
塩村あやか （しおむら）	立	東京元	石井茂／丸子知奈美／磯田久美子	706	6550-0706 6551-0706	246
柴　愼一 （しば　しんいち）	立	比例④	高木智章／加藤久美子	1009	6550-1009 6551-1009	231
柴田　巧 （しばた　たくみ）	維	比例元	吉岡彩乃／富田道康／牧毅	816	6550-0816 6551-0816	220
島村　大 （しまむら　だい）		神奈川元	（令和5年8月30日死去）			248
下野六太 （しもの　ろくた）	公	福岡元	奈須野文麿／成松清明／川通	913	6550-0913 6551-0913	265
白坂亜紀 （しらさか　あき）	自[安]	大分元補	神田信浩／関澤一洋／塚久美	419	6550-0419 6551-0419	267
進藤金日子 （しんどう　かねひこ）	自[二]	比例④	豊知輝久／花正博／佐々木理恵	719	6550-0719 6551-0719	228
榛葉賀津也 （しんば　かづや）	国	静岡④	堀池厚志／日高由佳／林田玲	1011	6550-1011 6551-0026	253
須藤元気 （すどう　げんき）	無	比例元	西悦蔵／御子貝浩太	914	6550-0914 6551-0914	218
末松信介 （すえまつ　しんすけ）	自[安]	兵庫元	荒金美保／中根健治／末松真帆	905	6550-0905 5512-2616	259
杉　久武 （すぎ　ひさたけ）	公	大阪元	小神輝高／川久保一司／井崎光城	615	6550-0615 6551-0615	257
杉尾秀哉 （すぎお　ひでや）	立	長野④	山根睦弘／松原秀吉／小林直樹	724	6550-0724 6551-0724	252
鈴木宗男 （すずき　むねお）	無	比例元	赤松次翔／飯島居和美／堀美	1219	6550-1219 6551-1219	220

参　議員・秘書

さ・し・す

	議　員　名	党派 (会派)	選挙区 選挙年	政策秘書名 第1秘書名 第2秘書名	号室	直通 FAX	略歴 頁
せ	世耕弘成 <small>せ こう ひろ しげ</small>	自 [安]	和歌山①	佐藤拓治 福康周基 花川晃	1017	6550-1017 6551-1017	260
	関口昌一 <small>せき ぐち まさ かず</small>	自 [茂]	埼玉④	多関口政弘 関口太亮齋藤	1104	6550-1104 6551-1104	244
た	田島麻衣子 <small>た じま ま い こ</small>	立	愛知①	矢雄介 下河辺弘 長谷川圭亮	410	6550-0410 6551-0410	254
	田中昌史 <small>た なか まさ し</small>	自 [無]	比例①繰	上野裕子 内藤貴司	505	6550-0505 6551-0505	217
	田名部匡代 <small>た な ぶ まさ よ</small>	立	青森①	大谷佳子 八歳博希 木村春	1106	6550-1106 6551-1106	238
	田村智子 <small>た むら とも こ</small>	共	比例④	岩藤智彦 寺下真男 関恵美子	908	6550-0908 6551-0908	232
	田村まみ <small>た むら</small>	国	比例①	堺知美 林公太郎 岡光隆	910	6550-0910 6551-0910	221
	高木かおり <small>たか ぎ</small>	維	大阪④	近藤晶久	306	6550-0306 6551-0306	258
	高木真理 <small>たか ぎ ま り</small>	立	埼玉④	細川千恵子 森千代子	317	6550-0317 6551-0317	244
	高橋克法 <small>たか はし かつ のり</small>	自 [麻]	栃木④	網野辰男 阿久津伸之 市村綾子	324	6550-0324 6551-0324	242
	高橋はるみ <small>たかはし</small>	自 [安]	北海道①	斎藤伸志 三上静	303	6550-0303 6551-0303	237
	高橋光男 <small>たか はし みつ お</small>	公	兵庫①	深田知行 青木間人 中和庄	614	6550-0614 6551-0614	259
	髙良鉄美 <small>たから てつ み</small>	無 (沖縄)	沖縄①	新澤有紀 知念祐紀	712	6550-0712 6551-0712	269
	滝沢求 <small>たき さわ もとめ</small>	自 [麻]	青森①	平岡久宣 野月法文 細谷真理子	522	6550-0522 6551-0522	238
	滝波宏文 <small>たき なみ ひろ ぶみ</small>	自 [安]	福井①	磯村圭一 前川正治 橋本純子	307	6550-0307 6551-0307	251
	竹内真二 <small>たけ うち しん じ</small>	公	比例④	金田守正巳 半沢拓勇 中村純	801	6550-0801 6551-0801	231
	竹詰仁 <small>たけ づめ ひとし</small>	国	比例④	小島ひろみ 井上徹 塚越深雪	406	6550-0406 6551-0406	233
	竹谷とし子 <small>たけ や</small>	公	東京④	池田奈保美 松下秋子 萩野谷明子	517	6550-0517 6551-0517	247
	武見敬三 <small>たけ み けい ぞう</small>	自 [麻]	東京④	牧野能治 畠山恵美子 新通一弘	413	6550-0413 6206-1502	246
	谷合正明 <small>たに あい まさ あき</small>	公	比例④	木倉谷靖 田村智太 尾上健	922	6550-0922 6551-0922	232

参
議員・秘書

せ・た

議員名	党派(会派)	選挙区／選挙年	政策秘書／第1秘書／第2秘書	号室	直通／FAX	略歴頁
柘植芳文（つげよしふみ）	自[無]	比例元	辰巳知宏／田丸方敏／水野真梨	1114	6550-1114／6551-1114	214
辻元清美（つじもときよみ）	立	比例元	長谷川哲也／辻元雅之／岩崎雅子	613	6550-0613／6551-0613	230
鶴保庸介（つるほようすけ）	自[二]	和歌山④	山本明／小川哲	313	6550-0313／6551-0313	260
寺田静（てらたしずか）	無	秋田元	反田麻理／桑原理愛／荒木裕美子	204	6550-0204／6551-0204	240
天畠大輔（てんばただいすけ）	れ	比例④	中島浩矢／黒田宗恵／篠田	316	6550-0316／6551-0316	233
堂故茂（どうこしげる）	自[茂]	富山④	深津登宏／亀谷忠由／関加	1003	6550-1003／6551-1003	250
堂込麻紀子（どうごみまきこ）	無	茨城	荒木田有子／武田宏誠／黒田	607	6550-0607／6551-0607	242
徳永エリ（とくながえり）	立	北海道④	岡内隆博／矢野信彦	701	6550-0701／6551-0701	238
友納理緒（とものうりお）	自[安]	比例④	池田達郎／星井孝之／セイク千亜紀	1116	6550-1116／6551-1116	227
豊田俊郎（とよだとしろう）	自[麻]	千葉元	木村慎一也／松崎和瑛／鶴岡右	1213	6550-1213／6551-1213	245
ながえ孝子（たかこ）	無	愛媛元	林弘樹／福田剛成／藤田一	709	6550-0709／6551-0709	264
中条きよし（なかじょうきよし）	維	比例④	進藤慶子／園田弘幸／畠昭	805	6550-0805／6551-0805	229
中曽根弘文（なかそねひろふみ）	自[二]	群馬④	上屋勝哉／望月美樹／米田和輝	1224	6550-1224／3592-2424	243
中田宏（なかたひろし）	自[無]繰	比例元繰	奈良俊幸／中田敬二／上垣聖	1102	6550-1102／6551-1102	217
中西祐介（なかにしゆうすけ）	自[麻]	徳島・高知④	上田英士／小喜多村旬	622	6550-0622／6551-0622	263
永井学（ながいまなぶ）	自[茂]	山梨④	玉木武彦／吉峰佳世／折山俊樹	516	6550-0516／6551-0516	251
長浜博行（ながはまひろゆき）	無	千葉④	鈴木浩暢／大滝奈央／山田由美子	606	6550-0606／6551-0606	245
長峯誠（ながみねまこと）	自[安]	宮崎元	早川健一郎／持永隆大／栗山真也	802	6550-0802／6551-0802	268
仁比聡平（にひそうへい）	共	比例元	加藤紀男／園山あゆみ／韮澤彰	408	6550-0408／6551-0408	232
新妻秀規（にいづまひでき）	公	比例元	萱原信英／松浦美喜子／樋上輝夫	1112	6550-1112／6551-1112	219

議員名	党派(会派)	選挙区 選挙年	政策秘書名 第1秘書名 第2秘書名	号室	直通 FAX	略歴頁
西田昌司（にしだしょうじ）	自[安]	京都元	安藤髙士輔 柿本大樹 新村崇	1110	6550-1110 3502-8897	256
西田実仁（にしだまこと）	公	埼玉元	吉田宜男 関谷富士昭 大間博	1005	6550-1005 6551-1005	244
の 野上浩太郎（のがみこうたろう）	自[安]	富山元	野村隆宏 小林政之 白川智也	1010	6550-1010 6551-1010	250
野田国義（のだくによし）	立	福岡元	大谷正人 林卓	323	6550-0323 6551-0323	265
野村哲郎（のむらてつろう）	自[茂]	鹿児島元	留奥敦義 碇田博雅 畑一代	1120	6550-1120 6551-1120	268
は 羽田次郎（はたじろう）	立	長野元補	辻甲子郎 濱貴志 横山保	818	6550-0818 6551-0818	252
羽生田俊（はにゅうだたかし）	自[安]	比例元	安部和之 白鳥貴子	319	6550-0319 6551-0319	216
芳賀道也（はがみちや）	無[国民]	山形元	戸次貴彦 横尾和男 関井美喜男	917	6550-0917 6551-0917	240
長谷川岳（はせがわがく）	自[安]	北海道④	前島英希 牛間由美子 森越正也	619	6550-0619 6550-0055	237
長谷川英晴（はせがわひではる）	自[無]	比例④	坪根輝彦 藤澤信明 渡辺行子	1020	6550-1020 6551-1020	226
馬場成志（ばばせいし）	自[岸]	熊本元	山内祐子 登田耕太 柴啓介	1016	6550-1016 6551-1016	267
橋本聖子（はしもとせいこ）	自[安]	比例元	宮内榮子 藤原清美 甲斐将裕	803	6550-0803 6551-0803	215
浜口誠（はまぐちまこと）	国	比例④	石綿慶子 井上香織	1022	6550-1022 6551-1022	233
浜田聡（はまださとし）	政女	比例④繰	坂本雅彦 末永友香梨 重黒木隼平	403	6550-0403 6551-0403	222
浜野喜史（はまのよしふみ）	国	比例元	下橋佑治 小林和未 居垣勇人	521	6550-0521 6551-0521	221
ひ 比嘉奈津美（ひがなつみ）	自[茂]	比例元繰	岡田奈美 齋藤正純	1221	6550-1221 6551-1221	217
平木大作（ひらきだいさく）	公	比例④	田中大作 麻生賢一 遠藤彰子	422	6550-0422 6551-0422	219
平山佐知子（ひらやまさちこ）	無	静岡④	細川貴光 宮崎隆司 篠原倫太郎	822	6550-0822 6551-0822	253
広瀬めぐみ（ひろせめぐみ）	自[麻]	岩手④	———	418	6550-0418 6551-0418	239
広田一（ひろたはじめ）	無	徳島・高知元補	———	421	6550-0421 6551-0421	263

※内線電話番号は、5＋室番号（3〜9階は5のあとに0を入れる）

議員名	党派(会派)	選挙区選挙年	政策秘書第1秘書第2秘書	号室	直通FAX	略歴頁
ふく おか たか まろ 福岡資麿	自[茂]	佐賀④	岩永 幸一 吉田 勇二 相澤 晃	919	6550-0919 6551-0919	266
ふくしま 福島みずほ	社	比例④	石川 顕代 露木 佳哲 鍋野	1111	6550-1111 6551-1111	234
ふく やま てつ ろう 福山哲郎	立	京都④	正木 幸一	808	6550-0808 6551-0808	257
ふじ い かず ひろ 藤井一博	自[無]	比例④	伊勢田暁子 浅井 政厚 上杉 和輝	605	6550-0605 6551-0605	226
ふじ かわ まさ ひと 藤川政人	自[麻]	愛知④	松本由紀子 藤原 勝彦 小林 祐太	717	6550-0717 6550-0057	254
ふじ き しん や 藤木眞也	自[岸]	比例④	池上 知子 石黒もも子	1006	6550-1006 6551-1006	227
ふな やま やす え 舟山康江	国	山形④	中田 兼司 伊藤 一洋 齊藤 秀昭	810	6550-0810 6551-0810	240
ふな ご やす ひこ 舩後靖彦	れ	比例④	岡田 哲扶 蒔田 備子 小林 律子	302	6550-0302 6551-0302	222
ふな はし とし みつ 船橋利実	自[麻]	北海道④	戸田 祐子 三浦 真典 船橋	424	6550-0424 6551-0424	238
ふる かわ とし はる 古川俊治	自[安]	埼玉④	森本 義久 池上 聰 高橋 利典	718	6550-0718 6551-0718	243
ほし ほく と 星 北斗	自[無]	福島④	漆畑 佑	322	6550-0322 6551-0322	241
ほり い いわお 堀井 巌	自[安]	奈良元	平田 勝紀 米吉 憲司 田田 悠亮	417	6550-0417 6551-0417	260
ほん だ あき こ 本田顕子	自[無]	比例元	関 秀人 我妻 理子	1001	6550-1001 6551-1001	216
まい たちしょう じ 舞立昇治	自[無]	鳥取・島根元	中園めぐみ 浅井 威厚 中ノ森早苗	603	6550-0603 6551-0603	261
まき の 牧野たかお	自[茂]	静岡元	渡辺 恵美 鷲見 正親 土屋 行男	812	6550-0812 6551-0812	253
まきやま 牧山ひろえ	立	神奈川元	平澤 和也 柴田 明良 渡辺 真	1007	6550-1007 6551-1007	248
まつ かわ 松川るい	自[安]	大阪④	津坂 光継 清水 康弘 秋山 真	407	6550-0407 6551-0407	258
まつ ざわ しげ ふみ 松沢成文	維	神奈川④	千葉 修平 神田 輔卓 杉山 友	903	6550-0903 6551-0903	248
まつ した しん ぺい 松下新平	自[無]	宮崎④	児玉 勝己 大出 浩成 松浦 克哉	824	6550-0824 6551-0824	268
まつ の あけ み 松野明美	維	比例④	金光 雅美 西村 仁美	912	6550-0912 6551-0912	229

議員名	党派(会派)	選挙区 選挙年	政策秘書 第1秘書 第2秘書	号室	直通 FAX	略歴頁
まつ むら よし ふみ **松村祥史**	自[茂]	熊本④	古畑 賀正 小野 晃嗣 秋登	1023	6550-1023 6551-1023	267
まつ やま まさ じ **松山政司**	自[岸]	福岡元	中島 基彰 佐々木久之	1124	6550-1124 6551-1124	264
まる かわ たま よ **丸川珠代**	自[安]	東京④	三浦 基孝 山田 勇次 美坂 輝	902	6550-0902 6551-0902	246
み **三浦信祐**	公	神奈川④	山本大三郎 浪川健太郎 薗 部幸広	804	6550-0804 6551-0804	249
み うら やすし **三浦 靖**	自[茂]	比例元	小林 巳志 長尾山 広真吉 森	811	6550-0811 6551-0811	214
み かみ **三上えり**	無[立憲]	広島④	石橋 也 槇塚田 鉄秀海 樹栄 川	320	6550-0320 6551-0320	262
み はら こ **三原じゅん子**	自[無]	神奈川④	宮崎 達也 関武原 千佐美	823	6550-0823 6551-0823	248
み やけ しん ご **三宅伸吾**	自[無]	香川元	須 山義正	604	6550-0604 6551-0604	263
みず おか しゅんいち **水岡俊一**	立	比例元	平野 和子 藤花田 彦丸 濱野田	305	6550-0305 6551-0305	217
みず の もと こ **水野素子**	立	神奈川④*	鈴木 智浩 東使塔 義志 西西 謙	1209	6550-1209 6551-1209	249
みや ぐち はる こ **宮口治子**	立	広島元再	江田 洋一 田井 満央 藤 奈	206	6550-0206 6551-0206	262
みや ざき まさ お **宮崎雅夫**	自[二]	比例元	前田 健次 津大竹 澄晃男	610	6550-0610 6551-0610	216
みや ざき まさる **宮崎 勝**	公	比例④繰	廣野 夫美 青木 光正	1118	6550-1118 6551-1118	232
みや ざわ よう いち **宮沢洋一**	自[岸]	広島④	小川 修一 髙島 淳子 野悦	820	6550-0820 6551-0820	262
みや もとしゅうじ **宮本周司**	自[安]	石川元補	不破 行大紀 中嶋 友祥恵 南野	1018	6550-1018 6551-1018	250
む **村田享子**	立	比例④	井出 智則 田中美佐江 田代 宏安	1222	6550-1222 6551-1222	231
むろ い くに ひこ **室井邦彦**	維	比例元	藤生 賢哉 能島 知英	1122	6550-1122 6551-1122	220
も **森 まさこ**	自[安]	福島④	山田真由葉代 吉田 佳康之 小池	924	6550-0924 6551-0924	241
もり もと しん じ **森本真治**	立	広島元	八木橋美千代 古賀 寛三則 百田 正	311	6550-0311 6551-0311	262
もり や たかし **森屋 隆**	立	比例元	大澤祥文介 大瀬森理奈 宮城戸美	1211	6550-1211 6551-1211	218

※内線電話番号は、5＋室番号（3〜9階は5のあとに0を入れる）

＊水野素子議員の任期は令和7年まで。

議　員　名	党派 (会派)	選挙区 選挙年	政策秘書 第1秘書 第2秘書	秘書名 介	号室	直通 FAX	略歴 頁
もり や　ひろし 森屋　宏	自 [岸]	山梨	漆原　大介 小泉　文彦 髙橋　賢治		502	6550-0502 6551-0502	251
や くら かつ お 矢倉克夫	公	埼玉元	中居　俊夫 小　富礼 髙　俊富		401	6550-0401 6551-0401	243
やす え のぶ お 安江伸夫	公	愛知元	大﨑　順一 髙橋　直樹 鐘ヶ江義之		312	6550-0312 6551-0312	254
やなが せ ひろふみ 柳ヶ瀬裕文	維	比例元	鈴木　崇久 大岡　貴志 吉岡美智子		703	6550-0703 6551-0703	220
やまぐち な つ お 山口那津男	公	東京元	山下　千秋 出口　俊夫 大川満里子		806	6550-0806 6551-0806	246
やまざき まさ あき 山崎正昭	自 [安]	福井	石山　秀樹代 松岸　康美 山本　成美		1201	6550-1201 6551-1201	251
やました ゆう へい 山下雄平	自 [茂]	佐賀元	永水　浩視 水中　秀美 谷原　茂		916	6550-0916 6551-0916	266
やました よし お 山下芳生	共	比例元	中村　哲也 中島　敬介		1123	6550-1123 6551-1123	221
やまぞえ　たく 山添　拓	共	東京④	阿戸　則実 佐藤知祐知 折原		817	6550-0817 6551-0817	247
やま だ た ろう 山田太郎	自 [無]	比例④	小山井　一沙 荒寺　理子 小　直		623	6550-0623 6551-0623	214
やま だ とし お 山田俊男	自 [森]	比例④	西木　野下　司宏 純		809	6550-0809 6551-0809	215
やま だ　ひろし 山田宏	自 [安]	比例④	新島　薫 良康之司 大田		1205	6550-1205 6551-1205	227
やまたに え り こ 山谷えり子	自 [安]	比例④	速水美智子 福元　亮次 渡辺　智彦		1107	6550-1107 6551-1107	228
やま もと か なえ 山本香苗	公	比例元	小谷恵美子 吹田　幸広 中村　一広		1024	6550-1024 6551-1024	218
やま もと けい すけ 山本啓介	自 [岸]	長崎④	太田　晴章 前久浩秀 吉田安		1202	6550-1202 6551-1202	266
やまもと さ ち こ 山本佐知子	自 [茂]	三重④	─────		203	6550-0203 6551-0203	255
やま もとじゅんぞう 山本順三	自 [安]	愛媛④	能登　祐克 高岡直宏 近藤華菜子		1019	6550-1019 6551-1019	264
やま もと た ろう 山本太郎	れ	東京④	─────		602	6550-0602 6551-0602	247
やま もと ひろ し 山本博司	公	比例④	梅津　秀宣 鈴木孝久 髙井　彰		911	6550-0911 6551-0911	219
よこ さわ たか のり 横沢高徳	立	岩手④	平野　優一 居上　顕里 丸山　亜		702	6550-0702 6551-0702	239

㊙議員・秘書

も・や・よ

議員名	党派(会派)	選挙区 選挙年	政策秘書名 第1秘書名 第2秘書名	号室	直通 FAX	略歴頁
横山信一 (よこやま しんいち)	公	比例④	八木橋広宣 吉井路 木井透	402	6550-0402 6551-0402	231
吉井章 (よしい あきら)	自[岸]	京都④	木本宜愛人 佐藤憲 堀	921	6550-0921 6551-0921	256
吉川沙織 (よしかわ さおり)	立	比例元	浅野英之理 狩野恵	617	6550-0617 6551-0617	218
吉川ゆうみ (よしかわ)	自[安]	三重元	岸田直樹子 菊池知	412	6550-0412 6551-0412	255
れ	蓮舫 (れん ほう)	立	東京④	倉田顕子廣 鈴木綾昭 北嶋	411	6550-0411 6551-0411	247
わ	和田政宗 (わだ まさむね)	自[無]	比例元	浜崎博彌純 高田 安藤	1220	6550-1220 6551-1220	214
若林洋平 (わかばやし ようへい)	自[二]	静岡④	佐々木俊夫 勝亦好美	715	6550-0715 6551-0715	253
若松謙維 (わか まつ かね しげ)	公	比例④	恩田祐将作 佐柳大明美 沼	1207	6550-1207 6551-1207	219
渡辺猛之 (わた なべ たけ ゆき)	自[茂]	岐阜④	長谷川英樹穂 大由幸 榊原美	325	6550-0325 6551-0325	252

参 議員・秘書

よ・れ・わ

参議院議員会館案内図

参議院議員会館 2 階

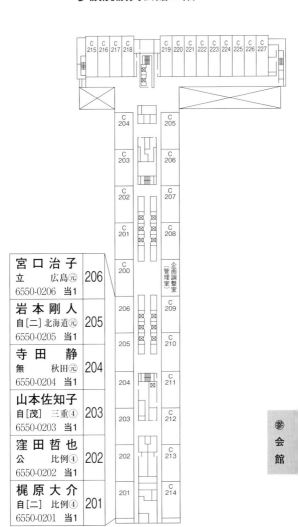

宮 口 治 子 立　　広島㊤ 6550-0206　当1	206	
岩 本 剛 人 自[二]北海道㊤ 6550-0205　当1	205	
寺 田　　静 無　　秋田㊤ 6550-0204　当1	204	
山本佐知子 自[茂]　三重④ 6550-0203　当1	203	
窪 田 哲 也 公　　比例④ 6550-0202　当1	202	
梶 原 大 介 自[二]　比例④ 6550-0201　当1	201	

国会議事堂側

梅 村 聡 維 比例⑰ 326 6550-0326 当2					

326	渡辺猛之 自[茂] 岐阜④ 6550-0325 当3	325			

安江伸夫 公 愛知⑰ 6550-0312 当1	312	喫煙室	313	鶴 保 庸 介 自[二] 和歌山④ 6550-0313 当5
森本真治 立 広島⑰ 6550-0311 当2	311	WC WC (男)(女)	314	木 村 英 子 れ 比例⑰ 6550-0314 当1
山東昭子 自[麻] 比例⑰ 6550-0310 当8	310		315	今井絵理子 自[麻] 比例④ 6550-0315 当2
阿達雅志 自[無] 比例④ 6550-0309 当3	309	EV ホール	316	天 畠 大 輔 れ 比例⑰ 6550-0316 当1
太田房江 自[安] 大阪⑰ 6550-0308 当2	308		317	高 木 真 理 立 埼玉④ 6550-0317 当1
滝波宏文 自[安] 福井⑰ 6550-0307 当2	307		318	小野田紀美 自[茂] 岡山④ 6550-0318 当2
高木かおり 維 大阪④ 6550-0306 当2	306	EV ホール	319	羽生田 俊 自[安] 比例⑰ 6550-0319 当2
水岡俊一 立 比例⑰ 6550-0305 当3	305		320	三 上 え り 無(立憲) 広島④ 6550-0320 当1
齊藤健一郎 政女 比例④ 6550-0304 繰当1	304	EV	321	井 上 哲 士 共 比例⑰ 6550-0321 当4
高橋はるみ 自[安] 北海道⑰ 6550-0303 当1	303		322	星 北 斗 自[無] 福島④ 6550-0322 当1
舩後靖彦 れ 比例⑰ 6550-0302 当1	302	WC WC (男)(女)	323	野 田 国 義 立 福岡④ 6550-0323 当2
里見隆治 公 愛知④ 6550-0301 当2	301		324	高 橋 克 法 自[麻] 栃木⑰ 6550-0324 当2

参 会 館

参議院議員会館 4 階

吉川ゆうみ 自[安] 三重元 6550-0412 当2	412	喫煙室	413	武見敬三 自[麻] 東京元 6550-0413 当5

吉川ゆうみ 自[安] 三重元 6550-0412 当2	412	喫煙室	武見敬三 自[麻] 東京元 6550-0413 当5	413
蓮　舫 立 東京④ 6550-0411 当4	411	WC(男) WC(女)	加藤明良 自[茂] 茨城④ 6550-0414 当1	414
田島麻衣子 立 愛知元 6550-0410 当1	410			415
古賀千景 立 比例④ 6550-0409 当1	409	EVホール	小林一大 自[岸] 新潟④ 6550-0416 当1	416
仁比聡平 共 比例④ 6550-0408 当3	408		堀井　巌 自[安] 奈良元 6550-0417 当2	417
松川るい 自[安] 大阪④ 6550-0407 当2	407		広瀬めぐみ 自[麻] 岩手④ 6550-0418 当1	418
竹詰　仁 国 比例④ 6550-0406 当1	406	EVホール	白坂亜紀 自[安]大分元補 6550-0419 当1	419
青島健太 維 比例④ 6550-0405 当1	405		片山さつき 自[安] 比例④ 6550-0420 当3	420
清水貴之 維 兵庫元 6550-0404 当2	404	EV	広田　一 無 徳島・高知元 6550-0421 補当3	421
浜田　聡 政女 比例元 6550-0403 当1	403		平木大作 公 比例元 6550-0422 当2	422
横山信一 公 比例④ 6550-0402 当3	402	WC(男) WC(女)	赤松　健 自[無] 比例④ 6550-0423 当1	423
矢倉克夫 公 埼玉元 6550-0401 当2	401		船橋利実 自[麻]北海道④ 6550-0424 当1	424

参　会館

国会議事堂側

参議院議員会館５階

櫻井　充 自[無]　宮城④ 6550-0512　当5	512	喫煙室	513	猪瀬直樹 維　比例④ 6550-0513　当1
鬼木　誠 立　比例④ 6550-0511　当1	511	WC(男) WC(女)	514	佐々木さやか 公　神奈川(元) 6550-0514　当2
東　徹 維　大阪(元) 6550-0510　当2	510		515	尾辻秀久 無　鹿児島(元) 6550-0515　当6
吉良よし子 共　東京(元) 6550-0509　当2	509	EV ホール	516	永井　学 自[茂]　山梨④ 6550-0516　当1
川田龍平 立　比例(元) 6550-0508　当3	508		517	竹谷とし子 公　東京④ 6550-0517　当3
青木　愛 立　比例④ 6550-0507　当3	507		518	大家敏志 自[麻]　福岡④ 6550-0518　当3
石井準一 自[茂]　千葉(元) 6550-0506　当3	506		519	伊波洋一 無(沖縄)　沖縄④ 6550-0519　当2
田中昌史 自[無]　比例(元) 6550-0505　繰当1	505	EV ホール	520	神谷宗幣 参(無所属)　比例④ 6550-0520　当1
自見はなこ 自[二]　比例④ 6550-0504　当2	504	EV	521	浜野喜史 国　比例(元) 6550-0521　当2
大野泰正 自[安]　岐阜(元) 6550-0503　当2	503		522	滝沢　求 自[麻]　青森(元) 6550-0522　当2
森屋　宏 自[岸]　山梨(元) 6550-0502　当2	502	WC(男) WC(女)	523	石橋通宏 立　比例④ 6550-0523　当3
足立敏之 自[岸]　比例④ 6550-0501　当2	501		524	赤池誠章 自[安]　比例(元) 6550-0524　当2

国会議事堂側

参議院議員会館6階

音喜多　駿 維　　東京元 6550-0612　当1	612	喫煙室	613	辻元清美 立　　比例④ 6550-0613　当1
岸　真紀子 立　　比例元 6550-0611　当1	611	WC(男) WC(女)	614	高橋光男 公　　兵庫元 6550-0614　当1
宮崎雅夫 自[二]　比例元 6550-0610　当1	610		615	杉　久武 公　　大阪元 6550-0615　当2
伊藤　岳 共　　埼玉元 6550-0609　当1	609	EVホール	616	石川博崇 公　　大阪元 6550-0616　当3
勝部賢志 立　北海道元 6550-0608　当1	608		617	吉川沙織 立　　比例元 6550-0617　当3
堂込麻紀子 無　　茨城④ 6550-0607　当1	607		618	上田清司 無(国民)埼玉④ 6550-0618　当2
長浜博行 無　　千葉④ 6550-0606　当3	606	EVホール	619	長谷川　岳 自[安]北海道④ 6550-0619　当3
藤井一博 自[無]　比例④ 6550-0605　当1	605		620	朝日健太郎 自[無]　東京④ 6550-0620　当2
三宅伸吾 自[無]　香川元 6550-0604　当2	604	EV	621	浅田　均 維　　大阪④ 6550-0621　当2
舞立昇治 自[無]鳥取・島根元 6550-0603　当2	603		622	中西祐介 自[麻]　徳島・高知④ 6550-0622　当3
山本太郎 れ　　東京④ 6550-0602　当2	602	WC(男) WC(女)	623	山田太郎 自[無]　比例④ 6550-0623　当2
浅尾慶一郎 自[麻]神奈川④ 6550-0601　当3	601		624	磯﨑仁彦 自[岸]　香川④ 6550-0624　当3

国会議事堂側

参会館

参議院議員会館 7 階

髙良鉄美 無(沖縄) 沖縄元 6550-0712 当1	712	喫煙室	713	石井浩郎 自[茂] 秋田④ 6550-0713 当3
秋野公造 公 福岡④ 6550-0711 当3	711	WC (男) WC (女)	714	大島九州男 れ 比例④ 繰当3 6550-0714
紙 智子 共 比例元 6550-0710 当4	710		715	若林洋平 自[二] 静岡元 6550-0715 当1
ながえ孝子 無 愛媛元 6550-0709 当1	709	EV ホール	716	こやり隆史 自[岸] 滋賀④ 6550-0716 当2
佐藤 啓 自[安] 奈良④ 6550-0708 当2	708		717	藤川政人 自[麻] 愛知④ 6550-0717 当3
斎藤嘉隆 立 愛知④ 6550-0707 当3	707		718	古川俊治 自[安] 埼玉元 6550-0718 当3
塩村あやか 立 東京元 6550-0706 当1	706		719	進藤金日子 自[二] 比例④ 6550-0719 当2
佐藤正久 自[茂] 比例元 6550-0705 当3	705	EV ホール	720	河野義博 公 比例元 6550-0720 当2
上月良祐 自[茂] 茨城元 6550-0704 当2	704	EV	721	片山大介 維 兵庫元 6550-0721 当2
柳ヶ瀬裕文 維 比例元 6550-0703 当1	703		722	佐藤信秋 自[茂] 比例元 6550-0722 当3
横沢高徳 立 岩手元 6550-0702 当1	702	WC (男) WC (女)	723	酒井庸行 自[安] 愛知元 6550-0723 当2
徳永エリ 立 北海道④ 6550-0701 当3	701		724	杉尾秀哉 立 長野④ 6550-0724 当2

参 会 館

国会議事堂側

参議院議員会館 8 階

牧野たかお 自[茂] 静岡元 6550-0812 当3	812	喫煙室	813	石垣のりこ 立 宮城元 6550-0813 当1
三浦 靖 自[茂] 比例元 6550-0811 当1	811	WC (男) WC (女)	814	青木一彦 自[茂] 鳥取・島根④ 6550-0814 当3
舟山康江 国 山形④ 6550-0810 当3	810		815	嘉田由紀子 国 滋賀元 6550-0815 当1
山田俊男 自[森] 比例元 6550-0809 当3	809	EV ホール	816	柴田 巧 維 比例元 6550-0816 当2
福山哲郎 立 京都④ 6550-0808 当5	808		817	山添 拓 共 東京④ 6550-0817 当2
岡田直樹 自[安] 石川④ 6550-0807 当4	807		818	羽田次郎 立 長野元 6550-0818 当1
山口那津男 公 東京元 6550-0806 当4	806		819	加田裕之 自[安] 兵庫元 6550-0819 当1
中条きよし 維 比例④ 6550-0805 当1	805	EV ホール	820	宮沢洋一 自[岸] 広島④ 6550-0820 当3
三浦信祐 公 神奈川④ 6550-0804 当2	804	EV	821	越智俊之 自[岸] 比例④ 6550-0821 当1
橋本聖子 自[安] 比例元 6550-0803 当5	803		822	平山佐知子 無 静岡④ 6550-0822 当2
長峯 誠 自[安] 宮崎元 6550-0802 当2	802	WC (男) WC (女)	823	三原じゅん子 自[無] 神奈川④ 6550-0823 当3
竹内真二 公 比例④ 6550-0801 当2	801		824	松下新平 自[無] 宮崎④ 6550-0824 当4

国会議事堂側

参
会
館

209

参議院議員会館 9階

左側	室番号	中央	室番号	右側
松野 明美 維　　比例④ 6550-0912　当1	912	喫煙室	913	下野 六太 公　　福岡⑥ 6550-0913　当1
山本 博司 公　　比例元 6550-0911　当3	911	WC（男）WC（女）	914	須藤 元気 無　　比例元 6550-0914　当1
田村 まみ 国　　比例元 6550-0910　当1	910		915	小西 洋之 立　　千葉⑥ 6550-0915　当3
臼井 正一 自[茂]　千葉④ 6550-0909　当1	909	EVホール	916	山下 雄平 自[茂]　佐賀⑥ 6550-0916　当2
田村 智子 共　　比例元 6550-0908　当3	908		917	芳賀 道也 無(国民)　山形⑥ 6550-0917　当1
古庄 玄知 自[安]　大分④ 6550-0907　当1	907		918	上野 通子 自[安]　栃木⑥ 6550-0918　当3
大椿 ゆうこ 社　　比例元 6550-0906　繰当1	906	EVホール	919	福岡 資麿 自[茂]　佐賀⑥ 6550-0919　当3
末松 信介 自[安]　兵庫④ 6550-0905　当4	905		920	井上 義行 自[安]　比例⑥ 6550-0920　当2
生稲 晃子 自[安]　東京④ 6550-0904　当1	904	EV	921	吉井　章 自[岸]　京都④ 6550-0921　当1
松沢 成文 維　　神奈川④ 6550-0903　当3	903		922	谷合 正明 公　　比例⑥ 6550-0922　当4
丸川 珠代 自[安]　東京元 6550-0902　当3	902	WC（男）WC（女）	923	清水 真人 自[二]　群馬元 6550-0923　当1
打越 さく良 立　　新潟元 6550-0901　当1	901		924	森 まさこ 自[安]　福島元 6550-0924　当3

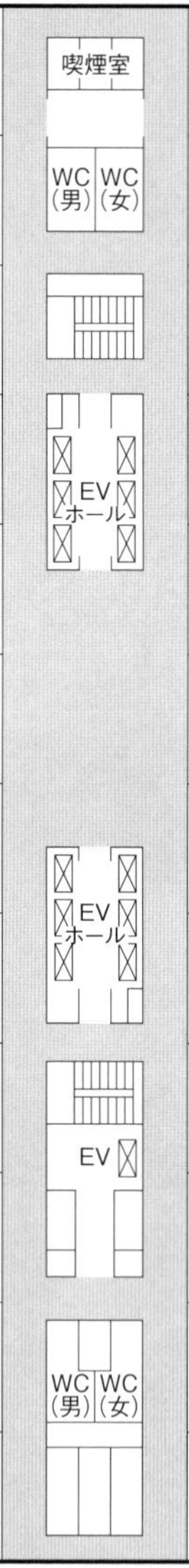

国会議事堂側

参議院議員会館 10 階

小沼　巧 立　　茨城元 6550-1012　当1	1012	喫煙室	1013	金子道仁 維　　比例④ 6550-1013　当1
榛葉賀津也 国　　静岡元 6550-1011　当4	1011	WC（男）WC（女）	1014	伊藤孝江 公　　兵庫④ 6550-1014　当2
野上浩太郎 自[安]　富山④ 6550-1010　当4	1010		1015	有村治子 自[麻]　比例元 6550-1015　当4
柴　愼一 立　　比例④ 6550-1009　当1	1009	EV ホール	1016	馬場成志 自[岸]　熊本元 6550-1016　当2
伊藤孝恵 国　　愛知④ 6550-1008　当2	1008		1017	世耕弘成 自[安]和歌山元 6550-1017　当5
牧山ひろえ 立　　神奈川元 6550-1007　当3	1007		1018	宮本周司 自[安]石川元補 6550-1018　当3
藤木眞也 自[岸]　比例④ 6550-1006　当2	1006	EV ホール	1019	山本順三 自[安]　愛媛④ 6550-1019　当4
西田実仁 公　　埼玉④ 6550-1005　当4	1005		1020	長谷川英晴 自[無]　比例④ 6550-1020　当1
梅村みずほ 維　　大阪元 6550-1004　当1	1004	EV	1021	倉林明子 共　　京都元 6550-1021　当2
堂故茂 自[茂]　富山元 6550-1003　当2	1003		1022	浜口誠 国　　比例④ 6550-1022　当2
岩渕友 共　　比例④ 6550-1002　当2	1002	WC（男）WC（女）	1023	松村祥史 自[茂]　熊本④ 6550-1023　当4
本田顕子 自[無]　比例元 6550-1001　当1	1001		1024	山本香苗 公　　比例元 6550-1024　当4

参　会　館

国会議事堂側

参議院議員会館 11 階

左側	室番号	中央	室番号	右側
新妻秀規 公　　比例元 6550-1112　当2	1112	喫煙室	1113	石川大我 立　　比例元 6550-1113　当1
福島みずほ 社　　比例④ 6550-1111　当5	1111	WC(男) WC(女)	1114	柘植芳文 自[無]　比例元 6550-1114　当2
西田昌司 自[安]　京都元 6550-1110　当3	1110		1115	石井苗子 維　　比例④ 6550-1115　当2
北村経夫 自[安]山口元補 6550-1109　当3	1109	EVホール	1116	友納理緒 自[安]　比例元 6550-1116　当1
古賀之士 立　　福岡④ 6550-1108　当2	1108		1117	塩田博昭 公　　比例元 6550-1117　当1
山谷えり子 自[安]　比例④ 6550-1107　当4	1107		1118	宮崎　勝 公　　比例④繰 6550-1118　当2
田名部匡代 立　　青森④ 6550-1106　当2	1106	EVホール	1119	小沢雅仁 立　　比例元 6550-1119　当1
猪口邦子 自[麻]　千葉④ 6550-1105　当3	1105		1120	野村哲郎 自[茂]鹿児島④ 6550-1120　当4
関口昌一 自[茂]　埼玉④ 6550-1104　当5	1104	EV	1121	大塚耕平 国　　愛知④ 6550-1121　当4
江島　潔 自[安]　山口④ 6550-1103　当3	1103		1122	室井邦彦 維　　比例元 6550-1122　当3
中田　宏 自[無]　比例元 6550-1102　繰当1	1102	WC(男) WC(女)	1123	山下芳生 共　　比例元 6550-1123　当4
石田昌宏 自[安]　比例元 6550-1101　当2	1101		1124	松山政司 自[岸]　福岡④ 6550-1124　当4

国会議事堂側

参議院議員会館 12階

上田　勇 公　　　比例④ 6550-1212　当1	1212	喫煙室
森屋　隆 立　　　比例元 6550-1211　当1	1211	WC（男）　WC（女）
礒﨑哲史 国　　　比例元 6550-1210　当2	1210	
水野素子 立　　神奈川④ 6550-1209　当1	1209	EVホール
小池　晃 共　　　比例元 6550-1208　当4	1208	
若松謙維 公　　　比例元 6550-1207　当2	1207	
古賀友一郎 自[岸]　長崎元 6550-1206　当2	1206	EVホール
山田　宏 自[安]　比例④ 6550-1205　当2	1205	
石井　章 維　　　比例④ 6550-1204　当2	1204	EV
串田誠一 維　　　比例④ 6550-1203　当1	1203	
山本啓介 自[岸]　長崎④ 6550-1202　当1	1202	WC（男）　WC（女）
山崎正昭 自[安]　福井④ 6550-1201　当6	1201	

豊田俊郎 自[麻]　千葉元 6550-1213　当2	1213	
石井正弘 自[安]　岡山元 6550-1214　当2	1214	
青山繁晴 自[無]　比例④ 3581-3111（代）　当2	1215	
衛藤晟一 自[安]　比例元 6550-1216　当3	1216	
熊谷裕人 立　　　埼玉元 6550-1217　当1	1217	
神谷政幸 自[麻]　比例④ 6550-1218　当1	1218	
鈴木宗男 無　　　比例元 6550-1219　当1	1219	
和田政宗 自[無]　比例元 6550-1220　当2	1220	
比嘉奈津美 自[茂]　比例④ 6550-1221　当1	1221	
村田享子 立　　　比例④ 6550-1222　当1	1222	
川合孝典 国　　　比例④ 6550-1223　当3	1223	
中曽根弘文 自[二]　群馬④ 6550-1224　当7	1224	

参　会　館

国会議事堂側

議長	尾辻秀久	秘書	末原　朋実 石原　淳	☎3581-1481
副議長	長浜博行	秘書	副島　浩 外川　裕之	☎3586-6741

勤続年数は令和5年11月末現在です。

参議院比例代表

第25回選挙

（令和元年7月21日施行／令和7年7月28日満了）

三浦　靖（みうら　やすし）　自 新［茂］ RI 当1（初/令元）※

島根県大田市　S48・4・9
勤6年3ヵ月（衆1年10ヵ月）

厚生労働大臣政務官、総務大臣政務官、衆議院議員、大田市議、衆議院議員秘書、神奈川大／50歳

〒690-0873　島根県松江市内中原町140-2　☎0852(61)2828
〒100-8962　千代田区永田町2-1-1、会館　☎03(6550)0811

柘植芳文（つげ　よしふみ）　自 前［無］ RI 当2

岐阜県　S20・10・11
勤10年6ヵ月（初/平25）

党政務調査会副会長、参党政策審議会副会長、総務委筆頭理事、元全国郵便局長会会長、愛知大／78歳

〒100-8962　千代田区永田町2-1-1、会館　☎03(6550)1114

山田太郎（やまだ　たろう）　自 元［無］ RI 当2

東京都　S42・5・12
勤8年1ヵ月（初/平24）

環境委、文科兼復興政務官、デジタル兼内閣府政務官、党デジタ本部長代理、党こどもDX小委員長、党コンテンツ小委事務局長、上場企業社長、東工大特任教授、東大非常勤講師、慶大経・早大院／56歳

〒100-8962　千代田区永田町2-1-1、会館　☎03(6550)0623

和田政宗（わだ　まさむね）　自 前［無］ RI 当2

東京都　S49・10・14
勤10年6ヵ月（初/平25）

法務委筆頭理、決算委、復興特委理、党広報副本部長、党新聞局長、元国土交通大臣政務官兼内閣府大臣政務官、慶大／49歳

〒980-0011　仙台市青葉区上杉1-5-13 3-B　☎022(263)3005
〒102-0083　千代田区麹町4-7、宿舎

佐藤 正久 さ とう まさ ひさ
自前[茂]　RI　当3
福島県　S35・10・23
勤16年7ヵ月（初/平19）

外防委理、参国対委員長代行、国防議連事務局長、元外務副大臣、防衛政務官、元自衛官・イラク先遣隊長、防衛大/63歳

〒162-0845　新宿区市谷本村町3-20新盛堂ビル4F　☎03(5206)7668
〒100-8962　千代田区永田町2-1-1、会館　☎03(6550)0705

佐藤 信秋 さ とう のぶ あき
自前[茂]　RI　当3
新潟県　S22・11・8
勤16年7ヵ月（初/平19）

決算委員長、党地方行政調査会長、党国土強靱化推進本部本部長代理、元国交事務次官、技監、道路局長、京大院/76歳

〒951-8062　新潟市中央区西堀前通11番町1645-4　☎025(226)7686
〒100-8962　千代田区永田町2-1-1、会館　☎03(6550)0722

橋本 聖子 はし もと せい こ
自前[安]　RI　当5
北海道　S39・10・5
勤28年9ヵ月（初/平7）

文科委、行監委、党両院議員総会長、元東京オリンピック・パラリンピック担当大臣、自民党参院議員会長、外務副大臣、北胆総括政務次官、駒苫高/59歳

〒060-0001　札幌市中央区北1条西5丁目2番　札幌興銀ビル6F　☎011(222)7275
〒100-8962　千代田区永田町2-1-1、会館　☎03(6550)0803

山田 俊男 やま だ とし お
自前[森]　RI　当3
富山県小矢部市　S21・11・29
勤16年7ヵ月（初/平19）

農水委、予算委、党総務会副会長、都市農業対策委員長、党人事局長、ODA特委員長、農水委員長、全国農協中央会専務理事、早大政経/77歳

〒932-0836　富山県小矢部市埴生352-2　☎0766(67)8882
〒100-8962　千代田区永田町2-1-1、会館　☎03(6550)0809

有村 治子 あり むら はる こ
自前[麻]　RI　当4
滋賀県　S45・9・21
勤22年8ヵ月（初/平13）

情報監視審査会長、予算委、外防委、ODA・沖北特委、党総務会副会長、裁判官弾劾裁判長、女性活躍担当大臣、米SIT大院修士/53歳

〒100-8962　千代田区永田町2-1-1、会館　☎03(6550)1015

石田 昌宏 いし だ まさ ひろ
自前[安]　RI　当2
奈良県大和郡山市　S42・5・20
勤10年6ヵ月（初/平25）

予算委理、厚労委、参議国対副委員長、女性局長代理、厚労委員長、党副幹事長、党財務金融副部会長、日本看護連盟幹事、東大応援部/56歳

〒100-8962　千代田区永田町2-1-1、会館　☎03(6550)1101

本田顕子
ほん だ あき こ

自新［無］　RI 当1

熊本県熊本市　S46・9・29
勤4年5ヵ月（初／令元）

文部科学大臣政務官兼復興大臣政務官、厚生労働大臣政務官兼内閣府大臣政務官、党副幹事長、日本薬剤師会・連盟顧問、星薬科大学／52歳

〒860-0072　熊本市西区花園7-12-16　☎096(325)4470
〒100-8962　千代田区永田町2-1-1、会館　☎03(6550)1001

衛藤晟一
え とう せい いち

自前［安］RI 当3(初/平19)※1

大分県大分市　S22・10・1
勤28年10ヵ月（衆12年3ヵ月）

党紀委員長、党障害児者問題調査会長、一億総活躍・少子化対策担当大臣、元内閣総理大臣補佐官、厚労副大臣、大分大／76歳

〒870-0042　大分市豊町1-2-6　☎097(534)2015
〒100-8962　千代田区永田町2-1-1、会館　☎03(6550)1216

羽生田俊
は にゅう だ　たかし

自前［安］　RI 当2

群馬県　S23・3・28
勤10年6ヵ月（初／平25）

党厚労部会長代理、厚労委員、復興特委員、党政策審議会副会長、労働関係団体委員長、前厚労副大臣、元厚労委員長、元日本医師会副会長、医師、東京医科大学／75歳

〒371-0022　前橋市千代田町2-10-13　☎027(289)8680
〒100-8962　千代田区永田町2-1-1、会館　☎03(6550)0319

宮崎雅夫
みや ざき まさ お

自新［二］　RI 当1

兵庫県神戸市　S38・12・3
勤4年5ヵ月（初／令元）

予算委理、農水委、災害特委、資源エネ調委、参党政審副会長、党農林副部会長、党水産総合調査会副会長、元農水省地域整備課長、神戸大学農学部／59歳

〒100-8962　千代田区永田町2-1-1、会館　☎03(6550)0610

山東昭子
さん とう あき こ

自前［麻］　RI 当8

東京都　S17・5・11
勤42年2ヵ月（初／昭49）

法務委、党食育調査会長、前参議院議長、前党紀委員長、元参議院副議長・科技庁長官・環境政務次官、文化学院／81歳

〒100-8962　千代田区永田町2-1-1、会館　☎03(6550)0310

赤池誠章
あか いけ まさ あき

自前［安］RI 当2(初/平25)※2

山梨県甲府市　S36・7・19
勤14年5ヵ月（衆3年11ヵ月）

文科委筆頭理事、党政調副会長、内閣府副大臣、党文科部会長3期、文科委員長、文科大臣政務官、衆議院議員、明治大学／62歳

〒400-0032　山梨県甲府市中央1-1-11-2F　☎055(237)5523

　　　　※1 平2衆院初当選　※2 平17衆院初当選

比嘉奈津美 ひがなつみ
自新［茂］ ［R1］ 繰当1
沖縄県沖縄市 S33・10・3
勤7年(衆4年10ヵ月)（初/令3）※1

厚労委員長、消費者特委、環境大臣政務官、衆議院議員2期、歯科医師、福岡歯科大／65歳

〒904-0004 沖縄市中央1-18-6-101　☎098(938)0070
〒102-0094 千代田区紀尾井町1-15、宿舎

中田　宏 なかだ ひろし
自新［無］ ［R1］ 繰当1
神奈川県横浜市 S39・9・20
勤12年6ヵ月(衆10年10ヵ月)（初/令4）※2

環境委理、党環境部会長、衆議院議員4期、横浜市長2期、松下政経塾、青山学院大経済学部／59歳

〒222-0033 横浜市港北区新横浜2-14-14
新弘ビル7階　☎045(548)4488

田中昌史 たなかまさし
自新［無］ ［R1］ 繰当1
北海道札幌市 S40・10・11
勤11ヵ月（初/令5）

予算委、法務委、消費者特委、国民生活調委、党厚生関係団体副委員長、日本理学療法士協会政策参与、日本理学療法士連盟顧問、理学療法士、北翔大院修／58歳

〒100-8962 千代田区永田町2-1-1、会館　☎03(6550)0505

岸　真紀子 きし まきこ
立新 ［R1］ 当1
北海道岩見沢市 S51・3・24
勤4年5ヵ月（初/令元）

総務委、決算委、地方・デジ特委理、党参幹事長代理、党参比例第13総支部長、自治労特別中央執行委員、岩見沢緑陵高／47歳

〒100-8962 千代田区永田町2-1-1、会館　☎03(6550)0611

水岡俊一 みず おか しゅんいち
立元 ［R1］ 当3
兵庫県豊岡市 S31・6・13
勤16年7ヵ月（初/平16）

環境委、懲罰委、党参院議員会長、内閣総理大臣補佐官、内閣委員長、兵庫県教組役員、中学校教員、奈良教育大／67歳

〒102-0083 千代田区麹町4-7、宿舎

小沢雅仁 おざわまさひと
立新 ［R1］ 当1
山梨県甲府市 S40・8・13
勤4年5ヵ月（初/令元）

総務委理、消費者特委、憲法審委、日本郵政グループ労働組合中央副執行委員長、山梨県立甲府西高／58歳

〒102-0083 千代田区麹町4-7、宿舎

比例代表

参略歴

よしかわ さおり
吉川沙織　立前　　R1 当3
徳島県　S51・10・9
勤16年7ヵ月　（初/平19）

議運委筆頭理事、総務委、経産委員長、NTT元社員、同志社大大院（博士前期）修了、京大院（博士後期）在学／47歳

〒100-8962　千代田区永田町2-1-1、会館　☎03(6550)0617

もりや たかし
森屋　隆　立新　　R1 当1
東京都　S42・6・28
勤4年5ヵ月　（初/令元）

国交委理、倫選特委、国民生活調委、私鉄総連交通対策局長、西東京バス（株）、都立多摩工業高校／56歳

〒100-8962　千代田区永田町2-1-1、会館　☎03(6550)1211

かわだ りゅうへい
川田龍平　立前　　R1 当3
東京都　S51・1・12
勤16年7ヵ月　（初/平19）

行政監視委員長、環境委、拉致特委、党両院議員総会長、薬害エイズ訴訟原告、岩手医科大学客員教授、東経大／47歳

〒100-8962　千代田区永田町2-1-1、会館　☎03(6550)0508

いしかわ たいが
石川大我　立新　　R1 当1
東京都豊島区　S49・7・3
勤4年5ヵ月　（初/令元）

法務委、消費者特委理、憲法審委、NPO法人代表理事、早大大学院修了／49歳

〒100-8962　千代田区永田町2-1-1、会館　☎03(6550)1113

すどう げんき
須藤元気　無新　　R1 当1
東京都江東区　S53・3・8
勤4年5ヵ月　（初/令元）

農水委、元格闘家、中央大学レスリング部ゼネラルマネージャー、拓殖大学レスリング部アドバイザー、会社役員、アーティスト、調理師、拓殖大学大学院／45歳

〒100-8962　千代田区永田町2-1-1、会館　☎03(6550)0914

やまもと かなえ
山本香苗　公前　　R1 当4
広島県　S46・5・14
勤22年8ヵ月　（初/平13）

厚労委、地方・デジ特委、党中央幹事、参議院副会長、関西方面副本部長、大阪府本部代表代行、元厚労副大臣、元総務委員長、外務省、京大／52歳

〒590-0957　堺市堺区中之町西1-1-10 堀ビル501号室　☎072(225)0102
〒100-8962　千代田区永田町2-1-1、会館　☎03(6550)1024

比例代表

略歴

やま もと ひろ し
山 本 博 司　公 前　　RI 当3
愛媛県八幡浜市　S29・12・9
勤16年7ヵ月（初/平19）

総務委理、党中央幹事、党中央規律副委員長、厚生労働副大臣兼内閣府副大臣、総務委員長、財務大臣政務官、日本IBM、慶大／68歳

〒760-0080　香川県高松市木太町607-1
　　　　　　クリエイト木太201
〒152-0022　目黒区柿の木坂3-11-15　☎03(3418)5893　☎087(868)3607

わか まつ かね しげ
若 松 謙 維　公 前　　RI 当2(初/平25)※
福島県石川町　S30・8・5
勤20年11ヵ月（衆10年5ヵ月）

党中央幹事・機関紙推進委員長、財金委、決算委、資源エネ調委、復興特委、元復興副大臣、元総務副大臣、公認会計士、税理士、行政書士、防災士、中央大／68歳

〒960-8107　福島県福島市浜田町4-16
　　　　　　富士ビル1F2号　☎024(572)5567

かわ の よし ひろ
河 野 義 博　公 前　　RI 当2
福岡県　S52・12・1
勤10年6ヵ月（初/平25）

予算委理、国交委、ODA・沖北特委、資源エネ調理事、党中央幹事、農水大臣政務官、丸紅、東京三菱銀行、慶大経済／45歳

〒810-0045　福岡市中央区草香江1-4-34
　　　　　　エーデル大濠202　☎092(753)6491

にい づま ひで き
新 妻 秀 規　公 前　　RI 当2
埼玉県越谷市　S45・7・22
勤10年6ヵ月（初/平25）

総務委員長、拉致特委、外交・安保調委、党国際局長、愛知県本部副代表、復興副大臣、元文部科学・内閣府・復興政務官、東大院(工学系研究科)／53歳

〒460-0008　名古屋市中区栄1-14-15
　　　　　　RSビル203号室　☎052(253)5085
〒102-0094　千代田区紀尾井町1-15、宿舎　☎03(6550)1112

ひら き だい さく
平 木 大 作　公 前　　RI 当2
長野県　S49・10・16
勤10年6ヵ月（初/平25）

復興副大臣、党外交部会長、広報委員長代理、経産・内閣府・復興大臣政務官、東大法、スペイン・イエセ・ビジネススクール経営学修士／49歳

〒273-0011　船橋市湊町1-7-4 B号室　☎047(404)3202
〒100-8962　千代田区永田町2-1-1、会館　☎03(6550)0422

しお た ひろ あき
塩 田 博 昭　公 新　　RI 当1
徳島県阿波市　S37・1・19
勤4年5ヵ月（初/令元）

党中央幹事、東京都本部副代表、秋田・山梨県本部顧問、国交委理、議運委、消費者特委、憲法審委、元党政調事務局長、秋田大／61歳

〒154-0004　世田谷区太子堂2-14-20-205　☎03(6805)3946
〒100-8962　千代田区永田町2-1-1、会館　☎03(6550)1117

※平5衆院初当選

219

鈴木宗男 <ruby>鈴<rt>すず</rt>木<rt>き</rt>宗<rt>むね</rt>男<rt>お</rt></ruby>　無 新　RI 当1(初/令元)※1
北海道足寄町　S23・1・31
勤29ヵ月（衆25年）

法務委、前懲罰委員長、元国務大臣、元外務委員長、元沖縄北方特別委員長、衆議院議員8期、拓殖大／75歳

〒060-0061　札幌市中央区南1条西5丁目17-2
プレジデント松井ビル1205　☎011(251)5351

室井邦彦 <ruby>室<rt>むろ</rt>井<rt>い</rt>邦<rt>くに</rt>彦<rt>ひこ</rt></ruby>　維 前　RI 当3(初/平19)※2
兵庫県　S22・4・10
勤18年3ヵ月（衆1年10ヵ月）

国交委、国家基本委、倫選特委、党参院会長代行、国交大臣政務官、衆院議員、兵庫県議2期、尼崎市議1期、追手門学院大1期生／76歳

〒660-0892　尼崎市東難波町5-7-17
中央ビル1F　☎06(6489)1001
〒102-0083　千代田区麹町4-7、宿舎

梅村　聡 <ruby>梅<rt>うめ</rt>村<rt>むら</rt>聡<rt>さとし</rt></ruby>　維 元　RI 当2
大阪府　S50・2・13
勤10年6ヵ月（初/平19）

厚労委、決算委、倫選特委、党政調副会長、党コロナ対策本部長、元厚労政務官、医師、大阪大学医学部／48歳

〒563-0055　大阪府池田市菅原町2-17
Wind. hill池田2F　☎072(751)2000
〒100-8962　千代田区永田町2-1-1、会館☎03(6550)0326

柴田　巧 <ruby>柴<rt>しば</rt>田<rt>た</rt>巧<rt>たくみ</rt></ruby>　維 元　RI 当2
富山県　S35・12・11
勤10年6ヵ月（初/平22）

内閣委、議運委理、憲法審委、党参院国対委員長、富山県議、衆議院議員秘書、早大院／62歳

〒932-0113　富山県小矢部市岩武1051　☎0766(61)1315

柳ヶ瀬裕文 <ruby>柳<rt>やな</rt>ヶ瀬<rt>がせ</rt>裕<rt>ひろ</rt>文<rt>ふみ</rt></ruby>　維 新　RI 当1
東京都大田区　S49・11・8
勤4年5ヵ月（初/令元）

財金委、行政監視委理、拉致特委、党総務会長、東京都議会議員(3期)、大田区議会議員、議員秘書・会社員、早大／49歳

〒146-0083　東京都大田区千鳥3-11-19
第2桜ビル3F　☎03(6459)8706
〒100-8962　千代田区永田町2-1-1、会館☎03(6550)0703

小池　晃 <ruby>小<rt>こ</rt>池<rt>いけ</rt>晃<rt>あきら</rt></ruby>　共 前　RI 当4
東京都　S35・6・9
勤22年8ヵ月（初/平10）

党書記局長、財金委、国家基本委、党政策委員長、東北大医／63歳

〒151-0053　渋谷区代々木1-44-11-1F　☎03(5304)5639

やま した よし き
山下 芳生

共前　　　　RI 当4
香川県　　S35・2・27
勤22年8ヵ月　（初/平7）

党筆頭副委員長、環境委理、ODA・沖北
特委、政倫審委、党書記局長、鳥取大／
63歳

〒537-0025　大阪市東成区中道1-10-10 102号
☎06(6975)9111
〒100-8962　千代田区永田町2-1-1、会館　☎03(6550)1123

いの うえ さと し
井上 哲士

共前　　　　RI 当4
京都府　　S33・5・5
勤22年8ヵ月　（初/平13）

党参院幹事長・国対委長、党幹部会委
員、内閣委、懲罰委、倫選特委、拉致特
委、「赤旗」記者、京大／65歳

〒604-0092　京都市中京区丸太町新町角大炊町186
☎075(231)5198
〒102-0083　千代田区麹町4-7、宿舎

かみ　　とも こ
紙 智子

共前　　　　RI 当4
北海道　　S30・1・13
勤22年8ヵ月　（初/平13）

党常任幹部会委員、党農林・漁民局長、農水委、
ODA・沖北特委、復興特委、民青同盟副委員
長、国会議員団総会長、北海道女短大／68歳

〒065-0012　札幌市東区北12条東2丁目3-2　☎011(750)6677
〒102-0083　千代田区麹町4-7、宿舎　☎03(3237)0804

た むら
田村 まみ

国新　　　　RI 当1
広島県広島市　S51・4・23
勤4年5ヵ月　（初/令元）

厚労委、行監委、消費者特委、政倫審委、
UAゼンセン、イオン労働組合、イオン
リテール(株)、同志社大／47歳

〒100-8962　千代田区永田町2-1-1、会館　☎03(6550)0910

いそ ざき てつ じ
礒﨑 哲史

国前　　　RI 当2(初/平25)
東京都世田谷区　S44・4・7
勤10年6ヵ月　（初/平25）

経産委、憲法審委、党副代表、参国対委
員長、広報局長、東京都連会長、元日産
自動車(株)、東京電機大工学部／54歳

〒100-8962　千代田区永田町2-1-1、会館　☎03(6550)1210

はま の よし ふみ
浜野 喜史

国前　　　　RI 当2
兵庫県高砂市　S35・12・21
勤10年6ヵ月　（初/平25）

議運委理、環境委、党選挙対策委員長、
労働組合役員、神戸大／62歳

〒102-0083　千代田区麹町4-7、宿舎

<ruby>舫後<rt>ふなご</rt></ruby> <ruby>靖彦<rt>やすひこ</rt></ruby>　れ新　RI 当1
岐阜県岐阜市加納御車町 S32・10・4
勤4年5ヵ月　（初/令元）

文科委、拉致特委、(株)アース顧問、酒田時計貿易(株)、拓殖大学政経学部卒業／66歳

〒102-0083　千代田区麹町4-7、宿舎

<ruby>木村<rt>きむら</rt></ruby> <ruby>英子<rt>えいこ</rt></ruby>　れ新　RI 当1
神奈川県横浜市 S40・5・11
勤4年5ヵ月　（初/令元）

国交委、国家基本委、国民生活調委、自立ステーションつばさ事務局長、神奈川県立平塚養護学校高等部／58歳

〒100-8962　千代田区永田町2-1-1、会館　☎03(6550)0314

<ruby>大椿<rt>おおつばき</rt></ruby>ゆうこ　社新　RI 繰当1
岡山県高梁市 S48・8・14
勤8ヵ月　（初/令5）

厚労委、党全国連合副党首、障害者支援コーディネーター、労組専従役員、社会福祉士、精神保健福祉士、保育士、四国学院大学社会学部／50歳

〒567-0816　茨木市永代町5-116 ソシオⅠ-1階　☎072(648)7846
〒100-8962　千代田区永田町2-1-1、会館　☎03(6550)0906

<ruby>浜田<rt>はまだ</rt></ruby> <ruby>聡<rt>さとし</rt></ruby>　政女新　RI 繰当1
京都府京都市 S52・5・11
勤4年2ヵ月　（初/令元）

党政調会長、総務委、日本医学放射線学会放射線科専門医、東大教育学部、同大学院修士課程、京大医学部医学科／46歳

〒710-0056　倉敷市鶴形1-5-33-1001　☎03(6550)0403
〒102-0094　千代田区紀尾井町15、宿舎　☎03(3264)1351

参議院比例代表（第25回選挙・令和元年7月21日施行）

全国有権者数	105,886,064人	全国投票者数	51,666,697人
男　〃	51,180,755人	男　〃	25,288,059人
女　〃	54,705,309人	女　〃	26,378,638人
		有効投票数	50,072,352票

党別当選者数・党別個人別得票数・党別得票率
（※小数点以下の得票数は按分票です）

自 民 党　　19人　17,712,373.119票　35.37%

政党名得票　12,712,515.344　個人名得票　4,999,857.775

当	三木　　亨	現	特定枠		当	赤池　誠章	現	131,727.208
	（令5.1.13辞職）				繰	比嘉奈津美	新	114,596
当	三浦　　靖	新	特定枠			（令3.10.20繰上）		
当	柘植　芳文	現	600,189.903		繰	中田　　宏	新	112,581.303
当	山田　太郎	元	540,077.960			（令4.4.14繰上）		
当	和田　政宗	現	288,080		繰	田中　昌史	新	100,005.187
当	佐藤　正久	現	237,432.095			（令5.1.17繰上）		
当	佐藤　信秋	現	232,548.956			尾立　源幸	元	92,882
当	橋本　聖子	現	225,617			木村　義雄	現	92,419.856
当	山田　俊男	現	217,619.597			井上　義行	元	87,946.669
当	有村　治子	現	206,221			（令4.7.10当選）		
当	宮本　周司	現	202,122			小川　真史	新	85,266.022
	（令4.4.7失職）					山本　左近	新	78,236.224
当	石田　昌宏	現	189,893			（令3.10.31衆院議員当選）		
当	北村　経夫	現	178,210			角田　充由	新	75,241.505
	（令3.10.7失職）					丸山　和也	現	58,587
当	本田　顕子	新	159,596.151			糸川　正晃	新	36,311.527
当	衛藤　晟一	現	154,578			熊田　篤嗣	新	29,961
当	羽生田　俊	現	152,807.948			水口　尚人	新	24,504.222
当	宮崎　雅夫	新	137,502			森本　勝也	新	23,450.657
当	山東　昭子	現	133,645.785					

立憲民主党　　8人　7,917,720.945票　15.81%

政党名得票　6,697,707.000　個人名得票　1,220,013.945

当	岸　真紀子	新	157,849		藤田　幸久	現	28,919.215
当	水岡　俊一	元	148,309		斉藤　里恵	新	23,002
当	小沢　雅仁	新	144,751		佐藤　　香	新	20,200.177
当	吉川　沙織	現	143,472		中村　起子	新	13,422.369
当	森屋　　隆	新	104,339.413		今泉　真緒	新	11,991
当	川田　龍平	現	94,702		小俣　一平	新	10,140
当	石川　大我	新	73,799		白沢　みき	新	9,483.260
当	須藤　元気	新	73,787		真野　　哲	新	9,008.343
	市井紗耶香	新	50,415.298		塩見　俊次	新	5,115
	奥村　政佳	新	32,024		深貝　　亨	新	4,529.113
	若林　智子	新	31,683.757				
	おしどりマコ	新	29,072				

比例代表

略歴

公明党　7人　6,536,336.451票　13.05%

政党名得票　4,283,918.000　　個人名得票　2,252,418.451

当	山本	香苗	現	594,288.947	西田	義光	新	3,986
当	山本	博司	現	471,759.555	藤井	伸城	新	3,249
当	若松	謙維	現	342,356	竹島	正人	新	3,106
当	河野	義博	現	328,659	角田健一郎		新	2,924.278
当	新妻	秀規	現	281,832	坂本	道応	新	2,438
当	平木	大作	現	183,869	村中	克也	新	2,163.335
当	塩田	博昭	新	15,178	塩崎	剛	新	1,996.336
	高橋	次郎	新	7,577	国分	隆作	新	1,623
	奈良	直記	新	5,413				

日本維新の会　5人　4,907,844.388票　9.80%

政党名得票　4,218,454.000　　個人名得票　689,390.388

当	鈴木	宗男	新	220,742.675	桑原久美子		新	20,721
当	室井	邦彦	現	87,188	奥田	真理	新	20,478
当	梅村	聡	元	58,269.522	森口あゆみ		新	19,333.904
当	柴田	巧	元	53,938	空本	誠喜	新	12,772
当	柳ヶ瀬裕文		新	53,086	（令3.10.31衆院議員当選）			
	藤巻	健史	現	51,619.511	荒木	大樹	新	8,577
	山口	和之	現	42,231.776	岩渕美智子		新	8,137
	串田	久子	新	32,296				

共産党　4人　4,483,411.183票　8.95%

政党名得票　4,051,700.000　　個人名得票　431,711.183

当	小池	晃	現	158,621	伊藤理智子		新	3,079.612
当	山下	芳生	現	48,932.480	有坂ちひろ		新	2,787.721
当	井上	哲士	現	42,982.440	田辺	健一	新	2,677
当	紙	智子	現	34,696.013	青山	了介	新	2,600.721
	仁比	聡平	現	33,360	松崎	真琴	新	2,581
	（令4.7.10当選）				大野	聖美	新	2,170.469
	山本	訓子	新	32,816.665	島袋	恵祐	新	2,162
	椎葉	寿幸	新	16,728.218	伊藤	達也	新	2,152.164
	梅村早江子		新	15,357.129	小久保剛志		新	1,200.134
	山本千代子		新	7,573.462	下奥	奈歩	新	936
	舩山	由美	新	5,364	沼上	徳光	新	647
	佐藤ちひろ		新	4,199.426	住寄	聡美	新	582.529
	原	純子	新	3,671	鎌野	祥二	新	419
	藤本	友里	新	3,414				

国民民主党　3人　3,481,078.400票　6.95%

政党名得票　2,174,706.000　　個人名得票　1,306,372.400

当	田村	麻美	現	260,324	円	より子	元	24,709
当	礒崎	哲史	現	258,507	姫井由美子		元	21,006
当	浜野	喜史	現	256,928.785	小山田経子		新	8,306
	石上	俊雄	現	192,586.679	鈴木	覚	新	5,923.855
	田中	久弥	新	143,492.942	酒井	亮介	新	4,379.272
	大島九州男		現	87,740	中沢	健	新	4,058
	（令5.1.17れいわで繰上）				藤川	武人	新	2,472
	山下	容子	新	35,938.867				

れいわ新選組　2人　2,280,252.750票　4.55%

政党名得票　1,226,412.714　　個人名得票　1,053,840.036

当	舩後	靖彦	新	特定枠	大西	恒樹	新	19,842
当	木村	英子	新	特定枠	安冨	歩	新	8,632.076
	山本	太郎	現	991,756.597	渡辺	照子	新	5,073.675
	（令4.7.10当選）				辻村	千尋	新	4,070.549
	蓮池	透	新	20,557.200	三井	義文	新	3,907.939

社 民 党　1人　1,046,011.520票　2.09%

政党名得票　761,207.000　個人名得票　284,804.520

当	吉田　忠智 元	149,287		矢野　敦子 新		21,391
	（令5.3.30辞職）			（離党）		
	仲村　未央 新	98,681.520	繰	大椿　裕子 新		15,445
	（離党）			（令5.4.6繰上）		

NHKから国民を守る党　1人　987,885.326票　1.97%

政党名得票　841,224.000　個人名得票　146,661.326

当	立花　孝志 新	130,233.367	岡本　介伸 新	4,269
	（令元.10.10退職）		熊丸　英治 新	2,850
繰	浜田　聡 新	9,308.959		
	（令元.10.21繰上）			

・・・

その他の政党の得票総数・得票率等は下記のとおりです。
（当選者はいません。個人名得票の内訳は省略しました）

安楽死制度を考える会　得票総数　269,052.000票（0.54%）
政党名得票　233,441.000　個人名得票　35,611.000

幸福実現党　得票総数　202,278.772票（0.40%）
政党名得票　158,954.000　個人名得票　43,324.772

オリーブの木　得票総数　167,897.997票（0.34%）
政党名得票　136,873.000　個人名得票　31,024.997

労働の解放をめざす労働者党　得票総数　80,054.927票（0.16%）
政党名得票　57,891.999　個人名得票　22,163.928

比例代表

参 略歴

第26回選挙

（令和4年7月10日施行／令和10年7月25日満了）

藤井一博（ふじ い かず ひろ）

自新［無］　R4　当1
鳥取県　S52・12・23
勤1年5ヵ月　（初／令4）

厚労委、行監委、倫選特委、党青年局長代理、女性局・新聞局次長、医師、鳥取県議会議員、鳥取大／45歳

〒682-0023　鳥取県倉吉市山根572-4
サンクビエスビル2F201号室　☎0858（26）6081
〒100-8982　千代田区永田町2-1-1、会館　☎03（6550）0605

梶原大介（かじ はら だい すけ）

自新［二］　R4　当1
高知県香南市　S48・10・29
勤1年5ヵ月　（初／令4）

国土交通委、議運委、災害特委、党国土・建設関係団体副委長、高知県連幹事長、県議（4期）、参議院議員秘書、国立高知高専／50歳

〒780-0861　高知市升形2-1　升形ビル2F　☎088（803）9600

赤松健（あか まつ けん）

自新［無］　R4　当1
愛知県名古屋市　S43・7・5
勤1年5ヵ月　（初／令4）

文科委理、決算委、消費者特委、外交・安保調委、漫画家、(公社)日本漫画家協会常務理事、(株)Jコミックテラス取締役、中央大／55歳

〒100-8962　千代田区永田町2-1-1、会館　☎03（6550）0423

長谷川英晴（は せ がわ ひで はる）

自新［無］　R4　当1
千葉県いすみ市　S34・5・7
勤1年5ヵ月　（初／令4）

総務委、行監委理、地方・デジ特委、外交・安保調委、全国郵便局長会相談役、千葉県山田郵便局長、全国郵便局長会副会長、東北大／64歳

〒100-8962　千代田区永田町2-1-1、会館　☎03（6550）1020

青山繁晴（あお やま しげ はる）

自前［無］　R4　当2
兵庫県神戸市　S27・7・25
勤7年6ヵ月　（初／平28）

経産委理事、ODA・沖北特委、憲法審委、党経産部会長代理、(株)独立総合研究所社長、共同通信社、早大／71歳

〒100-8962　千代田区永田町2-1-1、会館

比例代表

㊙略歴

かたやま
片山さつき

自前［安］ R4 当3(初/平22)※1
埼玉県 S34・5・9
勤17年6ヵ月（衆3年11ヵ月）

予算委、倫選特委長、党金融調査会長、党政調会長代理、元国務大臣（地方創生・規制改革・女性活躍）、衆院議員、財務省主計局／64歳

〒432-8069 浜松市西区志都呂1-32-15 ☎053(581)7151
〒100-8962 千代田区永田町2-1-1、会館 ☎03(6550)0420

あ だ と し ゆき
足立敏之

自前［岸］ R4 当2
京都府福知山市 S29・5・20
勤7年6ヵ月 （初/平28）

予算委理、災害特委理、国土交通委、参党国会対策副委員長、国土交通省元技監、元水管理・国土保全局長、京大大学院修了／69歳

〒100-8962 千代田区永田町2-1-1、会館 ☎03(6550)0501

じ み
自見はなこ

自前［二］ R4 当2
福岡県北九州市 S51・2・15
勤7年6ヵ月 （初/平28）

内閣府特命担当大臣、前内閣府大臣政務官、元自民党女性局長、元厚生労働大臣政務官、筑波大・東海大医／47歳

〒802-0077 北九州市小倉北区馬借2-7-28-2F ☎093(513)0875
〒100-8962 千代田区永田町2-1-1、会館 ☎03(6550)0504

ふ じ き しん や
藤木眞也

自前［岸］ R4 当2
熊本県 S42・2・25
勤7年6ヵ月 （初/平28）

党農林部会長代理、運議委理、参党副幹事長、農水政務官、JAかみましき組合長、JA全青協会長、農業生産法人社長、熊本農高／56歳

〒861-3101 熊本県上益城郡嘉島町大字鯰2792 ☎096(282)8856
〒100-8962 千代田区永田町2-1-1、会館 ☎03(6550)1006

やま だ ひろし
山田 宏

自前［安］R4 当2(初/平28)※2
東京都八王子市 S33・1・8
勤12年9ヵ月（衆5年3ヵ月）

憲法審委、党副幹事長、厚労委員長、防衛大臣政務官、衆院議員2期、杉並区長3期、東京都議2期、松下政経塾第2期生、京大／65歳

〒102-0093 千代田区平河町2-16-5-602
〒100-8962 千代田区永田町2-1-1、会館 ☎03(6550)1205

とも のう り お
友納理緒

自新［安］ R4 当1
東京都世田谷区 S55・11・18
勤1年5ヵ月 （初/令4）

厚労委、議運委、地方・デジ特委、国民生活調委、看護師、弁護士、元日本看護協会参与、早大大学院法務研究科、東京医科歯科大大学院修士／43歳

〒100-8962 千代田区永田町2-1-1、会館 ☎03(6550)1116

比例代表

㊫ 略歴

※1 平17衆院初当選 ※2 平5衆院初当選

227

やまたに　え　り　こ
山谷えり子
勤23年1ヵ月（衆3年5ヵ月）

自前［安］ R4 当4（初/平16）※
福井県　S25・9・19

拉致特委長、倫選特委長、国家公安委員長・拉致問題担当大臣、参党政審会長、首相補佐官、サンケイリビング編集長、聖心女子大／73歳

〒100-8962　千代田区永田町2-1-1、会館　☎03(6550)1107

いの　うえ　よし　ゆき
井上義行
勤7年5ヵ月

自元［安］　R4 当2
神奈川県小田原市　S38・3・12
（初/平25）

総務委、行監委、第一次安倍内閣総理大臣秘書官、日大経済学部（通信）／60歳

〒250-0011　小田原市栄町1-14-48
　　　　　　ジャンボーナックルビル706　☎0465(20)8357

しん　どう　かね　ひ　こ
進藤金日子
勤7年6ヵ月

自前［二］　R4 当2
秋田県協和町（現大仙市）S38・7・7
（初/平28）

農水委理、決算委、参党国対副委員長、党水産調査会副会長、元農水省中山間地域振興課長、全国水土里ネット会長会議顧問、岩手大／60歳

〒100-8962　千代田区永田町2-1-1、会館　☎03(6550)0719

いま　い　え　り　こ
今井絵理子
勤7年6ヵ月

自前［麻］　R4 当2
沖縄県那覇市　S58・9・22
（初/平28）

文科委理、ODA・沖北特委、決算委、参党国対副委員長、元内閣府大臣政務官、歌手、八雲学園高校／40歳

〒900-0014　那覇市松尾1-21-59 1F　☎098(975)9216
〒100-8962　千代田区永田町2-1-1、会館　☎03(6550)0315

あ　だち　まさ　し
阿達雅志
勤9年2ヵ月

自前［無］　R4 当3
京都府　S34・9・27
（初/平26繰）

環境委筆頭理事、予算委、外交防衛委員長、総理補佐官、国交政務官、党外交部会長、NY州弁護士、住友商事、東大法／64歳

〒100-8962　千代田区永田町2-1-1、会館　☎03(6550)0309

かみ　や　まさ　ゆき
神谷政幸
勤1年5ヵ月

自新［麻］　R4 当1
愛知県豊橋市　S54・1・6
（初/令4）

厚労委、議運委、消費者特委、資源エネ調委、党青年局次長、党厚生関係団体委副委員長、党広報戦略局次長、薬剤師、福山大薬学部／44歳

〒100-8962　千代田区永田町2-1-1、会館　☎03(6550)1218

※平12衆院初当選

越智 俊之（おち としゆき）　自新［岸］　R4 当1
広島県江田島市　S53・3・9
勤1年5ヵ月　（初/令4）

経済委、決算委、全国商工会連合会顧問、三興建設(株)専務取締役、全国商工会青年部連合会第22代会長、法政大／45歳

〒730-0051 広島市中区大手町3-3-27 1F　☎082(545)5500
〒100-8962 千代田区永田町2-1-1、会館　☎03(6550)0821

石井 章（いしい あきら）　維前　R4 当2(初/平28)※
茨城県取手市　S32・5・6
勤10年10ヵ月（衆3年4ヵ月）

消費者特委長、経産委、元衆議院議員、社会福祉法人理事長、専修大法学部／66歳

〒300-1513 茨城県取手市片町296　☎0297(83)8900
〒100-8962 千代田区永田町2-1-1、会館　☎03(6550)1204

石井 苗子（いしい みつこ）　維前　R4 当2
東京都　S29・2・25
勤7年6ヵ月　（初/平28）

外交防衛委理、決算委、震災復興特委理、保健師、看護師、女優、民放キャスター、心療内科勤務、聖路加大・東大院／69歳

〒100-8962 千代田区永田町2-1-1、会館　☎03(6550)1115
〒102-0083 千代田区麹町4-7、宿舎

松野 明美（まつの あけみ）　維新　R4 当1
熊本県　S43・4・27
勤1年5ヵ月　（初/令4）

農水委、予算委、災害特委、党代表付、党政調副会長、元オリンピック選手、元熊本市議、元熊本県議、県立鹿本高校／55歳

〒861-0141 熊本市北区植木町投刀塚101　☎096(272)1534

中条 きよし（なかじょう きよし）　維新　R4 当1
岐阜県岐阜市　S21・3・4
勤1年5ヵ月　（初/令4）

文科委、拉致特委、国民生活調委、党代表付、歌手、俳優、岐阜東高中退／77歳

〒100-8962 千代田区永田町2-1-1、会館　☎03(6550)0805

猪瀬 直樹（いのせ なおき）　維新　R4 当1
長野県長野市　S21・11・20
勤1年5ヵ月　（初/令4）

厚労委、憲法審委、ODA・沖北特委、党参議院幹事長、作家、元東京都知事、副知事、道路公団民営化委、信州大、明大院／77歳

〒100-8962 千代田区永田町2-1-1、会館　☎03(6550)0513

かね こ みち ひと
金子 道仁 維新 　R4 当1

神奈川県横浜市　S45・2・20
勤1年5ヵ月　（初／令4）

予算委理、文科委、災害特委、外交・安保調委、党代表付、党政調副会長、キリスト教会牧師、社会福祉法人理事長、外務省、東大法／53歳

〒666-0251　兵庫県川辺郡猪名川町若葉1-137-22　☎072(767)6004
〒102-0083　千代田区麹町4-7、宿舎

くし だ せい いち
串田 誠一 維新 　R4 当1

東京都大田区　S33・6・20
勤5年6ヵ月（衆4年1ヵ月）/(初/令4)※1

環境委、決算委、外交・安保調理、情報監視審委、党政調副会長、前衆議院議員、弁護士、法政大学／65歳

〒231-0012　横浜市中区相生町2-27
　　　　　　宇田川ビル3F　☎045(212)3327
〒100-8962　千代田区永田町2-1-1、会館　☎03(6550)1203

あお しま けん た
青島 健太 維新 　R4 当1

新潟県新潟市　S33・4・7
勤1年5ヵ月　（初／令4）

国交委、議運委、資源エネ調理、党代表付、党国対副委員長、元プロ野球選手、スポーツライター、慶大／65歳

〒340-0023　埼玉県草加市谷塚町952
　　　　　　関マンション104号　☎048(954)6641
〒100-8962　千代田区永田町2-1-1、会館　☎03(6550)0405

つじ もと きよ み
辻元 清美 立新 　R4 当1

奈良県　S35・4・28
勤23年2ヵ月（衆21年9ヵ月）/(初/令4)※2

憲法審筆頭幹事、予算委、環境委、党副代表、衆予算委筆頭理事、党国対委員長、首相補佐官、国交副大臣、早大／63歳

〒100-8962　千代田区永田町2-1-1、会館　☎03(6550)0613

おに き まこと
鬼木 誠 立新 　R4 当1

福岡県筑紫野市　S38・12・7
勤1年5ヵ月　（初／令4）

内閣委、行政監視委、復興特委、資源エネ調委、自治労本部書記長、福岡県職員労働組合委員長、福岡県職員、福岡県立筑紫高校／59歳

〒102-0083　千代田区麹町4-7、宿舎

こ が ち かげ
古賀 千景 立新 　R4 当1

福岡県久留米市　S41・11・25
勤1年5ヵ月　（初／令4）

文科委、決算委、復興特委、憲法審委、党参議院比例第16総支部長、日教組特別中央執行委員、小学校教諭、熊本大／57歳

〒100-8962　千代田区永田町2-1-1、会館　☎03(6550)0409

㊥ 略歴

　※1 平29衆院初当選　※2 平8衆院初当選

柴　慎一 しば　しんいち
立新　　R4 当1
神奈川県　S39・9・14
勤1年5ヵ月　（初／令4）

財金委、行監委、震災復興特委、国民生活調委、元JP労組中央副執行委員長、柿生高校／59歳

〒100-8962　千代田区永田町2-1-1、会館　☎03(6550)1009

村田享子 むら　た　きょうこ
立新　　R4 当1
鹿児島県鹿児島市　S58・5・16
勤1年5ヵ月　（初／令4）

決算委、経産委、消費者特委、基幹労連職員、参院議員秘書、東大／40歳

〒100-8962　千代田区永田町2-1-1、会館　☎03(6550)1222

青木　愛 あお　き　あい
立前　　R4 当3(初/平19)※
東京都　S40・8・18
勤16年10ヵ月（衆7年2ヵ月）

国土交通委員長、元行政監視委員長、元復興特委員長、保育士、千葉大院修了、高野山大院修了／58歳

〒114-0021　北区岸町1-2-9　　☎03(5948)5038
〒100-8962　千代田区永田町2-1-1、会館　☎03(6550)0507

石橋通宏 いし　ばし　みち　ひろ
立前　　R4 当3
島根県　S40・7・1
勤13年7ヵ月（初／平22）

党国会対策委員長代理、予算委筆頭理事、ODA・沖北特委筆頭理事、厚労委、情報労連、元ILO専門官、米アラバマ大院、中大法／58歳

〒100-8962　千代田区永田町2-1-1、会館　☎03(6550)0523

竹内真二 たけ　うち　しん　じ
公前　　R4 当2
東京都　S39・3・19
勤6年3ヵ月（初／平29繰）

災害特委長、財金委、行監委、国民生活調理、党遊説局長、団体局次長、公明新聞編集局次長、早大／59歳

〒102-0094　千代田区紀尾井町1-15、宿舎

横山信一 よこ　やま　しん　いち
公前　　R4 当3
北海道　S34・7・21
勤13年7ヵ月（初／平22）

党北海道本部代表代行、党東北方面副本部長、党復興・防災部会長、復興副大臣、法務委員長、総務委員長、北大院／64歳

〒060-0001　札幌市中央区北1条西19丁目緒方ビル3F　　☎011(688)6222
〒102-0083　千代田区麹町4-7、宿舎

※平15衆院初当選

谷合正明 たに あい まさ あき　公前　R4 当4
埼玉県　S48・4・27
勤19年8ヵ月（初/平16）

党幹事長代理・参議事長・広報委員長・中国方面本部長・岡山県本部代表、倫選特委理、農水副大臣、NGO職員、京大院／50歳

〒702-8031　岡山市南区福富西1-20-48
クボタビル2F ☎086(262)3611
〒100-0094　千代田区紀尾井町1-15、宿舎

窪田哲也 くぼ た てつ や　公新　R4 当1
愛媛県　S40・11・2
勤1年5ヵ月　（初/令4）

党参国対副委員長、党団体局次長、党沖縄21世紀委員会事務局次長、内閣委、議運委、ODA・沖北特委理、元公明新聞九州支局長、明治大／58歳

〒100-8962　千代田区永田町2-1-1、会館　☎03(6550)0202

上田勇 うえ だ いさむ　公新　R4 当1
神奈川県横浜市　S33・8・5
勤22年5ヵ月（衆21年）（初/令4）※

党政調会長代理、外交防衛委理、衆院議員7期、財務副大臣、法務総括次官、農水省、東大、米コーネル大学大学院／65歳

〒430-0917　浜松市中区常盤町139-18　☎053(523)7977

宮崎勝 みや ざき まさる　公元　R4 繰当2
埼玉県　S33・3・18
勤7年3ヵ月（初/平28）

内閣委、予算委、災害特委、党埼玉県本部副代表、党税調事務局次長、元環境大臣政務官、元公明新聞編集局長、埼玉大／65歳

〒330-0063　さいたま市浦和区高砂3-7-4 2F
〒102-0083　千代田区麹町4-7、宿舎

田村智子 た むら とも こ　共前　R4 当3
東京都　S40・7・4
勤13年7ヵ月（初/平22）

党副委員長、党政策委員長、国交委、予算委、元党東京都副委員長、参議院議員秘書、早大第一文学部／58歳

〒151-0053　渋谷区代々木1-44-11　☎03(5304)5639
〒100-8962　千代田区永田町2-1-1、会館　☎03(6550)0908

仁比聡平 に ひ そう へい　共元　R4 当3
福岡県北九州市　S38・10・16
勤13年7ヵ月（初/平16）

法務委、災害特委、憲法審委、党参院国対副委員長、党中央委員、弁護士、京大法／60歳

〒810-0022　福岡市中央区薬院3-13-12-3F　☎092(526)1933
〒102-0083　千代田区麹町4-7、宿舎

※平5衆院初当選

岩渕　友（いわ ぶち とも）　共前　R4 当2
福島県喜多方市　S51・10・3
勤7年6ヵ月　（初/平28）

党中央委員、党国会対策副委員長、経産委、復興特委、外交・安保調理、議運理事、日本民主青年同盟福島県委員長、福島大／47歳

〒960-0112　福島県南矢野目字谷地65-3　☎024(555)0550
〒100-8962　千代田区永田町2-1-1、会館　☎03(6550)1002

竹詰　仁（たけ づめ ひとし）　国新　R4 当1
東京都　S44・2・6
勤1年5ヵ月　（初/令4）

総務委、議運委、復興特委、資源エネ調理、東電労組中央執行委員長、全国電力総連副会長、在タイ日本大使館一等書記官、慶大経／54歳

〒100-8962　千代田区永田町2-1-1、会館　☎03(6550)0406

浜口　誠（はま ぐち まこと）　国前　R4 当2
三重県松阪市　S40・5・18
勤7年6ヵ月　（初/平28）

国交委、ODA・沖北特委、外交・安保調理、情監審委、党役員室長、政調会長代理、自動車総連顧問、トヨタ自動車、筑波大／58歳

〒100-8962　千代田区永田町2-1-1、会館　☎03(6550)1022

川合孝典（かわ い たか のり）　国前　R4 当3
京都府京都市　S39・1・29
勤13年7ヵ月　（初/平19）

法務理事、懲罰委、拉致特委、党幹事長代行、党拉致問題対策本部長、UAゼンセン政治顧問、立命館大法学部／59歳

〒152-0004　目黒区鷹番3-4-5(自宅)

天畠大輔（てん ばた だい すけ）　れ新　R4 当1
広島県呉市　S56・12・29
勤1年5ヵ月　（初/令4）

厚労委、倫選特委、重度障がい者支援団体代表理事、ルーテル大、立命館大院（博士）／41歳

〒100-8962　千代田区永田町2-1-1、会館　☎03(6550)0316

大島九州男（おおしまく す お）　れ元　R4 繰当3
福岡県直方市　S36・6・11
勤13年1ヵ月　（初/平19）

内閣委、行監委、災害特委、内閣委員長、予算委理事、民主党県幹事長、直方市議3期、全国学習塾協会常理事、日大法学部／62歳

〒902-0062　沖縄県那覇市松川2-16-1
〒100-8962　千代田区永田町2-1-1、会館　☎03(6550)0714

参新 ｜R4｜当1

神谷宗幣（かみや そうへい）　福井県　S52・10・12
勤1年5ヵ月　（初/令4）

財金委、参政党代表、会社役員、吹田市議、関西大法科大学院／46歳

〒920-0967　金沢市菊川2-24-3　☎076(255)0177
〒102-0083　千代田区麹町4-7、宿舎

社前 ｜R4｜当5

福島みずほ（ふくしま）　宮崎県　S30・12・24
勤25年9ヵ月　（初/平10）

党首、法務委、予算委、憲法審委、地方・デジ特委、前副党首、消費者庁・男女共同参画・少子化・食品安全担当大臣、弁護士、東大／67歳

〒100-8962　千代田区永田町2-1-1、会館　☎03(6550)1111

政新 ｜R4｜繰当1

齊藤健一郎（さいとうけんいちろう）　兵庫県尼崎市　S55・12・25
勤9ヵ月　（初/令4）

総務委、震災復興特委、NHKから国民を守る党党首、(一社)EXPEDITION STYLE理事、奈良産業大学法学部／42歳

〒660-0892　尼崎市東難波町1-1-1412
〒102-0083　千代田区麹町4-7、宿舎

参議院比例代表（第26回選挙・令和4年7月10日施行）

	全国有権者数	105,019,203人	全国投票数	54,655,446人
男	〃	50,740,309人	男 〃	26,517,077人
女	〃	54,278,894人	女 〃	28,138,369人
			有効投票数	53,027,260票

党別当選者数・党別個人別得票数・党別得票率
（※小数点以下の得票数は按分票です）

自民党　18人　18,256,245.412票　34.43%

政党名得票　13,713,427.488　　個人名得票　4,542,817.924

当	藤井　一博	新	特定枠		当	越智　俊之	新	118,710.034
当	梶原　大介	新	特定枠			小川　克巳	現	118,222.945
当	赤松　健	新	528,053			木村　義雄	元	113,873.825
当	長谷川英晴	新	414,371.020			宇都　隆史	現	101,840.710
当	青山　繁晴	現	373,786			園田　修光	元	93,380
当	片山さつき	現	298,091.510			水落　敏栄	現	82,920
当	足立　敏之	現	247,755.055			藤末　健三	元	74,972
当	自見英子	現	213,369			岩城　光英	元	63,714
当	藤木　真也	現	187,740.202			河村　建一	新	59,007.679
当	山谷えり子	現	175,871.715			吉岡伸太郎	新	55,804
当	友納　理緒	新	174,335			英利アルフィヤ	新	54,646
当	山田太郎	現	172,640.169			尾立　源幸	元	24,576
当	井上　義行	元	165,062.175			向山　淳	新	20,638
当	進藤金日子	現	150,759			有里　真穂	新	18,561
当	今井絵理子	現	148,630.162			高原　朗子	新	17,542.622
当	阿達　雅志	現	138,994.642			遠藤奈央子	新	7,762
当	神谷　政幸	新	127,188.459					

比例代表

参　略歴

日本維新の会　8人　　7,845,995.352票　14.80%

政党名得票　7,086,854.000　個人名得票　759,141.352

当	石井　章	現	123,279.274		松浦　大悟	元	20,222
当	石井　苗子	現	74,118.112		飯田　哲史	新	19,522
当	松野　明美	新	55,608		井上　一徳	元	18,370.158
当	中条きよし	新	47,420		山口　和之	元	18,175.008
当	猪瀬　直樹	新	44,211.978		石田　隆史	新	17,408.867
当	金子　道仁	新	36,944		西川　鎮央	新	16,722
当	串田　誠一	現	35,842		中川　健一	新	14,986.577
当	青島　健太	新	33,553		水ノ上成彰	新	11,701
	上野　蛍	新	29,095		木内　孝胤	新	11,313
	神谷　ゆり	新	27,215.249		小林　悟	新	9,370
	後藤　斎	新	24,874.182		西郷隆太郎	新	8,637
	森口あゆみ	新	23,664.322		八田　盛茂	新	8,346
	岸口　実	新	22,399		中村　悠基	新	6,143.625

立憲民主党　7人　　6,771,945.011票　12.77%

政党名得票　5,204,394.497　個人名得票　1,567,550.514

当	辻元　清美	新	428,859.769		堀越　啓仁	新	39,631
当	鬼木　誠	新	171,619.697		栗下　善行	新	39,555
当	古賀　千景	新	144,344		はたともこ	元	18,208.635
当	柴　慎一	新	127,382.292		要　友紀子	新	17,529
当	村田　享子	新	125,340.850		森永　美樹	新	10,055
	青木　愛	現	123,742		河野　麻美	新	7,941
	石橋　通宏	現	111,703		沢邑　啓子	新	7,602
	白　真勲	現	84,242		木村　正弘	新	7,101.466
	石川　雅俊	新	48,702.805		田中　勝一	新	4,503
	有田　芳生	現	46,715		菅原　美香	新	2,773

公　明　党　6人　　6,181,431.937票　11.66%

政党名得票　4,048,585.000　個人名得票　2,132,846.937

当	竹内　真二	現	437,228		水島　春香	新	9,058
当	横山　信一	現	415,178.606		河合　綾	新	5,417.599
当	谷合　正明	現	351,413		中嶋　健二	新	2,786
当	窪田　哲也	新	349,359.320		塩野　正貴	新	1,717
当	熊野　正士	現	269,048		深沢　淳	新	1,212
	（令4.9.30辞職）				伊大知孝一	新	797
当	上田　勇	新	268,403		奈良　直記	新	738.014
繰	宮崎　勝	現	9,695		淀屋　伸雄	新	730
	（令4.10.6繰上）				光延　康治	新	426
	中北　京子	新	9,640.398				

共　産　党　3人　　3,618,342.792票　6.82%

政党名得票　3,321,097.000　個人名得票　297,245.792

当	田村　智子	現	112,132.341		渡辺喜代子	新	2,199
当	仁比　聡平	元	36,098.530		上里　清美	新	2,141.184
当	岩渕　友	現	35,392		花木　則彰	新	1,488
	大門実紀史	現	31,570		片岡　朗	新	1,453
	武田　良介	現	23,370.641		高橋真生子	新	1,416.760
	山本　訓子	新	11,736.820		赤田　勝紀	新	1,258
	小山　早紀	新	6,618		冨田　直樹	新	1,164.007
	今村あゆみ	新	5,768.646		西沢　博	新	968.268
	片山　和子	新	4,646.951		細野　真理	新	872
	佐々木とし子	新	4,635		堀川　朗子	新	736.367
	吉田　恭子	新	4,174.277		深田　秀美	新	583
	西田佐枝子	新	3,674		来田　時子	新	495
	丸本由美子	新	2,654				

参

略歴

国民民主党　　3人　　3,159,625.890票　　5.96%

政党名得票　2,234,837.672　　個人名得票　924,788.218

当	竹詰　　仁	新	238,956.023		上松　正和	新	20,790
当	浜口　　誠	現	234,744.965		樽井　良和	元	16,373.229
当	川合　孝典	現	211,783.997		城戸　佳織	新	16,078
	矢田　稚子	現	159,929.004		河辺　佳朗	新	3,822
	山下　容子	新	22,311				

れいわ新選組　　2人　　2,319,156.016票　　4.37%

政党名得票　2,074,146.801　　個人名得票　245,009.215

当	天畠　大輔	新	特定枠		辻　　　恵	新	18,393
当	水道橋博士	新	117,794		蓮池　　透	新	17,684
	（令5.1.16辞職）				依田　花蓮	新	14,821
繰	大島九州男	元	28,123		高井　崇志	新	13,326.841
	（令5.1.17繰上）				金　　泰泳	新	13,041
	長谷川羽衣子	新	21,826.374				

参 政 党　　1人　　1,768,385.409票　　3.33%

政党名得票　1,370,215.000　　個人名得票　398,170.409

当	神谷　宗幣	新	159,433.516		吉野　敏明	新	25,463
	武田　邦彦	新	128,257.022		赤尾　由美	新	11,344
	松田　　学	新	73,672.871				

社 民 党　　1人　　1,258,501.715票　　2.37%

政党名得票　963,899.000　　個人名得票　294,602.715

当	福島　瑞穂	現	216,984		大椿　裕子	新	10,390
	宮城　一郎	新	22,309		秋葉　忠利	新	6,623
	岡崎　彩子	新	17,466		久保　孝喜	新	4,518
	山口わか子	新	13,793.548		村田　峻一	新	2,519.167

ＮＨＫ党　　1人　　1,253,872.467票　　2.36%

政党名得票　834,995.000　　個人名得票　418,877.467

当	東谷　義和	新	287,714.767		（令5.3.23繰上）		
	（令5.3.15除名）				久保田　学	新	17,947.257
	山本　太郎	新	53,351.732		西村　　斉	新	6,564.622
	（離党）				添田　真也	新	4,555.701
	黒川　敦彦	新	22,595		高橋　理洋	新	2,905.258
	（離党）				上妻　敬二	新	817
繰	斉藤健一郎	新	22,426.130				
	（令5.3.23繰上）						

⋯⋯⋯⋯⋯⋯⋯⋯⋯⋯⋯⋯⋯⋯⋯⋯⋯⋯⋯⋯⋯⋯⋯⋯⋯⋯⋯⋯⋯⋯⋯⋯⋯⋯⋯⋯

その他の政党の得票総数・得票率等は下記のとおりです。
（当選者はいません。個人名得票の内訳は省略しました）

ごぼうの党　　得票総数　193,724.387票（0.37%）
政党名得票　184,285.075　　個人名得票　9,439.312

幸福実現党　　得票総数　148,020.000票（0.28%）
政党名得票　129,662.000　　個人名得票　18,358.000

日本第一党　　得票総数　109,045.614票（0.21%）
政党名得票　76,912.000　　個人名得票　32,133.614

新党くにもり　　得票総数　77,861.000票（0.15%）
政党名得票　61,907.000　　個人名得票　15,954.000

維新政党・新風　　得票総数　65,107.000票（0.12%）
政党名得票　56,949.000　　個人名得票　8,158.000

第25回選挙
（令和元年7月21日施行／令和7年7月28日満了）

第26回選挙
（令和4年7月10日施行／令和10年7月25日満了）

北海道	6人

令和元年選挙得票数

当	828,220	高橋はるみ	自新	(34.4)
当	523,737	勝部 賢志	立新	(21.7)
当	454,285	岩本 剛人	自新	(18.8)
▷	265,862	畠山 和也	共新	(11.0)
▷	227,174	原谷 那美	国新	(9.4)
	63,308	山本 貴平	諸新	(2.6)

以下は P269 に掲載

令和4年選挙得票数

当	595,033	長谷川 岳	自現	(25.5)
当	455,057	徳永 エリ	立現	(19.5)
当	447,232	船橋 利実	自新	(19.1)
▷	422,392	石川 知裕	立新	(18.1)
▷	163,252	畠山 和也	共新	(7.0)
	91,127	臼木 秀剛	N新	(3.9)
	75,299	大村 小太郎	参新	(3.2)
	23,039	斉藤 忠行	N新	(1.0)
	18,831	石井 良恵	N新	(0.8)
	18,760	浜田 智	N新	(0.8)
	16,006	沢田 英一	諸新	(0.7)
	11,625	森山 佳則	諸新	(0.5)

たかはし
高橋はるみ

自新［安］　Ⓡ1 当1
富山県富山市　S29・1・6
勤4年5ヵ月　（初／令元）

党女性局長、決算委員、ODA・沖北特委理、文
科委、資源エネ委、北海道知事(4期)、北海
道経済産業局長、一橋大学経済学部／69歳

〒060-0042　札幌市中央区大通西10丁目
南大通ビル4F　☎011(200)8066

かつ　べ　けん　じ
勝部 賢志

立新　Ⓡ1 当1
北海道千歳市　S34・9・6
勤4年5ヵ月　（初／令元）

議運委理、財金委、ODA・沖北特委、党副
幹事長、道議会副議長、道議会議員、小学
校教員、北海道教育大札幌分校／64歳

〒060-0042　札幌市中央区大通西5丁目8番
昭和ビル5F　☎011(596)7339
〒100-8962　千代田区永田町2-1-1、会館 ☎03(6550)0608

いわ　もと　つよ　ひと
岩本 剛人

自新［二］　Ⓡ1 当1
北海道札幌市　S39・10・19
勤4年5ヵ月　（初／令元）

参党副幹事長、経産委理、災害特委理、決算委、
党環境部会長、地方組織・議員総局次長、道議
(5期)、防衛政務官、淑徳大社会福祉学科／59歳

〒060-0041　札幌市中央区大通東2丁目3-1
第36桂和ビル7F　☎011(211)8185
〒100-8962　千代田区永田町2-1-1、会館 ☎03(6550)0205

は　せ　がわ　　がく
長谷川 岳

自前［安］　Ⓡ4 当3
愛知県　S46・2・16
勤13年7ヵ月　（初／平22）

地方・デジ特委長、総務副大臣、総務大臣
政務官、財政金融委員長、農林水産委員
長、法務部会長、水産部会長、北大／52歳

〒060-0004　札幌市中央区北4条西4丁目
ニュー札幌ビル7F　☎011(223)7708
〒100-8962　千代田区永田町2-1-1、会館 ☎03(6550)0619

北海道

参 略歴

※選挙区別の当日有権者数・投票者数・投票率は271頁

とく なが
徳永エリ 立前　　　　R4 当3
北海道札幌市　S37・1・1
勤13年7ヵ月（初／平22）

決算委理、農水委、ODA・沖北特委、党常任幹事会議長、参議院政審会長（党政調会長代理）、TVリポーター、法大中退／61歳

〒060-0042　札幌市中央区大通西5-8
　　　　　　昭和ビル9F　　　　☎011(218)2133
〒100-8962　千代田区永田町2-1-1、会館☎03(6550)0701

ふな はし とし みつ
船橋利実 自新［麻］　R4 当1(初／令4)※1
北海道北見市　S35・11・20
勤7年6ヵ月（衆6年1ヵ月）

総務大臣政務官、総務委、衆議院2期、財務大臣政務官、北海道議、北見市議、北海商科大学大学院商学研究科修了／63歳

〒060-0042　札幌市中央区大通西8丁目2-32
　　　　　　ダイヤモンドビル　☎011(272)0171
〒100-8962　千代田区永田町2-1-1、会館☎03(6550)0424

青森県　　2人

	令和元年選挙得票数				令和4年選挙得票数	
当	239,757	滝沢　　求	自現 (51.5)	当	277,009	田名部匡代	立現 (53.5)
▽	206,582	小田切　達	立新 (44.4)		216,265	斉藤直飛人	自新 (41.7)
	19,310	小山日奈子	諸新 (4.1)		13,607	中条栄太郎	参新 (2.6)
					11,335	佐々木　晃	N新 (2.2)

たき さわ もとめ
滝沢　求 自前［麻］　R1 当2
青森県　S33・10・11
勤10年6ヵ月（初／平25）

環境副大臣兼内閣府副大臣、復興特委、環境委員長、党環境部会長、副幹事長、国交・環境部会長代理、外務大臣政務官、中大法／65歳

〒031-0057　八戸市上徒士町15-1　☎0178(45)5858
〒100-8962　千代田区永田町2-1-1、会館☎03(6550)0522

た なぶ まさよ
田名部匡代 立前　　　R4 当2(初／平28)※2
青森県八戸市　S44・7・10
勤15年1ヵ月（衆7年7ヵ月）

農水委、国家基本委、国民生活調理、党参院幹事長、党幹事長代理、元農水政務官、衆議員秘書、玉川学園女子短大／54歳

〒031-0088　八戸市岩泉町4-7　　☎0178(44)1414
〒100-8962　千代田区永田町2-1-1、会館

岩手県　　2人

	令和元年選挙得票数				令和4年選挙得票数	
当	288,239	横沢　高徳	無所 (49.0)	当	264,422	広瀬めぐみ	自新 (47.2)
▽	272,733	平野　達男	自現 (46.3)		242,174	木戸口英司	立現 (43.2)
	27,658	梶谷　秀一	諸新 (4.7)		26,960	白鳥　顕志	参新 (4.8)
					13,637	大越　裕子	無新 (2.4)
					13,352	松田　隆嗣	N新 (2.4)

238　　　　　※1 平24衆院初当選　　※2 平15衆院初当選

よこ さわ たか のり
横沢高徳　立新　R1 当1

岩手県矢巾町　S47・3・6
勤4年5ヵ月　（初/令元）

震災復興特委理、農水委、議運委、モトクロス選手、バンクーバー・パラリンピックアルペンスキー日本代表、盛岡工業高校／51歳

〒020-0022　盛岡市大通3-1-24
　　　　　　第三菱和ビル5F　☎019(625)6601

ひろ せ
広瀬めぐみ　自新［麻］　R4 当1

岩手県　S41・6・27
勤1年5ヵ月　（初/令4）

内閣委、予算委、震災復興特委、弁護士、上智大学外国語学部英文科／57歳

〒020-0024　盛岡市薬園1-11-4
　　　　　　樋下建設ビル3F　☎019(681)6686

宮城県　2人

令和元年選挙得票数				令和4年選挙得票数			
当	474,692	石垣のり子	立新 (48.6)	当	472,963	桜井　充	自現 (51.9)
▽	465,194	愛知 治郎	自現 (47.7)	▽	271,455	小畑 仁子	立新 (29.8)
	36,321	三宅 紀昭	諸新 (3.7)		91,924	平井みどり	維新 (10.1)
					52,938	ローレンス綾子	参新 (5.8)
					21,286	中江 友哉	N新 (2.3)

いし がき
石垣のりこ　立新　R1 当1

宮城県仙台市　S49・8・1
勤4年5ヵ月　（初/令元）

内閣委理、予算委、復興特委、ラジオ局アナウンサー、宮城県第二女子高等学校、宮城教育大学／49歳

〒980-0014　仙台市青葉区本町3丁目5-21
　　　　　　アーカス本町ビル1F　☎022(355)9737
〒102-0083　千代田区麹町4-7、宿舎

さくら い　　　　みつる
櫻井　充　自前［無］　R4 当5

宮城県仙台市　S31・5・12
勤25年9ヵ月　（初/平10）

復興特委理、財金委、党財務金融部会長、厚労副大臣、財務副大臣、医学博士、東北大院／67歳

〒980-0811　仙台市青葉区一番町1-1-30
　　　　　　南町通有楽館ビル2F　☎022(723)4077
〒102-0083　千代田区麹町4-7、宿舎

秋田県　2人

令和元年選挙得票数				令和4年選挙得票数			
当	242,286	寺田　静	無現 (50.5)	当	194,949	石井 浩郎	自現 (42.7)
▽	221,219	中泉 松司	自現 (46.1)	▽	162,889	村岡 敏英	無新 (35.6)
	16,683	石岡 隆治	諸新 (3.5)		62,415	佐々百合子	無新 (13.7)
					19,983	藤本 友里	共新 (4.4)
					10,329	伊東万美子	参新 (2.3)
					6,368	本田 幸久	N新 (1.4)

※選挙区別の当日有権者数・投票者数・投票率は271頁

寺田　静　てらた　しずか　無新　R1　当1
秋田県横手市　S50・3・23
勤4年5ヵ月　（初／令元）

農水委、元議員秘書、早大／48歳

〒010-1424　秋田市御場場1-1-9　☎018(853)9226

石井浩郎　いし　い　ひろ　お　自前［茂］　R4　当3
秋田県八郎潟町　S39・6・21
勤13年7ヵ月　（初／平22）

決算委筆頭理、国交委、倫選特委理、復興特委理、党国対策筆頭副委員長、国交・内閣府・復興副大臣、党副幹事長、早大中退／59歳

〒010-0951　秋田市山王3-1-15　☎018(883)1711
〒100-8962　千代田区永田町2-1-1、会館　☎03(6550)0713

山形県　2人

令和元年選挙得票数					令和4年選挙得票数				
当	279,709	芳賀	道也	無新 (50.2)	当	269,494	舟山	康江	国現 (49.0)
▽	263,185	大沼	瑞穂	自現 (47.3)	▽	242,433	大内	理加	自新 (44.0)
	13,800	小野沢健至		諸新 (2.5)		19,767	石川	渉	共新 (3.6)
						11,481	黒木	明	参新 (2.1)
						7,217	小泉	明	N新 (1.3)

芳賀道也　は　が　みち　や　無新（国民）　R1　当1
山形県　S33・3・2
勤4年5ヵ月　（初／令元）

厚労委、決算委、災害特委、キャスター、アナウンサー、日本大学文理学部／65歳

〒990-0825　山形市城北町1-24-15 2A　☎023(676)5115
〒100-8962　千代田区永田町2-1-1、会館　☎03(6550)0917

舟山康江　ふな　やま　やす　え　国前　R4　当3
埼玉県　S41・5・26
勤13年7ヵ月　（初／平19）

党参議院議員会長、農水委理、消費者特委員長、元党政調会長、元農水大臣政務官、農水省職員、北海道大／57歳

〒990-0039　山形市香澄町3-2-1　山交ビル8F　☎023(627)2780
〒102-0083　千代田区麴町4-7、宿舎

福島県　2人

令和元年選挙得票数					令和4年選挙得票数				
当	445,547	森	雅子	自現 (54.1)	当	419,701	星	北斗	自新 (51.6)
▽	345,001	水野さち子		無新 (41.9)	▽	320,151	小野寺彰子		無新 (39.3)
	33,326	田山	雅仁	諸新 (4.0)		30,913	佐藤	早苗	無新 (3.8)
						23,027	窪山紗和子		参新 (2.8)
						19,829	皆川真紀子		N新 (2.4)

森　まさこ
もり　まさこ

自前［安］　　Ｒ1 当3
福島県いわき市 S39・8・22
勤16年7ヵ月　（初/平19）

党人事局長、内閣総理大臣補佐官、法務大臣、国務大臣、環境・行政監視委員長、党環境・法務部会長、女性活躍推進本部長、弁護士、東北大／59歳

〒970-8026　いわき市平五色町1-103　☎0246(21)3700
〒100-8962　千代田区永田町2-1-1、会館　☎03(6550)0924

星　北斗
ほし　ほくと

自新［無］　　Ｒ4 当1
福島県郡山市 S39・3・18
勤1年5ヵ月　（初/令4）

厚労委、行監委、復興特委、国民生活調委、(公財)星総合病院理事長、福島県医師会参与、旧厚生省医系技官、東邦大学医学部／59歳

〒963-8071　郡山市富久山町久保田字久保田227-1
〒100-8962　千代田区永田町2-1-1、会館　☎03(6550)0322

茨城県　　4人

上月　良祐
こう　づき　りょう　すけ

自前［茂］　　Ｒ1 当2
兵庫県神戸市 S37・12・26
勤10年6ヵ月　（初/平25）

内閣委筆頭理事、党副幹事長、党農産物輸出促進対策委員長、農水委員長、農林水産大臣政務官、元総務省、茨城県副知事、東大法／60歳

〒310-0063　水戸市五軒町1-3-4
渡辺ビル301　　☎029(291)7231

小沼　巧
お　ぬま　たくみ

立新　　Ｒ1 当1
茨城県鉾田市 S60・12・21
勤4年5ヵ月　（初/令元）

倫選特委筆頭理事、予算委、国交委、党政調副会長、ボストンコンサルティング、経産省、タフツ大院、早大／37歳

〒310-0851　水戸市千波町1150-1
石川ビル105
〒100-8962　千代田区永田町2-1-1、会館　☎03(6550)1012
☎029(350)1815

加藤　明良
か　とう　あき　よし

自新［茂］　　Ｒ4 当1
茨城県水戸市 S43・2・7
勤1年5ヵ月　（初/令4）

内閣委、予算委、災害特委、憲法審委、党女性局次長、党農林水産関係団体委副委員長、茨城県議3期、専修大／55歳

〒310-0817　水戸市柳町2-7-10　☎029(306)7778

無 新　　　　R４ 当1
堂込麻紀子
どうごみ まき こ
茨城県阿見町　S50・9・16
勤1年5ヵ月　（初/令4）
48歳

財金委、連合茨城執行委員、UAゼンセン、イオンリテールワーカーズユニオン、流通経済大/48歳

〒310-0022　水戸市梅香2-1-39
　　　　　　茨城県労働福祉会館3階　☎029(306)6444
〒100-8962　千代田区永田町2-1-1、会館　☎03(6550)0607

栃木県　　2人

令和元年選挙得票数			
当	373,099	高橋　克法	自現 (53.5)
▽	285,681	加藤　千穂	立新 (41.0)
	38,508	町田　紀光	諸新 (5.5)

令和4年選挙得票数			
当	414,456	上野　通子	自現 (56.2)
▽	127,628	板倉　京	立新 (17.3)
	100,529	大久保裕美	維新 (13.6)
	44,310	岡村　恵子	共新 (6.0)
	30,864	大隈　広郷	参新 (4.2)
	19,090	高橋真佐子	N新 (2.6)

自 前[麻]　　R１ 当2
高橋克法
たか はし かつ のり
栃木県　S32・12・7
勤10年6ヵ月　（初/平25）
65歳

文教科学委員長、参院国対筆頭副委員長、議運委理事、国交政務官、予算委理事、高根沢町長、栃木県議、参院議員秘書、明大/65歳

〒329-1232　栃木県塩谷郡高根沢町光陽台1-1-2　☎028(675)6500
〒100-8962　千代田区永田町2-1-1、会館　☎03(6550)0324

自 前[安]　　R４ 当3
上野通子
うえ の みち こ
栃木県宇都宮市　S33・4・21
勤13年7ヵ月　（初/平22）
65歳

内閣総理大臣補佐官、文科委、ODA・沖北特委、文科副大臣、文科委員長、党女性局長、栃木県議、共立女子大/65歳

〒320-0034　宇都宮市泉町6-22　☎028(627)8801
〒100-8962　千代田区永田町2-1-1、会館　☎03(6550)0918

群馬県　　2人

令和元年選挙得票数			
当	400,369	清水　真人	自新 (53.9)
▽	286,651	斎藤　敦子	立新 (38.6)
	55,209	前田みか子	諸新 (7.4)

令和4年選挙得票数			
当	476,017	中曽根弘文	自現 (63.8)
▽	138,429	白井　桂子	無新 (18.6)
	69,490	高橋　保	共新 (9.3)
	39,523	新倉　哲郎	参新 (5.3)
	22,276	小島　糾史	N新 (3.0)

自 新[二]　　R１ 当1
清水真人
し みず まさ と
群馬県高崎市　S50・2・26
勤4年5ヵ月　（初/令元）
48歳

参党国対副委員長、農水委理、国土交通政務官、参党副幹事長、群馬県議2期、高崎市議2期、明治学院大/48歳

〒371-0805　前橋市南町2-38-4
　　　　　　AMビル1F　☎027(212)9366
〒100-8962　千代田区永田町2-1-1、会館　☎03(6550)0923

茨城・栃木・群馬

㉒略歴

なか そ ね ひろ ふみ
中曽根弘文

自 前［二］　　Ｒ4　当7
群馬県前橋市 S20・11・28
勤37年11ヵ月（初/昭61）

憲法審査会長、外防委、党総務、予算委
長、党参院議員会長、外務大臣、文相、科
技長官、慶大／78歳

〒371-0801 前橋市文京町1-1-14　　☎027(221)1133
〒100-8962 千代田区永田町2-1-1、会館　☎03(6550)1224

埼玉県　8人

（令和元、4年選挙で定数各1増）
令和元年選挙得票数

当当	786,479	古川	俊治	自現	(28.2)
当	536,338	熊谷	裕人	立新	(19.3)
当	532,302	矢倉	克夫	公現	(19.1)
当▽	359,297	伊藤	岳	共新	(12.9)
	244,399	宍戸	千絵	諸新	(8.8)
	204,075	沢田	良	維新	(7.3)

以下はP269に掲載

令和4年選挙得票数

当	727,232	関口	昌一	自現	(24.1)
当	501,820	上田	清司	無現	(16.6)
当	476,642	西田	実仁	公現	(15.8)
当	444,567	高木	真理	立新	(14.7)
▽	324,476	加来	武宜	維新	(10.7)
	236,899	梅村	早江子	れ新	(7.8)
	121,769	西	美友加	れ新	(4.0)
	89,693	足立	仁志	参新	(3.0)
	22,613	高橋	易資	無新	(0.7)

以下はP269に掲載

ふる かわ とし はる
古川俊治

自 前［安］　　Ｒ1　当3
埼玉県　　S38・1・14
勤16年7ヵ月（初/平19）

財金委、倫選特委員長、医師、弁護士、慶
大教授、博士（医学）、慶大医・文・法卒、
オックスフォード大院修／60歳

〒330-0063 さいたま市浦和区高砂3-12-24
小峰ビル3F　　☎048(788)8887

くま がい ひろ と
熊谷裕人

立 新　　Ｒ1　当1
埼玉県さいたま市 S37・3・23
勤4年5ヵ月（初/令元）

倫選特委、憲法審幹事、党政調副会長、
党埼玉県連合代表代行、さいたま市議、
国会議員政策担当秘書、中央大／61歳

〒330-0841 さいたま市大宮区東町2-289-2 ☎048(640)5977

や くら かつ お
矢倉克夫

公 前　　Ｒ1　当2
神奈川県横浜市 S50・1・11
勤10年6ヵ月（初/平25）

財務副大臣、党青年委員会顧問、埼玉県
本部副代表、財金委、倫選特委、弁護士、
元経済産業省参事官補佐、東大／48歳

〒331-0815 さいたま市北区大成町4-81-201
〒100-8962 千代田区永田町2-1-1、会館　☎03(6550)0401

い とう がく
伊藤岳

共 新　　Ｒ1　当1
埼玉県　　S35・3・6
勤4年5ヵ月（初/令元）

総務委、地方・デジ特委、党中央委員、文
教大学人間科学部卒／63歳

〒330-0835 さいたま市大宮区北袋町1-171-1 ☎048(658)5551
〒102-0083 千代田区麹町4-7、宿舎

群馬・埼玉

参略歴

※選挙区別の当日有権者数・投票者数・投票率は271頁

243

せきぐち まさ かず
関口 昌一
自 前［茂］ R4 当5
埼玉県
S28・6・4
勤20年6ヵ月（初/平15補）

党参院議員会長、環境委、政倫審委、党参国
対委員長、地方創生特委員長、総務副大臣兼
内閣府副大臣、外務政務官、城西歯大／70歳

〒369-1412 埼玉県秩父郡皆野町皆野2391-9 ☎0494(62)3535
〒102-0083 千代田区麹町4-7、宿舎 ☎03(3237)0341

うえ だ きよ し
上田 清司
無 前（国民） R4 当2（初/令元）※
福岡県福岡市
S23・5・15
勤14年6ヵ月（衆10年3ヵ月）

内閣委、決算委、資源エネ調委、国家基本委員長、
埼玉県知事4期、全国知事会会長、衆議院議員3期、
建設省建設大学校非常勤講師、早大院／75歳

〒100-8962 千代田区永田町2-1-1、会館 ☎03(6550)0618

にし だ まこと
西田 実仁
公 前 R4 当4
東京都旧田無市
S37・8・27
勤19年8ヵ月（初/平16）

総務委、憲法審幹事、党参議院会長、税
調会長、選対委員長、埼玉県本部代表、
経済週刊誌副編集長、慶大経／61歳

〒330-0063 さいたま市浦和区高砂3-7-4 2F
〒102-0094 千代田区紀尾井町1-15、宿舎

たか ぎ ま り
高木 真理
立 新 R4 当1
栃木県
S42・8・12
勤1年5ヵ月（初/令4）

厚労委、予算委、地方・デジ特委、外交・安
保調委、党県連副代表、さいたま市議、埼
玉県議、衆院議員秘書、東大／56歳

〒331-0812 さいたま市北区宮原町
3-364-1 ☎048(654)2559

千葉県　6人

参 略歴

いし い じゅん いち
石井 準一
自 前［茂］ R1 当3
千葉県
S32・11・23
勤16年7ヵ月（初/平19）

議運委員長、憲法審会長、予算委員長、国交
委員長、党幹事長代理、党選対委員長代理、
党国対委員長代行、県議5期、長生高／66歳

〒297-0035 茂原市下永吉964-2 ☎0475(25)2311
〒100-8962 千代田区永田町2-1-1、会館 ☎03(6550)0506

※平5衆院初当選

なが はま ひろ ゆき
長浜博行

無前　R1　当3(初/平19)※1
東京都　S33・10・20
勤27年　（衆10年5ヵ月）

参議院副議長、前環境委員長、元環境大臣、内閣官房副長官、厚労副大臣、国交委員長、衆院4期、松下政経塾、早大政経／65歳

〒277-0021　柏市中央町5-21-705　☎04(7166)8333
〒100-8962　千代田区永田町2-1-1、会館　☎03(6550)0606

とよ だ とし ろう
豊田俊郎

自前［麻］　R1　当2
千葉県　S27・8・21
勤10年6ヵ月　（初/平25）

党副幹事長、国土交通副大臣、内閣府大臣政務官、千葉県議、八千代市長、中央工業学校／71歳

〒276-0046　八千代市大和田新田310　☎047(480)7777
〒100-8962　千代田区永田町2-1-1、会館　☎03(6550)1213

うす い しょういち
臼井正一

自新［茂］　R4　当1
千葉県習志野市　S50・1・8
勤1年5ヵ月　（初/令4）

文科委、予算委、ODA・沖北特委、憲法審委、千葉県議5期、(公財)千葉県肢体不自由児協会理事長、株式会社オリエンタルランド、日本大学／48歳

〒261-0004　千葉市美浜区高洲1-9-7-2　☎043(244)0033

いの ぐち くに こ
猪口邦子

自前［麻］　R4　当3(初/平22)※2
千葉県　S27・5・3
勤17年6ヵ月　（衆3年11ヵ月）

外交・安保調査会長、予算委、外防委、党一億総活躍推進本部長、上智大名誉教授、元少子化・男女共同参画大臣、ジュネーブ軍縮大使、エール大博士号(Ph.D.)／71歳

〒260-0027　千葉市中央区新田町14-5　大野ビル101　☎043(307)9001
〒100-8962　千代田区永田町2-1-1、会館　☎03(6550)1105

こ にし ひろ ゆき
小西洋之

立前　R4　当3
徳島県　S47・1・28
勤13年7ヵ月　（初/平22）

外防委筆頭理、憲法審委、弾劾裁判所裁判員、党外務・安保副部会長、総務省・経産課長補佐、徳島大医、東大、コロンビア大院修、東大医療人材講座／51歳

〒260-0012　千葉市中央区本町2-2-6　パークサイド小幡102　☎043(441)3011
〒100-8962　千代田区永田町2-1-1、会館　☎03(6550)0915

千葉・東京

東京都	12人		令和4年選挙得票数		
令和元年選挙得票数			当 922,793	朝日健太郎	自現(14.7)
当 1,143,458	丸川 珠代	自現(19.9)	当 742,968	竹谷とし子	公現(11.8)
当 815,445	山口那津男	公現(14.2)	当 685,224	山添 拓	共現(10.9)
当 706,532	吉良 佳子	共現(12.3)	当 670,339	蓮 舫	立現(10.6)
当 688,234	塩村 文夏	立新(12.0)	当 619,792	生稲 晃子	自新(9.8)
当 526,575	音喜多 駿	維新(9.2)	当 565,925	山本 太郎	れ元(9.0)
当 525,302	武見 敬三	自現(9.1)	▽ 530,361	海老沢由紀	維新(8.4)
496,347	山田 一生	立新(8.6)	▽ 372,064	松尾 明弘	立新(5.9)
			▽ 322,904	乙武 洋匡	無新(5.1)
			▽ 284,629	荒木 千陽	諸新(4.5)
以下は P269 に掲載			以下は P269 に掲載		

まる かわ たま よ
丸川珠代

自前［安］　　　RI 当3
兵庫県　S46・1・19
勤16年7ヵ月　（初/平19）

党都連会長代行、憲法審委、元東京オリパラ大臣、元広報本部長、前参拉致特委員、元環境大臣、厚労委員長、党厚労部会長、厚労政務官、元テレ朝アナ、東大/52歳

〒160-0004　新宿区四谷1-9-3
　　　　　新盛ビル4F B室　　☎03(3350)9504

やま ぐち な つ お
山口那津男

公前　　　RI 当4(初/平13)※
茨城県　S27・7・12
勤29年4ヵ月（衆6年8ヵ月）

党代表、外防委、国家基本委、党政務調査会長、参行政監視委員長、予算委理事、防衛政務次官、弁護士、東大/71歳

〒100-8962　千代田区永田町2-1-1、会館　☎03(6550)0806

きら よし こ
吉良よし子

共前　　　RI 当2
高知県高知市　S57・9・14
勤10年6ヵ月　（初/平25）

文教科学委、決算委、党青年・学生委員会責任者、早大第一文学部/41歳

〒151-0053　渋谷区代々木1-44-11　☎03(5302)6511

しおむら
塩村あやか

立新　　　RI 当1
広島県　S53・7・6
勤4年5ヵ月　（初/令元）

内閣委、ODA・沖北特委、外交・安保調委野筆頭理、党青年局長代理、国際局副局長、東京都議、放送作家、共立女子短大/45歳

〒154-0017　世田谷区世田谷4-18-3-202
〒100-8962　千代田区永田町2-1-1、会館　☎03(6550)0706

おと き た しゅん
音喜多　駿

維新　　　RI 当1
東京都北区　S58・9・21
勤4年5ヵ月　（初/令元）

党政調会長、東京維新の会幹事長、総務委、行政監視委、ODA・沖北特委、元東京都議、早大/40歳

〒160-0022　新宿区新宿1-10-2 文芸社別館1階　☎03(6550)0612
〒100-8962　千代田区永田町2-1-1、会館　☎03(6550)0612

たけ み けい ぞう
武見敬三

自前［麻］　　　RI 当5
東京都　S26・11・5
勤23年4ヵ月　（初/平7）

厚生労働大臣、参院党政審会長、厚労副大臣、外務政務次官、ハーバード公衆衛生大学院研究員、慶大院/72歳

〒100-8962　千代田区永田町2-1-1、会館　☎03(6550)0413

東京

㊙ 略歴

※平2衆院初当選

あさ ひ けん た ろう
朝日健太郎 自前［無］　R4 当2
熊本県　S50・9・19
勤7年6ヵ月　(初/平28)

環境大臣政務官、環境委、ODA・沖北特委、外交・安保調委、国土交通大臣政務官、法政大、早大院／48歳

〒100-8962　千代田区永田町2-1-1、会館　☎03(6550)0620

たけ や　　 こ
竹谷とし子 公前　R4 当3
北海道　S44・9・30
勤13年7ヵ月　(初/平22)

参公明国対委員長、党女性委員長、党都本部副代表、法務委、総務委、復興副大臣、財務政務官、公認会計士、創価大／54歳

〒100-8962　千代田区永田町2-1-1、会館　☎03(6550)0517

やま ぞえ　　 たく
山添　拓 共前　R4 当2
京都府京都市　S59・11・20
勤7年6ヵ月　(初/平28)

予算委、外交防衛委、憲法審幹事、党常任幹部会委員、弁護士、東大法、早大院／39歳

〒151-0053　渋谷区代々木1-44-11　☎03(5302)6511
〒102-0094　千代田区紀尾井町1-15、宿舎

れん　　 ほう
蓮　　舫 立前　R4 当4
東京都目黒区　S42・11・28
勤19年8ヵ月　(初/平16)

文科委、政倫審委、国交委員長、党代表代行、民進党代表、内閣府特命担当大臣、総理補佐官、報道キャスター、青学大／56歳

〒100-8962　千代田区永田町2-1-1、会館　☎03(6550)0411

いく いな あき こ
生稲晃子 自新［安］　R4 当1
東京都小金井市　S43・4・28
勤1年5ヵ月　(初/令4)

厚労委、議運委、消費者特委、外交・安保調委、参党国対委、党女性局次長、党ネットメディア局次長、恵泉女学園短大／55歳

〒100-8962　千代田区永田町2-1-1、会館　☎03(6550)0904

やま もと た ろう
山本太郎 れ元　R4 当2
兵庫県宝塚市　S49・11・24
勤8年1ヵ月(衆7ヵ月)　(初/平25)※

れいわ新選組代表、環境委、予算委、震災復興特委、憲法審、箕面自由学園高等学校中退／49歳

〒100-8962　千代田区永田町2-1-1、会館　☎03(6550)0602

東京

参略歴

※令3衆院初当選

247

令和元年選挙得票数

当	917,058	島村　大	自現	(25.2)
当	742,658	牧山　弘恵	立現	(20.4)
当	615,417	佐々木さやか	公現	(16.9)
当	575,884	松沢　成文	維現	(15.8)
▽	422,603	浅賀　由香	共新	(11.6)
	126,672	乃木　涼介	国新	(3.5)

以下は P269 に掲載

令和4年選挙得票数

当	807,300	三原じゅん子	自現	(19.7)
当	605,248	松沢　成文	維元	(14.8)
当	547,028	三浦　信祐	公現	(13.4)
当	544,597	浅尾慶一郎	自元	(13.3)
当	394,303	水野　素子	立新	(9.6)
▽	354,456	浅賀　由香	共新	(8.7)
▽	253,234	深作ヘスス	参新	(6.2)
▽	210,016	寺崎　雄介	立新	(5.1)

以下は P270 に掲載

島村　大 （しま　むら　だい）　自民

死　去（令和5年8月30日）

※公職選挙法の規定により補選は行われない

牧山ひろえ（まきやま）　立前　R1 当3

東京都　S39・9・29
勤16年7ヵ月（初/平19）

法務委理、党ネクスト法務大臣、党参議院議員会長代行、米国弁護士、TBSディレクター、ICU、トーマス・クーリー法科大学院／59歳

〒231-0012　横浜市中区相生町1-7
　　　　　和同ビル403号　　☎045(226)2393

佐々木さやか（ささき）　公前　R1 当2

青森県八戸市　S56・1・18
勤10年6ヵ月（初/平25）

法務委員、憲法審委、党女性委女性局長、党青年委副委員長、議運委員、党参国対筆頭副委員長、災害特委員、文科政務官、弁護士、税理士、創価大、同法科大学院修了／42歳

〒231-0002　横浜市中区海岸通4-22
　　　　　関内カサハラビル3F　　☎045(319)4945
〒100-8962　千代田区永田町2-1-1、会館☎03(6550)0514

三原じゅん子（みはら　こ）　自前［無］　R4 当3

東京都　S39・9・13
勤13年7ヵ月（初/平22）

環境委員長、ODA・沖北特委、内閣府大臣補佐官、厚生労働副大臣、党女性局長、厚労委員長、女優／59歳

〒231-0013　横浜市中区住吉町5-64-1
　　　　　VELUTINA馬車道704　　☎045(228)9520
〒100-8962　千代田区永田町2-1-1、会館☎03(6550)0823

松沢成文（まつ　ざわ　しげ　ふみ）　維元　R4 当3(初/平25)※

神奈川県川崎市　S33・4・2
勤19年6ヵ月（衆9年10ヵ月）

懲罰委員長、外防委、聖マリアンナ医科大客員教授、神奈川大法学部非常勤講師、松下政経塾、慶大／65歳

〒231-0048　横浜市中区蓬莱町2-4-5
　　　　　関内DOMONビル6階　　☎045(594)6991

　　　　　※平5衆院初当選

神奈川　参略歴

公前　　　　　R4 当2
みうら のぶ ひろ
三浦　信祐
宮城県仙台市　S50・3・5
勤7年6ヵ月　（初／平28）

議運理事、経産委、党青年局長、党安全保障部会長、党神奈川県本部代表、博士（工学）、千葉工大／48歳

〒231-0033　横浜市中区長者町5-48-2
　　　　　　　トローチャンビル303　☎045（341）3751
〒100-8962　千代田区永田町2-1-1、会館　☎03（6550）0804

自元［麻］　　　R4 当3
あさ お けい いち ろう
浅尾慶一郎
東京都　　　S39・2・11
勤20年10ヵ月（衆8年2ヵ月）（初／平10）※1

参政策審議会長代理、政調会長代理、総務理事、憲法審幹事、行監委、地方・デジ特委、参財金委員長、銀行員、東大、スタンフォード院修了／59歳

〒247-0036　鎌倉市大船1-23-11
　　　　　　　松岡ビル5F　　☎0467（47）5682

立新　　　R4※2 当1
みず の もと こ
水野　素子
埼玉県久喜市　S45・4・9
勤1年5ヵ月　（初／令4）

予算委、外交防衛委、ODA・沖北特委、JAXA、東大非常勤講師、慶大非常勤講師、中小企業診断士、東大法、蘭ライデン大国際法修士／53歳

〒231-0014　横浜市中区常盤町3-21-501　☎050（8883）8488

新潟県　　2人

令和元年選挙得票数				令和4年選挙得票数			
当	521,717	打越さく良	無新 (50.5)	当	517,581	小林　一大	自新 (51.0)
▽	479,050	塚田　一郎	自現 (46.4)	▽	448,651	森　　裕子	立現 (44.2)
	32,628	小島　糾史	諸新 (3.2)		32,500	遠藤　弘樹	参新 (3.2)
					17,098	越智　寛之	N新 (1.7)

立新　　　　R1 当1
うち こし　　ら
打越さく良
北海道旭川市　S43・1・6
勤4年5ヵ月　（初／令元）

厚労委理、拉致特委理、憲法審委、弁護士、東大大学院教育学研究科博士課程中途退学／55歳

〒950-0916　新潟市中央区米山2-5-8米山プラザビル201　☎025（250）5915
〒100-8962　千代田区永田町2-1-1、会館　☎03（6550）0901

自新［岸］　　　R4 当1
こ ばやし かず ひろ
小林　一大
新潟県新潟市　S48・6・12
勤1年5ヵ月　（初／令4）

経産委、予算委、拉致特委、憲法審委、新潟県議、党新潟県連政調会長、普談寺副住職、東京海上日動火災保険（株）、東大／50歳

〒950-0941　新潟市中央区女池5-9-19
　　　　　　　Charites1-2　　☎025（383）6696
〒100-8962　千代田区永田町2-1-1、会館　☎03（6550）0416

神奈川・新潟

参 略歴

令和元年選挙得票数				令和4年選挙得票数			
当	270,000	堂故　　茂	自現 (66.7)	当	302,951	野上浩太郎	自現 (68.8)
▽	134,625	西尾　政英	国新 (33.3)		43,177	京谷　公友	維新 (9.8)
					40,735	山　登志浩	立新 (9.2)
					26,493	坂本　洋史	共新 (6.0)
					20,970	海老　克昌	参新 (4.8)
					6,209	小関　真二	N新 (1.4)

どう　こ　　しげる
堂 故　　茂

自前［茂］　　R1 当2
富山県氷見市　S27・8・7
勤10年6ヵ月　（初/平25）

国土交通・内閣府・復興副大臣、国交委、
復興特委、国民生活調委、文科政務官、
農水委長、秘書、県議、市長、慶大／71歳

〒930-0095　富山市舟橋南町3-15
　　　　　　県自由民主会館4F　☎076(432)1217
〒100-8962　千代田区永田町2-1-1、会館☎03(6550)1003

の　がみこう　た　ろう
野上浩太郎

自前［安］　　R4 当4
富山県富山市　S42・5・20
勤19年8ヵ月　（初/平13）

参党国会対策委員長、農林水産大臣、内閣
官房副長官、国交副大臣、財務政務官、文教
科学委長、三井不動産、県議、慶大／56歳

〒939-8272　富山市太郎丸本町3-1-12　☎076(491)7500

令和元年選挙得票数				令和4年選挙得票数			
当	288,040	山田　修路	自現 (67.2)	当	274,253	岡田　直樹	自現 (64.5)
▽	140,279	田辺　　徹	国新 (32.8)	▽	83,766	小山田経子	立新 (19.7)
					23,119	西村　祐士	共新 (5.4)
令和3年12月24日 山田修路議員 辞職 補選（令和4.4.24）					21,567	先沖　仁志	参新 (5.1)
当	189,503	宮本　周司	自現 (68.4)		12,120	山田　信一	N新 (2.9)
	59,906	小山田経子	立新 (21.6)		10,188	針原　崇志	諸新 (2.4)
	18,158	西村　祐士	共新 (6.6)				
	9,430	斉藤健一郎	N新 (3.4)				

みや　もと　しゅう　じ
宮 本 周 司

自前［安］　　R1 補ク3
石川県能美市　S46・3・27
勤10年7ヵ月　（初/平25）

財金委員長、財務大臣政務官、参党国対
副委員長、経済産業大臣政務官、全国商
工会連合会顧問、東経大／52歳

〒920-8203　石川県金沢市鞍月3-127　☎076(256)5623
〒100-8962　千代田区永田町2-1-1、会館☎03(6550)1018

おか　だ　なお　き
岡 田 直 樹

自前［安］　　R4 当4
石川県金沢市　S37・6・9
勤19年8ヵ月　（初/平16）

参党幹事長代行、地方創生・沖縄・北方大臣、参党国対委
員長、内閣官房副長官、財務副大臣、国交委員長、国交大
臣政務官、県議、北國新聞記者・論説委、東大／61歳

〒920-8203　金沢市鞍月4-115
　　　　　　金沢ジーサイドビル4F　☎076(255)1931
〒102-0094　千代田区紀尾井町1-15、宿舎

令和元年選挙得票数

当	195,515	滝波　宏文	自現	(66.1)
▽	77,377	山田　和雄	共新	(26.2)
	22,719	嶋谷　昌美	諸新	(7.7)

令和4年選挙得票数

当	135,762	山崎　正昭	自現	(39.7)
▽	122,389	斉木　武志	無新	(35.8)
	31,228	笹岡　一彦	無新	(9.1)
	26,042	砂畑まみ恵	参新	(7.6)
	17,044	山田　和雄	共新	(5.0)
	9,203	ダニエル益資	N新	(2.7)

たき　なみ　ひろ　ふみ　　　自前［安］　　R1　当2
滝波　宏文
福井県　S46・10・20
勤10年6ヵ月（初/平25）

農林水産委員長、党原子力規制特委幹事長、経産政務官、党水産部会長、党青年局次長代理、財務省広報室長、早大院博士、シカゴ大院修士、東大法/52歳

〒910-0854　福井市御幸4-20-18
　　　　　オノダニビル御幸5F　☎0776(28)2815
〒100-8962　千代田区永田町2-1-1、会館☎03(6550)0307

やま　ざき　まさ　あき　　　自前［安］　　R4　当6
山崎　正昭
福井県大野市　S17・5・24
勤31年10ヵ月（初/平4）

法務委、参院議長、参院副議長、党参院幹事長、ODA特委長、内閣官房副長官、運輸委長、大蔵政務次官、県議長、日大/81歳

〒912-0043　大野市国時町1205(自宅)　☎0779(65)3000
〒102-0083　千代田区麴町4-7、宿舎　☎03(5211)0248

令和元年選挙得票数

当	184,383	森屋　　宏	自現	(53.0)
▽	150,327	市来　伴子	無新	(43.2)
	13,344	猪野　恵司	諸新	(3.8)

令和4年選挙得票数

当	183,073	永井　　学	自新	(48.9)
▽	163,740	宮沢　由佳	立現	(43.8)
	20,291	渡辺　知彦	参新	(5.4)
	7,006	黒木　一郎	N新	(1.9)

もり　や　　ひろし　　　自前［岸］　　R1　当2
森屋　　宏
山梨県　S32・7・21
勤10年6ヵ月（初/平25）

内閣官房副長官、内閣委、党県連会長、内閣委員長、総務大臣政務官、県議会議長、北海道教育大、山梨学院大院/66歳

〒400-0031　山梨県甲府市丸の内1-17-18
　　　　　東山ビル2F　☎055(298)6357
〒102-0083　千代田区麴町4-7、宿舎

なが　い　　まなぶ　　　自新［茂］　　R4　当1
永井　　学
山梨県甲府市　S49・5・7
勤1年5ヵ月（初/令4）

国土交通委、拉致特委、党運輸交通関係団体副委員長、FM富士記者、旅行会社役員、県議、議員秘書、国学院大学法学部/49歳

〒400-0104　甲府市宝2-27-5　☎055(267)6626
〒102-0083　千代田区麴町4-7、宿舎

福井・山梨

参

略

歴

はた　じろう
羽田次郎

立新　　R1 補当1
東京　　S44・9・7
勤2年8ヵ月　（初/令3）

農水委、決算委、災害特理、党政調会長補佐、会社社長、衆議院議員秘書、米ウェイクフォレスト大学留学／54歳

〒386-0014　上田市材木町1-1-13　☎0268(22)0321
〒102-0094　千代田区紀尾井町1-15、宿舎

すぎ　お　ひで　や
杉尾秀哉

立前　　R4 当2
兵庫県明石市　S32・9・30
勤7年6ヵ月　（初/平28）

内閣委、予算委理、災害特委、党内閣ＮＣ大臣、元TBSテレビキャスター、東大文／66歳

〒380-0936　長野市中御所岡田102-28　☎026(236)1517
〒100-8962　千代田区永田町2-1-1、会館　☎03(6550)0724

おお　の　やす　ただ
大野泰正

自前［安］　R1 当2
岐阜県　S34・5・31
勤10年6ヵ月　（初/平25）

内閣委員長、災害特委、前予算委理、党副幹事長、国交委筆理、国土交通大臣政務官、県議、全日空(株)、慶大法／64歳

〒501-6244　羽島市竹鼻町丸の内3-25-1　☎058(391)0273
〒100-8962　千代田区永田町2-1-1、会館　☎03(6550)0503

わた　なべ　たけ　ゆき
渡辺猛之

自前［茂］　R4 当3
岐阜県　S43・4・18
勤13年7ヵ月　（初/平22）

議運委筆頭理事、経産委、国土交通副大臣兼内閣府副大臣兼復興副大臣、元県議、名古屋大経／55歳

〒505-0027　美濃加茂市本郷町6-11-12　☎0574(23)1511
〒100-8962　千代田区永田町2-1-1、会館　☎03(6550)0325

長野・岐阜

令和4年選挙得票数

当	622,141	若林　洋平	自新	(39.5)
当	446,185	平山佐知子	無現	(28.4)
▽	250,391	山崎真之輔	無現	(15.9)
	137,835	鈴木　千佳	共新	(8.8)
	72,662	山本　貴史	参新	(4.6)
	19,023	堀川　圭輔	N新	(1.2)
	14,640	舟橋　夢人	N新	(0.9)
	10,666	船川　淳志	無新	(0.7)

令和元年選挙得票数

当	585,271	牧野　京夫	自現	(38.5)
当	445,866	榛葉賀津也	国現	(29.4)
▽	301,895	徳川　家広	立新	(19.9)
▽	136,623	鈴木　千佳	共新	(9.0)
	48,739	畑山　浩一	諸新	(3.2)

まき の
牧野たかお

自前［茂］　R1 当3
静岡県島田市　S34・1・1
勤16年7ヵ月　（初/平19）

総務委、党幹事長代理、国交副大臣、外務政務官、議運筆頭理事、党副幹事長、県議3期、民放記者、早大/64歳

〒422-8056　静岡市駿河区津島町11-25
山形ビル1F　　☎054(285)9777

しん ば か づ や
榛葉賀津也

国前　R1 当4
静岡県　S42・4・25
勤22年8ヵ月　（初/平13）

党幹事長、外交防衛委、外務副大臣、防衛副大臣、党参国対委員、内閣委員、外防委員、議運筆頭理事、予算委員、米オタバイン大/56歳

〒436-0022　掛川市上張862-1 FGKビル　☎0537(62)3355
〒100-8962　千代田区永田町2-1-1、会館　☎03(6550)1011

わか ばやし よう へい
若林洋平

自新［二］　R4 当1
茨城県　S46・12・24
勤1年5ヵ月　（初/令4）

予算委、外交防衛委、震災復興特委、参党国対委員、御殿場市長、医療法人人事務長、御殿場JC副理事長、埼玉大理学部/51歳

〒422-8065　静岡市駿河区宮本町1-9　　☎054(272)1137

ひらやま さ ち こ
平山佐知子

無前　R4 当2
静岡県　S46・1・3
勤7年6ヵ月　（初/平28）

経産委、フリーアナウンサー、元NHK静岡放送局キャスター、日本福祉大学女子短大部/52歳

〒422-8061　静岡市駿河区森下町1-23　☎054(287)5511
〒100-8962　千代田区永田町2-1-1、会館　☎03(6550)0822

令和4年選挙得票数

当	878,403	藤川　政人	自現	(28.4)
当	443,250	里見　隆治	公現	(14.3)
当	403,027	斎藤　嘉隆	立現	(13.0)
▽	391,757	伊藤　孝恵	国現	(12.7)
	351,840	広沢　一郎	維新	(11.4)
	198,962	須山　初美	共新	(6.4)
	108,922	我喜屋宗司	れ新	(3.5)
	107,387	伊藤　正哉	参新	(3.5)
	40,868	石川　弥生	Ｎ新	(1.3)
	39,569	塚崎　海緒	社新	(1.3)
			以下はP270に掲載	

令和元年選挙得票数

当	737,317	酒井　庸行	自現	(25.7)
当	506,817	大塚　耕平	国現	(17.7)
当	461,531	田島麻衣子	立新	(16.1)
当	453,246	安江　伸夫	公新	(15.8)
	269,081	岬　　麻紀	維新	(9.4)
	216,674	須山　初美	共新	(7.6)
	85,262	末永友香梨	諸新	(3.0)
			以下はP269に掲載	

静岡・愛知

㊥略歴

さかい やす ゆき
酒井庸行　自前［安］　　RI 当2
愛知県刈谷市　S27・2・14
勤10年6ヵ月　（初／平25）

経産副大臣兼内閣府副大臣、財金委員長、内閣農委員長、党政調副会長、内閣府大臣政務官、愛知県議、刈谷市議、日大芸術学部／71歳

〒448-0003　刈谷市一ツ木町8-11-14　☎0566(25)3071
〒102-0083　千代田区麴町4-7、宿舎

おお つか こう へい
大塚耕平　国前　　RI 当4
愛知県　S34・10・5
勤22年8ヵ月　（初／平13）

党代表代行、政調会長、税調・経済調査会長、早大・藤田医科大客員教授、元民進党代表、厚労・内閣府副大臣、日銀、早大院／64歳

〒464-0841　名古屋市千種区覚王山通9-19
　　　　　　覚王山プラザ2F　☎052(757)1955
〒100-8962　千代田区永田町2-1-1、会館☎03(6550)1121

た じま ま い こ
田島麻衣子　立新　　RI 当1
東京都大田区　S51・12・20
勤4年5ヵ月　（初／令元）

経産委、行監委理、ODA・沖北特委理、党副幹事長、党県連副代表、国連世界食糧計画（WFP）、英オックスフォード大院／46歳

〒461-0003　名古屋市東区筒井3-26-10
　　　　　　リムファースト5F　☎052(937)0151
〒100-8962　千代田区永田町2-1-1、会館☎03(6550)0410

やす え のぶ お
安江伸夫　公新　　RI 当1
愛知県　S62・6・26
勤4年5ヵ月　（初／令元）

文部科学大臣政務官、党県本部副代表、弁護士、創価大法科大学院／36歳

〒462-0044　名古屋市北区元志賀町1-68-1
　　　　　　ヴェルドミール志賀　☎052(908)3955
〒100-8962　千代田区永田町2-1-1、会館☎03(6550)0312

ふじ かわ まさ ひと
藤川政人　自前［麻］　　R4 当3
愛知県丹羽郡　S35・7・8
勤13年7ヵ月　（初／平22）

ODA・沖北特委長、総務委、財務副大臣、総務政務官、財金委長、予算委筆頭理事、党愛知県連会長、県議、南山大／63歳

〒451-0042　名古屋市西区那古野2-23-21
　　　　　　デラ・ドーラ6C　☎052(485)8361
〒102-0094　千代田区紀尾井町1-15、宿舎

さと み りゅう じ
里見隆治　公前　　R4 当2
京都府　S42・10・17
勤7年6ヵ月　（初／平28）

党愛知県本部代表、日本語教育推進議連事務局長、協同労働推進議連事務局長、経済産業兼内閣府兼復興大臣政務官、党労働局長、厚労省参事官、東大／56歳

〒451-0031　名古屋市西区城西1-9-5
　　　　　　寺島ビル1F　☎052(522)1666
〒100-8962　千代田区永田町2-1-1、会館☎03(6550)0301

さい とう よし たか
斎藤 嘉隆

立前 　　R4 当3
愛知県　S38・2・18
勤13年7ヵ月　（初/平22）

文科委、国家基本委、党参院国対委員長、党県連代
表代行、国土交通委員長、経産委員長、環境委員長、
連合愛知副会長、愛教組委員長、愛知教育大/60歳

〒454-0976　名古屋市中川区服部3-507　☎052(439)0550
〒100-8962　千代田区永田町2-1-1、会館　☎03(6550)0707

い とう たか え
伊藤 孝恵

国前 　　R4 当2
愛知県犬山市　S50・6・30
勤7年6ヵ月　（初/平28）

文科委理、予算委、地方・デジ特委、党選対委員
長代理、組織委員長、金城学院大非常勤講師、
テレビ大阪、リクルート、金城学院大/48歳

〒456-0002　名古屋市熱田区金山町1-5-3
　　　　　　 トーワ金山ビル7F　☎052(683)1101
〒100-8962　千代田区永田町2-1-1、会館　☎03(6550)1008

三重県　　2人

令和元年選挙得票数			
当	379,339	吉川　有美	自現 (50.3)
▽	334,353	芳野　正英	無新 (44.3)
	40,906	門田　節代	諸新 (5.4)

令和4年選挙得票数			
当	403,630	山本佐知子	自新 (53.4)
▽	278,508	芳野　正英	無新 (36.9)
	51,069	堀江　珠恵	参新 (6.8)
	22,128	門田　節代	N新 (2.9)

よし かわ
吉川ゆうみ

自前[安] 　　R1 当2
三重県桑名市　S48・9・4
勤10年6ヵ月　（初/平25）

自民党副幹事長、外務大臣政務官、経産
大臣政務官、文科委員長、党女性局長、
三井住友銀行、東京農工大院/50歳

〒510-0821　四日市市久保田2-8-1-103　☎059(356)8060
〒100-8962　千代田区永田町2-1-1、会館　☎03(6550)0412

やまもと さ ち こ
山本佐知子

自新[茂] 　　R4 当1
三重県桑名市　S42・10・24
勤1年5ヵ月　（初/令4）

国交委、議運委、三重県議、旅行会社員、
住友銀行、神戸大学法学部、米オハイオ
大学院修士/56歳

〒511-0836　三重県桑名市江場554　☎0594(86)7200
〒100-8962　千代田区永田町2-1-1、会館　☎03(6550)0203

滋賀県　　2人

令和元年選挙得票数			
当	291,072	嘉田由紀子	無現 (49.4)
▽	277,165	二之湯武史	自現 (47.0)
	21,358	服部　修	諸新 (3.6)

令和4年選挙得票数			
当	315,249	小鑓　隆史	自現 (51.6)
▽	190,700	田島　一成	無新 (31.2)
	51,742	石堂　淳士	共新 (8.5)
	35,839	片岡　真	参新 (5.9)
	16,980	田野上勇人	N新 (2.8)

愛知・三重・滋賀

●略歴

| | 国新 | RI 当1 |

嘉田由紀子 （かだゆきこ）
埼玉県本庄市 S25・5・18
勤4年5ヵ月 （初/令元）

予算委、国交委、倫選特委、憲法審委、環境社会学者、滋賀県知事、びわこ成蹊スポーツ大学長、博士（農学）、京大／73歳

〒520-0044 滋賀県大津市京町2-4-23 ☎077(509)7206
〒102-0083 千代田区麹町4-7、宿舎

| | 自前［岸］ | R4 当2 |

こやり隆史 （たかし）
滋賀県大津市 S41・9・9
勤7年6ヵ月 （初/平28）

国交政務官、国交委、国家基本委、外交・安保調委、厚労政務官、経産省職員、京大院、インペリアルカレッジ大学院／57歳

〒520-0043 滋賀県大津市中央3-2-1 セザール大津森田ビル7F ☎077(523)5048
〒102-0094 千代田区紀尾井町1-15、宿舎

京都府　4人

令和元年選挙得票数				令和4年選挙得票数			
				293,071	吉井　章	自新	(28.2)
当	421,731	西田　昌司	自現 (44.2)	当	275,140	福山　哲郎	立現 (26.5)
当	246,436	倉林　明子	共現 (25.8)		257,852	楠井　祐子	維新 (24.8)
▽	232,354	増原　裕子	立新 (24.4)		130,260	武山　彩子	共新 (12.5)
	37,353	山田　彰久	諸新 (3.9)	▽	40,500	安達　悠司	参新 (3.9)
	16,057	三上　隆	諸新 (1.7)		21,614	橋本　久美	諸新 (2.1)
					8,946	星野　達也	N新 (0.9)
					7,181	近江　政彦	N新 (0.7)
					5,414	平井　基之	諸新 (0.5)

| | 自前［安］ | RI 当3 |

西田昌司 （にしだしょうじ）
京都府 S33・9・19
勤16年7ヵ月 （初/平19）

倫選特委員長、党政調財政政策検討本部長、党税調幹事、政調整備新幹線等鉄道調査会副会長、財金委員長、税理士、京都府議、滋賀大／65歳

〒601-8031 京都市南区烏丸通り十条上ル西側 ☎075(661)6100
〒102-0083 千代田区麹町4-7、宿舎

| | 共前 | RI 当2 |

倉林明子 （くらばやしあきこ）
福島県 S35・12・3
勤10年6ヵ月 （初/平25）

厚労委、行監委理、党副委員長、党ジェンダー平等委員会責任者、看護師、京都府議、京都市議、京都市立看護短大／62歳

〒604-0092 京都市中京区丸太町新町角大炊町186 ☎075(231)5198

| | 自新［岸］ | RI 当1 |

吉井　章 （よしいあきら）
京都府京都市 S42・1・2
勤1年5ヵ月 （初/令4）

国交委、議運委、拉致特委、憲法審委、参党国会対策委、党女性局次長、京都市会議員(4期)、衆院議員秘書、京都産業大学中退／56歳

〒600-8177 京都市下京区大坂町391 第10長谷ビル6階 ☎075(341)5800
〒100-8962 千代田区永田町2-1-1、会館 ☎03(6550)0921

ふく やま てつ ろう
福山 哲郎　立前　　　　R4 当5
東京都　S37・1・19
勤25年9ヵ月（初/平10）

国民生活調査会長、外交防衛委、党幹事長、内閣官房副長官、外務副大臣、外防委長、環境委長、松下政経塾、大和証券、京大院/61歳

〒602-0873　京都市上京区河原町通丸太町下ル伊勢屋町406
　　　　　　マツヲビル1F　☎075（213）0988
〒100-8962　千代田区永田町2-1-1、会館　☎03（6550）0808

大阪府　8人			令和4年選挙得票数		
令和元年選挙得票数			当	862,736	高木佳保里 維現（23.1）
当	729,818	梅村みずほ 維新（20.9）	当	725,243	松川 るい 自現（19.4）
当	660,128	東 徹 維現（18.9）	当	598,021	浅田 均 維現（16.0）
当	591,664	杉 久武 公現（16.9）	当	586,940	石川 博崇 公現（15.7）
当	559,709	太田 房江 自現（16.0）	▽	337,467	辰巳孝太郎 共元（9.0）
▽	381,854	辰巳孝太郎 共現（10.9）		197,975	石田 敏高 立新（5.3）
▽	356,177	亀石 倫子 立新（10.2）		110,767	八幡 愛 れ新（3.0）
		以下は P270 に掲載		103,052	大谷由里子 国新（2.8）
				97,426	油谷聖一郎 参新（2.6）
					以下は P270 に掲載

うめむら
梅村みずほ　維新　　　　R1 当1
愛知県名古屋市 S53・9・10
勤4年5ヵ月（初/令元）

環境委、復興特委、資源エネ調委、フリーアナウンサー、立命館大/45歳

〒532-0011　大阪市淀川区西中島5-1-4
　　　　　　モジュール新大阪1002号室　☎06（6379）3183
〒102-0094　千代田区紀尾井町1-15、宿舎

あずま　　とおる
東　徹　維前　　　　R1 当2
大阪府大阪市住之江区 S41・9・16
勤10年6ヵ月（初/平25）

経産委理、維新拉致対策本部長、大阪府議3期、社会福祉士、福祉専門学校副学科長、東洋大院修士課程修了/57歳

〒559-0012　大阪市住之江区東加賀屋4-5-19 ☎06（6681）0350
〒100-8962　千代田区永田町2-1-1、会館　☎03（6550）0510

すぎ　　ひさ　たけ
杉　久武　公前　　　　R1 当2
大阪府大阪市 S51・1・4
勤10年6ヵ月（初/平25）

党税調事務局長、法務委員、予算委理、議運委理、財務大臣政務官、公認会計士、米国公認会計士、税理士、創価大/47歳

〒543-0033　大阪市天王寺区堂ヶ芝1-9-2-3B ☎06（6773）0234
〒102-0083　千代田区麴町4-7、宿舎

おお　た　ふさ　え
太田 房江　自前［安］　　　R1 当2
広島県　S26・6・26
勤10年6ヵ月（初/平25）

党内閣第一部会長、経産副大臣兼内閣府副大臣、参文科委員、党女性局長、厚労政務官、大阪府知事、通産省大臣官房審議官、岡山県副知事、通産省、東大/72歳

〒541-0046　大阪市中央区平野町2-5-14
　　　　　　FUKUビル三休橋502号室　☎06（4862）4822
〒102-0094　千代田区紀尾井町1-15、宿舎　☎03（3264）1351

参略歴

高木かおり たか ぎ
維前　　　　R4 当2
大阪府堺市　S47・10・10
勤7年6ヵ月　（初/平28）

総務委、倫選特委、党代表補佐、党政調副
会長、総務部会長、ダイバーシティ推進
局長、元堺市議2期、京都女子大／51歳

〒593-8311　堺市西区上439-8　　☎072(349)3295
〒100-8962　千代田区永田町2-1-1、会館　☎03(6550)0306

松川るい まつ かわ
自前［安］　　R4 当2
奈良県　S46・2・26
勤7年6ヵ月　（初/平28）

外交防衛委理、党副幹事長、党大阪関西万
博推進本部事務局長、党国防部会長代理、
防衛大臣政務官、外務省、東大法／52歳

〒571-0030　門真市末広町8-13-6階　☎06(6908)6677
〒100-8962　千代田区永田町2-1-1、会館　☎03(6550)0407

浅田　均 あさ だ　ひとし
維前　　　　R4 当2
大阪府大阪市　S25・12・29
勤7年6ヵ月　（初/平28）

国家基本委員長、財金委、憲法審委、日本
維新の会参議院会長、大阪府議、OECD日
本政府代表、スタンフォード大院／72歳

〒536-0005　大阪市城東区中央1-13-13-218　☎06(6933)2300
〒102-0094　千代田区紀尾井町1-15、宿舎

石川博崇 いし かわ ひろ たか
公前　　　　R4 当3
大阪府　S48・9・12
勤13年7ヵ月　（初/平22）

拉致特委理、法務委、情報監視審委、党中
央幹事、市民活動委員長、党参政審会長、
法務委員長、外務省職員、創価大／50歳

〒534-0027　大阪市都島区中野町4-4-2　☎06(6357)1458
〒102-0083　千代田区麹町4-7、宿舎

兵庫県　　6人

令和元年選挙得票数

当当	573,427	清水　維現	(26.1)
当当	503,790	高橋　光男　公現	(22.9)
当	466,161	加田　裕之　自新	(21.2)
▽	434,846	安田　真理　立新	(19.8)
	166,183	金田　峰生　共新	(7.6)
	54,152	原　博義　諸新	(2.5)

令和4年選挙得票数

当	652,384	片山　大介　維現	(28.3)
当	562,853	末松　信介　自現	(24.5)
当	454,962	伊藤　孝江　公現	(19.8)
	260,496	相崎佐和子　立新	(11.3)
	150,040	小村　潤　共新	(6.5)
	88,231	西村しのぶ　参新	(3.8)
	33,870	黒田　秀高　諸新	(1.5)
	27,057	山崎　藍子　N新	(1.2)

以下は P270 に掲載

清水貴之 し みず たか ゆき
維前　　　　R1 当2
福岡県筑紫野市　S49・6・29
勤10年6ヵ月　（初/平25）

法務委、予算委、ODA・沖北特委理、朝
日放送アナウンサー、早大、関西学院大
学大学院修士／49歳

〒660-0892　尼崎市東難波町5-7-18　☎06(6482)7577
〒102-0094　千代田区紀尾井町1-15、宿舎

高橋光男 たかはしみつお
公新　　R1 当1
兵庫県宝塚市　S52・2・15
勤4年5ヵ月　（初/令元）

農林水産大臣政務官、農水委、復興特
委、党青年委副委員長、兵庫県本部代
表、元外務省職員、中央大学法／46歳

〒650-0015　神戸市中央区多聞通3-3-16-1102　☎078(367)6755
〒100-8962　千代田区永田町2-1-1、会館　☎03(6550)0614

加田裕之 かだひろゆき
自新［安］　　R1 当1
兵庫県神戸市　S45・6・8
勤4年5ヵ月　（初/令元）

議運委理、財金委、災害特委、参党国対
副委員長、法務大臣政務官、兵庫県議会
副議長、兵庫県議(4期)、甲南大／53歳

〒650-0001　神戸市中央区加納町2-4-10-603　☎078(262)1666
〒100-8962　千代田区永田町2-1-1、会館　☎03(6550)0819

片山大介 かたやまだいすけ
維前　　R4 当2
岡山県　S41・10・6
勤7年6ヵ月　（初/平28）

内閣委理、地方・デジ特委、憲法審委、党国会議員団政調会
長代理、参議院政策審議会長、兵庫維新の会代表、NHK記
者、慶大理工学部、早大院公共経営研究科修了／57歳

〒650-0022　神戸市中央区元町通3-17-8
　　　　　　TOWA神戸元町ビル202号室　☎078(332)4224

末松信介 すえまつしんすけ
自前［安］　　R4 当4
兵庫県　S30・12・17
勤19年8ヵ月　（初/平16）

予算委員長、文科委、文部科学大臣、参党国対委
員長、議運委員長、国土交通・内閣府・復興副大
臣、財務政務官、県議、全日空(株)、関学大／67歳

〒655-0044　神戸市垂水区舞子坂3-15-9　☎078(783)8682
〒102-0094　千代田区紀尾井町1-15、宿舎

伊藤孝江 いとうたかえ
公前　　R4 当2
兵庫県尼崎市　S43・1・13
勤7年6ヵ月　（初/平28）

党女性委員会副委員長、党兵庫県本部
副代表、弁護士、税理士、関西大／55歳

〒650-0015　神戸市中央区多聞通3-3-16
　　　　　　甲南第1ビル812号室　☎078(599)6619
〒102-0083　千代田区麹町4-7、宿舎

兵庫・奈良

奈良県　2人

令和元年選挙得票数				
当	301,201	堀井　巌	自現	(55.3)
▽	219,244	西田　一美	無新	(40.2)
	24,660	田中　孝子	諸新	(4.5)

令和4年選挙得票数				
当	256,139	佐藤　啓	自現	(41.7)
▽	180,124	中川　崇	維新	(29.3)
	98,757	猪奥　美里	立新	(16.1)
	42,609	北野伊津子	共新	(6.9)
	28,919	中村　麻美	参新	(4.7)
	8,161	冨田　哲之	N新	(1.3)

略歴

堀井　巌 ほり い　いわを

自前［安］　R1　当2

奈良県橿原市　S40・10・22
勤10年6ヵ月（初/平25）

外務副大臣、予算委、党外交部会長、副幹事長、外務政務官、総務省、SF領事、内閣官房副長官秘書官、岡山県総務部長、東大／58歳

〒630-8114　奈良市芝辻町1-2-27乾ビル2F ☎0742(30)3838
〒100-8962　千代田区永田町2-1-1、会館 ☎03(6550)0417

佐藤　啓 さ とう　けい

自前［安］　R4　当2

奈良県奈良市　S54・4・7
勤7年6ヵ月（初/平28）

財務大臣政務官、参党国対副委員長、党税調幹事、経産兼内閣府兼復興大臣政務官、首相官邸、総務省、東大／44歳

〒630-8012　奈良市二条大路南1-2-7
松岡ビル301
〒100-8962　千代田区永田町2-1-1、会館 ☎03(6550)0708

和歌山県　2人

令和元年選挙得票数				令和4年選挙得票数			
当	295,608	世耕　弘成	自現（73.8）	当	283,965	鶴保　庸介	自現（72.1）
▽	105,081	藤井　幹雄	無新（26.2）		57,522	前　　久也	共新（14.6）
					22,967	加藤　充也	参新（5.8）
					15,420	遠西　愛美	N新（3.9）
					14,200	谷口　尚大	諸新（3.6）

世耕弘成 せ こう　ひろ しげ

自前［安］　R1　当5

大阪府　S37・11・9
勤25年5ヵ月（初/平10補）

参党幹事長、経済産業大臣、官房副長官、参自政審会長、党政調会長代理、参自国対委長代理、総理補佐官、NTT、早大／61歳

〒640-8232　和歌山市南汀丁22 汀ビル2F ☎073(427)1515
〒100-8962　千代田区永田町2-1-1、会館 ☎03(6550)1017

鶴保庸介 つる ほ　よう すけ

自前［二］　R4　当5

大阪府大阪市　S42・2・5
勤25年9ヵ月（初/平10）

地方・デジ特委、国交委、党捕鯨対策特委、国際経済調査会長、沖北大臣、参党政審会長、国交副大臣、党水産部会長、議運・決算・厚労委、国交政務官2期、東大法／56歳

〒640-8341　和歌山市黒田107-1-503 ☎073(472)3311
〒100-8962　千代田区永田町2-1-1、会館 ☎03(6550)0313

鳥取県・島根県　2人

令和元年選挙得票数				令和4年選挙得票数			
当	328,394	舞立　昇治	自現（62.3）	当	326,750	青木　一彦	自現（62.5）
▽	167,329	中林　佳子	無新（31.7）	▽	118,063	村上泰二朗	立新（22.6）
	31,770	黒瀬　信明	諸新（6.0）		37,723	福住　英行	共新（7.2）
					26,718	前田　敬孝	参新（5.1）
					13,517	黒瀬　信明	N新（2.6）

参 略歴

自前[無] 　R1 当2

舞立昇治
まい　たち　しょう　じ

鳥取県日吉津村　S50・8・13
勤10年6ヵ月　（初/平25）

農林水産大臣政務官、農水委、倫選特委、
党副幹事長、水産部会長、過疎対策特委
幹事、内閣府政務官、総務省、東大/48歳

〒683-0067　米子市東町177 東町ビル1F　☎0859(37)5016
〒100-8962　千代田区永田町2-1-1、会館　☎03(6550)0603

自前[茂] 　R4 当3

青木一彦
あお　き　かず　ひこ

島根県　S36・3・25
勤13年7ヵ月　（初/平22）

参党筆頭副幹事長・党副幹事長、国交委理事、
ODA・沖北特委理事、議運委、予算委筆頭理
事、国交副大臣、水産部会長代理、早大/62歳

〒690-0873　松江市内中原町140-2　☎0852(22)0111
〒100-8962　千代田区永田町2-1-1、会館　☎03(6550)0814

岡山県　2人

令和元年選挙得票数				
当	415,968	石井　正弘	自現	(59.5)
▽	248,990	原田　謙介	立新	(35.6)
	33,872	越智　寛之	諸新	(4.8)

令和4年選挙得票数				
当	392,553	小野田紀美	自現	(54.7)
▽	211,419	黒田　　晋	無新	(29.5)
	59,481	住寄　聡美	共新	(8.3)
	37,281	高野由里子	参新	(5.2)
	16,441	山本　貫平	N新	(2.3)

自前[安] 　R1 当2

石井正弘
いし　い　まさ　ひろ

岡山県岡山市　S20・11・29
勤10年6ヵ月　（初/平25）

経産委、党政審副・参政審副・税調幹事、経産兼内
閣府副大臣、党国交部会長代理、内閣委員長、岡山
県知事4期、建設省大臣官房審議官、東大法/78歳

〒700-0824　岡山市北区内山下1-9-15　☎086(233)6600
〒100-8962　千代田区永田町2-1-1、会館　☎03(6550)1214

自前[茂] 　R4 当2

小野田紀美
お　の　だ　き　み

岡山県　S57・12・7
勤7年6ヵ月　（初/平28）

党副幹事長、参党副幹事長、法務部会長代
理、防衛大臣政務官、法務大臣政務官、都北
区議、CD・ゲーム制作会社、拓殖大/40歳

〒700-0927　岡山市北区西古松2-2-27　☎086(243)8000
〒100-8962　千代田区永田町2-1-1、会館　☎03(6550)0318

広島県　4人

令和元年選挙得票数				
当	329,792	森本　真治	無現	(32.3)
当	295,871	河井　案里	自新	(29.0)
▽	270,183	溝手　顕正	自現	(26.5)
		以下はP270に掲載		

令和3年2月3日河井あんり議員辞職再選挙(投票率3.25)

	370,860	宮口　治子	諸新	(48.4)
	336,924	西田　英範	自新	(43.9)
		以下はP270に掲載		

令和4年選挙得票数				
当	530,375	宮沢　洋一	自現	(50.3)
当	259,363	三上　絵里	無新	(24.6)
▽	114,442	森川　　央	維新	(10.9)
	58,461	中村　孝江	共新	(5.5)
	52,969	浅井　千晴	参新	(5.0)
	11,087	渡辺　敏光	N新	(1.1)
	7,335	玉田　憲勲	無新	(0.7)
	7,149	野村　昌央	諸新	(0.7)
	6,717	産原　稔文	無新	(0.6)
	5,846	猪飼　規之	N新	(0.6)

鳥取・島根・岡山・広島

参
略
歴

立前 R1 当2
もり もと しん じ
森本真治　広島県広島市　S48・5・2
勤10年6ヵ月（初/平25）

経済産業委員長、国家基本委、災害特委、党組
織委員長、党国民運動局長、広島市議3期、弁護
士秘書、松下政経塾、同志社大学文／50歳

〒739-1732　広島市安佐北区落合南1-3-12　☎082(840)0801

立新 R1 再当1
みや ぐち はる こ
宮口治子　広島県福山市　S51・3・5
勤2年8ヵ月　（初/令3）

文科委、倫選特委、資源エネ調委、元ＴＶ局
キャスター、フリーアナウンサー、声楽家、ヘ
ルプマーク普及団体代表、大阪音大／47歳

〒720-0032　福山市三吉町南1-7-17　☎084(926)4878
〒100-8962　千代田区永田町2-1-1、会館　☎03(6550)0206

自前［岸］ R4 当3(初/平22)※
みや ざわ よう いち
宮沢洋一　広島県福山市　S25・4・21
勤22年9ヵ月（衆9年2ヵ月）

資源エネ調査会長、財金委、党税調会長、党総務、
経済産業大臣、党政調会長代理、元内閣府副大臣、
元首相首席秘書官、大蔵省企画官、東大法／73歳

〒730-0017　広島市中区鉄砲町8-24
にしたやビル401号　☎082(511)5541
〒100-8962　千代田区永田町2-1-1、会館　☎03(6550)0820

無新（立憲） R4 当1
み かみ
三上えり　広島県　S45・6・11
勤1年5ヵ月　（初/令4）

国交委、行監委、拉致特委、外交・安保調
委、TSSテレビ新広島アナウンサー、米
サザンセミナリーカレッジ／53歳

〒732-0816　広島市南区比治山本町3-22　大保ビル201
☎082(250)8811
〒100-8962　千代田区永田町2-1-1、会館　☎03(6550)0320

山口県　2人

令和元年選挙得票数		令和4年選挙得票数		
当	374,686　林　芳正　自現(70.0)	327,153	江島　潔	自現(63.0)
	以下は P270 に掲載	61,853	秋山　賢治	立新(11.9)
	令和3年8月16日 林芳正議員辞職	53,990	大内　一也	立新(10.4)
	補選〔令和3年10月24日〕	32,390	吉田　達彦	共新 (6.2)
当	307,894　北村　経夫　自現(75.6)	20,441	大石　健一	参新 (3.9)
	92,532　河合　喜代　共新(22.7)	15,410	佐々木信夫	諸新 (3.0)
	6,809　へずまりゅう　N新 (1.7)	8,298	二宮川珠紀	N新 (1.6)

自前［安］ RI 補当3
きた むら つね お
北村経夫　山口県田布施町　S30・1・5
勤10年7ヵ月（初/平25）

参外防委員長、拉致議連事務局長、元経産
政務官、党金融部会長代理、産経新聞政治
部長、中央大、ペンシルベニア大院／68歳

〒753-0064　山口県神田町5-11　☎083(928)8071
〒100-8962　千代田区永田町2-1-1、会館　☎03(6550)1109

※平12衆院初当選

広島　山口

参
略歴

江島　潔 （えじま　きよし）　自前［安］　R4　当3
山口県下関市　S32・4・2
勤10年10ヵ月（初/平25補）

党副幹事長、国交委筆頭理事、元経済産業（兼）内閣府副大臣、農水委員長、党水産部会長、国交政務官、下関市長、東大院／66歳

〒754-0002　山口市小郡下郷2912-3　☎083（976）4318
〒102-0083　千代田区麹町4-7、宿舎

徳島県・高知県　2人

令和元年選挙得票数				令和4年選挙得票数			
当	253,883	高野光二郎	自現（50.3）	当	287,609	中西　祐介	自現（52.8）
▽	201,820	松本　顕治	共新（40.0）		103,217	松本　顕治	共新（19.0）
	33,764	石川新一郎	諸新（6.7）		62,001	藤本　健一	維新（11.4）
	15,014	野村　秀邦	無新（3.0）		49,566	前田　　強	国新（91）
					28,195	荒牧　国晴	参新（52）
					14,006	中島　康治	N新（26）

令和5年6月22日 高野光二郎議員辞職
補選（令和5年10月22日）

当	233,250	広田　　一	無元（62.2）				
	142,036	西内　　健	自新（37.8）				

広田　一 （ひろた　はじめ）　無元　R1　補当3（初/平16）※
高知県土佐清水市　S43・10・10
勤16年8ヵ月（衆4年1ヵ月）

総務委、元防衛大臣政務官、衆議院議員1期、高知県議2期、（株）コクド、早大／55歳

〒100-8962　千代田区永田町2-1-1、会館　☎03（6550）0421

中西祐介 （なかにし　ゆうすけ）　自前［麻］　R4　当3
徳島県　S54・7・12
勤13年7ヵ月（初/平22）

予算委筆頭理事、参党国対副委員長、総務副大臣、財政金融委員長、党水産部会長、党青年局長代理、財務大臣政務官、銀行員、松下政経塾、慶大法／44歳

〒770-8056　徳島市問屋町31　☎088（655）8852
〒100-8962　千代田区永田町2-1-1、会館　☎03（6550）0622

香川県　2人

令和元年選挙得票数				令和4年選挙得票数			
当	196,126	三宅　伸吾	自現（54.0）	当	199,135	磯崎　仁彦	自現（51.5）
▽	151,107	尾田美和子	無新（41.6）		59,614	三谷　祥子	国新（15.4）
	15,970	田中　邦明	諸新（4.4）		52,897	茂木　邦夫	立新（13.7）
					33,399	町川　順子	維新（8.6）
					18,070	石田　真優	共新（4.7）
					13,528	小林　直美	参新（3.5）
					7,116	池田　順一	N新（1.8）
					2,890	鹿島日出喜	諸新（0.7）

三宅伸吾 （みやけ　しんご）　自前［無］　R1　当2
香川県さぬき市S36・11・24
勤10年6ヵ月（初/平25）

防衛大臣政務官兼内閣府大臣政務官、外防委、外務大臣政務官、党環境部会長、日本経済新聞社記者、編集委員、東大大学院／62歳

〒760-0080　高松市木太町2343-4　☎087（802）3845
　　　　　　木下産業ビル2F

參 略
歴

磯﨑仁彦　いそざき　よし　ひこ

自 前 ［岸］　R4 当3

香川県　S32・9・8

勤13年7ヵ月　（初・平22）

内閣委、参党国対委員長代理、内閣官房副長官、党政調会長代理、経産副大臣兼内閣府副大臣、環境委員長、東大法／66歳

〒760-0068　高松市松島町1-13-14
　九十九ビル4F　☎087(834)6301
〒102-0094　千代田区紀尾井町1-15、宿舎

愛媛県　2人

令和元年選挙得票数			
当	335,425	永江　孝子	無新 (56.0)
▽	248,616	らくさぶろう	自新 (41.5)
	14,943	椋本　薫	諸新 (2.5)

令和4年選挙得票数			
当	318,846	山本　順三	自現 (59.0)
	173,229	高見　知佳	無新 (32.1)
	27,912	八木　邦靖	参新 (5.2)
	12,724	吉原　弘訓	N新 (2.4)
	7,350	松木　崇	諸新 (1.4)

ながえ孝子　たか　こ

無 新　R1 当1(初/令元)※

愛媛県　S35・6・15

勤7年9ヵ月　（衆3年4ヵ月）

環境委、衆議院議員1期、南海放送アナウンサー、神戸大学法学部／63歳

〒790-0802　松山市喜与町1-5-4　☎089(941)8007

山本順三　やま　もと　じゅん　ぞう

自 前 ［安］　R4 当4

愛媛県今治市　S29・10・27

勤19年8ヵ月　（初/平16）

参党議員副会長、予算委員長、国家公安委員長、内閣府特命担当大臣、議運委員長、党県連会長、国交・内閣府・復興副大臣、幹事長代理、決算委員長、国交政務官、県議、早大／69歳

〒794-0005　今治市大新田町2-2-50　☎0898(31)7800
〒102-0094　千代田区紀尾井町1-15、宿舎

福岡県　6人

令和元年選挙得票数			
当当	583,351	松山　政司	自現 (33.2)
当	401,495	下野　六太	公新 (22.8)
当	365,634	野田　国義	立現 (20.8)
▽	171,436	河野　祥子	国新 (9.8)
▽	143,955	春田久美子	国新 (8.2)
	46,362	川口　尚宏	諸新 (2.6)

以下は P270 に掲載

令和4年選挙得票数			
当	586,217	大家　敏志	自現 (29.2)
当	438,876	古賀　之士	立現 (21.9)
当	348,700	秋野　公造	公現 (17.4)
	158,772	龍野真由美	維新 (7.9)
	133,900	大田　京子	国新 (6.7)
	98,746	真島　省三	共新 (4.9)
	82,333	奥田芙美代	れ新 (4.1)
	72,263	野中しんすけ	参新 (3.6)

以下は P270 に掲載

松山政司　まつ　やま　まさ　じ

自 前 ［岸］　R1 当4

福岡県福岡市　S34・1・20

勤22年8ヵ月　（初/平13）

党議員副会長、財金委、国家基本委理、ODA・沖北特委、党労特委員長、国務大臣、議運委員長、党国対委員長、外務副大臣、経産政務官、日本JC会頭、明大商／64歳

〒810-0001　福岡市中央区天神3-8-20-1F
　　　　　☎092(725)7739
〒100-8962　千代田区永田町2-1-1、会館　☎03(6550)1124

　※平21衆院初当選

公新　　　　　　R1 当1
しも の ろく た
下野六太
福岡県北九州市八幡西区　S39・5・1
勤4年5ヵ月　（初/令元）

文科委、党文部科学部会長代理、中学校
保健体育科教諭、国立福岡教育大学大
学院修士課程／59歳

〒812-0873　福岡市博多区西春町3-2-21
　　島田ビル2F　　　　　☎092(558)8910
〒100-8962　千代田区永田町2-1-1、会館　☎03(6550)0913

立前　　　　　　R1 当1(初/平25)※
の だ くに よし
野田国義
福岡県　　S33・6・3
勤13年10ヵ月（衆3年4ヵ月）

復興特委員長、総務委、行政監視委員
長、衆院議員、八女市長(4期)、日大法／
65歳

〒834-0031　福岡県八女市本町2-81　☎0943(24)4630
〒102-0094　千代田区紀尾井町1-15、宿舎

自前[麻]　　　　R4 当3
おお いえ さと し
大家敏志
福岡県　　S42・7・17
勤13年7ヵ月　（初/平22）

財金委、財務副大臣、議運筆頭理事、財
金委員長、財務大臣政務官、予算理事、
県議、北九州大／56歳

〒805-0019　北九州市八幡東区中央3-8-24　☎093(681)5500
〒100-8962　千代田区永田町2-1-1、会館　☎03(6550)0518

立前　　　　　　R4 当2
こ が ゆき ひと
古賀之士
福岡県久留米市　S34・4・9
勤7年6ヵ月　（初/平28）

経産委筆頭理事、行政監視委、ODA・沖北
特委、前震災復興特委員、国交委長、FBS
福岡放送キャスター、明治大政経／64歳

〒814-0015　福岡市早良区室見5-13-21
　　アローズ室見駅前201号　☎092(833)2288
〒102-0094　千代田区紀尾井町1-15、宿舎

公前　　　　　　R4 当3
あき の こう ぞう
秋野公造
兵庫県　　S42・7・11
勤13年7ヵ月　（初/平22）

党中央幹事、党政調副会長、党九州方面
本部長、財務副大臣、環境・内閣府大臣
政務官、厚労省、医師、長崎大医／56歳

〒804-0066　北九州市戸畑区初音町6-7
　　中西ビル201　　　　☎093(873)7550
〒102-0083　千代田区麹町4-7、宿舎

佐賀県　2人

令和元年選挙得票数				
当	186,209	山下　雄平	自現	(61.6)
▽	115,843	犬塚　直史	国元	(38.4)

令和4年選挙得票数				
当	218,425	山口　資麿	自現	(65.2)
▽	78,802	小野　司	立新	(23.5)
	18,008	稲葉　継男	参新	(5.4)
	13,442	上村　泰稔	共新	(4.0)
	6,383	真喜志雄一	N新	(1.9)

やました ゆうへい
山下 雄平

自前［茂］　　R1 当2
佐賀県唐津市　S54・8・27
勤10年6ヵ月（初/平25）

党水産部会長、農林水産委員長、党副幹事長、党新聞出版局長、内閣府大臣政務官、日本経済新聞社記者、時事通信社記者、慶大／44歳

〒840-0801　佐賀市駅前中央3-6-11　☎0952（37）8290
〒102-0083　千代田区麴町4-7、宿舎　☎03（3237）0341

ふく おか たか まろ
福岡 資麿

自前［茂］　R4 当3（初/平22）※
佐賀県　　　S48・5・9
勤17年6ヵ月（衆3年11ヵ月）

党政審会長、法務委理、倫選特委、議運委員長、党厚労部会長、内閣府副大臣、党政調・総務会長代理、衆院議員、慶大法／50歳

〒840-0826　佐賀市白山1-4-18　　☎0952（20）0111
〒100-8962　千代田区永田町2-1-1、会館　☎03（6550）0919

長崎県　　2人

		令和元年選挙得票数					令和4年選挙得票数		
当	258,109	古賀友一郎	自現	(51.5)	当	261,554	山本　啓介	自新	(50.1)
▽	224,022	白川　鮎美	国新	(44.7)		152,473	白川　鮎美	立新	(29.2)
	19,240	神谷孝太郎	諸新	(3.8)		53,715	山田　真美	維新	(10.3)
						26,281	安江　綾子	共新	(5.0)
						21,363	尾方　綾子	参新	(4.1)
						6,969	大熊　和人	N新	(1.3)

こ が ゆういちろう
古賀 友一郎

自前［岸］　　R1 当2
長崎県諫早市　S42・11・2
勤10年6ヵ月（初/平25）

内閣府大臣政務官、内閣委、国家基本委、消費者特委、党政調副会長、総務大臣政務官兼内閣府大臣政務官、長崎市副市長、総務省室長、東大法／56歳

〒850-0033　長崎市万町2-7松本ビル301　☎095（832）6061
〒102-0083　千代田区麴町4-7、宿舎

やま もと けい すけ
山本 啓介

自新［岸］　　R4 当1
長崎県壱岐市　S50・6・21
勤1年5ヵ月（初/令4）

農林水産委、議運委、党長崎県連幹事長、長崎県議会議員、衆議院議員秘書、皇學館大學文学部／48歳

〒850-0033　長崎市万才町7-1 TBM長崎ビル10階
☎095（818）6588

熊本県　　2人

		令和元年選挙得票数					令和4年選挙得票数		
当	379,223	馬場　成志	自現	(56.4)	当	426,623	松村　祥史	自現	(62.2)
▽	262,664	阿部　広美	無新	(39.1)		149,780	出口慎太郎	立新	(21.8)
	30,539	最勝寺辰也	諸新	(4.5)		78,101	高井　千愛	参新	(11.4)
						31,734	本間　明子	N新	(4.6)

※平17衆院初当選

馬場　成志 ばば　せいし
自前［岸］　　R1　当2
熊本県熊本市　S39・11・30
勤10年6ヵ月（初／平25）

総務副大臣、元外防委員、厚労大臣政務官、議運委理、予算委理、熊本県議会議長、市議、県立熊工／59歳

〒861-8045　熊本市東区小山6-2-20
〒102-0083　千代田区麹町4-7、宿舎
☎096（388）8855

松村　祥史 まつむら　よしふみ
自前［茂］　　R4　当4
熊本県　S39・4・22
勤19年8ヵ月（初／平16）

国家公安委員長、内閣府防災担当大臣、経産委、議運委員長、経済産業副大臣、全国商工会顧問、専修大／59歳

〒862-0950　熊本市中央区水前寺6-41-5
　　　　　　千代田レジデンス県庁東101　☎096（384）4423
〒100-8962　千代田区永田町2-1-1、会館　☎03（6550）1023

大分県　2人

令和元年選挙得票数

当	236,153	安達　澄	無新	(49.6)
▽	219,498	礒崎　陽輔	自現	(46.1)
	20,909	牧原慶一郎	諸新	(4.4)

令和5年3月10日安達澄議員辞職
補選（令和5年4月23日）

当	196,122	白坂　亜紀	自新	(50.0)
▽	195,781	吉田　忠智	立前	(50.0)

令和4年選挙得票数

当	228,417	古庄　玄知	自新	(46.6)
▽	183,258	足立　信也	国現	(37.4)
	35,705	山下　魁	共新	(7.3)
	21,723	重松　雄子	参新	(4.4)
	10,770	二宮　大造	Ｎ新	(22)
	10,512	小手川裕市	無新	(21)

白坂　亜紀 しらさか　あき
自新［安］　　R1　補当1
大分県　S41・7・20
勤8ヵ月（初／令5）

財政金融委、行政監視委、ODA・沖北特委、国民生活調委、会社役員、早大（一文）／57歳

〒870-0036　大分市寿町5-24
☎097（533）8585

古庄　玄知 こしょうはるとも
自新［安］　　R4　当1
大分県国東市　S32・12・23
勤1年5ヵ月（初／令4）

法務委、憲法審委、議運委、災害特委、元大分県弁護士会会長、元大分県暴力追放運動推進センター理事長、早大法／65歳

〒870-0047　大分市中島西2-5-20
〒100-8962　千代田区永田町2-1-1、会館
☎097（540）6255
☎03（6550）0907

宮崎県　2人

令和元年選挙得票数

当	241,492	長峯　誠	自現	(64.4)
▽	110,782	園生　裕造	立新	(29.5)
	23,002	河野　一郎	諸新	(6.1)

令和4年選挙得票数

当	200,565	松下　新平	自現	(48.0)
▽	150,911	黒田　奈々	立新	(36.1)
	30,162	黒木　章光	国新	(7.2)
	15,670	今村　幸史	参新	(3.8)
	12,260	白江　好友	共新	(2.9)
	8,255	森　大地	Ｎ新	(2.0)

熊本・大分・宮崎

参

略歴

なが みね まこと
長峯 誠

自前［安］　R1 当2
宮崎県都城市　S44・8・2
勤10年6ヵ月（初／平25）

経産委筆頭理、予算委、党参国対副委員長、経産政務官、党水産部会長、外防委員長、財務政務官、都城市長、県議、早大政経／54歳

〒880-0805　宮崎市橘通東1-8-11 3F　☎0985(27)7677
〒100-8962　千代田区永田町2-1-1、会館　☎03(6550)0802

まつ した しん ぺい
松下 新平

自前［無］　R4 当4
宮崎県宮崎市(旧高岡町)　S41・8・18
勤19年8ヵ月（初／平16）

党総務会長代理、財金・外交・総務部会長、総務兼内閣府副大臣、国交政務官、政倫審会長、倫選特・ODA特・災害特委員、県議、法大／57歳

〒880-0813　宮崎市丸島町5-18
　　　　　　平和ビル丸島1F　☎0985(61)1501
〒102-0083　千代田区麹町4-7、宿舎

鹿児島県　2人

	令和元年選挙得票数		
当	290,844	尾辻　秀久	自現(47.4)
▽	211,301	合原　千尋	無新(34.4)
	112,063	前田　終止	無新(18.2)

	令和4年選挙得票数		
当	291,169	野村　哲郎	自現(46.0)
	185,055	柳　　誠子	立新(29.2)
	93,372	西郷　歩美	無新(14.8)
	47,479	昇　　拓真	参新(7.5)
	15,770	草尾　敦	N新(2.5)

お つじ ひで ひさ
尾辻秀久

無前　R1 当6
鹿児島県　S15・10・2
勤34年10ヵ月（初／平4）

参議院議長、自民党両院議員総会長、元参議院副議長、党参院議員会長、予算委員長、厚労大臣、財務副大臣、県議、防大、東大中退／83歳

〒890-0064　鹿児島市鴨池新町6-5-603　☎099(214)3754

の むら てつ ろう
野村 哲郎

自前［茂］　R4 当4
鹿児島県霧島市　S18・11・20
勤19年8ヵ月（初／平16）

参院政倫審会長、前農林水産大臣、前参議院議員副会長、決算委員長、党農林部会長、党政調会長代理、農水委長、参議運筆頭小委長、農水政務官、鹿児島県農協中央会常務、ラ・サール高／80歳

〒890-0064　鹿児島市鴨池新町6-5-404　☎099(206)7557
〒100-8962　千代田区永田町2-1-1、会館　☎03(6550)1120

沖縄県　2人

	令和元年選挙得票数		
当	298,831	高良　鉄美	無新(53.6)
▽	234,928	安里　繁信	自新(42.1)
	12,382	玉利　朝輝	無新(2.2)
	11,662	磯山　秀夫	諸新(2.1)

	令和4年選挙得票数		
当	274,235	伊波　洋一	無現(46.9)
	271,347	古謝　玄太	自新(46.4)
	22,585	河野　禎史	参新(3.9)
	11,034	山本　圭	N新(1.9)
	5,644	金城　竜郎	諸新(1.0)

無新（沖縄）　R1　当1
髙良鉄美（たから てつみ）
沖縄県那覇市　S29・1・15
勤4年5ヵ月　（初/令元）

外防委、ODA・沖北特委、琉球大学名誉教授、琉球大学法科大学院院長、琉球大法文学部教授、九州大大学院博士課程／69歳

〒903-0803　沖縄県那覇市首里平良町1-18-102☎098(885)7171
〒100-8962　千代田区永田町2-1-1、会館　☎03(6550)0712

無前（沖縄）　R4　当2
伊波洋一（いは よういち）
沖縄県宜野湾市　S27・1・4
勤7年6ヵ月　（初/平28）

外交防衛委、行政監視委、外交・安保調委、宜野湾市長、沖縄県議、宜野湾市職員、琉球大／71歳

〒901-2203　沖縄県宜野湾市野嵩2-1-8-101　☎098(892)7734
〒100-8962　千代田区永田町2-1-1、会館　☎03(6550)0519

参議院議員選挙得票数（続き）

第25回選挙（令和元年）

北海道（P237 より）

23,785	中村　治	諸新	(1.0)
13,724	森山 佳則	諸新	(0.6)
10,108	岩瀬 清次	無所	(0.4)

埼玉県（P243 より）

80,741	佐藤恵理子	諸新	(2.9)
21,153	鮫島 良司	諸新	(0.8)
19,515	小島 一郎	諸新	(0.7)

東京都（P245 より）

▽ 214,438	野原 善正	諸新	(3.7)
▽ 186,667	水野 素子	国新	(3.2)
129,628	大橋 昌信	諸新	(2.3)
91,194	野末 陳平	無元	(1.6)
86,355	朝倉 玲子	社新	(1.5)
34,121	七海 ひろこ	諸新	(0.6)
26,958	佐藤　均	諸新	(0.5)
23,582	横山 昌弘	諸新	(0.4)
18,123	溝口 晃一	諸新	(0.3)
15,475	森　純	無新	(0.3)
9,686	関口 安弘	無新	(0.2)
9,562	西野 貞吉	無新	(0.2)
3,586	大塚紀久雄	諸新	(0.1)

神奈川県（P248 より）

79,208	林　大祐	諸新	(2.2)
61,709	相原 倫子	社新	(1.7)
22,057	森下 正勝	諸新	(0.6)
21,755	壹岐 愛子	諸新	(0.6)
21,598	加藤 友行	諸新	(0.6)
17,170	榎本 太志	諸新	(0.5)
11,185	渋谷　貢	無新	(0.3)
8,514	圷　孝行	諸新	(0.2)

愛知県（P253 より）

43,756	田島 亮平	社新	(1.5)
32,142	石井　均	無所	(1.1)
25,219	牛田 宏幸	諸新	(0.9)
17,905	古川　均	諸新	(0.6)
16,425	橋本　勉	諸新	(0.6)

第26回選挙（令和4年）

埼玉県（P243 より）

18,194	河合 悠祐	N新	(0.6)
15,389	湊　侑子	N新	(0.5)
13,966	小林　宏	N新	(0.5)
12,279	宮川 直輝	N新	(0.4)
8,588	堀切 笹美	N新	(0.3)
7,178	池　高生	N新	(0.2)

千葉県（P244 より）

22,834	七海ひろこ	諸新	(0.9)
18,791	宇田 桜子	N新	(0.7)
18,329	梓　まり	諸新	(0.7)
17,511	渡辺 晋宏	N新	(0.7)
13,016	須田 良	諸新	(0.5)
10,922	記内　恵	諸新	(0.4)

東京都（P245 より）

74,260	河西 泉緒	参新	(1.1)
59,365	服部 良一	社新	(0.9)
53,032	松田 美樹	N新	(0.8)
50,661	高橋 洋平	N新	(0.7)
46,641	香西 克介	諸新	(0.7)
27,110	田村 真菜	無新	(0.4)
25,209	及川 幸久	諸新	(0.4)
22,306	河野 憲二	N新	(0.3)
20,758	安藤 裕	諸新	(0.3)
19,287	田中　健	諸新	(0.3)
19,100	後藤 輝樹	諸新	(0.3)
17,020	菅原 深雪	N新	(0.2)
14,845	青山 雅幸	諸新	(0.2)
13,431	長谷川洋平	N新	(0.2)
10,150	猪野 恵司	N新	(0.1)
9,658	セッタケンジ	諸新	(0.1)
7,417	中村 高志	無新	(0.1)
7,203	中川 智晴	無新	(0.1)
5,408	込山　洋	無新	(0.1)
3,559	内藤 久遠	諸新	(0.1)
3,370	油井 史正	諸新	(0.0)
3,283	小畑 治彦	諸新	(0.0)
3,043	中村之菊	諸新	(0.0)
1,913	桑島 康文	諸新	(0.0)

沖縄

参

略歴

第25回選挙（令和元年）

大阪府（P257 より）

129,587	にしゃんた	国新	(3.7)
43,667	尾崎　全紀	諸新	(1.2)
14,732	浜田　　健	諸新	(0.4)
11,203	数森　圭吾	諸新	(0.3)
9,314	足立美生代	諸新	(0.3)
7,252	佐々木一郎	諸新	(0.2)

広島県（P261 より）

70,886	高見　篤己	共新	(6.9)
26,454	加陽　輝実	諸新	(2.6)
15,253	玉田　憲勲	無新	(1.5)
12,327	泉　　安政	諸新	(1.2)

広島県再選挙（P261 より）

20,848	佐藤　周一	無新	(2.7)
16,114	山本　貴平	諸新	(2.1)
13,363	大山　　宏	無新	(1.7)
8,806	玉田　憲勲	無新	(1.1)

山口県（P262 より）

▽	118,491	大内　一也	国新	(22.1)
	24,131	河井美和子	諸新	(4.5)
	18,177	竹本　秀之	無新	(3.4)

福岡県（P264 より）

15,511	本藤　昭子	諸新	(0.9)
15,380	江夏　正敏	諸新	(0.9)
14,586	浜武　振一	諸新	(0.8)

第26回選挙（令和4年）

神奈川県（P248 より）

120,471	藤村　晃子	参新	(2.9)
49,787	内海　洋一	社新	(1.2)
25,784	重黒木優平	N新	(0.6)
24,389	秋田　　恵	無新	(0.6)
22,043	グリスタン・エズズ	諸新	(0.5)
19,920	橋本　博幸	N新	(0.5)
19,867	針谷　大輔	無新	(0.5)
19,155	藤沢あゆみ	無新	(0.5)
17,609	飯田富和子	N新	(0.4)
13,904	首藤　信彦	無新	(0.3)
11,623	小野塚清仁	N新	(0.3)
11,073	壹岐　愛子	諸新	(0.3)
10,268	久保田　京	N新	(0.3)
8,099	萩山あゆみ	諸新	(0.2)

愛知県（P253 より）

36,370	山下　俊輔	無新	(1.2)
27,497	末永友香梨	N新	(0.9)
21,629	山下　健次	N新	(0.7)
16,359	平岡真奈美	N新	(0.5)
12,459	曽我　周作	N新	(0.4)
9,841	斎藤　幸成	N新	(0.3)
8,071	伝　三樹雄	諸新	(0.3)

大阪府（P257 より）

37,088	西谷　久美	諸新	(1.0)
21,663	吉田　宏之	N新	(0.6)
13,234	西脇　京子	N新	(0.4)
11,220	丸吉　孝文	N新	(0.3)
9,138	本多　香織	諸新	(0.2)
8,111	数森　圭吾	諸新	(0.2)
7,254	高山純三朗	N新	(0.2)
6,217	後藤　住弘	諸新	(0.2)
2,440	押越　清悦	諸新	(0.1)

兵庫県（P258 より）

25,113	木原功仁哉	無新	(1.1)
16,324	中曽千鶴子	N新	(0.7)
14,323	速水　　肇	N新	(0.6)
8,989	稲垣　秀哉	N新	(0.4)
7,263	里村　英一	諸新	(0.3)

福岡県（P264 より）

30,190	真島　貴紀	社新	(1.5)
14,513	真島加央理	N新	(0.7)
9,309	熊丸　英治	N新	(0.5)
8,917	和田　昌子	N新	(0.4)
7,962	江夏　正敏	諸新	(0.4)
7,186	対馬　一誠	無新	(0.4)
4,908	先崎　　玲	N新	(0.2)
3,868	組坂　善昭	諸新	(0.2)

参議院議員選挙 選挙区別当日有権者数・投票者数・投票率

選挙区	第25回選挙（令和元年7月21日）			第26回選挙（令和4年7月10日）		
	当日有権者数	投票者数	投票率(%)	当日有権者数	投票者数	投票率(%)
北海道	4,569,237	2,456,307	53.76	4,465,577	2,410,392	53.98
青森県	1,109,105	476,241	42.94	1,073,060	531,101	49.49
岩手県	1,066,495	603,115	56.55	1,034,059	572,696	55.38
宮城県	1,942,518	993,990	51.17	1,921,486	937,723	48.80
秋田県	864,562	486,653	56.29	833,368	463,040	55.56
山形県	925,158	561,961	60.74	899,997	556,859	61.87
福島県	1,600,928	839,115	52.41	1,564,668	835,510	53.40
茨城県	2,431,531	1,094,580	45.02	2,409,541	1,137,768	47.22
栃木県	1,634,678	721,568	44.14	1,620,720	761,353	46.98
群馬県	1,630,505	785,514	48.18	1,608,605	780,048	48.49
埼玉県	6,121,021	2,845,047	46.48	6,146,072	3,088,514	50.25
千葉県	5,244,929	2,374,964	45.28	5,261,370	2,631,296	50.01
東京都	11,396,789	5,900,049	51.77	11,454,822	6,477,709	56.55
神奈川県	7,651,249	3,728,103	48.73	7,696,783	4,195,301	54.51
新潟県	1,919,522	1,061,606	55.31	1,866,525	1,032,469	55.32
富山県	891,171	417,762	46.88	875,460	449,734	51.37
石川県	952,304	447,560	47.00	941,362	436,850	46.41
福井県	646,976	308,201	47.64	635,127	351,323	55.32
山梨県	693,775	357,741	51.56	684,292	384,777	56.23
長野県	1,744,373	947,069	54.29	1,721,369	993,314	57.70
岐阜県	1,673,778	853,555	51.00	1,646,587	882,366	53.59
静岡県	3,074,712	1,551,423	50.46	3,037,295	1,608,958	52.97
愛知県	6,119,143	2,948,450	48.18	6,113,878	3,189,927	52.18
三重県	1,496,659	773,570	51.69	1,473,183	777,571	52.78
滋賀県	1,154,433	599,882	51.96	1,154,141	629,993	54.59
京都府	2,126,435	987,180	46.42	2,094,931	1,066,437	50.91
大阪府	7,311,131	3,555,053	48.63	7,299,848	3,828,471	52.45
兵庫県	4,603,272	2,237,085	48.60	4,558,268	2,352,776	51.62
奈良県	1,149,183	569,173	49.53	1,129,608	631,480	55.90
和歌山県	816,550	411,689	50.42	796,272	417,419	52.42
鳥取県・島根県	1,048,600	547,406	52.20	1,019,771	540,376	52.99
┌ 鳥取	474,342	237,076	49.98	463,109	226,580	48.93
└ 島根	574,258	310,330	54.04	556,662	313,796	56.37
岡山県	1,587,953	715,907	45.08	1,562,505	737,981	47.23
広島県	2,346,879	1,048,374	44.67	2,313,406	1,082,510	46.79
山口県	1,162,683	550,186	47.32	1,132,957	539,213	47.59
徳島県・高知県	1,247,237	528,657	42.39	1,213,323	564,520	46.53
┌ 徳島	636,739	245,745	38.59	619,194	283,122	45.72
└ 高知	610,498	282,912	46.34	594,129	281,398	47.36
香川県	825,466	373,999	45.31	808,630	398,021	49.22
愛媛県	1,161,978	608,817	52.39	1,135,046	554,056	48.81
福岡県	4,225,217	1,810,510	42.85	4,221,251	2,058,417	48.76
佐賀県	683,956	309,459	45.25	672,782	343,894	51.12
長崎県	1,137,066	516,939	45.46	1,107,592	539,595	48.72
熊本県	1,471,767	695,050	47.23	1,450,229	712,381	49.12
大分県	969,453	489,974	50.54	950,511	503,627	52.98
宮崎県	920,474	384,656	41.79	898,598	427,017	47.52
鹿児島県	1,371,428	627,480	45.75	1,337,184	650,267	48.63
沖縄県	1,163,784	570,305	49.00	1,177,144	595,192	50.56
合　計	105,886,063	51,671,922	48.80	105,019,203	54,660,242	52.05

271

参議院常任・特別委員一覧（令和5年10月26日現在）

【常任委員会】

内閣委員(22)
(自11)(立4)(公2)(維2)
(国1)(共1)(れ1)

- 長 大野泰正（自）
- 理 上月良祐（自）
- 理 磯﨑仁彦（自）
- 衛藤晟一（自）
- 小鑓隆史（自）
- 太田房江（自）
- 加田裕之（自）
- 古賀友一郎（自）
- 広瀬めぐみ（自）
- 森屋宏（自）
- 山谷えり子（自）
- 鬼木誠（立）
- 塩村あやか（立）
- 杉尾秀哉（立）
- 広田一（無）
- 窪田哲也（公）
- 宮崎勝（公）
- 片山大介（維）
- 柴田巧（維）
- 上田清司（国）
- 井上哲士（共）
- 大島九州男（れ）

総務委員(25)
(自11)(立4)(公3)(維2)
(国1)(共1)(N2)(無1)

- 長 新妻秀規（公）
- 理 小沢雅仁（立）
- 理 柘植芳文（自）
- 浅尾慶一郎（自）
- 井上義行（自）
- 中西祐介（自）
- 長谷川英晴（自）
- 藤川政人（自）
- 船橋利実（自）
- 牧野たかお（自）
- 松下新平（自）
- 山本順三（自）
- 岸真紀子（立）
- 野田国義（立）
- 吉川沙織（立）
- 西田実仁（公）
- 山本博司（公）
- 音喜多駿（維）
- 柳ヶ瀬裕文（維）
- 伊藤岳（共）
- 浜田聡（Ｎ）
- 齊藤健一郎（Ｎ）
- 伊藤孝恵（国）

法務委員(21)
(自9)(立3)(公3)(維1)
(国1)(無3)

- 長 佐々木さやか（公）
- 理 牧山ひろえ（立）
- 理 川合孝典（国）
- 山東昭子（自）
- 古庄玄知（自）
- 世耕弘成（自）
- 福岡資麿（自）
- 森まさこ（自）
- 和田政宗（自）
- 山崎正昭（自）
- 山田宏（自）
- 石井準一（自）
- 福島みずほ（立）
- 川田龍平（立）
- 伊藤孝江（公）
- 谷合正明（公）
- 清水貴之（維）
- 鈴木宗男（無）
- 高良鉄美（無）
- 木村英子（無）

外交防衛委員(21)
(自10)(立3)(公2)(維2)
(国1)(沖2)

- 長 北村経夫（自）
- 理 佐藤正久（自）
- 理 小野田紀美（自）
- 有村治子（自）
- 中曽根弘文（自）
- 堀井巌（自）
- 松川るい（自）
- 三宅伸吾（自）
- 松山政司（自）
- 山田宏（自）
- 福山哲郎（立）
- 羽田次郎（立）
- 小西洋之（立）
- 高木かおり（維）
- 松沢成文（維）
- 山本香苗（公）
- 窪田哲也（公）
- 榛葉賀津也（国）
- 伊波洋一（沖）
- 高良鉄美（沖）

財政金融委員（25）
(自13)(立3)(公3)(維2)
(国1)(共1)(無2)

	氏名	会派
長	宮本周司	自
	大家敏志	自
	加田裕之	自
	佐藤啓	自
	櫻井充	自
	白坂亜紀	自
	武見敬三	自
	豊田俊郎	自
	西田昌司	自
	古賀友一郎	自
	松山政司	自
	宮沢洋一	自
	勝部賢志	立
	熊谷裕人	立
	竹谷とし子	公
	矢倉克夫	公
	浅田均	維
	柳ヶ瀬裕文	維
	大門実紀史	共
	小池晃	無
	堂故茂	無

厚生労働委員（25）
(自11)(立4)(公3)(維2)
(国2)(共1)(れ1)(欠1)

	氏名	会派
長	比嘉奈津美	自
理	山本香苗	公
	石田昌宏	自
	友納理緒	自
	羽生田俊	自
	藤井一博	自
	石橋通宏	立
	打越さく良	立
	高木真理	立
	田村まみ	国
	秋野公造	公
	梅村聡	維
	東徹	維
	天畠大輔	れ
	倉林明子	共

文教科学委員（21）
(自10)(立4)(公2)(維2)
(国1)(共1)(れ1)

	氏名	会派
長	高橋克法	自
理	赤池誠章	自
理	今井絵理子	自
理	伊藤孝恵	国
	赤松健	自
	上野通子	自
	臼井正一	自
	末松信介	自
	高橋はるみ	自
	本田顕子	自
	古賀千景	立
	斎藤嘉隆	立
	宮口治子	立
	蓮舫	立
	下野六太	公
	安江伸夫	公
	金子道仁	維
	中条きよし	維
	舩後靖彦	れ

農林水産委員（21）
(自10)(立4)(公2)(維1)
(国1)(共1)(無2)

	氏名	会派
長	滝波宏文	自
理	徳永エリ	立
	清水真人	自
	進藤金日子	自
	野村哲郎	自
	藤木眞也	自
	舞立昇治	自
	宮崎雅夫	自
	山下雄平	自
	山本啓介	自
	山田俊男	自
	田名部匡代	立
	羽田次郎	立
	横沢高徳	立
	横山信一	公
	高橋光男	公
	松野明美	維
	舟山康江	国
	紙智子	共
	須藤元気	無
	寺田静	無

経済産業委員(21)
(自10)(立4)(公2)(維2)
(国1)(共1)(無1)

- 長 森本真治（立）
- 理 青山繁晴（自）
- 理 石井正弘（自）
- 岩本剛人（自）
- 越智俊之（自）
- 小林一大（自）
- 酒井庸行（自）
- 長峯誠（自）
- 松村祥史（自）
- 丸川珠代（自）
- 渡辺猛之（自）
- 理 古賀之士（立）
- 村田享子（立）
- 真山勇一（立）
- 理 里見隆治（公）
- 三浦信祐（公）
- 理 東徹（維）
- 石井章（維）
- 理 礒崎哲史（国）
- 岩渕友（共）
- 平山佐知子（無）

環境委員(21)
(自10)(立3)(公2)(維2)
(国1)(共1)(れ1)(無1)

- 長 三原じゅん子（自）
- 山下芳生（共）
- 理 阿達雅志（自）
- 朝日健太郎（自）
- 石井準一（自）
- 片山さつき（自）
- 滝沢求（自）
- 関口昌一（自）
- 中田宏（自）
- 山田宏（自）
- 豊田俊郎（自）
- 理 川田龍平（立）
- 辻元清美（立）
- 水野素子（立）
- 理 竹谷とし子（公）
- 谷合正明（公）
- 理 梅村みずほ（維）
- 串田誠一（維）
- 浜野喜史（国）
- 山本太郎（れ）
- ながえ孝子（無）

国土交通委員(25)
(自12)(立4)(公3)(維2)
(国2)(共1)(れ1)

- 長 青木愛（立）
- 理 足立敏之（自）
- 理 青木一彦（自）
- 井上義行（自）
- 江島潔（自）
- 鶴保庸介（自）
- 長谷川岳（自）
- 馬場成志（自）
- 舞立昇治（自）
- 宮崎雅夫（自）
- 森屋宏（自）
- 吉井章（自）
- 堂故茂（自）
- 理 小沼巧（立）
- 野田国義（立）
- 森屋隆（立）
- 理 塩田博昭（公）
- 竹内真二（公）
- 河野義博（公）
- 理 室井邦彦（維）
- 青島健太（維）
- 浜口誠（国）
- 榛葉賀津也（国）
- 武田良介（共）
- 木村英子（れ）

国家基本政策委員(20)
(自9)(立3)(公2)(維2)
(国2)(共1)(れ1)

- 長 浅田均（維）
- 理 松山政司（自）
- 理 山本順三（自）
- 理 大塚耕平（国）
- 理 小池晃（共）
- 古賀友一郎（自）
- 滝波宏文（自）
- 船橋利実（自）
- 斎藤嘉隆（立）
- 堀井巌（自）
- 森屋宏（自）
- 山田俊男（自）
- 那谷屋正義（立）
- 水岡俊一（立）
- 山口那津男（公）
- 河野義博（公）
- 室井邦彦（維）
- 榛葉賀津也（国）

予算委員(45)
(自23)(立8)(公5)(維4)
(国2)(共1)(れ1)

- 長 末松信介（自）
- 理 足立敏之（自）
- 理 石橋通宏（立）
- 理 杉尾秀哉（立）
- 信介之宏（立）
- 阿…（自）

（前委員会つづき）

党派：立　立　立　公　公　公　維　維　維　国　共

子　景　り　郎　子　治　太　司　維　子　聡　一　司　也　子
真　千　エ　次　享　隆　六　博　謙　苗　　　誠　清　道　よ
賀　永　田　田　見　野　本　松　井　村　田　田　賀　良
岸　古　徳　羽　村　里　下　山　若　石　梅　串　上　芳　吉
紀

行政監視委員(35)
(自17)(立7)(公4)(維2)
(国1)(共1)(れ1)(沖1)(N1)

長　龍平　　理　川田

党派：立　共　自　自　自　自　自　自　自　自　自　自　自　自　自　自　自　自　自　自　立　立　立　立　立　立　立　公　公　公　公　維　維　国　れ　沖　N

平　龍
田　川
晴　明　繁　慶　義　正　仁　亜　芳
郎　行　弘　彦　潔　紀　文　学　俊　晴　治　博　斗　平　子　こ　勇　武　二　駿　文　み　男　一　聡
林　山　尾　上　井　崎　島　坂　植　井　田　川　本　井　川
青　浅　石　磯　江　白　柏　永　羽　長　橋　古　星　山　山　大　鬼　古　柴　田　三　上　杉　竹　音　柳　田　大　伊　浜
倉
英　聖　一　俊　北　雄　え　ゆ　之　慎　麻　え　久　真　と　し　裕　ま　九　洋
下　谷　椿　木　賀　　島　上　田　　内　谷　喜　瀬　村　島　波　田

決 算 委 員 (30)
(自15)(立5)(公4)
(維3)(国2)(共1)

長　佐藤　　信　秋

党派：自　自　自　自　自　自　自　自　自　自　自　自　自　自　自　立　立　立　立　立　公　公　公　公　維　維　維　国　国　共

佐　藤　信　秋
赤　池　誠　章
赤　松　　　健
石　井　浩　郎
今　井　絵　人
岩　本　剛　美
小　田　紀　之
越　智　俊　江
太　水　房　人
清　藤　真　子
進　橋　金　み
高　田　は　郎
豊　　　ま　こ
森　　　政　宗
和　　　田

（承前）

（会派）自・自・自・自・立・維・国・れ

良介　知夫　哉　治仁　美也　平男
藤　庄　尾　本　野　賀比　島
明　大　玄　秀　真道　聡　九州
加　梶　古　宮　杉　森　金松　芳仁　大

政府開発援助等及び沖縄・北方問題に関する特別委員会（35）
（自17）（立6）（公4）（維3）（国2）（共2）（沖1）

（会派）自・自・自・自・公・維・自・自・自・自・立・公・維・自・自・自・自・立・立・公・維・維・国・国・共・共・沖

㊗長　人　子
㊖理　政　一絵理　潔み也之晴
㊖理　川　島　はる衣
㊖理　藤　青　麻哲貴繁
㊖理　木　今　一　治通正
㊖理　井　江　麻哲繁健
　　　橋　高　治亜克祐顕
　　　島　田　じゅん賢之あエ
　　　田　窪　公義伸直
　　　水　清　康智芳
　　　山　青　鉄
　　　日　朝
　　　村　有
　　　野　上
　　　井　白
　　　家　大
　　　橋　高
　　　西　中
　　　田　本
　　　山　松
　　　原　三
　　　部　勝
　　　賀　古
　　　村　徳
　　　永　水
　　　野　秋
　　　野　河
　　　江　安
　　　瀬　猪
　　　多　音
　　　口　浜
　　　山　紙
　　　下　山
　　　良　高

議院運営委員（25）
（自13）（立4）（公3）（維2）（国2）（共1）

（会派）自・自・自・立・公・維・国・共／自・自・自・立・公・維・国

㊗長　石　井　準　一之也
㊖理　加　田　裕　之志
㊖理　渡　辺　眞　織祐
㊖理　部　川　猛　巧史
㊖理　吉　浦　賢　友彦
㊖理　三　田　沙　幸知
㊖理　柴　野　信　緒章
㊖理　浜　渕　喜　子徳
㊖理　岩　木　一　章
　　　青　稲　晃　也
　　　生　原　大　昭
　　　梶　谷　政　太
　　　神　庄　玄　仁
　　　古　納　理
　　　友　本　啓
　　　山　井　ひろえ
　　　吉　沢　高哲
　　　牧　田　博
　　　窪　島　健
　　　塩　詰
　　　青　竹

懲罰委員（10）
（自5）（立1）（公1）（維1）（国1）（共1）

（会派）維・自・自・自・立・公・国・共

㊗長　松　沢　成　文
㊖理　牧　野　たか　お成一郎
　　　世　耕　か　一太郎
　　　関　口　弘　一
　　　野　上　浩
　　　福　岡　資　俊
　　　水　本　香　孝
　　　山　合　上
　　　川井

【特別委員会】

災害対策特別委員（20）
（自10）（立3）（公2）（維2）（国1）（共1）（れ1）

（会派）公・自・自・立・公・自・自・自・自

㊗長　竹　内　真　二之人郎
㊖理　足　立　本　敏剛次
㊖理　岩　本　田　達雅　勝志
㊖理　羽　崎　田　紀美正之
㊖理　宮　野　泰
　　　阿　田　裕
　　　小　野
　　　大加

（沖縄及び北方問題に関する特別委員 つづき）

	新妻秀規	公
	中条きよし	維
	柳ヶ瀬裕文	維
	川合孝典	国
	井上哲士	共
	舩後靖彦	れ

政治倫理の確立及び選挙制度に関する特別委員(35)

(自17)(立6)(公4)(維3)(国2)(共1)(れ1)(N1)

長	西田昌司	自
理	石井正弘	自
理	石井浩郎	自
理	磯崎仁彦	自
理	片山さつき	自
理	牧野たかお	自
理	小野田紀美	自
	沼田	自
	高橋	自
	石井	自
	中西	自
	長谷川	自
	福岡資麿	自
	古賀友一郎	自
	松下新平	自
	山	自
	松山政司	立
	小西洋之	立
	森本	立
	里見隆治	立
	矢倉克夫	立
	山	立
	梅村	公
	室井邦彦	公
	嘉田由紀子	維
	浜野喜史	国
	井上	国
	山添	共
	天畠大輔	れ
	浜田聡	N

地方創生及びデジタル社会の形成等に関する特別委員(20)

(自10)(立3)(公3)(維2)(国1)(共1)

長	長谷川岳	自
理	磯	自
理	岸	自
理	浅	自
理	越	自
	太田房江	自
	鶴保庸介	自
	岸真紀子	立
	伊藤孝恵	国
	片山大介	維
	江島	公
	高橋	公
	福	維
	上	国
	山	共
	東	
	片山	
	伊藤	

消費者問題に関する特別委員(20)

(自10)(立4)(公2)(維2)(国1)(共1)

長	石井章	維
理	進	自
理	中	自
理	石	自
理	伊	公
	赤	自
	生	自
	神	自
	古	自
	比	自
	宮	立
	山	立
	小	立
	大	立
	村	公
	塩	公
	松	維
	田	国
	倉	共

北朝鮮による拉致問題等に関する特別委員(20)

(自10)(立3)(公2)(維2)(国1)(共1)(れ1)

長	山谷えり子	自
理	清水真人	自
理	山田宏	自
理	打越さく良	立
理	石川博崇	公
	赤池誠章	自
	北村経夫	自
	小林一大	自
	永井	自
	丸	自
	吉川	自
	川田龍平	立
	三	立
	上	公
	田	維
	井	維
	川	国
	村	共
	林	れ

東日本大震災復興特別委員(35)

(自17)(立6)(公4)(維2)(国2)(共2)(れ1)(N1)

(長)	**野田国義**	立
(理)	石井浩郎	自
(理)	豊田俊郎	自
(理)	羽生田俊	自
(理)	和田政宗	自
(理)	横沢高徳	立
(理)	横山信一	公
(理)	石井苗子	維
	江島潔	自
	梶原大介	自
	櫻井充	自
	滝沢求	自
	堂故茂	自
	橋本聖子	自
	広瀬めぐみ	自
	星北斗	自
	三浦靖	自
	宮沢洋一	自
	森まさこ	自
	山田太郎	自
	若林洋平	自
	石垣のりこ	立
	鬼木誠	立
	古賀千景	立
	柴慎一	立
	高橋光男	公
	平木大作	公
	若松謙維	公
	梅村みずほ	維
	榛葉賀津也	国
	竹詰仁	国
	岩渕友	共
	紙智子	共
	山本太郎	れ
	齊藤健一郎	N

【調査会】

外交・安全保障に関する調査会委員(25)

(自12)(立5)(公2)(維2)(国1)(共1)(沖1)(N1)

(長)	**猪口邦子**	自
(理)	松川るい	自
(理)	塩村あやか	立
(理)	串田誠一	維
(理)	浜口誠	国
(理)	岩渕友	共
	赤松健	自
	朝日健太郎	自
	生稲晃子	自
	岩本剛人	自
	上野通子	自
	こやり隆史	自
	永井学	自
	長谷川英晴	自
	森まさこ	自
	吉川ゆうみ	自
	大椿ゆうこ	立
	高木真理	立
	三上えり	立
	水野素子	立
	新妻秀規	公
	宮崎勝	公
	金子道仁	維
	伊波洋一	沖
	齊藤健一郎	N

国民生活・経済及び地方に関する調査会委員(25)

(自13)(立4)(公3)(維2)(国1)(共1)(れ1)

(長)	**福山哲郎**	立
(理)	竹内真二	公
(理)	山添拓	共
	今井絵理子	自
	越智俊之	自
	清水真人	自
	白坂亜紀	自
	田中昌史	自
	堂故茂	自
	友納理緒	自
	長峯誠	自
	星北斗	自
	山本啓介	自
	山本佐知子	自
	和田政宗	自
	若林洋平	自
	柴慎一	立
	田名部匡代	立
	森屋隆	立
	下野六太	公
	三浦信祐	公
	高木かおり	維
	中条きよし	維
	舟山康江	国
	木村英子	れ

資源エネルギー・持続可能社会に関する調査会委員(25)

(自12)(立4)(公3)(維2)(国2)(共1)(れ1)

(長)	**宮沢洋一**	自
(理)	青島健太	維
(理)	竹詰仁	国
(理)	吉良よし子	共
	有村治子	自
	井上義行	自
	小野田紀美	自
	神谷政幸	自
	高橋はるみ	自

委員会

（委員名簿つづき）

- 浅田　均（維）
- 猪瀬直樹（維）
- 片山大介（維）
- 柴田　巧（維）
- 礒崎哲史（国）
- 嘉田由紀子（国）
- 仁比聡平（共）
- 山本太郎（れ）

【情報監視審査会】

情報監視審査会委員（8）
（自4）（立1）（公1）
（維1）（国1）

- 長　有村治子（自）
- 石井正弘（自）
- 石田昌宏（自）
- 羽生田俊（自）
- 牧山ひろえ（立）
- 石川博崇（公）
- 串田誠一（維）
- 浜口　誠（国）

【政治倫理審査会】

政治倫理審査会委員（15）
（自8）（立2）（公2）
（維1）（国1）（共1）

- 長　野村哲郎（自）
- 幹　岡田直樹（自）
- 幹　佐藤正久（自）
- 世耕弘成（自）
- 関口昌一（自）
- 福岡資麿（自）
- 松山政司（自）
- 豊田俊郎（自）
- 蓮舫（立）
- 吉川沙織（立）
- 竹谷とし子（公）
- 山本香苗（公）
- 石井苗子（維）
- 舟山康江（国）
- 山下芳生（共）

会派名の表記は下記の通り。
自＝自由民主党
立＝立憲民主・社民
公＝公明党
維＝日本維新の会
国＝国民民主・新緑風会
共＝日本共産党
れ＝れいわ新選組
Ｎ＝ＮＨＫから国民を守る党
沖＝沖縄の風
無＝各派に属しない議員
欠＝欠員

（委員名簿つづき）

- 滝波宏文（自）
- 広瀬めぐみ（自）
- 藤井一博（自）
- 船橋利実（自）
- 本田顕子（自）
- 宮崎雅夫（自）
- 青木　愛（立）
- 鬼木　誠（立）
- 宮口治子（立）
- 村田享子（立）
- 河野義博（公）
- 若松謙維（公）
- 梅村みずほ（維）
- 上田清司（国）
- 舩後靖彦（れ）

【憲法審査会】

憲法審査会委員（45）
（自22）（立8）（公5）（維4）
（国3）（共2）（れ1）

- 長　中曽根弘文（自）
- 幹　浅尾慶一郎（自）
- 幹　片山さつき（自）
- 山本順三（自）
- 青山繁晴（自）
- 赤池誠章（自）
- 臼井正一（自）
- 衛藤晟一（自）
- 加藤明良（自）
- 小林一大（自）
- 古庄玄知（自）
- 佐藤正久（自）
- 進藤金日子（自）
- 柘植芳文（自）
- 中西祐介（自）
- 松川るい（自）
- 松下新平（自）
- 丸川珠代（自）
- 山下雄平（自）
- 山田　宏（自）
- 吉川ゆうみ（自）
- 熊谷裕人（立）
- 打越さく良（立）
- 小西洋之（立）
- 小沢雅仁（立）
- 古賀千景（立）
- 辻元清美（立）
- 西田実仁（公）
- 窪田哲也（公）
- 佐々木さやか（公）
- 塩田博昭（公）
- 山添　拓（共）
- 大塚耕平（国）

（令和5年11月2日現在）

自由民主党
（昭和30年11月15日結成）

〒100-8910 千代田区永田町1-11-23
☎03-3581-6211

総　　　裁	岸田文雄
副　総　裁	麻生太郎
幹　事　長	茂木敏充
幹事長代行	梶山弘志
幹事長代理	井上信治
同	稲田朋美
同	西銘恒三郎
同	木原誠二
同	牧野たかお

副幹事長　福田達夫(筆頭)、坂本哲志、井上貴博、関芳弘、大岡敏孝、小倉將信、新谷正義、鈴木貴子、田所嘉德、田中英之、堀内詔子、牧島かれん、山田美樹、島尻安伊子、畦元将吾、青木一彦、江島潔、豊田俊郎、上月良祐、吉川ゆうみ、山田宏、松川るい、小野田紀美

人　事　局　長	森まさこ
経　理　局　長	林幹雄
情報調査局長	小林史明
国　際　局　長	伊藤達也
財　務　委　員　長	渡辺博道
両院議員総会長	橋本聖子
衆議院議員総会長	船田元
党　紀　委　員　長	衛藤晟一
中央政治大学院長	遠藤利明
組織運動本部長	金子恭之

同本部長代理　古川禎久、山際大志郎、江島潔

団　体　総　局　長	古川禎久
法務・自治関係団体委員長	武井俊輔
財政・金融・証券関係団体委員長	宗清皇一
教育・文化・スポーツ関係団体委員長	井原巧
社会教育・宗教関係団体委員長	山田宏
厚生関係団体委員長	大串正樹
環境関係団体委員長	杉田水脈
労働関係団体委員長	羽生田俊
農林水産関係団体委員長	古川康
商工・中小企業関係団体委員長	中山展宏
運輸・交通関係団体委員長	江島潔
情報通信関係団体委員長	斎藤洋明
国土・建設関係団体委員長	小林茂樹
安全保障関係団体委員長	黄川田仁志
生活安全関係団体委員長	中川郁子
NPO・NGO関係団体委員長	豊田俊郎
地方組織・議員総局長	上田英俊
女　性　局　長	高橋はるみ
青　年　局　長	藤原崇
労　政　局　長	森英介
遊　説　局　長	三谷英弘
広　報　本　部　長	平井卓也
同本部長代理	平将明、阿達雅志
広報戦略局長	小林史明
ネットメディア局長	牧島かれん
新聞出版局長	和田政宗
報　道　局　長	平口洋
国会対策委員長	髙木毅
委　員　長　代　理	西村明宏

副委員長　丹羽秀樹(筆頭)、葉梨康弘、鷲尾英一郎、武藤容治、橘慶一郎、三ッ林裕巳、藤丸敏、大野敬太郎、中谷真一、井出庸生、井野俊郎、若林健太、宮路拓馬、佐藤正久、磯﨑仁彦

総　務　会　長	森山裕
会　長　代　行	金田勝年
会　長　代　理	寺田稔、松下新平

副　会　長　尾身朝子、大野敬太郎、谷川弥一、有村治子、古川俊治、山田俊男

総　　　務　伊東良孝、石破茂、石原正敬、上田英俊、江渡聡德、大西英男、下村博文、田中良生、中谷真一、林芳正、山口壯、石井浩郎、中曽根弘文、

宮沢洋一、山本順三

政務調査会長 萩生田　光一
会　長　代　行 田村憲久
会　長　代　理 柴山昌彦、赤澤亮正、若宮健嗣、片山さつき、浅尾慶一郎
副　会　長 義家弘介、城内実、坂井学、松本洋平、鈴木馨祐、山下貴司、赤池誠章、柏植芳文、石井正弘

部会長

内閣第一部会長 太田房江
〃部会長代理 中川郁子、山田宏
内閣第二部会長 冨樫博之
〃部会長代理 鳩山二郎、阿達雅志
国防部会長 鬼木　誠
〃部会長代理 黄川田仁志、松川るい
総務部会長 根本幸典
〃部会長代理 斎藤洋明
法務部会長 笹川博義
〃部会長代理 武井俊輔、小野田紀美
外交部会長 藤井比早之
〃部会長代理 鈴木隼人、吉川ゆうみ
財務金融部会長 櫻井　充
〃部会長代理 宗清皇一、豊田俊郎
文部科学部会長 山田賢司
〃部会長代理 井原巧、和田政宗
厚生労働部会長 古賀　篤
〃部会長代理 大串正樹、羽生田俊
農林部会長 細田健一
〃部会長代理 古川康、藤木眞也
水産部会長 山下雄平
〃部会長代理 中村裕之
経済産業部会長 宮内秀樹
〃部会長代理 中山展宏、青山繁晴

国土交通部会長 佐々木　紀
〃部会長代理 小林茂樹、江島潔
環境部会長 中田　宏
〃部会長代理 杉田水脈

調査会長

税制調査会長 宮沢洋一
選挙制度調査会長 逢沢一郎
科学技術・イノベーション戦略調査会長 渡海紀三朗
ITS推進・道路調査会長 金子恭之
治安・テロ対策調査会長 岩屋　毅
沖縄振興調査会長 岡田直樹
消費者問題調査会長 船田　元
障害児者問題調査会長 衛藤晟一
雇用問題調査会長 塩谷　立
総合農林政策調査会長 江藤　拓
水産総合調査会長 石破　茂
金融調査会長 片山さつき
知的財産戦略調査会長 小林鷹之
中小企業・小規模事業者政策調査会長 伊藤達也
国際協力調査会長 牧島かれん
司法制度調査会長 齋藤　健
スポーツ立国調査会長 橋本聖子
環境・温暖化対策調査会長 井上信治
住宅土地・都市政策調査会長 松島みどり
文化立国調査会長 山谷えり子
食育調査会長 山東昭子
観光立国調査会長 林　幹雄
青少年健全育成推進調査会長 中曽根弘文
外交調査会長 衛藤征士郎
安全保障調査会長 小野寺五典
社会保障制度調査会長 加藤勝信
総合エネルギー戦略調査会長 梶山弘志
情報通信戦略調査会長 野田聖子
整備新幹線等鉄道調査会長 稲田朋美
競争政策調査会長 松本剛明
地方行政調査会長 佐藤信秋
教育・人材力強化調査会長 柴山昌彦
物流調査会長 今村雅弘

特別委員長

過疎対策特別委員長 谷　公一
外国人労働者等特別委員長 松山政司
たばこ特別委員長 江渡聡徳

各党役員

捕鯨対策特別委員長	鶴保　庸介
災害対策特別委員長	武田　良太
再犯防止推進特別委員長	渡辺　博道
国際保健戦略特別委員長	羽生田　俊
宇宙・海洋開発特別委員長	若宮　健嗣
超電導リニア鉄道に関する特別委員長	古屋　圭司
航空対策特別委員長	西村　明宏
海運・造船対策特別委員長	石田　真敏
都市公園緑地対策特別委員長	江﨑　鐵磨
山村振興特別委員長	奥野　信亮
離島・半島振興総合調査特別委員長	谷川　弥一
インフラシステム輸出総合戦略推進特別委員長	細野　豪志
原子力規制に関する特別委員長	武藤　容治
鳥獣被害対策特別委員長	森山　裕
奄美振興特別委員長	世耕　弘成
クールジャパン戦略推進特別委員長	猪口　邦子
領土に関する特別委員長	伊東　良孝
北海道総合開発特別委員長	田中　和德
交通安全対策特別委員長	山本　有二
下水道・浄化槽対策特別委員長	橋本　岳
社会の事業推進特別委員長	土井　亨
所有者不明土地等に関する特別委員長	堀内　詔子
女性活躍推進特別委員長	

特命委員長

郵政事業に関する特命委員会長	森山　裕
戦没者遺骨帰還に関する特命委員会長	福岡　資麿
日本の誇りと信頼を確立するための特命委員会長	有村　治子
性的マイノリティに関する特命委員長	高階恵美子
安全保障と土地法制に関する特命委員長	北村　経夫
医療情報政策・ゲノム医療推進特命委員長	古川　俊治
日本Well-being計画推進特命委員長	下村　博文
孤独・孤立対策特命委員長	坂本　哲志
2027横浜国際園芸博覧会(花博)推進特命委員長	坂井　学
PFI推進特命委員長	上野賢一郎
令和の教育人材確保に関する特命委員会長	萩生田光一
防衛関係費の財源検討に関する特命委員会長	萩生田光一

本部長・PT座長

財政政策検討本部長	西田　昌司
経済安全保障推進本部長	甘利　明
デジタル社会推進本部長	平井　卓也
自由で開かれたインド太平洋戦略本部長	麻生　太郎
社会機能移転分散型国づくり推進本部長	古屋　圭司
「子ども・若者」輝く未来創造本部長	後藤　茂之
日・グローバルサウス連携本部長	萩生田光一

有明海・八代海再生PT座長	金子　恭之
終末期医療に関する検討PT座長	三ツ林裕巳
子どもの元気!農村漁村で育むPT座長	齋藤　健
二輪車問題対策PT座長	三原じゅん子
国民皆歯科健診実現PT座長	古屋　圭司
女性の生涯の健康実現PT座長	高階恵美子
佐渡島の金山世界遺産登録実現PT座長	高橋慶一郎
選挙対策委員長	小渕　優子

〔参議院自由民主党〕

参議院議員会長	関口　昌一
副会長	山本　順三
同	松山　政司
参議院幹事長	世耕　弘成
幹事長代行	岡田　直樹
幹事長代理	牧野たかお
副幹事長	青木一彦、江島潔、豊田俊郎、上月良祐、吉川ゆうみ、山田宏、藤木眞也、松川るい、小野田紀美、岩本剛人
参議院政策審議会長	福岡　資麿
会長代理	片山さつき、浅尾慶一郎
副会長	赤池誠章、柘植芳文、石井正弘、羽生田俊、山下雄平、宮崎雅夫
参議院国対委員長	野上浩太郎
委員長代行	佐藤　正久
委員長代理	磯崎　仁彦
副委員長	石井浩郎、中西祐介、石田昌宏、長峯誠、足立敏之、進藤金日子、今井絵理子、加田裕之、清水真人
会計	江島　潔
会計監査	

特別機関

憲法改正実現本部長	古屋　圭司
党改革実行本部長	茂木　敏充
行政改革推進本部長	棚橋　泰文
新しい資本主義実行本部長	岸田　文雄
東日本大震災復興加速化本部長	根本　匠
地方創生実行統合本部長	林　幹雄
国土強靱化推進本部長	二階　俊博
財政健全化推進本部長	古川　禎久
2025年大阪・関西万博推進本部長	二階　俊博

TPP・日EU・日米TAG等経済協定対策本部長	森山　裕
北朝鮮核実験・ミサイル問題対策本部長	江渡聡徳
北朝鮮による拉致問題対策本部長	山谷えり子
ウクライナ問題に関する対策本部長	茂木敏充
GX実行本部長	萩生田光一

立憲民主党 立憲民主党
（令和2年9月15日結成）

〒100-0014 千代田区永田町1-11-1
三宅坂ビル ☎03-3595-9988

最　高　顧　問	菅　直人
同	野田佳彦
代　　　表	泉　健太
代　表　代　行	西村智奈美
同	逢坂誠二
幹　事　長	岡田克也
幹　事　長　代　理	手塚仁雄
同	田名部匡
総務局長／副幹事長	山岡達丸
財務局長／副幹事長	落合貴之
青年局長／副幹事長	青山大人
災害・緊急事態対策／副幹事長	森山浩行
国際局長／副幹事長	源馬謙太郎
副　幹　事　長	石川香織、本庄知史、勝部賢志、田島麻衣子
国　民　運　動　局　長	森本真治
常任幹事会議長	徳永エリ
参議院議員会長	水岡俊一
両院議員総会長	川田龍平
代表政務室長	渡辺周
選挙対策委員長	大串博志
政務調査会長	長妻昭
政務調査会長代理	大西健介（筆頭代理）、城井崇、徳永エリ
政務調査会副会長	小熊慎司、稲富修二、篠原豪、山崎誠、岡本あき子、櫻井周、中谷一馬、小沼巧、岸真紀子、小沢雅仁
国会対策委員長	安住淳
国会対策委員長代理	山井和則
同	斎藤嘉隆
国会対策副委員長	笠浩史（筆頭）、後藤祐一、吉川元、森山浩行、野間健、源馬謙太郎、森田俊和、おおつき紅葉
代議士会長	寺田学
組織委員長	森本真治
企業・団体交流委員長	大島敦
参議院議員会長代行	牧山ひろえ
参議院幹事長	田名部匡代
参議院国会対策委員長	斎藤嘉隆
参議院政策審議会長	徳永エリ
総合選挙対策本部長	泉健太
つながる本部本部長	泉健太
ジェンダー平等推進本部長	西村智奈美
政治改革推進本部長	渡辺周
広報本部長	逢坂誠二
拉致問題対策本部長	渡辺周
東日本大震災復興対策本部長	玄葉光一郎
子ども・若者応援本部長	泉健太
新型コロナウイルス対策本部長	小川淳也
倫理委員長	菊田真紀子
会計監査	金子恵美
同	野田国義
ハラスメント対策委員長	金子恵美
旧統一教会被害対策本部長	西村智奈美
沖縄協議会座長	福山哲郎
北海道ブロック常任幹事	岸真紀子
東北ブロック常任幹事	横沢高徳
北関東ブロック常任幹事	坂本祐之輔
南関東ブロック常任幹事	小沢雅仁
東京ブロック常任幹事	手塚仁雄
北陸信越ブロック常任幹事	杉尾秀哉
東海ブロック常任幹事	吉田統彦
近畿ブロック常任幹事	櫻井周
中国ブロック常任幹事	柚木道義
四国ブロック常任幹事	白石洋一
九州ブロック常任幹事	野間健
自治体議員ネットワーク代表	遊佐美由紀

立憲民主党「次の内閣」

ネクスト総理大臣	泉健太
ネクスト内閣官房長官	長妻昭
ネクスト内閣府担当大臣	杉尾秀哉
ネクスト総務大臣	野田国義
ネクスト法務大臣	牧山ひろえ
ネクスト外務・安全保障大臣	玄葉光一郎
ネクスト財務金融大臣	階猛

ネクスト文部科学大臣・ネクスト子ども政策担当大臣	菊田　真紀子
ネクスト厚生労働大臣	早稲田　ゆき
ネクスト農林水産大臣	金子　恵美
ネクスト経済産業大臣	田嶋　要
ネクスト国土交通・復興大臣	小宮山　泰子
ネクスト環境大臣	近藤　昭一
憲法調査会長	中川　正春
税制調査会長	小川　淳也
SOGIに関するPT座長	大河原　まさこ
障がい・難病PT座長	横沢　高徳
外国人受け入れ制度及び多文化共生のあり方に関する検討PT座長	石橋　通宏
デジタル政策PT座長	中谷　一馬
生殖補助医療PT座長	西村　智奈美
島政策PT座長	野間　健
外交・安全保障戦略PT座長	玄葉　光一郎
公務員制度改革PT座長	大島　敦
公文書管理PT座長	逢坂　誠二
マイナンバー在り方検討PT座長	逢坂　誠二
雇用問題対策PT座長	西村　智奈美
ビジネスと人権PT座長	西村　智奈美
経済政策PT座長	大西　健介
環境エネルギーPT座長	田嶋　要

日本維新の会

（※1、P287参照）

〒542-0082 大阪市中央区島之内1-17-16
三栄長堀ビル ☎06-4963-8800

代表	馬場　伸幸
共同代表	吉村　洋文
副代表	辻　淳二
幹事長・選挙対策本部長	藤田　文武
選挙対策本部長代行	井上　英孝
選挙対策本部長代理	浦野　靖人
幹事長代行	河崎　大樹
政務調査会長	音喜多　駿
政務調査会長代行	藤田　暁
総務会長	柳ヶ瀬　裕文
総務会長代行	岡崎　太
改革実行本部長	東　徹
常任役員	森　和臣、山下昌彦、横山英幸、黒田征樹、宮本一孝
非常任役員	松沢　成文
同	天野　浩
学生局長	松本　常広
ダイバーシティ推進局長	高木　かおり
国際局長	青柳　仁士
広報局長	伊良原　勉
財務局長	高見　りょう
党紀委員長	横倉　廉幸
維新政治塾名誉塾長	馬場　伸幸
維新政治塾塾長	音喜多　駿
会計監査人代表	井上　英孝

〔国会議員団〕

代表	馬場　伸幸
代表補佐	中司　宏、高木　かおり
代表付	阿部　司、守島　正、漆間譲司、赤木正幸、金子道仁、青島健太、松野明美、中条きよし
幹事長	藤田　文武
幹事長代理	三木　圭恵
広報局長	柳ヶ瀬　裕文
学生局長	沢田　良
ダイバーシティ推進局長	高木　かおり
政務調査会長	音喜多　駿
政務調査会長代行	青柳　仁士
政務調査会長代理	片山　大介
政務調査会副会長	高木かおり、池下卓、岩谷良平、伊東信久、金子道仁、梅村聡、松野明美、守島正、漆間譲司、串田誠一
国会対策委員長	遠藤　敬
国会対策委員長代行	柴田　巧
国会対策委員長代理	中司　宏
国会対策副委員長	金村龍那、奥下剛光、池畑浩太朗、一谷勇一郎、浅川義治、堀場幸子、青島健太
両院議員総会長	石井　章
代議士会長	市村　浩一郎
参議院会長	浅田　均
参議院会長代行	室井　邦彦
参議院幹事長	猪瀬　直樹
参議院国会対策委員長	柴田　巧
参議院国会対策委員長代理	青島　健太
参議院政策審議会長	片山　大介

党紀委員長	中司　　宏
党紀委員	浦野晴人、三木
	圭恵、柴田　巧、小野泰輔

公　明　党

（※2、P287参照）

〒160-0012 新宿区南元町17
☎03-3353-0111

代　　　表	山口那津男
副　代　表	北側一雄、古屋
	範子、斉藤鉄夫
幹　事　長	石井啓一
中央幹事会会長	北側一雄
政務調査会長	高木陽介
中央幹事	竹内　譲（会長
	代理）、大口善徳、稲津　久、
	庄子賢一、塩田博昭、中川宏昌、
	中川康洋、山本香苗、山本博司、
	河野義博、中島義雄、松葉多美
	子、山口広治、若松謙維、伊藤
	渉、石川博崇、岡本三成、國重
	徹、秋野公造、土岐恭生、千葉
	宣男
中央規律委員長	浮島智子
中央会計監査委員	佐々木　さやか
同	杉　久武
幹事長代行	赤羽一嘉
幹事長代理	稲津　久
同	谷合正明
政務調査会長代理	上田　勇、大口
	善徳、伊藤渉、山本香苗、稲津
	久
国会対策委員長	佐藤茂樹
国会対策委員代理	奥水恵一
国対筆頭副委員長	中川康洋
選挙対策委員長	西田実仁
組織委員長	大口善徳
組織局長	稲津　久
地方議会局長	奥水恵一
遊説局長	竹内真二
広報委員長	谷合正明
広報局長	國重　徹
宣伝局長	佐々木　さやか
総務委員長	高鍋博之

財務委員長	石井啓一
機関紙委員長	吉本正史
機関紙推進委員長	若松謙維
国際委員長	岡本三成
国際局長	新妻秀規
団体渉外委員長	伊藤　渉
団体局長	中野洋昌
労働局長	佐藤英道
市民活動委員長	石川博崇
市民活動局長	石川博崇
文化芸術局長	浮島智子
NPO局長	鰐淵洋子
女性委員長	竹谷とし子
女性局長	佐々木　さやか
青年委員長	國重　徹
青年局長	三浦信祐
学生局長	河西宏一
常任顧問	太田昭宏、井上
	義久
アドバイザー	石田祝稔、桝屋
	敬悟、高木美智代、浜田昌良
参議院会長	西田実仁
参議院副会長	山本香苗
参議院幹事長	谷合正明
参院国会対策委員長	竹谷とし子
参院国対筆頭副委員長	三浦信祐
参院政策審議会長	石川博崇
全国地方議員団会議議長	中島義雄

日本共産党

（大正11年7月15日結成）

〒151-8586 渋谷区千駄ヶ谷4-26-7
☎03-3403-6111

幹部会委員長	志位和夫
書記局長	小池　晃
幹部会副委員長	山下芳生（筆頭）、
	市田忠義、緒方靖夫、倉林明子、
	田村智子、浜野忠夫
常任幹部会委員	市田忠義、岩井
	鐵也、浦田宣昭、太田善作、岡
	嵜郁子、緒方靖夫、笠井　亮、
	紙　智子、吉良よし子、倉林明
	子、小池　晃、小木曽陽司、穀
	田恵二、志位和夫、高橋千鶴子、

田中　悠、田村智子、寺沢亜志也、中井作太郎、浜野忠夫、広井暢子、藤田　文、不破哲三、山下芳生、山添　拓、若林義春

書記局次長　中井作太郎(筆頭)、田中　悠、若林義春、土井洋彦

訴願委員会責任者　太田善作
規律委員会責任者　太田邊進子
監査委員会責任者　広井暢子
中央機関紙編集委員会責任者　小木曽陽司
政策委員会委員長　田村智子
経済・社会保障政策委員会責任者　垣内亮
人権委員会責任者　倉林明子
ジェンダー平等委員会責任者　倉林明子
子どもの権利委員会責任者　梅村早江子
障害者の権利委員会責任者　高橋千鶴子
先住民（アイヌ）の権利委員会責任者　紙智子
在日外国人の権利委員会責任者　田川実
宣伝局長　田村一志
広報部長　植木俊雄
国民の声室責任者　藤原忠雄
国民運動委員会責任者　浦田宣昭
労働局長　大幡基夫
農林・漁民局長　紙智子
市民・住民運動・中小企業局長　堤文俊
平和運動局長　川田忠明
基地対策委員会責任者　小泉親司
災害問題対策委員会責任者　太田善彦
学術・文化委員会責任者　土井洋彦
文教委員会責任者　藤森毅
宗教委員会責任者　土井洋彦
スポーツ委員会責任者　畑野君枝
選挙対策局長　中井作太郎
選挙対策委員　穀田恵二
自治体局長　岡嵜郁子
国際委員会責任者　緒方靖夫
党建設委員会責任者　山下芳生
組織局長　土方明果
機関紙活動局長　田中悠
学習・教育局長　山谷富士雄
青年・学生委員会責任者　吉良よし子
中央党学校運営委員会責任者　山下芳生

法規対策部長　柳沢明夫
人事局長　浜野鐵也
財務・業務委員会責任者　岩井忠
財政部長　大久保健三
機関紙誌業務部長　佐藤正久
管理部長　結城慎
厚生部長　三輪慎樹
コンピュータ・システム開発普及部長　田中芳樹
赤旗まつり実行委員会責任者　小木曽陽司
社会科学研究所長　不破哲三
出版企画委員会責任者　岩井忠利
出版局長　田代忠利
雑誌刊行委員会責任者　田代忠利
資料室責任者　菅原正伯
党史資料室責任者　岡工藤宏
中央委員会事務室責任者　高宮充
第二事務室責任者　高芳司
赤旗編集局長　小木曽陽司
原発・気候変動・エネルギー問題対策委員会責任者　笠井亮
国会議員団総会長　紙智子
衆議院議員団長　高橋千鶴子
参議院議員団長　紙智子
参議院幹事長　井上哲士
国会対策委員長　穀田恵二
衆議院国会対策委員長　穀田恵二
参議院国会対策委員長　井上哲士
国会議員団事務局長　藤井正人

国民民主党

（令和2年9月15日結成）

〒100-0014　千代田区永田町2-17-17
JBS永田町　☎03-3593-6229

代表　玉木雄一郎
代表代行　前原誠司
代表代行兼政務調査会長　大塚耕平
選挙対策委員長　浜野喜史
幹事長　榛葉賀津也
幹事長代行　川合孝典
選挙対策委員長　浜野元久
国会対策委員長兼参議院議員会長　古川元久
参議院議員会長兼院内総務　舟山康江
役員室長　浜口誠
副代表兼広報局長　礒崎哲史

286

幹事長代理	鈴木　義弘
副幹事長	西岡　秀子
同	竹詰　仁
国会対策委員長代理	浅野　哲
国会対策副委員長	鈴木　敦
同	斎藤アレックス
組織委員長	伊藤　孝恵
財務局長	浜口　誠
人事・総務局長	竹詰　仁
倫理委員長	嘉田由紀子
国民運動局長	田村　まみ
青年局長	浅野　哲
国際局長	古川　元久
参議院議員会長	舟山　康江
参議院幹事長	川合　孝典
参議院国会対策委員長	礒﨑　哲史
政治改革・行政改革推進本部長	古川　元久
男女共同参画推進本部長	玉木雄一郎
男女共同参画推進本部長代理兼LGBT担当	西岡　秀子
拉致問題対策本部長	西川　合孝典
災害対策本部長	榛葉賀津也
政務調査会長代理	西岡　秀子
同	浜口　誠
政務調査副会長	田中　健
同	長友　慎治

れいわ新選組
（平成31年4月1日結成）

〒102-0083 千代田区麹町2-5-20
押切ビル4F ☎03-6384-1974

代表	山本　太郎
共同代表	櫛渕　万里
同	大石あきこ
副代表兼参議院会長	舩後　靖彦
副代表兼参議院国会対策副委員長	木村　英子
国会対策委員長	たがや　亮
政策審議会長	大石あきこ
政策審議会長代理兼衆議院会長	櫛渕　万里

参議院国会対策委員長	大島九州男
幹事長	高井たかし
幹事	天畠大輔
両院議員総会長	舩後　靖彦
選挙対策委員長	山本　太郎

社会民主党
（※3、P287参照）

〒104-0043 中央区湊3-18-17
マルキ榎本ビル5F ☎03-3553-3731

党首	福島みずほ
副党首	新垣　邦男
副党首	大椿　裕子
幹事長	服部　良一
国会対策委員長（兼）	新垣　邦男
政策審議会長（兼）	新垣　邦男
選挙対策委員長（兼）	服部　良一
総務企画局長	中島　修
組織団体局長	渡辺　英明
機関紙宣伝局長（兼）	中島　修
常任幹事	山城博治、伊地智恭子、伊是名夏子

政治家女子48党
（平成25年6月17日結成）

〒100-8962 千代田区永田町2-1-1
参議院議員会館403号 ☎03-6550-0403

党首	齊藤健一郎
副党首	丸山　穂高
幹事長／政策調査会長	浜田　聡
選挙対策委員長／次期選挙戦略本部長	立花　孝志

参政党
（令和2年4月11日結成）

〒107-0052 港区赤坂3-4-3
赤坂マカベビル5F ☎03-6807-4228

代表	神谷　宗幣
副代表	川　裕一郎

※1 平成27年10月31日、おおさか維新の会結党。平成28年8月23日、日本維新の会へ党名変更
※2 昭和39年11月17日公明党結党。平成10年11月7日、「公明」と「新党平和」が合流して、新しい現在の「公明党」結党
※3 昭和20年11月2日、日本社会党結党。昭和30年10月13日、左右再統一。平成8年1月19日、社会民主党へ党名変更

衆議院議員勤続年数・当選回数表
（令和5年11月末現在）

氏名の前の（ ）内の数字は衆議院の通算在職年数、端数は切り上げてあります。
○内の数字は参議院議員としての当選回数。

⊛ 勤続年数

55年（1人）
小沢一郎 ⑱

47年（1人）
(7)衛藤征士郎 ⑬

45年（1人）
中村喜四郎 ⑮

44年（1人）
菅直人 ⑭

42年（1人）
麻生太郎 ⑭

41年（3人）
甘利明 ⑬
二階俊博 ⑬
額賀福志郎 ⑬

38年（4人）
逢沢一郎 ⑫
石破茂 ⑫
船田元 ⑬
村上誠一郎 ⑫

34年（7人）
岡田克也 ⑪
中谷元 ⑪
古屋圭司 ⑪
細田博之 ⑪
森英介 ⑪
山口俊一 ⑪
山本有二 ⑪

31年（15人）
石井啓一 ⑩
枝野幸男 ⑩
岸田文雄 ⑩
北側一雄 ⑩
玄葉光一郎 ⑩
穀田恵二 ⑩
斉藤鉄夫 ⑩
志位和夫 ⑩
鈴木俊一 ⑩
渡海紀三朗 ⑩
野田聖子 ⑩
浜田靖一 ⑩
林幹雄 ⑩
前原誠司 ⑩
茂木敏充 ⑩

29年（3人）
塩谷立 ⑩
高市早苗 ⑨
(27)林芳正 ①

28年（21人）
安住淳 ⑨
赤羽一嘉 ⑨
伊藤達也 ⑨
今村雅弘 ⑨
遠藤利明 ⑨
大口善徳 ⑨
河野太郎 ⑨
近藤昭一 ⑨
佐藤茂樹 ⑨
佐藤勉 ⑨
下村博文 ⑨
菅義偉 ⑨
田中和徳 ⑨
田村憲久 ⑨
棚橋泰文 ⑨
中川正春 ⑨
根本匠 ⑨
原口一博 ⑨
平沢勝栄 ⑨
古川元久 ⑨
渡辺周 ⑨

27年（4人）
岩屋毅 ⑨
(13)金田勝年 ⑤
高木陽介 ⑨
野田佳彦 ⑨

26年（2人）
新藤義孝 ⑧
(6)森山裕 ⑦

25年（1人）
(7)笠井亮 ⑥

24年（21人）
阿部知子 ⑧
赤嶺政賢 ⑧
江田憲司 ⑧
江渡聡徳 ⑧
小渕優子 ⑧
大島敦 ⑧
梶山弘志 ⑧

金子恭之 ⑧
櫻田義孝 ⑧
塩川鉄也 ⑧
髙木毅 ⑧
土屋品子 ⑧
長妻昭 ⑧
平井卓也 ⑧
細野豪志 ⑧
松野博一 ⑧
松原仁 ⑧
松本剛明 ⑧
山井和則 ⑧
吉野正芳 ⑧
渡辺博道 ⑧

23年（2人）
小野寺五典 ⑧
末松義規 ⑦

22年（4人）
石田真敏 ⑧
海江田万里 ⑧
牧義夫 ⑦
山口壮 ⑦

21年（20人）
井上信治 ⑦
泉健太 ⑦
江藤拓 ⑦
加藤勝信 ⑦
上川陽子 ⑦
菊田真紀子 ⑦
小宮山泰子 ⑦
後藤茂之 ⑦
篠原孝 ⑦
田嶋要 ⑦
高橋千鶴子 ⑦
武田良太 ⑦
谷公一 ⑦
谷川弥一 ⑦
長島昭久 ⑦
西村康稔 ⑦
古川禎久 ⑦
古屋範子 ⑦
松島みどり ⑦
笠浩史 ⑦

衆 勤続年数

【勤続年数】

3年 (87人)

阿部　司 ①
阿部　弘樹 ①
青柳　仁士 ①
赤木　正幸 ①
浅川　義治 ①
東　国幹 ①
荒井　優 ①
新垣　邦男 ①
五十嵐　清 ①
池下　卓 ①
池畑　浩太朗 ①
石井　拓 ①
石橋　林太郎 ①
石原　正敬 ①
一谷　勇一郎 ①
岩谷　良平 ①

4年 (2人)

深澤　陽一 ②
美延　映夫 ②

5年 (7人)

畦元　将吾 ②
櫛渕　万里 ②
角田　秀穂 ②
中川　康洋 ②
藤田　文武 ②
三木　圭恵 ②
吉田　豊史 ②

6年 (6人)

瀬戸　隆一 ③
空本　誠喜 ②
仁木　博文 ②
山本　剛正 ②
湯原　俊二 ②
吉田　宣弘 ③

7年 (36人)

青山　大人 ②
浅野　哲 ②
井坂　信彦 ②
伊東　信久 ②
伊藤　俊輔 ②
石川　香織 ②
泉田　裕彦 ②
上杉　謙太郎 ②
岡本　あき子 ②
金子　俊平 ②
鎌田　さゆり ②
神谷　裕 ②
木村　次郎 ②
国光　あやの ②
源馬　謙太郎 ②
小寺　裕雄 ②
髙村　正大 ②
興水　恵一 ②
坂本　祐之輔 ②
櫻井　周 ②
鈴木　義弘 ③
髙木　啓 ②
髙木　宏壽 ③
中川　郁子 ②
中曽根　康隆 ②
西岡　秀子 ②
西田　昭二 ②
野間　健 ②
穂坂　泰 ②
本田　太郎 ②
道下　大樹 ②
緑川　貴士 ②
森田　俊和 ②
吉川　赳 ②
早稲田　ゆき ②

8年 (2人)

鳩山　二郎 ③
和田　義明 ③

9年 (10人)

(7)井上　巧 ①
緒方　林太郎 ③
小林　茂樹 ③
小山　展弘 ③
杉田　水脈 ③
(7)徳永　久志 ①
福島　伸享 ③
三谷　英弘 ③
谷田川　元 ③
(7)若林　健太 ①

10年 (21人)

青山　周平 ④
稲富　修二 ③
尾身　朝子 ③
落合　貴之 ③
加藤　鮎子 ③
近藤　和也 ③
篠原　豪 ③
白石　洋一 ③
鈴木　隼人 ③
宮崎　政久 ③
宮路　拓馬 ③
宮本　徹 ③
宗清　皇一 ③
本村　伸子 ③
森山　浩行 ③
山岡　達丸 ③
山崎　誠 ③
吉田　統彦 ③

11年 (2人)

北神　圭朗 ④
鈴木　貴子 ④

武部　新 ④
武村　展英 ④
辻　清人 ④
冨樫　博之 ④
中谷　真一 ④
中野　洋昌 ④
中村　裕之 ④
中山　展宏 ④
長坂　康正 ④
野中　厚 ④
馬場　伸幸 ④
濱地　雅一 ④
福田　達夫 ④
藤井　比早之 ④
藤丸　敏 ④
藤原　崇 ④
星野　剛士 ④
細田　健一 ④
堀井　学 ④
堀内　詔子 ④
牧島　かれん ④
三ッ林　裕巳 ④
宮内　秀樹 ④
宮澤　博行 ④
務台　俊介 ④
村井　英樹 ④
八木　哲也 ④
簗　和生 ④
山下　貴司 ④
山田　賢司 ④
山田　美樹 ④
吉川　元 ④
渡辺　孝一 ④

上田　英俊 ①
梅谷　守 ①
漆間　譲司 ①
遠藤　良太 ①
おおつき　紅葉 ①
小野　泰輔 ①
尾崎　正直 ①
大石　あきこ ①
奥下　剛光 ①
加藤　竜祥 ①
河西　宏一 ①
勝目　康 ①
金村　龍那 ①
川崎　ひでと ①
神田　潤一 ①
金城　泰邦 ①
日下　正喜 ①
国定　勇人 ①
小森　卓郎 ①
神津　たけし ①
斎藤　アレックス ①
沢田　良 ①
塩崎　彰久 ①
庄子　賢一 ①
鈴木　敦 ①
鈴木　英敬 ①
鈴木　庸介 ①
住吉　寛紀 ①
たがや　亮 ①
田中　健 ①
高橋　英明 ①
高見　康裕 ①
土田　慎 ①
堤　かなめ ①
中川　貴元 ①
中川　宏昌 ①
中司　宏 ①
中野　英幸 ①
長友　慎治 ①
西野　太亮 ①
長谷川　淳二 ①
馬場　雄基 ①
早坂　敦 ①
平沼　正二郎 ①
平林　晃 ①
福重　隆浩 ①
藤岡　隆雄 ①
藤巻　健太 ①
太　栄志 ①

古川　直季 ①
堀場　幸子 ①
堀井　健智 ①
本庄　知史 ①
松本　尚 ①
三反園　訓 ①
岬　麻紀 ①
守島　正 ②
保岡　宏武 ①
柳本　顕 ①
山岸　一生 ①
山口　晋 ①
山崎　正恭 ①
山田　勝彦 ①
山本　左近 ①
吉田　久美子 ①
吉田　とも代 ①
吉田　はるみ ①
米山　隆一 ①
和田　有一朗 ①
渡辺　創 ①

1年（6人）
英利　アルフィヤ ①
金子　容三 ①
岸　信千世 ①
中嶋　秀樹 ①
林　佑美 ①
吉田　真次 ①

㊙勤続年数

参議院議員勤続年数・当選回数表
(令和5年11月末現在)

氏名の前の（　）内の数字は衆議院の通算在職年数、端数は切り上げてあります。
○内の数字は参議院議員としての当選回数。

43年　(1人)
　山東　昭子　⑧
38年　(1人)
　中曽根　弘文　⑦
35年　(1人)
　尾辻　秀久　⑥
32年　(1人)
　山崎　正昭　⑥
30年　(2人)
　(25)鈴木　宗男　①
　(7)山口　那津男　④
29年　(2人)
　(13)衛藤　晟一　③
　橋本　聖子　⑤
27年　(1人)
　(11)長浜　博行　③
26年
　櫻井　充　⑤
　世耕　弘成　⑤
　鶴保　庸介　⑤
　福島　みずほ　⑤
　福山　哲郎　⑤
24年　(3人)
　武見　敬三　⑤
　(22)辻元　清美　①
　(4)山谷　えり子　④
23年　(11人)
　有村　治子　④
　井上　哲士　④
　(21)上田　勇　①
　大塚　耕平　④
　紙　智子　④
　小池　晃　④
　榛葉　賀津也　④
　松山　政司　④
　(10)宮沢　洋一　③
　山下　芳生　③
　山本　香苗　④
21年　(3人)
　(9)浅尾　慶一郎　④
　関口　昌一　⑤
　(11)若松　謙維　②
20年　(11人)
　岡田　直樹　④
　末松　信介　④
　谷合　正明　④
　西田　実仁　④
　野上　浩太郎　④
　野村　哲郎　④
　(10)松沢　成文　④
　松下　新平　④
　松村　祥史　④
　山本　順三　④
　蓮舫　④
19年　(1人)
　(2)室井　邦彦　③
18年　(3人)
　(4)猪口　邦子　③
　(4)片山　さつき　③
　(4)福岡　資麿　③
17年　(16人)
　(8)青木　愛　③
　石井　準一　③
　川田　龍平　③
　佐藤　信秋　③
　佐藤　正久　③
　西田　昌司　③
　(5)広田　一　③
　古川　俊治　③
　牧野　たかお　③
　牧山　ひろえ　③
　丸川　珠代　④
　水岡　俊一　③
　森　まさこ　③
　山田　俊男　③
　山本　博司　③
　吉川　沙織　③
16年　(1人)
　(8)田名部　匡代　②
15年　(2人)
　(4)赤池　誠章　②
　(11)上田　清司　②
14年　(24人)
　青木　一彦　③
　秋野　公造　③
　石井　浩郎　③
　石川　博崇　③
　石橋　通宏　③
　磯﨑　仁彦　③
　上野　通子　③
　大家　敏志　③
　大島　九州男　③
　川合　孝典　③
　小西　洋之　③
　斎藤　嘉隆　③
　田村　智子　③
　竹谷　とし子　③
　徳永　エリ　③
　中西　祐介　③
　仁比　聡平　③
　(4)野田　国義　②
　長谷川　岳　③
　藤川　政人　③
　舟山　康江　③
　三原　じゅん子　③
　横山　信一　③
　渡辺　猛之　③
13年　(2人)
　(11)中田　宏　①
　(6)山田　宏　②
11年　(42人)
　東　徹　③
　(4)石井　章　②
　石井　正弘　③
　石田　昌宏　③
　礒﨑　哲史　③
　梅村　聡　③
　江島　潔　③
　大野　泰正　③
　太田　房江　③
　河野　義博　③
　吉良　よし子　③
　北村　経夫　③
　倉林　明子　②
　古賀　友一郎　②
　上月　良祐　③
　佐々木　さやか　③
　酒井　庸行　②
　清水　貴之　③
　柴田　巧　②
　杉　久武　②
　高橋　克法　②

滝沢 求 ②
滝波 宏文 ②
柘植 芳文 ②
堂故 茂 ②
豊田 俊郎 ②
長峯 誠 ②
新妻 秀規 ②
羽生田 俊 ②
馬場 成志 ②
浜野 喜史 ②
平木 大作 ②
堀井 巌 ②
舞立 昇治 ②
三宅 伸吾 ②
宮本 周司 ②
森本 真治 ②
森屋 宏 ②
矢倉 克夫 ②
山下 雄平 ②
吉川 ゆうみ ②
和田 政宗 ②

10年 (1人)
阿達 雅志 ③

9年 (2人)
山田 太郎 ②
(1)山本 太郎 ②

8年 (30人)
足立 敏之 ②
青山 繁晴 ②
浅田 均 ②
朝日 健太郎 ②
井上 義行 ②
伊藤 孝江 ②
伊藤 孝恵 ②
伊波 洋一 ②
石井 苗子 ②
今井 絵理子 ②
岩渕 友 ②
小野田 紀美 ②
片山 大介 ②
こやり 隆史 ②
古賀 之士 ②
佐藤 啓 ②
里見 隆治 ②
自見 はなこ ②
進藤 金日子 ②
杉尾 秀哉 ②
高木 かおり ②
(4)ながえ 孝子 ①

浜口 誠 ②
平山 佐知子 ②
藤木 眞也 ②
(7)船橋 利実 ①
松川 るい ②
三浦 信祐 ②
宮崎 勝 ②
山添 拓 ②

7年 (3人)
竹内 真二 ②
(5)比嘉 奈津美 ①
(2)三浦 靖 ①

6年 (1人)
(5)串田 誠一 ①

5年 (35人)
伊藤 岳 ①
石垣 のりこ ①
石川 大我 ①
岩本 剛人 ①
打越 さく良 ①
梅村 みずほ ①
小沢 雅仁 ①
小沼 巧 ①
音喜多 駿 ①
加田 裕之 ①
嘉田 由紀子 ①
勝部 賢志 ①
木村 英子 ①
岸 真紀子 ①
熊谷 裕人 ①
清水 真人 ①
塩田 博昭 ①
塩村 あやか ①
下野 六太 ①
須藤 元気 ①
田島 麻衣子 ①
田村 まみ ①
高橋 はるみ ①
高橋 光男 ①
高良 鉄美 ①
寺田 静 ①
芳賀 道也 ①
浜田 聡 ①
舩後 靖彦 ①
本田 顕子 ①
宮崎 雅夫 ①
森屋 隆 ①
安江 伸夫 ①
柳ヶ瀬 裕文 ①

横沢 高徳 ①

3年 (2人)
羽田 次郎 ①
宮口 治子 ①

2年 (36人)
青島 健太 ①
赤松 健 ①
生稲 晃子 ①
猪瀬 直樹 ①
臼井 正一 ①
越智 俊之 ①
鬼木 誠 ①
加藤 明良 ①
梶原 大介 ①
金子 道仁 ①
神谷 宗幣 ①
神谷 政幸 ①
窪田 哲也 ①
小林 一大 ①
古賀 千景 ①
古庄 玄知 ①
柴 愼一 ①
高木 真理 ①
竹詰 仁 ①
天畠 大輔 ①
堂込 麻紀子 ①
友納 理緒 ①
中条 きよし ①
永井 学 ①
長谷川 英晴 ①
広瀬 めぐみ ①
藤井 一博 ①
星 北斗 ①
松野 明美 ①
三上 えり ①
水野 素子 ①
村田 享介 ①
山本 佐知子 ①
吉井 章 ①
若林 洋平 ①

1年 (4人)
大椿 ゆうこ ①
齊藤 健一郎 ①
白坂 亜紀 ①
田中 昌史 ①

参 勤続年数

293

党派別国会議員一覧
（令和5年10月22日現在）

※衆参の正副議長は無所属に含む。〇内は当選回数・無所属には諸派を含む。衆議院議員の（）内は参議院の当選回数。参議院議員の（）内は衆議院の当選回数。

自民党　379人
（衆議院262人）

麻生　太郎　⑭
甘利　明　⑬
衛藤　征士郎　⑬(1)
二階　俊博　⑬
船田　元　⑬
逢沢　一郎　⑫
石破　茂　⑫
村上　誠一郎　⑫
中谷　元　⑪
古屋　圭司　⑪
細田　博之　⑪
森　英介　⑪
山口　俊一　⑪
山本　有二　⑪
岸田　文雄　⑩
塩谷　立　⑩
鈴木　俊一　⑩
渡海　紀三朗　⑩
野田　聖子　⑩
浜田　靖一　⑩
林　幹雄　⑩
茂木　敏充　⑩
伊藤　達也　⑨
今村　雅弘　⑨
岩屋　毅　⑨
遠藤　利明　⑨
河野　太郎　⑨
佐藤　勉　⑨
下村　博文　⑨
菅　義偉　⑨
田中　和徳　⑨
田村　憲久　⑨
高市　早苗　⑨
棚橋　泰文　⑨
根本　匠　⑨
平沢　勝栄　⑨
石田　真敏　⑧
江崎　鐵磨　⑧
江渡　聡徳　⑧
小野寺　五典　⑧

小渕　優子　⑧
梶山　弘志　⑧
金子　恭之　⑧
櫻田　義孝　⑧
新藤　義孝　⑧
髙木　毅　⑧
土屋　品子　⑧
平井　卓也　⑧
細野　豪志　⑧
松野　博一　⑧
松本　剛明　⑧
吉野　正芳　⑧
渡辺　博道　⑧
秋葉　賢也　⑦
井上　信治　⑦
伊藤　信太郎　⑦
江藤　拓　⑦
加藤　勝信　⑦
上川　陽子　⑦
小泉　龍司　⑦
後藤　茂之　⑦
坂本　哲志　⑦
柴山　昌彦　⑦
武田　良太　⑦
谷　公一　⑦
谷川　弥一　⑦
長島　昭久　⑦
西村　康稔　⑦
古川　禎久　⑦
松島　みどり　⑦
森山　裕　⑦(1)
山口　壯　⑦
あべ　俊子　⑥
赤澤　亮正　⑥
稲田　朋美　⑥
小里　泰弘　⑥
奥野　信亮　⑥
鈴木　淳司　⑥
寺田　稔　⑥
永岡　桂子　⑥
丹羽　秀樹　⑥

西村　明宏　⑥
西銘　恒三郎　⑥
葉梨　康弘　⑥
萩生田　光一　⑥
御法川　信英　⑥
宮下　一郎　⑥
山際　大志郎　⑥
鷲尾　英一郎　⑥
あかま　二郎　⑤
伊東　良孝　⑤
伊藤　忠彦　⑤
石原　宏高　⑤
上野　賢一郎　⑤
越智　隆雄　⑤
大塚　拓　⑤
柿沢　未途　⑤
金田　勝年　⑤(2)
亀岡　偉民　⑤
木原　誠二　⑤
木原　稔　⑤
小泉　進次郎　⑤
齋藤　健　⑤
鈴木　馨祐　⑤
関　芳弘　⑤
田中　良生　⑤
髙鳥　修一　⑤
橋本　岳　⑤
土井　亨　⑤
中根　一幸　⑤
中村　裕之　⑤
根本　幸典　⑤
平口　洋　⑤
牧原　秀樹　⑤
松本　洋平　⑤
武藤　容治　⑤
盛山　正仁　⑤
山本　ともひろ　⑤
若宮　健嗣　⑤
青山　周平　④
井出　庸生　④
井上　貴博　④
井林　辰憲　④

党派別一覧

衆議院 （四期 ④）

池田 佳隆 ④／石川 昭政 ④／今枝 宗一郎 ④／岩田 和親 ④／小倉 将信 ④／小田原 潔 ④／大岡 敏孝 ④／大串 正樹 ④／大西 英男 ④／大野 敬太郎 ④／鬼木 誠 ④／勝俣 孝明 ④／門山 宏哲 ④／神田 憲次 ④／菅家 一郎 ④／黄川田 仁志 ④／工藤 彰三 ④／熊田 裕通 ④／小島 敏文 ④／小林 鷹之 ④／小林 史明 ④／古賀 篤 ④／國場 幸之助 ④／佐々木 紀 ④／斎藤 洋明 ④／笹川 博義 ④／新谷 正義 ④／鈴木 貴子 ④／鈴木 憲和 ④／田所 嘉徳 ④／田中 英之 ④／田野瀬 太道 ④／田畑 裕明 ④／武井 俊輔 ④／武部 新 ④／武村 展英 ④／津島 淳 ④／辻 清人 ④／富樫 博之 ④／中村 裕之 ④／中山 展宏 ④／長坂 康正 ④／根本 幸典 ④／野中 厚 ④／福田 達夫 ④／藤井 比早之 ④／藤丸 敏 ④／星野 剛士 ④／細田 健一 ④／堀井 学 ④／堀内 詔子 ④／牧島 かれん ④／三ッ林 裕巳 ④／宮内 秀樹 ④／宮崎 政久 ④／宮澤 博行 ④／務台 俊介 ④／村井 英樹 ④／八木 哲也 ④／簗 和生 ④／山下 貴司 ④／山田 賢司 ④

衆議院 （三期 ③）

青山 周平 ③／井出 庸生 ③／井野 俊郎 ③／井林 辰憲 ③／尾身 朝子 ③／加藤 鮎子 ③(1)／小林 茂樹 ③／鈴木 隼人 ③／瀬戸 隆宏 ③／高木 宏壽 ③／谷川 とむ ③／中谷 真一 ③／古川 康 ③／宮路 拓馬 ③／渡辺 孝一 ③

衆議院 （二期 ②）

泉田 裕彦 ②／上杉 謙太郎 ②／畦元 将吾 ②／金子 俊平 ②／木村 次郎 ②／国光 あやの ②／小寺 裕雄 ②／杉田 水脈 ②／高木 啓 ②／高村 正大 ②／中曽根 康隆 ②／鳩山 二郎 ②／深澤 陽一 ②／穂坂 泰 ②／三谷 英弘 ②／本田 太郎 ②／和田 義明 ②

衆議院 （一期 ①）

東 国幹 ①／五十嵐 清 ①／井原 巧 ①(1)／石井 拓 ①／石橋 林太郎 ①／石原 正敬 ①／上田 英俊 ①／英利 アルフィヤ ①／尾﨑 正直 ①／加藤 竜祥 ①／勝目 康 ①／金子 容三 ①／川崎 ひでと ①／神田 潤一 ①／岸 信千世 ①／国定 勇人 ①／小森 卓郎 ①／塩崎 彰久 ①／島尻 安伊子 ①(2)／鈴木 敬久 ①／高階 恵美子 ①(2)／高見 康裕 ①／土田 慎 ①／中川 貴元 ①／中西 健治 ①(2)／西野 太亮 ①／長谷川 淳二 ①／林 芳正 ①(5)／平沼 正二郎 ①／古川 直季 ①／松本 尚 ①／柳本 顕 ①／山口 晋 ①／山本 左近 ①／吉田 真次 ①／若林 健太 ①(1)

（参議院117人）
（任期R7.7.28 54人）

山東 昭子 ⑧／世耕 弘成 ⑤／武見 敬三 ⑤／橋本 聖子 ④／有村 治子 ④

党派別一覧

松山 政司 ④
石井 準一 ③
衛藤 晟一 ③(4)
北村 経夫 ③
佐藤 信秋 ③
佐藤 正久 ③
西田 昌司 ③
古川 俊治 ③
牧野 たかお ③
丸川 珠代 ③
森 まさこ ③
山田 俊男 ③
赤池 誠章 ②(1)
石井 正弘 ②
石田 昌宏 ②
大野 泰正 ②
古賀 友一郎 ②
上月 良祐 ②
酒井 庸行 ②
高橋 克法 ②
滝沢 求 ②
滝波 宏文 ②
柘植 芳文 ②
堂故 茂 ②
豊田 俊郎 ②
長峯 誠 ②
羽生田 俊 ②
馬場 成志 ②
堀井 巌 ②
舞立 昇治 ②
三宅 伸吾 ②
宮本 周司 ②
森屋 宏 ②
山下 雄平 ②
山田 太郎 ②
吉川 ゆうみ ②
和田 政宗 ②
岩本 剛人 ①
加田 裕之 ①
清水 真人 ①
白坂 亜紀 ①
田中 昌史 ①
高橋 はるみ ①
中田 宏 ①(4)
比嘉 奈津美 ①(2)
本田 顕子 ①
三浦 靖 ①(1)

宮崎 雅夫 ①
(任期R10.7.25 63人)
中曽根 弘文 ⑦
山崎 正昭 ⑥
櫻井 充 ⑥
関口 昌一 ⑤
鶴保 庸介 ⑤
岡田 直樹 ④
末松 信介 ④
野上 浩太郎 ④
野村 哲郎 ④
松下 新平 ④
松村 祥史 ④
山谷 えり子 ④(1)
山本 順三 ④
阿達 雅志 ③
青木 一彦 ③
浅尾 慶一郎 ③(3)
石井 浩郎 ③
磯崎 仁彦 ③
猪口 邦子 ③(1)
上野 通子 ③
江島 潔 ③
大家 敏志 ③
片山 さつき ③(1)
中西 祐介 ③
長谷川 岳 ③
福岡 資麿 ③(1)
藤川 政人 ③
三原 じゅん子 ③
宮沢 洋一 ③(3)
渡辺 猛之 ③
足立 敏之 ②
青山 繁晴 ②
朝日 健太郎 ②
井上 義行 ②
今井 絵理子 ②
小野田 紀美 ②
こやり 隆史 ②
佐藤 啓 ②
自見 はなこ ②
進藤 金日子 ②
藤木 眞也 ②
松川 るい ②
山田 宏 ②(2)
赤松 健 ①
生稲 晃子 ①
白井 正一 ①

越智 俊之 ①
加藤 明良 ①
梶原 大介 ①
神谷 政幸 ①
小林 一大 ①
古庄 玄知 ①
友納 理緒 ①
永井 学 ①
長谷川 英晴 ①
広瀬 めぐみ ①
藤井 一博 ①
船橋 利実 ①(2)
星 北斗 ①
山本 啓介 ①
山本 佐知子 ①
吉井 章 ①
若林 洋平 ①

立憲民主党 131人
（衆議院94人）

小沢 一郎 ⑱
中村 喜四郎 ⑮
菅 直人 ⑭
岡田 克也 ⑪
枝野 幸男 ⑩
玄葉 光一郎 ⑩
安住 淳 ⑨
近藤 昭一 ⑨
中川 正春 ⑨
野田 佳彦 ⑨
原口 一博 ⑨
渡辺 周 ⑨
阿部 知子 ⑧
泉 健太 ⑧
大島 敦 ⑧
長妻 昭 ⑧
山井 和則 ⑧
江田 憲司 ⑦
菊田 真紀子 ⑦
小宮山 泰子 ⑦
篠原 孝 ⑦
末松 義規 ⑦
田嶋 要 ⑦
馬淵 澄夫 ⑦
牧 義夫 ⑦
笠 浩史 ⑦
小川 淳也 ⑥
大串 博志 ⑥

立憲民主党（承前）

衆議院

- 階　猛 ⑥
- 寺田　学 ⑥
- 西村　智奈美 ⑥
- 伴野　豊 ⑥
- 松木　けんこう ⑥
- 柚木　道義 ⑥
- 大西　健介 ⑤
- 逢坂　誠二 ⑤
- 奥野　総一郎 ⑤
- 後藤　祐一 ⑤
- 下条　みつ ⑤
- 手塚　仁雄 ⑤
- 青柳　陽一郎 ④
- 小熊　慎司 ④
- 城井　崇 ④
- 佐藤　公治 ④(1)
- 重徳　和彦 ④
- 中島　克仁 ④
- 稲富　修二 ③
- 落合　貴之 ③
- 金子　恵美 ③(1)
- 鎌田　さゆり ③
- 小山　展弘 ③
- 近藤　和也 ③
- 坂本　祐之輔 ③
- 篠原　豪 ③
- 白石　洋一 ③
- 野間　健 ③
- 谷田川　元 ③
- 山岡　達丸 ③
- 山崎　誠 ③
- 吉田　統彦 ②
- 伊藤　俊輔 ②
- 石川　香織 ②(1)
- 大河原　まさこ ②(1)
- 岡本　あき子 ②
- 神谷　裕 ②
- 源馬　謙太郎 ②
- 櫻井　周 ②
- 中谷　一馬 ②
- 緑川　貴士 ②
- 森山　浩行 ②
- 屋良　朝博 ②
- 湯原　俊二 ②
- 早稲田　ゆき ②
- 荒井　優 ②
- 梅谷　守 ②
- おおつき　紅葉 ①
- 神津　たけし ①
- 鈴木　庸介 ①
- 堤　かなめ ①
- 馬場　雄基 ①
- 藤岡　隆雄 ①
- 太　栄志 ①
- 本庄　知史 ①
- 山岸　一生 ①
- 山田　勝彦 ①
- 吉田　はるみ ①
- 米山　隆一 ①
- 渡辺　創 ①

（参議院37人）

（任期R7.7.28　21人）

- 川田　龍平 ③
- 牧山　ひろえ ③
- 吉川　沙織 ②(1)
- 野田　国義 ②
- 森本　真治 ②
- 石垣　のりこ ①
- 石川　大我 ①
- 打越　さく良 ①
- 小沢　雅仁 ①
- 小沼　巧 ①
- 勝部　賢志 ①
- 岸　真紀子 ①
- 熊谷　裕人 ①
- 塩村　あやか ①
- 田島　麻衣子 ①
- 羽田　次郎 ①
- 水野　素子 ①
- 宮口　治子 ①
- 森屋　隆 ①
- 横沢　高徳 ①

（任期R10.7.25　16人）

- 福山　哲郎 ⑤
- 蓮舫 ④
- 青木　愛 ③(3)
- 石橋　通宏 ③
- 小西　洋之 ③
- 斎藤　嘉隆 ③
- 徳永　エリ ③
- 杉尾　秀哉 ②
- 古賀　之士 ②
- 田名部　匡代 ②(3)
- 鬼木　誠 ①
- 古賀　千景 ①
- 柴　慎一 ①
- 高木　真理 ①
- 辻元　清美 ①(7)
- 村田　享子 ①

日本維新の会　61人

（衆議院41人）

- 足立　康史 ④
- 井上　英孝 ④
- 市村　浩一郎 ④
- 浦野　靖人 ④
- 杉本　和巳 ④
- 馬場　伸幸 ④
- 伊東　信久 ②
- 空本　誠喜 ②
- 藤田　文武 ②
- 三木　圭恵 ②
- 美延　映夫 ②
- 山本　剛正 ②
- 阿部　弘樹 ①
- 青柳　仁士 ①
- 赤木　正幸 ①
- 浅川　義治 ①
- 池下　卓 ①
- 池畑　浩太朗 ①
- 一谷　勇一郎 ①
- 岩谷　良平 ①
- 漆間　譲司 ①
- 遠藤　良太 ①
- 小野　泰輔 ①
- 奥下　剛光 ①
- 金村　龍那 ①
- 沢田　良 ①
- 住吉　寛紀 ①
- 中嶋　秀樹 ①
- 中司　宏 ①
- 早坂　敦 ①
- 林　佑美 ①

党派別一覧

自由民主党内派閥一覧
（令和5年10月26日現在）

○内は当選回数・他派との重複及び自民党系議員を含む。衆議院議員の（　）内は参議院の当選回数。参議院議員の（　）内は衆議院の当選回数。

安倍派　99人

（衆議院59人）

衛藤　征士郎 ⑬(1)
塩谷　立 ⑩
下村　博文 ⑨
高木　毅 ⑧
松野　博一 ⑧
吉野　正芳 ⑧
柴山　昌彦 ⑦
谷川　弥一 ⑦
西村　康稔 ⑦
松島　みどり ⑦
稲田　朋美 ⑥
奥野　信亮 ⑥
鈴木　淳司 ⑥
西村　明宏 ⑥
萩生田　光一 ⑥
宮下　一郎 ⑥
越智　隆雄 ⑤
大塚　拓 ⑤
亀岡　偉民 ④
関　芳弘 ⑤
高鳥　修一 ④
中根　一幸 ④
青山　周平 ④
池田　佳隆 ④
小田原　潔 ④
大西　英男 ④
神田　憲次 ④
菅家　一郎 ④
佐々木　紀 ④
根本　幸典 ④
福田　達夫 ④
藤原　崇 ④
細田　健一 ④
堀井　学 ④
三ッ林　裕巳 ④
宮澤　博行 ④
山田　美樹 ④
義家　弘介 ④(1)
尾身　朝子 ③
杉田　水脈 ③
谷川　とむ ③
宗清　皇一 ③
和田　義明 ③
上杉　謙太郎 ②
木村　次郎 ②
高木　啓 ②
井原　巧 ①(1)
石井　拓 ①
加藤　竜祥 ①
岸　信千世 ①
小森　卓郎 ①
塩崎　彰久 ①
鈴木　英敬 ①
高階　恵美子 ①(2)
高松　尚 ①
吉田　真次 ①
若林　健太 ①(1)

（参議院40人）
（任期R7.7.28　23人）

世耕　弘成 ⑤
橋本　聖子 ⑤
衛藤　晟一 ③(4)
北村　経夫 ③
西田　昌司 ③
古川　俊治 ③
丸川　珠代 ③
宮本　周司 ③
森　まさこ ③
赤池　誠章 ②
石井　正弘 ②
石田　昌宏 ②
大野　泰正 ②
太田　房江 ②
酒井　庸行 ②
滝波　宏文 ②
長峯　誠 ②
羽生田　俊 ②
堀井　巌 ②
吉川　ゆうみ ②
加田　裕之 ①
白坂　亜紀 ①
高橋　はるみ ①

（任期R10.7.25　17人）

山崎　正昭 ⑤
岡田　直樹 ④
末松　信介 ④
野上　浩太郎 ④
山谷　えり子 ④(1)
山本　順三 ④
上野　通子 ③
江島　潔 ②
片山　さつき ③(1)
長谷川　岳 ②
井上　義行 ②
佐藤　啓 ②
松川　るい ②
山田　宏 ②(2)
生稲　晃子 ①
古庄　玄知 ①
友納　理緒 ①

麻生派　56人

（衆議院41人）

麻生　太郎 ⑭
甘利　明 ⑬
森　英介 ⑪
山口　俊一 ⑪
鈴木　俊一 ⑩
岩屋　毅 ⑨
河野　太郎 ⑨
田中　和徳 ⑨
棚橋　泰文 ⑨
江渡　聡徳 ⑧
松本　剛明 ⑧
井上　信治 ⑦
伊藤　信太郎 ⑦
永岡　桂子 ⑥
山際　大志郎 ⑥
あかま　二郎 ⑤
鈴木　馨祐 ⑤
武藤　容治 ⑤
井上　貴博 ④
井林　辰憲 ④
今枝　宗一郎 ④
工藤　彰三 ④
斎藤　洋明 ④
中村　裕之 ④
中山　展宏 ④
長坂　康正 ④
牧島　かれん ④
務台　俊介 ④
山田　賢司 ④
瀬戸　隆一 ③
中川　郁子 ③
中村　正大 ③
仁木　博文 ③
英利アルフィヤ ①

塚田一郎 ①(2)
土田慎 ①
中川貴元 ①(2)
中西健治 ①
柳本顕 ①
山本左近 ①

（参議院15人）
（任期R7.7.28　6人）
山東昭子 ⑧
武見敬三 ③
有村治子 ③
高橋克法 ②
滝沢求 ②
豊田俊郎 ②
（任期R10.7.25　9人）
浅尾慶一郎 ③(3)
猪口邦子 ③(1)
大家敏志 ③
中西祐介 ③
藤井基之 ③
今井絵理子 ②
神谷政幸 ①
広瀬めぐみ ①
船橋利実 ①(2)

茂木派　53人

（衆議院32人）
船田元 ⑬
茂木敏充 ⑩
伊藤達也 ⑩
小渕優子 ⑧
新藤義孝 ⑧
渡辺博道 ⑦
秋葉賢也 ⑦
加藤勝信 ⑦
古川禎久 ⑦
西銘恒三郎 ⑥
木原稔 ⑤
橋本岳 ⑤
平井卓也 ⑤
若宮健嗣 ⑤
井野俊郎 ④
笹川博義 ④
新谷正義 ④
鈴木憲和 ④
鈴木淳司 ④
津島淳 ④
中谷真一 ④
古川康 ③
東国幹 ①
五十嵐清 ①
上田英俊 ①
島尻安伊子 ①(2)
高見康裕 ①
山口晋 ①

（参議院21人）
（任期R7.7.28　9人）
石井準一 ③
佐藤信秋 ③
佐藤正久 ③
牧野たかお ③
上月良祐 ②
堂故茂 ②
山下雄平 ②
比嘉奈津美 ①(2)
三浦靖 ①(1)
（任期R10.7.25　12人）
関口昌一 ⑤
野村哲郎 ④
松村祥史 ④
青木一彦 ③
石井浩郎 ③
福岡資麿 ③(1)
渡辺猛之 ②
小野田紀美 ②
臼井正一 ①
加藤明良 ①
永井学 ①
山本佐知子 ①

岸田派　47人

（衆議院34人）
岸田文雄 ⑩
林芳正 ①(5)
根本匠 ⑨
田村憲久 ⑨
小野寺五典 ⑧
金子恭之 ⑧
石田真敏 ⑦
上川陽子 ⑦
寺田稔 ⑥
葉梨康弘 ⑥
木原誠二 ⑤
盛山正仁 ⑤
石原宏高 ⑤
岩田和親 ④
古賀篤 ④
國場幸之助 ④
小島敏文 ④
小林史明 ④
武井俊輔 ④
辻清人 ④
藤丸敏 ④
堀内詔子 ④
村井英樹 ④
渡辺孝一 ④
金子俊平 ②
国光あやの ②
西田昭二 ②
深澤陽一 ②
畦元将吾 ①
石橋林太郎 ①
神田潤一 ①
石原正敬 ①
金子容三 ①

（参議院13人）
（任期R7.7.28　4人）
松山政司 ④
古賀友一郎 ②
馬場成志 ②
森屋宏 ②
（任期R10.7.25　9人）
宮沢洋一 ①(3)
磯崎仁彦 ③
足立敏之 ③
こやり隆史 ②
藤木眞也 ②
山本啓介 ①
吉井章 ①
小林一大 ①
越智俊之 ①

二階派　41人

（衆議院32人）
二階俊博 ⑬
林幹雄 ⑩
今村雅弘 ⑨
平沢勝栄 ⑧
江崎鐵磨 ⑧
櫻田義孝 ⑧
細田健一 ⑦
小泉龍司 ⑦
武田良太 ⑦
谷公一 ⑦
長島昭久 ⑥
鷲尾英一郎 ⑥
伊東良孝 ⑤
伊藤忠彦 ⑤(2)
金田勝年 ⑤
松本洋平 ⑤

二階派（続き）

（衆議院）

小倉	將信	④
大岡	敏孝	④
勝俣	孝明	④
小林	鷹之	④
武部	新	④
宮内	秀樹	④
小林	茂樹	③
高木	宏壽	③
鳩山	二郎	③
小寺	裕雄	②
中曽根	康隆	①
尾崎	正直	①
国定	勇人	①
中野	英幸	①
平沼	正二郎	①

（参議院9人）

（任期R7.7.28　3人）

岩本	剛人	①
清水	真人	①
宮崎	雅夫	①

（任期R10.7.25　6人）

中曽根	弘文	⑦
鶴保	庸介	⑤
自見	はなこ	②
進藤	金日子	②
梶原	大介	①
若林	洋平	①

森山派　　8人

（衆議院7人）

森山	裕	⑦(1)
坂本	哲志	⑦
城内	実	⑥
上野	賢一郎	⑤
鬼木	誠	④
田野瀬	太道	④
宮路	拓馬	④

（参議院1人）

（任期R7.7.28　1人）

山田	俊男	③

無派閥　　77人

（衆議院58人）

逢沢	一郎	⑫
石破	茂	⑫
村上	誠一郎	⑫
中谷	元	⑪
古屋	圭司	⑪
細田	博之	⑪
山本	有二	⑪
渡海	紀三朗	⑩
金子	恭之	⑩
野田	聖子	⑩
浜田	靖一	⑨
遠藤	利明	⑨
佐藤	勉	⑨
菅	義偉	⑨
高市	早苗	⑧
梶山	弘志	⑧
土屋	品子	⑧
江藤	拓	⑦
後藤	茂之	⑦
赤澤	亮正	⑥
阿部	俊子	⑥
小里	泰弘	⑥
平	将明	⑥
丹羽	秀樹	⑥
御法川	信英	⑤
小泉	進次郎	⑤
齋藤	健	⑤
坂井	学	⑤
橘	慶一郎	⑤
土井	亨	⑤
牧原	秀樹	⑤
山本	ともひろ	⑤
石原	宏高	⑤
大串	正樹	④
大野	敬太郎	④
黄川田	仁志	④
熊田	裕通	④
武部	新	④
富樫	博之	④
藤井	比早之	④
八木	哲也	④
山下	貴司	④
田所	嘉徳	④
中村	裕之	④
加藤	鮎子	④
三谷	英弘	②
泉田	裕彦	②
本田	太郎	②
穂坂	泰	①
勝目	康	①
川崎	ひでと	①
西野	太亮	①
長谷川	淳二	①
古川	直季	①
保岡	宏武	①

（参議院18人）

（任期R7.7.28　8人）

柘植	芳文	②
舞立	昇治	②
三宅	伸吾	②
山田	太郎	②
和田	政宗	②
中田	宏	①(4)
本田	顕子	①

（任期R10.7.25　10人）

櫻井	充	⑤
松下	新平	③
阿達	雅志	③
三原	じゅん子	③
青山	繁晴	②
朝日	健太郎	②
赤松	健	①
長谷川	英晴	①
藤井	一博	①
星	北斗	①

自由民主党各派閥役員一覧 (令和5年10月26日現在)

清和政策研究会 (安倍派)

〒102-0093 千代田区平河町2-7-1
塩崎ビル　☎03-3265-2941

志 公 会 (麻生派)

〒102-0093 千代田区平河町2-5-5
全国旅館会館3F　☎03-3237-1121

特 別 顧 問	高村 正彦
顧　　　問	山東 昭子
同	甘利 明
会　　　長	麻生 太郎
会 長 代 理	森 英介、田中和徳、江渡聡徳
副 会 長	山口俊一、鈴木俊一、武見敬三
事務総長(兼)	森 英介
事 務 局 長	井上 信治
事務局次長	山際大志郎、鈴木馨祐、薗浦健太郎、藤川政人

平成研究会 (茂木派)

〒100-0014 千代田区永田町1-11-32
全国町村会館西館3F　☎03-3580-1311

顧　　　問	船田 元
会　　　長	茂木 敏充
参 院 会 長	関口 昌一
副 会 長	渡辺博道、加藤勝信、野村哲郎、松村祥史
政策委員長	木原 稔
団体委員長	牧野 たかお
事 務 総 長	新藤 義孝
事務総長代理	小渕 優子
同	石井 準一
事 務 局 長	若宮 健嗣
事務局次長	笹川博義、井野俊郎、堂故 茂

宏 池 会 (岸田派)

〒100-0014 千代田区永田町1-11-32
全国町村会館西館6F　☎03-3508-0551

会　　　長	岸田 文雄
座　　　長	林 芳正
会長代行兼事務総長	根本 匠
副 会 長	田村憲久、平井卓也、金子恭之、石田真敏、上川陽子
事務総長代行	小野寺 五典
同	松山 政司
政策委員長	宮沢 洋一
事 務 局 長	木原 誠二
事務局次長	古賀 篤

志 帥 会 (二階派)

〒102-0093 千代田区平河町2-7-4
砂防会館別館3F　☎03-3263-3001

最 高 顧 問	伊吹 文明
会　　　長	二階 俊博
会 長 代 行	林 幹雄
同	中曽根 弘文
副 会 長	江﨑 鐵磨
同	鶴保 庸介
事 務 総 長	武田 良太
政策委員長	細野 豪志

近未来政治研究会 (森山派)

〒102-0093 千代田区平河町2-5-7
ヒルクレスト平河町204号室　☎03-3288-9055

会　　　長	森山 裕
事 務 総 長	坂本 哲志

各派閥役員

省庁幹部職員抄録

●編集要領

○ ゴシック書体は、両院議長、同副議長、常任・特別委員長並びに大臣・副大臣・政務官及び各省庁の役職名称。

○ 明朝書体は上記以外の氏名及び住所・電話番号。

○ 各主要ポジションについては緊急電話連絡用として**夜間電話**を記載。

○ 記載内容は原則として令和5年10月22日現在。

国　会

〔衆 議 院〕

〒100-8960 千代田区永田町1-7-1
☎03(3581)5111

議　　長	額賀福志郎
秘　　書	平川大輔
同	田中翔太
副 議 長	海江田万里
秘　　書	清家弘司
同	落合友子

〔常 任 委 員 長〕

内　　閣	星野剛士
総　　務	古屋範子
法　　務	武部新
外　　務	勝俣孝明
財 務 金 融	津島淳
文 部 科 学	田野瀬太道
厚 生 労 働	田畑裕明
農 林 水 産	野中厚
経 済 産 業	岡本三成
国 土 交 通	坂本康介
環　　境	務台俊介
安 全 保 障	築和生
国 家 基 本 政 策	根本匠
予　　算	小野寺五典
決 算 行 政 監 視	江田憲司
議 院 運 営	山口俊一
懲　　罰	大串博志

〔特 別 委 員 長〕

災 害 対 策	御法川信英
倫 理 公 選	亀岡偉民
沖縄・北方問題	松本けんこう
拉 致 問 題	下条みつ
消 費 者 問 題	秋葉賢也
東日本大震災復興	髙階恵美子
原子力問題調査	中根一幸
地域活性化・こども政策・デジタル社会形成	谷公一

〔憲 法 審 査 会〕

会　　長	森英介

〔情 報 監 視 審 査 会〕

会　　長	浜田靖一

〔政 治 倫 理 審 査 会〕

会　　長	塩谷立

〔衆 議 院 事 務 局〕

事 務 総 長	岡田憲治
事 務 次 長	築山信彦
秘書課長 事務取扱	佐藤浩
統 括 監	佐藤浩
議 長 公 邸 長	田家裕一郎
副議長公邸長	森重達也
議 事 部 長	石塚公彦
副 部 長	片岡義隆
	大場誉之
	中居健吾
議 事 課 長	日高孝一
議 案 課 長	高橋裕介
調 整 主 幹	石川真一
請 願 課 長	東山哲道
資料課長 事務取扱	大場誉之
委 員 部 長	小林英樹
副 部 長	木口克浩
総 務 課 長	飯嶋正雄
総 務 主 幹	鴻巣正博
議院運営課長	近藤康弘
議院運営主幹	濱島克男
第一課長 事務取扱	山口克洋
第 二 課 長	平井俊紀
第三課長（兼）	平井俊紀
調 整 主 幹	饗庭建司
第 四 課 長	小関隆史
第五課長（兼）	小関隆史
調 整 主 幹	杉本守
第 六 課 長	近藤英之
第七課長（兼）	近藤英之
調 整 主 幹	佐々木伸之
調 査 課 長	野一色裕二
調 査 主 幹	中川浩史
記 録 部 長	山本麻美
副 部 長	森田千賀子
総 務 主 幹	稲吉明子
第一課長 事務取扱	森田千賀子
会議録データ管理室長	中村有起子
第 二 課 長	志田和子
第 三 課 長	森川雅也
第 四 課 長	渋谷竜男
警 務 部 長	野口幸彦
副 部 長	藤森隆
警 備 主 幹	宮内剛
警務課長 事務取扱	藤森隆

警備課長　　　　　　我妻勝好
調整課長　　　　　　宮市和二
防災課長　　　　　　臼井俊二
防災主幹(兼)　　　　宮内　剛
庶務部長　　　　　　梶田　秀
副　部　長　　　　　瀬良田祥二
　　柊平　健　　　　南　圭次
　　元尾竜一
議員課長　　　　　　竹内聡子
企画調整主幹　　　　平子由美
文書課長　　　　　　内藤義人
総務主幹　　　　　　大戸優子
広報課長　　　　　　佐藤　順
人事課長　　　　　　吉田一路
企画室長　　　　　　荒金麻夕美
会計課長 事務取扱　　元尾竜一
監査主幹　　　　　　井門麻子
営繕課長　　　　　　才木　潤
契約監理主幹　　　　山田弘明
PFI推進室長　　　　今井芳子
電気施設課長　　　　寺田　稔
契約監理主幹　　　　草野知洋
情報管理監(兼)　　　瀬良田祥二
情報基盤整備室長　　秋山幸司
管理部長　　　　　　吉田早樹人
副　部　長　　　　　宮田正雄
　　松本邦義　　　　牛丸禎之
管理課長 事務取扱　　宮田正雄
議員会館課長 事務取扱　松本邦義
総務主幹　　　　　　貞弘浩太郎
自動車課長　　　　　本山啓登
総務主幹　　　　　　長島義明
印刷課長　　　　　　渡辺　豊
厚生課長 事務取扱　　牛丸禎之
厚生主幹　　　　　　高野順二
業務課長　　　　　　小久保尚一
国際部長　　　　　　山本浩慎
副　部　長　　　　　佐々木利明
総務課長 事務取扱　　佐々木利明
議員外交支援室長　　三田大樹
渉外課長　　　　　　照内朗人
渉外主幹　　　　　　田中勇毅
国際会議課長　　　　藤田博光
国際会議主幹　　　　二見輝夫
憲政記念館長　　　　菊田幸夫

副　館　長　　　　　青山卯女
資料管理課長 事務取扱　青山卯女
総務主幹　　　　　　神薗直子
調整主幹　　　　　　押越嘉満
憲法審査会事務局長　神崎一郎
事務局次長　　　　　白藤知木
総務課長　　　　　　高森雅樹
情報監視審査会事務局長　寶寺　浩
総務課長　　　　　　本多基宏
〔調　　査　　局〕
調査局長　　　　　　近藤博人
総括調整監　　　　　仲宗根一
総務課長　　　　　　辻岡美夏
総務主幹　　　　　　辻本考一
調査情報課長(兼)　　南　圭次
内閣調査室長　　　　尾本高広
　首席調査員　　　　田中　仁
　次席調査員　　　　志村慶太郎
総務調査室長　　　　阿部哲也
　首席調査員　　　　相原克哉
　次席調査員　　　　山口雅之
法務調査室長　　　　三橋善一郎
　首席調査員　　　　勝部　雄
外務調査室長　　　　大野雄一郎
　首席調査員　　　　近藤真由美
　次席調査員　　　　河上恵子
財務金融調査室長　　二階堂豊
　首席調査員　　　　相川雅樹
　次席調査員　　　　小室芳昭
文部科学調査室長　　中村　清
　首席調査員　　　　藤井　晃
　次席調査員　　　　高橋　剛
厚生労働調査室長　　若本義信
　首席調査員　　　　須澤卓士
　同　　　　　　　　青木修二
　次席調査員　　　　大内　亘
農林水産調査室長　　飯野伸夫
　首席調査員　　　　千葉　論
　次席調査員　　　　奈良誠悦
経済産業調査室長　　藤田和光
　首席調査員　　　　中川博史
　次席調査員　　　　深谷陵子
国土交通調査室長　　鈴木鉄夫
　首席調査員　　　　國廣勇人
　同　　　　　　　　竹田　優司

国会　衆議院

環境調査室長	吉田　はるみ
首席調査員	鈴木　努
次席調査員	荒井　コスモ
安全保障調査室長	奥　克彦
首席調査員	小池　洋子
次席調査員	今井　一晶
国家基本政策調査室長	那須　茂
首席調査員	水谷　一博
同	塩野　剛
予算調査室長	齋藤　育子
首席調査員	奥川　陽一
次席調査員	花田　和命
決算行政監視調査室長	花島　克臣
首席調査員	原田　健成
次席調査員	内田　和正
第一特別調査室長	菅野　亨
首席調査員（沖縄・北方、消費者）	周藤　英子
次席調査員	安堂　恭子
第二特別調査室長	森　源二
首席調査員（倫理・選挙）	花房　久美
次席調査員	山岸　雅広
第三特別調査室長	野本　政栄
首席調査員（災害）	崎部　実香
次席調査員	小林　和彦
北朝鮮による拉致問題等に関する特別調査室長（兼）	那須　茂
首席調査員（兼）	水谷　一博
同（兼）	塩野　剛
東日本大震災復興特別調査室長（兼）	野本　政栄
首席調査員（兼）	崎部　実香
次席調査員（兼）	小林　和彦
原子力問題調査特別調査室長（兼）	吉田　はるみ
首席調査員（兼）	鈴木　努
次席調査員（兼）	荒井　コスモ
地域活性化・こども政策・デジタル社会形成に関する特別調査室長（兼）	阿部　哲也
首席調査員（兼）	田中　仁
同（兼）	相原　克哉
次席調査員（兼）	山口　雅之

〔常任委員会専門員〕

内閣委員会専門員	尾本　高広
総務委員会専門員	阿部　哲也
法務委員会専門員	三橋　善一郎
外務委員会専門員	大野　雄一郎
財務金融委員会専門員	二階堂　豊
文部科学委員会専門員	中村　清
厚生労働委員会専門員	若本　義信
農林水産委員会専門員	飯野　伸夫
経済産業委員会専門員	藤野　和光
国土交通委員会専門員	鈴木　鉄夫
環境委員会専門員	吉田　はるみ
安全保障委員会専門員	奥　克彦
国家基本政策委員会専門員	那須　茂
予算委員会専門員	齋藤　育子
決算行政監視委員会専門員	花島　克臣

〔衆議院法制局〕

法制局長	橘　幸信
法制次長	笠井　真一
法制企画調整部長	吉澤　紀子
企画調整監	尾形　孝史
副部長	吉田　尚弘
企画調整課長事務取扱	吉田　尚弘
基本法制課長	牛山　敦司
総務課長	中谷　幸子
調査課長事務取扱	吉澤　紀子
第一部長	森　恭子
副部長	栗原　理恵
第一課長事務取扱	栗原　理恵
第二課長	笠松　珠美
第二部長	藤井　宏治
第一課長	窪島　春樹
第二課長	氏家　正喜
第三部長	望月　譲
副部長	正木　寛也
第一課長事務取扱	正木　寛也
第二課長	中司　光紀
第四部長	片山　敦嗣
副部長	津田　樹見宗
第一課長事務取扱	片山　敦嗣
調整主幹	小野寺　容資
第二課長事務取扱	津田　樹見宗
第五部長	白川　弘基
副部長	仁山　義明
第一課長事務取扱	仁山　義明
第二課長	中島　陽
法案審査部長	石原　隆史
審査第一課長	梶山　知唯
審査第二課長（兼）	梶山　知唯
法制主幹	浅見　剛成

〔参　議　院〕

〒100-8961 千代田区永田町1-7-1
☎03(3581)3111

議　　　　長	尾　辻　秀　久
秘　　　書	末　原　朋　実
同	石　原　　淳
副　議　長	長　浜　博　行
秘　　　書	副　島　　浩
同	外　川　裕　之

〔常　任　委　員　長〕

内　　　　閣	大　野　泰　正
総　　　務	新　妻　秀　規
法　　　務	佐々木さやか
外　交　防　衛	北　村　経　夫
財　政　金　融	宮　本　周　司
文　教　科　学	高　橋　克　法
厚　生　労　働	比　嘉　奈津美
農　林　水　産	滝　波　宏　文
経　済　産　業	森　本　真　治
国　土　交　通	青　木　　愛
環　　　境	三原じゅん子
国　家　基　本　政　策	浅　田　　均
予　　　算	末　松　信　介
決　　　算	佐　藤　信　秋
行　政　監　視	川　田　龍　平
議　院　運　営	石　井　準　一
懲　　　罰	松　沢　成　文

〔特　別　委　員　長〕

災　害　対　策	竹　内　真　二
政府開発援助及び沖縄北方	藤　川　政　人
倫　理　選　挙	西　田　昌　司
拉　致　問　題	山谷えり子
地方創生及び デジタル社会の形成	長谷川　　岳
消　費　者　問　題	石　井　　章
東日本大震災復興	野　田　国　義

〔調　査　会　長〕

外交・安全保障	猪　口　邦　子
国民生活・経済	福　山　哲　郎
資源エネルギー・ 持続可能社会	宮　沢　洋　一

〔憲　法　審　査　会〕

会　　　長	中曽根弘文

〔情報監視審査会〕

会　　　長	有　村　治　子

〔政治倫理審査会〕

会　　　長	野　村　哲　郎

〔参議院事務局〕

事　務　総　長	小　林　史　武
事　務　次　長	伊　藤　文　靖
秘書課長事務取扱	松　下　和　史
秘　書　主　幹	頓　所　要　介
議　長　公　邸　長	蜂　谷　　勉
副議長公邸長	金　子　まゆみ
議　事　部　長	八　鍬　敬　嗣
副　部　長	松　下　和　史
議　事　課　長	内　田　衡　純
議　事　主　幹	松　井　新　介
議　案　課　長	篠　窪　有　恒
請　願　課　長	橋　本　泰　治
委　員　部　長	金　子　真　実
副　部　長	藤　原　直　幸
調　整　課　長	森　下　伊三夫
議院運営課長	鶴　岡　貴　子
調　整　主　幹	小　松　由　季
第　一　課　長	柴　崎　敦　史
第　二　課　長	橋　本　貴　義
第　三　課　長	桐　谷　淳　司
第　四　課　長	林　　　晋
第五課長(兼)	林　　　晋
第　六　課　長	鈴　木　克　洋
第　七　課　長	宇津木　真　也
第八課長(兼)	上　村　隆　行
記　録　部　長	森　　　黒
記録企画課長	大井田　　淳
記録企画主幹	大　矢　博　昭
速記第一課長	町　井　直　子
速記第二課長	馬　場　葉　子
速記第三課長	鳥　井　晃　子
警　務　部　長	光　地　壱　朗
警　務　課　長	石　塚　雅　人
警　務　主　幹	丸　　　健　治
警備第一課長	石　井　　剛
警備第二課長	高　橋　　健
警備第三課長	佐　藤　宏　良
庶　務　部　長	黒　川　和　良
副　部　長	高　嶋　久　志
	加來賢一　富士由將
文　書　課　長	大　里　慶　子
調　整　主　幹	松　本　良　起

国　会　　参議院

右半（常任委員会専門員・特別調査室）

常任委員会専門員　外交防衛委員会調査室
- 首席調査員　中宮康夫
- 同　内﨑雅史
- 次席調査員　沓脱秀人

常任委員会専門員　財政金融委員会調査室
- 首席調査員　森松康勲
- 次席調査員　小藤井一志

常任委員会専門員　文教科学委員会調査室
- 首席調査員　伊武賢裁
- 次席調査員　蔵脇誠司

常任委員会専門員　厚生労働委員会調査室
- 首席調査員　田伯達憲
- 同　北吉博也

常任委員会専門員　農林水産委員会調査室
- 首席調査員　佐澤寺谷道光

常任委員会専門員　経済産業委員会調査室
- 首席調査員　長笹口村裕尚

常任委員会専門員　国土交通委員会調査室
- 首席調査員　西安田野利千

常任委員会専門員　環境委員会調査室長
- 首席調査員　山高野智友

常任委員会専門員　予算委員会調査室長
- 首席調査員　星清野和一
- 次席調査員　藤瀬乗山順

常任委員会専門員　決算委員会調査室長
- 首席調査員　戸子山裕

常任委員会専門員　行政監視委員会調査室
- 首席調査員（兼）　金杉子
- 同　星崎山正彦

〔特別調査室〕
- 第一特別調査室長　中西　渉
- 首席調査員　和喜多裕一
- 第二特別調査室長　村田和彦
- 首席調査員　廣松彰彦
- 第三特別調査室長　泉水健宏
- 首席調査員　新妻健一

左半（総務主幹ほか・企画調整室・常任委員会調査室）

- 総務主幹　宮澤正一
- 広報課長　鎌田幸純
- 議員課長　加藤方由
- 人事課長事務取扱　折渡士茂
- 会計課長　渡邊啓大
- 会計主幹　栗原理恵
- 厚生課長　小林孝達
- 厚生主幹　相澤明也
- 情報システム安全管理室　高橋達男
- 管理部長　正木裕二
- 副部長　小林隆芳
- 管理課長　小後岳博
- 麹町議員宿舎長　佐久間修大
- 清水谷議員宿舎長　高橋讓
- 企画室長　山田修剛
- 議員会館監理室長　平鈴剛人
- 業務室長　高木智道
- 営繕課長　大村智力
- 電気施設課長　小野真司
- 電気施設主幹　佐藤周太郎
- 自動車課長　木暮浩隆
- 総務主幹　靖
- 国際部長　和
- 国際交流課長
- 国際企画室長
- 国際会議課長

〔企画調整室〕
- 企画調整室長　金澤真志
- 企画調整室次長　三瓶朋秀之
- 調査情報担当室長　福嶋博太郎
- 総合調査担当室長　坂本敦
- 次席調査員　大澤

〔常任委員会調査室〕
- 常任委員会専門員　内閣委員会調査室長
- 首席調査員　岩波祐子
- 次席調査員　新井賢治
- 常任委員会専門員　総務委員会調査室長
- 首席調査員　柿沼重志
- 同　荒井透
- 次席調査員　皆川角健政
- 同　三牛上直紀
- 常任委員会専門員　法務委員会調査室長
- 首席調査員　久保田有安洋
- 次席調査員　鈴木達

会計課事務取扱　田中智子
管理課長　阿部泰身
支部図書館・協力課長　白石郁子

〔調査及び立法考査局〕
局長　松浦茂
次長　紫藤美子
専門調査員総合調査室主任　秋山勉
専門調査員総合調査室付　小澤隆
主幹　遠藤真弘
主任調査員　伊藤淑己
同　葬瀬信保
同　松本洋一
専門調査員議会官庁資料調査室主任　塚田洋
主任調査員　長谷川卓夫
専門調査員憲法調査室主任　小林公夫
主任調査員　小越田崇
専門調査員政治議会調査室主任　小林公亮
主幹　南亮
主任調査員　佐藤令
専門調査員行政法調査室主任　塩田智明
専門調査員外交調査室主任　田山健二
専門調査員財政調査室主任　松澤映司
専門調査員金融調査室主任　深澤山之
専門調査員経済調査室主任　奥山裕修
専門調査員農林調査室主任　樋口竜雄
専門調査員環境調査室主任　山口倫子
専門調査員国土交通調査室主任　森内東子
主任調査員　東弘
専門調査員社会労働調査室主任　福井祥人
主任調査員　鈴木智
専門調査員海外立法情報調査室主任　ローラーミカ
主幹　内海和美
調査企画課長　小熊幸己
調査企画連携協力室長（兼）　小葬信喜
国会レファレンス課長　小笠原美行
議会官庁資料課長　石井俊之
憲法課長　鳥澤孝一
政治議会課長事務取扱　南亮彰
行政法務課長　苅込照冬
外交防衛課長　樋山千子
財政金融課長　鎌倉正成
経済産業課長　笹部毅
農林環境課長　福田登
国土交通課長　梶善

文教科学技術課長　河合美穂
文教科学技術科学技術課長（兼）　東弘子
社会労働課長　恩田裕之
海外立法情報課長　芦川淳
国会分館長　中川透

〔収集書誌部〕
部長　竹内秀樹
副部長　上保佳穂
司書監　川鍋道子
主任司書　大柴忠彦
　大原裕子　竹林晶子
　永井善一
収集・書誌調査課長事務取扱　上保佳穂
国内資料課長　幡谷祐子
逐次刊行物・特別資料課長　水戸部由美
外国資料課長（兼）　川鍋道子
資料保存課長　村本聡子

〔利用者サービス部〕
部長　木藤淳子
副部長　立松真希子
司書監　倉橋哲朗
　小林裕之　林直樹
主任司書　胡龍子
　田中譲　堀越敬祐
　山﨑幹子
サービス企画課長事務取扱　立松真希子
サービス運営課長（兼）　林直樹
図書館資料整備課長　高品盛也
図書館資料整備課　山﨑幹子
複写課長　小坂昌
人文課長　小柏良輔
科学技術・経済課長　福林靖博
政治史料課長　大沼宜規
音楽映像資料課長　金井ゆき

〔電子情報部〕
部長　大場利康
副部長　木目沢司
主任司書　井上佐知子
　今野篤　徳原直子
　西中山隆　村上浩介
電子情報企画課長　伊東敦子
電子情報企画課資料デジタル化推進室長（兼）　村上浩介
電子情報企画課次世代システム開発室長（兼）　徳原直子
電子情報流通課長　大島康作

電子情報サービス課長	竹鼻和夫	
システム基盤課長	足立　潔	

〔関西館〕

〒619-0287 京都府相楽郡精華町
精華台8-1-3 ☎0774(98)1200(代)

館　　　　長	伊藤克尚	
次　　　　長	野口貴弘	
主任司書	津田深雪	
総務課長	辰巳公一	
文献提供課長(兼)	本乡真紀子	
アジア情報課長	前田直俊	
収集整理課長	大橋邦生	
図書館協力課長(兼)	渡邉斉志	
電子図書館課長	上綱秀治	

〔国際子ども図書館〕

〒110-0007 台東区上野公園12-49
☎03(3827)2053(代)

館　　　　長	三浦良文	
主任司書	清水悦子	
企画協力課長	堀内夏紀	
資料情報課長	北村弥生	
児童サービス課長	伊藤りさ	

〔内　　閣〕

〒100-0014 千代田区永田町2-3-1
総理官邸 ☎03(3581)0101

内閣総理大臣	岸田文雄	
総務大臣	鈴木淳司	
法務大臣	小泉龍司	
外務大臣	上川陽子	
財務大臣 内閣府特命担当大臣 （デフレ脱却担当）	鈴木俊一	
文部科学大臣	盛山正仁	
厚生労働大臣	武見敬三	
農林水産大臣	宮下一郎	
経済産業大臣 原子力経済被害担当 ＧＸ実行推進担当 産業競争力担当 ロシア経済分野協力担当 内閣府特命担当大臣 （原子力損害賠償・ 廃炉等支援機構）	西村康稔	
国土交通大臣 水循環政策担当 国際園芸博覧会担当	斉藤鉄夫	
環境大臣 内閣府特命担当大臣 （原子力防災）	伊藤信太郎	
防衛大臣	木原　稔	
内閣官房長官 沖縄基地負担軽減担当 拉致問題担当	松野博一	

デジタル大臣 デジタル行政改革担当 デジタル田園都市国家構想担当 行政改革担当 国家公務員制度担当 内閣府特命担当大臣 （規制改革）	河野太郎	
復興大臣 福島原発事故再生総括担当	土屋品子	
国家公安委員会委員長 国土強靱化担当 内閣府特命担当大臣 （防災　海洋政策）	松村祥史	
内閣府特命担当大臣 （こども政策　少子化対策 若者活躍　男女共同参画） 女性活躍担当 共生社会担当 孤独・孤立対策担当	加藤鮎子	
経済再生担当 新しい資本主義担当 スタートアップ担当 全世代型社会保障改革担当 内閣府特命担当大臣 （経済財政政策）	新藤義孝	
経済安全保障担当大臣 （クールジャパン戦略　知的 財産戦略　科学技術政策 宇宙政策　経済安全保障）	高市早苗	
内閣府特命担当大臣 （沖縄及び北方対策　消 費者及び食品安全　地 方創生　アイヌ施策） 国際博覧会担当	自見はなこ	

〔内閣官房〕

〒100-8968 千代田区永田町1-6-1
〒100-8970 千代田区霞が関3-1-1
合同庁舎4号館
☎03(5253)2111

内閣総理大臣	岸田文雄	
内閣官房長官	松野博一	
内閣官房副長官	村井英樹	
同	森屋　宏	
同	栗生俊一	
内閣危機管理監	村田　隆	
国家安全保障局長	秋葉剛男	
内閣官房副長官補	藤井健志	
同	市川恵一	
同	鈴木敦夫	
内閣広報官	四方敬之	
内閣情報官	原　和也	
内閣総理大臣補佐官 （国家安全保障に関する重要政 策及び核軍縮・不拡散問題担当）	石原宏高	
内閣総理大臣補佐官 （農山漁村地域活性化担当）	小里泰弘	
内閣総理大臣補佐官 （女性活躍及び若者世・消費者対策担当）	上野通子	
内閣総理大臣補佐官 （国土強靱化及び復興等の社会資 本を整備並びに科学技術イノベー ション政策その他担当）	森　昌文	
内閣総理大臣補佐官 （賃金・雇用担当）	矢田稚子	
内閣総理大臣秘書官	嶋田　隆	
	山本高義	大鶴哲也
	逢阪貴士	中山光輝
	上田幸司	伊藤禎則

313

一　松　　旬
内閣官房長官秘書官　小澤貴仁
同　　事務取扱　川埜
田中勇人　堺　瑞崇
福冨茂　丸山浩二
中原廣道　濱　和彦
吉田真晃

〔内閣総務官室〕
内閣総務官　松田浩樹
内閣審議官　溝口洋
須藤明夫　(併)伊藤誠一
内閣参事官　戸梶晃輔
西澤能之　(併)小林伸行
(併)三浦靖彦　(併)北村実
(併)中里正明　(併)千葉均
(併)中嶋護　(併)田中駒子
(併)三木忠一　(併)中尾学
(併)藤條聡　(併)村山直和
(併)杉本留三　(併)泉吉顕
(併)德大寺宏　(併)吉田慎
(併)前川紘一郎　(併)浅賀崇
企画官　岸本哲也
(併)池田将之　(併)春日英二
(併)髙野仁　(併)髙橋敏明
(併)萩原玲子　(併)中道紘一郎
(併)堀江典宏　(併)門寛子
(併)田中泰治
調査官　西牧則和

(皇室典範改正準備室)
室長　溝口洋
副室長　須藤明夫
審議官(併)　五嶋青也
参事官　戸梶晃輔
内閣参事官　西澤能之
参事官　菅潤一郎
(併)三浦靖彦　(併)瀧川聡史

(公文書監理官室)
室長　須藤明夫
参事官　西澤能之

(総理大臣官邸事務所)
所長　菅原強
副所長　井出英次

〔内閣感染症危機管理統括庁〕
内閣感染症危機管理監(内閣官房副長官)　栗生俊一
内閣感染症危機管理監補(内閣官房副長官補)　藤井健志
内閣感染症危機管理対策官　迫井正深
内閣審議官　中村博治
須藤明裕　八幡道典
鷲見学
内閣参事官　田中徹
三戸雅文　奥田隆則
山口顕　小浦克之
前田彰久　(併)桝野龍太
企画官　唐戸直樹
髙山啓　(併)江上智一
(併)足利豊聖

〔国家安全保障局〕
局長　秋葉剛男
次長(内閣官房副長官補)　市川恵一
同　(同)　鈴木敦夫
内閣審議官　飯田陽一
彦谷直克　髙村泰夫
小杉裕一　西脇匡史
室田幸靖　(併)宮坂祐介
(併)伊藤哲也　(併)品川高浩
内閣参事官　早田豪
松尾智樹　貝沼諭
長谷部潤　川上直人
高井良浩　山本武臣
河野太　西浦智幸
(併)恵谷修　(併)北廣雅之
(併)小新井友厚　(併)小松克行
(併)田中博　(併)田村亮平
(併)有田純　(併)大塚慎太郎
(併)大塚航
企画官　阪口琢磨
中島健　藤井太郎
亀井邁児　児玉啓佑
吉岡史織　武田学
塩野進　(併)小窪貴輝
(併)金子尚也　(併)神田隆行
(併)古田純子　(併)望月千洋
(併)鎌田寛　(併)伊藤拓
(併)小嶋龍亮　(併)三宅悟語
(併)髙木亮　(併)森田健司
(併)山下浩司　(併)髙田康弘

（併）佐々木将宣

〔内閣官房副長官補〕

内閣官房副長官補	藤井　健志
同	市川　恵一
同	鈴木　敦夫

内 閣 審 議 官

新原　浩朗	
滝崎　成樹	福本　茂伸
武藤　功哉	横田　信孝
松尾　泰樹	山本　麻里
吉川　浩民	阪田　　渉
小林　　靖	秡川　直也
渡部　良一	鈴木　信也
田島　浩志	林　　　学
河西　康之	岡村　次郎
内田　欽也	深井　敦夫
小柳　誠二	寺﨑　秀俊
小川　康則	萬浪　　学
七條　浩二	出口　和宏
泉　　　恒有	坂本　修一
門前　浩司	中島　朗洋
熊木　正人	佐々木　啓介
長﨑　敏志	吉田　宏平
福島　秀生	渡辺　公徳
西　　経子	黒木　理恵
（併）田和　宏	（併）井上裕之
（併）瀧本　寛	（併）丸山秀治
（併）林　幸宏	（併）松浦克巳
（併）松尾剛彦	（併）飯田祐二
（併）髙橋一郎	（併）片桐一幸
（併）鯰　博行	（併）吾郷俊樹
（併）平井康夫	（併）豊岡宏規
（併）水野政義	（併）中石斉孝
（併）山下隆一	（併）吾郷進平
（併）市川篤志	（併）岡田恵子
（併）江島一彦	（併）馬場　健
（併）堀本善雄	（併）鹿沼　均
（併）秦　康之	（併）堀井奈津子
（併）柏原恭子	（併）竹谷　厚
（併）渡邊昇治	（併）村上敬亮
（併）木村　聡	（併）村瀬佳史
（併）加藤　進	（併）岡本直樹
（併）佐久間正哉	（併）阿久澤孝
（併）坂本　基	（併）中村広樹
（併）寺門成真	（併）髙橋宏治
（併）内山博之	（併）宮崎敦文
（併）鳥井陽一	（併）宮本直樹
（併）須田俊孝	（併）原口　剛
（併）宮本悦子	（併）坂　勝浩
（併）岩間　浩	（併）中原裕彦
（併）井上　学	（併）小善真司
（併）佐々木正臣	（併）品川　武
（併）田辺康彦	（併）濱田厚史
（併）恩田　馨	（併）三橋一彦
（併）大村真一	（併）片平　聡
（併）内野洋次郎	（併）合田哲雄
（併）迫井正深	（併）竹林悟史
（併）榊原　毅	（併）野村知司
（併）竹林経治	（併）青山桂子
（併）飯田健太	（併）片岡宏一郎
（併）佐脇紀代志	（併）成田達治
（併）畠山陽二郎	（併）星野光明
（併）中込　淳	（併）笠尾卓朗
（併）橋本　幸	（併）小八木大成
（併）福田　most	（併）大森一顕
（併）吉野維一郎	（併）田村公一
（併）小林万里子	（併）清浦　隆
（併）石垣健彦	（併）山口博之
（併）片貝敏雄	（併）山口潤一郎
（併）田中哲也	（併）桐山伸夫
（併）山本和徳	（併）龍崎孝嗣
（併）畠山貴晃	（併）石川泰三
（併）柴田智樹	（併）髙谷浩樹
（併）藤吉尚之	（併）吉田健一郎
（併）田中一成	（併）坂本里和
（併）井上誠一郎	（併）飯島秀俊
（併）米山栄一	（併）福原道雄
（併）江浪武志	（併）佐々木昌弘

内 閣 参 事 官

古矢　一郎	
野口　　久	岡　素彦
綱川　浩章	神谷　隆
小泉　秀親	片桐　義博
田中　伸明	松下　美帆
大坪　泰介	齋藤　敦
今野　　治	村尾　　崇
三上　卓矢	冨安健一郎
玉越　崇志	小林　　稔
青野　正志	藤原俊之
和田　雅晴	宮腰奏子
井上　圭介	上手研治

内

閣

315

館　圭輔
吉田　誠
中井邦尚
(併)福岡洋志
(併)中山知子
(併)梶本洋之
(併)山田正人
(併)渡部保寿
(併)西尾利哉
(併)堂薗俊多
(併)岸本織江
(併)奥山　剛
(併)真田晃宏
(併)薮中克一
(併)髙橋秀幸
(併)平嶋壮州
(併)山影雅良
(併)清水浩太郎
(併)三木清香
(併)菱山　次
(併)奥村　豪
(併)野村政樹
(併)黒田忠司
(併)中原直人
(併)吉田　修
(併)西岡　隆
(併)猪上誠介
(併)川上敏寛
(併)小笠原靖
(併)中山裕司
(併)江﨑智三郎
(併)山下智也
(併)塩田剛志
(併)安藤公一
(併)石川　悟
(併)阿部一郎
(併)石ケ休剛志
(併)塩手能景
(併)永澤　剛
(併)奈良裕信
(併)吉田充志
(併)井田俊輔
(併)岩橋　保
(併)近藤紀文
(併)齋藤憲一郎

岡野智晃
渡　三佳
横堀直子
(併)松瀬貴裕
(併)小山陽一郎
(併)金井　誠
(併)籠康太郎
(併)澤瀬正明
(併)髙橋一成
(併)深町正徳
(併)金澤正尚
(併)貫名功二
(併)三浦良平
(併)大畠　大
(併)新田正樹
(併)伊佐　寛
(併)八木俊樹
(併)川越久史
(併)太田哲生
(併)河野琢次郎
(併)松下　徹
(併)川野真稔
(併)本針和幸
(併)高田英樹
(併)渡邉倫子
(併)眞鍋　馨
(併)尾室幸子
(併)飛田　章
(併)日置潤一
(併)高村　信
(併)井関至康
(併)奥村徳仁
(併)松木秀彰
(併)尾崎守正
(併)小島裕章
(併)石川　靖
(併)宮原光穂
(併)川村尚永
(併)大辻　統
(併)井上和也
(併)小林知也
(併)飯島威夫
(併)多田昌弘
(併)伊藤　賢
(併)武田憲昌

(併)生田知子
(併)笠松淳也
(併)山下　護
(併)宮下雅行
(併)坂内啓二
(併)奥田誠子
(併)稲盛久人
(併)池田　満
(併)大平真嗣
(併)山﨑文夫
(併)竹内尚也
(併)鈴木健二
(併)立石祐子
(併)大貫繁樹
(併)河田敦弥
(併)山﨑　潤
(併)小栁津直哉
(併)山本庸介
(併)吉住秀夫
(併)岡　貴子
(併)上田尚弘
(併)山口正行
(併)堀　泰雄
(併)奥田修司
(併)松井拓郎
(併)平尾禎秀
(併)山形成彦
(併)白水伸英
(併)見永正樹
(併)仲　信祐
(併)萩原貞洋
(併)菱谷文彦
(併)清水　充
(併)阿部雄介
(併)西前幸則
(併)平野雄介
(併)北川伸太郎
(併)形岡拓文
(併)池田一郎
(併)黒須利彦
(併)瀧島勇樹
(併)金篤史彦
(併)齋藤　喬
(併)小長谷章人
(併)折田裕幸

(併)岩渕秀樹
(併)山本　要
(併)篠崎拓也
(併)大熊規義
(併)吉村直泰
(併)磯野哲也
(併)景山忠史
(併)菱田泰弘
(併)前田修司
(併)松本圭介
(併)小西香奈江
(併)吉田暁郎
(併)関口訓央
(併)寺本恒昌
(併)久保麻紀子
(併)宮本康宏
(併)浦上哲朗
(併)平岡泰幸
(併)板倉　寛
(併)荒木裕人
(併)平岡宏一
(併)川口俊徳
(併)日野　力
(併)鮫島大幸
(併)清水　巌
(併)森谷明浩
(併)佐藤勇輔
(併)髙田裕介
(併)加藤　淳
(併)吉田武司
(併)原田朋弘
(併)刀禰正樹
(併)村川美支
(併)海江田達也
(併)南部晋太郎
(併)阿部一貴
(併)佐藤大輔
(併)髙橋太朗
(併)横山　玄
(併)松田洋平
(併)墳﨑正俊
(併)竹内大一郎
(併)中山卓映
(併)坂本隆哉
(併)武尾伸隆

(併)渡眞利諭	(併)北間美穂
(併)平林　剛	(併)山田雅彦
(併)荻野　剛	(併)桝野龍太
(併)鷄鶴昌二	(併)小林剛也
(併)藤野武広	(併)岡本祐典
(併)内野宏人	(併)福田　光
(併)島津裕紀	(併)田邊貴紀
(併)田中彰子	

企　画　官	菅原　賢
渡辺善敬	(併)渡邉慎二
(併)古郡　徹	(併)田公和幸
(併)中村允男	(併)渡部　崇
(併)上野裕大	(併)石川征幸
(併)宇田川徹	(併)下川徹也
(併)太田成人	(併)小西慶典
(併)森　次郎	(併)古田暁人
(併)東岡礼治	(併)香川里子
(併)齋藤康平	(併)髙木繁光
(併)中村　希	(併)里村真吾
(併)山内洋志	(併)川上悟史
(併)若林伸佳	(併)安川　聡
(併)福井武夫	(併)野原哲也
(併)前田幸宣	(併)吉田弘毅
(併)梶川文博	(併)堤　啓
(併)鮫島和範	(併)多田　聡
(併)永島　拓	(併)永山玲奈
(併)堀川　亮	(併)青竹俊英
(併)伊藤　拓	(併)寺坂公佑
(併)三宅隆悟	(併)鈴木宏幸
(併)先﨑　誠	(併)角園太一
(併)野坂佳伸	(併)渡邊由美子
(併)西田光宏	(併)宮元康一
(併)森田健司	(併)佐藤　司
(併)大磯　一	(併)山田隆裕
(併)西 久美子	(併)阿部幸子
(併)西川宜宏	(併)島田志帆
(併)山下浩司	(併)谷澤厚志
(併)迫田英晴	(併)納富史仁
(併)西田真啓	(併)廣田大輔
(併)添島里美	(併)冨原早夏
(併)岡田　陽	(併)長宗豊和
(併)池田陽子	(併)岩谷　卓
(併)塩野　進	(併)坂井志保

(空港・港湾水際危機管理チーム)

参　事　官	上手研治
(併)馬場義郎	(併)星﨑　隆
(併)西山　良	(併)秋田未樹
(併)上原修二	(併)松尾真治
(併)中島　寛	(併)小林　稔
(併)永瀬賢介	(併)内海雄介
(併)桝野龍太	

空港危機管理官(併)	齋藤　誠
山口育也	奥田栄男
港湾危機管理官(併)	木下敏和
小倉修一	小野有司
安尾博志	山本雅司
伊藤卓郎	

(アイヌ総合政策室)

〒107-0052 港区赤坂1-9-13
三会堂ビル9F ☎03(5575)1044

室　　　　長(併)	松浦克巳
室 長 代 理(併)	橋本　幸
同　　　　　(併)	合田哲雄
次　　　　長	佐々木啓介
同　　　　　(併)	田村公一
参　事　官(併)	梶本洋之
増田　圭	金原辰夫
新田正樹	八木俊樹
齊藤雄一	寺本恒昌
髙澤令則	
企　画　官(併)	中村　希
同　　　　　(併)	宮元康一
北海道分室長(併)	小林　力

(郵政民営化推進室)

〒100-0014 千代田区永田町1-11-39
永田町合同庁舎3F ☎03(5251)8748

室　　　　長	鈴木信也
副 　室 　長(併)	吾郷俊樹
同　　　　　(併)	中山裕司
参　事　官(併)	三島由佳
小林知也	折笠史典
平岡泰幸	
企　画　官(併)	納富史仁

(沖縄連絡室)

室長(内閣官房副長官)	栗生俊一
室長代理(内閣官房副長官補)	藤井健志
室　　　　員	出口和宏

内

閣

317

松下美帆　齋藤　敦
村尾　崇　三上卓矢
冨安健一郎　和田雅晴
吉田　誠　(併)宮本康宏
(併)南部晋太郎

(沖縄連絡室沖縄分室)
分　室　長(併)　田中愛智朗
室　　　員(併)　櫻井　淳
同　　　　(併)　黒石　亮

(原子力発電所事故による経済被害対応室)
室　　　長(併)　片岡宏一郎
　参事官(併)　梅北栄一
　　　同(併)　新井知彦

(国土強靱化推進室)
室長(内閣官房副長官)　栗生俊一
次　　　　　長　岡村次郎
審　議　官(併)　田辺康彦
同　　　　(併)　笠尾卓朗
　参事官(併)　堂薗俊多
　　奥田誠子　朝田　将
　　村川奏支　山口博史
企　画　官(併)　髙木繁光
　　里村真吾　鮫島和範
　　堤　啓

(拉致問題対策本部事務局)
☎03(3581)3885
事　務　局　長　福本茂伸
審　議　官(併)　鯰　博行
　　平井康夫　石川泰三
　参事官(併)　前田修司
同　　　　(併)　髙岩直樹
情　報　室　長(併)　松下徹介
総務・拉致被害者等支援室長　大井　泰介
政策企画室長(併)　井関至康
総務・拉致被害者等支援室企画官(併)　小西慶典
政策企画室企画官(併)　佐藤　司
情報室企画官(併)　渡部　崇
企　画　官(併)　永島　拓

(行政改革推進本部事務局)
事　務　局　長　横田信孝
事　務　局　次　長　七條浩二
同　　　　(併)　柴田智樹

参　事　官(併)　金井　誠
　　山田正人　髙橋秀幸
　　黒田忠司　奥村徳仁
　　関口訓央　見次正樹
　　山形成彦　山田雅彦
　　藤野武広
企　画　官(併)　髙橋智一

(領土・主権対策企画調整室)
室　　　　　長　渡部良一
審　議　官(併)　矢作修己
参　事　官(併)　古矢一郎
同　　　　(併)　富永健嗣
企　画　官(併)　長田賢一
同　　　　(併)　齋藤康平

(健康・医療戦略室)
室長(内閣官房副長官補)　藤井健志
室長代理(併)　迫井正深
次　　　長(併)　赤堀　毅
　　城　克文　間　隆一郎
　　塩見みづ枝　浅沼一成
　　佐原康之　内山博之
　　宮本直樹　森光敬子
　　竹林経治　針田　哲
　　茂木　正　森田健太郎
　　髙谷浩樹　日下英司
　　大坪寛子　西辻　浩
参　事　官　渡　三佳
　(併)大畠　大　(併)三木清春
　(併)宮原光穂　(併)笠松淳也
　(併)日野　力　(併)和田幸典
　(併)江副　聡
企　画　官(併)　尾﨑美弥子
同　　　　(併)　野坂佳伸

(TPP(環太平洋パートナーシップ)等政府対策本部)
本部長(経済再生担当大臣)　新藤義孝
首席交渉官　滝崎成樹
国内調整統括官　武藤功哉
企画・推進審議官　田島浩志
部　　　　　員　小泉秀親
審　議　官(併)　山口博之
同　　　　(併)　桐山伸夫
交　渉　官(併)　古郡　徹
　　上野裕大　山口潤一郎

内閣

企画官(併)	橋爪優文		
	羽野嘉朗		宮部大輝

(就職氷河期世代支援推進室)

室長(内閣官房副長官補)	藤井健志		
室長代理(併)	鹿沼均		
同 (併)	木村聡		
次 長	中島朗洋		
(併)青山桂子		(併)畠山貴晃	
参事官	岡野智晃		
(併)近藤玲子		(併)平嶋壮州	
(併)西中隆		(併)小林太郎	
(併)長良健二		(併)尾室幸子	
(併)宇藤禎晃		(併)阿部一郎	
(併)乗越徹哉		(併)吉住秀夫	
(併)横山好古		(併)石橋晶	
(併)柴山豊樹		(併)島津裕紀	
企画官(併)	添島里美		

(デジタル市場競争本部事務局)

局長(内閣官房副長官補)	藤井健志		
局 長 代 理	岩成博史		
次 長(併)	佐久間正盛		
大村真一		成田達治	
坂本里和			
参事官(併)	尾原知明		
深町正徳		河野琢次郎	
奥村豪		井田俊輔	
吉屋拓之		山野哲也	
刀禰正樹		須賀千鶴	
企画官(併)	中西友昭		
仙田正文		稲葉僚太	
岩谷卓			

(国際博覧会推進本部事務局)

局 長	新原浩朗		
局長代理(併)	茂木正		
次 長	長崎敏志		
福島秀生		(併)竹谷厚	
(併)井上学			
参事官(併)	中山知子		
三浦良平		川上敏寛	
江碕智三郎		小柳津直哉	
吉住秀夫		奥田修司	
佐藤大輔			

(孤独・孤立対策担当室)

室 長	山本麻里		
室 長 代 理(併)	笹川武		
同 (併)	鹿沼均		
次 長	出口和宏		
(併)滝澤幹滋		(併)江浪武志	
参 事 官	松下美帆		
岡野智晃		(併)小松秀夫	
(併)澤瀬正明		(併)筒井誠二	
(併)平嶋壮州		(併)伊藤史恵	
(併)松木秀彰		(併)吉田光成	
(併)安藤公一		(併)豊嶋太朗	
(併)前田奈歩子		(併)津曲由和	
(併)河村のり子		(併)山口正行	
(併)原田朋弘		(併)安里賀奈子	
(併)横山博一		(併)松崎裕司	
(併)平林剛			
企 画 官(併)	安田正人		
同 (併)	多田聡		

(新しい資本主義実現本部事務局)

事務局長(内閣官房副長官)	村井英樹		
事務局長代行(同)	森屋宏		
同 (同)	栗生俊一		
事 務 局 長 代 理	藤井健志		
新原浩朗		松尾泰樹	
事務局長代理補	河西康之		
事務局長代理(併)	田和宏		
事 務 局 次 長	佐々木啓介		
中島朗洋		(併)豊岡宏規	
(併)馬場健		(併)堀本善雄	
(併)間隆一郎		(併)木村聡	
(併)阿久澤孝		(併)宮本悦子	
(併)坂本里和		(併)井上裕之	
(併)林幸宏			
参 事 官(併)	松瀬貴裕		
籠康太郎		深町正徳	
山影雅良		菱山大	
野村政樹		中原直人	
高田英樹		奥家敏和	
正田聡		佐藤鐘太	
石ヶ休剛志		伊藤賢	
篠崎拓也		宮下雅行	
大熊規義		八木貴弘	
吉田暁郎		立石祐子	

淺井 洋介		吉住 秀夫	
岡 貴子		鮫島 大幸	
松本 拓郎		石橋 晶	
菱谷 文彦		中西 友昭	
佐藤 大輔		高橋 太郎	
金籠 史彦		福田 光	
島津 裕紀		田邊 貴紀	

企 画 官(併) 川上 悟史

吉田 弘毅　阿部 幸子
迫田 英晴　日髙 圭悟
岡田 陽　長宗 豊和
池田 陽子

**(新しい資本主義実現本部事務局
私的独占禁止法特例法担当室)**

室	長	新原 浩朗
次	長(併)	堀本 善雄
参 事 官(併)		深町 正徳
同	(併)	墳﨑 正俊

**(新しい資本主義実現本部事務局
フリーランス取引適正化法制準備室)**

室	長(併)	品川 武
室 長 代 理(併)		堀井 奈津子
		飯田 健太　坂本 里和
次	長(併)	片桐 一幸
		宮本 悦子　山本 和徳
		井上 誠一郎
参 事 官(併)		鮫島 大幸
		宮下 雅行　立石 祐子
		島津 裕紀　田邊 貴紀

(デジタル田園都市国家構想実現会議事務局)

事 務 局 長		吉川 浩民
事 務 局 長 代 行		松尾 泰樹
次	長	秡川 直也
		小林 靖　(併)村上 敬亮
審 議 官		坂本 修一
	西 経子	(併)豊岡 宏規
(併)阿久澤 孝		(併)中村 広樹
(併)髙橋 宏治		(併)岩間 浩
(併)佐脇 紀代志		(併)佐々木 正士郎
(併)大森 一顕		(併)石垣 健彦
(併)藤吉 尚之		(併)吉田 健一郎
参 事 官(併)		西尾 利哉
	金澤 正尚	吉田 恭子
	伊佐 寛	川越 久史

太田 哲生		日置 潤一	
山下 智也		塩田 剛志	
石川 悟		塩手 能景	
川村 尚永		奈良 経信	
吉田 充志		齋藤 憲一郎	
景山 忠史		鈴木 健二	
吉田 暁郎		河田 敦弥	
平岡 宏一		佐藤 勇輔	
白水 伸英		墳﨑 正俊	
竹内 大一郎		平林 剛	
小林 剛也		福岡 洋志	

企 画 官(併) 野田 直生

木村 剛　野原 哲也
角田 憲亮　坂井 志保

(経済安全保障法制準備室)

室	長	飯田 陽一
次	長	高村 泰夫
	佐々木 啓介	(併)品川 高浩
参 事 官		神谷 隆
	田中 伸彦	髙井 良浩
(併)北廣 雅之		(併)小新井 友厚
(併)早田 豪		(併)田中 博
(併)田村 亮平		(併)有田 純
(併)萩原 貞洋		(併)大塚 航
(併)西浦 智幸		
企 画 官(併)		伊藤 拓
	三宅 隆悟	森田 健司
	山下 浩司	塩野 進

**(令和4年物価・賃金・生活総合対策世帯給付金及び
令和3年経済対策世帯給付金事業企画室)**

室	長(併)	井上 裕之
次	長(併)	木村 聡
	同	(併)本 基
審 議 官(併)		岡本 直樹
	濱田 厚史	野村 知司
参 事 官		和田 雅晴
	(併)菱山 大	(併)山本 庸介
	(併)吉住 秀夫	(併)小長谷 章人
企 画 官(併)		渡邊 由美子

(教育未来創造会議担当室)

室	長(併)	瀧本 寛
次	長(併)	寺門 成真
参 事 官(併)		川野 真稔
	尾室 幸子	伊藤 賢

菱田泰弘　久保麻紀子
川口俊徳　島津裕紀
企 画 官　渡邉慎二
東岡礼治　川上悟史
前田幸宣　鈴木宏幸
西　久美子

(全世代型社会保障構築本部事務局)
局　長(併)　鹿沼　均
審　議　官　中島朗洋
熊木正人　(併)宮崎敦文
(併)濱田厚史　(併)竹林悟史
(併)野村知司　(併)青山桂子
(併)吉野維一郎
参　事　官(併)　平嶋壮州
西岡　隆　中野孝浩
端本秀夫　安藤公一
梶　元伸　松本圭介
吉田武司　原田朋弘
横山　玄
企画官(併)　安田正人
同　　(併)　角園太一

(船舶医療活用推進本部設立準備室)
室　　　長　内田欽也
次　長(併)　宮本直樹
田辺康彦　米山栄一
参　事　官　藤原俊之
企画官(併)　島田志帆

(GX実行推進室)
総括室長(併)　飯田祐二
室　長(併)　畠山陽二郎
次　長(併)　山下隆一
秦　康之　村瀬佳史
坂本　基　龍崎孝嗣
参　事　官　冨安健一郎
(併)平嶋壮州　(併)清水浩太郎
(併)髙田英樹　(併)小笠原靖
(併)井上和也　(併)吉村直泰
(併)大貫繁樹　(併)吉住秀夫
(併)平尾禎秀　(併)加藤　淳
(併)清水　充　(併)髙橋太朗
企画官(併)　若林伸佳
梶川文博　西田光宏
廣田大輔

(海外ビジネス投資支援室)
室　　　長　泉　恒有
次　長(併)　田中一成
参　事　官　中井邦尚
横堀直子　(併)渡部保寿
(併)武藤功哉　(併)奥山　剛
(併)山﨑文夫
企画官(併)　田公和幸
同　　(併)　下川徹也

(グローバル・スタートアップ・キャンパス構想推進室)
室　　　長　松尾泰樹
次　長(併)　渡邊昇治
審　議　官　坂本修一
(併)吾郷進平　(併)清浦　隆
(併)田中哲也　(併)藤吉尚之
参　事　官(併)　渡邉倫子
有賀　理　生田知子
武田憲昌　池田一郎
企画官(併)　宇田川　徹
森　次郎　川上悟史
寺坂公佑　富原早夏

(技能実習制度及び特定技能制度の在り方に関する検討室)
室　長(併)　丸山秀治
次　　　長　中島朗洋
審　議　官　原口　剛
同　　(併)　福原道雄
参　事　官　岡野智晃
(併)本針和幸　(併)菱田泰弘
(併)川口俊徳　(併)堀　泰生
(併)南部言太郎

(サイバー安全保障体制整備準備室)
室　　　長　小柳誠二
次　　　長　門松　貴
同　　(併)　飯島秀俊
参　事　官　垣見直彦
寺岡秀礼　(併)高村　信
(併)稲盛久人　(併)大平真嗣
(併)横田一磨　(併)貝沼　諭
(併)村田健太郎　(併)紺野博行
(併)川上直人　(併)髙田裕介
(併)西前剋則　(併)中山卓映
(併)武尾伸隆　(併)荻野　剛
(併)鶴巻昌二　(併)積田北辰

内閣

企画官(併)　大磯　一
　　　鈴木健太郎　山田隆裕
　　　谷澤厚志　西田真啓
　　　佐々木将宣

(デジタル行財政改革会議事務局)
局　　　　　長　阪田　渉
局　長　補　佐　横田信孝
　　　　同　　　村上敬亮
審　議　官　小川康則
　　　佐脇紀代志　吉田宏平
　　　八幡道典　渡辺公徳
　　　西　経子
局　　　　　員　吉川浩民
　　　小林　靖　萩川直也
　　　七條浩二　(併)林　幸宏
　　　(併)河村直樹　(併)阿久澤孝
　　　(併)中村広樹　(併)岩間　浩
　　　(併)榊原　毅　(併)後藤一也
　　　(併)大森一顕　(併)蓮井智哉
　　　(併)柴田智樹
参事官(併)　尾崎守正
　　　飯嶋威夫　坂内啓二
　　　浦上哲朗　松田洋平
　　　瀧島勇樹　齋藤　喬
　　　折田裕幸　小林剛此
局　　　員(併)　金井　誠
　　　山田正人　麻山健太郎
　　　高橋秀幸　黒田忠司
　　　奥村徳仁　山下智也
　　　石川　悟　塩田剛志
　　　塩手能景　木尾修文
　　　吉中　孝　景山忠史
　　　関口訓央　麻山晃邦
　　　上田尚弘　見次正樹
　　　山田雅彦　宮本賢一
　　　松本博明　藤野武志
企画官(併)　楠田　聖
　　　中野芳崇　吉田泰己
局　　　員(併)　高橋智一
　　　野原哲也　根本　深
　　　加藤博之　久芳全晴

〔内　閣　広　報　室〕
内閣広報官　四方敬之
内閣審議官(併)　廣瀬健司

内閣副広報官(併)　足立秀彰
内閣参事官　小林明生
　　　坂入倫之　難波康修
　　　飯田修章　(併)杉本昌英
　　　(併)中島　薫　(併)永原伯武
企画官(併)　桑畑朋子
　　　(併)関日路美　(併)宮野光一郎
調　査　官　大部　俊

(国際広報室)
室　　　長(併)　足立秀彰
室　　　員　桑畑朋子
　　　齋藤康平　飯田修章

(総理大臣官邸報道室)
室　　　長　難波康修
調　査　官　大部　俊

〔内　閣　情　報　調　査　室〕
内閣情報官　原　和也
次長(内閣審議官)　七澤　淳
内閣審議官　河野　真
　　　濱田　隆　立崎正夫
　　　山田好孝　(併)西永知史
　　　(併)遠藤顕史
内閣情報分析官(内閣審議官)　加藤達也
同(内閣参事官)　梅田直嗣
　　　竹端昌宏　高瀬光将
　　　(併)丹野博信　(併)佐藤隆司
内閣参事官　上田泰宏
　　　高坂久夫　海野敦史
　　　遠藤幹夫　水廣佳典
　　　柳川浩介　(併)吉田知明
調　査　官　服部重夫
　　　(併)高橋真仁　(併)原　大輔
　　　(併)森　充広　(併)津村優介

(総務部門)
内閣参事官　芋坂壮栄
　　　野田哲之　岡本亜理博
　　　保坂啓介　(併)横田和道
　　　(併)吉野成一朗　(併)山内恭子
　　　(併)林裕二郎　(併)安田貴司
調　査　官　島倉善広
　　　鈴木亮作　三野元靖
　　　(併)石川光泰　(併)横山弘泰

（国内部門）

内閣参事官　野本祐二
　（併）鶴代隆造　（併）知花宏樹
　　調査官　川越政雄
　　山田　修　（併）花岡一央

（国際部門）

内閣参事官　金子直行
　（併）大山和伸　（併）松吉慎一郎
　（併）松田光央　（併）蔵原智行
　（併）鈴木宏典
　　調査官　佐藤義実
　　　同　　田中啓介

（経済部門）

内閣参事官　門井　誠
　　寺内彩子　西野　健
　（併）降井寮治

（内閣情報集約センター）

内閣参事官（併）舟橋清次
　　髙橋裕昌　三浦　宏

（カウンターインテリジェンス・センター）

センター長（内閣情報官）原　和也
副センター長　山田好孝
　　同　　　遠藤顕史
　　参事官　水廣佳典
　　保坂啓介　柳川浩介
　（併）横田和道　（併）吉野成一朗
　（併）加門俊彦　（併）金柿正志

（国際テロ情報集約室）

室長（内閣官房副長官）栗生俊一
室長代理（内閣情報官）原　和也
情報収集統括官　河野　真
　　次　長　立﨑正夫
　　山田好孝　七澤　淳
　　濱田　隆　（併）横尾洋一
　（併）丸山秀治　（併）渡邉保範
　（併）安藤俊英　（併）油布志行
　（併）加野幸司　（併）新居雄介
　（併）江島一彦　（併）迫田裕治
　（併）福永哲郎　（併）藤原威一郎
　（併）西永知史　（併）田野尻猛
　　参事官　苧坂壮栄
　　野田哲之　保坂啓介

　（併）佐藤隆司　（併）林裕二郎
　（併）榎下健司
　　調査官　島倉善広
　（併）滝澤庸子　（併）石川光泰

〔国際テロ対策・経済安全保障等情報共有センター〕

センター長（併）林　裕二郎
副センター長　島倉善広
　　同　　（併）石川光泰

〔内閣衛星情報センター〕

所　　長　納冨　中
次　　長　安田浩己
管理部長　市川道夫
総務課長　坂田奈津子
会計課長　角田哲也
運用情報管理課長　安田貴司
分析部長　中村耕一郎
管理課長　西野　聰
主任分析官　西山孝行
　　佐藤卓也　見田達也
　　安藤暁史　小野理沙
　　波多野伸俊
技術部長　木村賢二
企画課長　古賀康之
管制課長　唐澤宏喜
主任開発官　森實　克
　　大井勝義　多賀谷明宏
総括開発官　小野寺健一
副センター所長　野呂真悦
北受信管制局長　森山真也
南受信管制局長　宮田憲介

（内閣サイバーセキュリティセンター）

センター長（内閣官房副長官補）鈴木敦夫
副センター長（内閣審議官）中溝和孝
　（併）遠藤顕史　（充）林　　学
内閣審議官　豊嶋基暢
内閣参事官　垣見直彦
　　寺岡秀礼　村田健太郎
　（併）加門俊彦　（併）山口勇
　（併）横田一磨　（併）紺野博行
　（併）金柿正志　（併）積田北辰
企画官　中川和信
　（併）松本崇　（併）坪郷聡
　（併）齋藤康裕　（併）鈴木健太郎

（併）佐々木淳一　　（併）山田隆裕
（併）谷澤厚志　　　（併）服部重夫

〔内 閣 人 事 局〕

〒100-8914 千代田区永田町1-6-1
中央合同庁舎8号館 ☎03(6257)3731

内 閣 人 事 局 長 （内閣官房副長官）	栗生俊一
人事政策統括官	窪田　修
	阪本克彦　松田浩樹
内 閣 審 議 官	滝澤依子
	野村謙一郎　須藤明夫
	（併）平池栄一
内 閣 参 事 官	山村和也
	阿南哲也　臼井伸幸
	後藤友宏　中里吉孝
	西澤能之　越尾　淳
	五百籏頭千奈美　浅尾久美子
	宮﨑孝一　荒木太郎
	谷中謙一　植松利紗
	菅　潤一郎　浅賀　崇
	佐藤隆夫　（併）辻　恭介
	（併）川口真友美
企 画 官	山本隆之
	今井由紀子　田上陽也
	木曽　希　市川のり恵
	前原寛年　田中智史
	本田英章　山本裕一
	三輪田祐子
調 査 官	深野淳一
	長野浩二　鈴井秀彦

（郵政民営化委員会事務局）

局　　　　　長	鈴木信也
次　　　長（併）	吾郷俊樹
同　　　　（併）	中山裕司
参 事 官（併）	小林知也
	三島由佳　平岡泰幸
企 画 官（併）	納富史仁

（原子力防災会議事務局）

次　　　長（併）	土居健太郎
同　　　　（併）	松下　整
審 議 官（併）	前田光哉
同　　　　（併）	森下　泰
参 事 官（併）	小山田　巧
	新田　晃　根木桂三

野口康成　髙槗裕輔
中野哲哉　海老名英治

（特定複合観光施設区域整備推進本部事務局）

局　　　　長（併）	髙橋一郎
次　　　長（併）	加藤　進
参 事 官（併）	岩橋　保
	飛田章　山本　要
	阿部雄介　形岡拓文

〔内 閣 法 制 局〕

〒100-0013 千代田区霞が関3-1-1
中央合同庁舎4号館 ☎03(3581)7271

内 閣 法 制 局 長 官	近藤正春
内 閣 法 制 次 長	岩尾信行
長 官 秘 書 官	五十嵐　光
総 務 主 幹	嶋　一哉
総 務 課 長	照屋　敦
会 計 課 長	久下富雄
調 査 官	北村　茂
公文書監理官（兼）	北村　茂
第 一 部 長	木村陽一
参 事 官	畑　佳秀
	古渡善幸　中澤吉博
	山田勝士　中井孝一
法 令 調 査 官	宇田川利夫
憲法資料調査室長兼務取扱	嶋　一哉
参 事 官（兼）	中井孝一
第 二 部 長	平川　薫
参 事 官	渡邊哲至
	長谷浩之　大野　敬
	門元政治　家原尚秀
	吉田　誠
第 三 部 長	佐藤則夫
参 事 官	佐々木克之
	伊藤直人　中田　響
	野田恒平　高橋慶太
	永田将一
第 四 部 長	栗原秀忠
参 事 官	髙鹿秀明
	安倍暢宏　森　大輔
	堀　和匡　久野克人

内閣法制局

内閣

325

〔国家安全保障会議〕

〒100-0014 千代田区永田町2-4-12
☎03(5253)2111

議長(内閣総理大臣)	岸田文雄	
議　　員		
総務大臣	鈴木淳司	
外務大臣	上川陽子	
財務大臣	鈴木俊一	
経済産業大臣	西村康稔	
国土交通大臣	斉藤鉄夫	
防衛大臣	木原稔	
内閣官房長官	松野博一	
国家公安委員長	松村祥史	

人　事　院

〒100-8913 千代田区霞が関1-2-3
中央合同庁舎5号館別館
☎03(3581)5311

総　　裁	川本裕子	
人　事　官	古屋浩明	
同	伊藤かつら	
総裁秘書官	芦田麻里衣	

〔事　務　総　局〕

事務総長	柴﨑澄哉	
総括審議官	米村猛	
審議官	箕浦正人	
公文書監理官(併)	長谷川一也	
サイバーセキュリティ・情報化審議官	長谷川一也	
政策立案参事官	宮川豊治	
事務総局付	森谷明浩宏	
総務課長	野口孝宏	
企画法制課長	澤田晃一	
人事課長	高尾憲司	
会計課長	佐藤昌博	
国際課長	前田聡子	
国際人事行政専門官	徳山淳記	
公文書監理室長(併)	長谷川一也	
情報管理室長	太田和樹	

〔職　員　福　祉　局〕

局　　長	荻野剛	
次　　長	荒竹宏之	
職員団体審議官	大滝俊則	
職員福祉課長	西桜子	
審査課長	柳田健一	
補償課長事務取扱	荒竹宏之	

職員団体審議官付参事官	早乙女潤一	

〔人　材　局〕

局　　長	幸清聡	
審議官	原田三嘉	
試験審議官	府川陽子	
参事官	髙田悠二	
企画課長	神宮司英弘	
試験課長	住吉威季	
研修推進課長	森川武	
首席試験専門官	秋庭能久	
	池田繭樹	矢島恵理子
	伊藤真澄	

〔給　与　局〕

局　　長	佐々木雅之	
次　　長	役田平	
参事官	本間あゆみ	
給与局付(併)	大滝俊則	
同　(併)	早乙女潤一	
給与第一課長	植村隆生	
給与第二課長	中西佳子	
給与第三課長	井手亮	
生涯設計課長	藤原知朗	

〔公　平　審　査　局〕

局　　長	荒井仁志	
審議官	鈴木敏之	
調整課長	木村秀崇	
職員相談課長	木下清利	
首席審理官	田中宏弥	
	奈良間貴洋	原田佳澄

〔公　務　員　研　修　所〕

〒358-0014 入間市宮寺3131
☎04(2934)1291

所　　長	岩﨑敏	
副所長	鈴木秀雄	
同　(併)	原田三嘉	
主任教授	岸本康雄	
教授	山本朗	
(併)石水修	(併)前田聡子	
(併)森川武		
教務部長	石水修	
教務部政策研修分析官	岩﨑克則	
	西山理行	萩本猛

〔国家公務員倫理審査会〕

会　　長	秋吉淳一郎	
委　　員	青山佳世	

上野 幹夫	潜道 文子	
事務局長	練合 聡	
首席参事官	阿部 健郎	
参事官	森 奈美	

内 閣 府

〒100-8914 千代田区永田町1-6-1
〒100-8914 千代田区永田町1-6-1
中央合同庁舎8号館
〒100-8970 千代田区霞が関3-1-1
中央合同庁舎4号館(分館)
☎03(5253)2111

内閣総理大臣	岸田 文雄
内閣官房長官	松野 博一
内閣府特命担当大臣 （ 金 融 ）	鈴木 俊一
内閣府特命担当大臣 （原子力損害賠償・ 廃炉等支援機構）	西村 康稔
内閣府特命担当大臣 （ 原 子 力 防 災 ）	伊藤 信太郎
内閣府特命担当大臣 （ 規 制 改 革 ）	河野 太郎
内閣府特命担当大臣 （ 防災 海洋政策 ）	松村 祥史
内閣府特命担当大臣 （こども政策 少子化対策 若者活躍 男女共同参画）	加藤 鮎子
内閣府特命担当大臣 （ 経 済 財 政 政 策 ）	新藤 義孝
内閣府特命担当大臣 （クールジャパン戦略 知的財産戦略 科 学技術政策 宇宙政策 経済安全保障）	高市 早苗
内閣府特命担当大臣 （沖縄及び北方対策 消費者及び食 品安全施策 地方創生 アイヌ施策）	自見 はなこ
副 大 臣	井林 辰憲
同	工藤 彰三
同	堀井 学
同 （兼）	石川 昭政
同 （兼）	岩田 和親
同 （兼）	酒井 庸行
同 （兼）	堂故 茂
同 （兼）	滝沢 求
同 （兼）	宮澤 博行
大臣政務官	神田 潤一
同	古賀 友一郎
同	平沼 正二郎
同 （兼）	土田 慎
同 （兼）	石井 拓
同 （兼）	吉田 宣弘
同 （兼）	加藤 竜祥
同 （兼）	国定 勇人
同 （兼）	三宅 伸吾

事務次官	田和 宏
内閣府審議官	大塚 幸寛
同	井上 裕之

〔大 臣 官 房〕

大臣官房長	原 宏彰
官房政策立案総括審議官	岡本 直樹
官房公文書監理官(併)	矢作 修己
官房サイバーセキュリ ティ・情報化審議官	伊藤 誠一
官房審議官 （官房担当）	原 典久
(併) 笹川 武	(併) 岡本直樹
(併) 坂本里和	(併) 小八木大成
(併) 野村 裕	(併) 矢作修己
(併) 堤 雅彦	
官房審議官 （公文書監察担当）	原 典久
官房審議官（拉致被害 者等支援担当）（併）	平井 康夫
総務課長	中嶋 護
参事官(総務課)(併)	冨岡 勇哉
小川 敦之	千葉 均
久保 大輔	村山 直和
前川 統一郎	菱田 富永 健 大嗣
泉 吉朗	
管理室長(併)	堀江 典宏
西村国務大臣秘書官 事 務 取 扱	日暮 正毅
伊藤国務大臣秘書官 事 務 取 扱	清水 延彦
同 事務取扱	松井 一記
松野国務大臣秘書官 事 務 取 扱	吉田 真晃
河野国務大臣秘書官 事務取扱	岩谷 邦明
柳生 正毅	梅城 崇師
松村国務大臣秘書官 事 務 取 扱	本間 優子
加藤国務大臣秘書官	両角 真之介
同 事務取扱	田中 麻理
小澤 幸生	萩原 啓
新藤国務大臣秘書官	小仁熊 旬
同 事務取扱	中尻 恒光
内藤 景一朗	髙島 章好
小柳 聡志	
高市国務大臣秘書官	髙市 知嗣
同 事務取扱	有田 純
山下 浩司	梅田 裕介
自見国務大臣秘書官	江頭 清輝
同 事務取扱	中野 浩二
松本 欣也	谷口 雄介
爲藤 里英子	
人事課長	永田 豊

327

参事官（人事課）	南　順子
会計課長	田中駒子
参事官（会計課）	北村　実
企画調整課長	小川敦之
参事官（企画調整課）	酒巻　浩
（併）山影雅良	（併）佐々木　明
（併）山岸圭輔	（併）岡本信一
（併）松井拓郎	
同（拉致被害者等支援担当）	大田泰介
合理的根拠政策立案推進室長（併）	小川敦之
政策評価広報課長	盛谷幸一郎
参事官（政策評価広報課担当）	千葉　均
同（同）	菱山
公文書管理課長	坂本眞一
参事官（公文書管理課担当）	佐々木奈佳
政府広報室長	廣瀬健司
参事官（政府広報室担当）	中島　薫
鎌田修弘	（併）杉本昌英
（併）永原伯武	（併）小林明生
（併）飯田修章	（併）古矢一郎
（併）足立秀彰	
厚生管理官	中里正明
拉致被害者等支援担当室長（併）	大田泰介
サイバーセキュリティ・情報化推進室長（併）	高橋敏昭
孤独・孤立対策推進法施行準備室長（併）	山本麻里
同室長代理（併）	笹川　武
同次長（併）	江浪武志
同（併）	滝澤幹滋
同参事官（併）	澤瀬正明
同（併）	松木秀彰

〔政策統括官〕

〔政策統括官（経済財政運営担当）〕

政策統括官（経済財政運営担当）	木村　聡
官房審議官（経済財政運営担当）	畠山貴晃
江浪武志	茂呂賢吾
（併）三橋一彦	（併）福田　毅
（併）明珍　充	
参事官（総括担当）	菱山　大
（併）髙橋洋明	（併）阿部一郎
（併）山本庸介	（併）小長谷章人
（併）和田雅晴	（併）吉住秀夫
参事官（経済対策・金融担当）	赤井久宣
同（同）（併）	菱山　大

同（企画担当）（併）	吉中　孝
同（経済見通し担当）	岡野武司
同（産業・雇用担当）	阿部一郎
（併）淺井洋介	（併）髙橋洋明
（併）原田朋弘	（併）酒巻　浩
同（予算編成基本方針担当）	髙橋洋明
同（国際経済担当）	木村順治
同（地域経済活性化支援機構担当）	髙橋洋明
	加藤光伸
政府調達苦情処理対策室長（併）	茂呂賢吾
同次長（併）	髙橋洋明
対日直接投資推進室長（併）	明珍　充
同次長（併）	阿部一郎
経済財政国際室長（併）	松多秀一
同参事官（併）	石橋英宣
同（併）	木村順治
道州制特区担当室長（併）	恩田　馨
同参事官（併）	髙橋洋明
地域経済活性化支援機構担当室長（併）	岡田　大
同次長（併）	田部真史
同参事官（併）	西中　隆
加藤光伸	髙橋洋明
地域戦略就職氷河期世代活躍支援加速化事業推進室長（併）	木村　聡
同次長（併）	畠山貴晃
小宅栄作	福田　毅
同参事官（併）	阿部一郎
原田朋弘	髙橋洋明
	酒巻　浩
令和4年物価・賃金・生活総合対策世帯給付金及び令和3年経済対策世帯給付金等事業担当室長（併）	木村　聡
審議官（併）	野村知司
岡本直樹	濱田厚史
参事官（併）	山本庸介
吉住秀夫	小長谷章人
和田雅晴	菱山　大

〔政策統括官（経済社会システム担当）〕

政策統括官（経済社会システム担当）	林　幸宏
官房審議官（経済社会システム担当）	笠尾卓朗
福田　毅	江浪武志
阿久澤　孝	（併）後藤一也
（併）中澤信吾	（併）渡辺公徳
参事官（総括担当）	佐藤鐘太
同（同）（併）	大塚久司

同（企画担当）	前田佐恵子		
同（社会システム担当）	中野孝浩		
同（同）	新木聡		
同（社会基盤担当）	山田正人		
同（同）	奈良裕信		
同（市場システム担当）	木尾修文		
（併）麻山晃邦	（併）松本博明		
（併）新木聡	（併）宮本賢一		
（併）山田正人			
同（財政運営基本担当）	高橋太朗		
同（共助社会づくり推進担当）	田中茂樹		
同（民間資金等活用事業・成果連動型事業推進担当）	中井川季央		
民間資金等活用事業推進室長（併）	笠尾卓朗		
同参事官（併）	大塚久司		
同（併）	中井川季央		
規制改革推進室長（併）	林幸宏		
同次長（併）	渡辺公徳		
河村直樹	後藤一也		
阿久澤孝			
同参事官（併）	麻山晃邦		
木尾修文	松本博明		
宮本賢一	山田正人		
休眠預金等活用担当室室長（併）	福田毅		
同参事官（併）	田中茂樹		
同（併）	高橋太朗		
成果連動型事業推進室長（併）	笠尾卓朗		
同参事官（併）	中井川季央		
特定非営利活動法人に係る持続化給付金事前確認連絡調整室長（併）	林幸宏		
同室長代理（併）	福田毅		
同参事官（併）	佐藤鐘太朗		
同（併）	高橋太朗		

〔政策統括官（経済財政分析担当）〕

政策統括官（経済財政分析担当）	林伴子		
官房審議官（経済財政分析担当）	上野有子		
堤雅彦	（併）河村直樹		
（併）中澤信吾			
参事官（総括担当）	多田洋介		
同（企画担当）	吉中孝		
同（同）	多田洋介		
同（地域担当）	吉田充志		
同（海外担当）	石橋英宣		
計量分析室長（併）	中澤信吾		
同参事官事務代理	前田佐恵子		

（地方創生推進室）

〒100-0014 千代田区永田町1-11-39
永田町合同庁舎 ☎03(5510)2151

地方創生推進室長	市川篤志		
同室長代理（併）	河村直樹		
同次長（併）	秡川直也		
安良岡武	岩間浩		
井上博雄	佐々木正士郎		
渡辺公徳	奥山祐矢		
大森一顕	佐脇紀代志		
小林靖	吉田健一郎		
中村広樹	木村宗敬		
西経子	豊岡宏規		
深井敦夫			
同参事官（併）	塩手能景		
川越丈夫	山下智		
菅原晋也	谷浩		
大辻統	喜多功彦		
鈴木健二	今野治		
西山茂樹	伊佐寛		
正田聡	大塚久司		
白水伸英	岸本織江		
石川悟	塩尻剛志		
齋藤憲一郎	西尾利哉		
真田晃宏	墳﨑正俊		
河田敦弥	金澤正尚		
福岡洋志	景山忠史		
平林剛			

〔政策統括官（防災担当）〕

政策統括官（防災担当）	高橋謙司		
官房審議官（防災担当）	田辺康彦		
上村昇	（併）瀧澤謙		
参事官（総括担当）	中尾晃史		
同（災害緊急事態対処担当）	北澤剛		
同（調査・企画担当）	朝田将		
同（防災計画担当）	山口博史		
同（普及啓発・連携担当）	村上威夫		
同（防災デジタル・物資支援担当）	松本真太郎		
同（避難生活担当）	小野雄大		
同（被災者生活再建担当）（併）	飯沼宏規		
同（復旧・復興担当）	伊藤光弘		
同（併）	末満章悟		
後藤隆昭	鈴木毅		
池田哲郎			

内閣府

〔政策統括官(原子力防災担当)〕

政策統括官(原子力防災担当)	松下　整
官房審議官(原子力防災担当)	森下　泰
前田光哉	師田晃彦
吉田健一郎	新居泰人
川合　現	鈴木啓之
参事官(総括担当)	野口康成
同　(同)	小山田輔
同(企画・国際担当)	髙橋裕輔
同(地域防災担当)	根木桂三
同(総合調整・訓練担当)	小山田巧

〔政策統括官(沖縄政策担当)〕

政策統括官(沖縄政策担当)	水野　敦
官房審議官(沖縄政策担当)	齊藤　馨
参事官(総括担当)	久保大輔
同(政策調整担当)(併)	國武正大
同　(企画担当)	田村一郎
同(産業振興担当)(併)	中島義人

〔政策統括官(政策調整担当)〕

政策統括官(政策調整担当)	笹川　武
官房審議官(政策調整担当)	滝澤幹滋
(併)石田晋也	(併)徳増伸二
由布和嘉子	
参事官(総括担当)	杉田和暁
同(総合調整担当)	魚井宏泰
同(青年国際交流担当)	藤森俊輔
同(高齢社会対策担当)	魚井宏泰
同(障害者施策担当)	小林　淳
同(交通安全対策担当)	尾見克敏
同(性的指向・ジェンダーアイデンティティ理解増進担当)	魚井宏泰
同(金融担当)(併)	太田原和房
参事官(併)	園田　庸
山嵜泰徳	(併)寺本久幸
(併)細田大造	(併)平沢克俊
(併)中野晶子	(併)在津謙作
(併)阿部一貴	(併)田中昇治
(併)坂本隆哉	(併)山村和也
(併)大西一禎	(併)泉　聡子
(併)山田哲也	(併)梅北栄一
(併)平林　剛	(併)乃田昌幸
官房審議官(軍縮大量破壊兵器処理担当)	伊藤茂樹
同　参事官(併)	園田　庸
同　(併)	山嵜泰徳

同参事官事務代理	沼舘　建
原子力損害賠償・廃炉等支援機構担当室室長等	渡邊昇治
同次長(併)	徳増伸二
片岡宏一郎	林　孝浩
松山泰浩	
同参事官(併)	山田哲也
梅北栄一	乃田昌幸
大臣官房審議官(地方分権改革担当)地方分権改革推進室長(併)	恩田　馨
大臣官房審議官(地方分権改革担当)地方分権改革推進室次長(併)	三橋一彦
大臣官房審議官(地方分権改革担当)地方分権改革推進室次長(併)	福田　毅
同参事官(併)	寺本久幸
中野晶子	泉　聡子
細田大造	平沢克俊
山村和也	大西一禎
阿部一貴	田中昇治
在津謙作	坂本隆哉
平林　剛	
同参事官事務代理	齋藤　修
青年国際交流担当室室長(併)	由布和嘉子
同参事官(併)	藤森俊輔

〔政策統括官(重要土地担当)〕

政策統括官(重要土地担当)	宮坂祐介
官房審議官(重要土地担当)	伊藤哲也
参事官(総括担当)(併)	小松克行
同(防衛施設担当)(併)	小松克行
同(生活関連施設等担当)	惠谷　修
同(国境離島等担当)	鈴木俊朗
同(調査分析担当)	惠谷　修
参事官(併)	伊藤　大

〔政策統括官(経済安全保障担当)〕

政策統括官(経済安全保障担当)	飯田陽一
官房審議官(経済安全保障担当)(併)	彦谷直克
品川高浩	(併)髙村泰夫
(併)佐々木啓介	
参事官(総括・企画担当)(併)	神谷　隆
小新井友厚	早田　豪
岡井隼人	髙井良浩
有田　純	大塚　航
同(特定重要物資担当)	田村亮平
同(特定社会基盤整備担当)	田中　博
同(特定重要技術担当)	田中伸彦

	萩原貞洋	河野　太一
同（特許出願非公開担当）(併)		北廣雅之
独立公文書管理監(併)		森本加奈
独立公文書管理監付(併)		原　典久
同 参 事 官(併)		阿部正典
	高橋德嗣	(併)坂本眞一
公文書監察室長(併)		森本加奈
同 次 長(併)		原　典久
同 参 事 官(併)		坂本眞一
情報保全監察室長(併)		森本加奈
同 参 事 官(併)		阿部正興
同 　　　 (併)		高橋德嗣

〔賞　勲　局〕

局　　　　長	伊藤　信
総 務 課 長	馬場純郎
審査官(賞勲局)	澤　繁樹
	本田啓一郎　菅　豪

〔男女共同参画局〕

局　　　　長	岡田恵子
官房審議官(男女共同参画局担当)(併)	小八木大成
総 務 課 長	大森崇利
推 進 課 長	上田真由美
男女間暴力対策課長	田中宏和
仕事と生活の調和推進室長(併)	岡田恵子
同 参 事 官(併)	花咲恵乃

〔沖縄振興局〕

局　　　　長	望月明雄
官房審議官(沖縄科学技術大学院大学担当)	齊藤　馨
同 　　(同)(併)	井上惠嗣
総 務 課 長	西尾尚記
参事官(振興第一担当)	野本英伸
同(振興第二担当)	小林清史
同(振興第三担当)	山本大志
同(調査金融担当)	山崎善久

〔食品安全委員会〕

〒107-6122 港区赤坂5-2-20
赤坂パークビル22F
☎03(6234)1166

委　員　長	山本茂貴
事 務 局 長	内裕伸
事 務 局 次 長	及川　仁
総 務 課 長	重元博道
評価第一課長	紀平哲也

評価第二課長	前間　聡	
情報・勧告広報課長	浜谷直史	

〔国会等移転審議会〕

〒100-8918 千代田区霞が関2-1-2
中央合同庁舎2号館
(国土交通省国土政策局総合計画課内)
☎03(3501)5480

事務局次長(併)	小善真司
参 事 官(併)	秋山公城

〔公益認定等委員会〕

〒105-0001 港区虎ノ門3-5-1
虎ノ門37森ビル12F
☎03(5403)9555

委　員　長	佐久間総一郎
事務局長兼大臣官房公益法人行政担当室長	北川　修
事務局次長兼大臣官房公益法人行政担当次長	髙角健志
総務課長兼大臣官房公益法人行政担当参事官	真弓智也
審査監督官兼大臣官房公益行政担当室参事官(併)	大野　卓
同 　　(併)	花島康夫

〔再就職等監視委員会〕

〒100-0004 千代田区大手町1-3-3
大手町合同庁舎3号館9F
☎03(6268)7657

委　員　長	井上弘通
事 務 局 長	吉田德幸
参 事 官	酒井元康
再就職等監察官	瀧聞香織
同 　　(併)	植月良典

〔消費者委員会〕

〒100-8970 千代田区霞が関3-1-1
中央合同庁舎4号館
☎03(3581)9176

委　員　長	鹿野菜穂子
事 務 局 長(併)	小林真一郎
官房審議官(消費者委員会担当)(併)	岡本直樹
同 　　(同)(併)	後藤一也
参 事 官	友行啓子

〔経済社会総合研究所〕

〒100-8914 千代田区永田町1-6-1
中央合同庁舎8号館
☎03(5253)2111

所　　　　長	村山　裕
次　　　　長	野村　裕
総括政策研究官	河村直樹

後 藤 一 也　　信 濃 正 範
松 多 秀 一　　明 珍　　充
中 澤 信 吾　　小八木 大 成
丸 山 達 也
総 務 部 長　　林 田 雅 秀
上席主任研究官　　出 口 恭 子
山 岸 圭 輔　　萩 野　　覚
小 島 宗一郎　　藤 森 俊 輔
情報研究交流部長　　田 村 裕 昭
景気統計部長　　谷 本 信 賢
国民経済計算部長　　尾 﨑 真美子
経済研修所総務部長　　小 林 真一郎

〔迎　賓　館〕
〒107-0061 港区元赤坂2-1-1
☎03(3478)1111
館　　長　　三 上 明 輝
次　　長　　岡 本 信 一
総 務 課 長　　佐々木　明
接 遇 課 長　　本 田　　誠
運 営 課 長　　髙 妻 博 之
京都事務所長　　押 切 哲 夫

〔地方創生推進事務局〕
〒100-0014 千代田区永田町1-11-39
永田町合同庁舎6F・7F・8F
☎03(5510)2151
事 務 局 長　　市 川 篤 志
事 務 局 次 長(併)　　河 村 直 樹
審 議 官(併)　　佐々木正士郎
岩 間　　浩　　井 上 博 雄
渡 辺 公 徳　　奥 山 祐 矢
大 森 一 顕　　佐 脇 紀代志
吉 田 健一郎　　安良岡　武
中 村 広 樹　　西　　経 子
豊 岡 宏 規
参 事 官(併)　　木 村 宗 敬
同(総括担当)(併)　　正 田　　聡
大 辻　　統　　西 山 茂 樹
大 塚 久 司　　塩 田 剛 志
同(中心市街地活性化担当)(併)　　谷　　　浩
同(同)(併)　　西 山 茂 樹
同(都市再生担当)(併)　　喜 多 功 彦
同(同)(併)　　真 田 晃 宏
同(構造改革特別区域担当)(併)　　田 中 聡 明
曽 我 明 裕　　菅 原 晋 也
坂 本 弘 毅　　正 田　　聡

元 木　　　要
同(地域再生担当)(併)　　塩 手 能 景
市 川 紀 幸　　川 村 尚 永
山 下 智 也　　喜 多 功 彦
影 山 義 人　　今 野　　治
西 山 茂 樹　　伊 佐　　寛
白 水 伸 英　　石 川　　悟
金 澤 正 尚　　川 島 正 治
山 本 恵 太　　伊 藤 康 行
竹 内 大一郎　　則 久 雅 司
齋 藤 憲一郎　　西 尾 利 哉
川 越 久 史　　田 中 禎 彦
景 山 忠 史　　平 林　　剛
久 山 淳 爾　　吉 田 暁 郎
安 藤 弘 一
同(総合特別区域担当)(併)　　田 中 聡 明
曽 我 明 裕　　菅 原 晋 也
坂 本 弘 毅　　正 田　　聡
元 木　　　要
同(国家戦略特別区域担当)(併)　　田 中 聡 明
曽 我 明 裕　　菅 原 晋 也
坂 本 弘 毅　　正 田　　聡
元 木　　　要
同(産業遺産担当)(併)　　田 村 顕 洋
大 辻　　統　　俣 野 敏 道
岸 本 織 江　　真 田 晃 宏
地方大学・産業創生担当)(併)　　塩 田 剛 志

〔知的財産戦略推進事務局〕
〒100-0014 千代田区永田町1-6-1
内閣府本府庁舎3F
☎03(3581)0324
事 務 局 長　　奈須野　太
事 務 局 次 長(併)　　小 林 万里子
佐 野 究一郎　　植 松 利 夫
参事官(総括担当)(併)　　池 谷　　巌
同(産業競争力強化担当)(併)　　山 本 英 一
同(コンテンツ振興担当)(併)　　白 鳥 綱 重
同(クールジャパン戦略推進担当)(併)　　白 鳥 綱 重
同(国際標準化戦略推進担当)(併)　　小 川 祥 直
渡 辺 真 幸　　山 本 英 一
中 里　　学　　平 尾 禎 秀
橋 本 雅 道　　次 田　　彰 児
日 置 潤 一　　川 村 竜 児

〔科学技術・イノベーション推進事務局〕

事 務 局 長	松尾 泰樹	(併)梅北栄一	(併)二村英介
統 括 官	渡邊 昇治	参 事 官	北神 裕
審 議 官	徳増 伸二	三木 清香	宮原 光穂
川上 大輔	藤吉 尚之	池谷 巌	松本 英登
(併)林 孝浩	(併)松山 泰典	谷口 礼史	
(併)坂本 修一	(併)佐究一郎	原子力政策担当室長(併)	渡邊 昇治
(併)渡邉 淳	(併)清浦 隆	次 長(併)	徳増 伸二
(併)木原晋一	(併)吾郷進平	同 (併)	林 孝浩
参事官(総括担当)	武田 憲昌	参 事 官(併)	山田 哲也
同(統合戦略担当)	(併)永澤 剛	同 (併)	梅北 栄一
(併)菅田 洋一	(併)山下 恭徳	大学改革・ファンド担当室長(併)	渡邊 昇治
(併)若月一泰	(併)白鳥綱重	次 長(併)	坂本 修一
(併)滝澤 豪	(併)川野真稔	同 (併)	藤吉 尚之
(併)伯野春彦	(併)今野 聡	参 事 官(併)	渡邉 倫子
(併)橋本雅道	(併)森 幸子	西平 賢哉	有賀 理
(併)熊谷和哉	(併)倉田佳奈江	白井 俊	
(併)宅間裕子	(併)下田裕和	日本医療研究開発機構担当室室長(併)	中石 斉孝
(併)嶋崎政一	(併)馬場大輔	次 長(併)	髙谷 浩樹
(併)日置潤一	(併)岡田智裕	竹林 経治	内山 博之
梅原 徹也		森田 健太郎	
参事官事務代理(同)	赤池 伸一	参 事 官(併)	三木 清香
参事官(イノベーション推進担当)	池田 一郎	宮原 光穂	大畠 大
同 (同)	有賀 理	渡辺 顕一郎	
同(研究環境担当)(併)	白井 俊	標準活用推進室長(併)	奈須野 太
井上 睦子	髙橋 憲一郎	次 長(併)	佐野究一郎
同(教育・人材担当)(併)	有賀 理	参 事 官(併)	池谷 巌
同(大学改革・ファンド担当)(併)	渡邉 倫子	山本 英一	小川 祥直
西平 賢哉	有賀 理		
白井 俊		〔健康・医療戦略推進事務局〕	
同(重要課題担当)(併)	菅田 洋一	事 務 局 長	中石 斉孝
木村 裕明	伯野 春彦	事務局次長(併)	髙谷 浩樹
髙嶺 研一	森 幸子	竹林 経治	内山 博之
熊谷 和哉	廣田 光恵	森田 健太郎	
梅原 徹也	朝田 将	参 事 官(併)	三木 清香
大土井 智	宅間 裕子	宮原 光穂	渡辺 顕一郎
西川 和見	日置 潤一	日野 力	渡 三佳
河野 太	田中 伸彦	大畠 大	
笠間 太介	萩原 貞洋		
同(事業推進総括担当)(併)	菅田 洋一	〔宇宙開発戦略推進事務局〕	
梅原 徹也	萩原 貞洋	〒100-0013 千代田区霞が関3-7-1	
同(未来革新研究開発担当)	龍澤 直樹	霞が関東急ビル16F	
同 (同)(併)	中川 尚志	☎03(6205)7036	
同(原子力担当)	山田 哲也	事 務 局 長	風木 淳
		審 議 官(併)	渡邉 淳
		参 事 官	松本 英登
		(併)滝澤 豪	(併)加藤勝俊

（併）三上建治　（併）山口真吾
（併）荒　心平　（併）沼田健二
（併）上田光幸　（併）藤田健一
（併）吉田邦伸

| 準天頂衛星システム戦略室室長（併） | 三上建治 |
| 同室長代理（併） | 沼田健二 |

〔北方対策本部〕

〒100-8914　千代田区永田町1-6-1
中央合同庁舎8号館
☎03(5253)2111

本部長（特命担当大臣）	自見はなこ
審　議　官	矢作修己
参　事　官	富永健嗣

〔総合海洋政策推進事務局〕

〒100-0013　千代田区霞が関3-7-1
霞が関東急ビル16F
☎03(6257)1767

事　務　局　長	宮澤康一
事務局次長（併）	木原晋一
同　　　　（併）	筒井智紀
参事官（総括担当）（併）	谷口礼史
同（安全保障・国際協力担当）	本城　浩
同（資源・エネルギー担当）（併）	粕谷直樹
同（研究開発・人材育成担当）（併）	川口悦生
同（大陸棚・海洋調査担当）（併）	山尾　理
同（水産・環境保全担当）（併）	横山純一
同（離島（保全・管理）・沿岸域管理担当）（併）	鈴木俊朗
同（離島（地域社会維持）担当）（併）	鮎澤良史
同　　　　（併）	中林　茂
	大井通博
	中川研造
	稲邑拓馬
	能村幸輝
有人国境離島政策推進室長（併）	筒井智紀
同参事官（併）	鮎澤良史
同　　　　（併）	鈴木俊朗

〔国際平和協力本部〕

〒100-8970　千代田区霞が関3-1-1
中央合同庁舎4号館8F
☎03(3581)2550

事　務　局　長	齋田伸一
事　務　局　次　長	池松英浩
参　事　官	植草泰彦
同	山田哲也

〔日本学術会議〕

〒106-8555　港区六本木7-22-34
☎03(3403)3793

会　　　　　長	光石　衛
副　会　長	三枝信子
	磯　博康　日比谷潤子
事　務　局　長	相川哲也
事　務　局　次　長	熊谷勝美
企　画　課　長	上村秀紀
管理課長心得	大久保　敦
参事官（審議第一担当）	根来恭子
同（審議第二担当）	佐々木　亨
同（国際業務担当）	大沼和善

〔官民人材交流センター〕

〒100-0004　千代田区大手町1-3-3
大手町合同庁舎3号館9F
☎03(6268)7675

副センター長	平池栄一
審　議　官	坂本雅彦
総　務　課　長	野竹司郎

〔沖縄総合事務局〕

〒900-0006　那覇市おもろまち2-1-1
那覇第2地方合同庁舎2号館　☎098(866)0031

事　務　局　長	田中愛智朗
事務局次長（総務等担当）	水本圭祐
事　務　局　次　長	河南正幸
総　務　部　長	中村敏昭
財　務　部　長	村上勝彦
農林水産部長	福島　央
経済産業部長	中村浩一郎
開発建設部長	坂井　功
運　輸　部　長	星　明彦

〔経済財政諮問会議〕

議　　　　　長	岸田文雄
議　　　　　員	松野博一
	新藤義孝　鈴木淳司
	鈴木俊一　西村康稔
	植田和男　十倉雅和
	中空麻奈　新浪剛史
	柳川範之

〔総合科学技術・イノベーション会議〕

| 議　　　　　長 | 岸田文雄 |
| 議　　　　　員 | 松野博一 |

高市早苗　鈴木淳司
鈴木俊一　盛山正仁
西村康稔　上山隆大
梶原ゆみ子　佐藤康博
篠原弘道　菅裕明
波多野睦子　藤井輝夫
光石衛

〔国家戦略特別区域諮問会議〕

議　長　岸田文雄
議　員　自見はなこ
松野博一　鈴木俊一
河野太郎　新藤義孝
垣内俊哉　越塚登
菅原晶子　中川雅之
南場智子

〔中央防災会議〕

会　長　岸田文雄
委　員　松村祥史
鈴木淳司　小泉龍司
上川陽子　鈴木俊一
盛山正仁　武見敬三
宮下一郎　西村康稔
斉藤鉄夫　伊藤信太郎
木原稔　松野博一
河野太郎　土屋品子
加藤鮎子　新藤義孝
高市早苗　自見はなこ
村田隆　植田和男
清家篤　稲葉延雄
大西佐知子　大原美保
小室広佐子　黒岩祐治
植田和生　松本吉郎

〔男女共同参画会議〕

議　長　松野博一
議　員　松本剛明
齋藤健　林芳正
鈴木俊一　永岡桂子
加藤勝信　野村哲郎
西村康稔　斉藤鉄夫
西村明宏　谷公一
小倉將信　小西聖子
佐々木かをり　清水博
白波瀬佐和子　鈴木準
内藤佐和子　納米恵美子
細川珠生　山口慎太郎
山田昌弘　山本隆司
芳野友子

〔規制改革推進会議〕

議　長　冨田哲郎
議長代理　冨山和彦
同　林いづみ
委　員　芦澤美智子
落合孝文　川邊健太郎
佐藤主光　杉本純子
津川友介　中室牧子
堀天子　間下直晃
御手洗瑞子　山田義仁

宮　内　庁

〒100-8111 千代田区千代田1-1
☎03(3213)1111

長官　西村泰彦
次長　池田憲治
長官秘書官　中川一

〔長官官房〕

審議官　五嶋青也
宮務主管　諸橋省明
皇室経済主管　古賀浩史
皇室医務主管　永井良三
参事官　朝賀浩
同　金子雄樹彦
同　瀧川聡史
秘書課長　藤田雅史
調査企画室長　川路利治
総務課長　鈴木敏夫
広報室長　藤原麻衣子
報道室長　中村克祥
宮務課長　荻野修司
主計課長　木村藍子
用度課長　小林勝也

〔侍　従　職〕

侍従長　別所浩郎
侍従次長　坂根工博
侍従(事務主管)　松永賢誕
侍医長　井上暁
女官長　西宮幸子

〔上　皇　職〕

上皇侍従長　河相周夫

上皇侍従次長　高橋美佐男
上皇侍従(事務主管)　岩井一郎
上皇侍医長　市倉隆
上皇女官長　伊東典子

〔皇嗣職〕

皇嗣職大夫　加地隆治
皇嗣職宮務官長　小山永樹
皇嗣職宮務官(事務主管)　河野太郎
皇嗣職侍医長　加藤秀樹

〔式部職〕

式部官長　伊原純一
式部副長(儀式)　櫛田泰宏
同(外事)　飯島俊郎
式部官(儀式)　武田誠司
同(外事)　宮澤保貴
同(同)　犬飼明美

〔書陵部〕

部長　藤田稔
図書課長　梶ケ谷洋一
編修課長　高田義人
陵墓課長　小野美佐子

〔管理部〕

部長　野村護
管理課長　久我直樹
工務課長　西澤憲一
庭園課長　田邉仁
大膳課長　伊藤良治
車馬課長　西尾招久
宮殿管理官　野村元一

公正取引委員会

〒100-8987　千代田区霞が関1-1-1
中央合同庁舎6号館B棟　☎03(3581)5471

委員長　古谷一之
委員　三村晶子
　　　青木玲子　吉田安志
　　　泉水文雄

〔事務総局〕

事務総長　藤本哲也
審判官　宮本信彦
同　本村絵理
同　黒木麻帆
官房総括審議官　大胡勝
官房政策立案総括審議官　品川武
官房審議官(国際)　田中久美子
官房審議官(企業結合)　塚田益徳

官房サイバーセキュリティ・情報化参事官　宮本信彦
官房参事官　河野琢次郎
官房参事官　田邊貴紀
総務課長　稲熊克紀
会計室長　多田修
企画官　高山英樹
同　栗谷康正
訟務研究官　石谷直久
経済研究官　菱沼功
人事課長　向井康二
企画官　香城尚子
国際課長　五十嵐俊子
企画官　島袋功一
同　片岡克俊
経済取引局長　岩成博夫
総務課長　深町正徳
企画室長　笠原慎吾
デジタル市場企画調査室長　稲葉僚太
調整課長　天田弘人
企画官　鈴木健太
企業結合課長　横手哲二
上席企業結合調査官　神田哲也
同　相澤央枝
同　大泉玄之助
取引部長　片桐一幸
取引企画課長　西川康一
取引調査室長　吉川泰宇
相談指導室長　久保田卓哉
企業取引課長　亀井明紀
企画官　山本慎
下請取引調査室長　藤谷義秀
上席下請取引検査官　大澤一史
　　　　　　　　　菅野善文
審査局長　田辺治
審査管理官　藤井宣明
同　齋藤隆明
管理企画課長　堀内悟
企画室長　岡田博己
情報管理室長　松風宏幸
公正競争監視室長　清水敬
課徴金減免管理官　朝倉真一
上席審査専門官　鈴木芳久
第一審査長　遠藤光
上席審査専門官　武田雅弘
同(国際カルテル担当)　高橋佑美子

第二審査長　小室尚彦
上席審査専門官　十川雅誠
第三審査長　福田泰斗
上席審査専門官　萩原泰生
第四審査長　岩下知生
上席審査専門官　岩渕権
同(デジタルプラットフォーマー担当)　中島菜子
第五審査長　池田卓郎
訟務官　山口正行
犯則審査部長　大元慎二
第一特別審査長　南雅晴
第二特別審査長　大矢一夫

国家公安委員会

〒100-8974　千代田区霞が関2-1-2
中央合同庁舎2号館　☎03(3581)0141
国家公安委員会委員長　松村祥史
秘書官　四日市郁夫
同　事務取扱　大門雅弘
委員　櫻井敬子
横畠裕介　宮崎緑
竹部幸夫　野村裕知

警察庁

〒100-8974　千代田区霞が関2-1-2
中央合同庁舎2号館　☎03(3581)0141
長官　露木康浩
次長　緒方禎己

〔長官官房〕

官房長　楠芳伸
総括審議官　谷滋行
技術総括審議官　島崎俊隆
政策立案総括審議官兼公文書監理官　飯利雄彦
審議官(国際担当)(兼)　佐野朋毅
同(犯罪被害者等施策担当)　江口有隣
同(生活安全局担当)(兼)　和田薫
同(刑事局・犯罪収益対策担当)　親家和仁
同(交通担当)　小林豊
同(警備局・調整担当)　早川智之
同(サイバー警察局担当)　大橋一夫
参事官(総合調整・刑事手続のIT化・統計総括担当)　岩田康弘
同(国際担当)　秋本泰志
同(情報化及び技術革新に関する総合調整担当)　小鷲達也
同(犯罪被害者等施策担当)(兼)　関口真大
同(高度道路交通政策担当)　池内久晃

同(拉致問題対策担当)　高岩直樹
同(サイバー情報担当)　飯崎潤
同　櫻井美香
同　岡井慎一郎
首席監察官　片倉秀樹
総務課長　早川剛史
広報室長　重成浩司
情報公開・個人情報保護室長　寺井陽子
留置管理室長　畠山雅英
企画課長　小堀龍一郎
政策企画管
国際協力室長　石井龍
技術企画課長　飯濱誠晴
先端技術導入企画官　古田英誠
情報処理センター所長　沖田信康
情報セキュリティ対策官　來田信治
情報セキュリティ監査官　薗田治永
人事課長　遠藤剛
人事総括企画官　森国浩輔
人材戦略企画室長
厚生管理室長
教養企画室長
監察官　渡辺幸次
同　伊藤健一
会計課長　吉越清人
会計企画官　永山貴大
監査室長　遠藤健二
装備室長　関口悟史
犯罪被害者等施策推進室長　藤田有祐
通信基盤課長　工藤健一
通信運用室長　山本紀幸
国家公安委員会会務官　羽石千代

〔生活安全局〕

局長　檜垣重臣
生活安全企画課長　山口寛峰
生活安全企画官　関口澄夫
犯罪抑止対策室長　前田浩一郎
地域警察指導室長　宮関真由美
人身安全・少年課長　阿波拓洋
人身安全対策室長　作道英文
少年保護対策室長　助川隆
保安課長　松下和彦
風俗環境対策室長
生活経済対策管理官　前田勇太

〔刑　事　局〕

局　　　長	渡　邊　国　佳
刑事企画課長	松　田　哲　也
刑事指導室長	石　井　啓　介
捜査第一課長	佐　藤　昭　一
重大被害犯罪捜査企画官(兼)	新　倉　秀　也
検視指導室長	新　倉　秀　也
特殊事件捜査室長	山　本　哲　也
捜査第二課長	宮　島　広　成
捜査支援分析管理官	野　村　朋　美
犯罪鑑識官	金　澤　正　和
指紋鑑定指導官	佐　藤　勝　彦
DNA型鑑定指導官(兼)	吉　田　日南子
資料鑑定指導官	佐久間　久　喜

〔組織犯罪対策部〕

部　　　長	猪　原　誠　司
組織犯罪対策第一課長	宇田川　佳　宏
犯罪組織情報官	高　塚　洋　志
暴力団排除対策官(兼)	澁　谷　正　樹
国際連携対策官	
組織犯罪対策第二課長	森　下　元　雄
特殊詐欺対策室長	引　地　信　郎
国際捜査管理官	篠　原　英　樹

〔交　　通　　局〕

局　　　長	太刀川　浩　一
交通企画課長	日　下　真　一
交通安全企画官	稲　垣　吉　博
自動運転企画室長	成　冨　則　宏
交通指導課長	杉　　俊　弘
交通規制課長	岩　瀬　　聡
交通管制技術室長	渋　谷　秀　悦
特別交通対策室長	平　松　伸　二
運転免許課長	今　井　宗　雄
高齢運転者等支援室長	

〔警　　備　　局〕

局　　　長	迫　田　裕　治
警備企画課長	聖　成　竜　太
公安課長	大　嶌　正　洋
公安対策企画官	永　井　幹　久

〔外　事　情　報　部〕

部　　　長	筒　井　洋　樹
外　事　課　長	則　包　卓　嗣
外事情報調整室長	高　山　祐　輔
経済安全保障室長	山　田　雅　史

国際テロリズム対策課長	工　藤　陽　代
国際テロリズム情報官	西　尾　慎二郎

〔警　備　運　用　部〕

部　　　長	今　村　　剛
警備第一課長	中　島　　寛
警備第二課長	増　田　美希子
警衛指導室長	田　﨑　仁　史
警護指導室長	宮　川　恵　三
警備第三課長	山　本　将　之
事態対処調整官	矢　作　将　人
災害対策室長	黒　川　清　彦

〔サ　イ　バ　ー　警　察　局〕

局　　　長	河　原　淳　平
サイバー企画課長	阿　部　文　彦
サイバー捜査課長	棚　瀬　　誠
国際サイバー捜査調整官	間仁田　裕　美
情報技術解析課長	野　本　靖　之
高度情報技術解析センター所長	仲　伏　達　雄

個人情報保護委員会

〒100-0013　千代田区霞が関3-2-1
霞が関コモンゲート西館32F
☎03(6457)9680

委　員　長	丹　野　美絵子		
委　員(常勤)	小　川　克　彦		
	中　村　玲　子	大　島　周　平
	浅　井　祐　二		
同　　(非常勤)	加　藤　久　和		
	藤　原　靜　雄	梶　田　恵美子
	髙　村　　浩		
専門委員(非常勤)	麻　田　尚　人		
	山　地　　昇	中　湊　　晃
	石　井　夏生利	神　田　雅　透
事　務　局　長	松　元　照　仁		
事　務　局　次　長	三　原　祥　二		
審　議　官	山　澄　　克		
同	大　槻　大　輔		
総　務　課　長	森　川　世　紀		
参　事　官	香　月　健太郎		
	吉　屋　拓　之	石　田　　聡
	小　嶋　道　人		
政策立案参事官	片　岡　秀　実		

カジノ管理委員会

〒105-6090　港区虎ノ門4-3-1
城山トラストタワー 12F, 13F　☎03(6453)0201

委　員　長	北村　道夫
委　　　員	氏兼　裕之
同	渡邉　路子
同	北村　博文
同（非常勤）	石川　恵子
事務局長	坂口　拓也
事務局次長	嶋田　俊之
監察官	上島　大輔
総務企画部長	中山　隆介
公文書監理官（併）	形岡　拓文
総務課長	形岡　拓文
企画官	小林　正史
企画課長	阿部　雄介
企画官	谷村　千栄子
依存対策長	山本　要
監督調査部長	原田　義久
監督総括課長	河村　憲
企画官	鈴木　豪哉
規制監督課長	谷　直哉
犯罪収益移転防止対策室長	一瀬　剛大
機器技術監督室長	今村　真教
調査課長	岡野　泰大
企画官	辻　貴則
調査官	石崎　靖浩
同	佐藤　正尚
財務監査課長	出口　岳人

金　融　庁

〒100-8967　千代田区霞が関3-2-1
中央合同庁舎7号館　☎03(3506)6000

大　臣	鈴木　俊一
副　大　臣	井林　辰憲
大臣政務官	神田　潤一
秘　書　官	鈴木　俊太郎
同　事務取扱	玉川　英資
長　官	栗田　照久
金融国際審議官	有泉　秀

〔総合政策局〕

局　長	由布　志行

（官房部門）

総括審議官	石田　晋也
審議官（兼）公文書監理官（兼）	川崎　暁
秘書課長	征矢　貴夫
人事企画室長・開発金融室長（兼）	島崎　征泰
人事調査官・職員相談サポート室長（兼）	反町　栄市
管理課長	柳原　香織
情報化統括室長・組織戦略監理官（兼）	西間　正也
総務課長	鳩山　正通
総括企画官・広報室長（兼）	矢野　翔平
総括管理官	本野　幸一
総括管理官・公文書管理室長（兼）情報公開・個人情報保護室長（兼）	矢田　真弘
法令審査室長	太田　昌男
国会連絡室長	大澤　清司
審判手続室長・法務戦略官（兼）	大宇根　靖子
審判官	日浅　さやか
審判官	城処　琢也
審判官	高津戸　朱子
審判官	美濃口　真琴
政策立案総括審議官	堀本　善雄
総合政策課長	高田　英樹
チーフ・サステナブルファイナンス・オフィサー（兼）	池田　賢志
金融経済教育推進室長	桑田　尚幸
総合政策管理官	松田　泰幸
総合政策企画室長・研究開発室長（兼）	犬塚　誠勇
サステナブルファイナンス推進室長	西　勇樹

（国際部門）

国際総括審議官（兼）	三好　敏之
審議官	岡崎　隆志
審議官	長谷川　賢
参事官	池名　康司
国際政策管理官（兼）	椎下　裕
同	山　玲奈
国際室長	永田　玲奈
国際資金洗浄対策室長	羽渕　秀貴

（モニタリング部門）

審議官	屋敷　利紀
参事官	柳瀬　護司
リスク分析総括課長	大城　健豊
マネーローンダリング・テロ資金供与対策企画室長	齋藤　稔
健全性基準室長	青崎　茂
フィンテック参事官	清水　茂
イノベーション推進室長・チーフフィンテックオフィサー（兼）	牛田　遼介
暗号資産モニタリング室長	前島　義輝
資金決済モニタリング室長・金融サービス仲介業室長（兼）電子決済等代行業室長（兼）	松島　公光
コンダクト監理官	伊藤　祐

金融庁　カジノ管理委員会

金融トラブル解決制度推進室長　尾木　誠
金融サービス利用者相談室長　中　和志
貸金業室長　青木　利貴
ITサイバー・経済安全保障監理官 サイバーセキュリティ対策企画調整室長(兼) 経済安全保障室長(兼)　畠山　剛
検査監理官　野村　俊之
リスク管理検査室長　山崎　勝之
大手銀行モニタリング室長(兼)　佐藤　雅之
主任統括検査官　小笠原　規人
　田邊　亮二
　山下　治久
　麻生　寿夫
　山田　靖昭
　坂井　平昭
統括検査官　松村　昭男
同　宮本　孝男
マクロデータ分析監理官 データ分析審査室長(兼) チーフ・データ・オフィサー(兼)
情報・分析室長　宇根　賢治

〔企画市場局〕
局長　井藤　英樹
参事官　新発田　龍史
参事官　太田原　和房
参事官 総務室長(兼)　若原　雄人
調査室長 保険企画室長(兼)　赤井　啓志
信用制度参事官　大来　志郎
信用法制企画調整官　大宮　輝隆
信用制度企画室長　和田　美彦
信用機構企画室長　家根田　大良
デジタル・分散型金融企画室長　久永　正拓
市場課長　齊藤　将壽
市場機能強化室長　古今　宣康
市場企画室長 資産運用改革室長(兼)　中野　親夫
市場業務監理官　野崎　彰
企業開示課長　倉持　一郎
国際会計調整官　齊藤　貴
開示業務室長　大谷　潤文
企業財務調査官
企業統治改革推進管理官　谷口　達哉

〔監督局〕
局長　伊藤　豊
審議官　尾崎　有
参事官　岡野　大司
同　藤崎　光則
総務課長　森　拡
監督調査室長　慶　吉
地域金融支援室長(兼)　村木　圭

信用機構対応室長 企画調整室長(兼) RRP室長(兼)　岸本　学
監督管理官　山崎　彩
郵便貯金・保険監督総括参事官　澤飯　敦
郵便保険監督参事官　松島　研
監督企画官　佐藤　栄一
銀行第一課長　下井　善博
銀行第二課長　田部　真史
地域金融生産性向上支援室長 地域金融企画室長(兼)　村木　圭司
地域銀行調整官　柴田　幹司
協同組織金融室長　金ヶ崎　郁弘
地域金融監理官 主任統括検査官(兼)　加藤　光伸
　町井　智
統括検査官　中島　偉全
　板倉　健太郎　黒沼　進
保険課長　三浦　知宏
損害保険・少額短期保険監督室長(兼)　政平　英雄
保険商品室長(兼)　佐藤　欣也
主任統括検査官　清水　洋一
証券課長　椎名　康
大手証券等モニタリング室長(兼)　藤岡　由佳子
参事官　中川　彩子
監督管理官 市場仲介モニタリング室長(兼) 資産運用モニタリング室長(兼)　東原　都男

〔証券取引等監視委員会〕
委員長　中原　亮一
委員　加藤　さゆり
同　橋本　尚
事務局長　井上　俊剛
次長　石村　幸三
　小川　理津子
市場監視総括官　原田　尚之
総務課長　眞下　利春
情報解析室長 IT戦略室長(兼)　稲田　拓司
市場監理官　岡崎　洋太郎
市場分析審査課長 市場モニタリング室長(兼)　横尾　則幸
統括特別調査官　湯ノ上　竜典
証券検査課長 国際証券検査室長(兼)　萩藤　博司
統括検査官　五十嵐　俊樹
　坂部　一夫　緒方　敬治
　西澤　伸彦
取引調査課長　竹内　肇

統括調査官　小椋良紀
統括調査官（国際取引等調査官室）（兼）　田中賢次
開示検査課長　森中島英裕
統括調査官　芳賀裕
特別調査課長　細田均誠
特別調査管理官　今井
統括特別調査官　渡辺朋彦
同　澤田幸利

〔公認会計士・監査審査会〕

会　長　松井隆幸
委　員　青木雅明
　　浅見裕子　上田亮子
　　古布薫　玉井裕子
　　千葉通子　徳賀芳弘
　　皆川邦仁　吉田慶太
事務局長（兼）　長岡隆
総務試験課長　繁本賢也
審査検査課長　八木原栄二
公認会計士・監査検査室長　八木寛志
金融研究センター長　吉野直行
同　顧問　大庫直樹
同　顧問　柳川範之
副センター長　高田英樹

消費者庁

〒100-8958 千代田区霞が関3-1-1
中央合同庁舎4号館 ☎03(3507)8800

大　臣　自見はなこ
副　大　臣　工藤彰三
大臣政務官　古賀友一郎
長　官　新井ゆたか
次　長　吉岡秀弥
政策立案総括審議官　藤本武士
審　議　官　相本浩志
　　真渕博
　　依田学
消費者庁付（内閣官房内閣審議官（内閣官房副長官補付））　黒木理恵
参事官（人事・会計担当）　小堀厚司
同（デジタル・業務改革等担当）　遠山明
同（企画調整担当）　久保浩
総務課長　安東高徳
消費者政策課長　尾原知明
消費者制度課長　古川剛
消費者教育推進課長　山地あつ子
地方協力課長　加藤卓生

消費者安全課長　阪口理司
取引対策課長　伊藤正雄
表示対策課長　高居良平
食品表示企画課長　清水正雄
参事官（調査研究・国際担当）　柳沢信高
参事官（公益通報・協働担当）　浪越祐介

〔消費者安全調査委員会〕

委　員　長　中川丈久
委員長代理　持丸正明
委　　員　小川武史
　　河村真紀子　小塚荘一郎
　　宗林さおり　東畠弘子

こども家庭庁

〒100-6090 千代田区霞が関3-2-5
霞が関ビルディング14F, 20F, 21F, 22F
☎03(6771)8030

内閣府特命担当大臣（こども政策 少子化対策）　加藤鮎子
内閣府副大臣　工藤彰三
内閣府大臣政務官　古賀友一郎
長　官　渡辺由美子

〔長官官房〕

官　房　長　小宮義之
審議官（成育局担当）　黒瀬敏文
審議官（支援局担当）　野村知司
審議官（総合政策担当）　髙橋宏治
支援金制度等準備室長　熊木正人
総　務　課　長　伊澤知法
企画官（広報・文書担当）　中村明恵
サイバーセキュリティ・情報化企画官　東善博
企画官（地方自治体連携等担当）　岩崎林太郎
企画官（支援金制度等担当）　渡邊由美子
人事調査官　久保倉修
経理室長　吉行崇
参事官（会計担当）　吉田武司
参事官（総合政策担当）　佐藤勇輔
少子化対策企画官　中原茂仁
参事官（日本版DBS担当）　羽柴愛砂
参事官（支援金制度等担当）　田中義高
参事官（支援金制度等担当）　西岡隆

〔成育局〕

局　長　藤原朋子
総務課長　髙田行紀
保育政策課長　本後健
認可外保育施設担当室長　伊藤涼子

成育基盤企画課長	齋藤　潔
成育環境課長	山口正行
児童手当管理室長	渡邊由美子
母子保健課長	木庭　愛
安全対策課長	鈴木達也
参事官(事業調整担当)	里平倫行

〔　支　援　局　〕

局　　　長	吉住啓作
総務課長	林　俊宏
企画官(いじめ・不登校防止担当)	菊地史晃
虐待防止対策課長	河村のり子
企画官(こども若者支援担当)	上野友靖
家庭福祉課長	小松秀和
企画官(ひとり親家庭支援担当)	宮崎千晶
障害児支援課長	栗原正司

⦅ デジタル庁 ⦆

〒102-0004 千代田区紀尾井町1-3
東京ガーデンテラス紀尾井町19F・20F
☎03(4477)6775

大　　臣	河野太郎
副　大　臣	石川昭政
大臣政務官	土田　慎
秘　書　官	盛　純二
デジタル監	浅沼　尚
デジタル審議官	二宮清治
顧　　問	村井純一
参　　与	遠藤紘一
同	向井治紀
同	伊藤　伸
同	其田真理
同	上野山勝也

〔　　C　x　O　〕

Chief Architect	本丸達也
Chief Cloud Officer	山本教仁
Chief Information Security Officer	坂　明
Chief Product Officer	水島壮太
Chief Strategy Officer	徳生裕人
Chief Technology Officer	藤本真樹

〔シニアエキスパート〕

シニアエキスパート(アーキテクチャ)	江崎　浩
同(カスタマーサクセス戦略)	住田智子
同(経営企画戦略)	岩澤俊典
同(シビックテック)	関　治之
同(人材採用)	齋藤正樹

同　（組織文化）	唐澤俊輔
	中室牧子
同(デジタルエデュケーション)	中櫻本美穂子
同　（防災DX）	冨安泰一郎
戦略・組織グループ	奥田直彦
次　　　長	蓮井智哉
同	早瀬善憲
同	楠　正憲
デジタル社会共通機能グループ長	阿部知明
次　　　長	村上敬亮
国民向けサービスグループ長	榊原　毅
次　　　長	座間敏如
同	布施田英生
省庁業務サービスグループ長	藤田清太郎
次　　　長	上村昌博
統括官付	中島朗洋
	鳥井陽一

統括官付参事官　淺岡孝充

麻山健太郎	上仮屋尚
上田尚弘	内海隆明
片桐義博	亀山慎之介
北神裕	北間俊秀
志田太郎	澁谷弘一
白井宏幸	須賀千鶴
枇浦維勝	杉本敬次
中西章	野崎彰
古川易史	帆足雅史
松田昇剛	松田洋平
黛孝次	水口幸司
宮西健至	村上貴将
森寛敬	山崎琢矢
山本寛繁	吉田恭子
吉中孝	渡辺琢也
吉浜隆雄	渡辺琢功

統括官付参事官付企画官　安藤功

五十棲浩二	岡部一弘
小川力也	小田裕之
梶山百合枝	加藤博
城戸格	楠目聖
久芳全晴	黒籔誠樹
鈴木康郎	関直暁
谷渕見介	外山雅学
根本深	根城均
輪倉真也	能福宏
羽田翔	福永宏

松下和正　三田哲也
三好哲也　向井ちほみ
目黒麻生子　安田英司
吉田泰己　渡邊修宏

復興庁

〒100-0013　千代田区霞が関3-1-1
中央合同庁舎4号館　☎03(6328)1111

大　　　臣	土屋品子
副　大　臣	高木宏壽
副　大　臣	平木大作
副大臣(兼)	堂故茂
大臣政務官(兼)	平沼正二郎
大臣政務官(兼)	本田顕子
大臣政務官(兼)	吉田宣弘
大臣政務官(兼)	加藤竜祥
秘　書　官	佐々木太郎
同　事務取扱	大滝祥生
同　事務取扱(併)	畑中圭
事　務　次　官	角田隆
統　括　官	宇野善昌
同	桜町道雄
統括官付審議官	森田稔
同	瀧澤謙
同　(併)	寺﨑秀俊
同　(併)	岡田大祐
統括官付参事官	池田哲郎

大武喜勝　小原雄一
鹿嶋弘律　児玉泰明
中田和幸　山崎光輝
渡邊貴和　(併)石垣和子
(併)石崎憲寛　(併)市川康雄
(併)井上圭介　(併)大木雅文
(併)金谷雅也　(併)後藤隆昭
(併)佐藤将年　(併)信夫秀紀
(併)末満章悟　(併)杉田雅嗣
(併)道菅稔　(併)中西賢也
(併)中原健一　(併)西村学
(併)原崇　(併)光安達也
(併)守山宏道　(併)矢澤祐一
(併)芳田直樹

総務省

〒100-8926　千代田区霞が関2-1-2
中央合同庁舎2号館　☎03(5253)5111

大　　　臣	鈴木淳司
副　大　臣	渡辺孝一
副　大　臣	馬場成志
大臣政務官	小森卓郎
大臣政務官	長谷川淳二
大臣政務官	船橋利実
事　務　次　官	内藤尚志
総務審議官	堀江宏之
同	竹内芳明
同	吉田博史
秘　書　官	安藝仁介
同　事務取扱	加藤悠介
	高野一樹

〔大 臣 官 房〕

夜間(5253)5085(総務課)

官　房　長	竹村晃一
官房総括審議官（地方DX推進、政策企画(副)担当)	海老原諭
官房総括審議官（広報、政策企画(主)担当)	藤野克
官房総括審議官	湯本博信
官房政策立案総括審議官（大臣官房公文書監理官)	武藤真郷
官房地域力創造審議官	山越伸子
官房サイバーセキュリティ・情報化審議官	犬童周作
官房審議官（大臣官房調整部門、行政管理局担当)	河合暁
官房審議官（行政不服審査会事務局長)	
秘　書　課　長	中井亨
官房参事官	風早正毅
同	柴山佳徳
総　務　課　長	菊地健太郎
官房参事官・大臣官房総務課公文書監理室長	栗原淳
官房参事官・大臣官房秘書管理室長	加藤剛
官房参事官・大臣官房企画政策室長	島田勝則
官房参事官・行政管理局管理官	須﨑和馬
会計課長・大臣官房会計予算執行調査室長	赤阪晋介
企　画　課　長	近藤玲子
政策評価広報課長・官房政策評価広報課支援室長	山口真矢
広　報　室　長	村上仰志
官房審議官(行政評価局担当)(併:情報公開・個人情報保護審査会事務局長)	植山克郎
官房(併:内閣府内閣審議官(内閣官房長官補付)併:内閣府本府地方創生推進事務局審議官　命　内閣官房デジタル田園都市国家構想実現会議事務局審議官)	大森一顕

官房付(併:内閣府本府地方分権改革推進室長)　恩田　馨

官房付(併:内閣官房内閣審議官(内閣官房副長官補付)命　内閣官房デジタル市場競争本部事務局次長)　大村　真一

官房付(併:デジタル庁統括官付審議官)　藤田　清太郎

官房付(併:内閣官房内閣参事官(内閣官房副長官補付))　池田　満

官房付(併:内閣官房内閣参事官(内閣総務官室))　德大寺　祥宏

官房付(併:デジタル庁統括官付参事官)　北神　裕

官房付(併:デジタル庁統括官付参事官)　大澤　健

官房付(併:デジタル庁統括官付参事官)　枕浦　維勝

官房付(併:デジタル庁統括官付参事官)　内海　隆明

官房付(併:デジタル庁統括官付参事官)　山本　寛繁

官房付(併:デジタル庁統括官付参事官)　古川　易史

官房付(併:内閣官房内閣参事官(内閣官房副長官補付)命　内閣官房郵政民営化推進室参事官(命:郵政民営化委員会事務局参事官))　中山　裕司

官房付(併:内閣官房内閣参事官(内閣官房副長官補付)命　内閣官房郵政民営化推進室副室長　併:郵政民営化委員会事務局参事官)　小林　知也

官房付(併:内閣官房内閣参事官(内閣官房副長官補付)命　内閣官房新しい資本主義実現本部事務局参事官)　野村　政樹

官房付(併:内閣官房内閣参事官(内閣官房副長官補付)命　内閣官房行政改革推進本部事務局参事官)　見次　正樹

内閣参事官(内閣官房副長官補付)命　内閣官房行政改革推進本部事務局参事官　金井　誠

官房付(併:内閣官房内閣参事官(内閣官房副長官補付)命　内閣官房デジタル田園都市国家構想実現会議事務局参事官)　白水　伸英

官房付(併:内閣官房内閣参事官(内閣官房副長官補付)命　内閣官房デジタル田園都市国家構想実現会議事務局参事官)　景山　忠史

官房付(併:統計改革実行推進室参事官(併:内閣官房内閣参事官(内閣官房副長官補付)命　内閣官房行政改革推進本部事務局参事官))　黒田　忠司

官房付(併:内閣官房内閣参事官(内閣官房副長官補付)命　内閣官房デジタル市場競争評価体制準備室参事官)　井田　俊輔

官房付(併:内閣官房内閣参事官(内閣官房副長官補付)命　内閣官房国家安全保障局サイバー安全保障体制整備準備室参事官　併:内閣官房国家安全保障局)　高村　信

官房付(併:内閣官房内閣参事官(内閣官房副長官補付)命　内閣官房国家安全保障局サイバー安全保障体制整備準備室参事官　併:内閣官房国家安全保障局)　髙田　裕介

官房付(併:内閣官房内閣参事官(内閣官房副長官補付)命　内閣官房デジタル行財政改革準備室参事官　併:内閣官房行政改革推進本部事務局参事官)　折田　裕幸

官房付(併:内閣官房内閣参事官(内閣官房副長官補付)命　内閣官房デジタル行財政改革準備室参事官)　浦上　哲朗

官房付(併:内閣官房内閣参事官(内閣官房副長官補付)命　内閣官房デジタル行財政改革準備室参事官)　飯嶋　威夫

官房付(併:内閣府本府システム企画担当)(政策統括官(経済社会システム担当)付)内閣府本府規制改革推進室参事官)　麻山　晃邦

官房付(併:内閣府公益認定等委員会事務局審査監督官(命:内閣府大臣官房公益法人行政担当室参事官))　大野　卓

官房付(併:内閣府科学技術・イノベーション推進事務局参事官(事業推進総括担当、統合戦略担当、重要課題担当))　菅田　洋一

官房付(併:内閣府本府地方創生推進事務局参事官(内閣府本府地方創生推進室次長))　木村　宗敬

官房付(併:内閣府本府地方分権改革推進室参事官)　田中　昇治

官房付(併:内閣府本府地方分権改革推進室参事官)　平沢　克俊

官房付(併:内閣府本府地方分権改革推進室参事官)　坂本　隆哉

官房付(併:内閣府本府地方分権改革推進室参事官)　阿部　一貴

官房付(併:内閣府本府地方分権改革推進室参事官)　泉　聡子

官房付(併:内閣府科学技術・イノベーション推進事務局参事官(重要課題担当))　木村　裕明

官房付(併:内閣官房官民人材交流センター　併:内閣府大臣官房参事官)　野竹　司郎

官房付(併:内閣府本府宇宙開発戦略推進事務局参事官)　山口　真吾

官房付(併:復興庁統括官付参事官)　中原　健一

官房付(併:復興庁統括官付参事官)　市川　康雄

官房付(併:復興庁統括官付参事官)　信夫　秀紀

〔行政管理局〕

夜間(5253)5308(企画調整課)

局長　松本　敦司

業務改革特別研究官　澤田　稔一

企画調整課長　大西　一禎

調査法制課長　大津　晃馬

管理官〔業務改革総括〕(併)　村崎　和夫

管理官(独法制度・総括・特殊法人総括、外務)(併)　須﨑　隆治

管理官〔独法評価総括〕　佐藤　謙

管理官(復興庁を除く)・内閣府・金融・総務・公調委・財務)(併)　越尾　淳

総務省

管理官（消費者・経済産業・環境・国公委・法務）（併）	五百旗頭千奈美
管理官（文部科学・農水・防衛・公取委・個人情報保護委員会）（併）	川口真友美
管理官（国土交通・復興・カジノ管理委員会）（併）	荒木太郎
管理官（厚生労働・宮内・こども家庭）	辻恭介

〔行政評価局〕
夜間(5253)5411(総務課)

局長	菅原希
官房審議官（行政評価局担当）	阿向泰二郎
官房審議官（行政評価局担当）	原嶋清次
総務課長	渡邉浩之
企画課長	渡邉洋平
政策評価長（併）	渡邉洋平
行政相談企画課長	徳満純一
評価監視官（内閣、総務等担当）	平野欧里絵
同（法務、外務、経済産業等担当）	玉置賢一
同（財務、文部科学等担当）	山本宏樹
同（厚生労働等担当）	方健児
同（農水、防衛担当）	清水久子
同（復興、国土交通担当）	尾原淳之
同（連携調査、環境等担当）	谷道正太郎
行政相談管理官	柏尾倫哉

〔自治行政局〕
夜間(5253)5508(行政課)

局長	山野謙
地方連携総括官	山越伸子
官房審議官（地方行政・個人番号制度、地方公務員制度、選挙担当）	三橋一彦
行政課長	田中聖也
住民制度課長	植田昌也
市町村課長	原昌史
地域政策課長	西　隆
地域自立応援課長	川島正治
参事官	
公務員部長	小池信之
公務員課長	細田大造
福利課長	田中良斉
選挙部長	笠置隆範
選挙課長	清田浩史
管理課長	北村朋生
政治資金課長	長谷川孝

〔自治財政局〕
夜間(5253)5611(総務室)

局長	大沢博
官房審議官（財政制度・財務担当）	濱田厚史
官房審議官（公営企業担当）	中井幹晴
財政課長	新田一郎
調整課長	梶元伸
交付税課長	赤岩弘智
地方債課長	神門純一
公営企業課長	末永洋一
財務調査課長	犬丸淳

〔自治税務局〕
夜間(5253)5658(企画課)

局長	池田達雄
官房審議官（税務担当）	鈴木清
企画課長	山口最丈
都道府県税課長	市川靖之
市町村税課長	寺田雅一
固定資産税課長	水野敦志

〔国際戦略局〕
夜間(5253)5718(情報通信政策課)

局長	田原康生
次長	野村栄悟
官房審議官（国際技術、サイバーセキュリティ担当）	豊嶋基暢
国際戦略課長	井幡晃三
技術政策課長	川野真稔
通信規格課長	中越一彰
宇宙通信政策課長	扇慎太郎
国際経済課長	岡本剛和
国際展開課長	嶋田信哉
国際協力課長	寺村行生
参事官	山路栄作

〔情報流通行政局〕
夜間(5253)5709(総務課)

局長	小笠原陽一
官房審議官（情報流通行政局担当）	山碕良志
官房審議官（情報流通行政局担当）	西泉彰雄
総務課長	金澤直樹
情報通信政策課長	田邊光男
情報流通振興課長	大澤健
情報通信作品振興課長	飯村由香理
地域通信振興課長	佐々木明彦
放送政策課長	飯倉主税
放送技術課長	山口修治
地上放送課長	佐伯宜昭
衛星・地域放送課長	岡井隼人
参事官	山野哲也
郵政行政部長	玉田康人

企画課長	三島 由佳	
郵便課長	折笠 史典	
信書便事業課長	藤井 信英	

〔総合通信基盤局〕

夜間(5253)5825(総務課)

局長	今川 拓郎	
総務課長	渋谷 闘志彦	
電気通信事業部長	木村 公彦	
事業政策課長	飯村 博之	
料金サービス課長	井上 淳央	
データ通信課長	西潟 暢央	
電気通信技術システム課長	五十嵐 大和	
安全・信頼性対策課長	大塚 康裕	
基盤整備推進課長	堀内 隆広	
利用環境課長	中村 朋浩	
電波部長	荻原 直彦	
電波政策課長	中村 裕治	
基幹・衛星移動通信課長	廣瀬 照隆	
移動通信課長	小川 裕之	
電波環境課長	内藤 新一	

〔統計局〕

夜間(5273)1117(総務課)

局長	岩佐 哲也	
総務課長	上田 聖	
事業所管理課長(併)	上田 聖	
統計情報利用推進課長	辻 寛起	
統計情報システム管理官	伊藤 正一	
統計調査部長	永島 勝利	
調査企画課長	小松 聖	
国勢統計課長	中村 英昭	
経済統計課長	岡 宏記	
消費統計課長	田村 彰浩	

〔政策統括官〕

政策統括官(統計制度担当)(恩給担当)命 統計改革実行推進室長	北原 久	
官房審議官(統計制度、統計情報戦略推進、恩給担当)命 統計改革実行推進室次長	佐藤 紀明	
統計企画管理官 併:統計品質管理推進室参事官(政策統括官付)	重里 佳宏	
統計審査官	内山 昌也	
統計審査官	熊谷 友成	
統計品質管理推進室参事官(政策統括官付)併:内閣官房内閣参事官(内閣官房副長官補付)命 内閣官房行政改革推進本部事務局参事官	山形 成彦	

統計調整官 併:統計委員会担当室次長(政策統括官付)	植松 良和	
国際統計管理官	佐伯 美穂	
恩給管理官 併:統計品質管理推進室参事官(政策統括官付)	柿原 謙一郎	

〔サイバーセキュリティ統括官〕

サイバーセキュリティ統括官	山内 智生	
参事官(総括担当)	小川 久仁子	
参事官(政策担当)	酒井 雅之	

〔審議会等〕

行政不服審査会事務局長(併)	河合 暁	
情報公開・個人情報保護審査会事務局総務課長 行政不服審査会事務局総務課長	柴沼 雄一朗	
情報公開・個人情報保護審査会事務局長(併)	植山 克郎	
情報公開・個人情報保護審査会事務局総務課長	谷輪 浩二	
官民競争入札等監理委員会事務局長	後藤 一也	
官民競争入札等監理委員会事務局参事官	大上 明子	
統計委員会担当室長(併)	萩野 覚	
電気通信紛争処理委員会事務局長	藤野 克	
電気通信紛争処理委員会事務局参事官	小津 敦	
審判官(電波監理審議会)	村上 聡	

〔自治大学校〕

〒190-8581 立川市緑町10-1
☎042(540)4500

校長	宮地 俊明	

〔情報通信政策研究所〕

〒185-8795 国分寺市泉町2-11-16
☎042(320)5800

所長	林 弘郷	

〔統計研究研修所〕

〒185-0024 国分寺市泉町2-11-16
☎042(320)5870

所長	水野 靖久	

〔政治資金適正化委員会〕

委員長	伊藤 鉄男	
委員	小見山 満	
	日出 雄平	大竹 邦実
	田中 秀明	
事務局長	荒井 陽一	
同 参事官	西野 博之	

公害等調整委員会

〒100-0013 千代田区霞が関3-1-1
中央合同庁舎4号館 ☎03(3581)9601

委員長	永野 厚郎	
委員	上家 和子	
	都築 政則	若生 俊彦

事務局長　小原邦彦
事務局次長　岡田輝彦
総務課長　福田　勲
公害紛争処理制度研究官　山内達矢
審査官　長澤真吾
　佐藤宏昭
　角田リサ
　池田英貴
　吉川和身
　生田直樹　（併）松川春佳
　（併）田之脇崇洋　（併）鈴木和孝
調査官　髙橋直也
　同　大塚周平

消防庁

〒100-8927 千代田区霞が関2-1-2
中央合同庁舎2号館 ☎03(5253)5111
長官　原　邦彰
次長　五味裕一
審議官　鈴木建一
総務課長　河合宏一
総務課政策評価広報官　山澤謙一
消防・救急課長　畑山栄介
救急企画室長　山口研悟
予防課長　渡辺剛英
危険物保安室長　加嶋文彦
特殊災害室長　嶋崎　彦
国民保護・防災部長　小谷　敦
防災課長　笹野　健
国民保護室長　福西竜也
国民保護運用室長　荒関大輔
地域防災室長　志賀真幸
広域応援室長　土屋直毅
防災情報室長　守谷謙一
応急対策室長　古本顕光
参事官　小泉　誠
　（併）廣瀬照隆　（併）新田一郎

〔消防大学校〕
〒182-8508 調布市深大寺東町4-35-3
☎0422(46)1711
校長　青山忠幸
副校長　大石正年
消防研究センター所長　鈴木康幸

〔法務省〕

〒100-8977 千代田区霞が関1-1-1
中央合同庁舎6号館 ☎03(3580)4111
大臣　小泉龍司
副大臣　門山宏哲
大臣政務官　中野英幸
事務次官　川原隆司
秘書官　原田祐一郎
同　事務取扱　松枝正宣

〔大臣官房〕
夜間(3592)7002(秘書課)
官房長　佐藤　淳
政策立案総括審議官　上原　龍
公文書監理官　大竹宏明
サイバーセキュリティ・情報化審議官　中村功一
官房審議官(国際・人権担当)　柴田紀子
同　（民事局）　松井信憲
同　（刑事局）　吉田雅之
同　（矯正局）　小山定明
同　（訟務局）　松本　真
同　（訟務局）　古宮久枝
官房参事官　小林隼人
　杉原隆之　笹井朋昭
　白鳥智彦　森田強司
　中山大輔　兼田加奈子
　鈴木和孝
秘書課長　内野宗揮
人事課長　佐藤　剛
会計課長　村松秀樹
国際課長　松本　剛
施設課長　隈　良行
厚生管理官　池田　仁
司法法制部長　坂本三郎
司法法制課長　加藤経将
審査監督課長　本多康世子
参事官　石田佳世子
　同　本田恭子

〔民事局〕
夜間(3581)1713(総務課)
局長　竹内　努
総務課長　藤田正人
民事第一課長　櫻庭　倫
民事第二課長　大谷　太
商事課長　土手敏行
民事法制管理官　竹林俊憲

法務省　消防庁

参 事 官 北 村 治 樹
国 分 貴 之 渡 辺 諭
福 田 敦 望 月 千 広
齊 藤 恒 久 波多野 紀 夫

〔刑 事 局〕
夜間(3581)1048(総務課)
局 長 松 下 裕 子
総 務 課 長 是 木 誠
刑 事 課 長 関 善 貴
公 安 課 長 白 井 美 果
刑事法制管理官 玉 本 将 之
国際刑事管理官 渡 部 直 希
参 事 官 浅 沼 雄 介
鵺鵺 昌 二 仲戸川 武 人
渡 邉 一 郎 中 野 浩 一

〔矯 正 局〕
夜間(3592)7365(総務課)
局 長 花 村 博 文
総 務 課 長 細 川 隆 夫
成人矯正課長 森 田 裕一郎
少年矯正課長 山 本 宏 一
更生支援管理官 谷 口 哲 也
矯正医療管理官 鈴 木 章 記
参 事 官 西 岡 慎 介
同 煙 山 明

〔保 護 局〕
夜間(3581)1895(総務課)
局 長 押 切 久 遠
総 務 課 長 瀧 澤 千都子
更生保護振興課長 杉 山 弘 晃
観 察 課 長 滝 田 裕 士
参 事 官 中 臣 裕 之

〔人 権 擁 護 局〕
夜間(3581)1558(総務課)
局 長 鎌 田 隆 志
総 務 課 長 江 口 幹 太
調査救済課長 齊 藤 雄 一
人権啓発課長 三 宅 義 寛
参 事 官 三 川 副 代

〔訟 務 局〕
局 長 春 名 茂
訟務企画課長 澁 谷 勝 海
民事訟務課長 新 谷 貴 昭
行政訟務課長 藤 澤 裕 介
租税訟務課長 吉 田 俊 治
訟務支援課長 田 原 浩 子

参 事 官 今 井 康 彰
同 福 田 敦

〔法 務 総 合 研 究 所〕
法務省内 ☎03(3580)4111
所 長 瀬 戸 毅
総務企画部長 東 山 太 郎
研 究 部 長 熊 澤 貴 士
研修第一部長 河 原 誉 子
研修第二部長 鵜野澤 亮
研修第三部長 鳥 丸 忠 彦
国際連合研修協力部長 森 永 太 郎
国際協力部長 内 藤 晋太郎

〔矯 正 研 修 所〕
〒196-8580 昭島市もくせいの杜2-1-20
☎042(500)5261
所 長 大 串 建

〔検察官適格審査会〕
法務省大臣官房人事課内 ☎03(3580)4111
会 長 井 上 正 仁
委 員 金 田 勝 年
牧 原 秀 樹 稲 富 修 二
遠 藤 敬 西 田 昌 司
牧 山 ひろえ 安 浪 亮 介
小 林 元 治 川 出 敏 裕
大 野 恒太郎

〔中央更生保護審査会〕
法務省保護局総務課内 ☎03(3580)4111
委 員 長 小 川 秀 樹
委 員 小 野 正 弘
山 脇 晴 子 伊 藤 富士江
岡 田 幸 之

〔公 安 審 査 委 員 会〕
法務省内 ☎03(3580)4111
委 員 長 貝 阿 彌 誠
委 員 外 井 浩 志
遠 藤 みどり 和 田 洋
秋 山 信 将 鵜 澤 惠 子
西 村 篤 子
事 務 局 長 安 藤 博 光

出入国在留管理庁

〒100-8973 千代田区霞が関1-1-1
☎03(3580)4111
長 官 菊 池 浩
次 長 丸 山 秀 治
審 議 官 福 原 道 雄
公 文 書 監 理 官
審 議 官 清 水 洋 樹

監察指導部長（兼）	松　本　　　裕
刑　事　部　長	森　本　　　宏
公　安　部　長	松　本　　　裕
公　判　部　長	鈴　木　眞理子
検　　　　　事	工　藤　恭　裕

澤　田　　　潤		西　山　卓　爾
野　下　智　之		石　山　宏　樹
小　池　　　隆		作　原　大　成
岸　　　　　毅		自　見　武　士
干　川　亜　紀		宮　地　佐都季
山　下　裕　之		横　井　　　朗
白　井　智　之		鈴　木　慎二郎
民　野　健　治		佐久間　　　進

検事総長秘書官	高　橋　かおり
事　務　局　長	鈴　石　勝　彦
総　務　課　長	笠　原　健　一
会　計　課　長	佐　藤　聖　也
企画調査課長	西　川　　　聡
検　務　課　長	粟　崎　伸　之
情報システム管理室長	北　澤　洋　志
監察指導課長	上　田　一　朗
刑事事務課長	立　山　敬太郎
公安事務課長	金　原　　　淳
公判事務課長	原　　　宏　明

総　務　課　長	大　原　義　宏
出入国在留調査指導室長	柴　田　芳　博
情報システム管理室長	岡　部　昌一郎
政　策　課　長	平　針　和　幸
外国人施策推進室長	林　　　　　毅
出入国管理部長	君　塚　　　宏
出入国管理課長	西　山　　　良
難民認定室長	竹　内　悠　介
審　判　課　長	堀　越　健　二
警　備　課　長	簾　内　友　之
在留管理支援部長	福　原　申　子
在留管理課長	菱　田　泰　弘
在留管理業務室長	安　東　健太郎
在留支援課長	渡　邉　浩　司
情報分析官	東　郷　康　弘
参　事　官	伊　藤　純　史
参　事　官	猪　股　正　貴
参　事　官	稲　垣　貴　裕

公　安　調　査　庁

〒100-0013　千代田区霞が関1-1-1
中央合同庁舎6号館　☎03(3592)5711

長　　　　官	浦　田　啓　一
次　　　　長	田野尻　　　猛
総　務　部　長	霜　田　仁　平
総　務　課　長	吉　田　純　平
人　事　課　長	武　田　雅　之
参事官・公文書監理官	菊　地　真　二
調査第一部長	友　永　昌　宏
第　一　課　長	小野寺　　　聡
第　二　課　長	森　田　秀　雄
公安調査管理官	近　藤　智　徳
同	吉　倉　粒　太
調査第二部長	平　石　明　子
第　一　課　長	神　保　玲　子
第　二　課　長	今　井　　　正
公安調査管理官	瀬　下　政　行
横　川　智　之	小　川　哲　兵
研　修　所　長	宍　倉　崇　夫

最　高　検　察　庁

〒100-0013　千代田区霞が関1-1-1
中央合同庁舎6号館　☎03(3592)5611

検　事　総　長	甲　斐　行　夫
次　長　検　事	齋　藤　隆　博
総　務　部　長	加　藤　俊　治

外　務　省

〒100-8919　千代田区霞が関2-2-1
☎03(3580)3311

大　　　　臣	上　川　陽　子
副　　大　　臣	辻　　　清　人
副　　大　　臣	堀　井　　　巌
大臣政務官	高　村　正　大
大臣政務官	穂　坂　　　泰
大臣政務官	深　澤　陽　一
事　務　次　官	岡　野　正　敬
大臣秘書官	西　船　祐　康
外務審議官（政務）	船　越　健　裕
外務審議官（経済）	小　野　啓　一
2025年日本国際博覧会政府代表「大使」	羽　田　浩　二
特命全権大使（沖縄担当）	宮　川　　　学
特命全権大使（関西担当）	姫　野　　　勉
特命全権大使（アフリカ開発会議（TICAD）担当兼アフリカの角地域関連担当、国連安保理改革担当、安保理非常任理事国選挙担当）	清　水　信　介
特命全権大使（広報担当）外交担当兼国際問題担当、メコン協力担当）	伊　藤　直　樹

349

外務省

特命全権大使（国際テロ対策・組織犯罪対策担当）　杉山　明

特命全権大使（北極担当兼国際貿易・経済担当）　竹若敬三

特命全権大使（人権担当兼国際平和と貢献担当）　橋本尚文

〔大臣官房〕

官房長	志水史雄
公文書監理官（兼）	石瀬素行
監察査察官	石原香代
官房審議官（総括担当）	石瀬素匡
官房審議官	宮下泰之
官房審議官（危機管理担当）〔同〕	實池生喜
同（同）（兼）	金子万里子
官房政策立案参事官	今福孝男
サイバーセキュリティ・情報化参事官（兼）	高橋美佐子
官房参事官（危機管理担当）	古平英充
同（同）（兼）	高羽　陽
大臣秘書官事務取扱	古村陽郎
「改革推進本部」事務局長（兼）	木村泰次郎
考査・政策評価室長	木村泰次郎
国際機関評価室長（兼）	西野恭子
ODA評価室長（兼）	高羽　陽
総務課長	玉浦　周
危機管理調整室長（兼）	菱山聡洋
地方連携推進室長	北川　喜
情報防護対策室長	池上　正
新型インフルエンザ対策調整室長（兼）	池中真亮登
業務合理化推進室長	島野龍彰生
監察査察室長	小藤口一敏
国会審議支援室長	齋田和穂潔
国連調整室長	佐藤誠亮
公文書監理室長	田和　誠
外交史料館長	深堀　司
図書館長	横田賢尚
人事課長	渋谷尚光
調査官	森　枝
人事企画室長	森西大上
情報通信課長	大西義弘
デジタル化推進室長（兼）	上吉昌晋
会計課長	吉田信弘
福利厚生室長	大角隆昌
在外公館課長	島　裕
在勤務支援室長	石　勇
警備対策室長	石　幸
儀典長〔大使〕	
儀典総括官	

儀典調整官兼儀典外国公館室長	八木浩治
儀典官兼儀典実査室長	鍛治宗能恵
儀典官兼儀典外国訪問室長	足立博美
Ｇ７広島サミット事務局長（大使）	
副事務局長（兼）	江碕智三郎
同（兼）	安部憲明
外務報道官	小林麻紀
国際文化交流審議官（大使）	金井正彰
政策立案参事官 外務報道官（報道・広報・文化交流担当）	金子万里子
広報文化外交戦略課長	井上秀明
国内広報室長	難波　敦
ＩＴ広報室長	山本大介
広聴室長	川本幸徳
戦略的対外発信拠点室長	折原茂晴
報道課長	安部憲明
文化交流・海外広報課長	鈴木律子
対日理解促進交流室長（兼）	髙水英郎
国際文化協力室長	畠山健太郎
人物交流室長	渡邉慎二
国際報道官	溝渕将史

〔総合外交政策局〕

局長	河邉賢裕
審議官〔大使〕	石月英雄
参事官〔大使〕	今福孝男
参事官	藤本健太郎
総務課長	柏原　裕
主任外交政策調整官	村上　学
政策企画室長	権田　藍
新興国外交推進室長（兼）	権田　藍
安全保障政策審議官〔大使〕	長野将光
国際安全・治安対策協力室長	割澤広一
国際平和・安全保障協力室長	石塚　恵
宇宙・海洋安全保障政策室長	塚田　淳
経済安全保障政策室長	望月千洋
円滑化協定担当法整備室長（兼）	割澤広一
安全保障協力室長（兼）	長野将光
国連企画調整室長	梶田拓磨
国際機関人事センター室長	相馬安行
国連政策課長	安藤重実
国連制裁室長	德永聡子
人権人道課長	高澤幸世
人権条約履行室長	松井宏樹
女性参画推進室長（兼）	古本建彦
軍縮不拡散・科学部長〔大使〕	北川郎

職名	氏名		職名	氏名

審議官〔大使〕　林　美都子

参　事　官〔大使〕　中村　仁威

軍備管理軍縮課長　清水　知足

生物・化学兵器禁止条約室長　清水　翔太

通常兵器室長(兼)　清水　知足

不拡散・科学原子力課長　横田　直文

国際科学協力室長　石川　勝利

国際原子力協力室長　南　健太郎

〔アジア大洋州局〕

局　　　長　鯰　博行

審　議　官　實生　泰介

審　議　官〔大使〕　岩本　桂一

参　事　官　松尾　裕敬

参　事　官　林　誠

政策立案参事官(兼)　金子　万里子

地域政策参事官　富山　未来仁

日本ASEAN友好協力50周年特別首脳会議事務局長　松尾　裕敬

同事務局次長　倭島　岳彦

地域協力室長　髙水　英郎

北東アジア第一課長　吉廣　朋子

日韓請求権関連問題対策室長　

日韓交流室長(兼)　鈴木　正人

北東アジア第二課長　前田　修司

中国・モンゴル第一課長　太田　学

中国・モンゴル第二課長　石飛　節夫

大洋州課長　神保　諭

南部アジア部長　中村　亮厚

審　議　官(兼)　竹谷　厚

審　議　官(兼)　實生　泰介

審　議　官(兼)　岩本　桂一

参　事　官(兼)　林　誠

参　事　官(兼)　岡野　結城子

南東アジア第一課長　久賀　百合子

南東アジア第二課長　中井　裕一

南西アジア課長　堤　太郎

〔北　米　局〕

局　　　長〔大使〕　有馬　裕

参　事　官　宮本　新吾

参　事　官(兼)　藤本　健太郎

北米第一課長　貝原　健太郎

北米交流室長(兼)　播本　幸子

北米第二課長　森　尊俊

北米経済調整室長代行　荻原　宏

日米安全保障条約課長　網谷　耕介

日米地位協定室長　杉浦　雅俊

〔中　南　米　局〕

局　　　長〔大使〕　野口　泰

参　事　官　山田　欣幸

参　事　官　長德　英晶

中米カリブ課長　佐藤　慎市

カリブ室長(兼)　佐藤　慎市

南米課長　塚本　康弘

中南米日系社会連携推進室長　塚本　康弘

〔欧　州　局〕

局　　　長　中込　正志

審　議　官〔大使〕　池上　正喜

参　事　官〔大使〕　中村　仁威

政策課長　秋山　麻里

アジア欧州協力室長　水野　光明

西欧課長　柿原　基男

中・東欧課長　石川　亘

ウクライナ経済復興推進室長(兼)　北川　剛史

ロシア課長　小野　健

中央アジア・コーカサス室長　市場　裕昭

日露経済室長(兼)　北川　剛史

ロシア交流室長(兼)　北川　剛史

日露共同経済活動推進室長(兼)　北川　剛史

〔中東アフリカ局〕

局　　　長〔大使〕　長岡　寛介

審　議　官(兼)　北村　俊博

参　事　官　高橋　美佐子

中東第一課長　小長谷　英揚

中東第二課長　舟津　龍一

アフリカ部長〔大使〕　堀内　俊彦

審　議　官(兼)　北村　俊博

参　事　官(兼)　高橋　美佐子

参　事　官　斉田　幸雄

アフリカ第一課長　西野　修一

アフリカ第二課長　林　達郎

〔経　済　局〕

局　　　長　片平　聡

審　議　官〔大使〕　竹谷　厚

審　議　官(兼)　日下部　英紀

参　事　官〔大使〕　大河内　昭博

参事官〔大使〕(兼)　山田　欣幸

政策課長　江碕　智三郎

官民連携推進室長　田公　和

資源安全保障室長　西村　泰子

外務省

351

漁業室長	中村安志
2025年日本国際博覧会室長(兼)	田公和幸
国際デジタル経済室長(兼)	青竹俊英
国際経済課長	尾﨑壮太郎
欧州連合経済室長	小山武
経済協力開発機構室長	石川真由美
国際貿易課長	豊田尚吾
サービス貿易室長	青竹俊英
知的財産室長	桝田祥子
経済連携課長	近藤紀文
南東アジア経済連携協定交渉室長	上野裕大
アジア太平洋経済協力室長	永吉昭一
投資政策室長(兼)	古郡徹

〔国際協力局〕

局長	遠藤和也
審議官	日下部英紀
審議官〔大使〕	北村俊博
参事官〔大使〕	岡野結城子
参事官(兼)	斉田幸雄
政策課長	菅原清行
国際協力事業安全対策室長(兼)	角田崇成
民間援助連携室長	松田俊夫
開発協力総括課長	原田貴
開発協力企画室長	森健朗
事業管理室長	角田崇成
緊急・人道支援課長	松原一樹
国別開発協力第一課長	鴨志田尚昭
国別開発協力第二課長	時田裕士
国別開発協力第三課長	井土和志
地球規模課題議連〔大使〕	赤堀毅
地球規模課題総括課長	有馬孝典
専門機関室長	佐藤仁美
国際保健戦略官	江副聡
地球環境課長	小林保幸
気候変動課長	加藤淳

〔国際法局〕

局長	御巫智洋
審議官	中村和彦
国際法課長	大平真嗣
海洋法室長	篠原亮子
国際裁判対策室長	長沼善太郎
条約課長	馬場隆治
経済条約課長	間瀬博幸
経済紛争処理課長	神田鉄平
経済紛争対策官	渡邊真知子
社会条約官	細野淳一

〔領事局〕

局長	安藤俊英
審議官(兼)	石月英雄
参事官	長徳英晶
政策課長	長尾成敏
領事サービス室長	成嶌秀男
ハーグ条約室長	谷垣博保
領事デジタル化推進室長(兼)	廣渡活幸
領事体制強化室長(兼)	高橋宗生
在外選挙室長(兼)	白鳥和彦
海外邦人マイナンバーカード支援室長(兼)	白鳥和彦
領事サービスセンター室長(兼)	成嶌秀男
海外邦人安全課長	三角崇人
邦人テロ対策室長	鴨下誠
旅券課長	廣瀬愛子
外国人課長	永瀬賢介

〔国際情報統括官組織〕

国際情報統括官	新居雄介

〔外務省研修所〕

〒252-0303 相模原市南区相模大野4-2-1
☎042(766)8101

所長	田村政美
総括指導官	服部優

財務省

〒100-8940 千代田区霞が関3-1-1
☎03(3581)4111

大臣	鈴木俊一
副大臣	神田憲次
同	矢倉克夫
大臣政務官	瀬戸隆一
同	佐藤啓
事務次官	茶谷栄治
財務官	神田眞人
秘書官	鈴木俊太郎
同 事務取扱	菅野裕人
同 事務取扱	佐藤栄一郎

〔大臣官房〕

夜間(3581)2836(文書課)

官房長	宇波弘貴
政策立案総括審議官兼企画調整総括官	目黒克幸
公文書監理官兼企画調整総括官	髙野寿也
サイバーセキュリティ・情報化審議官	深澤良光

審議官（大臣官房担当）　堀田秀之
同（同）　高橋秀誠
同（同）　阿向泰二郎
同（同）　上田淳二
副　財　務　官　梶川光俊
同　藤井大輔
秘　書　課　長　佐藤大
人事調整室長　木原健史
人事企画室長兼首席監察官　下村卓矢
人事調査官　岡田芳明
財務官室長　池田洋一郎
文　書　課　長　岩佐理
調　査　室　長　渡辺政顕
法令審査室長　濱田秀明
企画室長兼業務企画室長　恵崎恵
情報公開・個人情報保護室長兼公文書監理室長　岩崎浩太郎
広報室長兼政策評価室長兼政策分析室長　阪井聡至
情報管理室長（兼）　鈴木準一
国会連絡調整室（兼）　鈴木準一
国会連絡室長　鈴木準一
会計課長事務取扱（兼）　堀田秀之
調　整　室　長　石黒将之
監　査　室　長　征録宏司
管　理　室　長　阿部正
厚生管理官　中島和正
地方課長事務取扱（兼）　目黒克幸
総務調整企画室長　石谷良男
人事調整企画室長　北村明仁
業務調整室長　三ツ本晃代
地方連携推進官　三ツ本塚美樹
総括審議官　坂本基
総合政策課長　渡邉和紀
経済財政政策調整官（兼）　渡邉和紀
企　画　室　長　石田良
政策調整室長兼国際経済室長　山崎丈史
安全保障政策室長（兼）　下村卓矢
政策推進室長　佐藤浩一
政策金融課長　芹生太郎
信用機構課長　田中耕太郎
機構業務室長（兼）　田中耕太郎

〔主　計　局〕
夜間(3581)4466(総務課)
局　　　長　新川浩嗣

次　　　長　寺岡光博
同　前田努
次長兼企画調整総括官　吉野維一郎
総　務　課　長　大沢元一
予算企画室長　川島亜喜良
主計事務管理室長　高田喜康
主計企画官（調整担当）　木村公一
司　計　課　長　三原健
主計企画官兼予算執行企画室長　石田茂
会計監査調整室長　吉川和人
法　規　課　長　西村聞多
主計企画官　西尾暁
企画官兼公会計室長　小田切慎一
給与共済課長　山本庸介
給与調査官　寺本康司
調　査　課　長　横山好古
主計官（財政分析担当）　藤中康生
参　事　官　八木瑞枝
主計官（総務課）　有利浩一郎
同（同）　山岸徹
同（内閣、デジタル、復興、外務、経済協力担当）　小野浩司
同（司法・警察、経済担当）　佐久間寛道
同（産業、環境担当）　小澤研
同（総務、地方、財政、財務係担当）　寺崎寛之
同（文部科学係担当）　寺崎寛之
同（厚生労働係、社会保障総括担当）　端本秀夫
社会保障企画室長　神野貴史
主計官（厚生労働・子ども家庭担当）　松本圭介
同（農林水産係担当）　漆畑有浩
同（国土交通、公共事業係担当）　尾崎輝宏
公共事業企画調整室長　山下直樹
主計官（防衛係担当）　後藤武志
主計監査官　小野寺修司

〔主　税　局〕
夜間(3581)3036(総務課)
局　　　長　青木孝徳
審　議　官　小宮敦史
同　中村英正
総　務　課　長　関禎一郎
税制企画室長　阿部敦壽
主税企画官　境吉隆
調　査　課　長　末光大毅
税制調査室長　長谷川実
税制第一課長　坂本成範
法令企画室長　島谷和孝

財務省

353

主税企画官　小岩徹郎
企画官　竹内啓
税制第二課長　藤山智博
企画調整官　鳥崎容平
主税企画官　宮下賢章
税制第三課長　河本光博
審査室長　染谷浩史
企画官　吉田拓野
国際租税総括官　細田修一
主税局参事官（国際租税総合調整官）　西方建一
国際租税企画室長　野路允
主税企画官　原田浩気

〔関　税　局〕
夜間（3581）3038（総務課）

局長　江島一彦
審議官　山崎翼
同　内野洋次郎
総務課長　奈良井功
政策推進室長　北條敬貴
事務管理室長　澤藤琢也
管理課長　西川健士
税関考査管理室長　南里修治
関税課長　吉田英一郎
関税企画調整室長　田中林太郎
特殊関税調査室長　濱口暁
税関調査室長　近田春実
原産地規則室長　坂本賢一
参事官　仲信祐
関税地域協力室長　冨田まゆみ
経済連携室長　香川里子
参事官　志賀佐保子
監視課長　馬場義郎
業務課長　箭野拓士
知的財産調査室長　伊藤哲郎
調査課長　大関由美子
企画官　臼谷幸智
同　大津俊彦

〔理　財　局〕
夜間（3581）1552（総務課）

局長　奥達雄
次長　湯下敦史
同　石田清
審議官　辻貴博
総務課長　藤﨑雄二郎
政策調整室長　原田佳典

調査室長　荒瀬墨
たばこ塩事業室長　蓼沼宏晃
国庫課長　山川清徳
通貨企画調整室長　奥村健治
国庫企画官　今井忠
デジタル通貨企画官　谷雅彰
国債企画室長　佐藤伸樹
国債政策情報室長（兼）　荒瀬墨
国債企画官　西川元衛
国債業務室長　佐野美波
財政投融資総括課長　大江亨
企画調整室長　水野浩太
資金企画室長　上野榮作
財政投融資企画官兼産業投資室長　原山康彦
国有財産企画課長　坂口和家男
企画推進室長　佐藤寿彦
国有財産企画官（兼）　小林正人
政府出資室長　山﨑隆行
国有財産調整課長　梅野雄一朗
国有財産有効活用室長　上乗弘樹
国有財産監査室長　遠藤伸也
国有財産業務課長　川路智
国有財産審理室長　中野利隆
管理課長　大島朗
国有財産情報室長　小林正人
電算システム室長　河邊健司
計画官（内閣・財務、農林水産・環境、経済産業、海外投資係担当）　小多章裕
計画官（厚生労働・文部科学、国土交通、地方財政・地方財務審査、地方運用係担当）　大江賢造

〔国　際　局〕
夜間（3580）2688（総務課）

局長　三村淳
次長　土谷晃浩
審議官　矢作友良
同　緒方健太郎
総務課長　飯塚正明
国際企画調整室長　杉浦達也
調査課長　野村宗成
国際調査室長　北野賢治
外国為替室長　土生健一
対外取引管理室長　山下弘史
投資企画審査室長　大野由希
企画官　武士俣隆介
国際投資企画官　高橋大介

財務省

国 税 庁

〒100-8978 千代田区霞が関3-1-1
☎03(3581)4161

長　　官	住澤	整
次　　長	星屋	和彦

〔長 官 官 房〕

審議官(国際担当)	中村	稔
同(酒税等担当)	植松	利夫
参 事 官	原田	憲
同	陰山	英隆
総 務 課 長	原田	一寿
情報公開・個人情報保護室長・税理士監理室長・公文書監理室長	松井	誠二
広報広聴室長	山本	学
調整室長(兼)	松井	誠二
監督評価官室長	長内	昌三
人 事 課 長	郷	敦
会 計 課 長	小平	武史
企 画 課 長	菅	哲人
国税企画官	石澤	弘樹
	津田	啓二
デジタル化・業務改革室長	大塚	幸
データ活用推進室長	大山里	崇
国際業務課長	田畑	健隆
国際企画官	安井	欧貴
廣瀬 大	岩間	英憲
	細田	千草
国際課税分析官	鎗	彰博
相互協議室長	比田勝	隆博
相互協議支援官	石川	博枝
厚生管理官(兼)	長内	昌三
主任税務相談官(兼)	大柳	久幸
首席国税庁監察官	榎本	政彦

〔課 税 部〕

課 税 部 長	田原	芳幸
課税総括課長	山崎	博之
課税企画官	鈴木	直人
国際課税企画官	山下	尚志
消費税室長	渡邊	善雄
軽減税率・インボイス制度対応室長	後藤	善行
審 理 室 長	平井	美佳子
主任訟務専門官	川端	裕子
国税争訟分析官	柳澤	聡
個人課税課長	児島	範昭
資産課税課長	秦	幹雄

為替実査室長	舟橋	聡
国際機構課長	木原	大策
資金移転対策室長	高山	悠子
企 画 官	村崎	貴和
同	村口	弘人
地域協力課長	徳岡	喜一彦
地域協力企画官	中西	邦夫
国際調整室長	齊藤	郁城
為替市場課長	松本	千尋
資金管理室長	鶴野	浩之
開発政策課長	陣田	直也
開発政策調整室長	宮地	和明
参 事 官	城田	郁子
開発機関課長	津田	尊弘
開発企画官	氷海	剛

〔財務総合政策研究所〕

財務省内 ☎03(3581)4111

所　長(兼)	渡部	晶
副 所 長(兼)	目黒	克幸
同	横山	正
同	鈴木	孝介
総務研究部長(兼)	上田	淳二
総 務 課 長	川本	敦
資料情報部長	岩井	俊介
調査統計部長	山川	潤一
研 修 部 長	増尾	秀樹

〔会 計 セ ン タ ー〕

〒102-8486 千代田区九段南1-2-1
九段第三合同庁舎21F ☎03(3265)9141

所　　長	渡部	晶
次　　長	松永	尚樹
同(兼)	三原	健
管理運用部長	奈宮	正典
会計管理部長	門田	幸夫
研 修 部 長	前田	賢二

〔関税中央分析所〕

〒277-0882 柏市柏の葉6-3-5
☎04(7135)0160

所　　長	石田	晶久

〔税 関 研 修 所〕

〒277-0882 柏市柏の葉6-4-2
☎04(7133)9611

所　長(兼)	江島	一彦
副 所 長	青山	繁俊
研修・研究部長	吉田	昭彦

法人課税課長　江崎　純子
酒税課課長　三浦　正三
酒類業振興・輸出促進室長　保市　久理子
資産評価企画官　中島　格志
財産評価手法研究官　藤田　英理子
鑑定企画官　岩田　知子
酒類国際技術情報分析官　武藤　彰宣
分析鑑定技術支援官　伊藤　伸一

〔徴収部〕
徴収部長　上良　睦彦
管理運営課長　北村　厚
徴収課長　磯村　建

〔調査査察部〕
調査査察部長　武田　一彦
調査課長　剱持　敏幸
国際調査管理官　戸谷　淳哉
査察課長　高松　忠介

〔国税不服審判所〕
☎03(3581)4101
所　長　伊藤　繁
次　長　牧田　宗孝
部長審判官　森下　幹夫
管理室長　山本　学

文部科学省

〒100-8959　千代田区霞が関3-2-2
☎03(5253)4111

大　　臣　盛山　正仁
副大臣　青山　周平
副大臣　今枝　宗一郎
大臣政務官　本田　顕子
大臣政務官　安江　伸夫
事務次官　藤原　章夫
文部科学審議官　増子　宏
同　藤江　陽子
秘　書　官　西口　卓司
同　事務取扱　鈴木　宏幸
同　事務取扱　阿部　智

〔大臣官房〕
夜間(6734)2150(総務課)
官房長　井上　諭一
総括審議官　豊岡　宏規
サイバーセキュリティ・政策立案総括審議官　茂野　裕子
学習基盤審議官　浅野　敦行
審議官(総合教育政策局担当)　里見　朋香

同(初等中等教育局担当)　安彦　広斉
同(高等教育局及び科学技術政策連携担当)　西條　正明
同(科学技術・学術政策局担当)　清浦　隆
同(研究振興局及び高等教育政策連携担当)　奥野　真
同(研究開発局担当)　林　孝浩
同(同)　永井　雅規
同(文化庁京都担当)　日向　信和
文部科学戦略官(文化戦略官)　中原　裕司
文部科学戦略官　伊藤　学
同　氷見谷　直紀
同　梶山　正司
参　事　官　橋爪　淳史
同　森　友浩
人事課長　平野　誠
総務課長　松坂　浩史
会計課長　松浦　重和
政策課長　次田　彰
国際課長　北山　浩士
広報室長(文部科学広報官)　小野　賢志
総務調整官(国会担当)　石﨑　宏明
同(同)　草野　純一
文教施設企画・防災部長　笠原　隆
技術参事官　森　政之
施設企画課長　金光　謙一郎
施設助成課長　春山　浩康
計画課長　瀬戸　信太郎
参事官(施設防災担当)　後藤　勝

〔総合教育政策局〕
夜間(6734)2640(政策課)
局　　長　望月　禎
社会教育振興総括官　八木　和広
政策課長　滝波　泰
調査企画課長　枝　慶
教育人材政策課長　後藤　教至
国際教育課長　中野　理美
生涯学習推進課長　石橋　晶
地域学習推進課長　高木　秀人
男女共同参画共生社会学習・安全課長　安里　賀奈子

〔初等中等教育局〕
夜間(6734)2341(初等中等教育企画課)
局　　長　矢野　和彦
教育課程総括官　滝波　泰
初等中等教育企画課長　堀野　晶三
財務課長　安井　順一郎

文部科学省

教育課程課長	常盤木祐一
児童生徒課長	伊藤史恵
幼児教育課長	藤岡謙一
特別支援教育課長	石田善顕
修学支援・教材課長	武藤久養
教科書課長	黄地吉隆
健康教育・食育課長	南野圭史
参事官(高等学校担当)	田中義恭

〔高 等 教 育 局〕
夜間(3593)7192(高等教育企画課)

局 長	池田貴城
高等教育企画課長	小幡泰弘
大学教育・入試課長	古田和之
専門教育課長	梅原弘史
医学教育課長	俵 幸嗣
学生支援課長	吉田光成
国立大学法人支援課長	井上睦子
参事官(国際担当)	小林洋介
私 学 部 長	寺門成真
私学行政課長	神山 弘
私学助成課長	桐生 崇
参事官(学校法人担当)	村上良行

〔科学技術・学術政策局〕
夜間(6734)4004(政策課)

局 長	柿田恭良
科学技術・学術総括官	山下恭徳
政 策 課 長	山下恭徳
研究開発戦略課長	倉田佳奈江
人材政策課長	生田知子
研究環境課長	稲田剛毅
産業連携・地域振興課長	池田一郎
参事官(国際戦略担当)	大土井 智
科学技術・学術戦略官 (制度改革・調査担当)	髙橋憲一郎

〔研 究 振 興 局〕
夜間(6734)4066(振興企画課)

局 長	塩見みづ枝
振興企画課長	坂下鈴鹿
基礎・基盤研究課長	西山崇志
大学研究基盤整備課長	柳澤好治
学術研究推進課長	田畑 磨
ライフサイエンス課長	釜井宏行
参事官(情報担当)	嶋崎政一
同(ナノテクノロジー・ 物質・材料担当)	宅間裕子
研究振興戦略官	大月光康

〔研 究 開 発 局〕
夜間(6734)4128(開発企画課)

局 長	千原由幸
もんじゅ・ふげん 廃止措置対策監	二村英介
開発企画課長	新井知彦
地震・防災研究課長	郷家康徳
海洋地球課長	山之内裕哉
環境エネルギー課長	轟 渉
宇宙開発利用課長	上田光幸
原 子 力 課 長	奥 篤史
参事官(原子力 損害賠償担当)	佐藤弘毅
研究開発戦略官 (核融合・原子力国 際協力担当)	馬場大輔
同(核燃料サイク ル・廃止措置担当)	井出太郎

〔国 際 統 括 官〕

| 国 際 統 括 官 | 渡辺正実 |

〔国立教育政策研究所〕
〒100-8951 千代田区霞が関3-2-2
中央合同庁舎第7号館東館5〜 6F
☎03(6733)6833

所 長	瀧本 寛
所 長 代 理	梅澤 敦
総 務 部 長	武井久幸
研究企画開発部長	田村寿浩
教育政策・評価研究部長	藤原文雄
生涯学習政策研究部長	銀島 文
初等中等教育研究部長	藤原文雄
国際研究・協力部長	大野彰子

〔科学技術・学術政策研究所〕
〒100-0013 千代田区霞が関3-2-2
中央合同庁舎第7号館東館16F
☎03(3581)2391

所 長	大山真未
総 務 研 究 官	中津健之
総 務 課 長	若旅寿夫

ス ポ ー ツ 庁
文部科学省内 ☎03(5253)4111

長 官	室伏広治
次 長	茂里 毅
審 議 官	橋場 健
スポーツ総括官	先﨑卓歩
政 策 課 長	先﨑卓歩
健康スポーツ課長	和田 訓
地域スポーツ課長	橋田 裕
競技スポーツ課長	日比謙一郎

スポーツ庁

文部科学省

357

厚生労働省
文化庁

参事官(国際担当)　柿澤雄二
参事官(地域振興担当)　田中一明
参事官(民間スポーツ担当)　桃井謙佑

文化庁

(京都庁舎)〒602-8959 京都市上京区下長者町通新町入ル藪之内町85-4 ☎075(451)4111
(東京庁舎)〒100-8959 千代田区霞が関3-2-2 ☎03(5253)4111

長　官　都倉俊一
次　長　森田正信
同　合田哲雄
審議官　小林万里子
同　今泉柔剛
文化財鑑査官　山下信一郎
文化戦略官(総合調整担当)　今井裕一
政策課長　篠田智志
企画調整課長　寺本恒昌
文化経済・国際課長　板倉寛
国語課長　今村聡子
著作権課長　椛井圭子
文化資源活用課長　齋藤憲一郎
文化財第一課長　三輪善英
文化財第二課長　田中禎彦
宗務課長　山前泰造
参事官(芸術文化担当)　圓入由美
同(生活文化創造担当)　児玉大輔
同(文化拠点担当)　磯野哲也
同(生活文化連携担当)　髙橋一成

厚生労働省

〒100-8916 千代田区霞が関1-2-2
中央合同庁舎5号館本館 ☎03(5253)1111

大　臣　武見敬三
副大臣　濱地雅一
副大臣　宮﨑政久
大臣政務官　三浦靖
大臣政務官　塩崎彰久
事務次官　大島一博
厚生労働審議官　田中誠二
医務技監　迫井正深
秘書官　田中真一
同　事務取扱　草野哲也
同　事務取扱　南孝徳

〔大臣官房〕
夜間(3595)3036(総務課)

官房長　村山誠
総括審議官　黒田秀郎
同(国際担当)　富田望
危機管理・医務技術総括審議官　森光敬子
公文書監理官　小宅栄作
審議官(医政、口腔健康管理、精神保健医療、災害対策担当)(老健局、保険局併任)　宮本直樹
同(健康、生活衛生、アルコール健康障害対策、業務移管担当)　鳥井陽一
同(医薬担当)　吉田易範
同(労働条件政策、賃金担当)　増田嗣郎
同(労災、建設・自動車運送分野担当)　梶原輝昭
同(職業安定、労働市場整備担当)　石垣健彦
同(雇用環境、均等担当)　宮本悦子
同(社会、援護、地域共生・自殺対策、人道調査、福祉連携、年金担当)　泉潤一
同(老健、障害保健福祉担当)　斎須朋之
同(医療保険担当)　日原知己
同(医療介護連携、データヘルス改革担当)(医政局、老健局併任)　須田俊孝
同(人材開発、外国人雇用、都道府県労働局担当)　原口剛
同(総合政策担当)(政策統括官室長代理併任)　宮崎敦文
地域医療福祉連携施策特別分析官　駒木賢司
国際保健福祉交渉官　日下英司
国際労働交渉官　秋山伸一
人事課長　源河真規子
参事官(人事担当)　矢田貝泰之
人事調査官　鈴木高太郎
調査官　乃村久代
人事企画官　國代尚章
総務課長　成松友範
参事官(法務担当)(法務室長併任)　福島悠子
公文書監理・情報公開室長(管理室長併任)　松崎俊久
広報室長　小園英俊
国会連絡室長(併)　佐藤純
会計課長　森真裕
会計管理官　渡辺正道
監査指導室長　小山英夫
経理室長　藤原毅
管理室長　櫻井淳忠
厚生管理企画官(厚生管理室長併任)　奥平忠
首席営繕専門官(施設整備室長)　安川豊文
地方課長(労働局業務改革推進室長併任)　弓信幸

参事官(地方担当)(地方厚生局管理官併任) 菊池育也

地方企画官(地方支分部局法令遵守監及・労働局業務改善推進室長代理、労働行政デジタル化企画室長併任) 千原啓

業務改善分析官 野田幸裕

国際課長 中村かおり

国際企画・戦略官 藤田一郎

国際保健・協力室長 井谷哲也

国際労働・協力室長 先﨑誠

厚生科学課長 伯野春彦

災害等危機管理対策室長 綾賢治

医療イノベーション推進室長 前田彰久

研究企画官 高江慎一

参事官(総括調整、障害者雇用担当) 岡英範

参事官(自殺対策担当) 前田奈歩子

参事官(感染症対策、医政、総括調整、行政改革担当) 梶野友樹

参事官(救急・周産期、災害医療・医療提供体制改革担当) 高宮裕介

参事官(雇用環境政策担当) 立石祐子

参事官(情報化担当) 岡本利久

〔医 政 局〕
夜間(3595)2189(総務課)

局長 浅沼一成

総務課長(医政局医療経理室長併任) 姫野泰啓

医療政策企画官 坪口創太

地域医療計画課長 佐々木孝治

医療安全推進・医政指導室長(医療国際展開室長併任) 松本晴樹

医師確保等地域医療対策室長(併) 有賀玲子

医療経営支援課長 和田昌弘

国立ハンセン病療養所対策室長 藤岡裕樹

医療独立行政法人支援室長 兼平正彦

政策医療推進官(併) 中西浩之

医事課長 林修一郎

試験免許室長 川畑幸久

医師臨床研修推進室長 錦信泰章

死因究明等企画調査室長 中野貴章

歯科保健課長 小椋正之

歯科口腔保健推進室長 田中康志

看護課長 習田由美子

看護サービス推進室長 後藤友美

看護職員確保対策官 櫻井公彦

医療産業振興・医療情報審議官 内山博之

医療産業振興・医療情報企画課長 水谷忠由

セルフケア・セルフメディケーション推進室長(併) 水谷忠由

医療機器政策室長 田真走

首席流通指導官(流通指導室長併任) 鶴田沢正如

医療情報物資等確保対策推進室長(併) 水中忠如

研究開発政策課長 中田勝尚

治験推進室長 飯村康夫

参事官(特定医薬品開発支援・医療情報担当) 田中彰子

〔健康・生活衛生局〕
夜間(3595)2207(総務課)

局長 大坪寛子

総務課長 岡部史哉

指導調査室長 比嘉敏充

原子爆弾被爆者援護対策官(併) 岡野薫

健康課長 山本英紀

健康課企画官 本英興

保健指導官(保健指導室長併任) 五十嵐久美子

予防接種室長 鶴田康則

がん・疾病対策課長 西嶋康浩

肝炎対策推進室長(B型肝炎訴訟対策室長併任) 簔原哲弘

難病対策課長 山田章平

移植医療対策推進室長 野諏訪克之

生活衛生課長 諏訪克之

生活衛生対策企画官(併) 扇谷りり

水道課長 名倉良雄

水道計画指導官 倉谷英和

水道水質管理官(水道水質管理室長併任) 柳田貴広

食品基準審査課長 近藤恵美子

食品監視安全課長 森田剛史

食品監視分析官 三木朗

輸入食品安全対策室長 福島和子

感染症対策部長 佐々木昌弘

企画・検疫課長 森川博通

検疫所業務企画調整官(検疫所管理室長併任) 川崎信人

感染症対策課長 荒木裕一

感染症情報管理室長 横幕章人

予防接種課長 堀裕行

〔医 薬 局〕
夜間(3595)2377(総務課)

局長 城克文

総務課長 衣笠秀一

国際薬事規制室長(併) 古賀大輔

医薬品副作用被害対策室長(併) 渡邊由美子

薬事企画官 太田美紀人

医薬品審査管理課長 中井清

厚生労働省

医療機器審査管理官　中山智紀
医薬安全対策課長　野村由美子
監視指導・麻薬対策課長　佐藤大作
麻薬対策企画官（監視指導室長併任）　木村剛一郎
薬物取締調整官　小野原光康
血液対策課長　山本圭子

〔労働基準局〕

夜間(3595)3201(総務課)

局　長　鈴木英二郎
総務課長　黒澤朗
　石綿対策室長　喜名明子
　主任労働保険専門調査官（労働保険審査会事務室併任）　木村聡
　労働保険業務分析官　穴井元尚
労働条件政策課長　澁谷秀行
　労働条件確保改善対策室長　上喜多之徳
　医療労働企画官　坪田秀徳
　過労死等防止対策企画官　野田直宏
　労働時間特別対策室長　坪井宏徳
監督課長　竹野佑喜樹
　過重労働特別対策室長　岡田直樹
　主任中央労働基準監察監督官（労働基準監察室長併任）　黒部恭志
労働関係法課長　吉村紀一郎
賃金課長　篠崎拓也
　主任中央賃金指導官　友住弘一郎
　賃金支払制度業務室長　古長秀明
　最低賃金制度研究官　福味恵
労災管理課長　松永久
　労災保険財政数理室長　小此木裕二
　主任中央労災補償監察官（労災補償監察室長併任）　菊池宏二
　建設石綿給付金認定等業務室長　池田邦彦
労働保険徴収課長　片淵仁文
　労働保険徴収業務室長　田中勝之
補償課長　児屋野文男
　労災補償訴訟分析官　黒田修
　職業病認定対策室長　水島康雄
　労災保険審理室長　田代良久
　調査官　三浦栄一郎
労災保険業務課長　千葉茂
安全衛生部長　小林洋子
計画課長　松下和生
　機構・団体管理室長(併)　三浦栄一郎
　調査官　星田淳也

安全課長　小沼宏治
　建設安全対策室長　土井智史
　主任中央産業安全専門官　佐藤誠
労働衛生課長　松岡輝昌
　産業保健支援室長　大村倫久
　治療と仕事の両立支援室長　大立原新
　電離放射線労働者健康対策室長　宇野浩一
　主任中央労働衛生専門官　船井雄一郎
　主任中央じん肺診査医　井口豪
　職業性疾病分析官　佐々木邦臣
化学物質対策課長　安井省治郎
　化学物質評価室長　藤田佳代
　環境改善室長　平川秀樹

〔職業安定局〕

夜間(3502)6768(総務課)

局　長　山田雅彦
総務課長　長良健二
　訓練受講支援室長　岡田幸大
　公共職業安定所運営企画室長　西海国浩
　人材確保支援総合企画室長　井上英明
　首席職業指導官　國分一行
　主任中央職業安定監察官　中原明宏
　人道調査室(ハローワークサービス推進室長併任)　中村正子
雇用政策課長　吉田晩郎
　労働移動支援室長　柴田栄二郎
　民間人材サービス推進室長　浅沼茂樹
　雇用復興企画官（雇用開発企画課併任）　高田崇司
　労働市場分析官　武田康祐
雇用保険課長　尾田進
　主任中央雇用保険監察官　生方勝
　調査官　鈴木義和
需給調整事業課長　中嶋章浩
　労働市場基盤整備室長　村野伸介
　派遣・請負労働企画官　林欣歆
　主任中央需給調整事業指導官　渡部幸一郎
外国人雇用対策課長　川口俊徳
　海外人材受入就労対策室長　菊田正明
　国際労働力対策企画官（経済連携協定受入対策室長併任）　中野響
　労働市場センター業務室長　伊藤浩之
　主任システム計画官　渡辺聡
高齢・障害者雇用開発審議官　田中佐智子
雇用開発企画課長　佐々木菜々子

就労支援室長　逸見志朗
農山村雇用対策室長（併）　逸見志朗
建設・港湾対策室長　島田博和
高齢者雇用対策課長　宿里明弘
障害者雇用対策課長　西澤栄晃
地域就労支援室長　倉川圭介
調査官　川端輝彦
主任障害者雇用専門官　樋野一美
地域雇用対策課長　福岡洋士

〔雇用環境・均等局〕

局長　堀井奈津子
総務課長　牛島聡
雇用環境政策室（兼）　立石祐子
労働紛争処理業務室長　佐野耕作
主任雇用環境・均等監察官（雇用環境・均等監察官併任）　光永圭子
雇用機会均等課長　安藤英樹
ハラスメント防止対策室長　千葉裕子
有期・短時間労働課長　田村雅
多様な働き方推進室長　火宮麻衣子
職業生活両立課長　平岡宏一
在宅労働課長　原田浩一
フリーランス就業環境整備室長（併）　佐野博作
勤労者生活課長　大隈俊弥
労働者協同組合業務室長　水野嘉郎
労働金庫業務室長　紀伊洋士

〔社会・援護局〕
夜間(3595)2612(総務課)

局長　朝川知昭
総務課長　乗越徹哉
女性支援室長　野中祥子
自殺対策推進室長（併）　前田奈歩子
保護課長　大場寛之
自立推進・指導監査室長　三浦正樹
保護事業室長　河合篤史
地域福祉課長　金原辰夫
成年後見制度利用促進室長　火宮麻衣子
消費生活協同組合業務室長　井上宏
生活困窮者自立支援室長（地域共生社会推進室長併任）　米田隆史
福祉基盤課長　田中規倫
福祉人材確保対策室長（福祉人材確保対策室長併任）　吉田昌司
援護企画課長　石塚哲朗
中国残留邦人等支援室長　宇口良子

援護・業務課長　添田徹郎
事業課長　浅見高嗣
事業推進室長　星野正司
戦没者遺骨鑑定推進室長事務取扱　浅見高嗣

障害保健福祉部長　辺見聡
企画課長（アルコール健康障害対策推進室長併任）　江口満
自立支援振興室長　川部勝一
施設管理室長　日野徹
障害福祉課長　伊藤洋平
地域生活・発達障害者支援室長（併）　田中祥子
精神・障害保健課長　小林秀幸
心の健康支援室長（公認心理師制度推進室長併任）　竹之内秀吉
依存症対策推進室長（企画調整官福祉総合サービス等データ企画室長併任）　羽野嘉朗

〔老健局〕
夜間(3591)0954(総務課)

局長　間隆一郎
総務課長　山口高志
介護保険指導室長　奥出吉規
介護保険計画課長　蓑原哲弘
高齢者支援課長　峰村浩二
介護業務効率化・生産性向上推進室長　占部亮
認知症施策・地域介護推進課長　和田幸典
認知症総合戦略企画官（地域づくり推進室長併任）　尾﨑美弥子
老人保健課長　古元重和

〔保険局〕
夜間(3595)2550(総務課)

局長　伊原和人
総務課長　池上直樹
保険課長　山下護
全国健康保険協会管理室長　髙橋賢治
国民健康保険課長　笹子宗一郎
高齢者医療課長　安中健
医療介護連携政策課長　竹内尚也
保険データ企画室長　中園和貴
医療課長　眞鍋馨
歯科医療管理官　小嶺祐子
保険医療企画調査室長　荻原和宏
医療技術評価推進室長　木下栄一
医療保険制度改革推進官（命）　角園太一
医療指導監査室長　諸冨伸夫
薬剤管理官　安川孝志
調査課長　鈴木健二

厚生労働省

数理企画官　江郷和彦
J-LIS突合事業推進室合事業推進室代　大竹雄二

〔年　金　局〕

夜間(3595)2862(総務課)

局　　　　長　橋本泰宏
総　務　課　長　小野俊嗣
　年金広報企画室長(併)　芦田雅嗣
首席年金数理官　村中祐美子
　年金数理官(企業年金・個人年金基金数理室長併任)　榎　広之
年　金　課　長　若林健吾
　年金制度改革推進室　芦田雅嗣
国際年金課長　花咲竜乃助
資金運用課長　西平賢哉
　企業年金・個人年金課長　海老敬裕
数　理　課　長　佐藤裕亮
　数理調整管理官(数理調整管理室長併任)　木村　剛
年金管理審議官　巽　慎一
事業企画課長　樋口俊宏
　年金記録回復室長・年金事業運営推進室長　石川義浩
システム室長　大野裕之
調　査　室　長　大楠設楽保広
監　査　室　長　服部浩樹
会　計　室　長　水野忠幸
事業管理課長　吉田貴典
　給付事業室長(併)　吉田貴典

〔人材開発統括官〕

人材開発統括官　岸本武史
　参事官(人材開発総務担当)(参事官室長併任)　宇野禎晃
　参事官(人材開発政策担当)(参事官室長併任)　松瀬貴裕
　訓練企画官(訓練企画室長併任)　桃井竜介
　特別支援企画官(特別支援室長併任)　菊地田幸也
　就労支援訓練企画官(政策企画室長併任)　横田和也
　主任職業能力開発指導官　清野晃平
　参事官(若年者・キャリア形成支援担当参事官室長併任)　谷口正範
　キャリア形成支援企画官(キャリア形成支援室長併任)　佐藤悦子
　企業内人材開発支援企画官(企業内人材開発支援室長併任)　秋山雅紀
　参事官(能力評価担当)(参事官室長併任)　安達佳弘
　主任職業能力検定官　増岡宗一
　参事官(海外人材育成担当)(参事官室長併任)　堀　泰雄
　海外協力企画官(海外協力室長併任)　中村宇一

〔政　策　統　括　官〕

政策統括官(総合政策担当)(政策統括官併任)　鹿沼　均
審議官(総合政策担当)(政策統括官室長併任)　宮崎敦文
政策立案総括審議官(統計、総合政策、政策評価担当)(政策統括官室長代理併任)　青山桂子
労働経済特別研究官　中井雅之
　参事官(総合政策統括担当)(政策統括官室長併任)　安藤公一
　参事官(総合政策担当)(政策統括官室長併任)　平嶋壮州
政策企画官　安田正人
同　　　　山本博之
　社会保障財政企画官　草野哲也
　労働経済調査官　古屋勝史
　社会保障調査官　増井英紀
　参事官(調査分析・評価担当)(政策立案・評価担当参事官室長併任)　三村国雄
　政策立案・評価推進官　山田伸二
　政策統括官室参事・情報システム管理、労使関係担当　森川善樹
政策立案総括審議官(統計・総合政策担当)(政策統括官室長代理併任)　青山桂子
　参事官(企画調整担当)(統計・情報統括室長併任)　石津克己
政策企画官　白木紀行
　統計企画調整官(統計企画調整室長併任)　飯島俊哉
　審査解析官(審査解析室長併任)　長山直樹
　統計管理官(人口動態・保健社会統計室長併任)　鎌田真隆
　保健統計官(保健統計室長併任)　高山　研
　社会統計室長(併)　鎌田真隆
　世帯統計官(世帯統計室長併任)　藤井義弘
　統計管理官(雇用・賃金福祉統計室長併任)　角井伸一
　統計技法研究官　野口智明
　賃金福祉統計官(賃金福祉統計室長併任)　田中伸彦
調　査　官　村野卓男
　参事官(労使関係担当)　大塚弘満
調　査　官　石崎琢也
　サイバーセキュリティ・情報化審議官　三田一博
　参事官(サイバーセキュリティ・情報システム管理担当)(サイバーセキュリティ担当参事官室長併任)　常盤剛史
　情報システム管理官(情報システム管理室長併任)　笹木義勝

〔国立医薬品食品衛生研究所〕

〒210-9501 川崎市川崎区殿町3-25-26
☎044(270)6600
所　　　　長　本間正充

362

〔国立保健医療科学院〕
〒351-0197 和光市南2-3-6
☎048(458)6111

院　　長　曽根智史

〔国立社会保障・人口問題研究所〕
〒100-0011 千代田区内幸町2-2-3
日比谷国際ビル6F ☎03(3595)2984

所　　長　田辺国昭

〔国立感染症研究所〕
〒162-8640 新宿区戸山1-23-1
☎03(5285)1111

所　　長　脇田隆字

〔中央労働委員会〕
〒105-0011 港区芝公園1-5-32
労働委員会館内 ☎(5403)2111

会　　長　岩村正彦
会長代理　山川隆一
　　　　　石井　浩　鹿野菜穂子
公益委員　鹿士眞由美
　　　　　小西康之　松下淳一
　　　　　守島基博　西川佳代
　　　　　磯部　哲　小坏淳子
　　　　　深道祐子　小畑史子
　　　　　久保田安彦　原　恵美
労働者委員　小俣利通
　　　　　竹井京二　宮本礼一
　　　　　山本和代　髙橋洋子
　　　　　北口明代　六本木清子
　　　　　中島　徹　冨永雄一
　　　　　池之谷　潤　岡本吉洋
　　　　　新井行夫　桂　惠子
　　　　　野中孝泰　井上久美枝
使用者委員　宮近清文
　　　　　田中恭代　柳井秀朗
　　　　　小山　茂　小野寺敦子
　　　　　小倉基弘　小林洋子
　　　　　井上龍子　高山靖子
　　　　　坂田甲一　布山祐子
　　　　　池上僚一　久能木慶治
　　　　　長野正史　萩原　靖
事務局長　奈尾基弘
審議官（調整・
企画広報担当）　志村幸久
同　（審査担当）　河野恭子
総務課長　川口秀人
審査課長　田尻智幸

審査情報分析官　大隈由加里
和解手法分析官　松淵厚樹
審査総括官（第一部会担
当審査総括室長併任）　六本佳代
同（第二部会担当
審査総括室長併任）　奈須川伸一
同（第三部会担当
審査総括室長併任）　川又修司
調整第一課長　上野康博
調整第二課長　安達隆文

農林水産省

〒100-8950 千代田区霞が関1-2-1
中央合同庁舎1号館 ☎03(3502)8111

大　　　臣　宮下一郎
副　大　臣　武村展英
副　大　臣　鈴木憲和
大臣政務官　舞立昇治
大臣政務官　髙橋光男
事務次官　横山　紳
農林水産審議官　小川良介
秘　書　官　天野健太郎
同　　事務取扱　難波良多

〔大　臣　官　房〕
夜間(6744)2428（文書課）

官房長　渡邊　毅
総括審議官　杉中　淳
総括審議官（新事業・食品産業）　宮浦浩司
技術総括審議官　川合豊彦
危機管理・政策
立案総括審議官　松尾浩則
公文書監理官　菅家秀人
サイバーセキュリティ・
情報化審議官　菅家秀人
輸出促進審議官
（兼輸出・国際担当）　山口　靖
生産振興審議官
（兼農産局）　佐藤　紳
審議官（技術・環境）　秋葉一彦
同（兼消費・安全局）　坂田　進
同　（兼消費・安全局
　　兼輸出・国際局）　熊谷法夫
同（兼輸出・国際局・交渉総括）　坂　勝浩
同　（兼輸出・国際局・
　　新事業・食品産業）　笹路　健
同　　（兼畜産局）　関村静雄
同　　（兼経営局）　勝野美江
同　　（兼経営局）　押切光弘
同（兼農村振興局）　四日市正俊
参事官（環境・兼輸出・国際局）　萩原英樹
同　（兼消費・安全局
　　兼輸出・国際局）　大島英彦
国際食料情報特別分
析官（兼輸出・国際局）　道野英司
報　道　官　小峰賢哉

363

秘 書 課 長	河 南	健
文 書 課 長	髙 橋 広 道	
予 算 課 長	髙 橋 一 郎	
政 策 課 長	高 山 成 年	
技術政策室長	齊 賀 大 昌	
食料安全保障室長	宮 長 郁 夫	
広報評価課長	神 田 宜 宏	
広 報 室 長	澤 田 昌 利	
報 道 室 長	濵 中 康 人	
情報管理室長	白 江 啓 治	
情報分析室長	牧之瀬 泰 志	
地 方 課 長	井 上 計	
災害総合対策室長	川 島 秀 樹	
環境バイオマス政策課長	清 水 浩太郎	
再生可能エネルギー室長	渡 邉 泰 夫	
みどりの食料システム戦略グループ長	久 保 牧衣子	
地球環境対策室長	統 橋 亮	
参 事 官	仲 澤 正	
同	牛 田 正 克	
同	小 坂 伸 行	
デジタル戦略グループ長	窪 山 富士男	
参 事 官	窪 山 富士男	
新事業・国際グループ長	飯 田 明 子	
参事官（兼大臣官房新事業・食品産業部）	飯 田 明 子	
規制対策グループ長	内 田 博 文	
参事官（兼輸出・国際局）	内 田 博 文	
新興地域グループ長	浅 野 大 介	
参事官（兼輸出・国際局）	浅 野 大 介	
検査・監察部長	深 水 秀 介	
調整・監察課長	上 口 直 紀	
審 査 室 長	曽 田 明	
行政監察室長	後 藤 仁	
会計監査室長	小 鷲 博 司	
検 査 課 長	小 谷 和 彦	
農林水産政策研究所長	髙 橋 孝 雄	
農林水産政策研究所次長	植 村 悌 明	
農林水産研修所長	塚 田 孝 二	

〔統 計 部〕

夜間(3502)5609（管理課）

部 長	山 田 英 也	
管 理 課 長	玉 原 雅 史	
統計品質向上室長	都 田 幸 伸	
経営・構造統計課長	三 嶋 英 一	
センサス統計室長	坂 井 一 夫	
生産流通消費統計課長	橋 本 陽 子	

消費統計室長	三 浦 晃	
統計企画管理官	藤 井 将 邦	

〔新事業・食品産業部〕

夜間(3502)7568（新事業・食品産業政策課）

部 長	小 林 大 樹	
新事業・食品産業政策課長	尾 﨑 道	
ファイナンス室長	溝 口 武 志	
企画グループ長	木 村 崇 之	
商品取引グループ長	今 野 憲太郎	
商品取引室長	今 野 憲太郎	
食品流通課長	藏 谷 恵 大	
卸売市場室長	戎 井 靖 貴	
食品製造課長	渡 邉 顕太郎	
食品企行動室長	髙 畠 和 子	
基準認証室長	進 藤 友 寛	
外食・食文化課長	五十嵐麻衣子	
食品ロス・リサイクル対策室長	熊 田 純 子	
食文化室長	神 林 悠 介	

〔消費・安全局〕

夜間(3502)8512（総務課）

局 長	安 岡 澄 人	
総 務 課 長	平 中 隆 司	
消費者行政・食育課長	野 添 剛 司	
米穀流通・食品表示監視室長	佐 久 間 浩	
食品安全政策課長	新 川 俊 一	
食品安全科学室長	浮 穴 学 宗	
国際基準室長	古 田 暁 人	
農産安全管理課長	石 岡 知 洋	
農薬対策室長	楠 川 雅 史	
畜水産安全管理課長	星 野 和 久	
飼料安全・薬事室長	古 川 智	
水産安全室長	阿 部 智	
植物防疫課長	尾 室 義 典	
防疫対策室長	羽 石 洋 平	
国 際 室 長	小 林 正 寿	
動物衛生課長	沖 田 賢 治	
家畜防疫対策室長	大 倉 達 洋	
国際衛生対策室長	松 尾 和 俊	
参 事 官	横 山 博 一	

〔輸出・国際局〕

夜間(3502)5851（総務課）

局 長	水 野 政 義	
輸出・国際局付（兼内閣審議官）	山 口 博 之	
総 務 課 長	伊 藤 優 志	
国際政策室長	近 藤 信	

輸出企画課長	吉松	亨
輸出支援課長	望月光	顕
輸出産地形成室長	大橋	聡
輸出環境整備室長	高木徹	男
国際地域課長	国枝	玄
海外連携グループ長	西浦博	之
参 事 官	西浦博	之
海外連携推進室長	大川幸	樹
国際経済課長	小島裕	章
国際戦略グループ長	米田立	子
知的財産課長	松本修	一
地理的表示保護推進室長	氷熊光太郎	
種苗室長	海老原康	仁

〔農　産　局〕
夜間(3502)5937(総務課)

局　　　長	平形雄	策
総 務 課 長	川本	登
生産推進室長	坂田尚	史
国 際 室 長	清水美佳	子
会 計 室 長	酒井利	成
穀 物 課 長	佐藤夏	介
米麦流通加工対策室長	葛原祐	介
経営安定対策室長	渡邉浩	史
園芸作物課長	長峰徹	昭
園芸流通加工対策室長	宇井伸	一
花き産業・施設園芸振興室長	小宮英	稔
地域作物課長	石田大	喜
果樹・茶グループ長	仙波	徹
農産政策部長	松本	平
企 画 課 長	武田裕	紀
米穀貿易企画室長	廣田美	香
水田農業対策室長	梅下幸	弘
貿易業務課長	平野賢	一
米麦品質保証室長	奥平謙	二
技術普及課長	吉田	剛
生産資材対策室長	土佐竜	一
農業環境対策課長	松本賢	英

〔畜　産　局〕
夜間(6744)0564(総務課)

局　　　長	渡邉洋	一
総 務 課 長	三野敏	克
畜産総合推進室長	新井健	一
企 画 課 長	木下雅	由
畜産経営安定対策室長	丹菊直	子
畜産振興課長	郷	達也

畜産技術室長	葛谷好	弘
家畜遺伝資源管理保護室長	相田剛	伸
飼料課長	廣岡亮	介
流通飼料対策室長	天野宏	之
牛乳乳製品課長	須永新	平
食肉鶏卵課長	猪口隼	人
食肉需給対策室長	上田泰	史
競馬監督課長	水野秀	信

〔経　営　局〕
夜間(3502)6432(総務課)

局　　　長	村井正	親
総 務 課 長	天野正	治
調 整 室 長	浅野勝	正
経営政策課長	日向	彰
担い手総合対策室長	藤田裕	一
農地政策課長	峯村英	児
農地集積・集約化促進室長	前川光	春
就農・女性課長	尾室幸	子
女性活躍推進室長	伊藤里香	子
協同組織課長	姫野崇	範
経営・組織経営室長	菊地	護
金融調整課長	宮田龍	栄
保 険 課 長	白石知	隆
農業経営収入保険室長	御村吉	伸
保険監理官	土居下充	洋

〔農村振興局〕
夜間(3502)5997(総務課)

局　　　長	長井俊	彦
次　　　長	青山健	治
総 務 課 長	山里直	志
農村政策部長	佐藤一	絵
農村計画課長	新川元	康
農村政策推進室長	長田恵理	子
都市農業室長	高橋正	智
地域振興課長	山本恵	太
中山間地域・日本型直接支払室長	野中振	挙
都市農村交流課長	影山義	人
農泊推進室長	村山直	康
農福連携推進室長	渡邉桃	代
鳥獣対策・農村環境課長	藤河正	英
鳥獣対策室長	阿部尚	人
農村環境対策室長	寺島友	子
整 備 部 長	緒方和	之
設 計 課 長	石川英	一
計画調整室長	渡邉泰	浩

365

施工企画調整室長　土屋恒久
海外土地改良技術室長　鷲野健二
土地改良企画課長　鈴木大造
水資源課長　瀧川拓哉
農業用水対策室長　渡邊雅彦
施設保全管理室長　志村和信
農地資源課長　荻野憲一
経営体育成基盤整備推進室長　渡辺一行
多面的機能支払推進室長　栗田徹
地域整備課長　武井一郎
防災課長　石井克欣
防災・減災対策室長　渡部和弘
災害対策室長　能見智人

〔農林水産技術会議〕
夜間(3502)7399(研究調整課)

会長　本川一善
事務局長　川合豊彦
研究総務官　内田幸朗
同　東野昭浩
研究調整課長　今野聡
研究企画課長　羽子田知子
イノベーション戦略室長　下岡豊
研究推進課長　藤田晋吾
産学連携室長　大熊武
国際研究官　渡辺裕子
研究統括官　草場新之助
研究開発官　森幸子
研究調整官　(兼)大潟直樹
(兼)長崎裕司　(兼)桂真昭
(兼)北川巖　閑念磨聡
(兼)内田真司

林野庁

〒100-8952 千代田区霞が関1-2-1
中央合同庁舎1号館 ☎03(3502)8111
夜間(3502)7968(林政課)

長官　青山豊久
次長　小坂善太郎
林政部長　谷村栄二
林政課長　望月健司
監査室長　河野裕之
企画課長　上杉和貴
経営課長　渡邉泰輔
林業労働・経営対策室長　岡村篤憲
特用林産対策室長　塚田直子

木材産業課長　石田良行
木材製品技術室長　土居隆行
木材利用課長　三上善之
木材貿易対策室長　赤羽元太
森林整備部長　長﨑圭一
計画課長　齋藤健善
施工企画調整室長　徳谷留幸
海外林業協力室長　谷本哲
森林利用課長　福田淳人
森林集積推進室長　城風夫
山村振興・緑化推進室長　諏訪幹仁
整備課長　木下洋
造林間伐対策室長　石井宏樹
治山課長　河合正治
山地災害対策室長　門脇裕穂
保安林・盛土対策室長　谷秀昭
研究指導課長　安高志
技術開発推進室長　増田義学
森林保護対策室長　竹内
国有林野部長　橘政規
管理課長　石黒裕樹
福利厚生室長　岩井広一
経営企画課長　眞城英一
国有林野総合利用推進室長　尾前幸太郎
国有林野生態系　森山昌人
業務課長　嶋田理
国有林野管理室長　善行宏

水産庁

〒100-8907 千代田区霞が関1-2-1
中央合同庁舎1号館 ☎03(3502)8111
夜間(3502)8397(漁政課)

長官　森健
次長　藤田仁司
漁政部長　山口潤一郎
漁政課長　河村仁
船舶管理室長　杉原正夫
企画課長　河嶋正敏
水産業体質強化推進室長　山下信
水産経営課長　髙屋繁樹
指導室長　塩平宏一
加工流通課長　平平英典
水産流通適正化推進室長　御厩敷寛
水産物貿易対策室長　三輪剛志
漁業保険管理官　原口大志

経済産業省

〔大 臣 官 房〕
夜間(3501)1609(総務課)

官 房 長	藤木俊光
総括審議官(併)公文書監理官	南亮
政策立案総括審議官 首席GX機構設立準備政策統括調整官	龍崎孝嗣
技術総括・保安審議官	辻本圭助
審議官(政策統括調整担当)	田尻貴裕
政策統括調整官(国際関係担当)(併)	荒井勝喜
秘 書 課 長	小林大和
参事官(技術・高度人材戦略担当)(併)機構設立・災害対策長	宮崎貴哉
人事企画官	鬼塚貴子
人事審査官	佐竹佳典
企画官(労務担当)	藤野広秋
企画調査官	宮下誠一郎
企 画 官	上田圭一
総 務 課 長	香山弘文
国会業務室長	宮部勝弘
国会連絡室長(併)国会業務連絡調整官	山本剛
業務管理官	天野博之
文 書 室 長(併)公文書監理官	小町僚明
文書管理官	高橋徹
広 報 室 長	加賀義弘
政策審議室長(併)	香山弘文
会 計 課 長	浦上健一朗
経理審査官	細谷賢二
監 査 官	伊藤栄二
監査室長(併)	浦上健一朗
厚生企画室長	北村敦司
厚生審査官	加部寿之
業務改革室長(併)政策文書推進室長(併)情報公開推進室長(併)個人情報保護室長	福本拓也
情報システム室長(併)デジタル・トランスフォーメーション室長	酒井崇行
統括情報セキュリティ対策官	山下毅
首席経済安全保障政策統括調整官(併)	福永哲郎
参事官(経済安全保障担当)首席経済安全保障室長(併)	西川和見
首席GX推進戦略統括調整官(併)	畠山陽二郎
GX推進戦略室長(併)	大貫繁樹
国際カーボンニュートラル政策室長(併)	大木晋一彦
首席ビジネス・人権政策統括調整官(併)	松尾剛彦
ビジネス・人権政策統括調整官(併)	柏原恭子
ビジネス・人権政策統括調整官(併)	折居直吾
未来人材政策統括調整官(併)	菊川人

参 事 官	坂本清一紀
資源管理部長	魚谷敏紀
審 議 官	大久保
管理調整課長	水川明大
資源管理推進室長	永田祥義
沿岸・遊漁室長	城崎和龍志
国 際 課 長	松尾龍明
捕 鯨 室 長	坂本孝明
かつお・まぐろ漁業室長	成澤行人
海外漁業協力室長	鹿田敏嗣
漁業取締課長	南克洋
外国漁船対策室長	今井浩人
参 事 官	川島哲哉
増殖推進部長	坂康之
研究指導課長	長谷川裕康
海洋技術室長	武田行生
漁場資源課長	諸貫秀樹
生態系保全室長	大森亮
栽培養殖課長	柿沼忠秋
内水面振興室長	生駒潔
参 事 官	森賢
漁港漁場整備部長	田中郁也
計 画 課 長	中村隆
整 備 課 長	渡邉浩二
防災漁村課長	櫻井政和
水産施設災害対策室長	中村克彦

(漁業取締本部)

本 部 長	森健
副 本 部 長	藤田仁司

経済産業省

〒100-8901 千代田区霞が関1-3-1
(調査統計グループは〒100-8902)
☎03(3501)1511

大 臣	西村康稔
副 大 臣	岩田和親
同	酒井庸行
大臣政務官	吉田宣弘
同	石井拓
事 務 次 官	飯田祐二
経済産業審議官	保坂伸
秘 書 官	大山みつえ
同　事務取扱	日暮正毅

未来人材室長(併)	島津	裕紀
ＥＢＰＭ推進政策統括調整官(併)	藤木	俊光
EBPM推進室長(併)	福本	拓也
ＥＢＰＭ推進室総括企画調整官(併)	橋本	淳二郎
首席スタートアップ創出推進政策統括調整官	吾郷	進平
地域経済産業審議官	亀山	慎之介
スタートアップ創出推進室長(併)	南	知果
スタートアップ創出推進室総括企画調整官(併)	吾郷	進平
首席Web3.0推進政策統括調整官(併)	吾郷	進平
Web3.0推進政策統括調整官(併)	西村	秀隆
同 (併)	森田	健太郎
Web3.0政策推進室長(併)	亀山	慎之介
首席資源自律経済政策推進政策統括調整官	畠山	陽二郎
資源自律経済戦略企画室長(併)	田中	将吾
経済・産業分析官	藤	和彦
国際戦略情報分析官(貿易・投資環境担当)	田口	左信
グローバル産業室長(併)	是永	基樹
グローバル産業室企画官	福田	一徳
同 (併)	小川	幹子

〔大臣官房調査統計グループ〕

調査統計グループ長(併)	殿木	文明
参事官(調査統計グループ・総合調整担当)(併)総合調整官	竹田	憲
統括統計官	菅原	浩志
同	馬場	勝利
統計企画室長	守谷	敦子
統計情報システム室長	飯島	勇行
データマネジメント推進室長	杵渕	敦子
業務管理室長	渡邉	幹夫
経済解析室長	竹永	祥久
構造・企業統計室長	赤坂	俊一
鉱工業動態統計室長	田村	秀一
サービス動態統計室長	田邉	敬史

〔大臣官房福島復興推進グループ〕

福島原子力事故処理調整総括官(併)廃炉・汚染水・処理水特別対策監	新居	泰人
福島復興推進グループ長(併)廃炉・汚染水・処理水特別対策監(併)処理水損害対応支援室長	片岡	宏一郎
原子力事故災害対処審議官	湯本	啓市
廃炉・汚染水・処理水対策現地事務所長	鈴木	啓之
審議官(原子力事故担当)(併)福島復興推進政策統括調整官	川合	現
原子力被災者生活支援チーム参事官(併)福島復興推進グループ付	師田	晃彦
廃炉・汚染水・処理水対対策室長	高畠	昌明
原子力損害対応総合調整官(併)原子力損害対応室長	乃田	昌幸

業務管理室長	川崎	雅和
政策調整官(併)福島復興推進政策調整官	佐々木	雅人
企画調査官(福島復興推進担当)	古川	雄一
福島新産業・雇用創出事業・なりわい再生支援室長(併)福島広報戦略・風評被害対応室長	三牧	純一郎
企 画 官	平塚	智章
企 画 官	山本	慎一郎
原子力災害生活支援チーム参事官(併)福島芸術文化活動支援室長	髙砂	義行
原子力発電所事故収束対応室長	山口	雄三
東京電力福島第一原子力発電所事故廃炉・汚染水・処理水対策室長	北村	貴志
参 事 官	筋野	晃司
企 画 官	堤	理仁
原子力発電所事故収束対応調整官	田辺	有紀
原子力損害対応企画調整官	山本	茂

〔経済産業政策局〕

夜間(3501)1674(総務課)

局長(併)首席エネルギー・環境・イノベーション政策統括調整官(併)首席アジア新産業共創政策統括調整官	山下	隆一
審議官(経済産業政策局担当)	菊川	人吾
同 (同)	井上	誠一郎
首席スタートアップ創出推進政策統括調整官	吾郷	進平
アジア新産業共創政策統括調整官(併)	福永	哲郎
同 (併)	松尾	剛彦
業務管理室長(併)	平松	克啓
総務課長	奥家	敏和
政策企画官	日高	圭悟
調査官(併)企業財務室長	田代	毅
産業構造課長	梶	直弘
産業組織課長	中西	友昭
競争環境整備室長	杉原	光俊
知的財産政策室長	猪俣	明彦
産業創造課長	茂木	高志
新規事業創造推進室長(併)産業資金課長	富原	早夏
(併)産業資金課長	亀山	慎之介
産業人材課長	島津	裕紀
経済社会政策室長	相馬	知子
企業行動課長	武田	伸二郎
企業会計室長	長宗	豊和
アジア新産業共創政策室長	島川	博行

〔地域経済産業グループ〕

地域経済産業グループ長(併)	須藤	治
地域経済産業グループ長補佐(併)	南	亮

368

同　　　　　(併)	飯田　健太
地域経済産業政策統括調整官	吉田　健一郎
業務管理官室長	神戸　　浩
地域経済産業政策課長(併)	川村　尚永
地域経済活性化対策室長	
地域経済産業室長	菊田　逸平
地方調整室長	林　　浩一
地域企業高度化推進課長(併)	市川　紀幸
地域未来投資促進室長	
地域産業基盤整備課長(併)	向野　陽一郎
沖縄振興室長	
工業用水道計画官	湯村　宏祐
中心市街地活性化室長(併)	古谷野　義之

〔通商政策局〕

夜間(3501)1654(通商政策課)

局　　　長	松尾　剛彦
大臣官房審議官(通商政策局担当)	荒井　勝喜
大臣官房審議官(通商政策局担当)	杉浦　正俊
特別通商交渉官(併)	田中　一成
同　　　　　(併)	田村　英康
通商交渉官	吉川　徹志
	大東　道郎
	(併)奥山　剛
業務管理官室長	藤村　和弘
総務課長	服部　桂治
通商渉外調整官	小林　健一
通商戦略室長(併)	是永　基樹
通商戦略室企画官	大和　靖幸
企画調査室長	相田　政志
デジタル通商ルール室長(併)	寺西　規子
国際経済室長	是永　基樹
G7貿易大臣会合準備室長	岡垣　　豊
アジア太平洋地域協力推進室長	宮崎　拓夫
経済連携課長	内野　宏亮
経済連携交渉官	藤井　稔秋
米州課長	藤井　亮輔
中南米室長	三浦　　聡
欧州課長	藤田　　健
ロシア・中央アジア・コーカサス室長	渡邉　雅士
中東アフリカ課長	三宅　保次郎
アフリカ室長	名倉　和子
アジア大洋州課長	福地　真美
通商企画調整官	神谷　幸男
東アジア経済統合推進室長	中山　保宏
南西アジア室長	村山　勝彦
北東アジア課長	福永　佳史
韓国室長	蓮沼　佳和
通商機構部長	柏原　恭子

参事官(総括)	田村　英康
通商政策企画調整官	佐志田　峻明
企画官	岡本　祐典
通商交渉調整官	中山　保宏
	西村　祥平　　高嵩　直子
国際法務室長	清水　茉莉
国際知財制度調整官	安川　　聡
国際経済紛争対策室長	寺西　規子

〔貿易経済協力局〕

夜間(3501)1664(総務課)

局　　　長	福永　哲也
大臣官房審議官(貿易経済協力局担当)	田中　一成
大臣官房審議官(貿易経済協力局・農林水産品担当)	常葉　光郎
大臣官房審議官(貿易経済協力局・国際技術戦略担当)	鋤先　幸浩
首席経済産業協力統括調整官	松尾　剛彦
業務管理官室長	山崎　秀明
総務課長	服部　桂治
経済協力研究官	折山　光俊
通商金融国際交渉官	中村　正大
戦略輸出交渉官	奥山　　剛
貿易振興課長	吉川　尚文
貿易振興企画調整官	山田　　聡
参事官(海外展開支援担当)	久染　　徹
通商金融課長(併)国際金融交渉室長	河原　　圭
貿易保険監理官	鈴木　　愛
資金協力室長	下川　徹也
技術・人材協力課長	松本　加代
投資促進連携室長(併)日投資総合相談室長	淺井　　洋
投資交流調整官	天野　富士年
貿易管理部長	猪狩　克紀
貿易管理課長(併)電子化・効率化推進室長	黒田　幸遼
原産地証明室長	白川　遼介
貿易審査課長(併)野生動植物貿易審査室長	山尾　圭史
農水産審査室長(併)野生動植物貿易審査企画室長	相原　哲典
特殊関税等調査室長	曽根　哲郎
安全保障貿易管理政策課長	杉江　一浩
参事官(国際担当)	田邊　英介
情報調査室長	田相　祐太
技術調査室長	笠間　隆介
国際投資管理室長	橘　　雅浩
安全保障貿易管理課長	横田　純一
安全保障貿易国際室長	荒木　英健
安全保障貿易検査官室長	溝田　健志

安全保障貿易審査課長　末森洋紀
統括安全保障貿易審査官　臺則彦

〔産業技術環境局〕
夜間(3501)1857(業務管理官室)
局長　畠山陽二郎
審議官(産業技術環境局担当)　田中哲也
同(環境問題担当)　小林出
業務管理官室長　藤山優子
総務課長　畑田浩之
産業技術政策上席企画調整官　和田恭
産業技術調査官　濱口千絵
成果普及・連携推進室長　上原健一裕
産業技術法人室長　中井康広
技術政策企画室(併)　中畑浩之
国際室長　井上宏一
技術振興・大学連携推進課長　石澤泰志
大学連携推進室長　川上悟史
研究開発環境・技術評価調整官　大隅聡人
研究開発調整官　田中真人
研究開発企画調整官(併)先端テクノロジー戦略室企画調整官　土屋哲男
重要技術研究統括戦略官　磯福朋紀
産業技術プロジェクト推進室長　千葉直幸
基準認証政策課長(併)知的基盤整備推進室長　渡辺真樹
国際連携調整官(併)国際標準統括基準認証推進室　上嶋裕
産業分析研究官(併)国際標準化推進室　竹之内修
基準認証普及報室長　小嶋誠
計量行政室長　仁科孝幸
国際標準課長　西川奈緒男
国際電気標準課長　武重竜繁樹
環境政策課長　大笠井康広
エネルギー・環境イノベーション戦略室長　荻野洋平
GX推進企画室長　西岡洋宏
GX投資促進室長　西高濱航
地球環境対策室長　若林伸佳
参事官(併)環境経済室　梶川文博
GX推進機構設立準備室長(併)GX金融推進室長　小沼健
環境金融企画調整官　井上峰一人
GX金融企画調整官　田中将吾
資源循環経済課長　田中将吾
環境管理推進室長　齋藤充

〔製造産業局〕
夜間(3501)1689(総務課)
局長　伊吹英明

大臣官房審議官(製造産業局担当)(併)首席通商政策統括調整官　田中一成
大臣官房審議官(製造産業局担当)　浦田秀行
大臣官房審議官(製造産業局担当)　橋本真吾
業務管理官室長　西沢正剛
総務課長(併)通商室　西山英将
政策企画委員　片山弘士
参事官(サプライチェーン強靭化担当)　川渕英雄
製造産業戦略企画室長　川村美穂
製造産業GX政策室長(併)　松野大介
金属課長　松野大輔
金属技術室長　川村伸弥
企画官(国際担当)　高橋幸二
化学物質管理課長(併)化学物質リスク評価室長　水野良彦
化学物質安全室長　内野絵里香
化学物質管理企画官　石津さおり
化学兵器・麻薬原料等規制対策室長　田村修司
オゾン層保護等推進室長　畑下潔
化学物質リスク評価企画官(併)　内野絵里香
素材産業課長　土屋博光
企画調査官　濱崎寛
革新素材室長　金井伸輔
アルコール室長(併)　土屋博史
生活製品課長　田上博道
企画官(技術・国際担当)(併)住宅産業室長　潮崎雄治
企画官(地場産業担当)　塚本裕之
伝統的工芸品産業室長　安田篤
産業機械課長　小川幹子
国際プラント・インフラシステム・水ビジネス推進室長　石曽根智昭
ロボット政策室長　星野昌志
素形材産業室長　清水淳太郎
自動車課長　田邉国治
企画官(自動車担当)自動車戦略企画室長　原充
企画官(自動車リサイクル担当)　菊池孝憲
企画調査官(自動車担当)　伊藤建
モビリティDX室長　橋爪優文
車両室長　呉村益生
航空機武器宇宙産業課長　生田目尚美
企画官(国際担当)　滝澤慶典
企画官(防衛産業担当)　岩崎純一
航空機部品・素材産業室長　滝澤慶典
次世代空モビリティ政策室長　伊奈康二
宇宙産業室長

〔商務情報政策局〕

夜間(3501)2964(総務課)

局　　　　　長	野原　　諭
審議官(商務情報政策担当)(併)サイバー国際経済政策統括調整官	西村　秀隆
審議官(IT戦略担当)	牛山　智弘
業務管理官室長	渡辺　明夫
総　務　課　長	若月　一泰
デジタル戦略室長(併)	若月　一泰
国際室長(併)	若月　一泰
国際戦略企画調整官	津田麻紀子
情報経済課長	須賀　千鶴
情報政策企画調整官	橘　　知憲
デジタル取引環境整備室長	仙田正文
アーキテクチャ戦略企画官	和泉　憲明
サイバーセキュリティ課長	武尾伸隆
国際サイバーセキュリティ企画官	金田祐加子
情報技術利用促進課長	内田　了司
デジタル高度化推進室長	河崎　幸徳
デジタル経済安全保障企画調整官(併)	内田　了司
地域情報化人材育成推進室長	河崎　幸徳
情報産業課長	金指　　壽
デバイス・半導体戦略室長	清水英路
ソフトウエア・情報サービス戦略室長	渡辺琢也
高度情報通信技術産業戦略室長(併)	金指　　壽
電池産業室長	眞柳秀人
コンテンツ産業課長	渡邊佳奈子

〔商務・サービスグループ〕

商務・サービス審議官(併)商務・サービスグループ長(併)	茂木　　正
商務・サービスグループ長補佐官(併)	南　　亮
審議官(商務・サービス担当)	真鍋英樹
商務・サービス政策統括調整官	森田健太郎
首席国際博覧会統括調整官	及川　洋
大阪・関西万博統括調整官(併)	森田健太郎
同　　　　　(併)	田中一成
業務管理官室長	中尾直子
参事官(商務・サービス産業担当)	岡田智裕
参事官(商務・サービス産業担当)(併)消費経済企画室長(併)キャッシュレス推進室長	松隈健一
消費・流通政策課長(併)大規模小売店舗立地法相談官(併)物流企画室長	中野剛志
商品市場整備室長(併)商品先物市場監理室長	笛木知之
消費者政策研究官	境真良
商取引監督課長(併)商取引監督官(併)消費者相談官	豊田真民原

商取引検査室長	平林純一
サービス政策課長	太田三音子
教育産業室長	五十棲浩二
スポーツ産業室長	吉倉秀和
サービス産業室長	山口徳彦
クールジャパン政策課長(併)ファッション政策室長(併)デザイン政策室長(併)クールジャパン海外戦略室長(併)官民一体型需要喚起推進室長	俣野敏道
参事官(併)博覧会推進室長	奥田修司
大阪・関西万博国際室長	菅野将史
大阪・関西万博企画室長	松本将
国際博覧会上席企画調整官	出雲友美
ヘルスケア産業課長(併)国際展開推進室長	橋本泰輔
企画官(ヘルスケア産業担当)	田邉錬太郎
医療・福祉機器産業室長	渡辺信彦
生物化学産業課長	下田裕和
生物多様性・生物資源企画官	堀部敦子

〔産業保安グループ〕

産業保安グループ長(併)	辻本圭助
審議官(産業保安担当)	殿木文明
業務管理室長	大野亜希子
保　安　課　長	江澤正名
産業保安企画室長	岡田直也
高圧ガス保安室長	鯉江雅人
ガス安全室長	山下宜範
電力安全課長	前田了
電気保安室長	樫福錠治
鉱山・火薬類監理官	大川龍郎
火薬専門職	小池勝則
石炭保安室長(併)	大川龍郎
製品安全課長	佐藤猛行
製品事故対策室長	望月知子

〔電力・ガス取引監視等委員会事務局〕

事　務　局　長	新川達也
業務管理室長	福田純子
総　務　課　長	田中勇己
総合監査室長	伊東春樹
取引監視課長	下津秀幸
小売取引検査管理官	高橋章也
取引制度企画室長	東哲也
ネットワーク事業監視課長	鍋島学
ネットワーク事業制度企画室長(併)総括企画調整官	鍋島学

経済産業省

〔経済産業研修所〕

〒100-8901 千代田区霞が関1-3-1
☎03(3501)1511
〒189-0024 東村山市富士見町5-4-36
☎042(393)2521

所　長（併）高橋泰三
次　長（併）山本哲也

資源エネルギー庁

〒100-8931 千代田区霞が関1-3-1
☎03(3501)1511
夜間(3501)2669(総合政策課)

長　官　村瀬佳史
次　長　松山泰浩
首席最終処分政策統括調整官　松山泰浩
首席エネルギー・地域政策統括調整官　松山泰浩
資源エネルギー政策統括調整官　山田　仁
同　（併）木原晋一

〔長官官房〕

総務課長　河野太志
国際資源エネルギー戦略統括調整官　比良井慎司
参事官(総合エネルギー戦略担当)　遠藤量太
エネルギー制度改革推進総合調整官　稲邑拓馬
同　（併）曳野　潔
エネルギー制度改革推進企画室長　石井大篤
戦略企画室長　小高篤志
需給政策室長(併)調査広報室長　廣田大輔
業務管理官　木根原広
会計室長　滝沢正直
予算管理官　濱崎勝行
国際課長　白井俊行
海外エネルギーインフラ室長(併)企画官(国際カーボンニュートラル政策担当)　梅田英幸

〔省エネルギー・新エネルギー部〕

部　長　井上博雄
政策課長(併)熱電併給推進室長　稲邑拓馬
系統整備・利用推進室長(併)　石井孝裕
再生可能エネルギー主力電源化戦略調整官(併)　筑紫正宏
新エネルギーシステム課長(併)　稲邑拓馬
省エネルギー課長　木村拓也
省エネルギー戦略室長(併)　金村伸輔
新エネルギー課長　能村幸輝
再生可能エネルギー推進室長　伊藤隆裕
風力政策室長　石井　裕
水素・アンモニア課長　日野由香里

水素・燃料電池戦略室長　安達知彦

〔資源・燃料部〕

部　長　定光裕樹
政策課長(併)海洋政策企画室長　貴　仁郎
国際資源戦略交渉官　猪口直相
海洋資源開発交渉官　沖嵩弘芳
地熱資源開発官　小林貴成
鉱業管理官(併)採石対策官　松田達哉
国際資源戦略室長(併)企画官(石油政策担当)　矢口麻衣
資源開発戦略官　長谷川裕也
燃料供給基盤整備課長　永井岳彦
企画官(石油・液化石油ガス備蓄政策担当)　古幡哲也
燃料流通政策室長　日置純子
鉱物資源課長　有馬伸明
石炭政策室長　齊藤　薫
燃料環境適合利用推進課長　羽田由美子
CCS政策室長(併)企画官(CCS政策担当)　佐伯徳彦

〔電力・ガス事業部〕

部　長　久米　孝
政策課長　曳野　潔
エネルギー・地域政策統括調整官　吉村一元
制度企画調整官　長窪芳史
(併)石井大貴　荒川　洋　植松　健
　　　森本　要
電力産業・市場室長(併)電源地域整備室長　森本　要
電力産業・市場室長　筑紫正宏
ガス市場整備室長　福田光紀
電力基盤整備課長　小川　要
電力流通室長　石井大貴
電力供給室長　中富大輔
原子力政策課長(併)原子新炉推進室長(併)原子力技術室長　吉瀬周作
原子力国際協力推進室長　比良井慎司
廃炉産業室長(併)　下堀友数
原子力基盤室長　多田克行
原子力立地・核燃料サイクル産業課長　皆川重治
核燃料サイクル産業立地対策室長　高野史広
原子力立地政策室長／原子力広報室長　前田博貴
原子力産業企画調査官　和田啓之
放射性廃棄物対策課長(併)放射性廃棄物対策技術室長(併)放射性廃棄物対策広報室長　下堀友数

特許庁

〒100-8915 千代田区霞が関3-4-3
☎03(3581)1101
夜間(3593)0436(総務課)

長　　　　官	濱野 幸一	
特 許 技 監	桂 正憲	
総 務 部 長	清水 幹治	
秘 書 課 長	西森 雅己	
総 務 課 長	細川 成己	
会 計 課 長	佐野 俊生	
企画調査長	津幡 貴昭	
普及支援課長	加藤 和一	
国際政策課長	松下 公幸	
国際協力課長	吉野 一代	
審査業務部長	山下 隆也	
審査業務課長	高橋 憲夫	
出 願 課 長	高諏訪 修弘	
商 標 課 長	根岸 克和	
商標審査長(化学)	小林 正	
同　　(機械)	大島 勉	
同　(雑貨繊維)	瀬戸 俊幸	
商標上席審査長(産業経済務)	戸橋 晶志男	
審査第一部長	野仲 松亘	
調 整 課 長	今村 洋史	
物理首席審査長(計測)	川俣 洋史	
物理上席審査長(分析診断)	池谷 香次郎	
光学首席審査長(応用光学)	笹野 秀生	
光学審査長(事務機器)	横井 巨人	
社会基盤上席審査長(自然資源)	福田 聡	
社会基盤審査長(住環境)	小林 英司	
意 匠 課 長	久保田 大輔	
意匠上席審査長(情報・交通意匠)	下村 圭子	
意匠審査長(生活・流通意匠)	富永 亘	
審査第二部長	諸岡 健一	
交通輸送首席審査長(自動制御)	遠藤 秀明	
交通輸送上席審査長(運輸)	内山 隆史	
生産基盤上席審査長(生産機械)	中野 宏和	
生産基盤審査長(搬送)	田口 傑	
同(繊維包装機械)	岡崎 克彦	
生活福祉首席審査長(生活・娯楽)	草野 顕子	
生活福祉審査長(医療・検査)	原 泰造	
審査第三部長	北村 弘樹	
素材首席審査長(無機化学)	松田 成正	
素材上席審査長(素材加工)	本間 友孝	

生命・環境上席審査長(医療)	平井 裕彰	
生命・環境審査長(生命工学)	植原 克典	
応用化学審査長(有機化学)	深草 祐一充	
応用化学審査長(高分子)	田中 浩	
同(プラスチック工学)	中村 充	
審査第四部長	油科 壮一	
情報首席審査長(電子商取引)	河合 弘明	
情報上席審査長(情報処理)	仁科 雅司	
通信上席審査長(伝送システム)	小宮 慎繁	
通信審査長(電力システム)	宮田 仁慎平	
同(デジタル通信)	馬場 昌雄	
画像上席審査長(映像システム)	石丸 達太	
画 像 審 査 長(電子デバイス)	梅本 安田	
審 判 部 長	本田 聖	
首席審判長	田村 聖	
第1部門(計測)		
部 門 長	岡田 吉美	
審 判 長	中塚 直樹	
同	濱野 隆	
第2部門(材料分析)		
上席部門長	石井 哲	
審 判 長	加々美 一恵	
同	三崎 仁	
第3部門(アミューズメントマシン)		
部 門 長	渋谷 知子	
審 判 長	崎 洋一	
	金丸 治之 吉川 康史	
第4部門(アミューズメント一般)		
部 門 長	藤井 真一	
審 判 長	小林 俊久	
	藤田 年彦 樋口 宗彦	
第5部門(自然資源、住環境)		
部 門 長	居島 一仁	
審 判 長	前川 慎喜	
同	住田 秀弘	
第6部門(応用光学)		
部 門 長	里村 利光	
審 判 長	神谷 健一	
第7部門(事務機器)		
上席部門長	藤本 義仁	
審 判 長	有家 秀郎	
同	殿川 雅也	
第8部門(応用物理、光デバイス)		
部 門 長	山村 浩	

経済産業省
特許庁

373

審判長　波多江　進
同　　　秋田将行

第9部門（自動制御、生活機器）
部門長　柿崎　拓
審判長　窪田治彦
同　　　村上　聡

第10部門（動力機械）
上席部門長　山本信平
審判長　中屋裕一郎
同　　　河端　賢

第11部門（運輸、照明）
部門長　中村則夫
審判長　一ノ瀬　覚
同　　　藤井　昇

第12部門（一般機械、搬送）
部門長　平城俊雅
審判長　小川恭司
同　　　平瀬知明

第13部門（生産機械）
上席部門長　渋谷善弘
審判長　刈間宏信
同　　　鈴木貴雄

第14部門（繊維包装機械）
部門長　藤原直欣
審判長　山崎勝司
久保克彦　井上茂夫

第15部門（医療機器）
部門長　佐々木正章
審判長　佐々木一浩
同　　　内藤真徳

第16部門（熱機器）
部門長　間中耕治
審判長　鈴木　充
同　　　水野治彦

第17部門（無機化学、環境化学）
上席部門長　日比野隆治
審判長　宮澤尚之
同　　　原　賢一

第18部門（素材加工、金属電気化学）
部門長　粟野正明
審判長　井上　猛
同　　　池渕　立

第19部門（高分子）
部門長　近野光知
審判長　吉澤英一

第20部門（プラスチック工学）
部門長　淺野美奈
審判長　磯貝香苗
同　　　加藤友也

第21部門（化学応用）
部門長　亀ヶ谷明久
審判長　塩見篤史
同　　　門前浩一

第22部門（有機化学）
部門長　阪野誠司
審判長　瀬良聡機
木村敏康　井上典之

第23部門（医薬）
上席部門長　原田隆興
審判長　藤原浩子
同　　　前田佳与子

第24部門（バイオ医薬）
部門長　松波由美子
審判長　冨永みどり
同　　　細井龍史

第25部門（生命工学）
部門長　福井　悟
審判長　長井啓子
同　　　光本美奈子

第26部門（電子商取引）
部門長　伏本正典
審判長　佐藤智康
古野寺浩志　渡邊　聡

第27部門（インターフェイス）
部門長　山澤　宏
審判長　篠塚　隆
同　　　岩間直純

第28部門（情報処理）
部門長　吉田美彦
審判長　林　　毅
同　　　須田勝巳

第29部門（電子デバイス）
上席部門長　瀧内健夫
審判長　恩田春香
河本充雄　関根　裕

第30部門（映像システム）
部門長　髙橋宣博
審判長　五十嵐　努
千葉輝久　畑中高行

第31部門(伝送システム)

部　門　長	齋藤　　哲
審　判　長	中木　　努
筑波茂樹	廣川　浩

第32部門(電気機器、電力システム)

上席部門長	篠原功一
審　判　長	井上信一
植前充司	山田正文

第33部門(デジタル通信)

部　門　長	土居仁士
審　判　長	猪瀬隆広
同	高野　洋

第34部門(意匠)

上席部門長	前畑さおり
審　判　長	小林裕和
内藤弘樹	伊藤宏幸

第35部門(商標(化学・食品))

上席部門長	高野和行
審　判　長	大森友子
同	豊瀬京太郎

第36部門(商標(機械・電気))

部門長(併)訟務室長	森山　啓也
審　判　長	鈴木雅之
同	田口啓之

第37部門(商標(雑貨繊維))

部　門　長	矢澤一幸
審　判　長	豊田純一

第38部門(商標(産業役務・一般役務))

部　門　長	旦　克昌
審　判　長	大島康浩
同	大橋良成
審　判　課　長	小松竜一

中　小　企　業　庁

〒100-8912 千代田区霞が関1-3-1
☎03(3501)1511

長　　　　官	須藤　治
次　　　　長	飯田健太

〔長　官　官　房〕

中小企業政策統括調整官(併)	吉田健一郎
総　務　課　長	宮本岩男
中小企業政策企画調整官	福田一博
企画官(給付金制度管理担当)(併)訴訟・債権管理官	杉山春男
中小企業政策企画調整官(給付金関連情報管理担当)	小野田　寛
企画官(給付金不正対応等担当)	太田成人

企画官(中小企業基盤整備機構担当)	芦立勝博
中小企業金融検査室長	岡田実成
デジタル・トランスフォーメーション企画調整官	小松俊吾
業務管理官室長	松田　剛
広報相談室長	山崎孝志

〔事　業　環　境　部〕

部　　　　長	山本和徳
企　画　課　長	宮部勝弘
調　査　室　長	菊田逸平
経営安定対策室長	井上哲郎
金　融　課　長	神﨑忠彦
企画官(資金供給・企業法制担当)	茨木　衛
財　務　課　長	木村拓也
取　引　課　長	鮫島大幸
中小企業取引研究官	山下善太郎
統括官公需対策官	須藤義治
統括下請代金検査官	小金澤喜久雄
取引調査室長	福田一博

〔経　営　支　援　部〕

部　　　　長	松浦哲哉
経営支援課長	柴山豊樹
経営力再構築伴走支援推進室長	林　隆行
経営支援連携推進室長(併)	森　喜彦
小規模企業振興課長	黒田浩司
創業・新事業促進課長	伊奈友子
海外展開支援室長	渡邊　郷
技術・経営革新課長	森　喜彦
商　業　課　長	古谷野義之

国土交通省

〒100-8918 千代田区霞が関2-1-3
中央合同庁舎3号館
千代田区霞が関2-1-2
中央合同庁舎2号館(分館)
☎03(5253)8111

大　　　　臣	斉藤鉄夫
副　大　臣	國場幸之助
副　大　臣	堂故　茂
大臣政務官	こやり隆史
大臣政務官	石橋林太郎
大臣政務官	加藤竜祥
事　務　次　官	和田信貴
技　　　　監	吉岡幹夫
国土交通審議官	水嶋　智
同	榊　真一

国土交通省　中小企業庁

375

次　　　　長　岩　城　宏　幸
官房審議官(総政)　井　上　伸　夫
官房審議官(公共交通政策)(兼)　舟　本　浩
官房参事官(交通プロジェクト)　木　本　仁
同(地域戦略)　羽　矢　憲　史
同(税制)　後　沢　彰　宏
同(グローバル戦略)　奈　良　裕　美
同(交通産業)　三　浦　逸　広

総務課長　三　浦　逸　広
政策課長　小　林　太　郎
社会資本整備政策課長　齋　藤　良　二
バリアフリー政策課長　田　中　賢
環境政策課長　清　水　充
海洋政策課長　植　村　忠　之
交通政策課長　八　木　貴　弘
地域交通課長　墳　﨑　正　俊
モビリティサービス推進課長　土　田　宏　道
公共事業企画調整課長　齋　藤　博　之
技術政策課長　川　村　竜　児
国際政策課長　江　原　一太朗
海外プロジェクト推進課長　石　川　亨
国際建設管理官　村　瀬　勝　彦
情報政策課長　田　島　聖　一
行政情報化推進課長　田　村　真　一
統計政策特別研究官　長　嶺　行　信
社会資本経済分析特別研究官

〔国 土 政 策 局〕
夜間(5253)8350(総務課)
局　　　　長　黒　田　昌　義
官房審議官(国政)　筒　井　智　紀
同(国政)　秋　山　公　城
同(国政)(兼)　石　塚　智　之
総務課長　安　岡　義　敏
総合計画課長　倉　石　誠　司
広域地方政策課長　三　善　由　幸
地方振興課長　鹿子木　靖
離島振興課長　駒　田　義　誠
計画官　平　井　滋
特別地域振興官　立　岩　里生太

〔不動産・建設経済局〕
夜間(5253)8373(総務課)
局　　　　長　塩　見　英　之
次　　　　長　川　野　豊
官房審議官(不動産・建設経済)　楠　田　幹　人
同(不動産・建設経済)　蒔　苗　浩　司

同　上　原　淳
秘　書　官　城　戸　一　興
同(事務取扱)　北　村　朝　一
同(事務取扱)　齋　藤　良　太

〔大 臣 官 房〕
夜間(5253)8181(総務課)
官　房　長　寺　田　吉　道
総括審議官　五十嵐　徹　人
同(兼)　平　田　研
技術総括審議官　石　橋　洋　信
政策立案総括審議官　池　光　崇
公共交通・物流政策審議官　石　原　大
土地政策審議官　中　田　裕　人
危機管理・運輸安全政策審議官　藤　原　威一郎
海外プロジェクト審議官　小野寺　誠　一
公文書監理官　英　浩　道
政策評価審議官(兼)　澤　井　俊
サイバーセキュリティ・情報化審議官　岡　本　裕　豪
技術審議官　林　正　道
秘書室長(兼)　澤　井　俊
人　事　課　長　井　﨑　信　也
総　務　課　長　堤　洋　介
広　報　課　長　川　島　雄一郎
会　計　課　長　木　村　大
地方室長(兼)　平　田　研
福利厚生課長　平　山　孝　治
技術調査課長　橋　本　雅　道
参 事 官(人事)　田　口　芳　郎
同(会計)　千　葉　信　義
同(労務管理)　福　澤　隆　志
同(イノベーション)　森　下　博　之
同(運輸安全防災)　小　林　健　典
調　査　官　森　川　泰　敬
総括監察官　上　野　純　一
危機管理官　内　海　雄　介
運輸安全監理官　中　谷　育　夫
官庁営繕部長　秋　月　聡二郎
官房審議官(官庁営繕)　植　木　暁　司
管　理　課　長　浅　野　敬　広
計　画　課　長　佐　藤　由　美
整　備　課　長　松　尾　徹
設備・環境課長　村　上　幸　司

〔総 合 政 策 局〕
夜間(5253)8252(総務課)
局　　　　長　長　橋　和　久

官房参事官(土地利用)	遠山 英子
総務課長	伊藤 夏生
国際市場課長	磯貝 敬智
情報活用推進課長	矢吹 周平
土地政策課長	髙山 泰
地価調査課長	小玉 典彦
地籍整備課長	實井 正樹
不動産業課長	川合 紀子
不動産市場整備課長	二井 俊充
建設業課長	岩下 泰善
建設市場整備課長	宮沢 正知
参事官	宮本 貴章

〔都 市 局〕

夜間(5253)8393(総務課)

局 長	天河 宏文
官房審議官(都市)	鎌田 宜夫
官房審議官(都市生活環境・国際園芸博覧会)	勝又 正秀
官房技術審議官(都市)	菊池 雅彦
官房参事官(宅地・盛土防災)	吉田 信博
総務課長	岡 良介
都市政策課長	武藤 祥郎
都市安全課長	岸田 里佳子
まちづくり推進課長	喜多 功彦
都市計画課長	鈴木 章一郎
市街地整備課長	筒井 祐治
街路交通施設課長	服部 卓也
公園緑地・景観課長	伊藤 康行
参事官	井村 久行

〔水管理・国土保全局〕

夜間(5253)8434(総務課)

局 長	廣瀬 昌由
次 長	小笠原 憲一
官房審議官(防災・リスクコミュニケーション)	中野 穣治
官房審議官(水・国)	片貝 敏雄
総務課長	笠谷 雅也
水政課長	江口 大暁
河川計画課長	森本 輝
河川環境課長	豊口 佳之
治水課長	奥田 晃久
防災課長	西澤 賢太郎
水資源部長	朝堀 泰明
水資源政策課長	小山 陽一郎
水資源計画課長	貫名 功二
下水道部長	松原 誠
下水道企画課長	伊藤 昌弘

下水道事業課長	石井 宏幸
流域管理官	吉澤 正宏
砂防部長	草野 愼一
砂防計画課長	國友 優
保全課長	蒲原 潤一

〔道 路 局〕

夜間(5253)8473(総務課)

局 長	丹羽 克彦
次 長	岸川 仁和
官房審議官(道路)	長谷川 朋弘
総務課長	永山 寛理
路政課長	髙藤 喜文
道路交通管理課長	大井 裕子
企画課長	杳掛 敏夫
国道・技術課長	髙松 諭
環境安全・防災課長	伊藤 高
高速道路課長	小林 賢太郎
参事官(有料道路管理・活用)	松本 健
参事官(自転車活用推進)	森若 峰存

〔住 宅 局〕

夜間(5253)8501(総務課)

局 長	石坂 聡
官房審議官(住宅)	佐々木 俊一
官房審議官(住宅)	宿本 尚吾
総務課長	松家 新治
住宅経済・法制課長	神谷 将広
住宅総合整備課長	豊嶋 太朗
安心居住推進課長	津曲 共和
住宅生産課長	山下 英和
建築指導課長	今村 敬
市街地建築課長	村上 慶裕
参事官(マンション・賃貸住宅)	下村 哲也
参事官(建築企画)	前田 亮
参事官(住宅瑕疵担保対策)	二俣 芳美
住宅企画官	須藤 明彦

〔鉄 道 局〕

夜間(5253)8521(総務課)

局 長	村田 茂樹
次 長	平嶋 隆司
官房審議官(鉄道)	岡野 まさ子
官房技術審議官(鉄道)	岸谷 克己
官房参事官(新幹線建設)	北добен 也
官房参事官(海外高速鉄道プロジェクト)	石原 洋
官房参事官(地域調整)	柿沼 宏明
総務課長	原田 修吾

幹線鉄道課長	北村朝一
都市鉄道政策課長	角野浩之
鉄道事業課長	山崎雅生
国際課長	堀信太朗
技術企画課長	箕作幸治
施設課長	中野智行
安全監理官	黒川和浩

〔物流・自動車局〕
夜間(5253)8559(総務課)

局長	鶴田浩久
次長	久保田秀暢
官房審議官(物流・自動車)	住友一仁
官房審議官(物流・自動車)(兼)	長井総和
官房審議官(物流・自動車)(兼)	舟本浩
官房参事官(企画・電動化・自動運転)	児玉和久
官房参事官(自動車(保険))	出口まきゆ
総務課長	武田一寧
物流政策課長	平澤崇裕
貨物流通事業課長	小熊弘明
安全政策課長	永井啓之
技術・環境政策課長	猪股博文
自動車情報課長	浅井俊隆
旅客課長	森哲也
車両基準・国際課長	杉﨑友信
審査・リコール課長	小磯和子
自動車整備課長	多田善隆

〔海事局〕
夜間(5253)8608(総務課)

局長	海谷厚志
次長	宮武宜史
官房審議官(海事)(兼)	西海重和
官房技術参事官(海事)	河野順
総務課長	谷川仁彦
安全政策課長	松尾真治
海洋・環境政策課長	今井新
船員政策課長	佐藤克文
外航課長	指田徹
内航課長	伊勢尚史
船舶産業課長	田村顕洋
検査測度課長	鈴木長之
海技課長	中井智洋
安全技術調査官	中村卓司

〔港湾局〕
夜間(5253)8665(管理課)

局長	稲田雅裕
官房審議官(港湾)(兼)	西海重和
官房技術参事官(港湾)	西村拓
総務課長	白﨑俊介
港湾経済課長	澤田孝秋
計画課長	森橋真昭
産業港湾課長	久田成昭
技術企画課長	神谷昌文
海洋・環境課長	中川研造
海岸・防災課長	上原修二

〔航空局〕
夜間(5253)8692(総務課)

局長	平岡成哲
次長	大沼俊之
官房審議官(航空)	山腰俊博
官房技術参事官(航空)	田中知足
官房参事官(航空予算)	折原英晃
同 (航空戦略)	東畠晃拓
同 (安全企画)	渡邉敬
同(航空安全推進)	木内宏一
総務課長	秋田未樹
航空ネットワーク部長	蔵持京治
航空ネットワーク企画課長	廣田健久
国際航空課長	高橋徹
航空事業課長	重田裕彦
空港計画課長	中原正顕
空港技術課長	佐藤敬人
首都圏空港課長	多田浩人
近畿圏・中部空港課長	吉岡誠一郎
安全部長	北澤歩
安全政策課長	石橋靖幸
無人航空機安全課長	梅澤大輔
航空機安全課長	千葉英樹
交通管制部長	吉田昭二
交通管制企画課長	大坪弘敏
管制課長	石川誠
運用課長	小林哲緒
管制技術課長	山口茂彦

〔北海道局〕
夜間(5253)8761(総務課)

局長	橋本幸
官房審議官(北海道)	坂場武彦
官房審議官(北海道)	田村公一
総務課長	増田圭
予算課長	松原英憲
地政課長	富山英範

水政課長　宮藤秀之
港政課長　佐藤　徹
農林水産課長　遠藤知庸
参事官　石川　伸

〔政策統括官〕
夜間(5253)8105〜7
政策統括官　松浦克巳
政策統括官　小善真司
政策評価官　渋武　容

〔国際統括官〕
国際統括官　田中由紀
国際交通特別交渉官　髙橋　徹

〔国土審議会〕
会　　長　永野　毅
会長代理　増田寛也
委　　員　遠藤　敬
梶山弘志　小宮山泰子
佐藤　勉　高木陽介
林　幹雄　谷合正明
野上浩太郎　松山政司
森本真治　青木真理子
浅野耕太　池邊このみ
石田東生　垣内恵美子
木場弘子　河野俊嗣
末松則子　高村ゆかり
田澤由利　柘植康英
津谷典子　中村太士
沼尾波子　福和伸夫
村尾和俊　山野目章夫
渡邉紹裕

〔運輸審議会〕
〒100-0013 千代田区霞が関3-1-1
中央合同庁舎4号館3F
☎03(5253)8141
会　　長　堀川義弘
会長代理　和田貴志
委員(非常勤)　山田攝子
二村真理子　三浦大介
大石美奈子

〔国土開発幹線自動車道建設会議〕
国土交通省道路局総務課内
☎03(5253)8111
委　　員　泉　健太
亀井亜紀子　岸田文雄
鈴木俊一　二階俊博
岡田　広　郡司　彰

武見敬三　西田実仁

〔国土交通政策研究所〕
〒160-0004 新宿区四谷1-6-1
四谷タワー 15F ☎03(5369)6002
所　　長　山口浩孝
副所長　吉田幸三

〔国土技術政策総合研究所〕
〒305-0804 つくば市旭1
☎029(864)2211
所　　長　佐々木　隆
副所長　長谷川貴彦
同　　　高野誠紀

〔国土交通大学校〕
〒187-8520 小平市喜平町2-2-1
☎042(321)1541
校　　長　頼　あゆみ
副校長　長谷知治
同　　　福濱方哉

〔航空保安大学校〕
〒598-0047 泉佐野市りんくう往来南3-11
☎072(458)3010
校　　長　遠藤　武

〔国土地理院〕
〒305-0811 つくば市北郷1
☎029(864)1111
院　　長　大木章一
参事官　東出成記

〔小笠原総合事務所〕
〒100-2101 東京都小笠原村父島字東町152
☎04998(2)2245
所　　長　渡辺道治

〔海難審判所〕
〒102-0083 千代田区麹町2-1
☎03(6893)2400
所　　長　黒田拓幸
首席審判官　廣畠貫治
首席理事官　河野　守

観　光　庁
国土交通省内　☎03(5253)8111
夜間(5253)8321
長　　官　高橋一郎
次　　長　加藤　進
観光政策統括調整官(兼)　加藤　進
審議官(兼)　石塚智之
国際観光部長　星野光明
観光地域振興部長　中村広樹

国土交通省　観光庁

観光政策調整官（兼）	星　明彦
同　　　　（兼）	竹内　大一郎
総務課長	桑田　龍太郎
総務課企画官	古屋　孝祥
調整室長	醍醐　琢也
観光戦略課長	河田　敦弥
観光統計調査室長（兼）	小林　美雪
観光産業課長	小庄　司郁
旅行業務適正化指導室長	貴田　晋
参事官	本村　龍平
同	久保　麻紀子
同　　　　（兼）	石川　靖
国際観光課長	齊藤　敬一郎
総合計画室長（兼）	水野　真司
アジア市場推進室長（兼）	水野　真司
欧米豪市場推進室長（兼）	鈴木　淳一朗
新市場開発室長（兼）	鈴木　淳一朗
外客安全対策室長（兼）	鈴木　清隆
参事官	濵本　健章
観光地域振興課長	安部　勝也
観光地域づくり法人支援室長（兼）	坂井　志保
観光地域政策企画室長（兼）	坂井　志保
広域連携推進室長（兼）	坂井　志保
持続可能な観光推進室長（兼）	濵本　健司
観光資源課長	竹内　大一郎
自然資源活用推進室長（兼）	奥田　青州
文化・歴史資源活用推進室長（兼）	遠藤　翼
新コンテンツ開発推進室長（兼）	豊重　巨之
観光政策特別研究交渉官	村上　強志

気象庁

〒105-8431　港区虎ノ門3-6-9
☎03(6758)3900

長官	大林　正典
次長	大岩　理浩
気象防災監	森　隆志
総務部長	藤田　礼器
参事官	安田　珠幾
参事官(気象・地震火山防災)	尾崎　友亮
総務課長	飯野　悟
人事課長	佐藤　善則
企画課長	太原　芳彦
経理管理官	中山　泰宏
国際・航空気象管理官	益子　直之

情報基盤部長	千葉　剛輝
情報政策課長	酒井　喜敏
情報利用推進課長	佐藤　豊一
数値予報課長	石川　純二
情報通信基盤課長	田川　英修
気象衛星課長	濱田　立二
大気海洋部長	野村　竜一
業務課長	榊原　茂記
気象リスク対策課長	水野　孝則
予報課長	杉本　悟史
観測整備計画課長	滝下　洋一
気候情報課長	中三川　浩
環境・海洋気象課長	八木　勝昌
地震火山部長	青木　元
管理課長	加藤　孝志
地震津波監視課長	鎌谷　紀子
火山監視課長	中辻　剛
地震火山技術・調査課長	束田　進也

運輸安全委員会

〒160-0004　新宿区四谷1-6-1
四谷タワー15F　☎03(5367)5025

委員長	武田　展雄
委員	早田　久子
	島村　淳
	丸井　祐一
	奥村　文直
	石田　弘明
	伊藤　裕康
	上中　道雄
同（非常勤）	中西　美緒
	津田　宏果
	鈴木　美緒
	新妻　実保子
	岡本　満喜子
事務局長	髙桑　圭一
審議官	金指　和彦
総務課長	堀　真之助
参事官	渡辺　浩昭
首席航空事故調査官	齋藤　賢一
首席鉄道事故調査官	森　宣夫
首席船舶事故調査官	森　有司

海上保安庁

国土交通省内　☎03(3591)6361

長官	石井　昌平
次長	瀬口　良夫
海上保安監	渡邉　保範
総務部長	髙杉　典弘
参事官	足立　基成
	杉山　忠継
	天辰　弘二

政 務 課 長	早 船 文 久	
政策評価広報室長	税 所 百 年	
予算執行管理室長	清 水 地 治	
秘 書 課 長	池 上 浩 之	
夜間(3591)7944(秘書課)		
人 事 課 長	鍬 本 浩 司	
人 事 企 画 官	木 原 洋	
情報通信課長	髙 橋 裕 之	
システム整備室長	鮫 島 耕 治	
システム管理室長	齊 藤 憲 邦	
サイバー対策室長	恵 本 康 弘	
教育訓練管理官	木 川 嘉 将	
主 計 管 理 官	岩 川 勝	
国 際 戦 略 官	中 川 哲 宏	
危 機 管 理 官	江 原 千 晶	
海上保安試験研究センター所長	久 光 正 豊	
危機管理調整官	岡 光 豊	
職 員 相 談 室 長	時 森 康 幸	
装 備 技 術 部 長	矢 頭 康 彦	
管 理 課 長	大 達 弘 明	
夜間(3591)6367(管理課)		
技 術 開 発 官	野 宮 雅 晴	
施 設 補 給 課 長	和 田 真 一	
施 設 調 整 官	小 堀 靖 弘	
船 舶 課 長	梶 田 智 弘	
首席船舶工務官	下 矢 浩 介	
船舶整備企画室長	田 中 裕 二	
航 空 機 課 長	久保田 昌 行	
航空機整備管理官	石 田 勝	
警 備 救 難 部 長	佐 束 浩 明	
管 理 課 長	佐々木 渉	
航空業務管理室長	深 瀬 真 司	
運用司令センター所長	永 田 成 功	
夜間(3591)9809(管理課)		
刑 事 課 長	古 川 大 輔	
外国人漁業対策室長	児 玉 徹	
国 際 刑 事 課 長	髙 木 正 人	
海 賊 対 策 室 長	倉 本 明	
警 備 課 長	星 﨑 隆	
領海警備対策室長	春 藤 光	
警 備 企 画 官	安 達 貴 弘	
警 備 情 報 課 長	奥 武	
警備情報調整官	荒 川 直 秀	
救 難 課 長	林 一 馬	
環 境 防 災 課 長	佐 瀬 浩 市	

〔海 洋 情 報 部〕

〒135-0064 江東区青海2-5-18
青海総合庁舎
☎03(5500)7120

部 長	藤 田 雅 之	
企 画 課 長	川 村 朋 哉	
夜間(3541)3810(企画課)		
海洋調査運用室長	長 崎 克 明	
技術・国際課長	冨 山 新 一	
海 洋 研 究 室 長	小 原 泰 彦	
国 際 業 務 室 長	金 田 謙太郎	
海洋情報技術調整室長	鈴 木 英 一	
沿 岸 調 査 課 長	吉 田 剛	
海洋防災調査室長	佐 藤 まりこ	
大 洋 調 査 課 長	森 下 泰 成	
海洋汚染調査室長	岡 野 博 文	
情 報 管 理 課 長	中 林 茂	
情報利用推進課長	小 森 達 雄	
水 路 通 報 室 長	辰巳屋 誠	
海洋空間情報室長	勢 田 明 大	
図 誌 審 査 室 長	増 田 貴 仁	
交 通 部 長	君 塚 秀 喜	
企 画 課 長	瀬 井 威 公	
夜間(3591)9807(企画課)		
海上交通企画室長	池 田 紀 道	
国際・技術開発室長	田 中 一 幸	
航 行 安 全 課 長	麓 裕 樹	
航 行 指 導 室 長	福 木 俊 朗	
交 通 管 理 室 長	花 野 一 誠	
安 全 対 策 課 長	松 浦 あずさ	
安全情報提供センター所長	河 田 潔	
整 備 課 長	冨 田 英 利	
首 席 監 察 官	村 田 潔	
監 察 官	長谷川 真 琴	

〔海上保安大学校〕

〒737-8512 呉市若葉町5-1
☎0823(21)4961

校 長	江 口 満	
副 校 長	野久保 薫	

環境省

┌─────────────────────┐
│ 環 境 省 │
└─────────────────────┘

〒100-8975 千代田区霞が関1-2-2
中央合同庁舎5号館本館 ☎03(3581)3351

大 臣	伊 藤 信太郎	
副 大 臣	八 木 哲 也	
同	滝 沢 求	

381

大臣政務官　朝日健太郎
　　同　　　　国光勇人
事務次官　和田篤也
地球環境審議官　松澤裕
秘書官　熊谷守利
　同　事務取扱　清水延彦
　同　事務取扱　松井一記

〔大臣官房〕
夜間(5521)8210(総務課)

官房長　上田康治
政策立案総括審議官　大森恵子
公文書監理官(充)　神谷洋一
サイバーセキュリティ・情報化審議官　神谷洋一
大臣官房審議官　奥山祐矢
　　　　　針田哲
　　　　　飯田博文
秘書課長　西村治彦
調査官　中原敏正利
地方環境室長　伊藤賢一
業務改革推進室長　一井映彦
総務課長　福島健彦
広報室長　小沼信之
企画官　吉口進朗
公文書監理室長　小林浩治
国会連絡室長　猪又勝徳
環境情報室長　明石健吾
危機管理・災害対策室長(併)　吉口基嗣
会計課長　熊倉基之
監査指導室長　鳥毛暢茂
庁舎管理室長　増田直文

〔総合環境政策統括官グループ〕
夜間(5521)8224(総合政策課)

総合環境政策統括官　鑓水洋
大臣官房審議官　堀上勝
総合政策課長　小笠原靖
計画官(併)　東岡礼治
調査官　古本一司
企画評価・政策プロモーション室長　大川正人
環境研究技術室長　加藤学
環境教育推進室長　東岡礼治
民間活動支援室長(併)　佐々木真二郎
環境統計分析官
原子力規制組織等改革担当室長　根木圭三
環境経済課長　平尾禎秀
市場メカニズム室長　山本泰生

環境影響評価課長　大倉紀彰
環境影響審査室長　加藤聖

〔地域脱炭素推進審議官グループ〕

地域脱炭素推進審議官　植田明浩
大臣官房審議官　奥山祐矢
地域政策課長　細川真宏
地域循環共生圏推進室長　佐々木真二郎
地域脱炭素事業推進室長(併)　種瀬治良
地域脱炭素事業推進官　近藤貴幸
地域脱炭素政策調整担当参事官　木野修宏

〔大臣官房環境保健部〕
夜間(5521)8250(環境保健企画管理課)

環境保健部長　神ノ田昌博
政策立案総括審議官　大森恵子
環境保健企画管理課長　東條純士
保健業務室長　黒羽真吾
特殊疾病対策室長　伊藤香葉
石綿健康被害対策室長　木内哲平
化学物質審査室長　清丸勝正
公害補償審査室長　宇田川弘康
水銀対策推進室長　森谷直子
環境リスク情報分析官
環境安全課長　吉川圭子
環境リスク評価室長　清水貴也
放射線健康管理担当参事官　海老名英治

〔地球環境局〕
夜間(5521)8241(総務課)

局長　秦康之
大臣官房審議官　奥山祐矢
特別交渉官(併)　小川眞佐子
総務課長　井上和也
脱炭素社会移行推進室長　伊藤史雄
気候変動適応室長　中島尚子
地球温暖化対策事業監理室長(併)　種瀬治良
気候変動観測研究戦略室長(併)　岡野祥平
気候変動科学室長(併)　中島尚子
地球温暖化対策課長　吉野議章
地球温暖化対策事業室長　塚田源一郎
脱炭素ビジネス推進室長　杉井威夫
フロン対策室長　香具輝男
事業監理官　種瀬治良
脱炭素ライフスタイル推進室長　井上雄祐
国際連携課長　川又孝太郎
気候変動国際交渉官　青竹寛子

国際脱炭素移行推進・環境インフラ担当参事官	水谷 好洋
地球環境情報分析官	中野 正博

〔水・大気環境局〕

夜間(5521)8289(総務課)

局　　　　長	土居 健太郎
大臣官房審議官	前田 光哉
総 務 課 長	鮎川 智一
環 境 管 理 課 長	筒井 誠二
環境管理情報分析官	辻原 浩
環境汚染対策室長	鈴木 清彦
農薬環境管理室長	吉尾 綾子
モビリティ環境対策室長	酒井 雅彦
脱炭素モビリティ事業室長	中村 真紀
海洋環境課長	大井 通博
企 画 官	北村 武紀
海域環境管理室長	木村 正伸
海洋プラスチック汚染対策室長	藤井 好太郎

〔自 然 環 境 局〕

夜間(5521)8269(総務課)

局　　　　長	白石 隆夫
大臣官房審議官	堀上 勝
総 務 課 長	松下 雄介
調 査 官	山本 麻衣
国民公園室長(併)	柴田 泰邦
動物愛護管理室長	野村 環
自然環境計画課長	則久 雅司
自然環境情報分析官	中尾 文子
生態系情報分析官	
生物多様性センター長	髙橋 啓介
生物多様性戦略推進室長	鈴木 渉
生物多様性主流化室長	浜島 直子
国立公園課長	番匠 克二
国立公園利用推進室長	水谷 努
自然環境整備課長	萩原 辰男
温泉地保護利用推進室長	坂口 隆
野生生物課長	中澤 圭一
鳥獣保護管理室長	宇賀神 知則
希少種保全推進室長	河野 通治
外来生物対策室長	大林 圭司

〔環境再生・資源循環局〕

夜間(5521)3152(総務課)

局　　　　長	前佛 和秀
次　　　　長	角倉 一郎
大臣官房審議官	飯田 博文
総 務 課 長	波戸本 尚

企 画 官	稲井 康弘
循環指標情報分析官	外山 洋一
循環型社会推進室長(充)	近藤 亮太
循環型社会推進企画官(併)	岡野 隆宏
リサイクル推進課長(併)	近藤 亮太
制度企画室長	
廃棄物適正処理推進室長	松﨑 裕司
浄化槽推進室長	沼田 正樹
放射性物質汚染廃棄物対策室長	林 誠
廃棄物規制課長	松田 尚
越境移動情報分析官	
参事官(総括)	原田 昌直
同(特定廃棄物)	長田 啓
同 (除染)	中野 哲哉
同 (中間貯蔵)	内藤 冬美
企 画 官	戸ヶ崎 康
調 査 官	古本 一司
不法投棄原状回復事業対策室長(併)	松田 尚之
災害廃棄物対策室長(併)	松﨑 裕司
福島再生・未来志向プロジェクト推進室長(併)	長田 啓
ポリ塩化ビフェニル廃棄物処理推進室長(併)	鈴木 清浩

原子力規制委員会

〒106-8450 港区六本木1-9-9
☎03(3581)3352

委 員 長	山中 伸介
委 員	田中 知
	杉山 智之　伴 信彦
	石渡 明

原子力規制庁

〒106-8450 港区六本木1-9-9
☎03(3581)3352

長 官	片山 啓
次 長	金子 修一
原子力規制技監	市村 知也
緊急事態対策監	古金谷 敏之
核物質・放射線総括審議官	佐藤 暁
審 議 官	森下 泰
内閣府大臣官房審議官（原子力防災担当）	森下 泰
審 議 官	児嶋 洋平
審 議 官	金城 慎司
総 務 課 長	吉野 亜文
公文書監理官(併)	足立 敏通
政策立案参事官	竹内 淳
サイバーセキュリティ・情報化参事官	足立 敏通

383

監査・業務改善推進室長	野村優子
広報室長	中桐裕子
国際室長	船田晃代
事故対処室長	山口道夫
法令審査室長	湯本淳通
情報システム室長(併)	足立敏也
人事課長	田
参事官(会計担当)	平野大輔
参事官(法務担当)	杉本孝信
緊急事案対策室長(併)	高橋隆
委員会運営支援室長	
技術基盤課長	高遠眞司
安全技術管理官(システム安全担当)	北野剛司
同(シビアアクシデント担当)	舟山京子
同(放射線・廃棄物担当)	萩沼真之
同(地震・津波担当)	杉野英治
放射線防護企画課長	森下泰
保障措置室長	新寺智宏
監視情報課長	今井俊博
放射線環境対策室長	久保善哉
安全規制管理官(核セキュリティ担当)	中村振一郎
同(放射線規制担当)	吉川元浩
原子力規制部長	大島俊之
原子力規制企画課長	黒川陽一郎
火災対策室長	齋藤健一
東京電力福島第一原子力発電所事故対策官	岩永宏平
安全規制管理官(実用炉審査担当)	渡邉桂一
同(研究炉等審査担当)	志間正和
同(核燃料施設審査担当)	長谷川清光
同(地震・津波審査担当)	内藤浩行
検査監督総括課長	武山松次
安全規制管理官(実用炉監視担当)	杉本孝信
同(核燃料施設等監視担当)	大向繁勝
同(専門検査担当)	高須洋司
原子力安全人材育成センター所長(兼)	金子修一

防衛省

〒162-8801 新宿区市谷本村町5-1
☎03(3268)3111

大臣	木原稔
副大臣	宮澤博行
大臣政務官	松本尚
大臣政務官	三宅伸吾
大臣補佐官	和田義明
事務次官	増田和夫
防衛審議官	芹澤清
秘書官	篠田了
同 事務取扱	黒木康介

〔大臣官房〕

官房長	中嶋浩一郎
政策立案総括審議官	青木健至
衛生監	針田哲
施設監	扇谷治
報道官	茂木陽
公文書監理官	森田治男
サイバーセキュリティ・情報化審議官	中西礎之
審議官	今給黎学
	小野功雄　中村晃之
	井上主勇　弓削州司
	北尾昌也　(併)米山栄一
米軍再編調整官	岩田和昭
参事官	掛水雅俊
	奥田健　下良太光
	花井剛　松浦紀光
	吉田楼蘭　松雄一
秘書課長	中間秀彦
文書課長	中野滋
企画評価課長	山口剛
広報課長	安居院公仁
会計課長	河村健児
監査課長	杉山浩
訟務管理官	鶴岡俊樹

〔防衛政策局〕

局長	加野幸司
次長	安藤敦史
同	三浦潤
防衛政策課長	吉野幸治
日米防衛協力課長	松尾友彦
国際政策課長	西野洋志
運用政策課長	鈴木雄智
調査課長	安藤誠
運用基盤課長	後藤章文
戦略企画参事官	荒心平
運用調整参事官	菊池哲史
インド太平洋地域参事官	芦塚修

〔整備計画局〕

局長	青柳肇
防衛計画課長	中野憲幸
サイバー整備課長	瀬川篤史

施設計画課長	北岡　　亮
施設整備官	丸山幹夫
提供施設計画官	福島邦彦
施設技術管理官	宮川真一郎

〔人事教育局〕

局　　　　長	三貝　　哲
人事計画・補任課長	家護谷昌盛
給　与　課　長	齋藤敏幸
人材育成課長	松山理然
厚　生　課　長	錦織　　誠
服務管理官	五木田利一
衛　生　官	高城　　亮

〔地方協力局〕

局　　　　長	大和太郎
次　　　　長	山野　　徹
総　務　課　長	村井　　勝
地域社会協力総括課長	信太正志
東日本協力課長	深和岳人
西日本協力課長	原田道明
沖縄協力課長	折戸栄介
環境政策課長	田實博幸
在日米軍協力課長	今田克彦
労務管理課長	本多浩三

〔統合幕僚監部〕

統合幕僚長	吉田圭秀
統合幕僚副長	南雲憲一郎
総　括　官	田中利則
総　務　部　長	青木　　誠
総　務　課　長	尼子　　将
人事教育課長	中谷大輔
運　用　部　長	八木浩二
副　部　長	浅賀政宏
運用第1課長	渡邉正人
運用第2課長	根本　　勉
運用第3課長	尺田隆一
防衛計画部長	南川信隆
副　部　長	羽渕博行
防　衛　課　長	角　亜希仁
計　画　課　長	武者利勝
指揮通信システム部長	加藤康博
指揮通信システム企画課長	江畑泰孝
指揮通信システム運用課長	谷川　　修
首席参事官	井草真言
参　事　官	田中　　登

報　道　官	坂田裕樹
首席法務官	品川淳二
首席後方補給官	柳　　裕樹

〔陸上幕僚監部〕

陸上幕僚長	森下泰臣
陸上幕僚副長	小林弘樹
監　理　部　長	岸　良知
総　務　課　長	大山　修
会　計　課　長	木屋正博
人事教育部長	藤岡史生
人事教育計画課長	天内明弘
補　任　課　長	三浦英彦
募集・援護課長	不破　　悟
厚　生　課　長	木原邦弘
運用支援・訓練部長	垂水達雄
運用支援課長	岡田　豊
訓　練　課　長	佐藤　　徹
防　衛　部　長	白川訓通
防　衛　課　長	伊達俊之
防衛協力課長	奥　和昌
施　設　課　長	建部広喜
装備計画部長	上野和士
装備計画課長	今井健太
武器・化学課長	佐藤佳久
通信電子課長	川瀬義一
航空機課長	深水秀行
指揮通信システム・情報部長	濱崎芳夫
指揮通信システム課長	黒木孝太郎
情　報　課　長	東峰昌生
衛　生　部　長	菊池勇一
監　察　官	田中仁朗
法　務　官	篠村和也
警務管理官	河野保之

〔海上幕僚監部〕

海上幕僚長	酒井　　良
海上幕僚副長	真殿知彦
総　務　部　長	稲田丈司
副　部　長	南　　厚
総　務　課　長	吉田久哉
経　理　課　長	菅谷秀樹
人事教育部長	金嶋浩司
人事計画課長	佐瀬智之
補　任　課　長	桐生宏幸
厚　生　課　長	矢野浩美
援護業務課長	安藤明宏

教育課長	赤岩英行
防衛部長	竹中信博
防衛課長	佐藤正広
装備体系課長	竹嶋広崇
運用支援課長	安永勉
施設課長	垣内猛
指揮通信情報部長	吉岡邦生
指揮通信課長	澁谷芳洋
情報課長	小河邦生
装備計画部長	伊藤秀人
装備需品課長	齋藤淳師
艦船・武器課長	鷹尾潤
航空機課長	兼本貢祐
監察官	保科俊朗
首席法務官	加治勇
首席会計監査官	西川康彦
首席衛生官	小川均

〔航空幕僚監部〕

航空幕僚長	内倉浩昭
航空幕僚副長	小笠原卓人
総務部長	田崎剛広
総務課長	栗田智哉
会計課長	木村政和
人事教育部長	白井亮央
人事教育計画課長	唯野昌孝
補任課長	鈴木大
厚生課長	聖徳麻未
募集・援護課長	杉谷康征
防衛部長	坂梨弘明
防衛課長	富岡慶充
事業計画第1課長	小黒正隆
事業計画第2課長	南賢司
施設課長	松井俊暁
運用支援・情報部長	高石景太郎
運用支援課長	村上博啓
情報課長	斎藤和典
装備計画部長	小島隆
装備課長	稲村健吾
整備・補給課長	日髙ふみ
科学技術官	大谷康雄
監理監察官	寺崎隆行
首席法務官	右田竜治
首席衛生官	楽田成

〔防衛研究所〕

〒162-8808 新宿区市谷本村町5-1
☎03(3260)3019

所長	石川武
副所長	足立吉樹

〔情報本部〕

本部長	尾崎義典
副本部長(併)	今給黎学

〔防衛監察本部〕

防衛監察監	小川新二
副監察監	田部井貞明
総務課長	藤重敦彦
統括監察官	多田拓一郎
監察官	仲西勝典
	大西哲 鮫島建一

防衛装備庁

防衛省内 ☎03(3268)3111

長官	深澤雅貴
防衛技監	市橋孝浩

〔長官官房〕

審議官	西脇修
装備官(統合装備担当)	堀江和宏
同(陸上担当)	叶謙二
同(海上担当)	今吉真一
同(航空担当)	後藤雅人
総務官	藤重敦彦
人事官	井ノ口哲也
会計官	大塚英司
監察監査・評価官	渡野和也
装備開発官(統合装備担当)	木村栄秀
同(陸上装備担当)	佐々木秀明
同(艦船装備担当)	松本慎也
同(航空装備担当)	及部ști紀
同(次期戦闘機担当)	尾山正樹
艦船設計官	山野太資

〔装備政策部〕

部長	坂本大祐
装備政策課長	伊藤和己
国際装備課長	洲桃紗矢子
装備保全管理課長	熊野有文

〔プロジェクト管理部〕

部長	片山泰介
プロジェクト管理統括官(陸上担当)	山本公威
同(海上担当)	佐々木透吏

防衛省

防衛装備庁

386

同（航空担当）	松﨑	勇樹
事 業 計 画 官	五味	賢至
事業監理官（誘導武器・統合装備担当）	米倉	和也
同（宇宙・地上装備担当）	矢ън	晴之
同（艦船担当）	西村	浩二
同（航空機担当）	射場	隆昌
装備技術官（陸上担当）	土肥	直人
同（海上担当）	田中	佳行
同（航空担当）	川口	礼人

〔技 術 戦 略 部〕

部　　　　長	松本	恭典
革新技術戦略官	木村	和仙
技 術 戦 略 課 長	藤井	圭介
技 術 計 画 官	萩原	祐史
技 術 振 興 官	南	亜樹
技術連携推進官	手島	哲郎

〔調 達 管 理 部〕

部　　　　長	森	卓生
調 達 企 画 課 長	鈴木	信丈
原 価 管 理 官	飯島	延高
企 業 調 査 官	前田	誠毅

〔調 達 事 業 部〕

部　　　　長	久澤	洋
調 達 総 括 官	河合	寿士
総括装備調達官（電子音響・艦船担当）	松浦	正裕
同（航空機・輸入担当）	小川	貴也
需 品 調 達 官	前田	肇
武 器 調 達 官	久保	晃一
電子音響調達官	鍋島	竜光
艦 船 調 達 官	穂垣	元孝
航 空 機 調 達 官	西	克洋
輸 入 調 達 官		
航空装備研究所長	森	重樹
陸上装備研究所長	森下	政浩
艦艇装備研究所長	有澤	治幸
次世代装備研究所長	鈴木	茂

院長秘書官	牛島	大輔

〔事 務 総 局〕

事 務 総 局 長	原田	祐平
事務総局次長	篠原	栄作

〔事 務 総 長 官 房〕

総 括 審 議 官	遠藤	厚志
サイバーセキュリティ・情報化審議官併任公文書監理官	星野	博
審議官（事務総長官房担当）	岩城	利明
同（　同　）	山本	敏生
同（第一局担当）	山崎	健昌
同（　同　）	豊岡	博樹
同（第二局担当）	鷹箸	英久
同（　同　）	中尾	稔久也
同（第三局担当）	佐藤	淳和
同（　同　）	山崎	紀也
同（第四局担当）	中村	哲也
同（　同　）	白川	和
同（第五局担当）	山岸	浩久
同（　同　）	中川	義充
同（　同　）	風間	秀郎
総 務 課 長	富澤	憲
人 事 課 長	柳瀬	太彦
調 査 課 長	楢崎	義宏
会 計 課 長	栗島	正智
法 規 課 長	篠崎	敏之
上席検定調査官	小池	哲
上席企画調査官	谷	太郎
厚 生 管 理 官	青柳	憲
上席情報システム調査官	石川	藤誠
能 力 開 発 官	梶	一恭
技 術 参 事 官	伊服	部
同		稲垣	克芳

〔第 一 局〕

局　　　　長	田中	克生
監 理 官	植田	恵史
財務検査第一課長	奈良岡	憲治
財務検査第二課長	坂本	斉子
司 法 検 査 課 長	酒井	健芳
総 務 検 査 課 長	安部	公崇
外 務 検 査 課 長	鹿野	智洋
租税検査第一課長	滝口	修央
租税検査第二課長	長井	剛彦

⎰ 会 計 検 査 院 ⎱

〒100-8941 千代田区霞が関3-2-2
中央合同庁舎第7号館 ☎03（3581）3251

〔検 査 官 会 議〕

院　　　　長	岡村	肇
検 査 官	田中	弥生
同	挽	文子

387

〔第二局〕

局長	佐々木規人
監理官	倉島義孝
厚生労働検査第一課長	坂本周大
厚生労働検査第二課長	雲本永治
厚生労働検査第三課長	後藤幸夫
厚生労働検査第四課長	上野謙二
上席調査官（医療機関担当）	桜井順
防衛検査第一課長	藤井秀樹
防衛検査第二課長	山野隆司
防衛検査第三課長	坂口登

〔第三局〕

局長	長岡尚志
監理官	山下健明
国土交通検査第一課長	小池昌幸
国土交通検査第二課長	若林博人
国土交通検査第三課長	日野成誠
国土交通検査第四課長	伊東康孝
国土交通検査第五課長	池田邉桂
環境検査課長	太宰
上席調査官（道路担当）	佐藤

〔第四局〕

局長	片桐聡一
監理官	加藤秀治
文部科学検査第一課長	島崎栄敦
文部科学検査第二課長	花立田英之
上席調査官（文部科学担当）	依森浩一郎
農林水産検査第一課長	長多正勝
農林水産検査第二課長	本野雅司
農林水産検査第三課長	高倉澤正
農林水産検査第四課長	和

〔第五局〕

局長	宮川尚博
監理官	石井雅人
デジタル検査課長	牛木克也
上席調査官（情報通信・郵政担当）	金津成彦
経済産業検査第一課長	西村村孝子
経済産業検査第二課長	木村正人
上席調査官（融資機関担当）	佐々木壮勇
特別検査課長	鈴木慶太
上席調査官（特別検査担当）	前川猛

最高裁判所

〒102-8651 千代田区隼町4-2
☎03(3264)8111

長官	戸倉三郎
判事	山口厚
	深山卓也　三浦守
	草野耕一　宇賀克也
	林道晴　岡村和美
	長嶺安政　安浪亮介
	渡邉惠理子　岡正晶
	堺徹　今崎幸彦
	尾島明
長官秘書官	冨澤めぐみ
山口判事秘書官	本瀬淳子
深山判事秘書官	早川大介
三浦判事秘書官	沼田美男
草野判事秘書官	山中美和
宇賀判事秘書官	山科政則
林判事秘書官	中原弘貴
岡村判事秘書官	福島法昭
長嶺判事秘書官	飯塚誠
安浪判事秘書官	本田裕紀
渡邉判事秘書官	土橋康世
岡判事秘書官	柏木扶美
堺判事秘書官	沼澤秀年
今崎判事秘書官	堀崎真二
尾島判事秘書官	石川正史
首席調査官	小林宏司
上席調査官	川田宏一
	岡崎克彦　中丸隆

〔事務総局〕

事務総長	堀田眞哉
審議官	清藤健一
	後藤尚樹
家庭審議官	西川裕巳
秘書課長	板津正道
参事官	井出正弘
	佐藤彩香　佐藤奈緒美
広報課長（兼）	板津正道
情報政策課長（兼）	清藤健一
情報セキュリティ室長	世森亮次
参事官	（兼）榎本光宏
	（兼）内田暁　（兼）世森亮次
	（兼）内田哲也　（兼）西岡慶記
	野澤秀和　（併）塚田智大

（併）田川　実

〔**総　務　局**〕

局　　　　　長	小野寺真也
第　一　課　長	長田雅之
第　二　課　長	遠藤謙太郎
第　三　課　長	永井英雄
参　事　官	榎本光宏
内　田　暁	（兼）世森亮次
内田哲也	南　宏幸
木村匡彦	西岡慶記
塚田智大	田川　実
（兼）野澤秀和	

〔**人　事　局**〕

局　　　　　長	德岡　治
総　務　課　長	富澤賢一郎
任　用　課　長	高田公輝
能　率　課　長	荒川和良
調査課長（兼）	高田公輝
公平課長（兼）	荒川和良
職員管理官	平泉信次
参　事　官	中村修輔
松本茂一	立花将寛

〔**経　理　局**〕

局　　　　　長	染谷武宣
総　務　課　長	松川充康
主　計　課　長	真鍋浩之
営　繕　課　長	伊藤　肇
用　度　課　長	田嶋直哉
監　査　課　長	楠木久史
管　理　課　長	市川陽一
厚生管理官	吉岡幸治
参　事　官	増子政惠

〔**民　事　局**〕

局　　　　　長	福田千恵子
第　一　課　長	精松晴子
第　二　課　長	小津亮太
第三課長（兼）	精松晴子
参　事　官	橋爪　信
（兼）内田哲也	（兼）不破大輔
大武　浩	

〔**刑　事　局**〕

局　　　　　長	吉崎佳弥
第　一　課　長	横山浩典
第　二　課　長	近藤和久

第三課長（兼）	横山浩典
参事官（兼）	内田　暁

〔**行　政　局**〕

局　　　　　長	福田千恵子
第　一　課　長	渡邉達之輔
第　二　課　長	不破大輔

〔**家　庭　局**〕

局　　　　　長	馬渡直史
第　一　課　長	宇田川公輔
第　二　課　長	向井宣人
第　三　課　長	上馬場　靖
参事官（兼）	内田　暁
同　　　（兼）	内田哲也

〔**司　法　研　修　所**〕

〒351-0194 和光市南2-3-8 ☎048（460）2000

所　　　　　長	矢尾和子
事　務　局　長	石井芳明
事務局次長	中村浩毅

〔**裁判所職員総合研修所**〕

〒351-0196 和光市南2-3-5 ☎048（452）5000

所　　　　　長	後藤　健
事　務　局　長	青柳年泰
事務局次長	須栗克史

日本私立学校振興・共済事業団

〒102-8145　千代田区富士見1-10-12
☎03(3230)1321
（共済事業本部）
〒113-8441　文京区湯島1-7-5
☎03(3813)5321

理　事　長	福原　紀彦
理　　　事	永山　裕二
	吉田　博之　菊池　裕明
	松尾　　勝　小松　弘和
同　（非常勤）	小野　祥子
	川並　弘純　近藤　彰郎
	高柳　元明
監　　　事	永和田　隆一
同　（非常勤）	廣岡　康久
企　画　室　長	廣田　聖志
総　務　部　長	吉田　秀樹
審　議　役	白井　秀樹
監　査　室　長	荒谷　　泉
財　務　部　長	北村　博史
システム管理室長	小川　泰正
私学経営情報センター長	小林　一之
融　資　部　長	岡田　綾子
助　成　部　長	野田　文克
数理統計室長	松澤　秀彦
資産運用部長	田代　雅之
業　務　部　長	臼井　麻理子
年　金　部　長	大須賀　哲也
福　祉　部　長	酒井　浩二
施　設　部　長	陣場　　章
広報相談センター長	山内　克也

沖縄振興開発金融公庫

〒900-8520　那覇市おもろまち1-2-26
☎098(941)1700
［東京本部］〒105-0003　港区西新橋2-1-1
興和西新橋ビル10F　☎03(3581)3241

理　事　長	川上　好久
副　理　事　長	井口　裕之

理　　　事	西崎　寿美
屋比久　盛徳	新垣　尚之
監　　　事	酒巻　　弘
総　務　部　長	外間　　聡
経　理　部　長	星野　弘幸
検　査　役	大城　盛直
秘　書　役	外間　守起
審　査　役	西平　純子
庶　務　部　長	崎山　美香
業務統括部長	慶田　康成
調　査　部　長	大西　公一郎
融資第一部長	前村　　司
融資第二部長	中村　あやの
融資第三部長	渡真利　克久
事業管理部長	當間　直治
情報システム統括室長	久場　兼修
信用リスク管理統括室長(兼)	西平　純子
産業振興出資室長	前泊　辰哉

日　本　銀　行

〒103-8660　中央区日本橋本石町2-1-1
☎03(3279)1111

総　　　裁	植田　和男
副　総　裁	内田　眞一
同	氷見野　良三
審　議　委　員	安達　誠司
中村　豊明	野口　　旭
中川　順子	高田　　創
田村　直樹	
監　　　事	藤田　博一
坂本　哲也	谷口　文一
理　　　事	清水　季子
貝塚　正彰	高口　博英
加藤　　毅	清水　誠一
中島　健至	
政策委員会室長	倉本　勝也
秘　書　役	花尻　哲郎
審議役(国会・経済団体渉外)	堂野　敦司

独 立 行 政 法 人

（令和5年10月20日現在）
※10月20日以降の取材もあります。

独立行政法人

内閣府所管

(独)国立公文書館
〒102-0091 千代田区北の丸公園3-2
☎03(3214)0621
館　　　　長　鎌　田　　　薫

〔アジア歴史資料センター〕
〒113-0033 文京区本郷3-22-5
住友不動産本郷ビル10F
☎03(5805)8801

(独)北方領土問題対策協会
〒110-0014 台東区北上野1-9-12
住友不動産上野ビル9F　☎03(3843)3630
理　　事　　長　山　本　茂　樹

国立研究開発法人
日本医療研究開発機構
〒100-0004 千代田区大手町1-7-1
読売新聞ビル　☎03(6870)2200
理　　事　　長　三　島　良　直

消費者庁所管

(独)国民生活センター
相模原事務所
〒252-0229 相模原市中央区弥栄3-1-1
☎042(758)3161
東京事務所
〒108-8602 港区高輪3-13-22
☎03(3443)6211
理　　事　　長　山　田　昭　典

総務省所管

国立研究開発法人
情報通信研究機構
(本部)〒184-8795 小金井市貫井北町4-2-1
☎042(327)7429
理　　事　　長　徳　田　英　幸

(独)統計センター
〒162-8668 新宿区若松町19-1
☎03(5273)1200
理　　事　　長　佐　伯　修　司

(独)郵便貯金簡易生命保険管理・
郵便局ネットワーク支援機構
〒105-0001 港区虎ノ門5-13-1
虎ノ門40MTビル3F　☎03(5472)7101
理　　事　　長　白　山　昭　彦

外務省所管

(独)国際協力機構
〒102-8012 千代田区二番町5-25
二番町センタービル　☎03(5226)6660
理　　事　　長　田　中　明　彦

(独)国際交流基金
〒160-0004 新宿区四谷1-6-4
コモレ四谷　☎03(5369)6075
理　　事　　長　梅　本　和　義

財務省所管

(独)酒類総合研究所
〒739-0046 東広島市鏡山3-7-1
☎082(420)0800
理　　事　　長　福　田　　　央

(独)造幣局
〒530-0043 大阪市北区天満1-1-79
☎06(6351)5361
理　　事　　長　後　藤　健　二

(独)国立印刷局
〒105-8445 港区虎ノ門2-2-5
共同通信会館ビル　☎03(3582)4411
理　　事　　長　大　津　俊　哉

文部科学省所管

(独)国立特別支援教育総合研究所
〒239-8585 横須賀市野比5-1-1
☎046(839)6803
理　　事　　長　中　村　信　一

※(独)は独立行政法人を略したものです。

(独)大学入試センター
〒153-8501 目黒区駒場2-19-23
☎03(3468)3311
理　事　長　山口宏樹

(独)国立青少年教育振興機構
〒151-0052 渋谷区代々木神園町3-1
☎03(3467)7201
理　事　長　古川　和

(独)国立女性教育会館
〒355-0292 埼玉県比企郡嵐山町菅谷728
☎0493(62)6719(総務課)
理　事　長　萩原なつ子

(独)国立科学博物館
〒110-8718 台東区上野公園7-20
☎03(3822)0111
館　　長　篠田謙一

国立研究開発法人
物質・材料研究機構
〒305-0047 つくば市千現1-2-1
☎029(859)2000
理　事　長　宝野和博

国立研究開発法人
防災科学技術研究所
〒305-0006 つくば市天王台3-1
☎029(851)1611
理　事　長　寳　馨

国立研究開発法人
量子科学技術研究開発機構
〒263-8555 千葉県稲毛区穴川4-9-1
☎043(382)8001
理　事　長　小安重夫

(独)国立美術館
〒102-8322 千代田区北の丸公園3-1
☎03(3214)2561
理　事　長　逢坂惠理子

〔東京国立近代美術館〕
〒102-8322 千代田区北の丸公園3-1
☎03(3214)2561

〔京都国立近代美術館〕
〒606-8344 京都市左京区岡崎円勝寺町26-1
☎075(761)4111

〔国立映画アーカイブ〕
〒104-0031 中央区京橋3-7-6
☎03(3561)0823

〔国立西洋美術館〕
〒110-0007 台東区上野公園7-7
☎03(3828)5131

〔国立国際美術館〕
〒530-0005 大阪市北区中之島4-2-55
☎06(6447)4680

〔国立新美術館〕
〒106-8558 港区六本木7-22-2
☎03(6812)9900

(独)国立文化財機構
〒110-8712 台東区上野公園13-9
☎03(3822)1196
理　事　長　島谷弘幸

〔東京国立博物館〕
〒110-8712 台東区上野公園13-9
☎03(3822)1111

〔京都国立博物館〕
〒605-0931 京都市東山区茶屋町527
☎075(541)1151

〔奈良国立博物館〕
〒630-8213 奈良市登大路町50
☎0742(22)7771

〔九州国立博物館〕
〒818-0118 太宰府市石坂4-7-2
☎092(918)2807

〔東京文化財研究所〕
〒110-8713 台東区上野公園13-43
☎03(3823)2241

〔奈良文化財研究所〕
〒630-8577 奈良市二条町2-9-1
☎0742(30)6733

〔アジア太平洋無形文化
遺産研究センター〕
〒590-0802 堺市堺区百舌鳥夕雲町2丁
(堺市博物館内)☎072(275)8050

(独)教職員支援機構
〒305-0802 つくば市立原3
☎029(879)6613
理　事　長　荒瀬克己

393

国立研究開発法人
科学技術振興機構
〒332-0012 川口市本町4-1-8
川口センタービル ☎048(226)5601
理 事 長 橋本和仁

(独)**日本学術振興会**
〒102-0083 千代田区麹町5-3-1
麹町ビジネスセンター ☎03(3263)1722
理 事 長 杉野 剛

国立研究開発法人
理化学研究所
〒351-0198 和光市広沢2-1
☎048(462)1111
理 事 長 五神 真

国立研究開発法人
宇宙航空研究開発機構
〒182-8522 調布市深大寺東町7-44-1
☎0422(40)3000
(東京事務所)
〒101-8008 千代田区神田駿河台4-6
御茶ノ水ソラシティ ☎03(5289)3600
理 事 長 山川 宏

(独)**日本スポーツ振興センター**
〒160-0013 新宿区霞ヶ丘町4-1
☎03(5410)9124
理 事 長 芦立 訓

(独)**日本芸術文化振興会**
〒102-8656 千代田区隼町4-1
☎03(3265)7411
理 事 長 長谷川眞理子

(独)**日本学生支援機構**
〒226-8503 横浜市緑区長津田町4259 S-3
☎045(924)0812
理 事 長 吉岡知哉

国立研究開発法人
海洋研究開発機構
〒237-0061 横須賀市夏島町2-15
☎046(866)3811
理 事 長 大和裕幸

(独)**国立高等専門学校機構**
〒193-0834 八王子市東浅川町701-2
☎042(662)3120
理 事 長 谷口 功

(独)**大学改革支援・学位授与機構**
〒187-8587 小平市学園西町1-29-1
☎042(307)1500
機 構 長 福田秀樹

国立研究開発法人
日本原子力研究開発機構
〒319-1184 茨城県那珂郡東海村
大字舟石川765番地1
☎029(282)1122
理 事 長 小口正範

厚生労働省所管

(独)**勤労者退職金共済機構**
〒170-8055 豊島区東池袋1-24-1
ニッセイ池袋ビル
☎03(6907)1275(総務部)
理 事 長 梅森 徹

(独)**高齢・障害・求職者雇用支援機構**
〒261-8558 千葉市美浜区若葉3-1-2
☎043(213)6000
理 事 長 輪島 忍

(独)**福祉医療機構**
〒105-8486 港区虎ノ門4-3-13
ヒューリック神谷町ビル ☎03(3438)0211
理 事 長 松縄 正

(独)**国立重度知的障害者総合施設
のぞみの園**
〒370-0865 高崎市寺尾町2120-2
☎027(325)1501
理 事 長 田中正博

(独)**労働政策研究・研修機構**
〒177-8502 練馬区上石神井4-8-23
☎03(5903)6111
理 事 長 藤村博之

(独)労働者健康安全機構

〒211-0021 川崎市中原区木月住吉町1-1
☎044(431)8600(総務部)

理 事 長 有 賀 徹

(独)国立病院機構

〒152-8621 目黒区東が丘2-5-21
☎03(5712)5050

理 事 長 楠 岡 英 雄

(独)医薬品医療機器総合機構

〒100-0013 千代田区霞が関3-3-2
新霞が関ビル ☎03(3506)9541

理 事 長 藤 原 康 弘

国立研究開発法人
医薬基盤・健康・栄養研究所

〒567-0085 茨木市彩都あさぎ7-6-8
☎072(641)9811

理 事 長 中 村 祐 輔

(独)地域医療機能推進機構

〒108-8583 港区高輪3-22-12
☎03(5791)8220

理 事 長 山 本 修 一

年金積立金管理運用(独)

〒105-6377 港区虎ノ門1-23-1
虎ノ門ヒルズ森タワー7F ☎03(3502)2480

理 事 長 宮 園 雅 敬

国立研究開発法人
国立がん研究センター

〒104-0045 中央区築地5-1-1
☎03(3542)2511

理 事 長 中 釜 斉

国立研究開発法人
国立循環器病研究センター

〒564-8565 吹田市岸部新町6-1
☎06(6170)1070

理 事 長 大 津 欣 也

国立研究開発法人
国立精神・神経医療研究センター

〒187-8551 小平市小川東町4-1-1
☎042(341)2711

理 事 長 中 込 和 幸

国立研究開発法人
国立国際医療研究センター

〒162-8655 新宿区戸山1-21-1
☎03(3202)7181

理 事 長 國 土 典 宏

国立研究開発法人
国立成育医療研究センター

〒157-8535 世田谷区大蔵2-10-1
☎03(3416)0181

理 事 長 五十嵐 隆

国立研究開発法人
国立長寿医療研究センター

〒474-8511 大府市森岡町7-430
☎0562(46)2311

理 事 長 荒 井 秀 典

農林水産省所管

(独)農林水産消費安全技術センター

〒330-9731 さいたま市中央区新都心2-1
さいたま新都心合同庁舎検査棟
☎050(3797)1830

理 事 長 木 内 岳 志

(独)家畜改良センター

〒961-8511 福島県西白河郡西郷村
大字小田倉字小田倉原1
☎0248(25)2231

理 事 長 入 江 正 和

国立研究開発法人
農業・食品産業技術総合研究機構

〒305-8517 つくば市観音台3-1-1
☎029(838)8998

理 事 長 久 間 和 生

国立研究開発法人
国際農林水産業研究センター

〒305-8686 つくば市大わし1-1
☎029(838)6313

理 事 長 小 山 修

国立研究開発法人
森林研究・整備機構

〒305-8687 つくば市松の里1
☎029（873）3211
理　事　長　浅野　透

国立研究開発法人
水産研究・教育機構

〒221-8529 横浜市神奈川区新浦島町1-1-25
テクノウェイブ100 6F ☎045（277）0120
理　事　長　中山一郎

（独）農畜産業振興機構

〒106-8635 港区麻布台2-2-1
麻布台ビル ☎03（3583）8196（広報消費者課）
理　事　長　天羽　隆

（独）農業者年金基金

〒105-8010 港区西新橋1-6-21
NBF虎ノ門ビル5F ☎03（3502）3942
理　事　長　黒田夏樹

（独）農林漁業信用基金

〒105-6228 港区愛宕2-5-1 愛宕グリーンヒルズ
MORIタワー28F ☎03（3434）7813
理　事　長　牧元幸司

経済産業省所管

（独）経済産業研究所

〒100-8901 千代田区霞が関1-3-1
経済産業省別館11F ☎03（3501）1363
理　事　長　浦田秀次郎

（独）工業所有権情報・研修館

〒105-6008 港区虎ノ門4-3-1
城山トラストタワー8F ☎03（3501）5765
理　事　長　久保浩三

国立研究開発法人
産業技術総合研究所

〒100-8921 千代田区霞が関1-3-1
☎03（5501）0900
理　事　長　石村和彦

（独）製品評価技術基盤機構

〒151-0066 渋谷区西原2-49-10
☎03（3481）1921
理　事　長　長谷川史彦

国立研究開発法人新エネルギー・
産業技術総合開発機構

〒212-8554 川崎市幸区大宮町1310
ミューザ川崎セントラルタワー16F～20F
☎044（520）5100（総務部）
理　事　長　斎藤　保

（独）日本貿易振興機構

〒107-6006 港区赤坂1-12-32
アーク森ビル ☎03（3582）5511
理　事　長　石黒憲彦

（独）情報処理推進機構

〒113-6591 文京区本駒込2-28-8
文京グリーンコートセンターオフィス16F
☎03（5978）7620
理　事　長　齊藤　裕

**（独）エネルギー・
金属鉱物資源機構**

〒105-0001 港区虎ノ門2-10-1
虎ノ門ツインビルディング西棟
☎03（6758）8000
理　事　長　髙原一郎

（独）中小企業基盤整備機構

〒105-8453 港区虎ノ門3-5-1
虎ノ門37森ビル ☎03（3433）8811
理　事　長　豊永厚志

国土交通省所管

国立研究開発法人
土木研究所

〒305-8516 つくば市南原1-6
☎029（879）6700（総務課）
理　事　長　藤田光一

国立研究開発法人
建築研究所

〒305-0802 つくば市立原1
☎029（864）2151
理　事　長　澤地孝男

国立研究開発法人
海上・港湾・航空技術研究所
〒181-0004 三鷹市新川6-38-1
☎0422(41)3013
理　事　長　庄司　るり

(独)海技教育機構
〒231-0003 横浜市中区北仲通5-57
横浜第2合同庁舎20F ☎045(211)7303
理　事　長　田島哲明

(独)航空大学校
〒880-8580 宮崎市大字赤江字飛江田652-2
☎0985(51)1211
理　事　長　井戸川　眞

(独)自動車技術総合機構
〒160-0003 新宿区四谷本塩町4-41
住友生命四谷ビル4F
☎03(5363)3441
理　事　長　木村隆秀

(独)鉄道建設・
運輸施設整備支援機構
〒231-8315 横浜市中区本町6-50-1
横浜アイランドタワー
☎045(222)9100(総務課)
理　事　長　藤田耕三

(独)国際観光振興機構
通称：日本政府観光局(JNTO)
〒160-0004 新宿区四谷1-6-4
☎03(5369)3342
理　事　長　蒲生篤実

(独)水資源機構
〒330-6008 さいたま市中央区新都心11-2
ランド・アクシス・タワー内
☎048(600)6500
理　事　長　金尾健司

(独)自動車事故対策機構
〒130-0013 墨田区錦糸3-2-1
アルカイースト19F ☎03(5608)7560
理　事　長　中村晃一郎

(独)空港周辺整備機構
〒812-0013 福岡市博多区博多駅東2-17-5
ARKビル9F ☎092(472)4591
理　事　長　今吉伸一

(独)都市再生機構
〒231-8315 横浜市中区本町6-50-1
横浜アイランドタワー ☎045(650)0111
理　事　長　中島正弘

(独)奄美群島振興開発基金
〒894-0026 奄美市名瀬港町1-5
☎0997(52)4511
理　事　長　本田勝規

(独)日本高速道路保有・
債務返済機構
〒220-0011 横浜市西区高島1-1-2
横浜三井ビルディング5F
☎045(228)5977
理　事　長　高松　勝

(独)住宅金融支援機構
〒112-8570 文京区後楽1-4-10
☎03(3812)1111
理　事　長　毛利信二

環境省所管

国立研究開発法人
国立環境研究所
〒305-8506 つくば市小野川16-2
☎029(850)2314
理　事　長　木本昌秀

(独)環境再生保全機構
〒212-8554 川崎市幸区大宮町1310
ミューザ川崎セントラルタワー
☎044(520)9501
理　事　長　小辻智之

防衛省所管

(独)駐留軍等労働者労務管理機構
〒108-0073 港区三田3-13-12
三田MTビル ☎03(5730)2163
理　事　長　廣瀬行成

地 方 庁

北 海 道

〒060-8588 札幌市中央区北3条西6丁目
☎011 (231) 4111
〒100-0014 千代田区永田町2-17-17
永田町ほっかいどうスクエア1F
☎ (3581) 3411

議 長	冨原 亮
副 議 長	稲村 久男
知 事	鈴木 直道
副 知 事	浦本 元人
副 知 事	土屋 俊亮
副 知 事	濱坂 真一
東京事務所長	上田 晃弘

青 森 県

〒030-8570 青森市長島1-1-1
☎017 (722) 1111
〒102-0093 千代田区平河町2-6-3
都道府県会館7F ☎ (5212) 9113

議 長	丸井 裕
副 議 長	寺田 達也
知 事	宮下 宗一郎
副 知 事	小谷 知也
副 知 事	
東京事務所長	簗田 潮

岩 手 県

〒020-8570 盛岡市内丸10-1
☎019 (651) 3111
〒104-0061 中央区銀座5-15-1
南海東京ビル2F ☎ (3524) 8316

議 長	工藤 大輔
副 議 長	飯澤 匡
知 事	達増 拓也
副 知 事	菊池 哲
副 知 事	八重樫 幸治
東京事務所長	平井 省三

宮 城 県

〒980-8570 仙台市青葉区本町3-8-1
☎022 (211) 2111
〒102-0093 千代田区平河町2-6-3
都道府県会館12F ☎ (5212) 9045

議 長	菊地 恵一
副 議 長	池田 憲彦
知 事	村井 嘉浩
副 知 事	伊藤 哲也
副 知 事	池田 敬之
東京事務所長	末永 仁一

秋 田 県

〒010-8570 秋田市山王4-1-1
☎018 (860) 1032 (秘書課)
〒102-0093 千代田区平河町2-6-3
都道府県会館7F ☎ (5212) 9115

議 長	北林 丈正
副 議 長	鈴木 健太
知 事	佐竹 敬久
副 知 事	神部 秀行
副 知 事	猿田 和三
東京事務所長	坂本 雅和

山 形 県

〒990-8570 山形市松波2-8-1
☎023 (630) 2211
〒102-0093 千代田区平河町2-6-3
都道府県会館13F ☎ (5212) 9026

議 長	森田 廣
副 議 長	小松 伸也
知 事	吉村 美栄子
副 知 事	平山 雅之
東京事務所長	黒田 あゆ美

福 島 県

〒960-8670 福島市杉妻町2-16
☎024 (521) 1111
〒102-0093 千代田区平河町2-6-3
都道府県会館12F ☎ (5212) 9050

議 長	渡辺 義信
副 議 長	佐藤 政隆

地方庁

知　　　　事	内堀　雅雄

副　　知　　事	鈴木　正晃

副　　知　　事	佐藤　宏隆

東京事務所長	細川　　了

茨 城 県

〒310-8555　水戸市笠原町978-6
☎029 (301) 1111
〒102-0093　千代田区平河町2-6-3
都道府県会館9F ☎ (5212)9088

議　　　　長	石井　邦一
副　　議　　長	村上　典男
知　　　　事	大井川和彦
副　　知　　事	横山　征成
副　　知　　事	
東京渉外局長	澤幡　博子

栃 木 県

〒320-8501　宇都宮市塙田1-1-20
☎028 (623) 2323
〒102-0093　千代田区平河町2-6-3
都道府県会館11F ☎ (5212)9064

議　　　　長	佐藤　　良
副　　議　　長	関谷　暢之
知　　　　事	福田　富一
副　　知　　事	北村　一郎
副　　知　　事	天利　和紀
東京事務所長	中村　和史

群 馬 県

〒371-8570　前橋市大手町1-1-1
☎027 (223) 1111
〒102-0093　千代田区平河町2-6-3
都道府県会館8F ☎ (5212)9102

議　　　　長	安孫子　哲
副　　議　　長	川野辺達也
知　　　　事	山本　一太
副　　知　　事	津久井治男
副　　知　　事	宇留賀敬一
東京事務所長	富澤　孝史

埼 玉 県

〒330-9301　さいたま市浦和区高砂3-15-1
☎048 (824) 2111
〒102-0093　千代田区平河町2-6-3
都道府県会館8F ☎ (5212)9104

議　　　　長	立石　泰広
副　　議　　長	岡田　静佳
知　　　　事	大野　元裕
副　　知　　事	砂川　裕紀
副　　知　　事	山本　悟司
副　　知　　事	堀　光敦史
東京事務所長	山﨑　明弘

千 葉 県

〒260-8667　千葉市中央区市場町1-1
☎043 (223) 2110
〒102-0093　千代田区平河町2-6-3
都道府県会館14F ☎ (5212)9013

議　　　　長	伊藤　昌弘
副　　議　　長	山本　義一
知　　　　事	熊谷　俊人
副　　知　　事	穴澤　幸男
副　　知　　事	黒野　嘉之
東京事務所長	飯塚　光昭

東 京 都

〒163-8001　新宿区西新宿2-8-1
☎ (5321) 1111

議　　　　長	宇田川聡史
副　　議　　長	増子　ひろき
知　　　　事	小池百合子
副　　知　　事	黒沼　　靖
副　　知　　事	潮田　　勉
副　　知　　事	中村　倫治
副　　知　　事	宮坂　　学

神 奈 川 県

〒231-8588　横浜市中区日本大通1
☎045 (210) 1111
〒102-0093　千代田区平河町2-6-3
都道府県会館9F ☎ (5212)9090

議　　　　長	加藤　元弥
副　　議　　長	亀井たかつぐ

地方庁

知　　　事	黒岩 祐治
副　知　事	武井 政二
副　知　事	小板橋 聡士
副　知　事	首藤 健治
東京事務所長	木口 真治

新 潟 県

〒950-8570 新潟市中央区新光町4-1
☎025 (285) 5511
〒102-0093 千代田区平河町2-6-3
都道府県会館15F ☎ (5212) 9002

議　　　長	楡井 辰雄
副　議　長	青柳 正司
知　　　事	花角 英世
副　知　事	笠鳥 公一
副　知　事	橋本 憲次郎
東京事務所長	綱島 知子

富 山 県

〒930-8501 富山市新総曲輪1-7
☎076 (431) 4111
〒102-0093 千代田区平河町2-6-3
都道府県会館13F ☎ (5212) 9030

議　　　長	山本 徹
副　議　長	奥野 詠子
知　　　事	新田 八朗
副　知　事	蔵堀 祐一
副　知　事	横田 美香
首都圏本部長	砂原 賢司

石 川 県

〒920-8580 金沢市鞍月1-1
☎076 (225) 1111
〒102-0093 千代田区平河町2-6-3
都道府県会館14F ☎ (5212) 9016

議　　　長	焼田 宏明
副　議　長	平蔵 豊志
知　　　事	馳 浩
副　知　事	徳田 博
副　知　事	西垣 淳子
東京事務所長	中谷 安孝

福 井 県

〒910-8580 福井市大手3-17-1
☎0776 (21) 1111
〒102-0093 千代田区平河町2-6-3
都道府県会館10F ☎ (5212) 9074

議　　　長	西本 正俊
副　議　長	力野 豊
知　　　事	杉本 達治
副　知　事	中村 保博
副　知　事	鷲頭 美央
東京事務所長	白嵜 淳

山 梨 県

〒400-8501 甲府市丸の内1-6-1
☎055 (237) 1111
〒102-0093 千代田区平河町2-6-3
都道府県会館13F ☎ (5212) 9033

議　　　長	水岸 富美男
副　議　長	清水 喜美男
知　　　事	長崎 幸太郎
副　知　事	長田 公
東京事務所長	瀧本 勝彦

長 野 県

〒380-8570 長野市大字南長野字
幅下692-2 ☎026 (232) 0111
〒102-0093 千代田区平河町2-6-3
都道府県会館12F ☎ (5212) 9055

議　　　長	佐々木 祥二
副　議　長	埋橋 茂人
知　　　事	阿部 守一
副　知　事	関 昇一郎
東京事務所長	出川 広昭

岐 阜 県

〒500-8570 岐阜市薮田南2-1-1
☎058 (272) 1111
〒102-0093 千代田区平河町2-6-3
都道府県会館14F ☎ (5212) 9020

議　　　長	野島 征夫
副　議　長	田中 勝士
知　　　事	古田 肇
副　知　事	大森 康宏
副　知　事	河合 孝憲

東京事務所長　片桐　伸一

静 岡 県

〒420-8601 静岡市葵区追手町9-6
☎054(221)2455(総合案内)
〒102-0093 千代田区平河町2-6-3
都道府県会館13F　☎(5212)9035

議		長	中沢　公彦
副	議	長	鈴木　澄美
知		事	川勝　平太
副	知	事	出野　　勉
副	知	事	森　　貴志
ふじのくに大使館公使 (東京事務所長)			芹澤　真一

愛 知 県

〒460-8501 名古屋市中区三の丸3-1-2
☎052(961)2111
〒102-0093 千代田区平河町2-6-3
都道府県会館9F　☎(5212)9092

議		長	石井　芳樹
副	議	長	いなもと和仁
知		事	大村　秀章
副	知	事	古本伸一郎
副	知	事	林　　全宏
副	知	事	牧野　利香
副	知	事	江口　幸雄
東京事務所長			片桐　靖幸

三 重 県

〒514-8570 津市広明町13
☎059(224)3070
〒102-0093 千代田区平河町2-6-3
都道府県会館11F　☎(5212)9065

議		長	中森　博文
副	議	長	杉本　熊野
知		事	一見　勝之
副	知	事	廣田　恵子
副	知	事	服部　　浩
東京事務所長			山本　秀典

滋 賀 県

〒520-8577 大津市京町4-1-1
☎077(528)3993
〒102-0093 千代田区平河町2-6-3
都道府県会館8F　☎(5212)9107

議		長	奥村　芳正
副	議	長	有村　國俊
知		事	三日月大造
副	知	事	江島　宏治
副	知	事	大杉　住子
東京本部長			中村　　守

京 都 府

〒602-8570 京都市上京区下立売通新町
西入薮ノ内町　☎075(451)8111
〒102-0093 千代田区平河町2-6-3
都道府県会館8F　☎(5212)9109

議		長	石田　宗久
副	議	長	林　　正樹
知		事	西脇　隆俊
副	知	事	山下　晃正
副	知	事	古川　博規
副	知	事	鈴木　貴典
東京事務所長			嶋津　誉子

大 阪 府

〒540-8570 大阪市中央区大手前2-1-22
☎06(6941)0351
〒102-0093 千代田区平河町2-6-3
都道府県会館7F　☎(5212)9118

議		長	久谷　眞敬
副	議	長	垣見大志朗
知		事	吉村　洋文
副	知	事	山口　信彦
副	知	事	森岡　武一
副	知	事	渡邉　繁樹
東京事務所長			芳本　竜一

兵 庫 県

〒650-8567 神戸市中央区下山手通5-10-1
☎078(341)7711
〒102-0093 千代田区平河町2-6-3
都道府県会館13F　☎(5212)9040

議		長	内藤　兵衛

副議長	徳安淳子
知事	齋藤元彦
副知事	片山安孝
副知事	服部洋平
東京事務所長	今後元彦

奈良県

〒630-8501 奈良市登大路町30
☎0742(22)1101
〒102-0093 千代田区平河町2-6-3
都道府県会館9F ☎(5212)9096

議長	岩田国夫
副議長	池田慎久
知事	山下真
副知事	村井浩
副知事	湯山壮一郎
東京事務所長	永井聡

和歌山県

〒640-8585 和歌山市小松原通1-1
☎073(432)4111
〒102-0093 千代田区平河町2-6-3
都道府県会館12F ☎(5212)9057

議長	濱口太史
副議長	中本浩精
知事	岸本周平
副知事	下宏
東京事務所長	湯川学

鳥取県

〒680-8570 鳥取市東町1-220
☎0857(26)7111
〒102-0093 千代田区平河町2-6-3
都道府県会館10F ☎(5212)9077

議長	浜崎晋一
副議長	野坂道明
知事	平井伸治
副知事	亀井一賀
東京本部長	堀田晶子

島根県

〒690-8501 松江市殿町1
☎0852(22)5111
〒102-0093 千代田区平河町2-6-3
都道府県会館11F ☎(5212)9070

議長	園山繁
副議長	山根成二
知事	丸山達也
副知事	松尾紳次
東京事務所長	大谷幸生

岡山県

〒700-8570 岡山市北区内山下2-4-6
☎086(224)2111
〒102-0093 千代田区平河町2-6-3
都道府県会館10F ☎(5212)9080

議長	小倉弘行
副議長	江本公一
知事	伊原木隆太
副知事	横田有次
副知事	上坊勝則
東京事務所長	玉置明日夫

広島県

〒730-8511 広島市中区基町10-52
☎082(228)2111
〒105-0001 港区虎ノ門1-2-8
虎ノ門琴平タワー22F ☎(3580)0851

議長	中本隆志
副議長	緒方直之
知事	湯﨑英彦
副知事	玉井優子
副知事	山根健嗣
東京事務所長	弓場久司

山口県

〒753-8501 山口市滝町1-1
☎083(922)3111
〒100-0013 千代田区霞が関3-3-1
尚友会館4F ☎(3502)3355

議長	柳居俊学
副議長	島田教明
知事	村岡嗣政
副知事	平屋隆之

東京事務所長　清水久洋

徳 島 県

〒770-8570 徳島市万代町1-1
☎088(621)2500(案内係)
〒102-0093 千代田区平河町2-6-3
都道府県会館14F ☎(5212)9022

議		長	岡 田 理 絵
副	議	長	須 見 一 仁
知		事	後藤田 正 純
副	知	事	志 田 敏 郎
副	知	事	伊 藤 大 輔
東 京 本 部 長			勝 川 雅 史

香 川 県

〒760-8570 高松市番町4-1-10
☎087(831)1111
〒102-0093 千代田区平河町2-6-3
都道府県会館9F ☎(5212)9100

議		長	新 田 耕 造
副	議	長	松 原 哲 也
知		事	池 田 豊 人
副	知	事	大 山 　 智
東 京 事 務 所 長			森 岡 英 司

愛 媛 県

〒790-8570 松山市一番町4-4-2
☎089(941)2111
〒102-0093 千代田区平河町2-6-3
都道府県会館11F ☎(5212)9071

議		長	高 山 康 人
副	議	長	福 羅 浩 一
知		事	中 村 時 広
副	知	事	田 中 英 樹
副	知	事	濱 里 　 要
東 京 事 務 所 長			矢 野 悌 二

高 知 県

〒780-8570 高知市丸ノ内1-2-20
☎088(823)1111
〒100-0011 千代田区内幸町1-3-3
内幸町ダイビル7F ☎(3501)5541

議		長	弘 田 兼 一
副	議	長	今 城 誠 司
知		事	濵 田 省 司

副　知　事　井 上 浩 之

理事・東京事務所長　前 田 和 彦

福 岡 県

〒812-8577 福岡市博多区東公園7-7
☎092(651)1111
〒102-0083 千代田区麹町1-12-1
住友不動産ふくおか半蔵門ビル2F ☎(3261)9861

議		長	香 原 勝 司
副	議	長	佐 々 木 　 允
知		事	服 部 誠太郎
副	知	事	江 口 　 勝
副	知	事	大 曲 昭 恵
副	知	事	生 嶋 亮 介
東 京 事 務 所 長			山 口 洋 志

佐 賀 県

〒840-8570 佐賀市城内1-1-59
☎0952(24)2111
〒102-0093 千代田区平河町2-6-3
都道府県会館11F ☎(5212)9073

議		長	大 場 芳 博
副	議	長	坂 口 祐 樹
知		事	山 口 祥 義
副	知	事	落 合 裕 二
副	知	事	南 里 　 隆
首都圏事務所長			橋 口 泰 史

長 崎 県

〒850-8570 長崎市尾上町3-1
☎095(824)1111
〒102-0093 千代田区平河町2-6-3
都道府県会館14F ☎(5212)9025

議		長	徳 永 達 也
副	議	長	山 本 由 夫
知		事	大 石 賢 吾
副	知	事	浦 　 真 樹
副	知	事	馬 場 裕 子
東 京 事 務 所 長			村 田 利 博

地方庁

熊本県

〒862-8570 熊本市中央区水前寺6-18-1
☎096(383)1111
〒102-0093 千代田区平河町2-6-3
都道府県会館10F ☎(5212)9084

議	長		渕 上 陽 一
副 議	長		内 野 幸 喜
知	事		蒲 島 郁 夫
副 知	事		田 嶋 徹
副 知	事		木 村 敬
東京事務所長			三 牧 芳 浩

大 分 県

〒870-8501 大分市大手町3-1-1
☎097(536)1111
〒102-0093 千代田区平河町2-6-3
都道府県会館4F
☎(6771)7011

議	長		元 吉 俊 博
副 議	長		木 付 親 次
知	事		佐 藤 樹一郎
副 知	事		尾 野 賢 治
副 知	事		吉 田 一 生
東京事務所長			馬 場 真由美

宮 崎 県

〒880-8501 宮崎市橘通東2-10-1
☎0985(26)7111
〒102-0093 千代田区平河町2-6-3
都道府県会館15F ☎(5212)9007

議	長		濱 砂 守
副 議	長		日 高 博 之
知	事		河 野 俊 嗣
副 知	事		日 隈 俊 郎
副 知	事		佐 藤 弘 之
東京事務所長			児 玉 憲 明

鹿 児 島 県

〒890-8577 鹿児島市鴨池新町10-1
☎099(286)2111
〒102-0093 千代田区平河町2-6-3
都道府県会館12F ☎(5212)9060

議	長		松 里 保 廣
副 議	長		小 園 しげよし

知	事		塩 田 康 一
副 知	事		藤 本 徳 昭
副 知	事		大 塚 大 輔
東京事務所長			伊地知 芳 浩

沖 縄 県

〒900-8570 那覇市泉崎1-2-2
☎098(866)2074(総務私学課)
〒102-0093 千代田区平河町2-6-3
都道府県会館10F ☎(5212)9087

議	長		赤 嶺 昇
副 議	長		照 屋 守 之
知	事		玉 城 デニー
副 知	事		照 屋 義 実
副 知	事		池 田 竹 州
東京事務所長			平 田 正 志

札 幌 市

〒060-8611 札幌市中央区北1条西2
☎011(211)2111
〒100-0006 千代田区有楽町2-10-1
東京交通会館3F ☎(3216)5090

議	長		飯 島 弘 之
副 議	長		しのだ江里子
市	長		秋 元 克 広
副 市	長		町 田 隆 敏
副 市	長		石 川 敏 也
副 市	長		天 野 周 治
東京事務所長			佐 藤 美 賀

仙 台 市

〒980-8671 仙台市青葉区国分町3-7-1
☎022(261)1111
〒102-0093 千代田区平河町2-4-1
日本都市センター会館9F
☎(3262)5765

議	長		橋 本 啓 一
副 議	長		鈴 木 広 康
市	長		郡 和 子
副 市	長		藤 本 章
副 市	長		髙 橋 新 悦
東京事務所長			大 上 喜 裕

さいたま市

〒330-9588 さいたま市浦和区常盤6-4-4
☎048(829)1111
〒102-0093 千代田区平河町2-4-1
日本都市センター会館11F
☎(5215)7561

議		長	江原大輔
副	議	長	神坂達成
市		長	清水勇人
副	市	長	日野　徹
副	市	長	髙橋　篤
副	市	長	小川博之
東京事務所長			金子芳久

千 葉 市

〒260-8722 千葉市中央区千葉港1-1
☎043(245)5111
〒102-0093 千代田区平河町2-4-1
日本都市センター会館9F
☎(3261)6411

議		長	石川　弘
副	議	長	麻生紀雄
市		長	神谷俊一
副	市	長	大木正人
副	市	長	青柳　太
東京事務所長			青木　茂

横 浜 市

〒231-0005 横浜市中区本町6-50-10
☎045(671)2121
〒102-0093 千代田区平河町2-4-1
日本都市センター会館11F
☎(3264)4800

議		長	瀬之間康浩
副	議	長	福島直子
市		長	山中竹春
副	市	長	平原敏英
副	市	長	城　博俊
副	市	長	伊地知英弘
副	市	長	大久保智子
東京事務所長			伊倉久美子

川 崎 市

〒210-8577 川崎市川崎区宮本町1
☎044(200)2111

議		長	青木功雄
副	議	長	岩隈千尋
市		長	福田紀彦
副	市	長	伊藤　弘
副	市	長	加藤順一
副	市	長	藤倉茂起
東京事務所長			中岡祐一

相 模 原 市

〒252-5277 相模原市中央区中央2-11-15
☎042(754)1111
〒102-0093 千代田区平河町2-4-1
日本都市センター会館12F
☎(3222)1653

議		長	古内　明
副	議	長	大崎秀治
市		長	本村賢太郎
副	市	長	石井賢之
副	市	長	奈良浩之
副	市	長	大川亜沙奈
東京事務所長			小林　誠

新 潟 市

〒951-8550 新潟市中央区学校町通1-602-1
☎025(228)1000
〒102-0093 千代田区平河町2-4-1
日本都市センター会館9F
☎(5216)5133

議		長	皆川英二
副	議	長	小山　進
市		長	中原八一
副	市	長	朝妻　博
副	市	長	野島晶子
東京事務所長			坂井秋樹

静　岡　市

〒420-8602 静岡市葵区追手町5-1
☎054(254)2111
〒102-0093 千代田区平河町2-4-1
日本都市センター会館9F
☎(3556)0865

議	長	井上 恒彌
副　議　長	丹沢 卓久
市　　　長	難波 喬司
副　市　長	大長 義之
副　市　長	本田 武志
東京事務所長	谷川 良英

浜　松　市

〒430-8652 浜松市中区元城町103-2
☎053(457)2111
〒102-0093 千代田区平河町2-4-1
日本都市センター会館12F
☎(3556)2691

議	長	戸田 　誠
副　議　長	須藤 京子
市　　　長	中野 祐介
副　市　長	長田 繁喜
副　市　長	山名 　裕
東京事務所長	松野 吉司人

名 古 屋 市

〒460-8508 名古屋市中区三の丸3-1-1
☎052(961)1111
〒100-0013 千代田区霞が関3-3-2
新霞が関ビルディング1F ☎(3504)1738

議	長	成田 たかゆき
副　議　長	長谷川 由美子
市　　　長	河村 たかし
副　市　長	中田 英雄
副　市　長	杉野 みどり
副　市　長	松雄 俊憲
東京事務所長	南出 清志

京　都　市

〒604-8571 京都市中京区寺町通
御池上る上本能寺前町488
☎075(222)3111
〒100-0005 千代田区丸の内1-6-5
丸の内北口ビル14F
☎(6551)2671

議	長	西村 義直
副　議　長	平山 よしかず
市　　　長	門川 大作
副　市　長	岡田 憲和
副　市　長	吉田 良比呂
副　市　長	坂越 健一
東京事務所長	草木 　大

大　阪　市

〒530-8201 大阪市北区中之島1-3-20
☎06(6208)8181
〒102-0093 千代田区平河町2-6-3
都道府県会館7F(大阪府東京事務所内)
☎(3230)1631

議	長	片山 一歩
副　議　長	土岐 恭生
市　　　長	横山 英幸
副　市　長	高橋 　徹
副　市　長	朝川 　晋
副　市　長	山本 剛史
東京事務所長	髙村 和則

堺　　市

〒590-0078 堺市堺区南瓦町3-1
☎072(233)1101
〒102-0093 千代田区平河町2-6-3
都道府県会館7F(大阪府東京事務所内)
☎(5276)2183

議	長	的場 慎一
副　議　長	木畑 　匡
市　　　長	永藤 英機
副　市　長	佐小 元士
副　市　長	田雜 隆昌
副　市　長	本屋 和宏
東京事務所長	羽田 貴史

神 戸 市

〒650-8570 神戸市中央区加納町6-5-1
☎078 (331) 8181
〒102-0093 千代田区平河町2-6-3
都道府県会館13F ☎ (3263) 3071

議　　　　　長	坊	恭 寿
副　議　　長	河 南	忠 和
市　　　　　長	久 元	喜 造
副　市　　長	今 西	正 男
副　市　　長	小 原	一 徳
東京事務所長	服 部	哲 也

岡 山 市

〒700-8544 岡山市北区大供1-1-1
☎086 (803) 1000
〒100-0005 千代田区丸の内2-5-2
三菱ビル9F973区 ☎ (3201) 3807

議　　　　　長	田 口	裕 士
副　議　　長	森 田	卓 司
市　　　　　長	大 森	雅 夫
副　市　　長	林	恭 生
副　市　　長	竹 中	正 博
東京事務所長	林 原	瑞 気

広 島 市

〒730-8586 広島市中区国泰寺町1-6-34
☎082 (245) 2111
〒100-0012 千代田区日比谷公園1-3
市政会館内 ☎ (3591) 1292

議　　　　　長	母 谷	龍 典
副　議　　長	西 田	浩
市　　　　　長	松 井	一 實
副　市　　長	前	健 一
副　市　　長	荒 神 原	政 司
東京事務所長	澤	裕 二

北 九 州 市

〒803-8501 北九州市小倉北区城内1-1
☎093 (582) 2102
〒100-0006 千代田区有楽町2-10-1
東京交通会館ビル6F ☎ (6213) 0093

議　　　　　長	田 仲	常 郎
副　議　　長	本 田	忠 弘
市　　　　　長	武 内	和 久

副　市　　長	稲 原	浩
副　市　　長	片 山	憲 一
副　市　　長	大 庭	千賀子
東京事務所長	太 田	知 宏

福 岡 市

〒810-8620 福岡市中央区天神1-8-1
☎092 (711) 4111
〒102-0093 千代田区平河町2-4-1
日本都市センター会館12F
☎ (3261) 9712

議　　　　　長	打 越	基 安
副　議　　長	松 野	隆
市　　　　　長	髙 島	宗一郎
副　市　　長	光 山	裕 朗
副　市　　長	中 村	英 一
副　市　　長	荒 瀬	泰 子
東京事務所長	古 島	英 治

熊 本 市

〒860-8601 熊本市中央区手取本町1-1
☎096 (328) 2111
〒102-0093 千代田区平河町2-4-1
日本都市センター会館9F
☎ (3262) 3840

議　　　　　長	田 中	敦 朗
副　議　　長	大 嶌	澄 雄
市　　　　　長	大 西	一 史
副　市　　長	深 水	政 彦
副　市　　長	中 垣 内	隆 久
東京事務所長	永 田	賢 正

全国都道府県議会議長会

〒102-0093 千代田区平河町2-6-3
都道府県会館5F ☎ (5212) 9155

会　　　　　長	山 本	徹
副　会　　長	冨 原	亮

丸 井	裕	楡 井	辰 雄
中 森	博 文	奥 村	芳 正
小 倉	弘 行	岡 田	理 絵
大 場	芳 博		

理　　　　　事	渡 辺	義 信

水岸富美男　石井芳樹
久谷眞敬　浜崎晋一
新田耕造　松里保廣

監　事　立石泰広
岩田国夫　高山康人
事 務 総 長　高原剛
総 務 部 長　飯山尚人
議事調査部長　下田正幸
参　事　植野隆志
調査部長心得　吉原淳
共済会業務部長心得　今関安弘

全国知事会

〒102-0093 千代田区平河町2-6-3
都道府県会館内 ☎(5212)9127

会　長　村井嘉浩
副　会　長　達増拓也
阿部守一　古田肇
三日月大造　伊原木隆太
河野俊嗣　平井伸治
理　事　吉村美栄子
小池百合子　大村秀章
西脇隆俊　丸山達也
濱田省司　蒲島郁夫
監　事　黒岩祐治
新田八朗　池田豊人
事 務 総 長　中島正信
事務局次長　多田健一郎
総 務 部 長　多田健一郎
調査第一部長　西川享
調査第二部長　仙田康博
調査第三部長　中満正志
事務局部長　神林真美香
同　菅野研一

全国市議会議長会

〒102-0093 千代田区平河町2-4-2
全国都市会館 ☎(3262)5234

会　長　坊恭寿

副　会　長　畑中優周
大峯英之　大津亮一
南澤幸美　西田雄一
白石義人
事 務 総 長　橋本嘉一
次　長　小谷克志
総務部長事務取扱　小谷克志
政務第一部長　福田将己
政務第二部長　見原出
企画議事部長　目黒宏康
企画議事部法制主幹　本橋謙治
共済会事務局長　橋本嘉一

全国市長会

〒102-8635 千代田区平河町2-4-2
全国都市会館 ☎(3262)2310～9

会　長　立谷秀清
副　会　長　米沢則寿
佐藤孝弘　夏野修
本村賢太郎　太田稔彦
末松則子　藤原保幸
松井一實　入山欣郎
大西秀人　中野五郎
大西一史
事 務 総 長　稲山博司
事務局次長　横山忠弘
企画調整室長（事務取扱）　事務局次長
総 務 部 長　木村成仁
行 政 部 長　向山秀昭
財 政 部 長　山本靖博
社会文教部長　山本宏明
経 済 部 長　植竹徹
調査広報部長　髙橋英俊
共済保険部長　井村真弓

全国町村議会議長会

〒102-0082 千代田区一番町25番地
全国町村議員会館 ☎(3264)8181
令和5年8月1日現在

会　長　渡部孝樹

副　会　長	寺本　清春	総務部長	河野　　功
副　会　長	畠田　勝廣	行政部長	小出　太朗
事務総長	赤松　俊彦	財政部長	小野寺則博
事務局次長	三宅　達也	経済農林部長	小野　文明
企画調整部長	鈴木　　毅	広報部長	田名網眞基
議事調査部長	飯田　　厚	事業部長	後藤　広美
共済会業務部長	松浦　貞治	災害共済部長	坂中　理人

全国町村会

〒100-0014 千代田区永田町1-11-35
全国町村会館 ☎(3581)0482

会　　長	吉田　隆行	保険部長(兼)	坂中　理人
副　会　長	棚野　孝夫	生協事務局長	佐川　浩幸

	鈴木　重男	松田　知己
	古口　達也	岩田　利雄
	矢田富郎	金子　政則
	岡本　　章	山崎　親男
	玉井　孝治	田島　健一
	高岡　秀規	

事務総長	横田　真二
事務局次長(総務・事業・災害共済・生協担当)	直江　史彦
事務局次長(政務担当)	角田　秀夫

指定都市市長会

〒100-0012 千代田区日比谷公園1-3
市政会館6F ☎(3591)4772

会　　長	久元　喜造
副　会　長	門川　大作
	清水　勇人　髙島宗一郎
	松井　一實
事務局長	豊永　太郎
次　　長	嵯峨亜希子
同	稲山　　輝
同	辻下　光晴

全国都市東京事務所　(○は指定都市)

北海道市長会	〒100-0014 千,永田町2-17-17永田町ほっかいどうスクエア1F	☎(3500)3917
熊本県市長会	〒102-0093 千,平河町2-4-1日本都市センター11F	☎(3288)5235
○札　幌　市	〒100-0006 千,有楽町2-10-1東京交通会館3F	☎(3216)5090
○仙　台　市	〒102-0093 千,平河町2-4-1日本都市センター9F	☎(3262)5765
○さいたま市	〒102-0093 千,平河町2-4-1日本都市センター11F	☎(5215)7561
○千　葉　市	〒102-0093 千,平河町2-4-1日本都市センター9F	☎(3261)6411
○横　浜　市	〒102-0093 千,平河町2-4-1日本都市センター11F	☎(3264)4800
○川　崎　市	〒210-8577 川崎市川崎区宮本町1	☎044(200)0053
○相模原市	〒102-0093 千,平河町2-4-1日本都市センター12F	☎(3222)1653
○新　潟　市	〒102-0093 千,平河町2-4-1日本都市センター9F	☎(5216)5133
○静　岡　市	〒102-0093 千,平河町2-4-1日本都市センター9F	☎(3556)0865
○浜　松　市	〒102-0093 千,平河町2-4-1日本都市センター12F	☎(3556)2691
○名古屋市	〒100-0013 千,霞が関3-3-2新霞が関ビルディング1F	☎(3504)1738
○京　都　市	〒100-0005 千,丸の内1-6-5丸の内北口ビル14F	☎(6551)2671
○大　阪　市	〒102-0093 千,平河町2-6-3都道府県会館7F(大阪府東京事務所内)	☎(3230)1631
○堺　　　市	〒102-0093 千,平河町2-6-3都道府県会館7F(大阪府東京事務所内)	☎(5276)2183
○神　戸　市	〒102-0093 千,平河町2-6-3都道府県会館13F	☎(3263)3071

○岡 山 市	〒100-0005	千,丸の内2-5-2三菱ビル9F973区	☎(3201)3807
○広 島 市	〒100-0012	千,日比谷公園1-3市政会館4F	☎(3591)1292
○北 九 州 市	〒100-0006	千,有楽町2-10-1東京交通会館ビル6F	☎(6213)0093
○福 岡 市	〒102-0093	千,平河町2-4-1日本都市センター12F	☎(3261)9712
○熊 本 市	〒102-0093	千,平河町2-4-1日本都市センター9F	☎(3262)3840
小 樽 市	〒100-0014	千,永田町2-17-17永田町ほっかいどうスクエア614	☎(6205)7760
釧 路 市	〒102-0093	千,平河町2-4-1日本都市センター9F	☎(3263)1992
帯 広 市	〒105-0003	港,西新橋1-16-4ノアックスビル6F	☎(3581)2415
苫 小 牧 市	〒102-0093	千,平河町2-4-2全国都市会館5F	☎(3265)8078
青 森 市	〒107-0052	港,赤坂3-13-7サクセス赤坂ビル	☎(5545)5652
八 戸 市	〒102-0093	千,平河町2-4-2全国都市会館5F	☎(3261)8973
盛 岡 市	〒100-0012	千,日比谷公園1-3市政会館5F	☎(3595)7101
秋 田 市	〒102-0093	千,平河町2-4-1日本都市センター11F	☎(3264)6871
鶴 岡 市	〒134-0088	江戸川区西葛西7-28-7	☎(5696)6821
いわき市	〒105-0004	港,新橋2-16-1ニュー新橋ビル7F	☎(5251)5181
金 沢 市	〒102-0093	千,平河町2-4-2全国都市会館5F	☎(3262)0444
福 井 市	〒100-0012	千,日比谷公園1-3市政会館5F	☎(6457)9181
長 野 市	〒100-0014	千,永田町2-17-17アイオス永田町509	☎(5501)0461
岐 阜 市	〒102-0093	千,平河町2-6-3都道府県会館14F県事務所内	☎(5210)2061
豊 橋 市	〒102-0093	千,平河町2-4-1日本都市センター9F	☎(5210)1484
豊 田 市	〒102-0093	千,平河町2-4-1日本都市センター11F	☎(3556)3861
四 日 市 市	〒102-0093	千,平河町2-4-1日本都市センター11F	☎(3263)3038
津 市	〒102-0093	千,平河町2-4-1日本都市センター11F	☎(6672)6868
姫 路 市	〒102-0093	千,平河町2-4-1日本都市センター12F	☎(6272)5690
和 歌 山 市	〒102-0093	千,平河町2-6-3都道府県会館12F県事務所内	☎(5212)9193
倉 敷 市	〒102-0093	千,平河町2-4-2全国都市会館5F	☎(3263)2686
呉 市	〒102-0093	千,平河町2-4-1日本都市センター11F	☎(6261)3746
福 山 市	〒102-0093	千,平河町2-4-1日本都市センター11F	☎(3263)0966
下 関 市	〒102-0093	千,平河町2-4-1日本都市センター12F	☎(3261)4098
松 山 市	〒102-0093	千,平河町2-4-1日本都市センター11F	☎(3262)0974
久 留 米 市	〒102-0093	千,平河町2-4-1日本都市センター11F	☎(3556)6900
長 崎 市	〒100-0012	千,日比谷公園1-3市政会館7F	☎(3591)7600
佐 世 保 市	〒102-0093	千,平河町2-4-1日本都市センター11F	☎(5213)9060
諫 早 市	〒112-0015	文,白台1-4-15	☎(3947)3296
大 分 市	〒102-0093	千,平河町2-4-1日本都市センター12F	☎(3221)5951
別 府 市	〒100-0014	千,永田町2-17-17アイオス永田町606号室	☎(6457)9971
宮 崎 市	〒102-0093	千,平河町2-4-1日本都市センター12F	☎(3234)9777
鹿 児 島 市	〒102-0093	千,平河町2-4-1日本都市センター12F	☎(3262)6684

（人口10万人以上の都市についての東京事務所を掲載。）

地方庁

特殊法人・主要団体等一覧

【特 殊 法 人】

〔事業団〕

日本私立学校振興・共済事業団	102-8145	千，富士見1-10-12	3230-1321

〔公　　庫〕

沖縄振興開発金融公庫	900-8520	那覇市おもろまち1-2-26	098-941-1700

〔特殊会社〕

日本電信電話㈱(NTT)	100-8116	千，大手町1-5-1 大手町ファーストスクエア イーストタワー	6838-5111
東日本電信電話㈱(NTT東日本)	163-8019	新，西新宿3-19-2 NTT東日本本社ビル	5359-5111
西日本電信電話㈱(NTT西日本)	534-0024	大阪市都島区東野田町4-15-82	06-4793-9111
日 本 郵 政 ㈱	100-8791	千，大手町2-3-1	3477-0111
日 本 郵 便 ㈱		同	
日 本 た ば こ 産 業 ㈱	105-6927	港，虎ノ門4-1-1	6636-2914
新 関 西 国 際 空 港 ㈱	549-0011	大阪府泉南郡田尻町泉州空港中1番地 関西国際空港総合事務ビル4F	072-455-4030
北 海 道 旅 客 鉄 道 ㈱	060-8644	札幌市中央区北11条西15丁目1-1	011-222-7111 (案内センター)
四 国 旅 客 鉄 道 ㈱	760-8580	高松市浜ノ町8-33	087-825-1600
日 本 貨 物 鉄 道 ㈱	151-0051	渋，千駄ヶ谷5-33-8 サウスゲート新宿	5367-7370 (総務部)
東京地下鉄㈱(東京メトロ)	110-8614	台，東上野3-19-6	3837-7041 (総務部)
成 田 国 際 空 港 ㈱	282-8601	成田市 成田国際空港内	0476-34-5400 (総務人事部)
東 日 本 高 速 道 路 ㈱	100-8979	千，霞が関3-3-2 新霞が関ビルディング	3506-0111
中 日 本 高 速 道 路 ㈱	460-0003	名古屋市中区錦2-18-19 三井住友銀行名古屋ビル	052-222-1620
西 日 本 高 速 道 路 ㈱	530-0003	大阪市北区堂島1-6-20 堂島アバンザ18F	06-6344-4000
首 都 高 速 道 路 ㈱	100-8930	千，霞が関1-4-1 日土地ビル	3502-7311
阪 神 高 速 道 路 ㈱	530-0005	大阪市北区中之島3-2-4 中之島フェスティバルタワー・ウエスト	06-6203-8888
本州四国連絡高速道路㈱	651-0088	神戸市中央区小野柄通4-1-22 アーバンエース三宮ビル	078-291-1000
日本アルコール産業㈱	103-0024	中，日本橋小舟町4-1 小倉ビル6F	5641-5255
中間貯蔵・環境安全事業㈱	105-0014	港，芝1-7-17 住友不動産芝ビル3号館4F	5765-1911
㈱日本政策金融公庫	100-0004	千，大手町1-9-4 大手町フィナンシャルシティ ノースタワー	3270-0636 (総務部)
㈱商工組合中央金庫(商工中金)	104-0028	中，八重洲2-10-17	3272-6111
㈱日本政策投資銀行	100-8178	千，大手町1-9-6 大手町フィナンシャルシティ サウスタワー	3270-3211
輸出入・港湾関連情報処理センター㈱	150-0013	渋，浜松町1-3-1 浜離宮中 タワー事務所棟6F	6732-6119 (総務部)
㈱ 国 際 協 力 銀 行	100-8144	千，大手町1-4-1	5218-3100

〔その他〕

日 本 放 送 協 会	150-8001	渋，神南2-2-1	3465-1111
放 送 大 学 学 園	261-8586	千葉市美浜区若葉2-11	043-276-5111
日 本 中 央 競 馬 会	105-0003	港，西新橋1-1-1	3591-5251
日 本 年 金 機 構	168-8505	杉，高井戸西3-5-24	5344-1100
沖縄科学技術大学院大学	904-0495	沖縄県国頭郡恩納村字谷茶1919-1	098-966-8711

【認可法人・地方共同法人・共済組合等】(50音順)

銀行等保有株式取得機構	104-0033	中，新川1-28-1 ザ・パークレックス新川4F	3553-1761 (運営企画室)
警 察 共 済 組 合	102-8588	千，三番町6-8 警察共済ビル	5213-8300

411

団体等一覧

原子力損害賠償・廃炉等支援機構	107-0052	港, 赤坂1-11-44 赤坂インターシティ11F	0120-013-814 (総務グループ)
公立学校共済組合	101-0062	千, 神田駿河台2-9-5	5259-0011
国家公務員共済組合連合会	102-0074	千, 九段南1-1-10 九段合同庁舎	3222-1841
使用済燃料再処理機構	030-0812	青森市堤町2-1-7 堤町ファーストスクエアビル4F	017-763-5910
損害保険契約者保護機構	101-8335	千, 神田淡路町2-9 損保会館2F	3255-1635
地方公務員共済組合連合会	100-0011	千, 内幸町2-1-1 飯野ビルディング11F	6807-3677
地方公務員災害補償基金	102-0093	千, 平河町2-16-1 平河町森タワー8F	5210-1341 (総務部)
地方職員共済組合	102-8601	千, 平河町2-4-9 地共済センタービル	3261-9821
貯金保険機構 (農水産業協同組合貯金保険機構)	100-0005	千, 丸の内3-3-1 新東京ビル9F	3285-1270
電力広域的運営推進機関	135-0061	江東, 豊洲6-2-15	0570-044-777
日本貸金業協会	108-0074	港, 高輪3-19-15 二葉高輪ビル2F・3F	5739-3011
日本銀行	103-0021	中, 日本橋本石町2-1-1	3279-1111
日本下水道事業団	113-0034	文, 湯島2-31-27 湯島台ビル	6361-7800 (総務企画課)
日本赤十字社	105-8521	港, 芝大門1-1-3	3438-1311
預金保険機構	100-0004	千, 大手町1-9-2 大手町フィナンシャルシティグランキューブ13F	6262-7370

【主要団体】(50音順)

〔地方自治〕

(一財)尾崎行雄記念財団	100-0014	千, 永田町1-8-1 憲政記念館内 (代替施設)	3581-1778
(公財)後藤・安田記念東京都市研究所	100-0012	千, 日比谷公園1-3 市政会館	3591-1201
指定都市市長会	100-0012	千, 日比谷公園1-3 市政会館6F	3591-4772
(一社)全国過疎地域連盟	101-0047	千, 内神田1-5-4 加藤ビル3F	5244-5827
全国市議会議長会	102-0093	千, 平河町2-4-2 全国都市会館	3262-5234
全国市長会	102-8635	千, 平河町2-4-2 全国都市会館4F	3262-2313
(一財)全国自治協会	100-0014	千, 永田町1-11-35 全国町村会館	3581-0472 (災害共済部直営係)
全国知事会	102-0093	千, 平河町2-6-3 都道府県会館6F	5212-9127
全国町村会	100-0014	千, 永田町1-11-35 全国町村会館	3581-0482
全国町村議会議長会	102-0082	千, 一番町25 全国町村議員会館4F	3264-8181
全国都道府県議会議長会	102-0093	千, 平河町2-6-3 都道府県会館5F	5212-9155
(一財)地方財務協会	102-0093	千, 平河町2-4-9 地共済センタービル6F	3261-8547
(一財)地方自治研究機構	104-0061	中, 銀座7-14-16 太陽銀座ビル2F	5148-0661 (総務部)
都道府県選挙管理委員会連合会	160-0022	千, 新宿1-12-15 東洋新宿ビル3F	6273-0548
日本行政書士会連合会	105-0001	港, 虎ノ門4-1-28 虎ノ門タワーズオフィス10F	6435-7330

〔財務省関係〕

(一財)産業経理協会	101-8333	千, 神田淡路町1-15-6	3253-0361
信金中央金庫	103-0028	中, 八重洲1-3-7	5202-7711
(一社)信託協会	100-0005	千, 丸の内2-2-1 岸本ビル1F	6206-3981
(一社)生命保険協会	100-0005	千, 丸の内3-4-1 新国際ビル3F	3286-2624
(一社)全国銀行協会	100-8216	千, 丸の内1-3-1	3216-3761
全信組連(全国信用協同組合連合会)	104-8310	中, 京橋1-9-5	3562-5111
(一社)全国信用金庫協会	103-0028	中, 八重洲1-3-7	3517-5711

(一社)全国信用組合中央協会 104-0031	中，京橋1-9-5	3567-2451
(一社)全国信用保証協会連合会 101-0048	千，神田白2丁目3-1 オーク神田ビル8F・9F	6823-1200
(一社)全国地方銀行協会 101-8509	千，内神田3-1-2 地方銀行会館	3252-5171
(一社)全国労働金庫協会 101-0062	千，神田駿河台2-5-15 労働金庫会館	3295-6721
損害保険料率算出機構 163-1029	新，西新宿3-7-1 新宿パークタワー28F・29F	6758-1300
(一社)第二地方銀行協会 102-8356	千，三番町5	3262-2181
㈱東京商品取引所 103-0026	中，日本橋兜町2-1	3666-1361
㈱東京証券取引所 103-8224	中，日本橋兜町2-1	3666-0141
(一社)投資信託協会 103-0026	中，日本橋兜町2-1 東京証券取引所ビル6F	5614-8400
日本公認会計士協会 102-8264	千，九段南4-4-1 公認会計士会館	3515-1120
日本証券業協会 103-0027	中，日本橋2-11-2 太陽生命日本橋ビル(8F〜11F)	6665-6800
日本税理士会連合会 141-0032	品，大崎1-11-8 日本税理士会館8F	5435-0931
(一社)日本損害保険協会 101-8335	千，神田淡路町2-9 損保会館内	3255-1844

〔経済産業省関係〕

板硝子協会 108-0074	港，高輪1-3-13 NBF高輪ビル4F	6450-3926
(一社)海洋水産システム協会 103-0027	中，日本橋3-15-8 アミノ酸会館ビル2F	6411-0021
(一財)カーボンフロンティア機構 105-0003	港，西新橋3-2-1 Daiwa西新橋ビル3F	6402-6100
(公社)関西経済連合会(関経連) 530-6691	大阪市北区中之島6-2-27 中之島センタービル30F	06-6441-0101
(一社)機械振興協会 105-0011	港，芝公園3-5-8 機械振興会館	3434-8224
(公社)経済同友会 100-0005	千，丸の内1-4-6 日本工業倶楽部別館5F	3211-1271 (総務部)
軽自動車検査協会 160-0023	新，西新宿3-2-11 新宿三井ビル2号館15F	5324-6611
高圧ガス保安協会 105-8447	港，虎ノ門4-3-13 ヒューリック神谷町ビル	3436-6100
(一社)自転車協会 107-0052	港，赤坂1-8-1 赤坂インターシティーAIR9F	6230-9896
(一財)製品安全協会 110-0012	台，竜泉2-20-2 ミサワホームズ三ノ輪2F	5808-3300
石油化学工業協会 104-0033	中，新川1-4-1 住友不動産六甲ビル8F	3297-2011 (総務部)
石油鉱業連盟 100-0004	千，大手町1-3-2 経団連会館17F	3214-1701
石油連盟 100-0004	千，大手町1-3-2 経団連会館17F	5218-2305
石灰石鉱業協会 101-0032	千，岩本町1-7-1 瀬木ビル4F	5687-7650
(一社)セメント協会 104-0041	中，新富2-15-5 RBM築地2F	5540-6171
全国商工会連合会 100-0006	千，有楽町1-7-1 有楽町電気ビル北館19F	6268-0088
全国商工団体連合会(全商連) 171-8575	豊，目白2-36-13	3987-4391
全国石油業共済協同組合連合会 100-0014	千，永田町2-17-14 石油会館	3593-5820
全国石油商業組合連合会 100-0014	千，永田町2-17-14 石油会館	3593-5820
(公財)全国中小企業振興機関協会 104-0033	中，新川2-1-9 石川ビル	5541-6688
全国中小企業団体中央会 104-0033	中，新川1-26-19 全中・全味ビル	3523-4901 (総務企画部)
全国鍍金工業組合連合会 105-0011	港，芝公園3-5-8 機械振興会館206	3433-3855
全日本印刷工業組合連合会(全印工連) 104-0041	中，新富1-16-8 日本印刷会館4F	3552-4571
電気事業連合会 100-8118	千，大手町1-3-2 経団連会館	5221-1440 (広報部)
(一社)電子情報技術産業協会 100-0004	千，大手町1-1-3 大手センタービル	5218-1050 (総務部)
(一財)伝統的工芸品産業振興協会 107-0052	港，赤坂8-1-22 2F	5785-1001
(一社)日本アルミニウム協会 104-0061	中，銀座4-2-15 塚本素山ビル7F	3538-0221
(一社)日本ガス協会 105-0001	港，虎ノ門1-15-12 日本ガス協会ビル9F	3502-0111

413

団体名	郵便番号	住所	電話番号（部署）
(一社) 日本化学工業協会	104-0033	中，新川1-4-1 住友不動産六甲ビル7F	3297-2550 (総務部)
(公社) 日本観光振興協会	105-0001	港，虎ノ門3-1-1 虎ノ門3丁目ビルディング6F	6435-8331
(一社) 日本機械工業連合会	105-0011	港，芝公園3-5-8 機械振興会館5F	3434-5381
(一社) 日本経済団体連合会 (経団連)	100-8188	千，大手町1-3-2 経団連会館	6741-0111
(一社) 日本原子力産業協会	102-0084	千，二番町11-19 興和二番町ビル5F	6256-9311 (総務部)
日本鉱業協会 (JMIA)	101-0054	千，神田錦町3-17-11 栄italia(栄)ビル8F	5280-2322
(一社) 日本工業倶楽部	100-0005	千，丸の内1-4-6 日本工業倶楽部会館	3281-1711
(一社) 日本航空宇宙工業会	107-0052	港，赤坂2-5-8 ヒューリックJP赤坂ビル10F	3585-0511
(一社) 日本自動車会議所	105-0012	港，芝大門1-1-30 日本自動車会館15F	3578-3880
(一社) 日本自動車工業会	105-0012	港，芝大門1-1-30 日本自動車会館16F	5405-6118 (総務統括部)
(一社) 日本自動車販売協会連合会 (自販連)	105-8530	港，芝大門1-1-30 日本自動車会館15F	5733-3100
日本司法書士会連合会	160-0003	新，四谷本塩町4-37 司法書士会館	3359-4171
日本商工会議所	100-0005	千，丸の内3-2-2 丸の内二重橋ビル6F	3283-7823
日本商品先物振興協会 (JCFIA)	103-0013	中，日本橋人形町1-1-11 日庄ビル6F	3664-5731
日本商品先物取引協会	103-0013	中，日本橋人形町1-1-11 日庄ビル6F	3664-4732
日本消防検定協会	182-0012	調布市深大寺東町4-35-16	0422-44-7471
(公社) 日本水道協会	102-0074	千，九段南4-8-9	3264-2281 (総務部総務課)
(公財) 日本生産性本部	102-8643	千，平河町2-13-12	3511-4001
日本製紙連合会	104-8139	中，銀座3-9-11 紙パルプ会館	3248-4801
(公社) 日本青年会議所	102-0093	千，平河町2-14-3	3234-5601
日本製薬団体連合会 (日薬連)	103-0023	中，日本橋本町3-7-2 MFPR日本橋本町ビル3F	3527-3154
(一社) 日本造船工業会	105-0001	港，虎ノ門1-15-12 日本ガス協会ビル3F	3580-1561
日本チェーンストア協会	105-0001	港，虎ノ門1-21-17 虎ノ門NNビル11F	5251-4600
(一社) 日本中小企業団体連盟 (中団連)	103-0025	中，日本橋茅場町2-8-4 全国会議所	3668-2481
(一社) 日本鉄鋼連盟	103-0025	中，日本橋茅場町3-2-10 鉄鋼会館	3669-4811 (総務部)
(一社) 日本電気協会	100-0006	千，有楽町1-7-1 有楽町電気ビル北館4F	3216-0551 (総務部)
日本電気計器検定所 (日電検)	108-0023	港，芝浦4-15-7	3451-1181
(一社) 日本電機工業会 (JEMA)	102-0082	千，一番町17-4	3556-5881
(一社) 日本動力協会	105-0003	港，西新橋1-5-8 川手ビル7F	3502-1261
(一社) 日本百貨店協会	103-0027	中，日本橋2-1-10 柳屋ビル2F	3272-1666
日本プラスチック工業連盟 (プラ工連)	103-0025	中，日本橋茅場町3-5-2 アロマビル5F	6661-6811
(一社) 日本貿易会	100-0013	千，霞ヶ関3-2-1 霞ヶ関コモンゲート西館20F	5860-9350
日本紡績協会	103-0023	中，日本橋本町3-1-11 繊維会館	6265-1501 (東京事務局)

〔国土交通省関係〕

団体名	郵便番号	住所	電話番号
自動車安全運転センター	102-0094	千，紀尾井町3-6 紀尾井町パークビル2F	3264-8600
(一社) 全国建設業協会	104-0032	中，八丁堀2-5-1 東京建設会館	3551-9396
(公社) 全国宅地建物取引業協会連合会	101-0032	千，岩本町2-6-3 全宅連会館	5821-8111
(一社) 全国治水砂防協会	102-0093	千，平河町2-7-4 砂防会館別館	3261-8386
(公社) 全国通運連盟	101-0063	千，神田淡路町2-21 淡路町MHビル5F	5296-1670
(一社) 全日本航空事業連合会	105-0014	港，芝3-1-15 芝ボートビル8F	5445-1353
(公社) 全日本トラック協会	160-0004	新，四谷3-2-5	3354-1009

(公社) 鉄道貨物協会(RFA)	101-0048	千, 神田司町2-8-4 吹田屋ビル4F	5256-0577
(一社) 日本海運集会所	112-0002	文, 小石川2-22-2 和順ビル3F	5802-8361 (総務グループ)
(一財) 日本海事協会	102-8567	千, 紀尾井町4-7	3230-1201
(一財) 日本気象協会(JWA)	170-6055	豊, 東池袋3-1-1 サンシャイン60 55F	5958-8111
(一社)日本建設業連合会(日建連)	104-0032	中, 八丁堀2-5-1 東京建設会館8F	3553-0701
(一社) 日本港運協会	105-8666	港, 新橋6-11-10 港運会館内	3432-1050
(一社) 日本交通協会	100-0005	千, 丸の内3-4-1 新国際ビル9F916号	3216-2200
(公社) 日本港湾協会	107-0052	港, 赤坂3-3-5 住友生命赤坂ビル8F	5549-9575
日本小型船舶検査機構(JCI)	102-0073	千, 九段北4-1-3 飛栄九段北ビル5F	3239-0821
(公財) 日 本 財 団	107-8404	港, 赤坂1-2-2 日本財団ビル	6229-5111
(一社) 日 本 船 主 協 会	102-8603	千, 平河町2-6-4 海運ビル	3264-7171
(一社) 日 本 倉 庫 協 会	135-8443	江東, 永代1-13-3 倉庫会館5F	3643-1050
(一財) 日 本 ダ ム 協 会	104-0061	中, 銀座2-14-2 銀座GTビル7F	3545-8361
(一社) 日本治山治水協会	100-0014	千, 永田町2-4-3 永田町ビル	3581-2288
(公社) 日 本 道 路 協 会	100-8955	千, 霞が関3-3-1 尚友会館	3581-2211
日本土地家屋調査士会連合会	101-0061	千, 神田三崎町1-2-10 土地家屋調査士会館	3292-0050
日本内航海運組合総連合会	102-0093	千, 平河町2-6-4 海運ビル	3263-4741
(一社)日本民営鉄道協会	102-0094	千, 紀尾井町3-6 紀尾井町パークビル6F	6371-1401
(一社) 日 本 旅 客 船 協 会	102-0093	千, 平河町2-6-4 海運ビル9F	3265-9681
(一 社) 不 動 産 協 会	100-6017	千, 霞が関3-2-5 霞が関ビル17F	3581-9421

〔農林水産省関係〕

JF全漁連(全国漁業協同組合連合会)	104-0033	中, 新川1-28-44 新川K・Tビル	6222-1301 (総合管理部)
製 粉 協 会	103-0026	中, 日本橋兜町15-6 製粉会館ビル	3667-1011
(一財) 製 粉 振 興 会	103-0026	中, 日本橋兜町15-6 製粉会館2F	3666-2712
全国共済農業協同組合連合会(JA共済連)	102-8630	千, 平河町2-7-9 JA共済ビル	5215-9100
(公社) 全国漁港漁場協会	101-0045	千, 神田鍛冶町3-6-7 ウンピン神田ビル2F	6206-0066
全国厚生農業協同組合連合会(JA全厚連)	100-6827	千, 大手町1-3-1 JAビル	3212-8000
(一社)全国清涼飲料連合会	101-0041	千, 神田須田町2-9-2 PMO神田岩本町2F	6260-9260
全国たばこ耕作組合中央会	105-0012	港, 芝大門1-10-1	3432-4401
全国たばこ販売協同組合連合会	105-0014	港, 芝1-6-10 芝SIAビル7F	5476-7551
(一社) 全 国 農 業 会 議 所	102-0084	千, 二番町9-8 中央労働基準協会ビル2F	6910-1121
(公社) 全国農業共済協会	102-8411	千, 一番町19 全国農業共済会館	3263-6411
全国農業協同組合中央会(JA全中)	100-6837	千, 大手町1-3-1 JAビル	6665-6000
全国農業協同組合連合会(全農)	100-6832	千, 大手町1-3-1 JAビル	6271-8111
全国米穀販売事業共済協同組合(全米販)	103-0001	中, 日本橋小伝馬町15-15 食糧会館	4334-2100
全麦連(全国精麦工業協同組合連合会)	135-0031	江東, 佐賀1-9-13 精麦会館	3641-1101
(一財) 大 日 本 蚕 糸 会	100-0006	千, 有楽町1-9-4 蚕糸会館6F	3214-3411 (役員室・総務部)
(一社) 大 日 本 水 産 会	100-0011	千, 内幸町1-2-1 日比谷内幸町ビル3F	3528-8511
地 方 競 馬 全 国 協 会	106-8639	港, 麻布台2-2-1 麻布台ビル	3583-6841
(公社) 中央畜産会(JLIA)	101-0021	千, 外神田2-16-2 第2ディーアイシービル9F	6206-0840
日本酒造組合中央会	105-0003	港, 西新橋1-6-15 日本酒造虎ノ門ビル	3501-0101
(公財) 日 本 醸 造 協 会	114-0023	北, 滝野川2-6-30	3910-3853

415

日本醤油協会	103-0016	中, 日本橋小網町3-11 SOYICビル	3666-3286
日本蒸留酒酒造組合	103-0025	中, 日本橋茅場町2-3-6 宗和ビル5F	3527-3707
(公社)日本茶業中央会	105-0021	港, 東新橋2-8-5 東京茶業会館5F	3434-2001
農林漁業団体職員共済組合 (農 林 年 金)	110-8580	台, 秋葉原2-3 日本農業新聞本社ビル	6260-7800
ビ ー ル 酒 造 組 合	104-0061	中, 銀座1-16-7 銀座大栄ビル10F	3561-8386

〔厚生労働省関係〕

(公財)エイズ予防財団	101-0064	千, 神田猿楽町2-7-1 TOHYUビル3F	5259-1811
(公財) 沖 縄 協 会	103-0001	中, 日本橋小伝馬町17-6 Siesta日本橋201	6231-1433
(社福)恩賜財団 済生会	108-0073	港, 三田1-4-28 三田国際ビルヂング21F	3454-3311
(公財) が ん 研 究 会	135-8550	江東, 有明3-8-31	3520-0111
企 業 年 金 連 合 会	105-0011	港, 芝公園2-4-1 芝パークビルB館10F・11F	5401-8711
健保連(健康保険組合連合会)	107-0052	港, 赤坂8-5-26 住友不動産青山ビル西館	3403-0915
(公社)国民健康保険中央会	100-0014	千, 永田町1-11-35 全国町村会館	3581-6821
国 民 年 金 基 金 連 合 会	106-0032	港, 六本木6-1-21 三井住友銀行六本木ビル	5411-0211
国立障害者リハビリテーションセンター	359-8555	所沢市並木4-1	04-2995-3100
(一社)産業環境管理協会	100-0011	千, 内幸町1-3-1 幸ビルディング3F	3528-8150 (総務室)
社会保険診療報酬支払基金	105-0004	港, 新橋2-1-3	3591-7441
主 婦 連 合 会	102-0085	千, 六番町15 主婦会館プラザエフ3F	3265-8121
消防団員等公務災害補償等共済基金	105-0003	港, 西新橋3-7-1 ランディック第2新橋ビル4F	5422-1710
(公社)全国自治体病院協議会	102-8556	千, 平河町2-7-5 砂防会館7F	3261-8555
(社福)全国社会福祉協議会	100-8980	千, 霞が関3-3-2 新霞が関ビル	3581-7820
(一社)全国社会保険協会連合会(全社連)	141-0031	品, 西五反田1-31-1 日本生命五反田ビル2F	5434-8577
全国社会保険労務士会連合会	103-8346	中, 日本橋本石町3-2-12 社会保険労務士会館	6225-4864
(一社)全国消費者団体連絡会	102-0085	千, 六番町15 プラザエフ6F	5216-6024
(公社)全国私立保育連盟	111-0051	台, 蔵前4-11-10 全国保育会館	3865-3880
(一社)全国年金受給者団体連合会(全年連)	160-0022	新, 新宿2-17-10 黒岩ビル3F	6709-8762
(一財)全国母子寡婦福祉団体協議会	140-0011	品, 東大井5-23-13	6718-4088
全国理容生活衛生同業組合連合会	151-0053	渋, 代々木1-36-4 全理連ビル	3379-4111
全国地域婦人団体連絡協議会	150-0002	渋, 渋谷1-17-14 全国婦人会館3F	3407-4303
(公社)全日本医薬品登録販売者協会	112-0002	文, 小石川5-20-17 研修センター2F	3813-5353
(全国旅館ホテル生活衛生同業組合連合会)全 旅 連	102-0093	千, 平河町2-5-5 全国旅館会館4F	3263-4428
(社福)中 央 共 同 募 金 会	100-0013	千, 霞が関3-3-2 新霞が関ビル5F	3581-3846
中央職業能力開発協会(JAVADA)	160-8327	新, 西新宿7-5-25 西新宿プライムスクエア11F	6758-2880 (総務部)
中 央 労 働 災 害 防 止 協 会	108-0014	港, 芝5-35-2 安全衛生総合会館	3452-6841
(公社) 日 本 医 師 会	113-8621	文, 本駒込2-28-16	3946-2121
(一財) 日 本 遺 族 会	102-0074	千, 九段南1-6-17 千代田会館3F	3261-5521
(一社)日本医療法人協会	102-0071	千, 富士見2-6-12 AMビル3F	3234-2438
(公社) 日 本 栄 養 士 会	105-0004	港, 新橋5-13-5 新橋MCVビル6F	5425-6555
(公社)日本環境保全協会	102-0073	千, 九段北1-10-9 九段VIGASビル	3264-7935
(公社) 日 本 看 護 協 会	150-0001	渋, 神宮前5-8-2	5778-8831
(一社)日本救急救命士協会	102-0084	千, 二番町5-2 麹町駅プラザ901	6403-3892

(更生保護法人)日本更生保護協会	151-0051	渋, 千駄ケ谷5-10-9 更生保護会館内	3356-5721
(一社) 日 本 郷 友 連 盟	160-0001	新, 片町3-3 マンション壁装館4F402号	3353-2342
(公社) 日 本 歯 科 医 師 会	102-0073	千, 九段南4-1-20 歯科医師会館	3262-9321
(公社) 日 本 歯 科 衛 生 士 会	169-0072	新, 大久保2-11-19	3209-8020
(公社) 日 本 歯 科 技 工 士 会	162-0846	新, 市谷左内町21-5 歯科技工士会館	3267-8681
(社福)日本肢体不自由児協会	173-0037	板, 小茂根1-1-7	5995-4511
(公社) 日 本 柔 道 整 復 師 会	110-0007	台, 上野公園16-9 日本柔整会館	3821-3511
(公社) 日 本 食 品 衛 生 協 会	150-0001	渋, 神宮前2-6-1	3403-2111
(公社) 日 本 助 産 師 会	111-0054	台, 鳥越2-12-2	3866-3054
日本生協連(日本生活協同組合連合会)	150-8913	渋, 渋谷3-29-8 コーププラザ	5778-8111
(公財) 日 本 対 が ん 協 会	104-0045	中, 築地5-3-3 築地浜離宮ビル7階	3541-4771
日 本 母 親 大 会 連 絡 会	102-0084	千, 二番町12-1 全国教育文化会館B1F	3230-1836
(一 社) 日 本 病 院 会	102-8414	千, 三番町9-15 ホスピタルプラザビル	3265-0077
日本婦人団体連合会(婦団連)	151-0051	渋, 千駄ケ谷4-11-9-303	3401-6147
(社福) 日 本 保 育 協 会	102-0083	千, 麹町1-6-2 麹町一丁目ビル6F	3222-2111
(公社) 日 本 薬 剤 師 会	160-8389	新, 四谷3-3-1 四谷安田ビル7F	3353-1170
(公財)日本レクリエーション協会	110-0016	台, 台東1-1-14 ANTEX24ビル7F	3834-1091 (総務部)
(社 医) 白 十 字 会	110-0016	台, 台東4-20-6 T&Kビル301	3831-8075
(公財)放射線影響研究所(広島研究所)	732-0815	広島市南区比治山公園5-2	082-261-3131
(公財)放射線影響研究所(長崎研究所)	850-0013	長崎市中川1-8-6	095-823-1121

〔文部科学省関係〕

(一 社) 教 科 書 協 会	135-0016	江東, 千石1-9-28	5606-9781
(一 社) 公 立 大 学 協 会	100-0013	千, 霞が関3-8-1 虎の門三井ビルB106	3501-3336
(一 社) 国 立 大 学 協 会	101-0003	千, 一ツ橋2-1-2 学術総合センター4F	4212-3506
全 国 高 等 学 校 長 協 会	105-0003	港, 西新橋2-5-10 NBC西新橋ビル2F	3580-0570
(公社) 全 国 公 民 館 連 合 会	105-0001	港, 虎ノ門1-16-8 飯島ビル3F	3501-9666
全 国 公 立 学 校 事 務 長 会	170-0014	豊, 東池袋1-36-3 池袋陽光ハイツ203号	5960-5666
全国専修学校各種学校総連合会	102-0073	千, 九段北4-2-25 私学会館別館11F	3230-4814
全国都道府県教育委員会連合会	100-0013	千, 霞が関3-3-1 尚友会館	3501-0575
全 国 連 合 小 学 校 長 会	105-0003	港, 西新橋1-22-14	3501-9288
全 日 本 私 立 幼 稚 園 連 合 会	102-0073	千, 九段北4-2-25 私学会館別館4F	3237-1080
全 日 本 中 学 校 長 会	105-0003	港, 西新橋1-22-13 全日本中学校長会館	3580-0604
(一社)日本音楽著作権協会(JASRAC)	151-8540	渋, 上原3-6-12	3481-2121
日 本 私 立 小 学 校 連 合 会	102-0073	千, 九段北4-2-25 私学会館別館6F	3261-2934
日 本 私 立 大 学 協 会		同 9F	3261-7048
(一社)日本私立大学連盟(JAPUC)		同 7F	3262-2420
日 本 私 立 短 期 大 学 協 会		同 6F	3261-9055
日本私立中学高等学校連合会		同 5F	3262-2828
(公財) 日 本 相 撲 協 会	130-0015	墨, 横網1-3-28	3623-5111
(公社)日本ＰＴＡ全国協議会(日P)	107-0052	港, 赤坂7-5-38	5545-7151

〔そ の 他〕

原水禁(原水爆禁止日本国民会議)	101-0062	千, 神田駿河台3-2-11 連合会館1F	5289-8224

417

全国麻雀業組合総連合会(全雀連)	101-0025 千, 神田佐久間町2-14-7-3F	050-8881-5762
(公財)NIRA総合研究開発機構	150-6034 渋, 恵比寿4-20-3 恵比寿ガーデンプレイスタワー34F	5448-1700 (総括管理部)
(公財)日本環境協会(JEA)	101-0032 千, 岩本町1-10-5 TMMビル5F	5829-6524 (総務部)
日本原水協(原水爆禁止日本協議会)	113-8464 文, 湯島2-4-4 平和と労働センター6F	5842-6031
日本弁護士連合会(日弁連)	100-0013 千, 霞が関1-1-3 弁護士会館15F	3580-9841
(一財)ゆうちょ財団	101-0061 千, 神田三崎町3-7-4 ゆうビル	5275-1810

【労働組合】(50音順)

印刷労連(印刷情報メディア産業労働組合連合会)	105-0014 港, 芝2-20-12 友愛会館16F	5442-0191
運輸労連(全日本運輸産業労働組合連合会)	100-0013 千, 霞が関3-3-3 全日通霞ヶ関ビル5F	3503-2171
NTT労組(旧全電通)	101-8320 千, 神田駿河台3-6 全電通労働会館内	3219-2111
紙パ労連(日本紙パルプ紙加工産業労働組合連合会)	110-0008 台, 池之端2-7-17 井門池之端ビル2F	5809-0482
基幹労連(日本基幹産業労働組合連合会)	104-0033 中, 新川11-23-4 I・Sリバーサイドビル4F	3555-0401
金融労連(全国金融労働組合連合会)	102-0093 千, 平河町1-9-9 レフラスック平河町ビル4F	3230-8415
建交労(全日本建設交通一般労働組合)	169-0073 千, 百人町4-7-2 全日自労会館	3360-8021
航空連合	144-0041 大, 羽田空港1-6-5 第5綜合ビル5F	5708-7161
交通労連(全国交通運輸労働組合総連合)	105-0014 港, 芝2-20-12 友愛会館15F	3451-7243
国労(国鉄労働組合)	105-0004 港, 新橋5-15-5 交通ビル7F	5403-1640
国公連合(国公関連労働組合連合会)	101-0062 千, 神田駿河台3-2-11 全労連会館5F 公務労協内	5209-6205
ゴム連合(日本ゴム産業労働組合連合)	171-0031 豊, 目白2-3-3 ゴム産業会館2F	3984-5656
サービス連合(サービス・ツーリズム産業労働組合連合会)	160-0002 新, 四谷坂町9-6 坂町Mビル2F	5919-3261
JR総連(全日本鉄道労働組合総連合会)	141-0031 品, 西五反田3-2-13 目黒さつき会館	3491-7191
JR連合(日本鉄道労働組合連合会)	103-0022 中, 日本橋室町1-8-10 東興ビル9F	3270-4590
JAM(ものづくり産業労働組合)	105-0014 港, 芝2-20-12 友愛会館10F・11F	3451-2141
JEC連合(日本化学エネルギー産業労働組合連合会)	110-0008 台, 池之端2-7-17 井門池之端ビル2F	5832-9612
JP労組(日本郵政グループ労働組合)	110-0015 台, 東上野5-2-2	5830-2655
自治労(全日本自治団体労働組合)	102-8464 千, 六番町1 自治労会館	3263-0262
私鉄総連(日本私鉄労働組合総連合会)	108-0074 港, 高輪4-3-5 私鉄会館内	3473-0166
自動車総連(全日本自動車産業労働組合総連合会)	108-0074 港, 高輪4-18-21 ビューウェルスクエア	5447-5811
情報労連(情報産業労働組合連合会)	101-0062 千, 神田駿河台3-6 全電通労働会館5F	3219-2231
新聞労連(日本新聞労働組合連合)	113-0033 文, 本郷2-17-17 井門本郷ビル6F	5842-2201
生保労連(全国生命保険労働組合連合会)	113-0034 文, 湯島3-19-5 全逓湯島ビル3F	3837-2031
セラミックス連合(セラミックス産業労働組合連合会)	467-0879 名古屋市瑞穂区平郷町3-11	052-882-4562
全教(全日本教職員組合)	102-0084 千, 二番町12-1 全国教育文化会館3F	5211-0123
全銀連合(全国銀行員組合連合会議)	103-0027 中, 日本橋2-1-3 アーバンネット日本橋二丁目ビル10F	4446-5204
全建総連(全国建設労働組合総連合)	169-8650 新, 高田馬場2-7-15 全建総連会館3F	3200-6221
全港湾(全日本港湾労働組合)	144-0052 大, 蒲田5-10-2 日港福会館4F	3733-8821
全国一般(じちろう・全国一般評議会)	102-8464 千, 六番町1 自治労会館5F	3263-0441
全国ガス(全国ガス労働組合連合会)	143-0015 大, 大森西5-11-1	5493-8381
全国農団労(全国農林漁業団体職員労働組合連合)	105-0013 港, 浜松町1-19-4 佐藤ビル4F	3437-0931
全国林野関連労働組合	100-8952 千, 霞が関1-2-1 農林水産省内	3519-5981
全自交労連(全国自動車交通労働組合総連合会)	151-0051 渋, 千駄ケ谷3-7-9	3408-0875

団体等一覧

418

全水道(全日本水道労働組合)	113-0033	文, 本郷1-4-1 全水道会館2F	3816-4132
全電線(全日本電線関連産業労働組合連合会)	142-0064	品, 旗の台1-11-6	3785-2991
全日教連(全日本教職員連盟)	102-0083	千, 麹町3-7 半蔵門村山ビル6F	3264-3861
全日農(全日本農民組合連合会)	169-0051	新, 西早稲田1-9-19-207	6233-9335
全日本海員組合	106-0032	港, 六本木7-15-26 海員ビル	5410-8329
全労金(全国労働金庫労働組合連合会)	101-0063	千, 神田淡路町1-11 淡路町MHアネックス3F	3256-1015
損保労連(損害保険労働組合連合会)	102-0083	千, 麹町5-3 麹町中田ビル3F	5276-0071
電機連合(全日本電機・電子・情報関連産業労働組合連合会)	108-8326	港, 三田1-10-3 電機連合会館	3455-6911
電力総連(全国電力関連産業労働組合総連合)	108-0073	港, 三田2-7-13 TDS三田3F	3454-0231
都労連(東京都労働組合連合会)	163-8001	新, 西新宿2-8-1 都庁第2本庁舎	3343-1301
日教組(日本教職員組合)	101-0003	千, 一ツ橋2-6-2 日本教育会館内	3265-2171
日建協(日本建設産業職員労働組合協議会)	169-0075	新, 高田馬場1-31-16 ワイム高田馬場ビル3F	5285-3870
日高教(日本高等学校教職員組合)	101-0046	千, 神田多町2-11 青木ビル4F	5297-8371
日産労連(全日産・一般業種労働組合連合会)	105-0004	港, 芝公園2-4-1 芝パークビルB13F	3434-4721
日本医労連(日本医療労働組合連合会)	110-0013	台, 入谷1-9-5 日本医療労働会館3F	3875-5871
フード連合(日本食品関連産業労働組合総連合会)	105-0014	港, 芝5-26-30 専売ビル4F	6435-2882
ヘルスケア労協(保健医療福祉労働組合協議会)	105-0014	港, 芝2-17-20 日本赤十字労働組合会館内	3451-6025
民放労連	160-0008	新, 四谷三栄町6-5 木原ビル	3355-0461
UAゼンセン(全国繊維化学食品流通サービス一般労働組合同盟)	102-8273	千, 九段南4-8-16	3288-3737
連合(日本労働組合総連合会)	101-0062	千, 神田駿河台3-2-11 連合会館	5295-0550 (総務局)

【報道関係】

(一社)**共同通信社**	105-7201	港, 東新橋1-7-1 汐留メディアタワー	6252-8000
(株)**時事通信社**	104-8178	中, 銀座5-15-8	6800-1111
(公社)**日本外国特派員協会**	100-0005	千, 丸の内3-2-3 丸の内二重橋ビル5F	3211-3161
(公社)**日本記者クラブ**	100-0011	千, 内幸町2-2-1 日本プレスセンタービル9F	3503-2722
(一社)**日本雑誌協会**	101-0051	千, 神田神保町1-32 出版クラブビル5F	3291-0775
(一社)**日本新聞協会**	100-8543	千, 内幸町2-2-1 日本プレスセンタービル7F	3591-4401
(公社)**日本専門新聞協会**	105-0001	港, 虎ノ門1-2-12 第二興業ビル	3597-8881
(一社)**日本地方新聞協会**	160-0008	新, 四谷三栄町2-14 四谷ビジネスガーデン224号	6856-6997
(一社)**日本民間放送連盟**(民放連)	102-8577	千, 紀尾井町3-23	5213-7711
民間放送報道協議会	100-0014	千, 永田町1-6-2 国会記者会館	3581-3875
(一財)**ラヂオプレス**	162-0056	新, 若松町33-8 アールビル新宿	5273-2171

【新聞社】

(株)**朝日新聞社**	104-8011	中, 築地5-3-2	3545-0131
(株)**産業経済新聞社**	100-8077	千, 大手町1-7-2	3231-7111
(株)**ジャパンタイムズ**	102-0082	千, 一番町第二TGビル2F	050-3646-0123
(株)**中日新聞東京本社**	100-0011	千, 内幸町2-1-4	6910-2211
(株)**日刊工業新聞社**	103-8548	中, 日本橋小網町14-1	5644-7000
(株)**日本経済新聞社**	100-8066	千, 大手町1-3-7	3270-0251
(株)**日本工業新聞社**	100-8125	千, 大手町1-7-2	3231-7111
(株)**毎日新聞社**	100-8051	千, 一ツ橋1-1-1	3212-0321
(株)**読売新聞社**	100-8055	千, 大手町1-7-1	3242-1111

〔北海道・東北〕

秋 田 魁 新 報 社	100-0011	千，内幸町2-2-1 日本プレスセンタービル6F	5511-8261
岩 手 日 報 社	104-0061	中，銀座7-12-14 大会館	3541-4346
河 北 新 報 社	105-0004	港，新橋5-13-1 新橋菊栄ビル7F	6435-9059
デーリー東北新聞社	104-0061	中，銀座7-13-21 銀座新六洲ビル7F	3543-0248
東 奥 日 報 社	104-0061	中，銀座8-11-5 正金ビル5F	3573-0701
福 島 民 報 社	104-0061	中，銀座5-15-18 時事通信ビル9F	6226-1001
北 海 道 新 聞 社	105-8435	港，虎ノ門2-2-5 共同通信会館1F	6229-0416
陸 奥 新 報 社	104-0061	中，銀座2-8-5 石川ビル7F	3561-6733
山 形 新 聞 社	104-0061	中，銀座6-13-16 ヒューリック銀座ウォールビル	3543-0821

〔関 東〕

茨 城 新 聞 社	104-0032	中，八丁堀3-25-10 JR八丁堀ビル2F	3552-0505
神 奈 川 新 聞 社	104-0061	中，銀座7-15-11 日宝銀座Kビル8F	3544-2507
埼 玉 新 聞 社	104-0045	中，築地2-10-4 エミタ銀座イーストビル5F	3543-3371
下 野 新 聞 社	100-0011	千，内幸町2-2-1 日本プレスセンタービル8F	5501-0520
上 毛 新 聞 社	104-0031	中，京橋2-12-9 ACN京橋ビル5F	6228-7654
千 葉 日 報 社	104-0061	中，銀座4-10-12 銀座サマリヤビル4F	3545-1261

〔甲信・北陸〕

北 日 本 新 聞 社	104-0061	中，銀座7-16-14 銀座イーストビル8F	6264-7381
信 濃 毎 日 新 聞 社	100-0011	千，内幸町2-2-1 日本プレスセンタービル6F	5521-3100
富 山 新 聞 社	104-0045	中，築地6-4-8 北國新聞東京会館	3541-7221
新 潟 日 報 社	100-0011	千，内幸町2-2-1 日本プレスセンタービル2F	5510-5511
福 井 新 聞 社	105-0004	港，新橋2-19-4 SNTビル5F	3571-2918
北 國 新 聞 社	104-0045	中，築地6-4-8 北國新聞東京会館	3541-7221
山 梨 日 日 新 聞 社	104-0061	中，銀座8-3-7 静新ビル	3572-6031

〔中部・近畿〕

伊 勢 新 聞 社	104-0045	中，築地2-11-11 諸井ビル3F	5550-7911
岐 阜 新 聞 社	104-0061	中，銀座8-16-6 銀座ストラパックビル3F	6278-8130
京 都 新 聞 社	104-0061	中，銀座2-8-2 京都新聞銀座ビル	3572-5411
神 戸 新 聞 社	100-0011	千，内幸町2-2-1 日本プレスセンタービル3F	6457-9650
静 岡 新 聞 社	104-0061	中，銀座8-3-7 静岡新聞静岡放送ビル	3571-5891
中 日 新 聞 東 京 本 社	100-0011	千，内幸町2-1-4	6910-2211
中 部 経 済 新 聞 社	104-0061	中，銀座5-9-13 銀座菊正ビル8F	3572-3601
奈 良 新 聞 社	105-0003	港，西新橋1-17-4 猪爪ビル3F	6811-2860

〔中国・四国〕

愛 媛 新 聞 社	105-0004	港，新橋6-4-3 ル・グラシエルBLDG.7・6F	6435-7432
高 知 新 聞 社	100-0011	千，内幸町2-2-1 日本プレスセンタービル3F	3506-7281
山 陰 中 央 新 報 社	104-0045	中，築地4-1-1 東劇ビル17F	3248-1980
山 陽 新 聞 社	100-0011	千，内幸町2-2-1 日本プレスセンタービル4F	5521-6861
四 国 新 聞 社	104-0061	中，銀座7-14-13 日土地銀座ビル5F	6738-1377
新 日 本 海 新 聞 社	107-0051	港，元赤坂1-7-12 モートサイドビル3F	5410-1871
中 国 新 聞 社	100-0011	千，内幸町2-2-1 日本プレスセンタービル2F	3597-1611

団体等一覧

徳 島 新 聞 社	104-0061	中, 銀座7-11-6 徳島新聞ビル4F	3573-2616
山 口 新 聞 社	104-0045	中, 築地2-10-6 Daiwa築地駅前ビル8F	6226-3720

〔九州・沖縄〕

大 分 合 同 新 聞 社	100-0011	千, 内幸町2-2-1 日本プレスセンタービル4F	6205-7881
沖 縄 タ イ ム ス 社	104-0061	中, 銀座8-18-1 銀座木挽町ビル6F	6264-7878
熊 本 日 日 新 聞 社	100-6307	千, 丸の内2-4-1 丸ビル7F	3212-2941
佐 賀 新 聞 社	104-0061	中, 銀座8-18-11 銀座エスビービル9F	3545-1831
長 崎 新 聞 社	104-0061	中, 銀座9-16 長崎センタービル7F	3571-4727
南 海 日 日 新 聞 社	104-0061	中, 銀座5-15-8 時事通信ビル1305室	5565-3631
西 日 本 新 聞 社	100-0006	千, 有楽町2-10-1 東京交通会館4F	3217-7071
南 日 本 新 聞 社	104-0061	中, 銀座4-10-3 セントラルビル7F	6260-6131
宮 崎 日 日 新 聞 社	104-0061	中, 銀座3-11-11 銀座参香館2ビル6F	3543-3825
琉 球 新 報 社	104-0031	中, 京橋1-17-2 昭美京橋第1ビル3F	6264-0981

【放　送　局】

㈱アール・エフ・ラジオ日本	106-8039	港, 麻布台2-2-1 麻布台ビル	3582-2351
㈱ エ フ エ ム 東 京	102-8080	千, 麹町1-7	3221-0080
㈱ Ｊ－ＷＡＶＥ	106-6188	港, 六本木6-10-1 六本木ヒルズ森タワー33F	6832-1111
㈱ Ｔ Ｂ Ｓ テ レ ビ	107-8006	港, 赤坂5-3-6	3746-1111
㈱ テ レ ビ 朝 日	106-8001	港, 六本木6-9-1	6406-1111
㈱ テ レ ビ 東 京	106-8007	港, 六本木3-2-1 六本木グランドタワー	6632-7777
㈱日経ラジオ社(ラジオNIKKEI)	105-8565	港, 虎ノ門1-2-8 虎ノ門琴平タワー	6205-7810
㈱ ニ ッ ポ ン 放 送	100-8439	千, 有楽町1-9-3	3287-1111
日本テレビ放送網㈱	105-7444	港, 東新橋1-6-1	6215-4111
日 本 放 送 協 会(NHK)	150-8001	渋, 神南2-2-1	3465-1111
㈱ フ ジ テ レ ビ ジ ョ ン	137-8088	港, 台場2-4-8	5500-8888
㈱ 文 化 放 送	105-8002	港, 浜松町1-31	5403-1111
毎 日 放 送	107-6328	港, 赤坂5-3-1 赤坂Bizタワー28F	5561-1200
ラ ジ オ 日 本	106-8039	港, 麻布台2-2-1 麻布台ビル	3582-2351

【タクシー・ハイヤー】

国 際 興 業 ㈱	103-0028	中, 八重洲2-10-3	3273-1111
国 際 自 動 車 ㈱	107-0052	港, 赤坂2-8-6 km赤坂ビル	3586-3611
大 和 自 動 車 交 通 ㈱	135-0003	江東, 猿江2-16-31	6757-7161
帝 都 自 動 車 交 通 ㈱	103-0027	中, 日本橋1-21-5 木村實業ビル	6262-3311
日 本 交 通 ㈱	102-0094	千, 紀尾井町3-12 紀尾井町ビル	6265-6210
日 の 丸 リ ム ジ ン	112-0004	文, 後楽1-5 水道橋外堀通ビル7F	5689-0423
㈱ は と バ ス	143-0006	大, 平和島5-4-1	3761-8111

【航　空　会　社】

日本航空(国内線)	0570-025-071	(国際線)	0570-025-031
全日空 (国内線)	0570-029-222	(国際線)	0570-029-333
東京シティ・エアターミナル㈱	103-0015	中, 日本橋箱崎町42-1	3655-7111

アエロフロート・ロシア航空	03-5532-8781	スイスエアラインズ	03-5156-8252
アエロメヒコ航空	0570-783-057	スカンジナビア	050-6864-8086
アシアナ航空	0570-082-555	スリランカ航空	03-3431-6600
アメリカン航空	03-4333-7675	大 韓 航 空	0570-05-2001
イベリア航空	03-3298-5238	タイ国際航空	0570-064-015
エア・インディア	03-3508-0261	チャイナエアライン	03-6378-8855
エア・カナダ	010-800-6699-2222	中国国際航空	0570-095-583
エアカラン	03-6205-7063	ターキッシュ エアラインズ航空	03-3435 0421
LOTポーランド航空	03-6277-6516	デルタ航空	0570-077-733
エールフランス	03-6634-4983	ニュージーランド航空	0570-015-424
エジプト航空	03-6869-5881	フィリピン航空	03-5157-4362
エミレーツ航空	03-6743-4567	フィンエアー	03-4579-0121
オーストリア航空	03-5402-5218	ブリティッシュエアウェイズ	03-3298-5238
カタール航空	03-5402-5282	ベトナム航空	03-3508-1481
ガルーダ・インドネシア航空	03-5521-1111	マカオ航空	06-6263-5383
カンタス航空	03-6833-0700	マレーシア航空	03-4477-4938
キャセイパシフィック航空	03-4578-4132	モンゴル航空	03-5615-4653
KLMオランダ航空	03-6634-4984	ユナイテッド航空	03-6732-5011
シンガポール航空	03-4578-4088	ルフトハンザ・ドイツ航空	0570-089-000

【鉄 道 会 社】

JR東日本お問い合わせセンター	050-2016-1600	相鉄お客様センター	045-319-2111
JR東海テレフォンセンター	050-3772-3910	東京メトロお客様センター	0120-104-106
小田急お客さまセンター	044-299-8200	都営交通お客様センター	3816-5700
京王お客さまセンター	042-357-6161	東急お客さまセンター	3477-0109
京急ご案内センター	5789-8686	東武鉄道お客さまセンター	5962-0102
京成お客様ダイヤル	0570-081-160	東京モノレールお客さまセンター	050-2016-1640
西武鉄道お客さまセンター	04-2996-2888	ゆりかもめお客さまセンター	3529-7221

【ホ テ ル】

ア マ ン 東 京	100-0004	千.	大手町1-5-6 大手町タワー	5224 3333
ザ・キャピトルホテル東急	100-0014	千.	永田町2-10-3	3503-0109
ザ・プリンスギャラリー 東京紀尾井町	102-8585	千.	紀尾井町1-2	3234-1111
ザ・ペニンシュラ東京	100-0006	千.	有楽町1-8-1	6270-2888
シャングリ・ラ 東京	100-8283	千.	丸の内1-8-3 丸の内トラストタワー本館	6739-7888
ダイヤモンドホテル	102-0083	千.	麹町1-10-3	3263-2211
帝 国 ホ テ ル	100-8558	千.	内幸町1-1-1	3504-1111
東京ステーションホテル	100-0005	千.	丸の内1-9-1	5220-1111
都市センターホテル	102-0093	千.	平河町2-4-1	3265-8211
パレスホテル東京	100-0005	千.	丸の内1-1-1	3211-5211
フォーシーズンズホテル丸の内 東京	100-6277	千.	丸の内1-11-1 パシフィックセンチュリープレイス丸の内	5222-7222
ホテルニューオータニ	102-8578	千.	紀尾井町4-1	3265-1111
ホテルルポール麹町	102-0093	千.	平河町2-4-3	3265-5361

丸 の 内 ホ テ ル	100-0005	千，	丸の内1-6-3	3217-1111
マンダリンオリエンタル東京	103-8328	中，	日本橋室町2-1-1	3270-8800
ANAインターコンチネンタルホテル東京	107-0052	港，	赤坂1-12-33	3505-1111
ア ン ダ ー ズ 東 京	105-0001	港，	虎ノ門1-23-4	6830-1234
グランドニッコー東京 台場	135-8701	港，	台場2-6-1	5500-6711
グランド ハイアット 東京	106-0032	港，	六本木6-10-3	4333-1234
グランドプリンスホテル高輪	108-8612	港，	高輪3-13-1	3447-1111
京急ＥＸホテル高輪	108-0074	港，	高輪4-10-8	5423-3910
コ ン ラ ッ ド 東 京	105-7337	港，	東新橋1-9-1	6388-8000
ザ・プリンス さくらタワー東京	108-8612	港，	高輪3-13-1	5798-1111
ザ・プリンス パークタワー東京	105-8563	港，	芝公園4-8-1	5400-1111
ザ・リッツ・カールトン東京	107-6245	港，	赤坂9-7-1東京ミッドタウン	3423-8000
ザ ロイヤルパークホテル アイコニック 東京汐留	105-8333	港，	東新橋1-6-3	6253-1111
シェラトン都ホテル東京	108-8640	港，	白金台1-1-50	3447-3111
芝 パ ー ク ホ テ ル	105-0011	港，	芝公園1-5-10	3433-4141
第 一 ホ テ ル 東 京	105-8621	港，	新橋1-2-6	3501-4411
東京グランドホテル	105-0014	港，	芝2-5-2	3456-2222
東京プリンスホテル	105-8560	港，	芝公園3-3-1	3432-1111
ヒルトン東京お台場	135-8625	港，	台場1-9-1	5500-5500
ホテルオークラ東京	105-0001	港，	虎ノ門2-10-4	3582-0111
ホテル ザ セレスティン東京芝	105-0014	港，	芝3-23-1	5441-4111
京 王 プ ラ ザ ホ テ ル	160-8330	新，	西新宿2-2-1	3344-0111
新宿プリンスホテル	160-8487	新，	歌舞伎町1-30-1	3205-1111
パークハイアット東京	163-1055	新，	西新宿3-7-1-2	5322-1234
ハイアットリージェンシー東京	160-0023	新，	西新宿2-7-2	3348-1234
ヒ ル ト ン 東 京	160-0023	新，	西新宿6-6-2	3344-5111
東 京 ド ー ム ホ テ ル	112-8562	文，	後楽1-3-61	5805-2111
ホ テ ル 椿 山 荘 東 京	112-8680	文，	関口2-10-8	3943-1111
渋谷エクセルホテル東急	150-0043	渋，	道玄坂1-12-2	5457-0109
羽田エクセルホテル東急	144-0041	大，	羽田空港3-4-2	5756-6000
ホテルメトロポリタン	171-8505	豊，	西池袋1-6-1	3980-1111
【 そ の 他 】				
政府刊行物センター(霞が関)	100-0013	千，	霞が関1-4-1 日土地ビル1F	3504-3885
㈱ ジ ェ イ テ ィ ー ビ ー	140-0002	品，	東品川2-3-11 JTBビル	5479-2211
㈱ Ｊ Ｔ Ｂ 国会内店	100-0014	千， 永田町2-2-1 衆議院第1議員会館B4F		3591-0044
東京中央郵便局(郵便)	100-8994	千，	丸の内2-7-2 JPタワー内	0570-001-736
りそな銀行参議院支店	100-8962	千，	永田町2-1-1参院議員会館内	3581-0251
りそな銀行衆議院支店	100-8981	千，	永田町2-2-1 衆院第1議員会館内	3581-3754

衆議院・参議院案内図

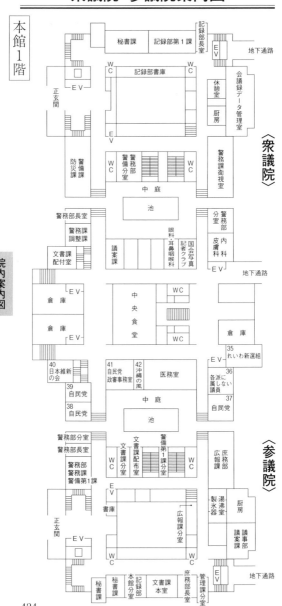

本館1階

院内案内図

〈衆議院〉

〈参議院〉

秘書課　記録部第1課　記録部長室　EV　地下通路

WC　記録部書庫　WC　休憩室　厨房　会議録データ管理室

正玄関　EV

EV

防災課　警備課　WC　警務部警備分室　WC　警務課衛視室

中庭

池

警務部長室

警務課調整課

文書課配付室　議案課　眼科・耳鼻咽喉科　記者クラブ　国会写真　分室　警務部　内科　皮膚科　EV　地下通路

倉庫　EV　中央食堂　WC　WC　倉庫　倉庫　EV　35　れいわ新選組　EV

40　日本維新の会　41　自民党政審事務室　42　沖縄の風　医務室　36　各派に属しない議員　37　自民党

39　自民党

38　自民党　中庭

池

警務部分室　警務部長室　警務部警務課警備第1課

文書課配布室　警備第1課分室　庶務課　広報課　庶務部

WC　文書課分室　WC　製氷室　湯沸室　厨房

正玄関　EV　書庫　広報課分室　議事部議案課

WC　WC　管理課分室　EV　地下通路

秘書課　秘書課　記録課　本館分室　文書課本室　庶務部長室

424

衆議院・参議院案内図

〈衆議院〉

〈参議院〉

院内案内図

議運委員長室

事務総長室

事務次長室

議長室

応接室

副議長室

議長応接室

EV

陸橋

議事課

運営委員会理事室

事務次長室

事務部長室

議事課

EV

WC

WC

本会議場

衆議院

1 公明党役員室

配膳

議員食堂

14 自民党

13

WC

15 自民党

16 民立憲主党

WC

2

立憲民主党

3 事務室

自民党

自民党国対

13

12

中　庭

4

4 立憲民主党

5

5

自民党幹事長室

11

平河クラブ

10

9 国対

8 事務局

7

6 公明党役員会議室

公明党

EV

総理大臣室

中央玄関

EV

EV

中央広場

WC

内閣報道室

会見室

内閣記者会①

大臣室

秘書官室

EV

11 自民党事務局

10

自民党

9

8

自民党

7

国対国対委員長室

12 民立憲主党

13 民立憲主党

14 立憲民主党

15 ※NHK党

16 共産党

17 共産党

中　庭

6 自民党政策審議会

立憲民主党

WC

WC

内閣総務官室

内閣記者会②

各派に属しない議員

43

国民民主党

議員総会室

国対

立憲民主党

2

2

3

3

4

委員長室

議運委員長室

議事部長室

議事部長室

議事課

EV

本会議場

参議院

WC

WC

配膳

議員食堂

警備第1分室

警備課

EV

陸橋

事務次長室

総務課

事務

秘書課

議長室

応接室

議長応接室

副議長室

副議長応接室

EV

地下通路

※NHKから国民を守る党

425

衆議院・参議院案内図

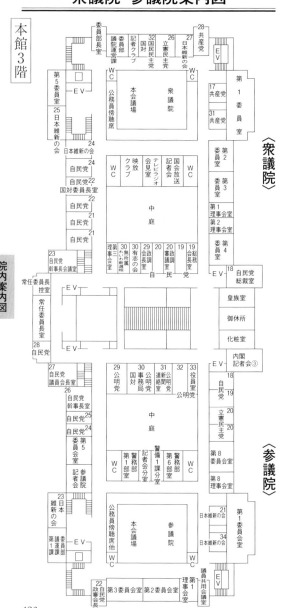

本館3階

院内案内図

〈衆議院〉

〈参議院〉

委員部室
議院運営課
委員部
記者クラブ
32 国民民主党 国対
26 立憲民主党
27 立憲民主党の会
28 日本維新の会
共産党

第5委員室
WC
本会議場
衆議院
17 共産党
31 共産党
第1委員室

EV

25 日本維新の会
公務員傍聴席
委員室 第2
委員室 第3
第1理事会室
第2理事会室
委員室 第4

24 日本維新の会

24 自民党
WC
映画クラブ
会見室
テレビラジオ
国会放送
記者会
WC

22 自民党
国対委員長室
22 自民党
21 自民党
21 自民党

中庭

18 自民党総裁室

理事会室
第三委員室
30 れいわ新選組
30 無所属
29 有志の会
20 政調室
20 政調憲室議
19 総務会長室
19 自
自
民
党

EV

23 自民党幹事長会議室

常任委員長控室

EV

常任委員長室

28 自民党

EV

皇族室
御休所
化粧室
内閣記者会③

27 自民党議員会長室

29 公明党
30 国対事務局
31 公明新総室党明
32 公明党
33 役員室
公明党

18 自民党 19

26 自民党幹事長室

中庭

20 立憲民主党 20

25 自民党
24 自民党

第5委員会室
WC
警務部第1部室
記者部会分室
警備課
警務部第6部室
WC

第8委員会室
第8理事会室

記者会

参議院

23 日本維新の会
WC
本会議場
公務員傍聴席他
参議院
WC
21 日本維新の会
34 日本維新の会
第1委員会長室

委員部第1課

EV

議員共同会議室
EV

22 自民党政審会長室
第3委員会室
第2委員会室
第1理事会室

426

衆議院別館・分館案内図

分館

4 階
- 傍聴席
- 第18委員室
- ロビー
- WC
- EV
- 第18理事会室
- 第17理事会室
- 傍聴席
- 第17委員室
- ロビー

3 階
- 傍聴席
- 第16委員室
- ロビー
- WC
- EV
- 第16理事会室
- 第15理事会室
- 傍聴席
- 第15委員室
- ロビー

2 階
- 第13委員室
- 第13理事会室
- 第14委員室
- WC
- EV
- 第14理事会室
- 第11理事会室
- 第12委員室
- 第12理事会室
- 第11委員室

1 階
- 記録部3課
- 記録部2課
- 日本専門新聞記者会
- WC
- EV
- 玄関
- 政府控室
- 喫茶
- 警務部
- 委員部総務課
- 記録部第4課

別館

5 階
- WC
- 講堂
- EV
- WC

4 階
- 委員部
- EV
- WC
- 委員部1課
- 調査部
- 委員部調査課
- 書庫
- 委員部2・3課

3 階
- 国会クラブ
- 庶務部
- EV
- WC
- 委員部4・5課
- 記章部
- 警務部
- 委員部6・7課

2 階
- WC
- 議員面会所ロビー
- EV
- WC
- 国会内郵便局
- 面会人受付
- 分館委員会傍聴人受付
- 控室・分室
- 郵便局・分室
- 陸橋

1 階
- WC
- 管理部業務課
- EV
- WC
- ATM
- 調査局
- 業務課
- 記録部
- 警務課
- 警務課衛視室
- 業務課
- 通路

地 階
- 業務課
- クリーニング店
- 業務課
- EV
- 委員部
- 文書課
- 売店
- 会計課
- 記録部
- WC
- 警務部
- 売店
- 地下通路

427

参議院別館・分館案内図

別館

5 階

| 国土交通省 | WC / EV | | | WC |
| 厚生労働省 | 検査院 / 会計院 | 講 堂 | | |

4 階

| 総務省 | WC / EV | 農林水産省 | 経済産業省 |
| 外務省 | 公取委 | 金融庁 | 文部科学省 |

3 階

| 警察庁 | 復興庁 / 日本銀行 | 内閣 | WC / EV | 法務省 | 環境省 | 防衛省 |
| 内閣控室 宮内庁・消費者庁 ・こども家庭庁 | | 最高裁 | 財務省 | 人事院 |

2 階

| 郵便局 | JTB | WC / EV | 議員面会所 ロビー | WC |
| 警備 第2課 第5・8部室 | | 警務部 警務課分室 | 受付 サービスロビー |

陸橋

1 階

| 業務課分室 | 内閣法制局 デジタル庁 | JTB | WC / EV | ATM | 警務部 第2・3・4・7部室 | 警備課分室 |
| | 業務室 | | | |

通路

地 階

| 別館救護室 | 業務課分室 書庫 | 控室 | 会議室 |
| 業務課分室 | 職員組合 | WC | 書庫 | 倉庫 |

地下通路

分館

4 階

第41委員会室		
第41 理事会室 / 第43 理事会室	国民民主党 / EV	WC
日本維新の会		
自民党	第43委員会室	傍聴席

3 階

第31 委員会室	理事会室 / 第32	第32 委員会室
第31 理事会室 / 第33 理事会室	共産党 / EV	WC
第33 委員会室	立憲・社民 / 理事会室 / 第34	第34 委員会室

2 階

第21 委員会室	理事会室 / 第22	第22 委員会室
第21 理事会室 / 第23 理事会室	公明党 / EV ※	WC
第23 委員会室	理事会室 / 第24	第24 委員会室

1 階

委員部 7・8課 憲法審査会 事務局 総務課	業務課分室
	警備第2課分室
	新聞記者室
	喫茶室
玄関	EV	WC
委員部 （議運・1・7・8課を除く。）	

院内案内図

※れいわ新選組、沖縄の風、NHKから国民を守る党、各派に属しない議員

428

衆議院第１議員会館２階案内図

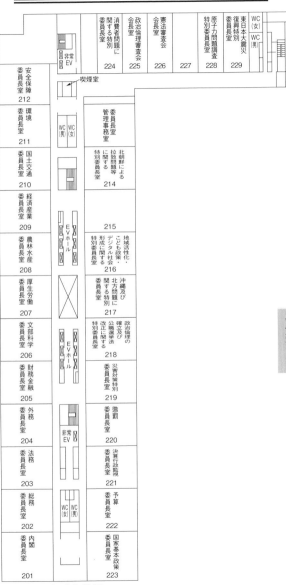

消費者問題に関する特別委員長室 224	政治倫理審査会会長室 225	憲法審査会会長室 226	227	特別委員長室 228 原子力問題調査	東日本大震災復興特別委員長室 229	WC(女) WC(男)	

安全保障委員長室 212

環境委員長室 211

国土交通委員長室 210

経済産業委員長室 209

農林水産委員長室 208

厚生労働委員長室 207

文部科学委員長室 206

財務金融委員長室 205

外務委員長室 204

法務委員長室 203

総務委員長室 202

内閣委員長室 201

委員長室 管理事務室

北朝鮮による拉致問題等に関する特別委員長室 214

地域活性化・こども政策・デジタル社会形成に関する特別委員長室 216

沖縄及び北方問題に関する特別委員長室 217

政治倫理の確立及び公職選挙法改正に関する特別委員長室 218

災害対策特別委員長室 219

懲罰委員長室 220

決算行政監視委員長室 221

予算委員長室 222

国家基本政策委員長室 223

非常EV

喫煙室

WC(男) WC(女)

EVホール

EVホール

EVホール

非常EV

WC(女) WC(男)

会館案内図

国会議事堂側

429

衆議院第1議員会館1階案内図

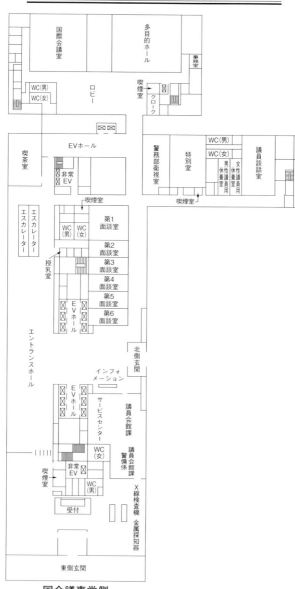

国会議事堂側

衆議院第１議員会館地下１階案内図

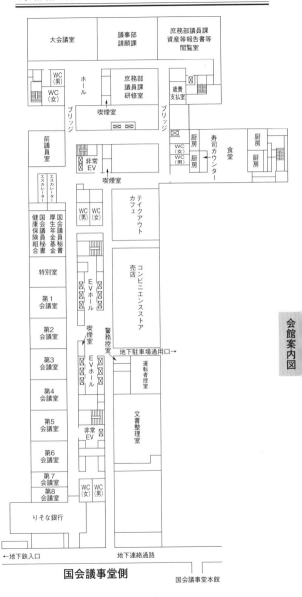

衆議院第１議員会館地下２階案内図

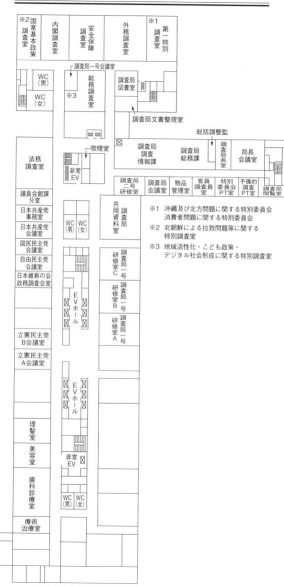

※1 沖縄及び北方問題に関する特別委員会
　　消費者問題に関する特別委員会
※2 北朝鮮による拉致問題等に関する
　　特別調査室
※3 地域活性化・こども政策・
　　デジタル社会形成に関する特別調査室

国会議事堂側

432

衆議院第１議員会館地下３階案内図

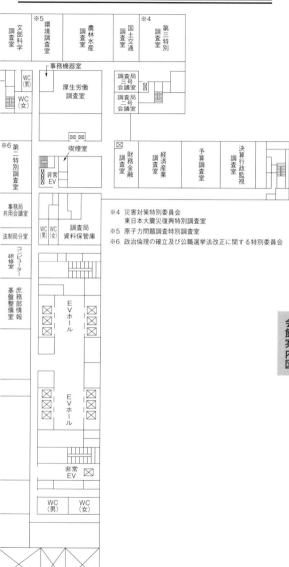

文部科学調査室

※5 環境調査室

農林水産調査室

国土交通調査室

※4 第三特別調査室

事務機器室

WC（男）

WC（女）

厚生労働調査室

調査局三号会議室

調査局二号会議室

※6 第二特別調査室

喫煙室

非常EV

財務金融調査室

経済産業調査室

予算調査室

決算行政監視調査室

事務局共用会議室

法制局分室

コンピューター研修室

基盤整備室

庶務部情報室

WC（男）

WC（女）

調査局資料保管庫

EVホール

EVホール

非常EV

WC（男）

WC（女）

※4 災害対策特別委員会
   東日本大震災復興特別調査室
※5 原子力問題調査特別調査室
※6 政治倫理の確立及び公職選挙法改正に関する特別委員会

会館案内図

国会議事堂側

433

衆議院第2議員会館1階案内図

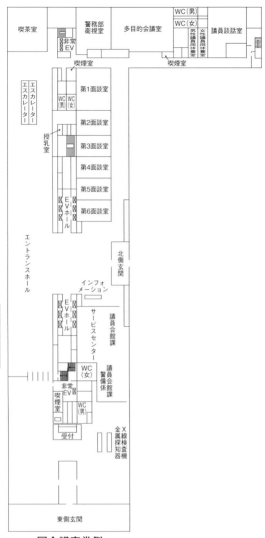

衆議院第2議員会館地下1階案内図

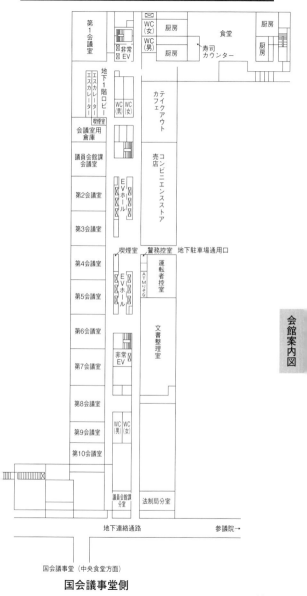

衆議院第２議員会館地下２階案内図

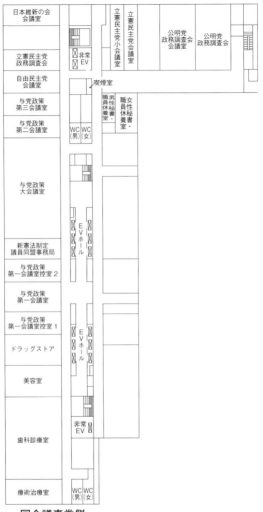

国会議事堂側

参議院議員会館２階案内図

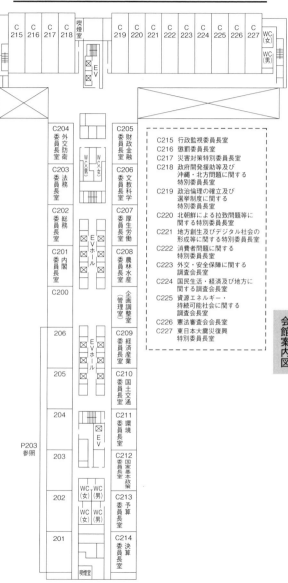

C215　行政監視委員長室
C216　懲罰委員長室
C217　災害対策特別委員長室
C218　政府開発援助等及び
　　　沖縄・北方問題に関する
　　　特別委員長室
C219　政治倫理の確立及び
　　　選挙制度に関する
　　　特別委員長室
C220　北朝鮮による拉致問題等に
　　　関する特別委員長室
C221　地方創生及びデジタル社会の
　　　形成等に関する特別委員長室
C222　消費者問題に関する
　　　特別委員長室
C223　外交・安全保障に関する
　　　調査会長室
C224　国民生活・経済及び地方に
　　　関する調査会長室
C225　資源エネルギー・
　　　持続可能社会に関する
　　　調査会長室
C226　憲法審査会会長室
C227　東日本大震災復興
　　　特別委員長室

会館案内図

国会議事堂側

参議院議員会館 1 階案内図

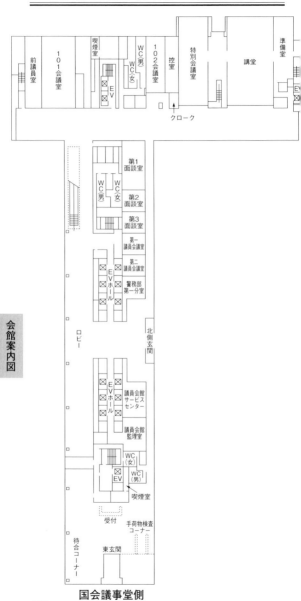

参議院議員会館地下1階案内図

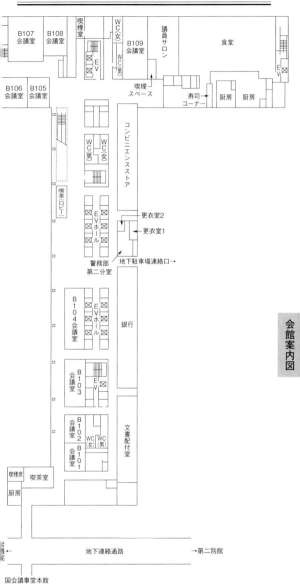

国会議事堂側

参議院議員会館地下2階案内図

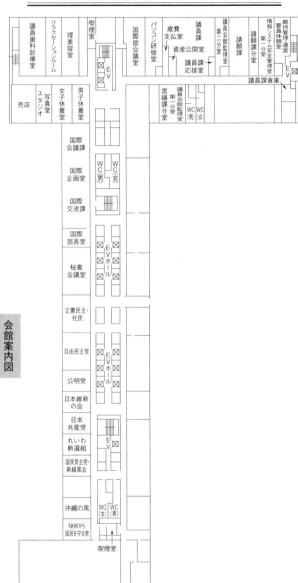

国会議事堂側

ドント方式による比例代表選挙当選順位

	A党	B党	C党
	1500票	900票	720票
1で割る	1500①	900②	720④
2で割る	750③	450⑥	360
3で割る	500⑤	300	240
4で割る	375⑦	225	180
5で割る	300	180	144

（日本経済新聞より）

各党の得票数を1、2、3……と整数（各党に割り振る議席）で割っていき、商の大きい順に当選を決めていく。左の図は7議席を配分した例。当選順位を決定していく作業はどの政党の何人目の候補に議席を与えれば有権者の投票を最も反映するかを判断するとともに、各党の1議席当たりの得票数をなるべく公平にする意味がある。

第49回衆議院選挙（令和3年10月31日施行）

【北海道】(8人)
（P57参照）
自民党　4人
÷1　①　863,300
÷2　③　431,650
÷3　⑥　287,766
÷4　⑧　215,825
立憲民主党　3人
÷1　②　682,912
÷2　④　341,456
÷3　⑦　227,637
公明党　1人
÷1　⑤　294,371

【東北】(13人)
（P66参照）
自民党　6人
÷1　①　1,628,233
÷2　③　814,116
÷3　④　542,744
÷4　⑦　407,058
÷5　⑨　325,646
÷6　⑪　271,372
立憲民主党　4人
÷1　②　991,504
÷2　⑤　495,752
÷3　⑧　330,501
÷4　⑬　247,876
公明党　1人
÷1　⑥　456,287
共産党　1人
÷1　⑩　292,830
日本維新の会　1人
÷1　⑫　258,690

【北関東】(19人)
（P78参照）
自民党　7人
÷1　①　2,172,065

÷2　③　1,086,032
÷3　⑤　724,021
÷4　⑧　543,016
÷5　⑪　434,413
÷6　⑬　362,010
÷7　⑮　310,295
立憲民主党　5人
÷1　②　1,391,148
÷2　⑥　695,574
÷3　⑨　463,716
÷4　⑭　347,787
÷5　⑱　278,229
公明党　3人
÷1　④　823,930
÷2　⑫　411,965
÷3　⑲　274,643
日本維新の会　2人
÷1　⑦　617,531
÷2　⑯　308,765
共産党　1人
÷1　⑩　444,115
国民民主党　1人
÷1　⑰　298,056

【南関東】(22人)
（P92参照）
自民党　9人
÷1　①　2,590,787
÷2　③　1,295,393
÷3　⑤　863,595
÷4　⑧　647,696
÷5　⑪　518,157
÷6　⑬　431,797
÷7　⑰　370,112
÷8　⑲　323,848
÷9　㉒　287,865
立憲民主党　5人
÷1　②　1,651,562
÷2　⑦　825,781

÷3　⑨　550,520
÷4　⑮　412,890
÷5　⑱　330,312
日本維新の会　3人
÷1　④　863,897
÷2　⑯　431,948
÷3　㉑　287,965
公明党　2人
÷1　⑫　850,667
÷2　⑭　425,333
共産党　1人
÷1　⑩　534,493
国民民主党　1人
÷1　⑯　384,481
れいわ新選組　1人
÷1　⑳　302,675

【東京都】(17人)
（P102参照）
自民党　6人
÷1　①　2,000,084
÷2　③　1,000,042
÷3　⑦　666,694
÷4　⑨　500,021
÷5　⑫　400,016
÷6　⑯　333,347
立憲民主党　4人
÷1　②　1,293,281
÷2　⑧　646,640
÷3　⑪　431,093
÷4　⑮　323,320
日本維新の会　2人
÷1　④　858,577
÷2　⑪　429,288
公明党　2人
÷1　⑤　715,450
÷2　⑭　357,725
共産党　2人
÷1　⑥　670,340

÷2 ⑮ 335,170
れいわ新選組
÷1 ⑬ 360,387

【北陸信越】(11人)
(P110参照)
自民党 6人
÷1 ① 1,468,380
÷2 ③ 734,190
÷3 ④ 489,460
÷4 ⑥ 367,095
÷5 ⑨ 293,676
÷6 ⑪ 244,730
立憲民主党 3人
÷1 ② 773,076
÷2 ⑤ 386,538
÷3 ⑩ 257,692
日本維新の会 1人
÷1 ⑦ 361,476
公明党 1人
÷1 ⑧ 322,535

【東海】(21人)
(P123参照)
自民党 9人
÷1 ① 2,515,841
÷2 ③ 1,257,920
÷3 ④ 838,613
÷4 ⑧ 628,960
÷5 ⑨ 503,168
÷6 ⑪ 419,306
÷7 ⑯ 359,405
÷8 ⑱ 314,480
÷9 ⑳ 279,537
立憲民主党 5人
÷1 ② 1,485,947
÷2 ⑤ 742,973
÷3 ⑩ 495,315
÷4 ⑮ 371,486
÷5 ⑲ 297,189
公明党 3人
÷1 ⑤ 784,976
÷2 ⑬ 392,488
÷3 ㉑ 261,658
日本維新の会 2人
÷1 ⑦ 694,630
÷2 ⑰ 347,315
共産党 1人
÷1 ⑫ 408,606
国民民主党 1人
÷1 ⑭ 382,733
れいわ新選組 1人
÷1 － 273,208
※れいわ新選組は1
議席分の票を獲得

したが、名簿登載
者2人(重複立候
補)がいずれも小選
挙区で復活当選に
必要な得票数(有効
投票総数の10%)に
満たなかった。こ
のため、次点だっ
た公明党に1議席
が割り振られた。

【近畿】(28人)
(P141参照)
日本維新の会 10人
÷1 ① 3,180,219
÷2 ③ 1,590,109
÷3 ⑦ 1,060,073
÷4 ⑨ 795,054
÷5 ⑪ 636,043
÷6 ⑮ 530,036
÷7 ⑰ 454,317
÷8 ⑲ 397,527
÷9 ㉓ 353,357
÷10 ㉕ 318,021
自民党 8人
÷1 ② 2,407,699
÷2 ④ 1,203,849
÷3 ⑧ 802,566
÷4 ⑫ 601,924
÷5 ⑯ 481,539
÷6 ⑱ 401,283
÷7 ㉔ 343,957
÷8 ㉗ 300,962
公明党 3人
÷1 ⑤ 1,155,683
÷2 ⑬ 577,841
÷3 ⑳ 385,227
立憲民主党 3人
÷1 ⑥ 1,090,665
÷2 ⑭ 545,332
÷3 ㉒ 363,555
共産党 2人
÷1 ⑩ 736,156
÷2 ㉑ 368,078
国民民主党 1人
÷1 ㉖ 303,480
れいわ新選組 1人
÷1 ㉘ 292,483

【中国】(11人)
(P149参照)
自民党 6人
÷1 ① 1,352,723
÷2 ② 676,361
÷3 ④ 450,907

÷4 ⑥ 338,180
÷5 ⑨ 270,544
÷6 ⑩ 225,453
立憲民主党 2人
÷1 ③ 573,324
÷2 ⑦ 286,662
公明党 2人
÷1 ⑤ 436,220
÷2 ⑪ 218,110
日本維新の会 1人
÷1 ⑧ 286,302

【四国】(6人)
(P154参照)
自民党 3人
÷1 ① 664,805
÷2 ② 332,402
÷3 ⑤ 221,601
立憲民主党 1人
÷1 ③ 291,870
公明党 1人
÷1 ④ 233,407
日本維新の会 1人
÷1 ⑥ 173,826

【九州】(20人)
(P167参照)
自民党 8人
÷1 ① 2,250,966
÷2 ③ 1,125,483
÷3 ⑤ 750,322
÷4 ⑦ 562,741
÷5 ⑩ 450,193
÷6 ⑫ 375,161
÷7 ⑮ 321,566
÷8 ⑰ 281,370
立憲民主党 4人
÷1 ② 1,266,801
÷2 ⑥ 633,400
÷3 ⑪ 422,267
÷4 ⑯ 316,700
公明党 4人
÷1 ④ 1,040,756
÷2 ⑨ 520,378
÷3 ⑭ 346,918
÷4 ⑳ 260,189
日本維新の会 2人
÷1 ⑧ 540,338
÷2 ⑲ 270,169
共産党 1人
÷1 ⑬ 365,658
国民民主党 1人
÷1 ⑱ 279,509

(小数点以下は切り捨て)

第25回参議院選挙（令和元年7月21日施行）

（P223参照）

自民党　19人

÷1	①	17,712,373
÷2	②	8,856,186
÷3	⑤	5,904,124
÷4	⑧	4,428,093
÷5	⑩	3,542,474
÷6	⑬	2,952,062
÷7	⑮	2,530,339
÷8	⑲	2,214,046
÷9	㉒	1,968,041
÷10	㉓	1,771,237
÷11	㉗	1,610,215
÷12	㉚	1,476,031
÷13	㉛	1,362,490
÷14	㉞	1,265,169
÷15	㊱	1,180,824
÷16	㊶	1,107,023
÷17	㊹	1,041,904
÷18	㊼	984,020
÷19	㊿	932,230

立憲民主党　8人

÷1	③	7,917,720
÷2	⑨	3,958,860
÷3	⑭	2,639,240
÷4	㉑	1,979,430
÷5	㉜	1,583,544
÷6	㉜	1,319,620
÷7	㊴	1,131,102
÷8	㊺	989,715

公明党　7人

÷1	④	6,536,336
÷2	⑫	3,268,168
÷3	⑳	2,178,778
÷4	㉖	1,634,084
÷5	㉝	1,307,267
÷6	㊷	1,089,389
÷7	㊾	933,762

日本維新の会　5人

÷1	⑥	4,907,844
÷2	⑯	2,453,922
÷3	㉕	1,635,948
÷4	㉟	1,226,961
÷5	㊽	981,568

共産党　4人

÷1	⑦	4,483,411
÷2	⑱	2,241,705
÷3	㉙	1,494,470
÷4	㊵	1,120,852

国民民主党　3人

÷1	⑪	3,481,078
÷2	㉘	1,740,539
÷3	㊲	1,160,359

れいわ新選組　2人

÷1	㉔	2,280,252
÷2	㊳	1,140,126

社民党　1人

÷1	㊸	1,046,011

NHKから国民を守る党　1人

÷1	㊻	987,885

（小数点以下は切り捨て）

第26回参議院選挙（令和4年7月10日施行）

（P234参照）

自民党　18人

÷1	①	18,256,245
÷2	②	9,128,122
÷3	⑥	6,085,415
÷4	⑦	4,564,061
÷5	⑨	3,651,249
÷6	⑭	3,042,707
÷7	⑯	2,608,035
÷8	⑱	2,282,030
÷9	⑳	2,028,471
÷10	㉓	1,825,624
÷11	㉗	1,659,658
÷12	㉛	1,521,353
÷13	㉜	1,404,326
÷14	㉟	1,304,017
÷15	㊴	1,217,083
÷16	㊷	1,141,015
÷17	㊺	1,073,896
÷18	㊽	1,014,235

日本維新の会　8人

÷1	③	7,845,995
÷2	⑧	3,922,997
÷3	⑮	2,615,331
÷4	㉒	1,961,498
÷5	㉙	1,569,199
÷6	㉞	1,307,665
÷7	㊹	1,120,856
÷8	㊾	980,749

立憲民主党　7人

÷1	④	6,771,945
÷2	⑪	3,385,972
÷3	⑲	2,257,315
÷4	㉖	1,692,986
÷5	㉝	1,354,389
÷6	㊸	1,128,657
÷7	㊿	967,420

公明党　6人

÷1	⑤	6,181,431
÷2	⑬	3,090,715
÷3	⑳	2,060,477
÷4	㉚	1,545,357

（続き）

÷5	㊳	1,236,286
÷6	㊼	1,030,238

共産党　3人

÷1	⑩	3,618,342
÷2	㉔	1,809,171
÷3	㊱	1,206,114

国民民主党　3人

÷1	⑫	3,159,625
÷2	㉘	1,579,812
÷3	㊻	1,053,203

れいわ新選組　2人

÷1	⑰	2,319,156
÷2	㊶	1,159,578

参政党　1人

÷1	㉕	1,768,385

社民党　1人

÷1	㊱	1,258,501

ＮＨＫ党　1人

÷1	㊵	1,253,872

（小数点以下は切り捨て）

※　各党の得票数を1、2、3…の整数で割り、その「商」の大きい順に議席が配分されます。各党の得票数を1、2、3…の整数で割った「商」を掲載しています。丸なか数字はドント式当選順位です。

年齢早見表

(令和5年・西暦2023年・紀元2683年)

生まれ年	年齢	西暦	十二支	干支
昭和 8	90	1933	癸	酉
9	89	1934	甲	戌
10	88	1935	乙	亥
11	87	1936	丙	子
12	86	1937	丁	丑
13	85	1938	戊	寅
14	84	1939	己	卯
15	83	1940	庚	辰
16	82	1941	辛	巳
17	81	1942	壬	午
18	80	1943	癸	未
19	79	1944	甲	申
20	78	1945	乙	酉
21	77	1946	丙	戌
22	76	1947	丁	亥
23	75	1948	戊	子
24	74	1949	己	丑
25	73	1950	庚	寅
26	72	1951	辛	卯
27	71	1952	壬	辰
28	70	1953	癸	巳
29	69	1954	甲	午
30	68	1955	乙	未
31	67	1956	丙	申
32	66	1957	丁	酉
33	65	1958	戊	戌
34	64	1959	己	亥
35	63	1960	庚	子
36	62	1961	辛	丑
37	61	1962	壬	寅
38	60	1963	癸	卯
39	59	1964	甲	辰
40	58	1965	乙	巳
41	57	1966	丙	午
42	56	1967	丁	未
43	55	1968	戊	申
44	54	1969	己	酉
45	53	1970	庚	戌
46	52	1971	辛	亥
47	51	1972	壬	子
48	50	1973	癸	丑
49	49	1974	甲	寅
50	48	1975	乙	卯
51	47	1976	丙	辰

生まれ年	年齢	西暦	十二支	干支
昭和52	46	1977	丁	巳
53	45	1978	戊	午
54	44	1979	己	未
55	43	1980	庚	申
56	42	1981	辛	酉
57	41	1982	壬	戌
58	40	1983	癸	亥
59	39	1984	甲	子
60	38	1985	乙	丑
61	37	1986	丙	寅
62	36	1987	丁	卯
63	35	1988	戊	辰
(昭64)平成元	34	1989	己	巳
2	33	1990	庚	午
3	32	1991	辛	未
4	31	1992	壬	申
5	30	1993	癸	酉
6	29	1994	甲	戌
7	28	1995	乙	亥
8	27	1996	丙	子
9	26	1997	丁	丑
10	25	1998	戊	寅
11	24	1999	己	卯
12	23	2000	庚	辰
13	22	2001	辛	巳
14	21	2002	壬	午
15	20	2003	癸	未
16	19	2004	甲	申
17	18	2005	乙	酉
18	17	2006	丙	戌
19	16	2007	丁	亥
20	15	2008	戊	子
21	14	2009	己	丑
22	13	2010	庚	寅
23	12	2011	辛	卯
24	11	2012	壬	辰
25	10	2013	癸	巳
26	9	2014	甲	午
27	8	2015	乙	未
28	7	2016	丙	申
29	6	2017	丁	酉
30	5	2018	戊	戌
(平31)令和元	4	2019	己	亥
2	3	2020	庚	子
3	2	2021	辛	丑
4	1	2022	壬	寅
5	0	2023	癸	卯

國會議員要覧® 令和五年十一月版

商標登録番号 第4797602号

定価:2,992円（本体＋税10%）
送料別

令和5年11月28日発行（第99版）

※定期購読の場合は当社負担と致します。

編集・発行人 中島 孝司

発行所 **国政情報センター**

〒150-0044 東京都渋谷区円山町5-4 道玄坂ビル
電話 03（3476）4111（大代）
FAX 03（3476）4842
郵便振替 00150-1-24932

ISBN978-4-87760-347-2 C2531 ¥2720E

政党／省庁 住所・電話番号一覧

名称	〒	住所	電話番号
自由民主党	〒100-8910	千代田区永田町1-11-23	☎03(3581)6211
立憲民主党	〒100-0014	千代田永田町1-11-1	☎03(3595)9988
日本維新の会	〒542-0082	大阪市中央区島之内1-17-16 三栄長堀ビル	☎06(4963)8800
公 明 党	〒160-0012	新宿区南元町17	☎03(3353)0111
日本共産党	〒151-8586	渋谷区千駄ヶ谷4-26-7	☎03(3403)6111
国民民主党	〒100-0014	千代田区永田町2-17-17 JBS永田町	☎03(3593)6229
れいわ新選組	〒102-0083	千代田区麹町2-5-20 押田ビル4F	☎03(6384)1974
社会民主党	〒104-0043	中央区湊3-18-17 マルキ榎本ビル5F	☎03(3553)3731
政治家女子48党	〒100-8962	千代田永田町2-1-1参議院議員会館403号	☎03(6550)0403
参 政 党	〒107-0052	港区赤坂3-4-3 赤坂マカベビル5F	☎03(6807)4228
衆 議 院	〒100-8960	千代田区永田町1-7-1	☎03(3581)5111
参 議 院	〒100-8961	千代田区永田町1-7-1	☎03(3581)3111
国立国会図書館	〒100-8924	千代田区永田町1-10-1	☎03(3581)2331
内 閣	〒100-0014	千代田区永田町2-3-1 総理官邸	☎03(3581)0101
内 閣 官 房	〒100-8968	千代田区永田町1-6-1	☎03(5253)2111
内閣法制局	〒100-0013	千代田区霞が関3-1-1 ㊌4号館	☎03(3581)7271
人 事 院	〒100-8913	千代田区霞が関1-2-3 ㊌5号館別館	☎03(3581)5311
内 閣 府	〒100-8914	千代田区永田町1-6-1	☎03(5253)2111
宮 内 庁	〒100-8111	千代田区千代田1-1	☎03(3213)1111
公正取引委員会	〒100-8987	千代田区霞が関1-1-1 ㊌6号館B棟	☎03(3581)5471
警 察 庁	〒100-8974	千代田区霞が関1-2-2 ㊌2号館	☎03(3581)0141
個人情報保護委員会	〒100-0013	千代田区霞が関3-2-1 霞が関コモンゲート西館32F	☎03(6457)9680
カジノ管理委員会	〒105-6090	港区虎ノ門4-3-1 城山トラストタワー12F・13F	☎03(6453)0201
金 融 庁	〒100-8967	千代田区霞が関3-1-1 ㊌4号館	☎03(3506)6000
消 費 者 庁	〒100-8958	千代田区霞が関3-1-1 ㊌4号館	☎03(3507)8800
こども家庭庁	〒100-6090	千代田区霞が関3-2-5 霞が関ビル	☎03(6771)8030
デジタル庁	〒102-0094	千代田区紀尾井町1-3東京ガーデンテラス紀尾井町19F・20F	☎03(4477)6775
復 興 庁	〒100-0013	千代田区霞が関3-1-1 ㊌4号館	☎03(6328)1111
総 務 省	〒100-8926	千代田区霞が関1-2-2 ㊌2号館	☎03(5253)5111
消 防 庁	〒100-8927	〃	〃
法 務 省	〒100-8977	千代田区霞が関1-1-1 ㊌6号館	☎03(3580)4111
出入国在留管理庁	〃	〃	〃
公安調査庁	〒100-0013		☎03(3592)5711
最高検察庁	〒100-0013		☎03(3592)5611
外 務 省	〒100-8919	千代田区霞が関2-2-1	☎03(3580)3311
財 務 省	〒100-8940	千代田区霞が関3-1-1	☎03(3581)4111
国 税 庁	〒100-8978	〃	☎03(3581)4161
文部科学省	〒100-8959	千代田区霞が関3-2-2	☎03(5253)4111
スポーツ庁	〃	〃	〃
文 化 庁	〃	〃	〃
厚生労働省	〒100-8916	千代田区霞が関1-2-2 ㊌5号館本館	☎03(5253)1111
農林水産省	〒100-8950	千代田区霞が関1-2-1 ㊌1号館	☎03(3502)8111
林 野 庁	〒100-8952	〃	〃
水 産 庁	〒100-8907	〃	〃
経済産業省	〒100-8901	千代田区霞が関1-3-1	☎03(3501)1511
資源エネルギー庁	〒100-8901	〃	〃
特 許 庁	〒100-8915	千代田区霞が関3-4-3	☎03(3581)1101
中小企業庁	〒100-8912	千代田区霞が関1-3-1	☎03(3501)1511
国土交通省	〒100-8918	千代田区霞が関2-1-3 ㊌3号館	☎03(5253)8111
観 光 庁	〃	〃	〃
気 象 庁	〒105-8431	港区虎ノ門3-6-9	☎03(6758)3900
海上保安庁		国土交通省内	☎03(3591)6361
環 境 省	〒100-8975	千代田区霞が関1-2-2 ㊌5号館本館	☎03(3581)3351
原子力規制庁	〒106-8450	港区六本木1-9-9	☎03(3581)3352
防 衛 省	〒162-8801	新宿区市谷本村町5-1	☎03(3268)5111
防衛装備庁	〃	〃	〃
会計検査院	〒100-8941	千代田区霞が関3-2-2 ㊌7号館	☎03(3581)3251
最高裁判所	〒102-8651	千代田区隼町4-2	☎03(3264)8111

※㊌＝中央合同庁舎

●主要駅から国会議事堂周辺

東京駅	地下鉄丸ノ内線約5分			霞ヶ関駅
	地下鉄丸ノ内線約7分			国会議事堂前駅
	JR山手線2分	有楽町駅	地下鉄有楽町線約2分	桜田門駅
	JR山手線約2分	有楽町駅	地下鉄有楽町線約4分	永田町駅
	地下鉄丸ノ内線約3分	銀座駅	地下鉄銀座線約4分	虎ノ門駅
上野駅	地下鉄銀座線約15分			虎ノ門駅
	地下鉄日比谷線約20分			霞ヶ関駅

DESIGNED by ○○株式会社